France
Frankrijk
Francia
Frankreich
Frankrike
Francja

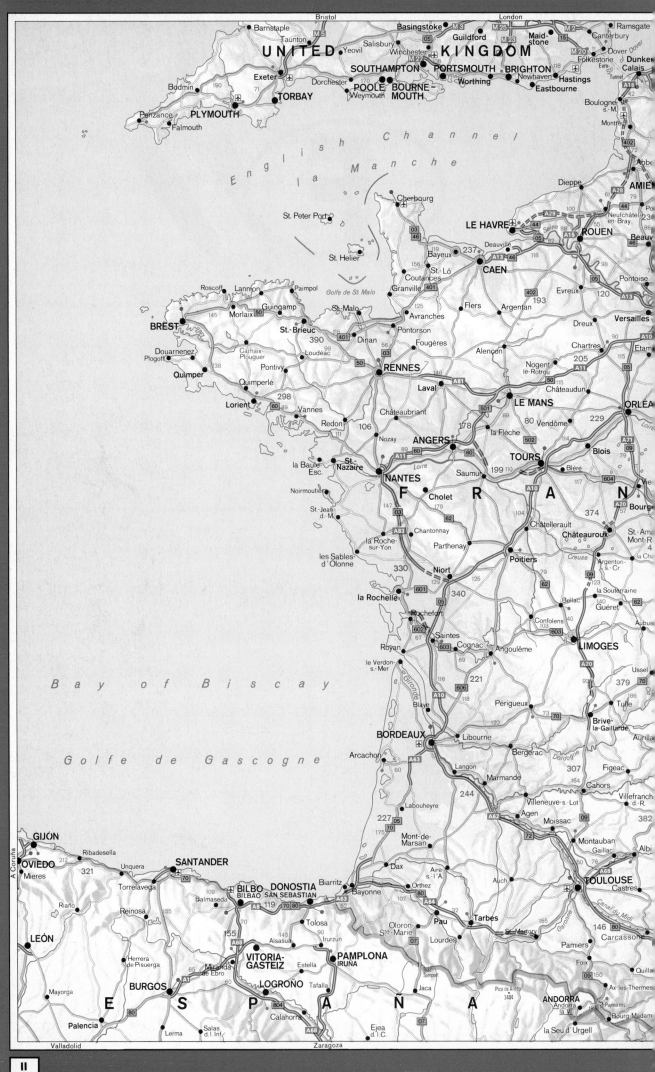

III

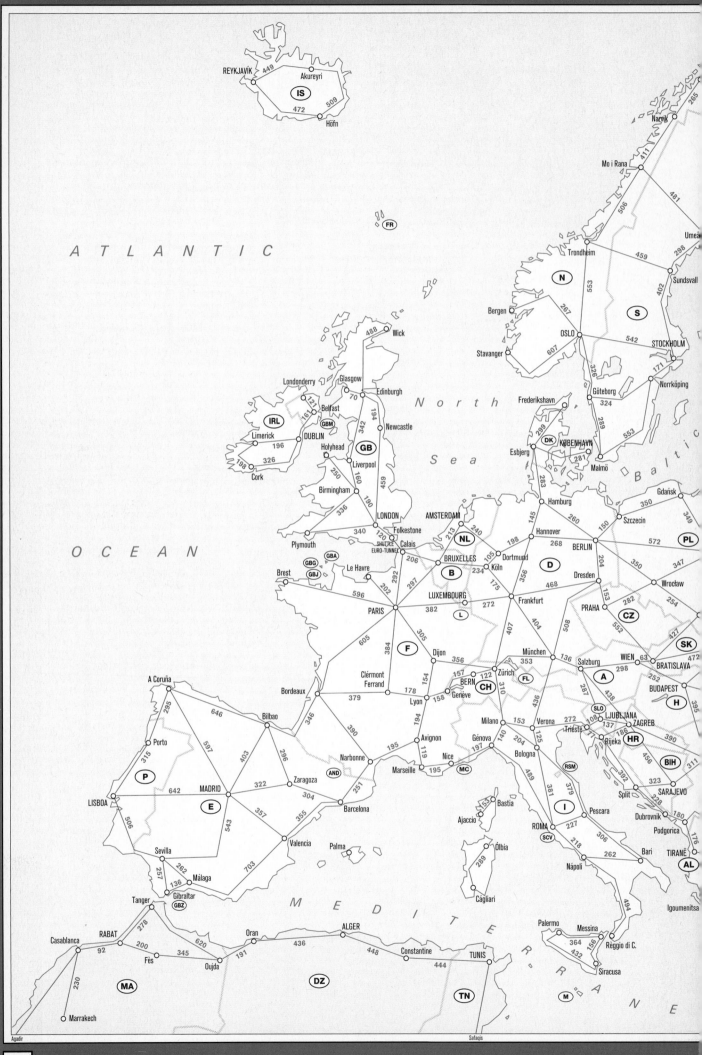

V

Sommaire · Inhoud · Indice · Índice
Inhaltsverzeichnis · Contents · Innehållsförteckning · Spis treści

Légende · Legenda
Segni convenzionali · Signos convencionales
1:300.000

CIRCULATION - VERKEER | COMUNICAZIONI - TRAFICO

(F) (NL)

Autoroute avec échangeur - Demi-échangeur - Poste d´essence - avec snack - Restaurant - avec motel
Autosnelweg met op- en afritten - met of oprit of afrit - Benzinestation - met snackbar - Restaurant - met motel

Seulement une chaussée - en construction - en projet
Slechts een rijbaan - in aanleg - gepland

Route à quatre ou plusieurs voies, à une ou deux chaussées - en construction
Weg met vier of meer rijstroken, een of twee rijbanen - in aanleg

Route nationale - Route principale importante - en construction
Rijksweg - Belangrijke hoofdweg - in aanleg

Route principale - Route secondaire
Hoofdweg - Overige verharde wegen

Chemin carrossable (pratibilité non assurée) - Sentièr
Weg (beperkt berijdbaar) - Voetpad

Etat des routes: route sans revêtement - route en très mauvais état
Toestand van het wegdek: onverhard - zeer slecht

Numéro des routes européennes
Europawegnummer

Côte - Col fermé en hiver (de - à)
Helling - Pas 's-winters gesloten (van - tot)

Non recommandé aux caravanes - interdit
Voor caravans niet aanbevolen - verboden

Distances sur autoroutes en km
Afstand in km op autosnelwegen

Distances sur autres routes en km
Afstand op overige wegen in km

Chemin de fer principal - Chemin de fer secondaire (avec gare ou haltes)
Belangrijke Spoorweg - Spoorweg (met station)

Chemin de fer (trafic de marchandises) - Chemin de fer à crémaillère ou funiculaire
Spoorweg (alleen goederenverkeer) - Tandradbaan of kabelspoorweg

Téléphérique - Télésiège - Téléski
Kabelbaan - Stoeltjeslift - Skilift

Navette par voie ferrée pour autos - Ligne maritime
Autoverlading - Scheepvaartlijn

Ligne maritime avec transport de voitures - Bac autos (rivière)
Scheepvaartlijn met autovervoer - Autoveer over rivier

Route touristique - Itinéraire pittoresque
Toeristische route - Landschappelijk mooie route

Péage - Route à péage - Route interdite
Tol - Tolweg - Verboden voor auto's

Aéroport - Aérodrome - Terrain pour vol à voile - Héliport
Luchthaven - Vliegveld - Zweefvliegveld - Heliport

Pons   **T** **T**
20 - 21
Lisses

E 80

10%

75
30   45
35
25   10

F

(I) (E)

Autostrada con raccordi - Semi-raccordo - Stazione di servizio - con posto di ristoro - Ristorante - con motel
Autopista con enlace - Medio enlace - Estación de servicio - con área de descanso - Restaurante - con motel

Solo una carreggiate - in costruzione - progettata
Solò una calzada - en construcción - en proyecto

Strada a quattro o più corsie, a una o due carreggiate - in costruzione
Carretera de cuatro o más carriles, de una o dos calzadas - en construcción

Strada statale - Strada principale di particolare importanza - in costruzione
Carretera nacional - Carretera principal importante - en construction

Strada principale - Strada secondaria
Carretera principal - Carretera secundaria

Strada carrozzabile (non sempre percorribile) - Sentiero
Camino vecinal (sólo transitable con restricciones) - Sendéro

Stato delle strade: senza rivestimento antipolvere - in cattive condizioni
Estado de las carreteras: polvoriento - muy malo

Numero di strada europea
Numero di strada europea

Pendenza - Valico con chiusura invernale (da - a)
Pendiente - Carretera de puerto de montana cerrado en invierno (de - a)

Non raccomandabile alle roulottes - divieto di transito alle roulottes
No aconsejable para caravanas - prohibido

Distanze chilometrica autostradale
Distancias en kilómetros en autopistas

Distanze chilometrica su altre strade
Distancias en kilómetros en las demás carreteras

Ferrovia principale - secondaria (con stazione o fermata)
Ferrocarril principal - secondario (con estación o apeadero)

Ferrovia (solo per trasporto merci) - Funicolare o ferroviaa cremagliera
Ferrocarril (sólo para transporte de mercansias) - Funicular o cremallera

Funivia - Seggiovia - Sciovia
Teleférico - Telesilla - Telesquí

Transporto automobili per ferrovia - Linea di navigazione
Ferrocarril con transporte de automóviles - Linea maritima

Linea di navigazione con trasporto auto - Trasporto auto fluviale
Linea maritima con transporte de automóviles - Transportador fluvial de automóviles

Strada d´interesse turistico - Percorso panoramico
Carretera turistica - Recorrido pintoresco

Stazione a barriera - Strada a pedaggio - Strada chiusa al traffico automobilistico
Peaje - Carretera de peaje - Carretera cerrada al tráfico

Aeroporto - Campo di atterraggio - Campo di atterraggio per alianti - Eliporto
Aeropuerto - Aeródromo - Aeródromo de planeadores - Helipuerto

CURIOSITES - BEZIENSWAARDIGHEDEN | INTERESSE TURISTICO - CURIOSIDADES

Localité pittoresque
Zeer bezienswaardige plaats

Localité remarquable
Bezienswaardige plaats

Bâtiment très intéressant
Zeer bezienswaardig gebouw

Bâtiment remarquable
Bezienswaardig gebouw

Curiosité naturelle intéressant
Zeer bezienswaardig natuurschoon

Autres curiosités
Overige bezienswaardigheden

Jardin botanique - Jardin zoologique - Parc à gibier
Botanische tuin - Dierentuin - Wildpark

Parc national, parc naturel - Point de vue
Nationaal park, natuurpark - Uitzichtpunt

Château- fort, Château - Monastère - Église, chapelle - Ruines
Burcht, slot - Klooster - Kerk, kapel - Ruïnes

Tour - Tour radio ou télévision - Monument - Grotte
Toren - Radio- of televisietoren - Monument - Grot

Phare - Bâteau- phare - Moulin à vent
Vuurtoren - Lichtschip - Windmolen

BORDEAUX

BIARRITZ

Cathédral

Gibeau   les Maurices

Grotte de Lascaux

* *Obélisque*

Località di grande interesse
Población de especial interés

Località di notevole interesse
Población de interés

Costruzione di grande interesse
Monumento artistico de especial interés

Costruzione di notevole interesse
Monumento artistico de interés

Curiosità naturale particolarmente interessante
Curiosidad natural de notable interés

Curiosità di altro tipo
Otras curiosidades

Giardino botanico - Giardino zoologico - Zona faunistica protetta
Jardin botánico - Jardin zoológico - Reserva de animales

Parco nazionale, parco naturale - Punto panoramico
Parque nacional, parque natural - Vista panorámica

Castello - Monastero - Chiesa, cappella - Rovine
Castillo, palacio - Monasterio - Iglesia, capilla - Ruinas

Torre - Pilone radio o TV - Monumento - Grotta
Torre - Torre de radio o de TV - Monumento - Cueva

Faro - Nave faro - Molino a vento
Faro - Buque faro - Molino de viento

AUTRES INDICATIONS - OVERIGE INFORMATIE | ALTRI SEGNI - OTROS DATOS

Auberge de jeunesse - Motel - Hôtel ou auberge isolé - Refuge de montagne
Jeugdherberg - Motel - Afgelegen hotel of restaurant - Berghut

Terrain de camping, permanent - saisonnier
Camping, het gehele jaar - 's-zomers - Caravanplaats (niet voor tenten)

Plage recommandée - Baignade - Piscine - Station thermale
Strand met zwemgelegenheid - Strandbad - Openlucht- zwembad - Geneeskrachtige badplaats

Terrain de golf - Port de plaisance - Pêche sous-marine interdite
Golfterrein - Jachthaven - Jagen onder water verboden

Ferme - Village de vacances
Vrijstaande boerderij - Vakantiedorp

Frontière d´Etat - Passage frontalier - Limite des régions
Rijksgrens - Grensovergang - Regionale grens

Mer recouvrant les hauts-fonds - Sable et dunes
Bij eb droogvallende gronden - Zand en duinen

Bois - Lande
Bos - Heide

Glacier - Zone interdite
Gletsjer - Verboden gebied

Ostella della gioventù - Motel - Albergo o locanda isolati - Rifugio montagna
Albergue de juventud - Motel - Hotel o fonda aislados - Refugio de montana

Campeggio aperto tutto l´anno - stagionale
Camping todo el año - sólo en verano

Spiaggia - Balneare - Piscina (all´aperto) - Terme
Playa - Banos (playa) - Piscina descubierta - Balneario medicinal

Campo da golf - Attraco natanti - Caccia subacquea divieto
Campo de golf - Puerto deportivo - Pesca submarina prohibida

Fattoria isolata - Località di soggiorno
Granja aislada - Centro de vacaciones

Confine di stato - Passaggio di frontiera - Frontera regional
Frontera de estado - Paso fronterizo - Frontera regional

Basso fondale - Sabbia e dune
Costa de aguas bajas - Arena y dunas

Bosco - Brughiera
Bosque - Brezal

Ghiacciaio - Zona vietata
Glaciar - Zona prohibida

Zeichenerklärung · Legend
Teckenförklaring · Objaśnienia znaków
1:300.000

VERKEHR - TRAFFIC | TRAFIK - KOMUNIKACJA

D GB

S PL

Autobahn mit Anschlußstelle - Halbanschlußstelle - Tankstelle - mit Kleinraststätte - Rasthaus - mit Motel
Motorway with junction - Half junction - Filling station - with snackbar - Restaurant - with motel

Pons 20 21 Lisses

Motorväg med trafikplats - Endast av- eller påfart - Bensinstation - med servering - Värdshus - med motell
Autostrady z rozjazdami - z częściowymi rozjazdami - Stacje paliw - z barami - Restauracje - z motelami

Nur einbahnig - in Bau - geplant
Only single carriageway - under construction - projected

Endast en vägbana - under byggnad - planerad
Autostrady jednojezdniowe - w budowie - projektowane

Vier- oder mehrspurige Autostraße, ein- oder zweibahnig - in Bau
Road with four or more lanes, single or dual carriageway - under construction

Väg med fyra eller flera körfält, en eller två vägbanor - under byggnad
Drogi szybkiego ruchu, cztery pasma i więcej - w budowie

Bundes- bzw. Staats- oder Nationalstraße - Wichtige Hauptstraße - in Bau
National or federal road - Major main road - under construction

Genomfartsled - Viktig huvudled - under byggnad
Przelotowe drogi główne, drogi krajowe - Ważniejsze drogi główne - w budowie

Hauptstraße - Nebenstraße
Main road - Secondary road

Huvudled - Sidogata
Drogi główne - Drogi drugorzędne

Fahrweg (nur bedingt befahrbar) - Fußweg
Practicable road (restricted passage) - Footpath

Väg (delvis användbar för biltrafik) - Vandringsled
Drogi inne (o ograniczonej przejezdności) - Ścieżki

Straßenzustand: nicht staubfrei - sehr schlecht
Road condition: unsealed - very bad

Vägbeskaffenhet: ej dammfritt - mycket daligt
Stan dróg: drogi pylące - drogi w bardzo złym stanie

Europastraßennummer
Number of main european route

E 80

Europavägnummer
Numery dróg europejskich

Steigung - Paßstraße mit Wintersperre (von - bis)
Gradient - Mountain pass closed in winter (from - to)

10% X - IV

Stigning - Väg över pass med vinterspärrtid (fran - till)
Strome podjazdy - Przełęcze nieprzejezdne zimą (od - do)

Für Caravans nicht empfehlenswert - verboten
Not suitable - closed for caravans

Väg ej lämplig för husvagn - spärrad för husvagn
Drogi nie zalecane dla przyczep - zamknięte

Kilometrierung an Autobahnen
Distances on motorways in km

75 30 45

Afstånd i km vid motorvägar
Odległości w kilometrach na autostradach

Kilometrierung an übrigen Straßen
Distances on other roads in km

35 25 10

Afstånd i km vid övriga vägar
Odległości w kilometrach na innych drogach

Hauptbahn - Nebenbahn (mit Bahnhof bzw Haltepunkt)
Main railway - Other railway (with station or stop)

Huvudjärnweg - Mindre viktig järnweg (med station resp. hållplats)
Koleje główne - Koleje drugorzędne (z dworcami lub przystankami)

Eisenbahn (nur Güterverkehr) - Zahnrad- oder Standseilbahn
Railway (freight haulage only) - Rackrailway or cabin lift

Järnväg (endast godstransport) - Linbana eller bergbana
Koleje towarowe - Koleje zębate lub Koleje linowo-terenowe

Seilschwebebahn - Sessellift - Skilift
Cable lift - Chair lift - T-bar

Kabinbana - Stollift - Släplift
Koleje linowe (kabinowe)- Wyciągi krzesełkowe - Wyciągi narciarskie

Autoverladung - Schiffahrtslinie
Railway ferry for cars - Shipping route

Järnväg med biltransport - Båtförbindelse
Przeładunek samochodów - Linie żeglugi pasażerskiej

Schiffahrtslinie mit Autotransport - Autofähre an Flüssen
Car ferry route - Car ferry on river

F

Båtförbindelse med biltransport - Flodfärja
Linie żeglugi promowej - Promy rzeczne

Touristenstraße - Landschaftlich schöne Strecke
Tourist road - Scenic road

Turistled - Naturskön vägstrecka
Drogi turystyczne - Drogi krajobrazowe

Mautstelle - Gebührenpflichtige Straße - für Kfz gesperrt
Toll - Toll road - Road closed for motor traffic

x x x x x x

Vägavgift - Avgiftsbelagd väg - Väg sperrad för biltrafik
Pobieranie - Drogi płatne - Zamknięte dla pojazdów silnikowych

Flughafen - Flugplatz - Segelflugplatz - Hubschrauberlandeplatz
Airport - Airfield - Gliding field - Heliport

Större trafikflygplats - Flygplats - Segelflygfält - Landningsplats för helikopter
Lotniska - Lądowiska - Pola szybowcowe - Lądowiska helikopterów

SEHENSWÜRDIGKEITEN - PLACES OF INTEREST | SEVÄRDHETER - INTERESUJĄCE OBIEKTY

Besonders sehenswerter Ort
Place of particular interest

BORDEAUX

Mycket sevärd ort
Miejscowości szczególnie interesujące

Sehenswerter Ort
Place of interest

BIARRITZ

Sevärd ort
Miejscowości interesujące

Besonders sehenswertes Bauwerk
Building of particular interest

Cathédral

Mycket sevärd byggnad
Budowle szczególnie interesujące

Sehenswertes Bauwerk
Interesting building

Gibeau   les Maurices

Sevärd byggnad
Budowle interesujące

Besondere Natursehenswürdigkeit
Natural object of particular interest

Grotte de Lascaux

Särskilt intressant natursevärdhet
Szczególnie interesujące obiekty naturalne

Sonstige Sehenswürdigkeit
Other object of interest

* Obélisque

Annan sevärdhet
Inne interesujące obiekty

Botanischer Garten - Zoologischer Garten - Wildgehege
Botanical gardens - Zoological gardens - Game park

Botanisk trädgård - Zoologisk trädgård - Djurpark
Ogrody botaniczne - Ogrody zoologiczne - Zwierzyńce

Nationalpark, Naturpark - Aussichtspunkt
Nature park - Viewpoint

Nationalpark, naturpark - Utsiktsplats
Parki narodowe, parki krajobrazowe - Punkty widokowe

Burg, Schloß - Kloster - Kirche, Kapelle - Ruinen
Castle - Monastery - Church, chapel - Ruins

Borg, slott - Kloster - Kyrka, kapell - Ruiner
Zamki, pałace - Klasztory - Kościoły, Kaplice - Ruiny

Turm - Funk- oder Fernsehturm - Denkmal - Höhle
Tower - Radio- or TV tower - Monument - Cave

Torn - Radio- eller TV- torn - Monument - Grotta
Wieże - Wieże RTV - Pomniki - Jaskinie

Leuchtturm - Feuerschiff - Windmühle
Lighthouse - Lightship - Windmill

Fyr - Fyrskepp - Väderkvarn
Latarnie morskie - Latarniowce - Młyny wietrzne

SONSTIGES - OTHER INFORMATION | ÖVRIGT - INNE INFORMACJE

Jugendherberge - Motel - Alleinstehendes Hotel oder Gasthaus - Berghütte
Youth hostel - Motel - Isolated hotel or inn - Mountain hut

Vandrarhem - Motel - Enslig hotell eller gästgiveri - Raststuga
Schroniska młodzieżowe - Motele - Samotnie stojące hotele lub gościńce - Schroniska górskie

Campingplatz, ganzjährig - nur im Sommer
Camping site, permanent - seasonal

Campingplats hela året - endast under sommaren
Campingi całoroczne - czynne tylko latem

Guter Badestrand - Strandbad - Schwimmbad - Heilbad
Recommended beach - Bathing place - Swimming pool - Spa

Badstrand - Strandbad - Friluftsbad - Badort
Plaże - Kąpieliska - Baseny - Uzdrowiska

Golfplatz - Boots- und Yachthafen - Unterwasserjagd verboten
Golf course - Harbour for boats and yachts - Underwater fishing prohibited

Golfbana - Småbåtshamn - Undervattensjakt förbjuden
Pola golfowe - Porty dla łodzi i żaglówek - Rybołówstwo zabronione

Einzelhof - Feriendorf
Isolated building - Holiday bungalows

Gard - Stugby
Pojedyncze zagrody - Wsie letniskowe

Staatsgrenze - Grenzübergang - Verwaltungsgrenze
International boundary - Border crossing point - Administrative boundary

Statsgräns - Gränsövergång - Regionsgräns
Granice państw - Przejścia graniczne - Granice administracyjne

Wattenmeer - Sand und Dünen
Tidal flat - Sand and dunes

Område som torrlägges vid ebb - Sand och dyner
Watty - Piaski i wydmy

Wald - Heide
Forest - Heath

Skog - Hed
Lasy - Wrzosowiska

Gletscher - Sperrgebiet
Glacier - Restricted area

Glaciär - Militärt skyddsomrade
Lodowce - Obszary zamknięte

Carte d'assemblage · Overzichtskaart · Quadro d'unione · Mapa índice
Kartenübersicht · Key map · Kartöversikt · Skorowidz arkuszy mapy
1:300.000

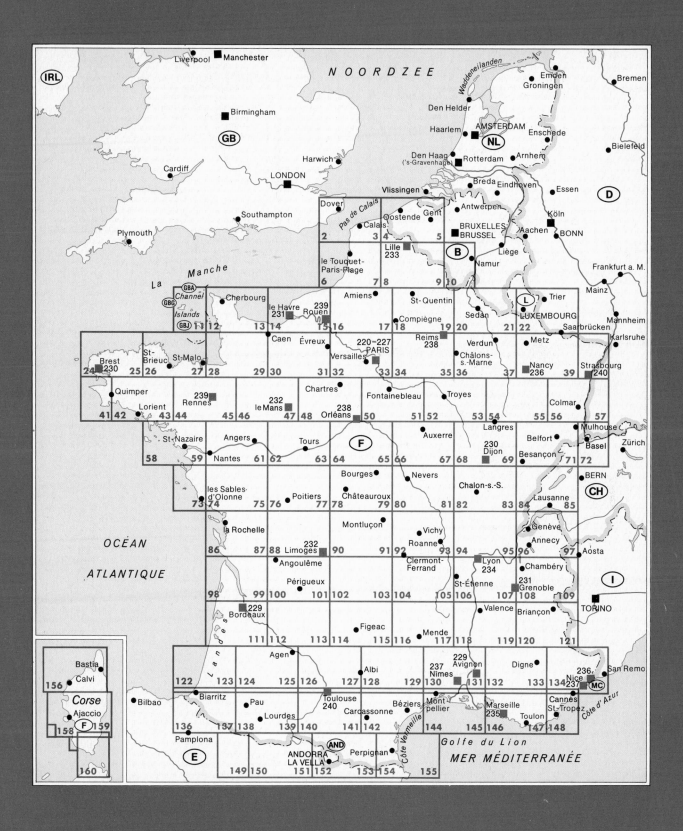

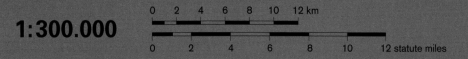

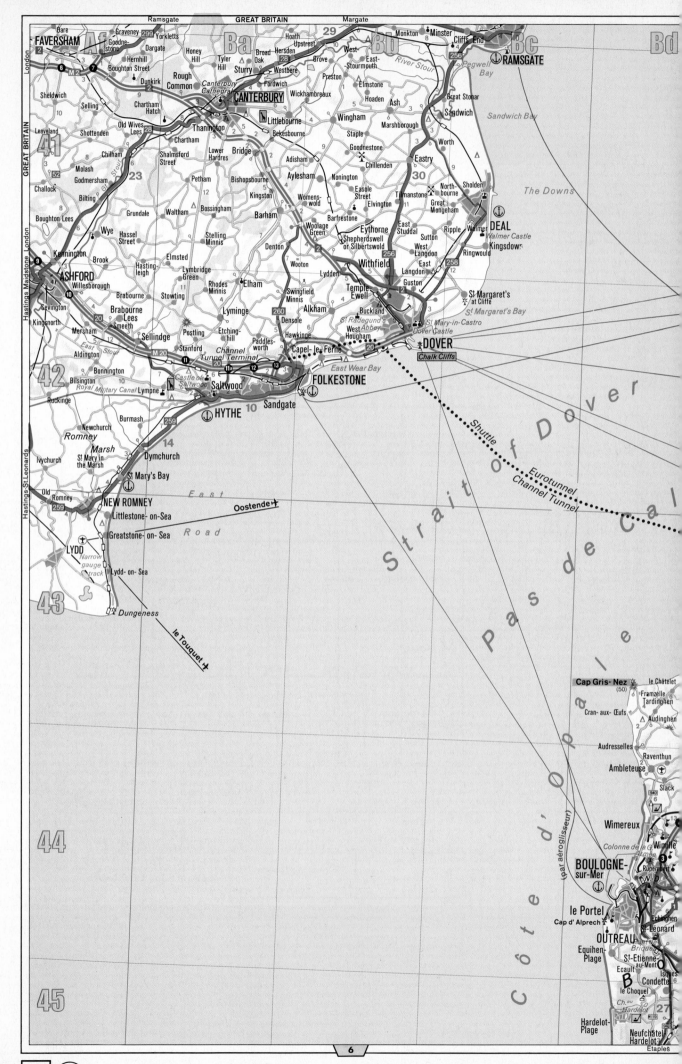

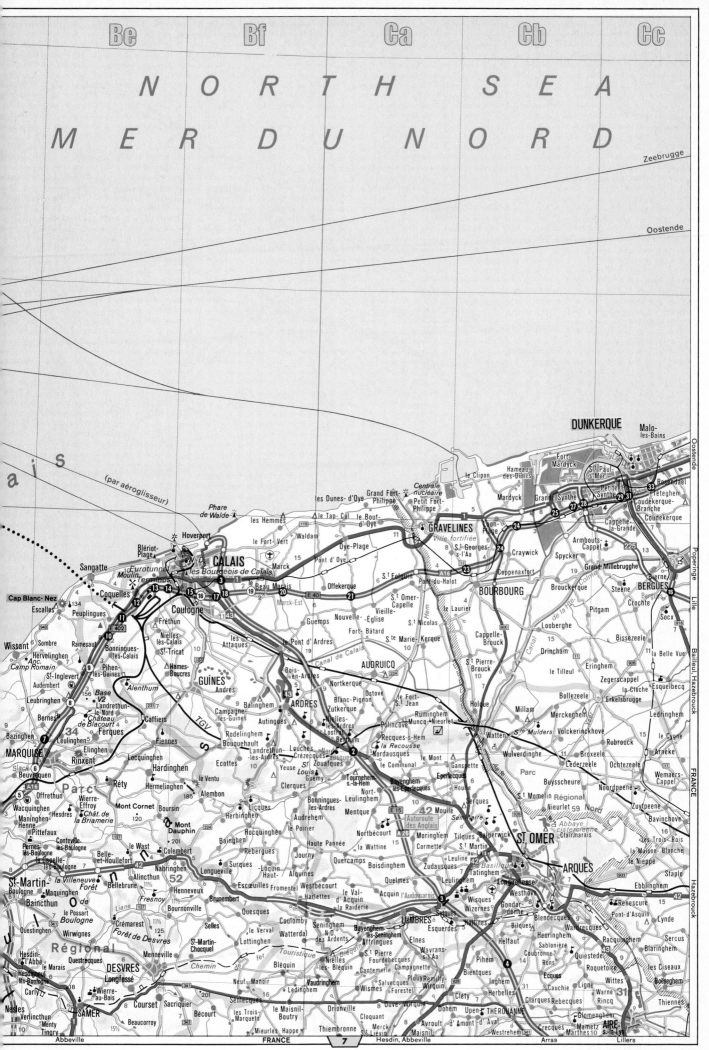

NORTH SEA

MER DU NORD

Zeebrugge

Oostende

DUNKERQUE   Malo-les-Bains

Fort-Mardyck

le Clipon   Hameau-des-Dunes   S.t Paul-s-Mer

Centrale nucléaire   Mardyck   Grande Synthe   Petite Synthe   Rosendael   Téteghem

les Dunes- d'Oye   Grand Fort-Philippe   Petit Fort-Philippe   Coudekerque-Branche   Coudekerque

le Tap- Cûl   le Bout-d'Oye   Loon-Plage   Armbouts-Cappel   Grand Millebrugghe   Cappelle-la-Grande

Phare de Walde   les Hemmès   GRAVELINES   Ville fortifiée   S.t Georges-s-l'Aa   Craywick   Spycker   Bergues   Crochte

Hoverport   Waldam   Oye-Plage   Coppenaxfort   Brouckerque   Steene   Socx

Blériot-Plage   N.-D.   Pont d'Oye   S.t Folquin   Pont-du-Halot   Loobergue   Drincham   Bisseezeele   la Belle Vue

CALAIS   les Bourgeois de Calais   le Beau Marais   Offekerque   S.t Omer-Capelle   le Laurier   Cappelle-Brouck   le Tilleul   Eringhem   Zegerscappel   Esquelbecq

Sangatte   Eurotunnel Moulin   Marck   Marck-Est   S.t Nicolas   S.t Pierre-Brouck   la Cloche   Erkelsbrugge   le Cygne   Ledringhem

Coquelles   Coulogne   Nouvelle- Église   Fort- Bâtard   S.te Marie- Kerque   Cappelle-Brouck   Millam   Merckeghem   Volckerinckhove   Rubrouck   Arnèke

Cap Blanc- Nez   Fréthun   les Attaques   Guemps   Holque   Wulverdinghe   Broxeele   Ochtezeele   Wemaers-Cappel

Escalles   Peuplingues   Nielles-lès-Calais   le Pont d'Ardres   BOURBOURG   AUDRUICQ   Nortkerque   Watten   S.te Mulders   Cederzeele   Noordpeene

Wissant   Sombre   Bonningues-les-Calais   S.t-Tricat   Bois-en-Ardres   Blanc-Pignon   Ostove   le Fort- S.t Jean   Rumingham   Muncq-Nieurlet   Mentque   Buysscheure

Hervelinghen   Pihen-lès-Guines   Hames-Boucres   GUÎNES   Andres   ARDRES   Zutkerque   Nielles-les-Ardres   Polincove   la Recousse   le Mont   Parc   Zuytpeene

Anc. Camp Romain   S.t-Inglevert   Alenthum   Balinghem   Lostrem   Beuthem   Recques-s-Hem   le Communal   Ganspette   Bavinchove

Audembert   Base V2   Landrethun-le-Nord   Campagne-les-Guines   Autingues   Nordeausques   Epercecques   Houle   S.t Momelin   Nieurlet   Zudausques   Bayenghem-les-Eperlecques   les Trois-Rois

Leubringhem   Château de Blacourt   Caffiers   Autingues   Nielles-Ardres   Houle   Nieurlet 59   Nord   la Maison- Blanche   le Nieppe

Bernes   Ferques   Fiennes   Rodelinghem   Bouquehault   Louches   Nord   S.t Zouafques   Bonningues-les-Ardres   Tournehem-s-la-Hem   Bayenghem-les-Eperlecques   Autoroute des Anglais   Clairmarais   Staple

MARQUISE   Leulinghen   Elinghen   Ecottes   Yeuse   Guémy   Nort-Leulinghem   Moulle   ST OMER   ARQUES   Ebblinghem

Beuvrequen   Rinxent   Locquinghen   Hardinghen   Clerques   Nieurlet   Sémaphore   S.t Martin-au-Laërt   Longuenesse   Basilique   Renescure

Offrethun   Réty   Hermelinghen   Alembon   le Ventu   Licques   Bonningues-les-Ardres   Audrehem   le Poirier   Moringhem   Tilques   Salperwick   Westhove   Pont-d'Asquin   Lynde

Wacquinghen   Wierre-Effroy   Mont Cornet   Boursin   Herbinghen   Mentque   Cormette   S.t Martin   Leulingue   Longuenesse   Blendecques   Wardrecques   Sercus

Maninghen-Henne   Hesdres   Chât. de la Briamerie   Mont Dauphin   Hocquinghen   Northécourt   la Wattine   Zudausques   Gondardenne   Heuringhem   Wittes   Blaringhem

Pittefaux   Conteville-les-Boulogne   Baincthun   Baingthem   Haute Pannée   Leulinghem   Bilques   Sablonière   Racquingham   les Ciseaux

Pernes-les-Boulogne   Belle-et-Houllefort   le Wast   Colembert   Rebergues   Journy   Quercamps   Boisdinghem   Zudausques   Coubronne   Quiestede   Boëseghem

la Capelle-Boulogne   Surques   Longueville   Loquin-Haut   Alquines   Quelmes   Wisques   Wizernes   Helfaut   Rons   Roquetoire

St-Martin-Boulogne   la Villeneuve Forêt   Bellebrune   Henneveux   Escœuilles   Fromentel   Westbécourt   le Val-d'Acquin   l'Audomarois   LUMBRES   Esquerdes   Bientques   Inghem   Ecques   Warne

Maquinghe   Fresnoy   Brunembert   Bournonville   Quesques   Coulomby   Seninghem   N.-D. des Ardents   Bayenghem-les-Seninghem   Affringues   Elnes   Pihem   Herbelles   Cauchie   Ligne   Rincq

Questinghen   Wirwignes   le Possart   Crémarest   Selles   le Verval   Watterdal   Lottinghem   Quéant   Wavrans-s-l'Aa   Coubronne   Clarques   Thiennes

Hesdin-l'Abbé   le Marais   Menneville   Forêt de Desvres   S.t-Martin-Chocquel   Bléquin   Nielles-lès-Bléquin   S.t Pierre   Fourdebecques   Campagnette   Plouy   Remilly-Wirquin   Clety   THÉROUANNE   Mametz   AIRE-s-la-Lys

Hesdigneul-les-Boulogne   Questrecques   DESVRES   Longfossé   Bléquin   Cantemerle   Salvecques Forestel   Dohem   Upen   d'Aval   Crecques   Marthes

Carly   Wierre-au-Bois   Courset   Sacriquier   Neuf- Manoir   le Ledinghem   Vaudringhem   Wismes   Inghem   Avroult   d' Amont   d' Aval   Glomenghem

Nesles   Verlincthun   Menty   Tingry   SAMER   Beaucorroy   Bécourt   les Trois-Marquets   le Maisnil-Boutry   Drionville   Ouve-Wirquin   Merck   S.t Liévin   THÉROUANNE   Westrehem   Mamentz

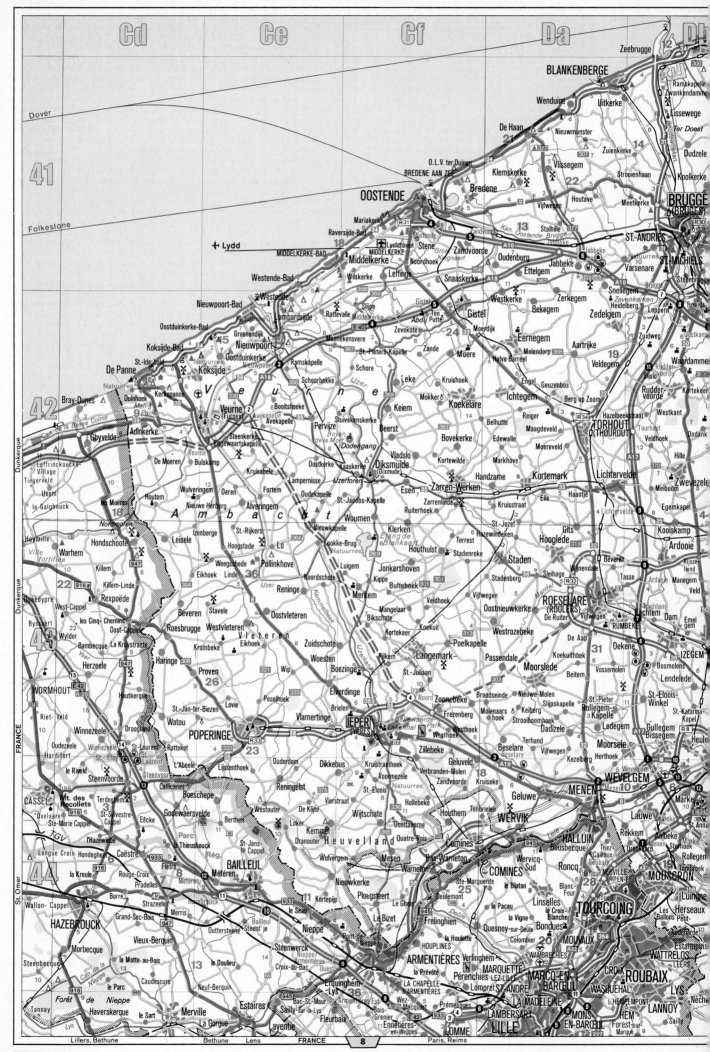

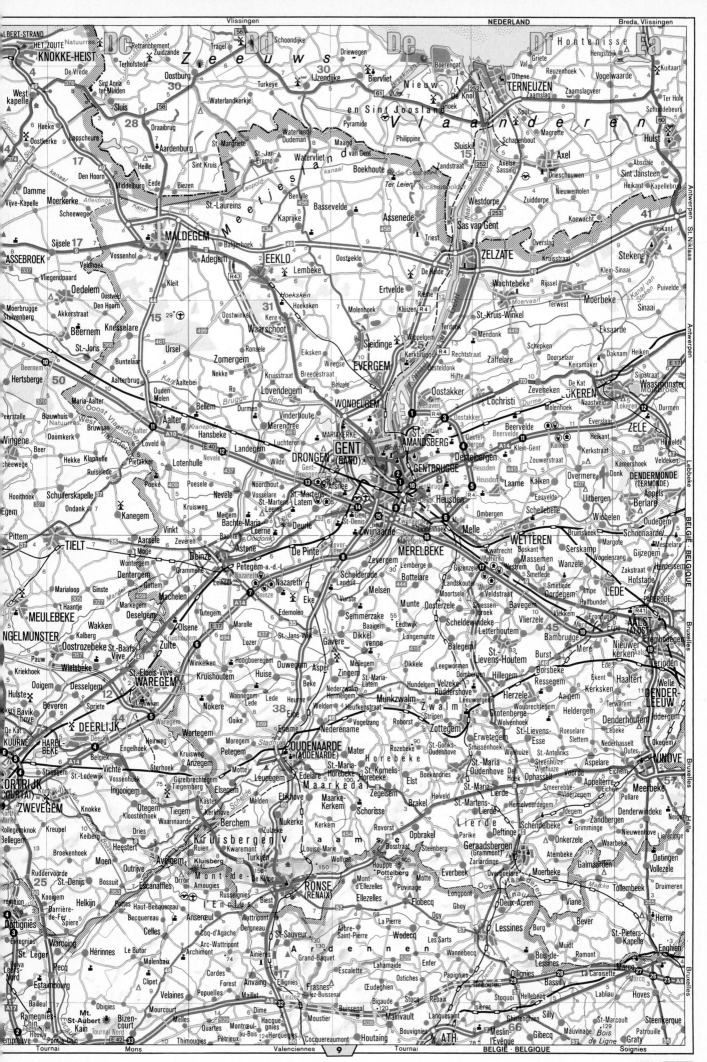

Boulog

Af   Ba   Bb   Bc   Bd

45

Lydd
Hardelot-Plage
Mont St Frieux   Neufchâtel-
152.   Dunes   Hardelot
Dannes
Plage-   176
Ste-Cécile   Camiers

Embouchure
de la Canche
le Touquet-   ÉTAPLES
Paris-Plage

33   Trépied

Stella-   Villiers
Plage

Merlimont-   Cucq
Plage

Merlimont   Airon-N.D.
Parc de
Bagatelle

46   Berck-s-Mer   Rang-
du-Fliers
Berck-
Plage   Verton

33

Groffliers

Waben

Baie de l'Authie   Conchil-
le-Temple   34

Fort-Mahon-   le Vieux
Plage   30   Fort-Mahon

Aqualand   9
Quend-   Quend
Plage   Moncheaux
les Pins

*Dunes

36
St-Quentin-
en-Tourmont

RUE

47   Parc Ornithologique   Chât. du Brouel
du Marquenterre   St-Firmin

Favières
13

Baie de Somme
Pointe du Hourdel

le Hourdel
la Molière   le Crotoy
Mollières
Brighton   Maison de   ST-VALERY-
l'Oiseau   sur Somme
Cayeux-   44
sur-Mer   Wathiehurt
Chemin de
fer Touristique   Sallenelle   Pinchefalise
Lanchères

Pendé   Estrébœuf
Flatte
d'Ault   Brutelles
Tilloy
Hautebut   29   Arrest

Vaudricourt   St-Blimont   Boubert
Woignarue

AULT   Bourseville   Ochancourt
le Bois-   940   Allenay   Nibas   Franleu
de-Cise   86   Tully   Friville-
Friaucourt   Escarbotin
Mers-   Martaignéville   St-Quentin-   33
les-Bains   la-Motte-Croix-   Béthencourt-
au-Bailly   sur-Mer   Fressenneville
le Tréport   Méneslies   Woincourt   Chêpy
Mesnil-Val   N.D.St-   Yzengremer   Feuquières-
Flocques   Laurent   Dargnies   en-Vimeu
Criel Plage   6   Oust-Marest   Hocquélus   Aigneville
EU   9   Ponts-   Bouvaincourt-   Corroy
Criel-   Etalondes   et-Marais   sur-Bresle   Embreville   Buigny-
Mesnil-   sur-Mer   St-Pierre-   Beauchamps   lès-Gamaches   Maisnières
en-Caux   Boscrocourt   en-Val   Incheville   Monchelet
Tocqueville-sur-Eu   Heudelimont   le Fresne   12   Frettemeule
Neuvillette   Touffreville-   Traige   Wiammeville
sur-Eu   St-Remy-   GAMACHES   Tilloy-
Biville-   Boscrocourt   Monchy-   10   Floriville
Litteville   sur-Eu   Longroy   Infray
Centrale   Penly   Assigny   Canehan   Etocquigny   le Mesnil-   à Tuilerie   Busménard
nucléaire   Réaume   d'Eu   Millebosc   935
St-Martin-Plage   Brunville   Baromesnil   Guerville   Bazinval   Bouillancourt-
Belleville-   24   Guilmécourt   St-Martin-   Melleville   Grande   Monthières   en-Séry   Ansennes
sur-Mer   le-Grand   Greny   le-Gaillard   Cuverville-   Vallée   Monchaux-
Berneval-   Tourville-   sur-Yères   Villy-   Haute   Soreng   171
le-Grand   la-Chapelle   Sept-   le-Bas   Rieux   Blangy-
Phare d'Ailly   Bracquemont   Glicourt   Auquemesnil   Meules   Fumechon   Forêt   sur-Bresle
Ste-   Pourville-   Puys   Graincourt   Intraville   St-Quentin-   Bailly-   206   d'Eu
Marguerite-   sur-Mer   St-   Derchigny   au-Bosc   St-Aignan   en-Rivière   159   Grandcourt   Neufchâtel
sur-Mer   Parc de   Jacques   Gréges   la Vauvaye   Gouchaupré   Avesnes-   Villy-   28
DIEPPE   Neuville   Sauchay-le-Haut   en-Val   le-Haut
Varengeville-   Moustier   Musée   Martin-   Sauchay-le-Bas
sur-Mer   Petit   Eglise   Ancourt   Bellengreville
Appeville   Rouxmesnil-
Bouteilles
Le Havre   Rouen   Neufchâtel

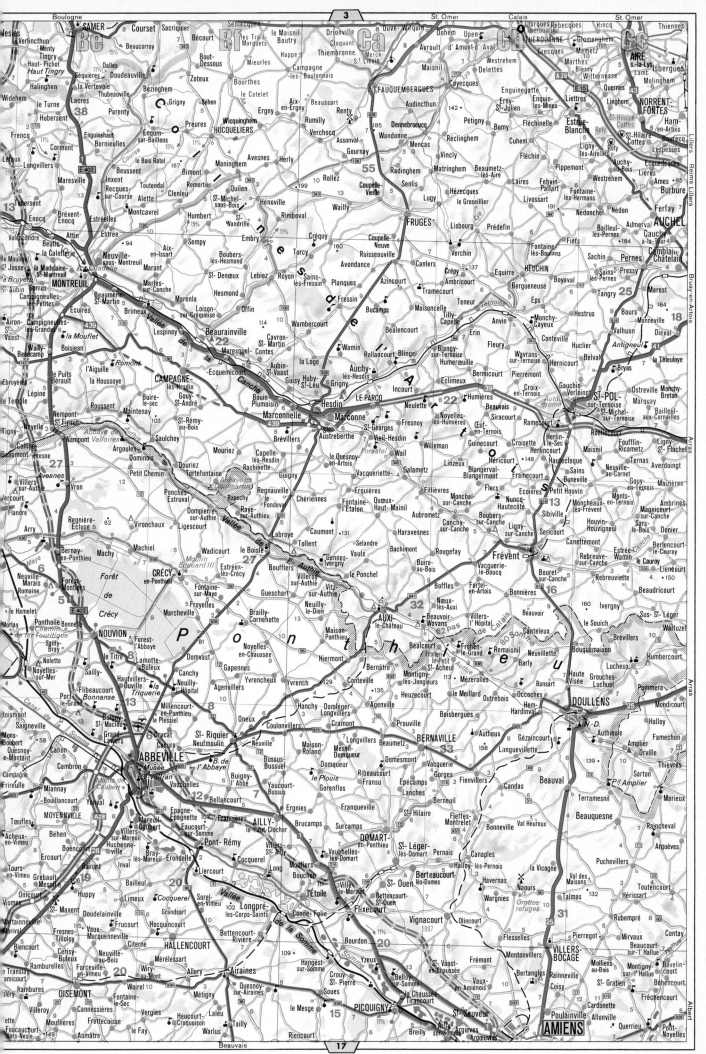

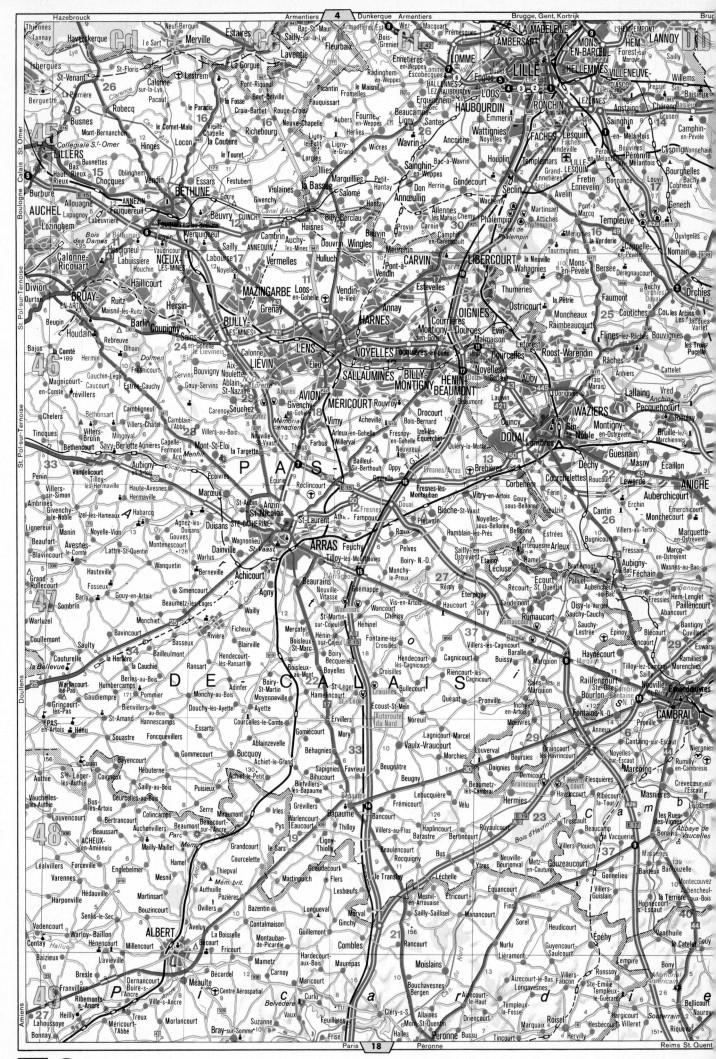

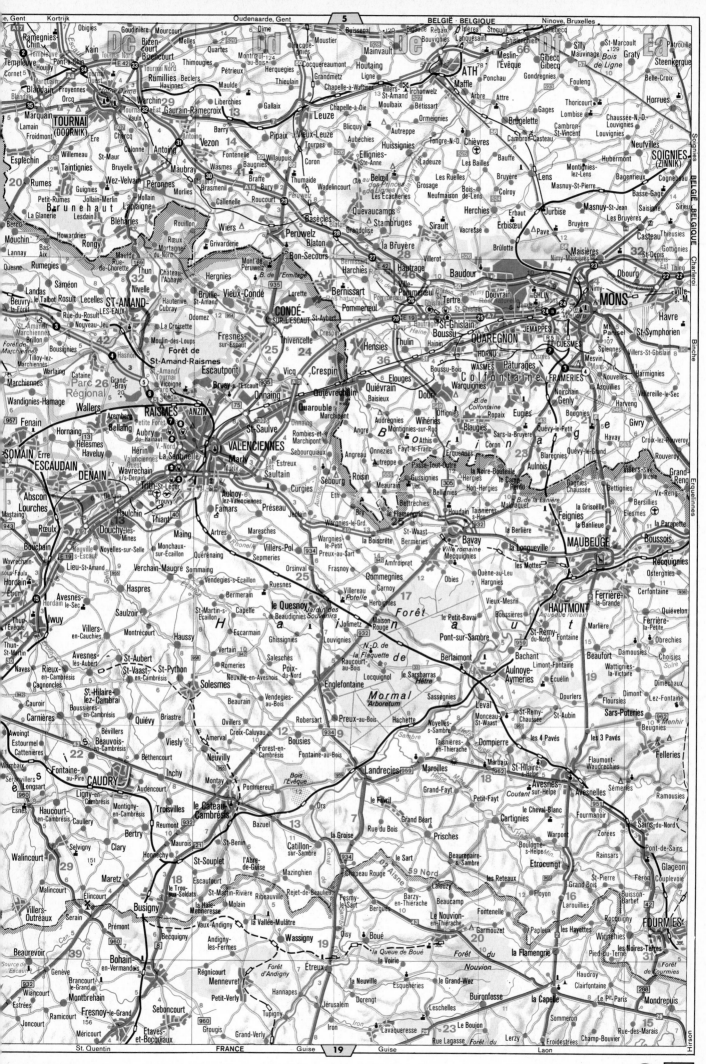

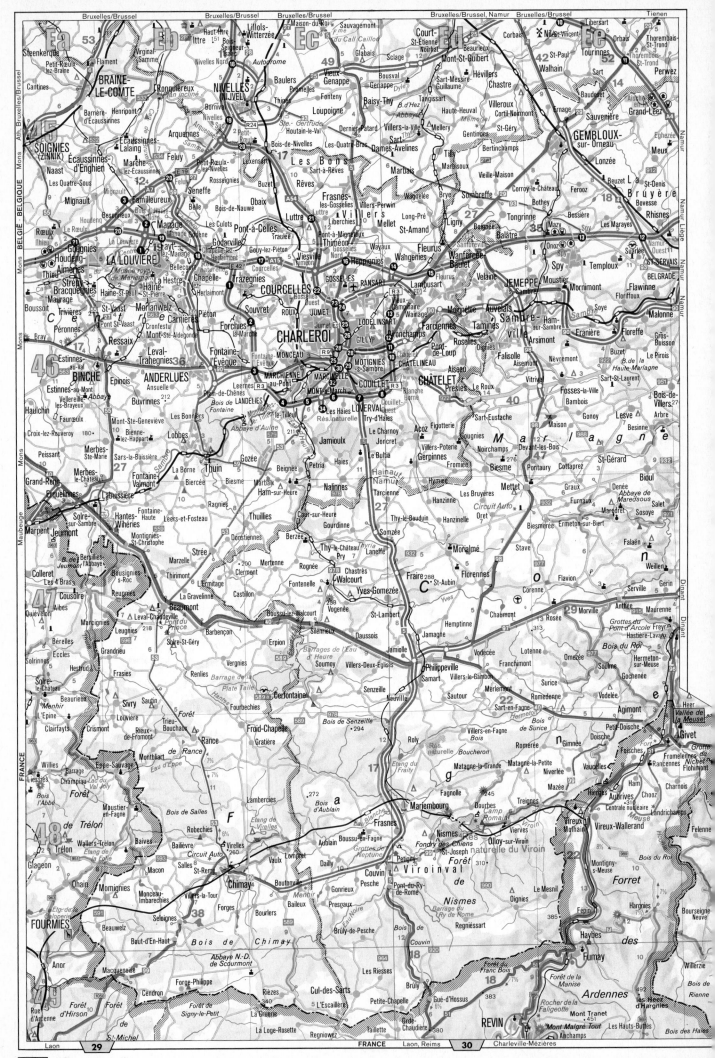

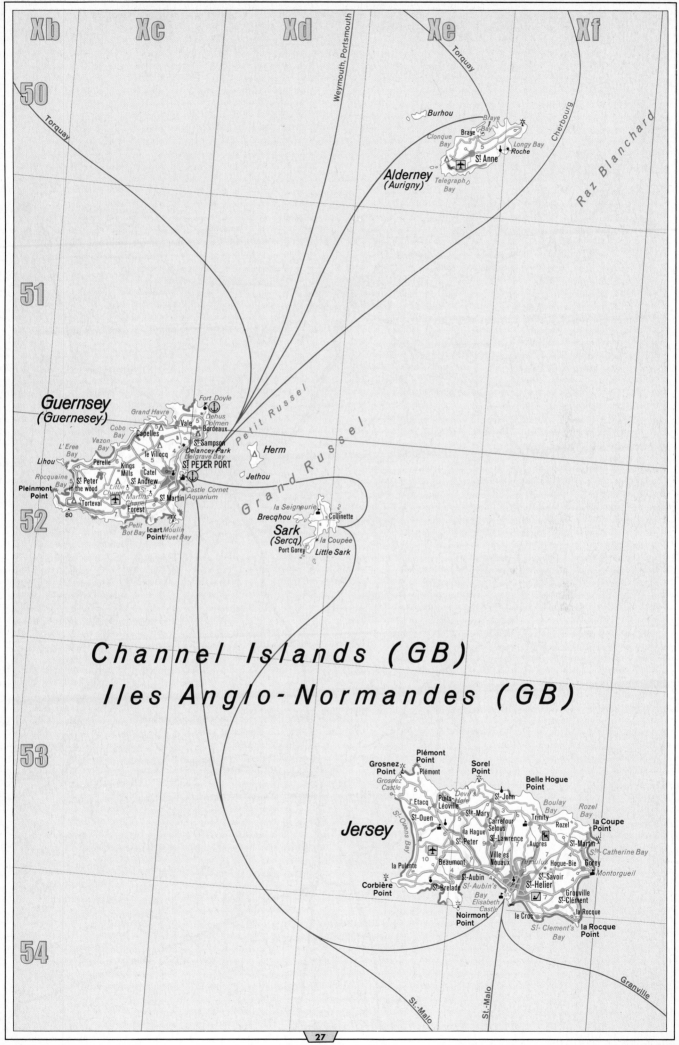

Torquay

Weymouth, Portsmouth

Torquay

Cherbourg

Raz Blanchard

Burhou

Clonque Bay
Braye Bay
Braye
Longy Bay
Roche
St Anne
Telegraph Bay

Alderney
(Aurigny)

Torquay

Guernsey
(Guernesey)

Fort Doyle
Dehus Dolmen
Grand Havre
Vale
Bordeaux
Cobo Bay
Capelles
Vazon Bay
le Villocq
St Sampson
Delancey Park
Belgrave Bay
L'Eree Bay
Perelle
Kings Mills
Catel
St Andrew
St Peter in the wood
Little Church
Chapel Forest
St Martins
St Martin
Castle Cornet
Aquarium
Lihou
Rocquaine Bay
St Peter
Torteval
80
Petit Bot Bay
Icart Point
Moulin Huet Bay

ST PETER PORT

Pleinmont Point

Petit Russel

Grand Russel

Herm

Jethou

la Seigneurie
Brecqhou
Collinette
Sark
(Sercq)
Port Gorey
la Coupée
Little Sark

Channel Islands (GB)
Iles Anglo-Normandes (GB)

Jersey

Plémont Point
Grosnez Point
Plémont
Grosnez Castle
Sorel Point
Belle Hogue Point
Devil's Hole
l'Etacq
Puits-Léoville
St-John
St-Ouen
Ste-Mary
Carrefour Selous
Trinity
Boulay Bay
Rozel Bay
St-Ouens Bay
la Hague
St-Lawrence
Rozel
la Coupe Point
St-Peter
Augres
St-Martin
St-Catherine Bay
Ville es Nouaux
Tumulus
Hougue-Bie
Beaumont
la Pulente
St-Aubin
St-Savoir
Gorey
Montorgueil
Corbière Point
St-Brelade
St-Aubin's Bay
Elisabeth Castle
St-Helier
Grouville
St-Clément
la Rocque
Noirmont Point
le Croc
St-Clement's Bay
la Rocque Point

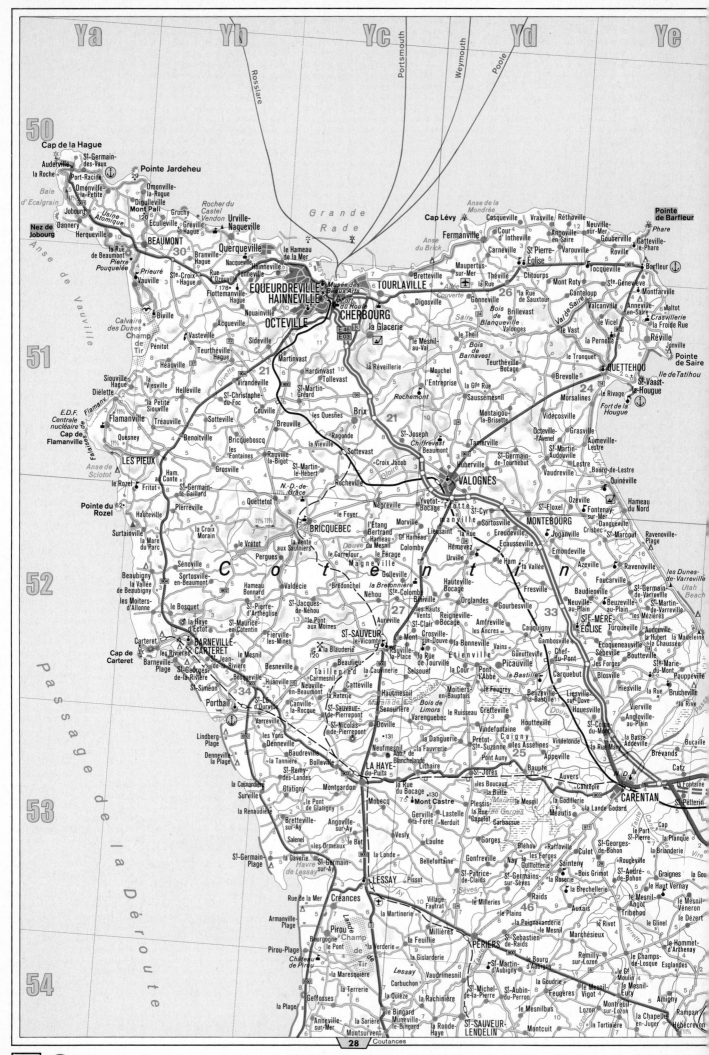

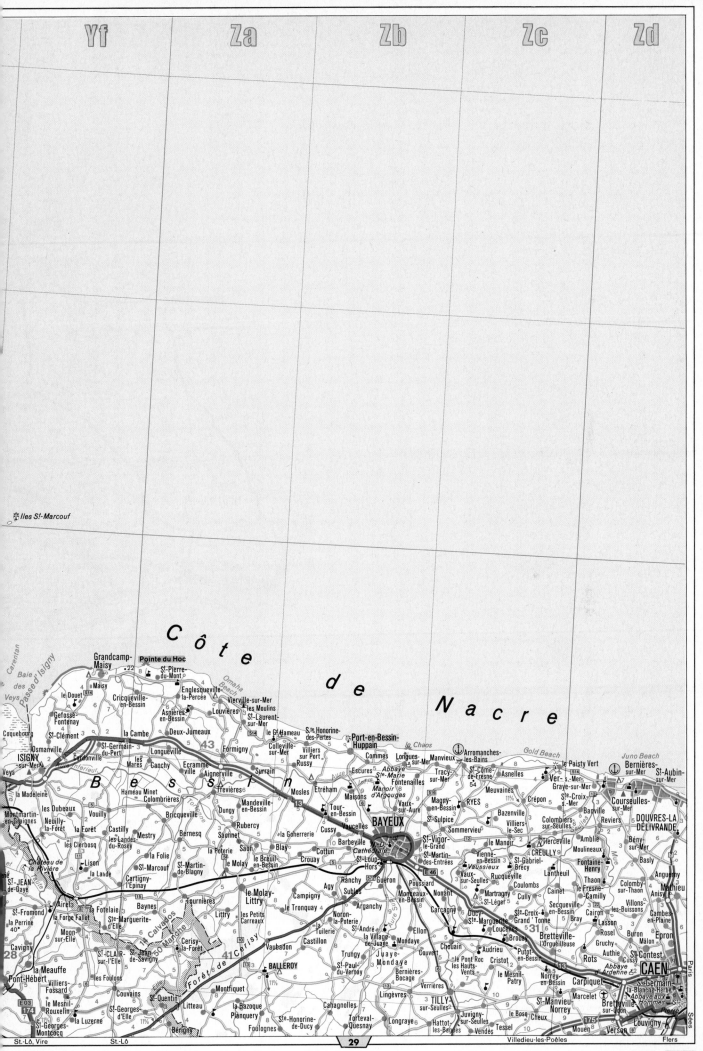

✳ Iles St-Marcouf

Côte de Nacre

Carentan

Baie des Veys

Passe d'Isigny

Grandcamp-Maisy   22 Pointe du Hoc
St-Pierre-du-Mont
Maisy
le Douet 514
Englesqueville-la-Percée Omaha Beach
Cricqueville-en-Bessin Vierville-sur-Mer
Asnières-en-Bessin les Moulins
Louvières St-Laurent-sur-Mer
Gefossé-Fontenay
Coquebourg St-Clément la Cambe Deux-Jumeaux le G.^d Hameau
Osmanville St-Germain-du-Pert Longueville 43 Formigny Colleville-sur-Mer
ISIGNY-sur-Mer Cardonville Canchy les Mares Villiers-sur-Port Ste-Honorine-des-Pertes Port-en-Bessin-Huppain le Chaos
Veys Inférieur Russy Commes Longues-sur-Mer Manvieux ⚓ Arromanches-les-Bains Gold Beach Juno Beach
la Madeleine Ecrammeville Aigneville Surrain Escures Abbaye Ste-Marie Tracy-sur-Mer St-Côme-de-Fresne Asnelles le Paisty Vert Bernières-sur-Mer St-Aubin-sur-Mer
Montmartin-en-Graignes Hameau Minet Colombrières Tfevières Mosles Etréham Fontenailles Manoir d'Argouges 516 Magny-en-Bessin RYES Meuvaines 11½ Crépon Ver-s.-Mer Graye-sur-Mer Courseulles-sur-Mer
les Oubeaux Vouilly Bricqueville Dungy Mandeville-en-Bessin Maisons Vaux-sur-Aure 54 Bazenville Villiers-le-Sec Colombiers-sur-Seulles Reviers DOUVRES-LA-DÉLIVRANDE
Neuilly-la-Forêt Castilly les Landes du-Rosey Mestry Bernesq Saonnet Rubercy la Goherrerie Cussy Vaucelles BAYEUX St-Sulpice Sommervieu Banville Amble Bény-sur-Mer Basly
la Forêt les Clerbosq la Folie Saon Blay Barbeville Cottun N.-D. Cathédrale St-Vigor-le-Grand le Manoir CREULLY Moulineaux Thaon Colomby-sur-Thaon Anguerny
Château de la Rivière Lison St-Marcouf St-Martin-de-Blagny le Molay le Breuil-en-Bessin Crouay St-Loup-Hors St-Martin-des-Entrées Vienne-en-Bessin St-Gabriel-Brécy Fontaine-Henry le Fresne-Camilly Villons-les-Buissons Mathieu
St-JEAN-de-Daye la Lande Cartigny-l'Epinay la Poterie Ranchy Guéron Poussiard Vaux-sur-Seulles Rucqueville Lantheuil Secqueville-en-Bessin Cairon Cambes-en-Plaine
Airel la Fotelaie Baynes Tournières le Molay-Littry Campigny Agy Subles Nonant Carcagny Martragny Coulombs Cainet Cully Lasson Rosel Buron Epron
St-Fromond la Forge Fallot Ste-Marguerite-d'Elle le Tronquay Arganchy Ducy-Ste-Marguerite St-Léger Grand'Tonne Bray 31 Bretteville-l'Orgueilleuse Authie Gruchy Mâlon
Moon-sur-Elle Littry les Petits Carreaux Noron-la-Poterie St-André Ellon Chouain Audrieu Brouay Loucelles Rots Abbaye d'Ardenne Cussy St-Contest CAEN
la Perrine 40* St-CLAIR-sur-l'Elle St-JEAN-de-Savigny Cerisy-la-Forêt Vaubadon Castillon la Village-de-Juaye Mondaye Couvert le Pont Roc les Hauts-Vents Cristot Putot-en-Bessin Norrey-en-Bessin Carpiquet Bretteville-sur-Odon la Blanche-Herbe
Cavigny les Foulons Trungy St-Paul-du-Vernay Juaye-Mondaye Bernières-Bocage le Mesnil-Patry Abbaye aux Hommes 175
la Meauffe BALLEROY Montfiquet 11% Verrières Marcelet
Pont-Hébert Couvains Lingèvres St-Manvieu-Norrey Verson Louvigny
le Mesnil-Rouxelin E03 St-Quentin la Bazoque Planquery Cahagnolles TILLY-sur-Seulles Juvigny-sur-Seulles le Bosq Cheux Mouen
174 St-Georges-d'Elle Litteau Longraye Hattot-les-Bagues Vendes Tessel
St-Georges-Montcocq la Luzerne Bérigny Ste-Honorine-de-Ducy Foulognes Torteval-Quesnay

B e s s i n

14 Calvados 50 Manche

Forêt de Cerisy

FÉCAMP *la Trinité*
Musée de l'ex.
la Bénédictine
St-Léonard
Vattetot-sur-Mer
Bénouville
Yport
Froberville
Épreville
Falaise d' Amont
le Rambor
Étretat
Falaise d' Aval
Bordeaux-St-Clair
les Loges
Gerville
Cap d' Antifer
la Place
le Tilleul
Auberville-la-Renault
Bretteville-du-Gd-Caux
la Poterie-Cap-d'Antifer
Beaurepaire
Sausseuzemare
Écrainville
Port du Havre-Antifer
Ste-Marie-au-Bosc
Cuverville
Chât. des en-Caux
Groseilliers
Gonneville-la-Mallet
Villainville
GODERVILLE
St-Jouin
Bornambusc
Bréauté
Mannevil-la-Goupil
Anglesqueville-l' Esneval
CRIQUETOT-l' Esneval
Vergetot
St-Sauveur-d' Emalleville
Heuqueville
Buglise
St-Martin-du-Béc
Turretot
Ecuquetot
St-Sauveur
Houquetot
Cauville
Mannevillette
Hermeville
Virville
Ecqueville
Rolleville
Angerville-l' Orcher
Graimbouville
Parc d' Anxtot
St-Gilles-de-la-Neuville
Octeville-sur-Mer
St-Barthélemy
Fontenay
Manéglise
Gommerv
St-Andrieux
MONTIVILLIERS
Épouville
Etainhus
Sainneville
Épretot
Aéroport du Havre-Octeville
Fontaine-la-Mallet
St-Martin-du-Manoir
Gournay
St-Laurent-de-Brévedent
St-Aubin-Routot
St-ROMAIN-de-Colbosc
Loiselle
la Remuée
Phare de la Hève
Fort de Ste-Adresse
St-Vincent-Cramesnil
la Cerlangu
Ste-Adresse
Harfleur
Gainneville
Oudalle
Sandouville
Rogerville
St-Jean-d' Abbetot
GONFREVILLE
l' Orcher
St-Vigor-d' Ymonville
St-Joseph
Musée
Terrasse
Gd Canal
Port de Rogerville
LE HAVRE
Portsmouth, Rosslare, Cork
Pont de Normandie
Gd Canal du Havre
Seine
HONFLEUR
Berville-sur-Mer
Conteville
Vasouy
N.-D.- de Grâce
Côte de Grâce
Pennedepie
Ste-Catherine
la Rivière-St-Sauveur
Fatouville-Grestain
Criquebœuf
Manoir du Breuil
Villerville
le Montessard
Équemau-ville
Barneville
Gonneville-sur-Honfleur
Ablon
St-Pierre-du-Val
Hennequeville
Figuefleur-Équainville
Aéroport de Deauville-St-Gatien
St-Quentin
Manneville-la-Raoult
Grasville
Deauville
TROUVILLE-sur-Mer
Genneville
Boulleville
BEUZEVILLE
Benerville-sur-Mer
St-Philibert
St-Gatien-des-Bois
le Theil-en-Auge
Quetteville
Blonville-sur-Mer
Mont Canisy
Touques
Bonneville
Fourneville
St-Benoît-d' Hébertot
le Torpt
la Rue-de-Fort Moville
Villers-sur-Mer
Falaise des Vaches Noires
St-Arnoult
Englesqueville-en-Auge
Tourville-en-Auge
le Vieux-Bourg
St-André-d' Hébertot
les Authieux-s.-Calonne
Houlgate
Auberville
Tourgéville
Canapville
St-Martin-aux-Chartrains
Surville
les Jonquets
la Lande-Martainvile
Vauville
les Moutiers
PONT-L'ÉVÊQUE
Beaumont-en-Auge
St-Julien-s-Calonne
Vannecroc
Dives-sur-Mer
Gonneville-sur-Mer
St-Pierre-Azif
St-Vaast-en-Auge
Glanville
St-Étienne-la-Thillaye
Reux
Évêque Lisieux
Bonnebosq
les Hopsores
le Bois-Hellain
CABOURG
Branville
Chât. du Perrey
la Chapelle-Bayvel
Douville-en-Auge
Bourgeauville
Pierre-fitte-en-Auge
Manneville-la-Pipard
Bonneville-la-Louvet
Grangues
Danestal
le-Bourg
Annebault
Drubec
le Mesnil-s.-Blangy
CORMEILLES
Brucourt
Cricqueville-en-Auge
Clarbec
St-Hymer
Chât. de Malou
St-Pierre-de-Cormeilles
Dozulé
Cresseveuille
Valsemé
Fierville-les-Parcs
BLANGY-le-Château
St-Sylvestre-de-Cormeilles
Putot-en-Auge
St-Léger-Dubosq
Moutier
St-Eugène
le Torquesne
le Breuil-en-Auge
St-Brévedent
le Faulq
Goûstranville
Beaufour-Druval
Coquainvilliers
St-Philbert-des-Champs
le Pin
St-Jouin
Clermont-en-Auge
Repentigny
Manoir de Malou
Norolles
St-Jean-Bailleul-la-Valle
Beuvron-en-Auge
Auvillars
Formentin
Manoir du Pontile
Moyaux
Gerrots
Rumesnil
Léaupartie
la Roque-Baignard
Hotot-en-Auge
Montreuil-en-Auge
Manerbe
Ouilly-le-Vicomte
Asnières

CAEN
Luc-sur-Mer
Lion-sur-Mer
Sword Beach
Colleville-Montgomery-Plage
Rade de Caen
Cresserons
OUISTREHAM
Riva-Bella
Merville-Franceville-Plage
Hermanville-sur-Mer
Plumetot
Colleville-Montgomery
St-Aubin-d' Arquenay
Salenelles
Gonneville-en-Auge
Periers-sur-le-Dan
Bénouville
Amfréville
Varaville
Bas-de-Bréville
Ranville
Robehomme
Petiville
Blainville-sur-Orne
Bréville
Bavent
HÉROUVILLE-ST-CLAIR
Hérouvillette
Escoville
le Mesnil-de-Bures
Bassenevile
Dozulé
Colombelles
Cuverville
Touffreville
Bures-s.-Dives
Goûstranville
St-Léger-Dubosq
Beuville
Mondeville
Démouville
Banneville-la-Campagne
Sannerville
St-Richer
Brocottes
Beuvron-en-Auge
Giberville
Gerrots
Rumesnil
Léaupartie
TROARN
Abbaye aux Hommes
Guillerville
St-Samson
le Ham
St-Pierre-du-Jonquet
St-Pair

Côte fleurie
Portsmouth

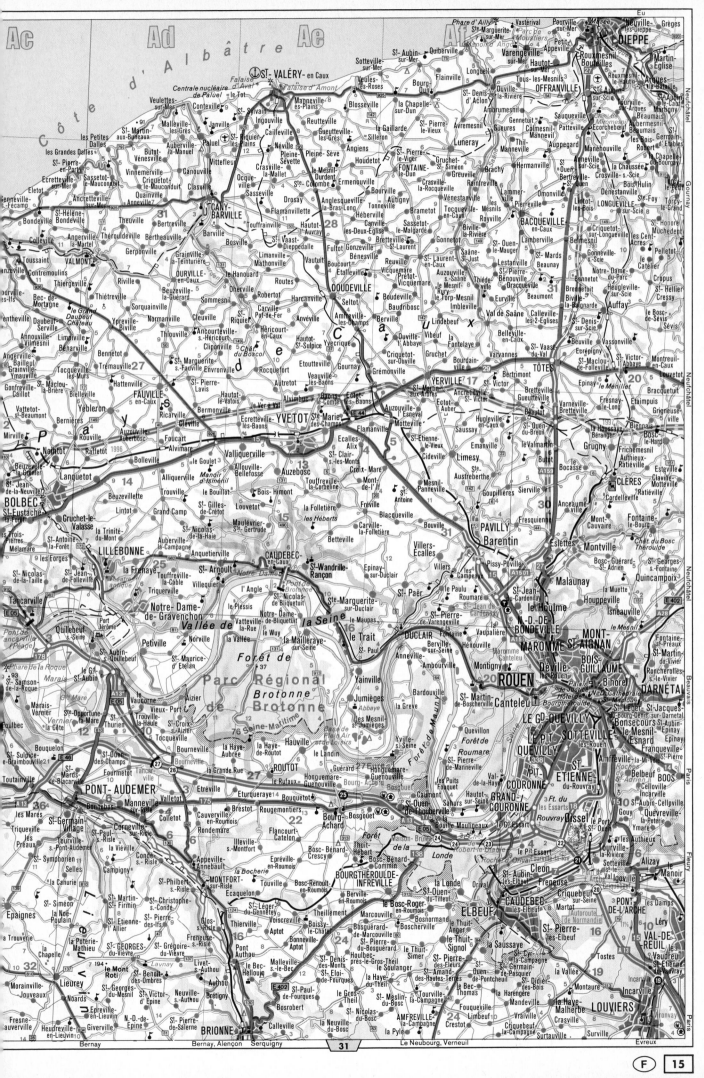

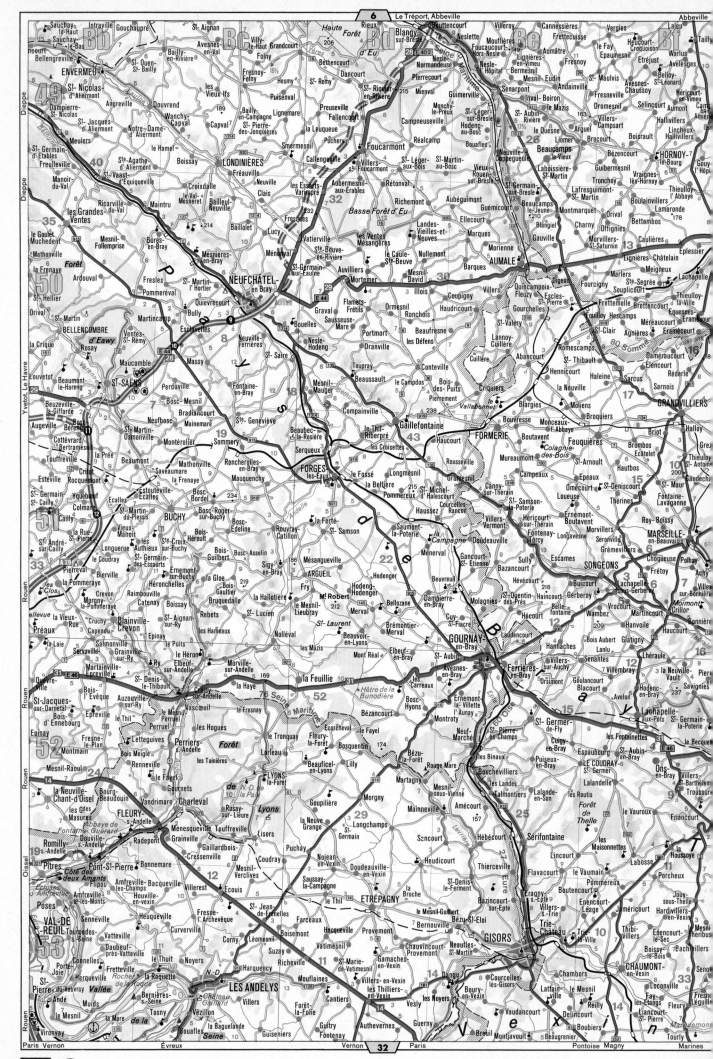

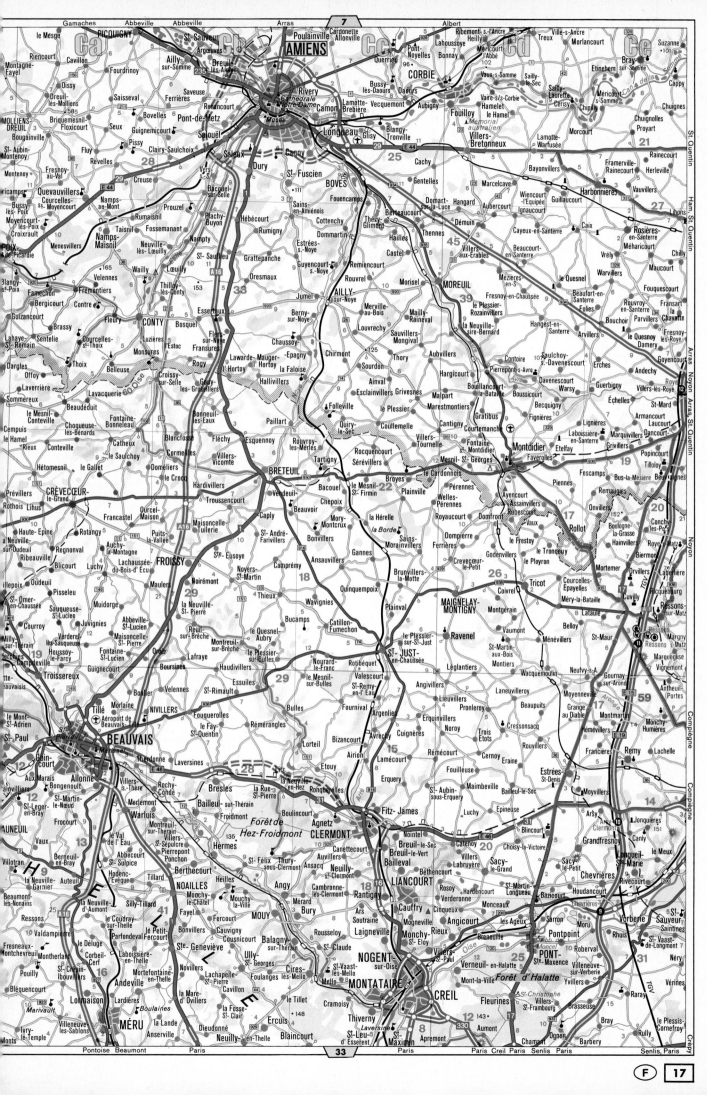

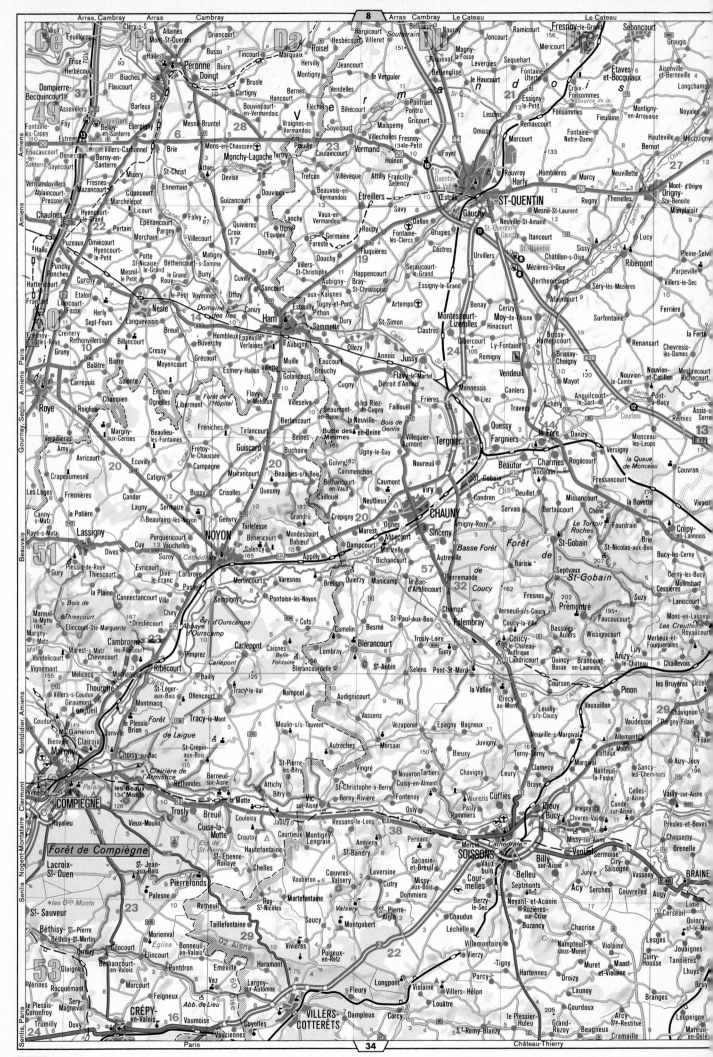

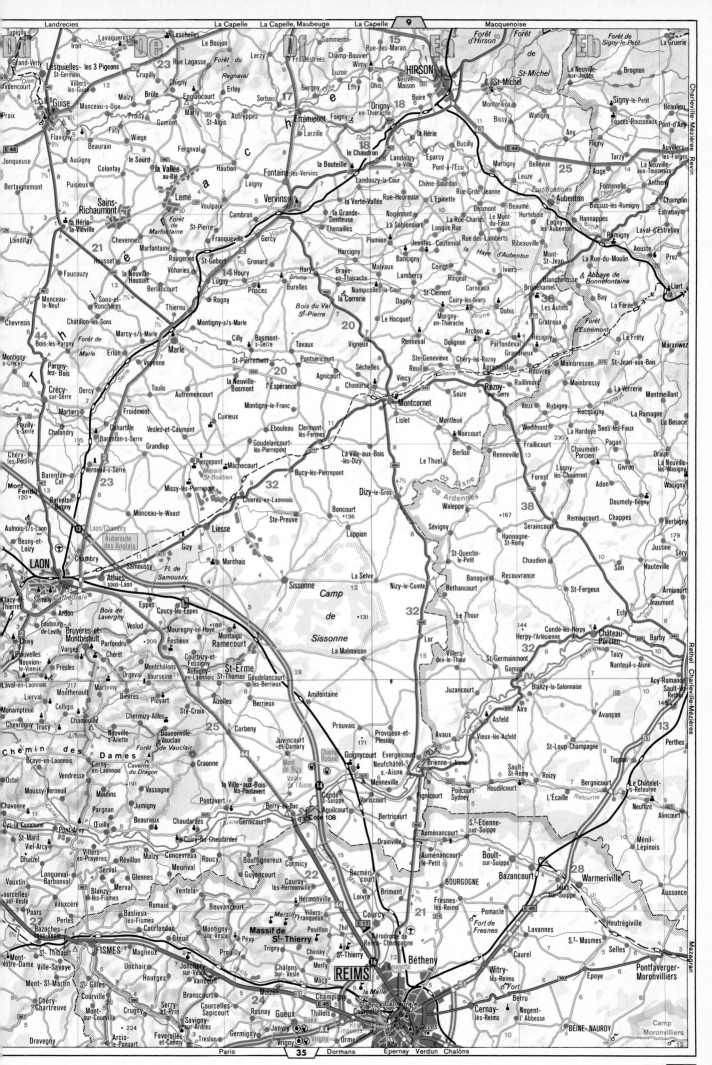

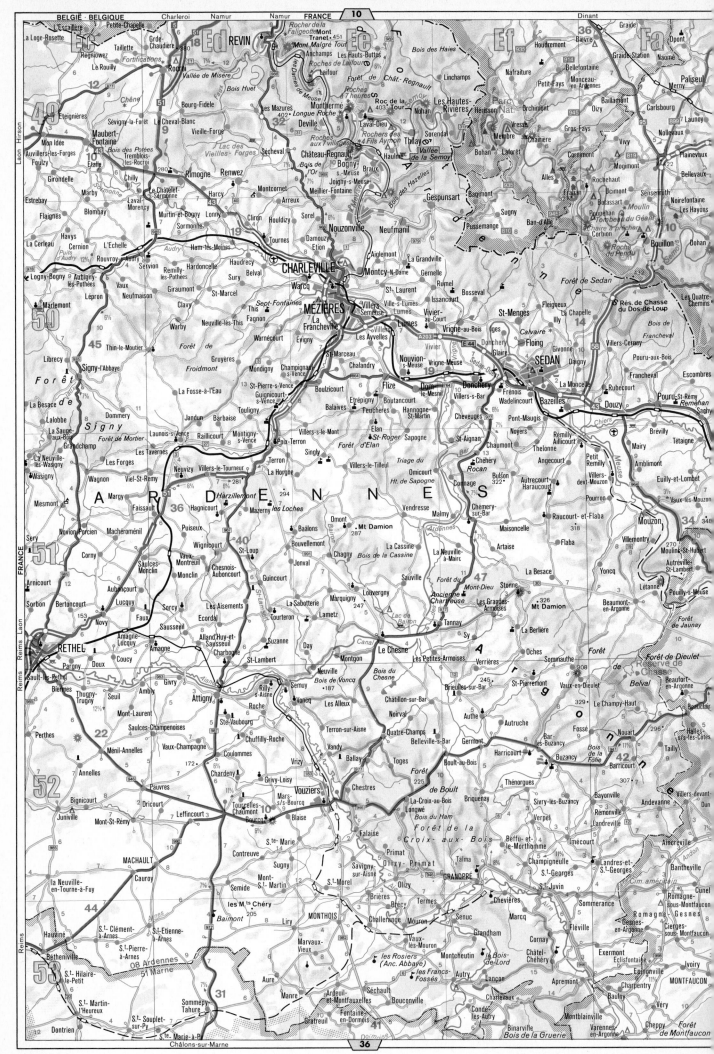

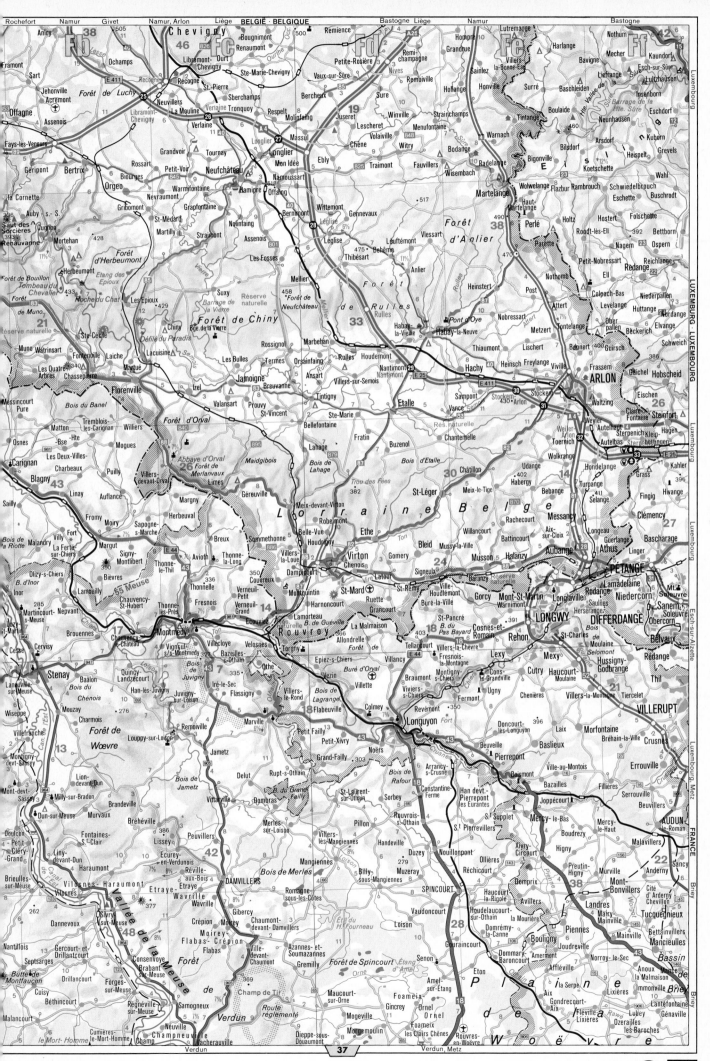

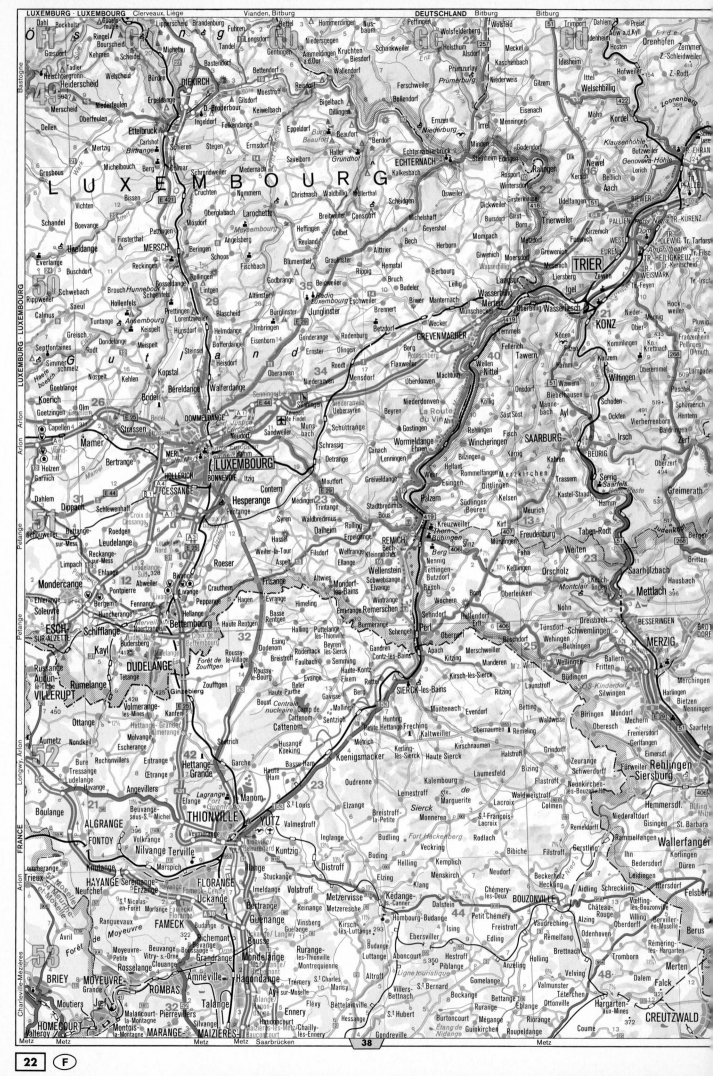

les Sept Iles

Pointe de
Squewel
Ile Renote
Aquarium
marin
Ploumanac'h
Trégastel
Plage
la Clarté
Ile Grande
Bretonne
Allée Couverte
Trégastel
PERROS-
Ile à
Dolmen
Kervégan
GUIREC
Canton
Menhir
106 St-Quay-
de St-Oséa
Station de
Pleumeur-
Perros
telecommunications
Bodou
le Castel
spatiales
13
Trébeurden

Pointe
de Bihit
Pointe de Diben   Pointe
de Primel
Rochers
Primel-Trégastel
le Diben
Ste-Barbe
Plougasnou
St-Samson
Ste
46
Kerénot
St-Jean-du-Doigt
Terenez
Lezingar
Ile de Batz

Ile de Batz
Aquarium
Charles-Perez
le Pouldou
Roscoff
Ile de Sieck
Santec
Theven-
Kerbrat
Bougourouan
Dossen
Moguériec
Kerédanec
St-POL-de-Léon
Rocher
Cathédrale Ste-Anne
Ile Callot
Baie
de
Chaise
du Curé

Pointe de
Dourvin
le Yaudet
Servel
Beg-Léguer
Loguivy-
lès-Lannion
Christ
Locquémeau Ploulec'h
102
Kerangias
Ploubezre
St-Cado
Kerblat

Pointe de
Séhar
Trédrez
St-Michel-
en-Grève
Ploumilliau
Kerverec

Gendes

St-Eden
Kerfissien
Forban
Poulfoën
Kerdanne
Kérider
Tronjoly
Sibiril
PLOUESCAT
Cléder
Lanneusfeld
Pont-Christ
Kerzean
Lanveur
Maillé
Kergor-
nadeac
Tréflaouénan
Queran
Trézilidé
Mengleuz
Berven
Kergoulouarn
Kerizinen
St-Vougay
Creac'h
Trémagon
Langeoguer
Plougar
St-Derrien
Coativellec
Lesvéoc
Kernoter
Guerruas
Plougourvest
Kerlao
Aérodrome
de Landivisiau
Bodilis
St-Servais

PLOUGOULM
la Villeneuve
CARANTEC
Kerprigent
Henvic
Kermen
Kerozal
Cobalon
Locquénolé
Dalar
Plouénan
Lopréden
Penfrat
Kéranton
Kerlidou
Guern
St-Sève
Kerret
Guiclan
Locmenven
Taulé
Lanugy
St-Martin-
des-Champs
Penze

Tumulus
de Barnenez
Morlaix
Plouézoch
LANMEUR
Guimaëc
Kernéléhen
Kervélégant
Kersco
Tréfeunteuniou
Plouigou
Plouézoch
le Foën
Bois-de-
la-Roche

PLESTIN
47
Ste-
Anne
St-Sébastien
Tréduder
Plouzélambre
Rosanbo
Lanvellec
les Sept Saints
Plufur
Trémel
PLOUARET
le Vieux-
Marché
la Trinité

St-Thivisiau
LANDIVISIAU
Penarhoat
Kermat
enclos
paroissial
MORLAIX
PLOUIGNEAU
Luzivilly
la Gare
Plounérin
Plounevez-
Moëdec

62
12
St-Thégonnec
Penvern
Guimiliau
Lampaul-
Guimiliau
Lespodou
Kerléven
enclos
paroissial
Pleyber-
Christ
Plourin-
lès-Morlaix
51
Plouégat-
Moysan
Trudujou
Uzel
St-Maurice
11
Keramanac'h

Ploudiry
Locmélar
Ploudiry
enclos
paroissial
la Martyre
Kéroual
Loc-Eguiner-
St-Thégonnec
Kerroch
enclos
paroissial
Coat-
Losquet
Kervian
275
Cloître-
St-Thégonnec
Plouguerneau
Kerlosser
Botsorhel
Guerlesquin
Plougras
Loguivy-
Plougras

SIZUN
le Tréhou
Commana
Brennilis
Plounéour-
Menez
Parc
le Relecq
293
268
Scrignac
Keradily
Bolazec
la Chapelle-
Neuve

Pen-ar-Hoat
Mgne St-Michel
24
HUELGOÄT
le Vieux-
Tronc
31
Poullaouen
CALLAC

42

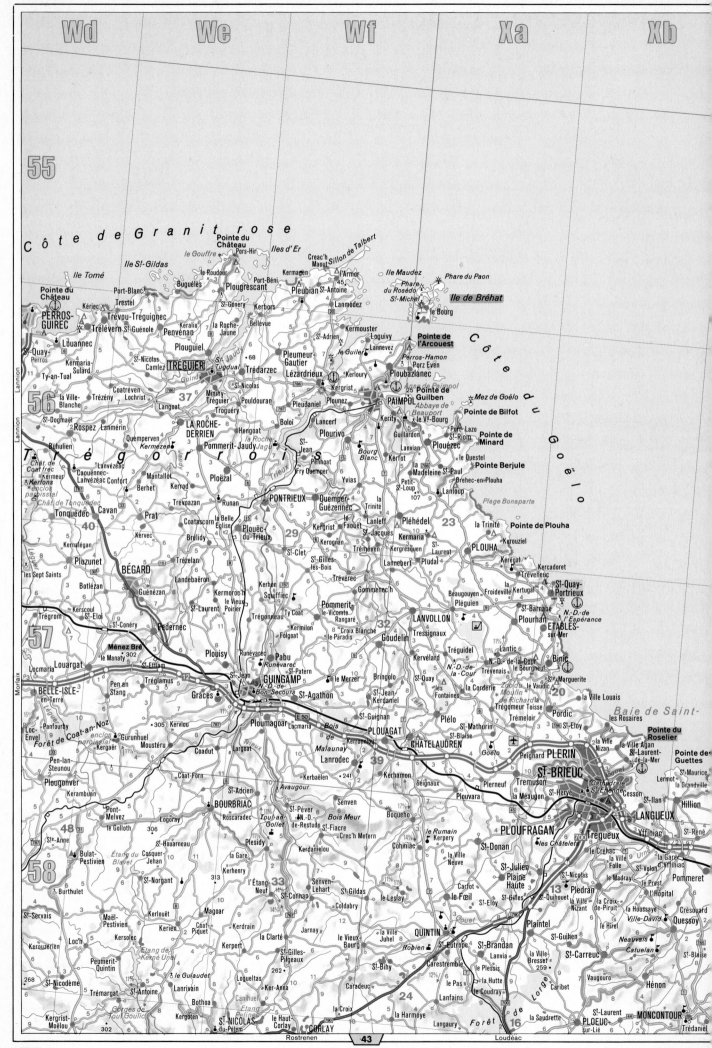

55

Côte de Granit rose
Pointe du Château
le Gouffre
Pors-Hir
Iles d'Er
Ile St-Gildas
Ile Tomé
le Roudou
Buguélès
Port-Blanc
Pointe du Château
Kériec
Trestel
PERROS-GUIREC
Trévou-Tréguignec
St-Quay-Perros
Louannec
Trélévern St-Guénole
Penvénan
Kermaria-Sulard
Ty-an-Tual
Coatréven
Plouguiel
la Ville-Blanche
St-Dogmaël
Rospez Lanmérin
Buhulien
Pommerit-Jaudy
Pors-Béni
Pleubian St-Antoine
Lanmodez
Kermagen
Creac'h Maout
Sillon de Talbert
l'Armor
St-Adrien
le Guiler
Loguivy
Lannevez
Perros-Hamon
Porz Even
Pointe de l'Arcouest
Ile Maudez
Phare du Rosédo
St-Michel
Phare du Paon
Ile de Bréhat
le Bourg
Pointe de Guilben
PAIMPOL
Pointe de Bilfot
Pointe de Minard
Pointe Berjule
Pointe de Plouha

Trégorrois
Côte du Goëlo

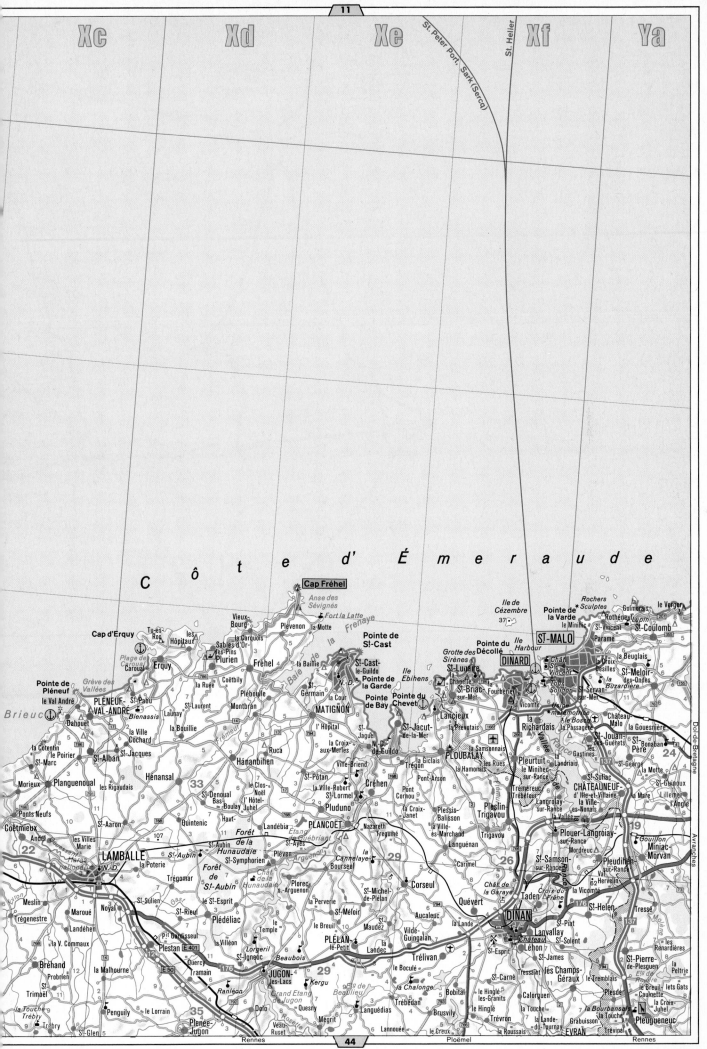

St. Peter Port, Sark (Sercq)
St. Helier

Côte d' Émeraude

C ô t e   d'   É m e r a u d e

Cap Fréhel

Anse des Sévignés
Ile de Cézembre
37
Rochers Sculptes
le Verger
Pointe de la Varde
la Guimorais
Fort la Latte
le Minihic
Vieux-Bourg
Plévenon
la Motte
Baie de la Frenaye
St-Vincent
St-Coulomb
Cap d'Erquy
Tu-es-Roc
les Hôpitaux
la Carquois
Sables d'Or-des-Pins
 St-MALO
Paramé
Rothéneuf
Lupin
Plurien
Fréhel
la Baillie
Pointe de St-Cast
Pointe du Décollé
Grotte des Sirènes
Ile Harbour
DINARD
Chât St-Vincent
la Croix
St-Meloir-des-Ondes
la Beuglais
Erquy
Coëtbily
la Ruee
St-Germain
St-Cast-le-Guildo
N.-D.
Pointe de la Garde
Pointe de Bay
Ile Ebihens
St-Lunaire
la Chapelle
la Fourberie
Tour Solidor
Usine
la Buzardière
Plage de Caroual
Pléboulle
Montbran
Pointe du Chevet
St-Briac-sur-Mer
la Vicomte
St-Servan-sur-Mer
Château-Malo
Pointe de Pléneuf
Grève des Vallées
la Cour
MATIGNON
St-Jacut-de-la-Mer
Lancieux
la Prévotais
maremotrice
le Bosch
la Passagère
la Gouesnière
le Val André
St-Pabu
St-Laurent
l'Hôpital
la Croix-aux-Merles
N.-D.-de-Guildo
la Richardais
la Ville-ès-Nonais
St-Jouan-des-Guérets
PLÉNEUF-VAL-ANDRÉ
Bienassis
la Ville Cochard
la Bouillie
St-Jaguel
la Samsonnais
les Gastines
St-Père
Brieuc
Dahouët
Launay
Ruca
Ville-Briend
Trégon
les Giclais
PLOUBALAY
les Rues
la Hamonais
Pleurtuit
la Landriais
St-Suliac
24
la Cotentin le Poirier
St-Marc
St-Alban
St-Jacques
Hénanbihen
St-Pôtan
la Ville-Robert
St-Lormel
Pont-Arson
le Minihic-sur-Rance
la Motte
St-George
CHÂTEAUNEUF-d'Ile-et-Vilaine
Morieux
Planguenoual
les Rigaudais
Hénansal
33
le Clos-Noël
Bas-Boulay
l'Hôtel-Juhel
Créhen
Pluduno
Pont Cornou
la Croix-Janet
Plessis-Balisson
la Ville-ès-Marchand
Trémereuc Trébédour
Langrolay-sur-Rance
la Mare
Lillemer
l'Angle
Ponts Neufs
St-Aaron
Quintenic
Haut-
Landébia
PLANCOËT
Treguihé
Nazareth
Languénan
Pleslin-Trigavou
Trigavou
Plouer-Langroiay-sur-Rance
Mordreuc
19
Gouillon
Miniac-Morvan
Coëtmieux
Andel
22
les Villes Marie
Haras national
N.-D.
Forêt de la Hunaudaie
St-Aubin
St-Ayes
Pléven
Arguenon
la Cannelaye
Bourseul
29
Carimel
26
St-Samson-sur-Rance
Pleudihen-sur-Rance
Hervelin
LAMBALLE
la Poterie
Trégomar
Forêt de St-Aubin
St-Symphorien
Chât de la Hunaudaie
Plorec-s.-Arguenon
la Perverie
Corseul
Chât de la Garaye
Croix-du-Frêne
Taden
la Vicomté
St-Helen
Tressé
Meslin
Noyal
St-Sulien
le St-Esprit
St-Michel-de-Plélan
St-Méloir
Quévert
Aucaleuc
la Lande
DINAN
St-Piat
176
Trégenestre
Marouė
Landéhen
Plédéliac
le Breuil
le Temple
Maudez
Vildé-Guingalan
la Landec
Léhon
Château
Lanvallay
St-Solent
St-James
137
les Renardières
P.t Gardisseul
Plestan
Quercy
le St-Esprit
St-Igneuc
Beaubois
PLÉLAN-le-Petit
Trélivan
le Boculé
St-Carné
Tressaint
les Champs-Géraux
St-Pierre-de-Plesguen
la Peltrie
Bréhand
Probrien
la Malhourne
Tramain
JUGON-les-Lacs
29
Kergu
Etg de Beaulieu
la Chalonge
Bobital
le Hinglé-les-Granits
le Hingle
Calorguen
la Touche
Plesder
le Breuil-lets Gats
la Croix-Juhel
St-Trimoël
la V. Commaux
E 50
Dolo
Quesny
Mégrit
Languédias
Trébédan
Brusvily
Trévron
la Lande-du-Tournay
Grabuisson
la Touche
la Bourbansais
Pleugueneuc
la Touche-Trébry
Penguily
le Lorrain
35
Plénée-Jugon
Ranléon
Veau-Ruset
Lannouée
le Creux
la Roussais
ÉVRAN
Trévinal
Trébry
St-Glen

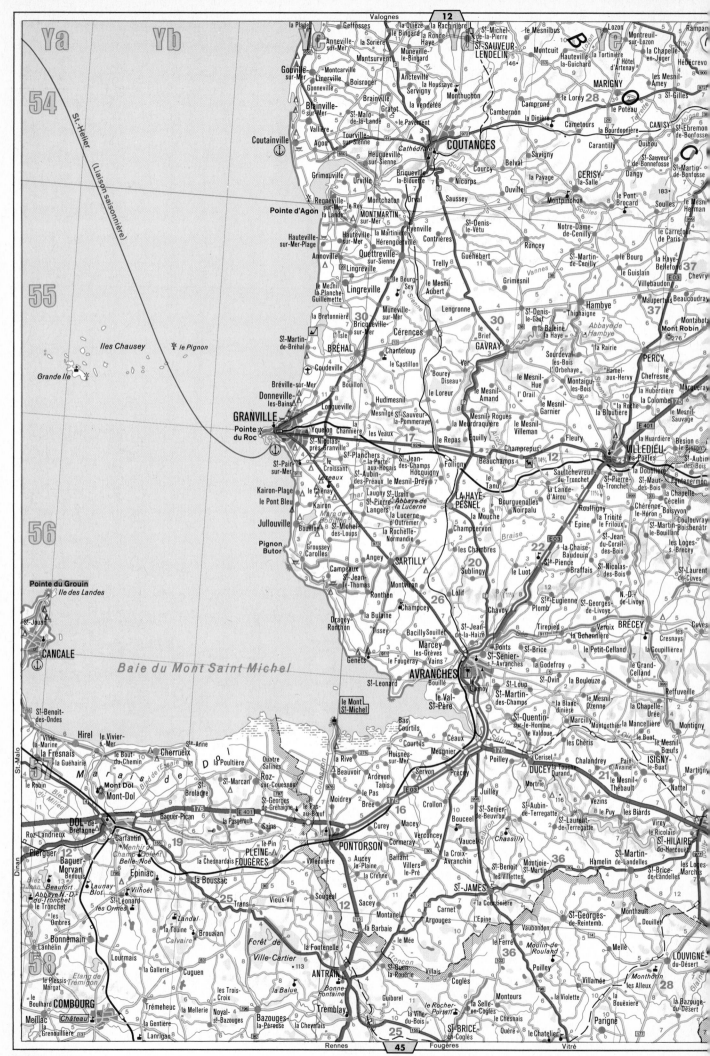

Ya   Yb   Yc   Yd   Ye

54

55

56

St-Hélier   (Liaison saisonnière)

Iles Chausey   le Pignon

Grande Ile

Pointe du Grouin   Ile des Landes

St-Jouan

CANCALE

Baie du Mont Saint Michel

St-Benoit-des-Ondes

Hirel   le Vivier-s.-Mer

Vildé-la-Marine   le Bout-du-Chemin   Ste-Anne   Cherrueix

la Fresnais   la Guéhairie   la Poultière

le Robin   Roz-sur-Couesnon

Mont Dol   Bied de l'Essai   St-Marcan

Mont-Dol   St-Broladre

Dinan   DOL-de-Bretagne   Baguer-Pican   le Pin

Roz-Landrieux   Carfantin   la Pasgérault   Sains

Pleurguer   12   Baguer-Morvan   Menhir de Champ Dolent Belle-Noé   19   la Chesnardais   PLEINE-FOUGÈRES

Benouis   795   la Boussac   Villeclière

Biez Jean   Beaufort   Epiniac   Aucey-la-Plaine

Abbaye N.-D.-du-Tronchet   Launay-Blot   Vilhoët   la Crenne

le Tronchet   les Ormes   St-Léonard   Vieux-Vil   25   Trans   Sacey

les Ombres   Landal   la Touine   Broualan   12   Montanel

Bonnemain   la Pérouse   les Chevalais   la Barbaie

Lanhélin   Calvaire   la Fontenelle   la Mée

58   Lourmais   la Gallerie   Cuguen   113   Forêt de Ville-Cartier   le Ferré

le Plessis-Margat   les Trois-Croix   Noyal-s!-Bazouges   ANTRAIN   St-Ouen-la-Rouërie   Villais   Poilley   36

Etang de Trémigon   Trémeheuc   la Mellerie   la Balue   Bonne-fontaine   Coglès   Montours   Villamée

Meillac   COMBOURG   Château   la Gentière   Lanrigan   Bazouges-la-Pérouse   Tremblay   Guibörel   le Rocher-Portail   la Selle-en-Cogles   le Chesnais   Parigné

la Grenouillère   Rennes   45   Fougères   St-BRICE-en-Cogles   Quéré   le Chatelier   Vitré

la Plage   Geffosses   la Quèze   la Rachinière   St-Michel-de-la-Pierre   le Mesnilbus   Lozon   Rampan   Montreuil-sur-Lozon

Anneville-sur-Mer   le Bingard   la Ronde-Haye   ST-SAUVEUR-LENDELIN   Montcuit   Hauteville-la-Guichard   la Tortinière   la Chapelle-en-Juger   Hébécrevo   972   900

Gouville-sur-Mer   Montcarville   la Sorière   Muneville-le-Bingard   Montsurvent   146   MARIGNY   les Mesnil-Amey   St-Gilles

Linerville   Boisroger   Anctéville   la Houssaye   Monthuchon   le Lorey   28   le Poteau   972

Gonneville   Brainville   Servigny   la Vendelée   Cambernon   Camprond   CANISY

BLAINVILLE-sur-Mer   St-Malo-de-la-Lande   Gratot   la Dinière   Cametours   la Bourdonnière   St-Sauveur-de-Bonfosse

Vallière   le Pavement   CERISY-la-Salle   Dangy   St-Martin-de-Bonfosse

Coutainville   Tourville-sur-Sienne   Cathédrale   COUTANCES   Savigny   Quibou   St-Ebremont-de-Bonfosse

Agon   Heugueville-sur-Sienne   650   Nicorps   Courcy   Belval   Carantilly

Grimouville   Urville   Briqueville-la-Blouette   7   Saussey   Ouville   la Pavage   183   Soulles   le Pont-Herman   999

Regnéville-sur-Mer   Montchaton   Orval   Nicorps   Montpinchon   le Pont-Brocard   Notre-Dame-de-Cenilly   le Carrefour de Paris

Pointe d'Agon   la Lande   le Rey   MONTMARTIN-sur-Mer   St-Denis-le-Vêtu   le Bourg   la Haye-Belleford   37   Chevry

Hauteville-sur-Mer-Plage   Hauteville-sur-Mer   la Martinière   Hyenville   Contrières   Roncey   le Guislain   Villebaudon   E03

Annoville   Quettreville-sur-Sienne   Hérenguerville   Trelly   Guéhébert   St-Martin-de-Cenilly   Hambye   Mauperthuis Beaucoudray   37

Lingreville   20   le Bourg-Sey   le Mesnil-Aubert   Grimesnil   St-Denis-le-Gast   Thighaigne   Abbaye de Hambye   Montabot   Mont Robin   276

Lingreville   Muneville-sur-Mer   Vannes   36   30   le Brief   la Baleine   la Haye   la Rairie   PERCY

le Mesnil-la-Planche-Guillemette   Bricqueville-sur-Mer   30   Chanteloup   le Castillon   Lengronne   Sourdeval-les-Bois   l'Orbehaye   Montaigu-les-Bois   la Chefresne   Marqueray   175

la Bretonnière   l'Isle   Ver   le Mesnil-Hue   l'Orail   le Mesnil-Garnier   la Huberdière   la Colombe

St-Martin-de-Bréhal   BRÉHAL   CÉRENCES   13   "Bourey Diseau"   le Mesnil-Amand   le Mesnil-Villeman   la Roche   la Bloutière   le Mesnil-Sauvage

Coudeville   Bouillon   Hudimesnil   Mesnilgé St-Sauveur-la-Pommeraye   Mesnil-Rogues   Fleury   la Huardière   Besion   le Bisson

Bréville-sur-Mer   971   Longueville   le Loreur   30   Mesnil-Roques   la Meurdraquère   Champrepus   E 401   VILLEDIEU-les-Poêles   St-Aubin-des-Bois

Donneville-les-Bains   11   les Veaux   17   le Repas   Equilly   14%   12   Saultchevreuil-du-Tronchet   la Doublerie   St-Pierre-du-Tronchet   Fontenermont

GRANVILLE   Yquelon   Channière   924   Beauchamps   11%   la Lande-d'Airou   999   Chérencé-le-Héron   la Chapelle-Cécelin

Pointe du Roc   St-Nicolas-près-Granville   St-Planchers   St-Jean-des-Champs   Hocquigny   Foligny   le Tanu   Rouffigny   l'Epine   la Trinité   le Friloux   St-Martin-Boisbenâtre   Coulouvray-Boisbenâtre

St-Pair-sur-Mer   le Croissant   la Porte-aux-Hogais   St-Aubin-des-Préaux   le Mesnil-Drey   LA HAYE-PESNEL   la Mouche   Bourguenolles   Noirpalu   E03   la Chaise-Baudouin   les Loges-s.-Brecey

Lezeaux   Laugny St-Ursin   St-Pierre-Langers   Abbaye de la Lucerne   Champcervon   22   Ste-Pience   Braffais   St-Nicolas-des-Bois   St-Laurent-de-Cuves

Kairon-Plage   le Pont Bleu   le Chénay   la Lucerne-d'Outremer   les Chambres   20   le Luot   St-Jean-du-Corail-des-Bois

Kairon   Mare de Bouillon   la Rochelle-Normandie   Sublingy   11%   7   Cuves

Jullouville   Bouillon   St-Michel-des-Loups   973   Angey   SARTILLY   Chavoy   Ste-Eugienne   Plomb   St-Georges-de-Livoye   N.-D.-de-Livoye   les Cresnays

Pignon Butor   Groussey Carolles   Campeaux   St-Jean-le-Thomas   Montviron   26   Lolif   Tirepied   Verou   BRÉCEY

Ronthen   Champcey   la Gohannière   le Petit-Celland   la Goupillière

Dragey-Ronthon   la Bulaine   Bacilly Souillet   St-Jean-de-la-Haize   Ponts   St-Brice   St-Senier-s!-Avranches   le Grand-Celland   7

Tissey   Marcey-les-Grèves   Vains   le Fougeray   St-Senier-s!-Avranches   la Godefroy   7

Genêts   911   AVRANCHES   St-Léonard   Bouillé   St-Loup   St-Ovin   la Boulouze   Reffuville

le Mont St-Michel   le Val-St-Père   le Quénoy   St-Martin-des-Champs   le Mesnil-Ozenne   la Chapelle-Urée   Montigny

Bas Courtils   St-Quentin-sur-le-Homme   le Valdoue   Marcilly   Montgothier la Mancellière   le Buat   le Mesnil-Bœufs

Courtils   Céaux   Mesgnier   9   Cerisel   Pain d'Avaine   les Chéris   Chalandrey   ISIGNY-le-Buat

la Rive   Huisnes-sur-Mer   176   Poilley   DUCEY   la Touche Durand   21   le Mesnil-Thébault   Nattel   Martigny

Beauvoir   Ardevon   Tabis   Servon   Précey   Juilley   Mortrie   Vezins   les Biards

Rez-sur-Couesnon   le Pas   Brée   Crollon   St-Senier-de-Beuvron   116   le Puy   Virey   le Ricolais

St-Georges-de-Gréhaigne   le Pas-au-Bœuf   175   16   Bouceel   St-Aubin-de-Terregatte   St-Laurent-de-Terregatte   St-Hilaire-du-Harcouët   977

Curey   Macey   Vercencey   Vaucelle   Chassilly   St-Martin-Hamelin-de-Landelles

Cormeray   30   la Croix-Avranchin   St-Benoit les Villettes   Montjoie-St-Martin   36

PONTORSON   Ballant   Villers-le-Pré   St-Brice-de-Landelles

Sougéal   11   40   ST-JAMES   Carnet   la Coursinière   Monthault   Louvigné-du-Désert

Montanel   Argouges   l'Epine   St-Georges-de-Reintemb.   Douillet   28

la Barbaie   Vaubandon   St-Ferré   Monthorin   les Alleux

Tronçon   Villais   36   102   Villamée   la Bouëxière   la Bazouge-du-Désert

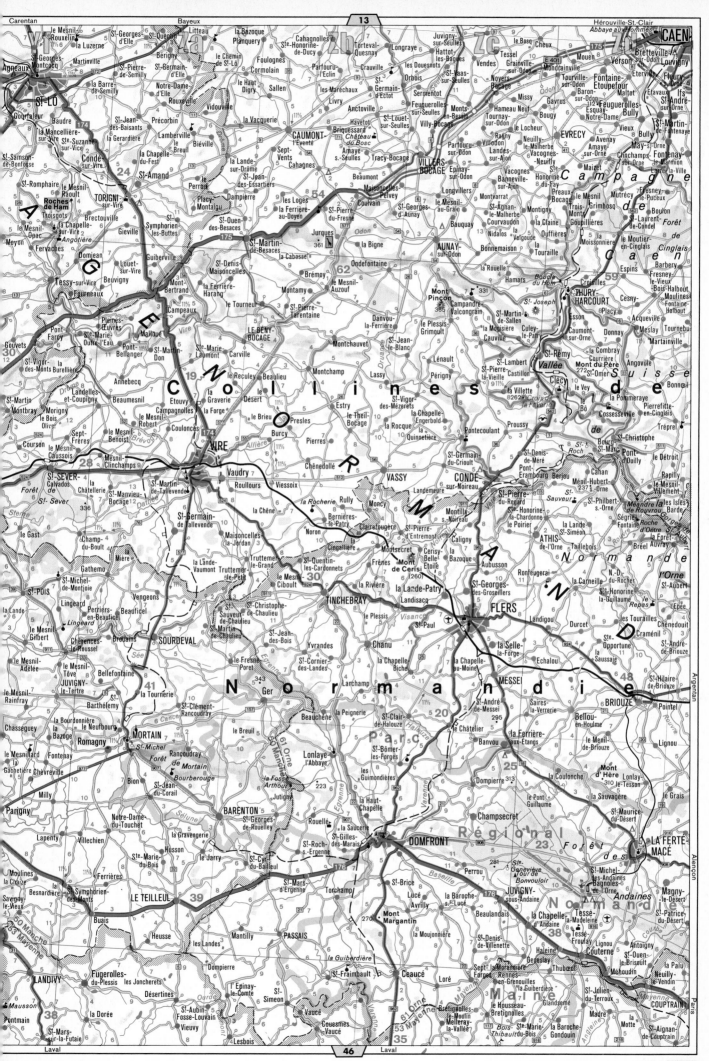

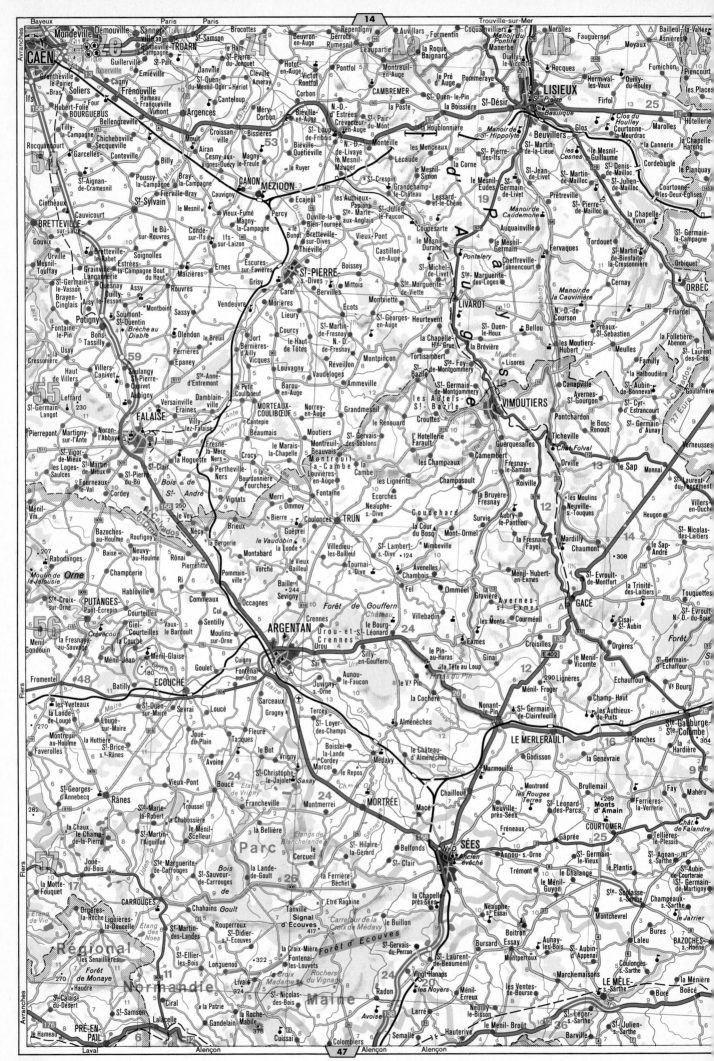

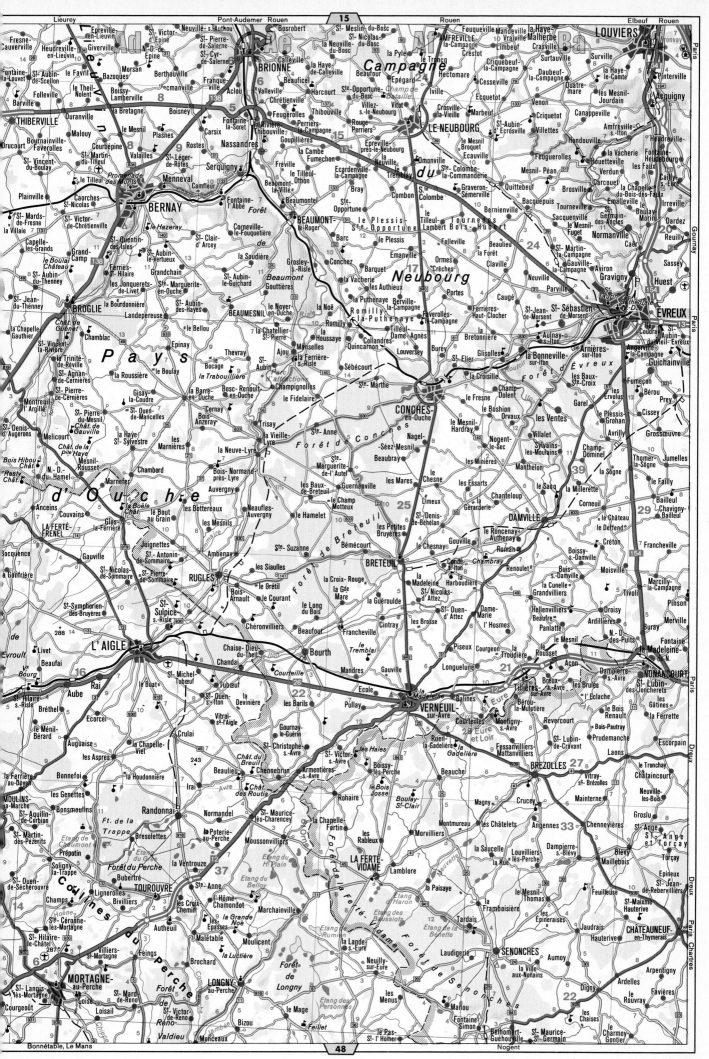

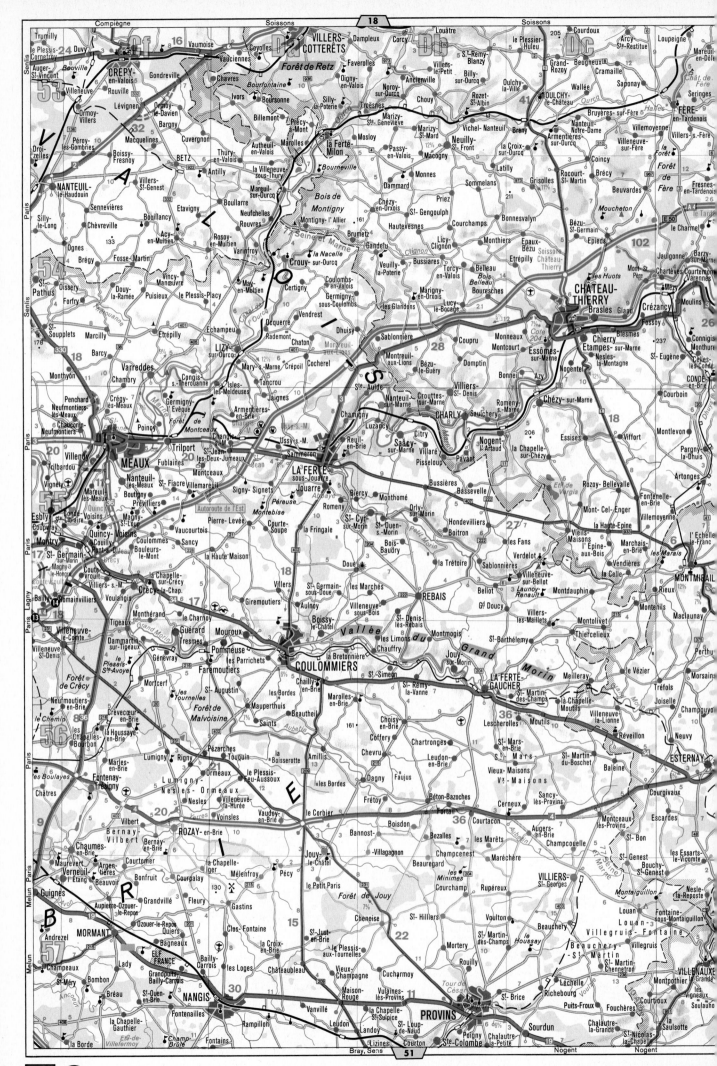

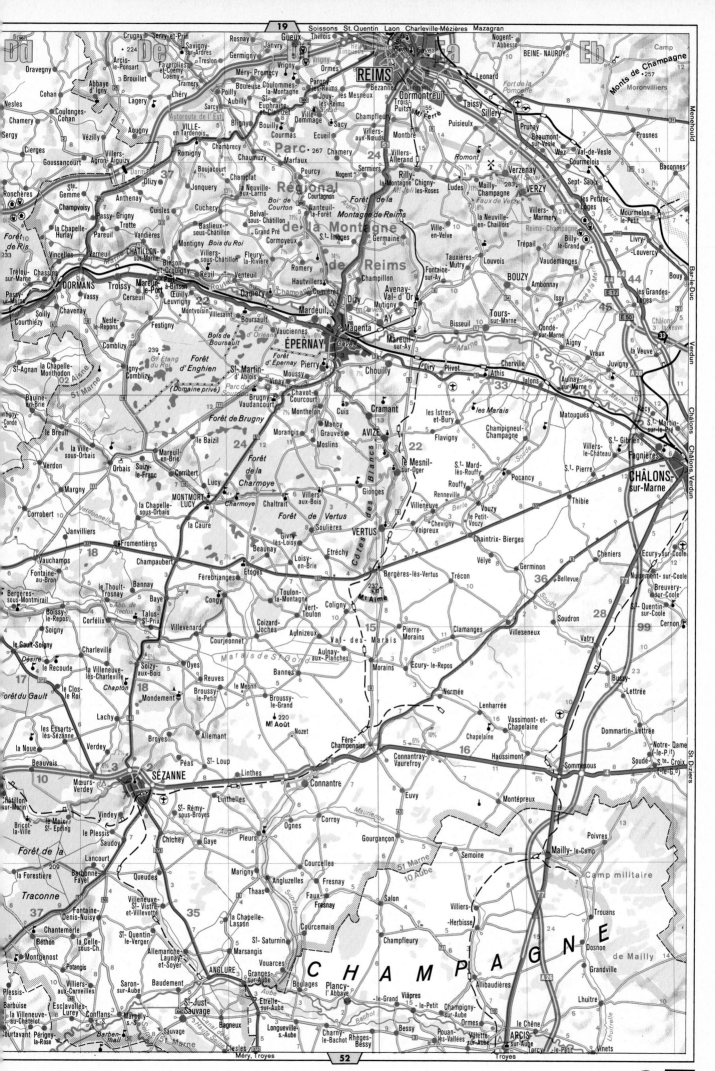

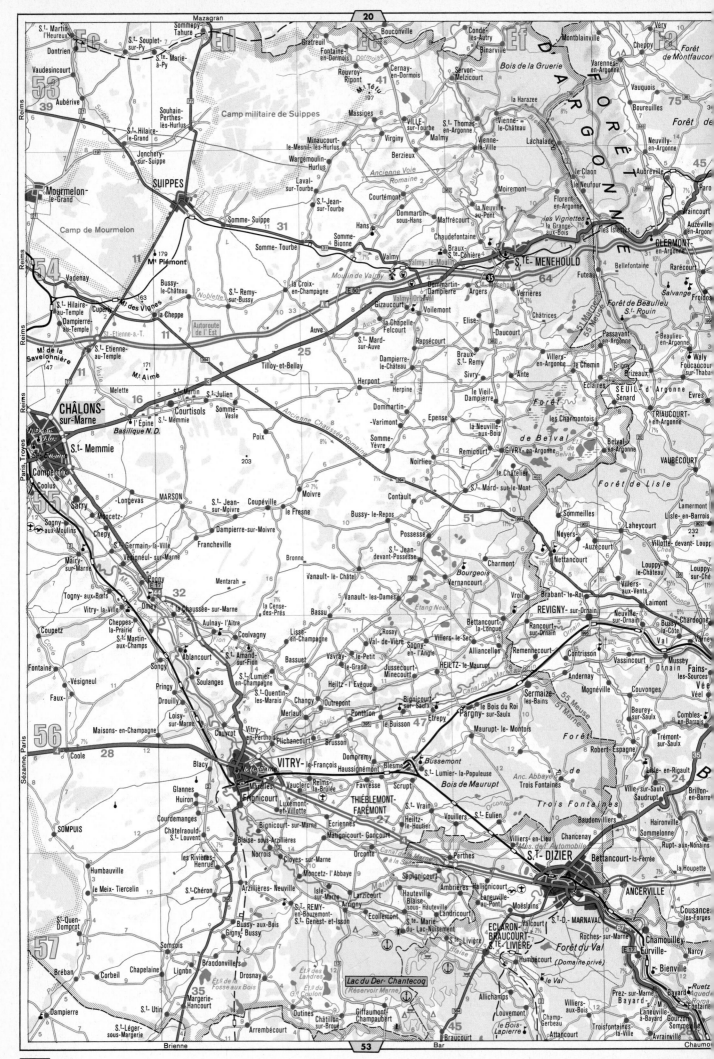

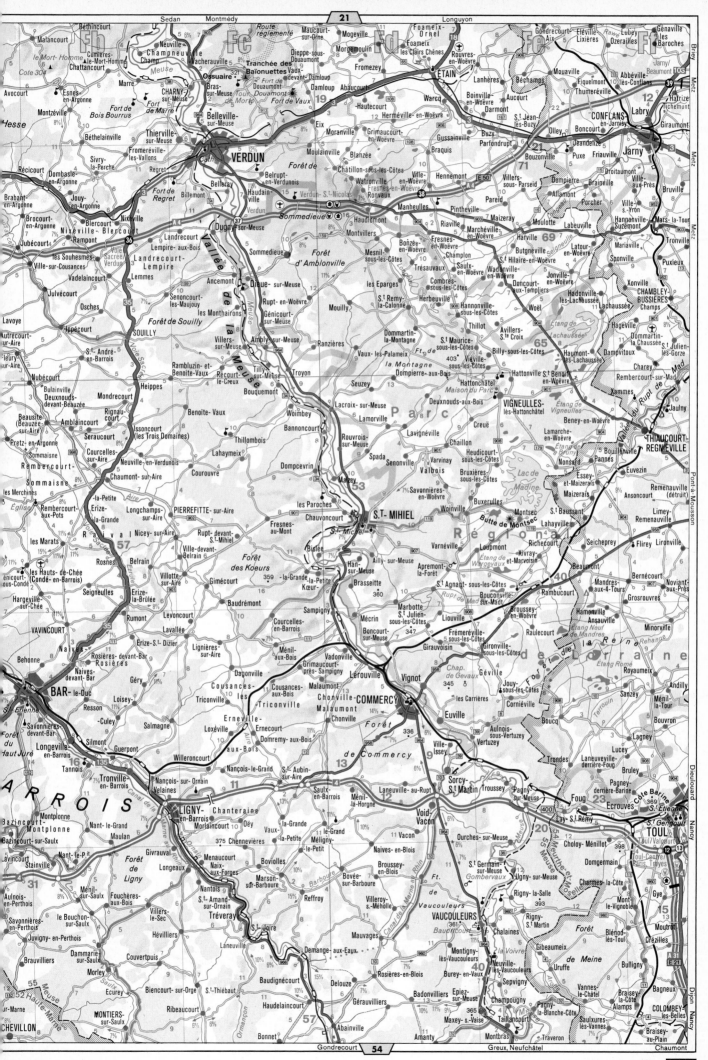

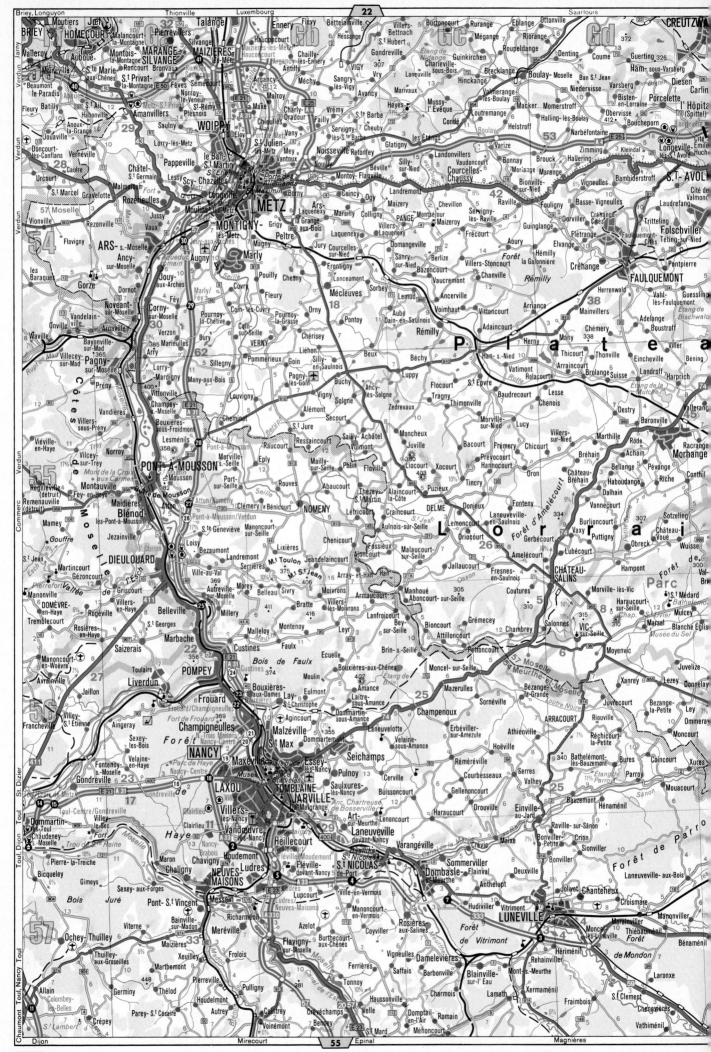

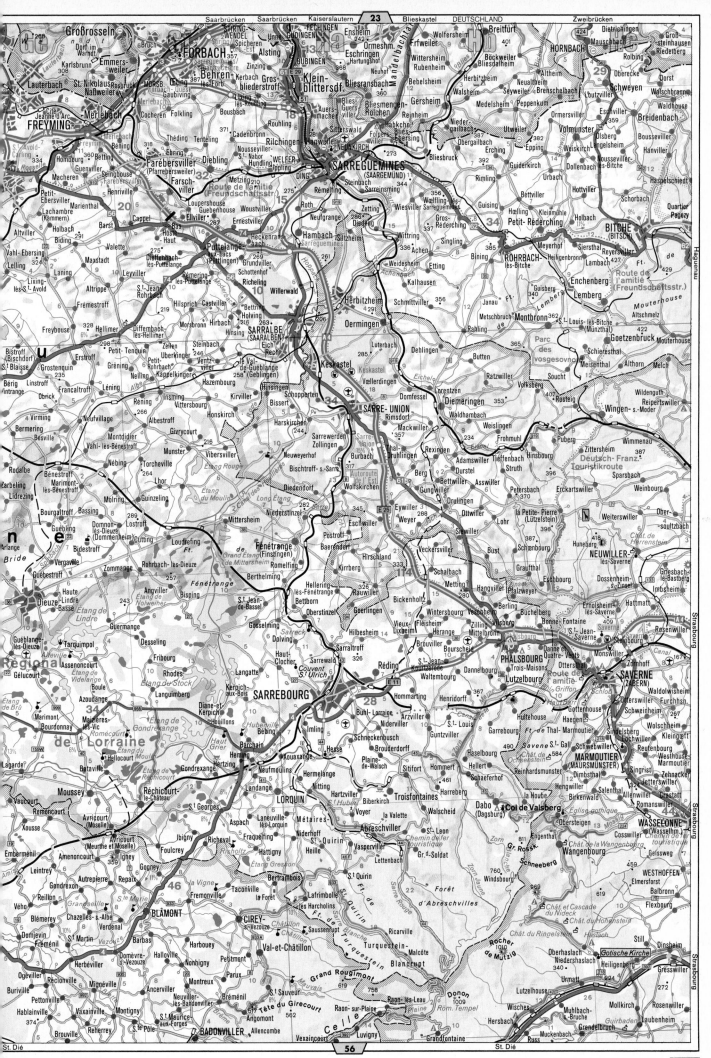

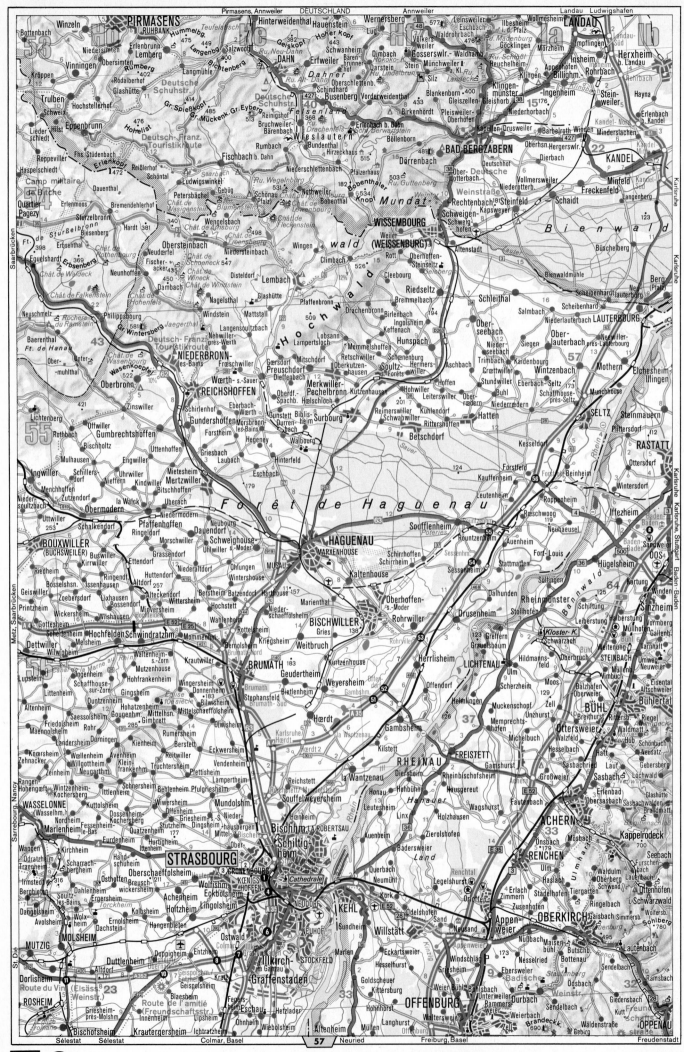

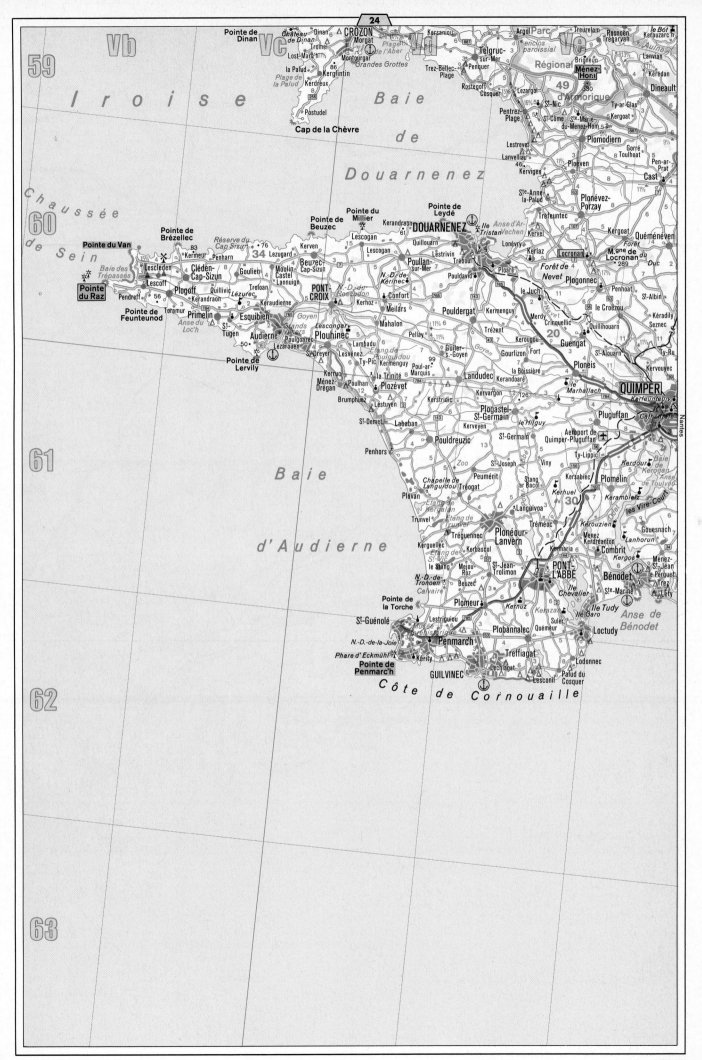

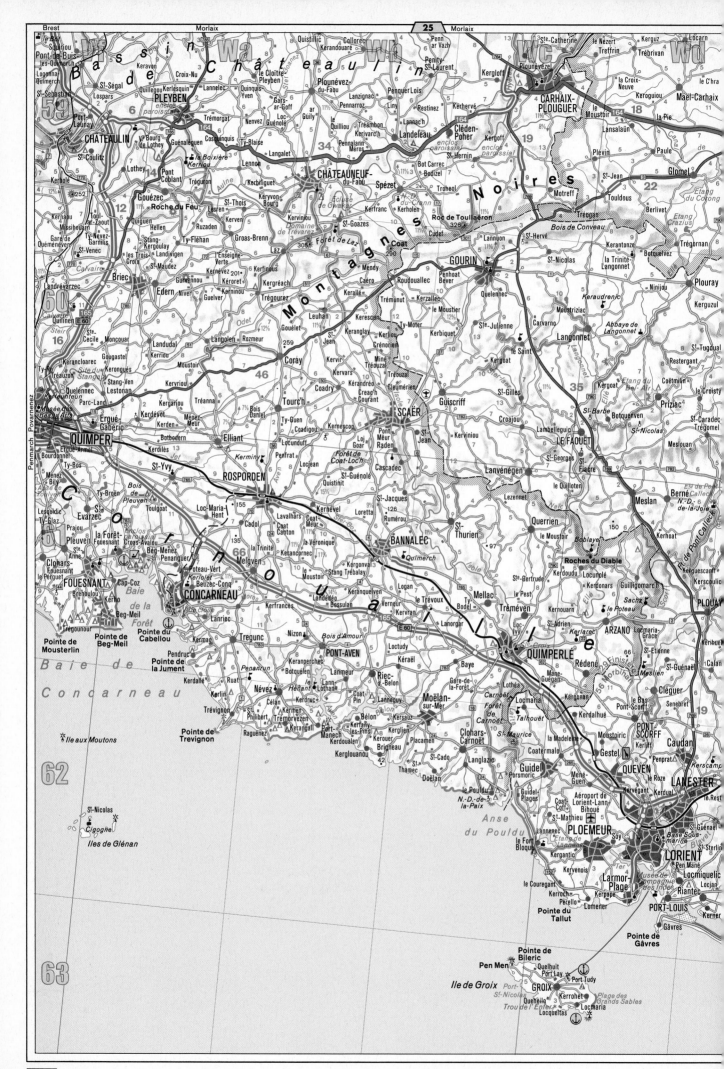

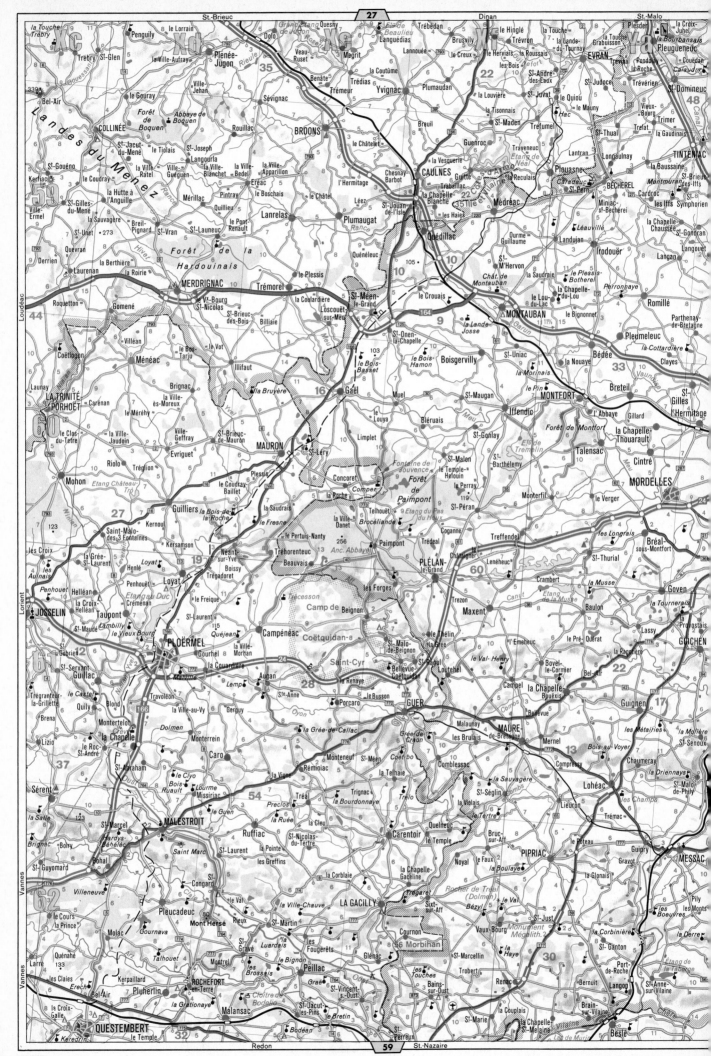

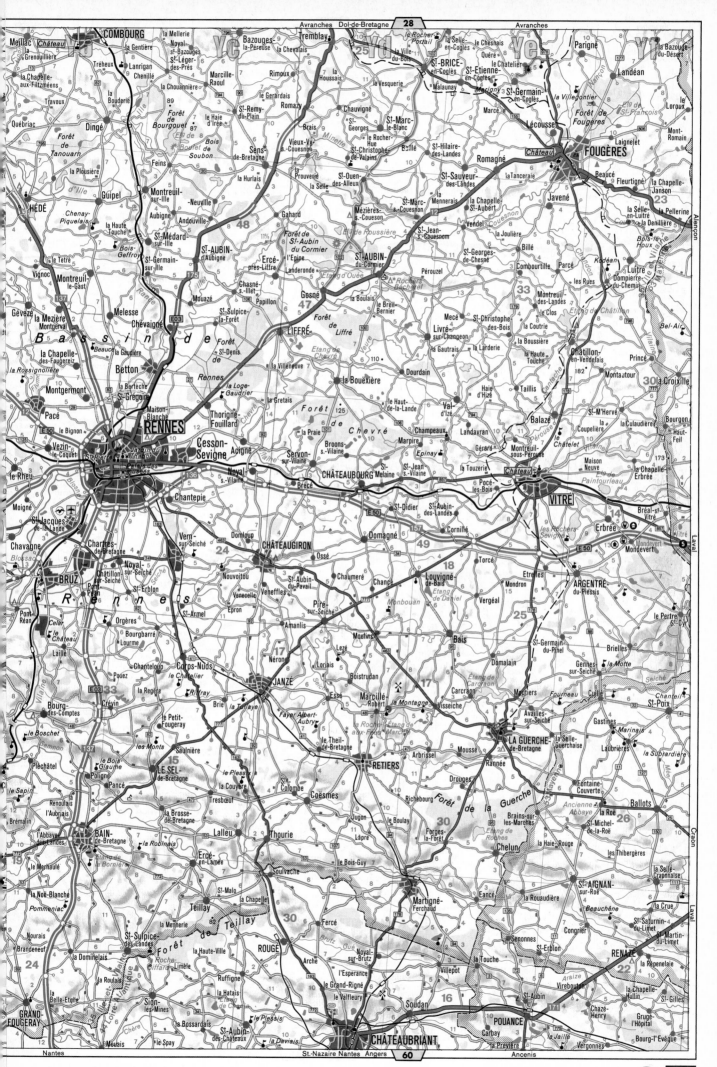

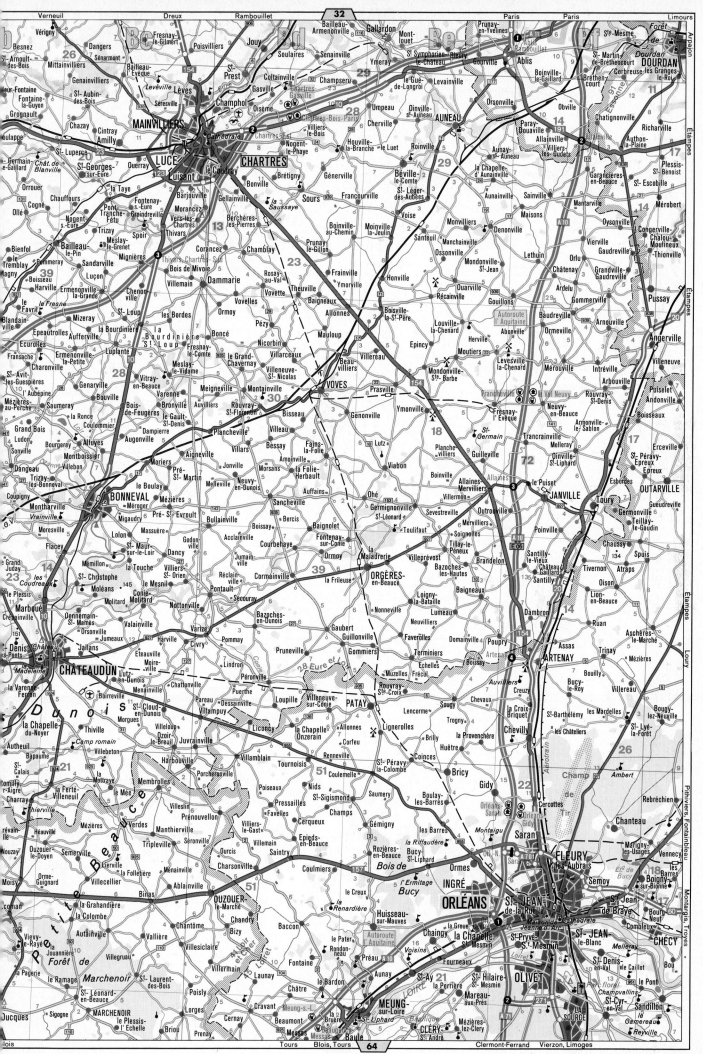

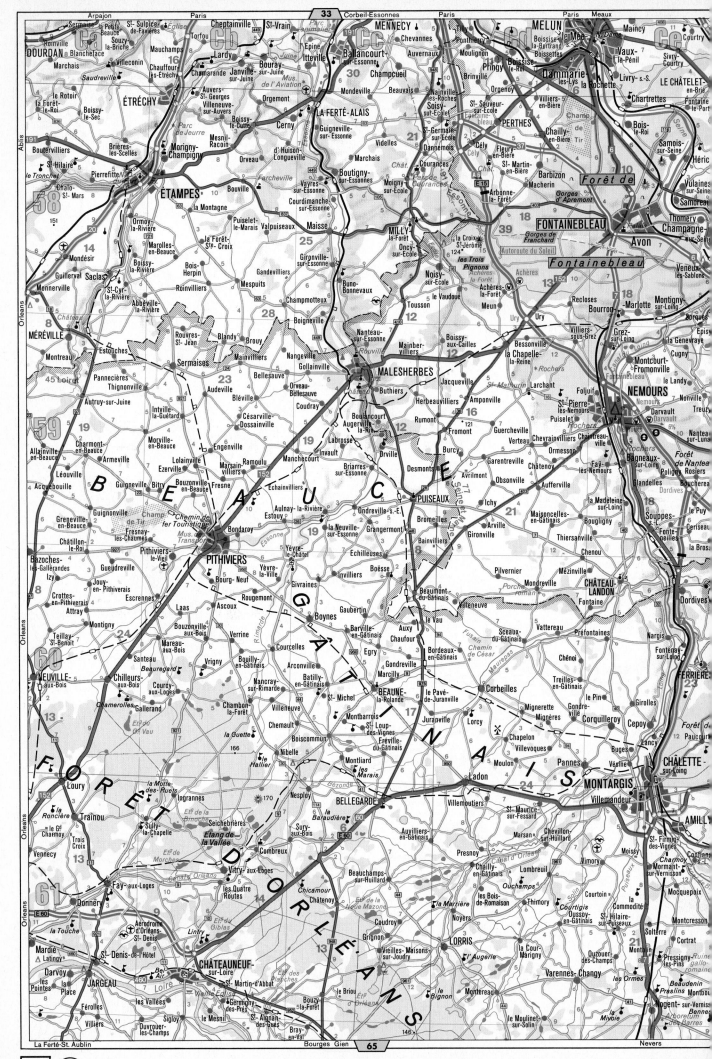

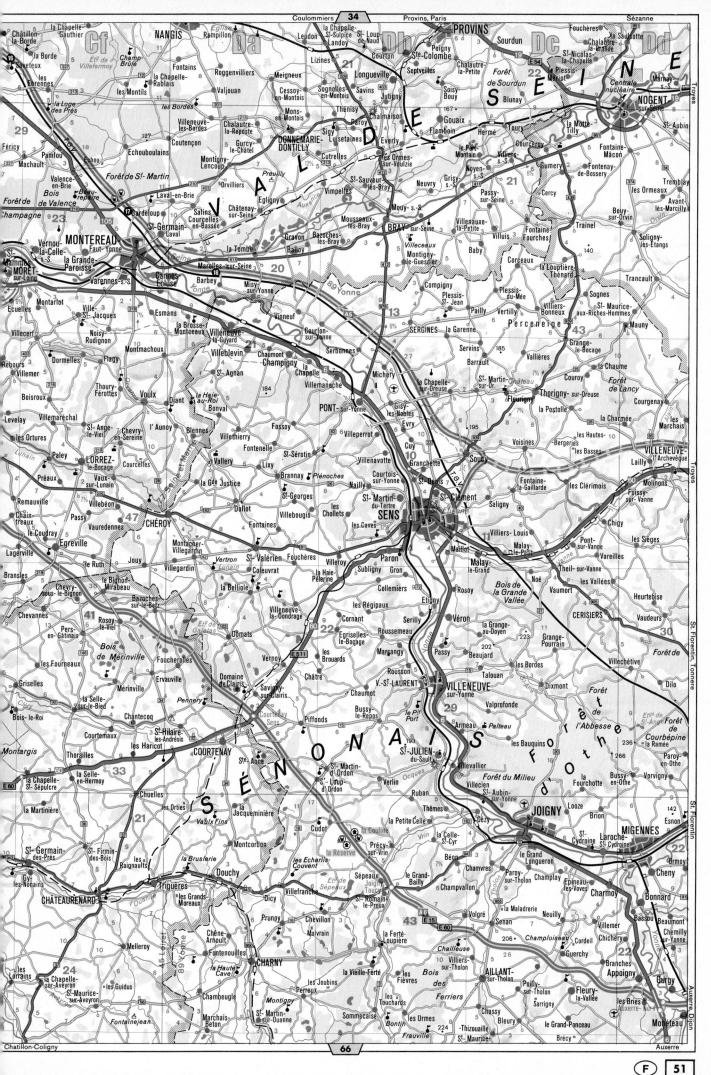

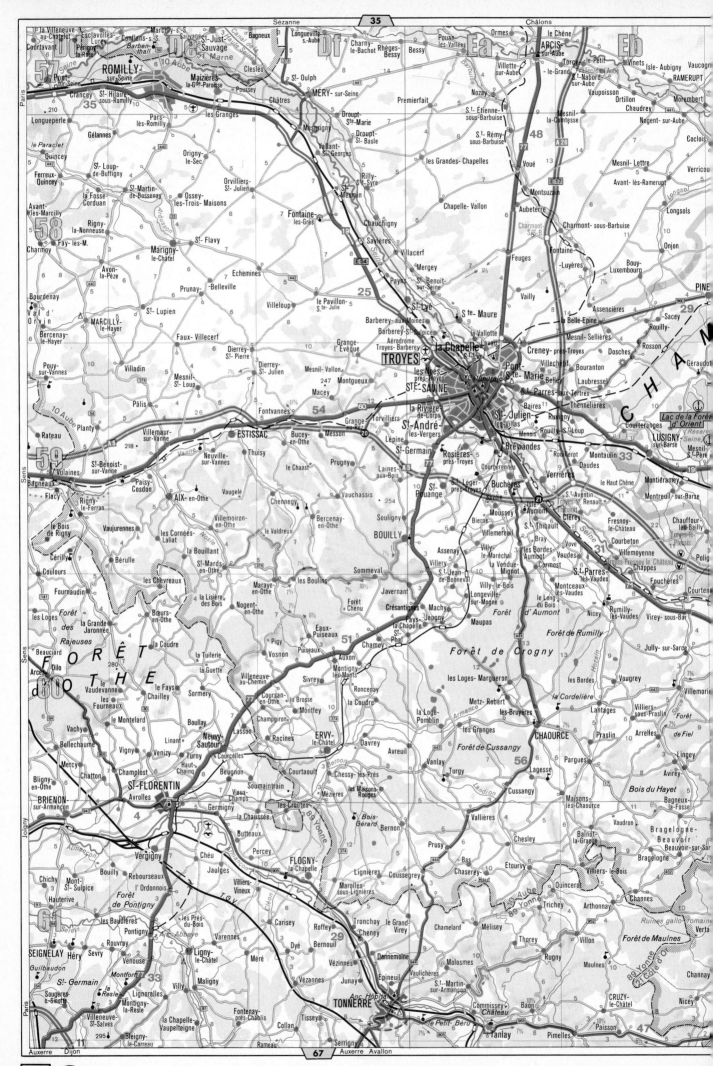

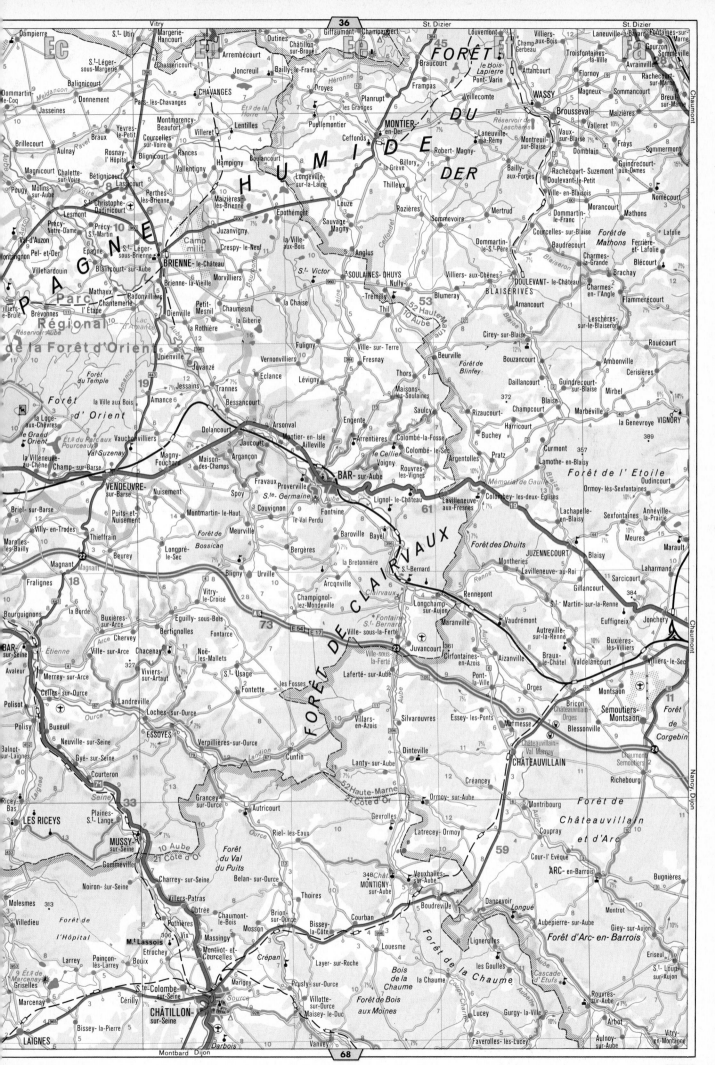

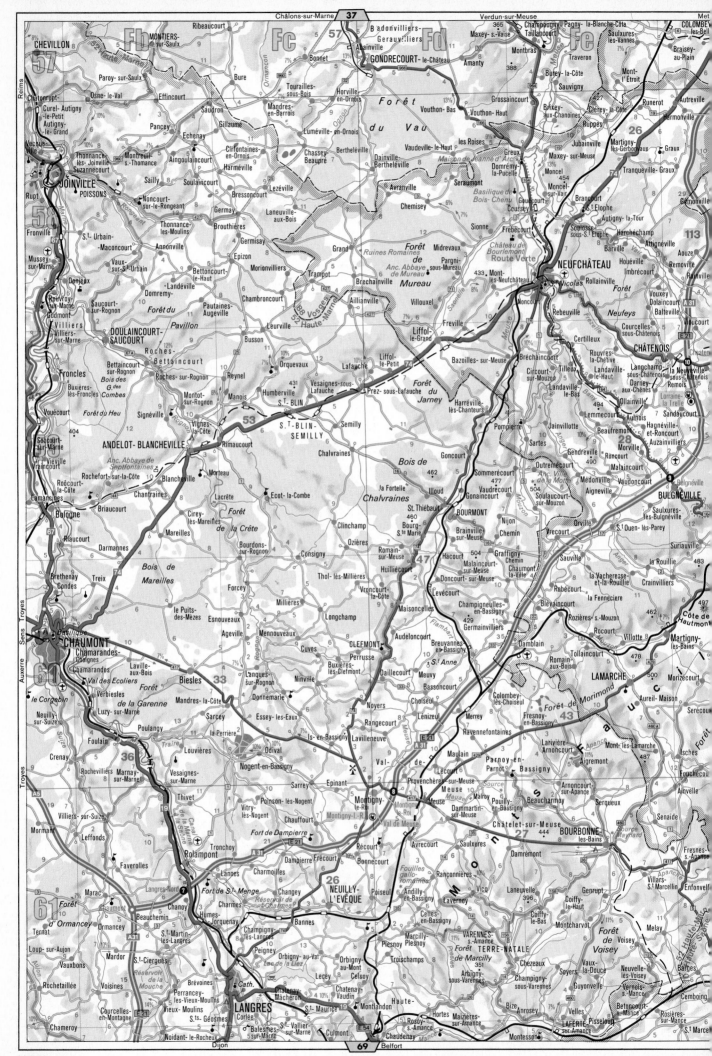

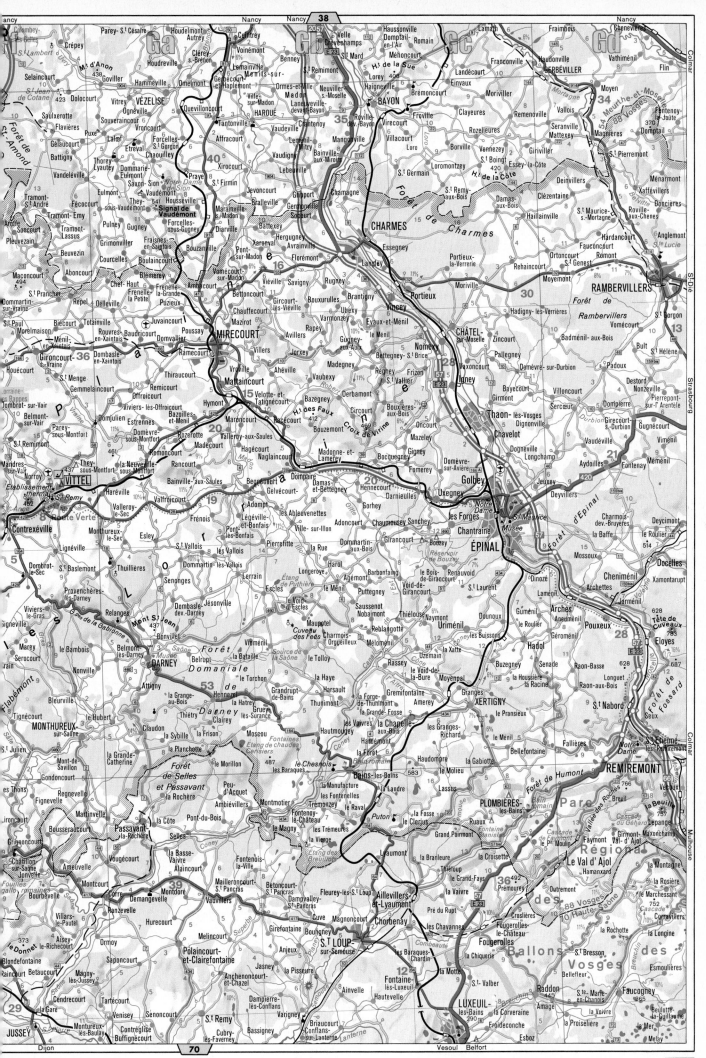

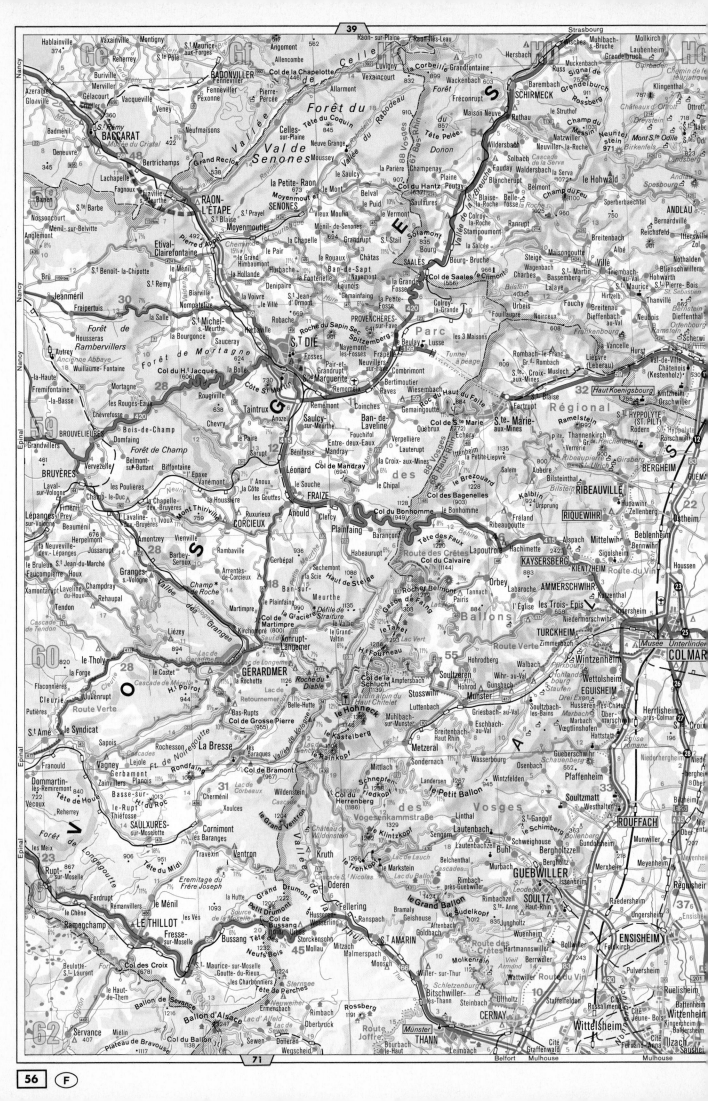

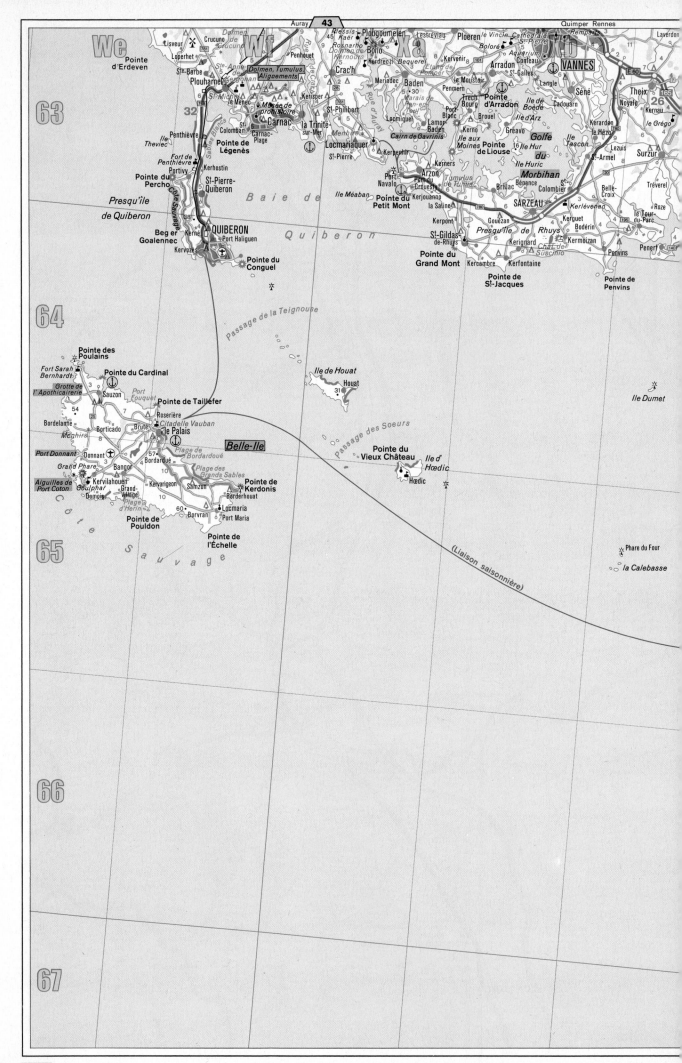

We Wi Xa Xo

Pointe
d'Erdeven

Lisveur
Loperhet
Crucuno
Dolmen de Crucuno

Plessis
Kaër
Rosnarho
Dolmen de Kernours
Bono
Kerdrec'h
Bequerel

Ploügoumelen
Lestreviau
Ploeren
le Vincin
Bolore
Cathedrale
St-Pierre

Laverdon

VANNES

Theix

26

63

St-Barbe
Plouharnel
Ste-Anne
de Kerdonan
Dolmen, Tumulus,
Alignements
Crac'h
Kervenir

Kerven
Arradon
St-Galles

Aquarium
Conleau

32

Penhouet

St-
Michel
St-
Colomban
Musée de
préhistoire
le Menec

Carnac
Carnac-
Plage
la Trinité-
sur-Mer

Kerisper

St-Philibert
St-Philibert

Meriadec
Baden
30
Marais de
Pen-en-
toul

Penmern

Port-
Blanc

le Moustoir
Lamor-
Baden
Brouel

Arradon
Pointe
d'Arradon
Ile de
Boëde
Ile d'Arz

Langle

Séné

Noyalo
Kernau

Kerarden
le Hézo

le Grégo

Penthièvre
Theviec
Pointe de
Légenès
Menhirs

Locmariaquer
St-Pierre

Cairn de Gavrinis

Kerno
Lomiquel

Kerpenhir

Golfe
du
Morbihan

Ile aux
Moines
Gréavo
Ile Hur
Ile Huric

Pointe
de Liouse
Ile Hur

Ile Tascon

Le Hézo

St-Armel

Lezuis

Surzur

Tréverel

Fort de
Penthièvre
Portivy
Kerhostin

St-Pierre-
Quiberon

Pointe du
Percho

Arzon
Port du
Crouesty
Brillac
Bénance

Kerjouanno
la Saline

SARZEAU

Kerlévenan

Belle-
Croix

Roze

le Tour-
du-Parc

Presqu'île
de Quiberon

Baie de

Port-
Navalo
Pointe du
Petit Mont
Ile Méaban

Tumulus
de Tumiac

Gouezan
Presqu'île de Rhuys
Kerguet
Bodérin

Penerf

Côte Sauvage
Kerné
Kervozes

QUIBERON
Port Haliguen

Quiberon

St-Gildas-
de-Rhuys
Kerpont
Kernau
Kerignard
Chat de Suscinio
Kermoizan

Kerleven
195

Beg er
Goalennec

Pointe du
Conguel

Pointe du
Grand Mont
Kercambre
Kerfontaine

Penvins

Pointe de
Penvins

64

Pointe de
St-Jacques

Passage de la Teignouse

Pointe des
Poulains

Fort Sarah
Bernhardt
Grotte de
l'Apothicairerie
Sauzon
Port
Fouquet

Pointe du
Cardinal

Ile de Houat
Houat
31

Ile Dumet

54

Pointe de Taillefer
Roserière

Bordelanne
Menhirs
Borticado
Brute
Citadelle Vauban
le Palais

Belle-Ile

Passage des Soeurs

Pointe du
Vieux Château
Ile d'
Hoedic

Port Donnant
Grand Phare
Donnant
Bangor
Bordardoue
Plage de
Bordardoué

Hoedic

Aiguilles de
Port Coton
Goulphar
Kervilahouen
Grand-
Village
Domois

Plage des
Grands Sables
Kervarigeon
Samzun
Borderhouat

Locmaria
Port Maria

Pointe de
Kerdonis

Phare du Four

la Calebasse

65

Plage
d'Herlin
Borvran
60

Pointe de
Pouldon

Pointe de
l'Échelle

Côte Sauvage

(Liaison saisonnière)

66

67

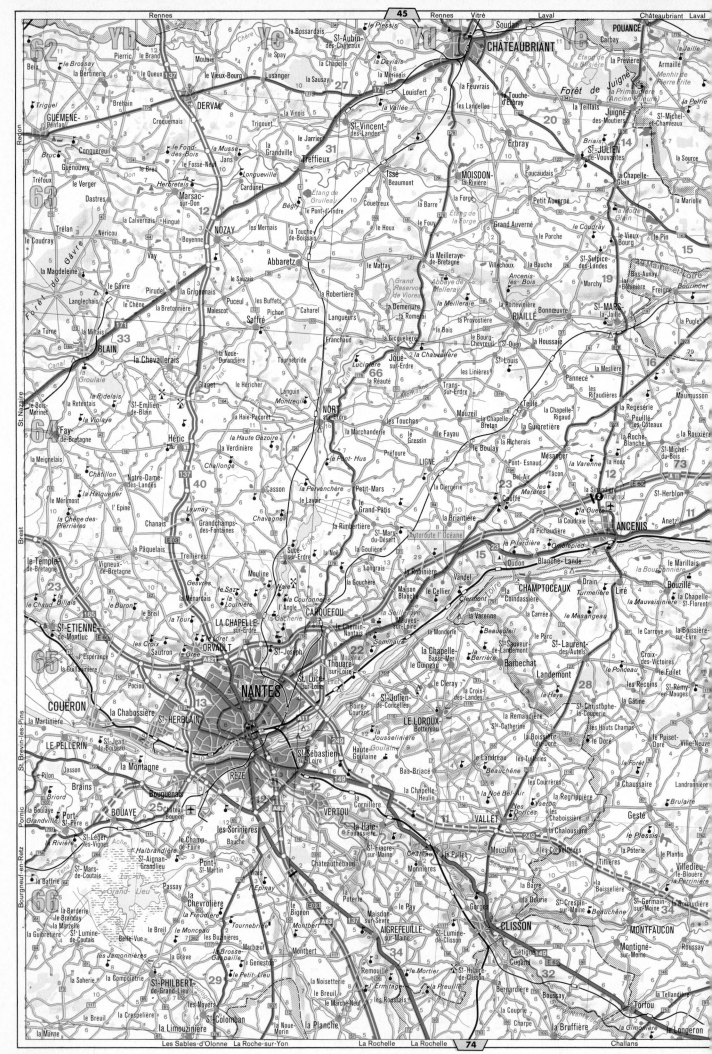

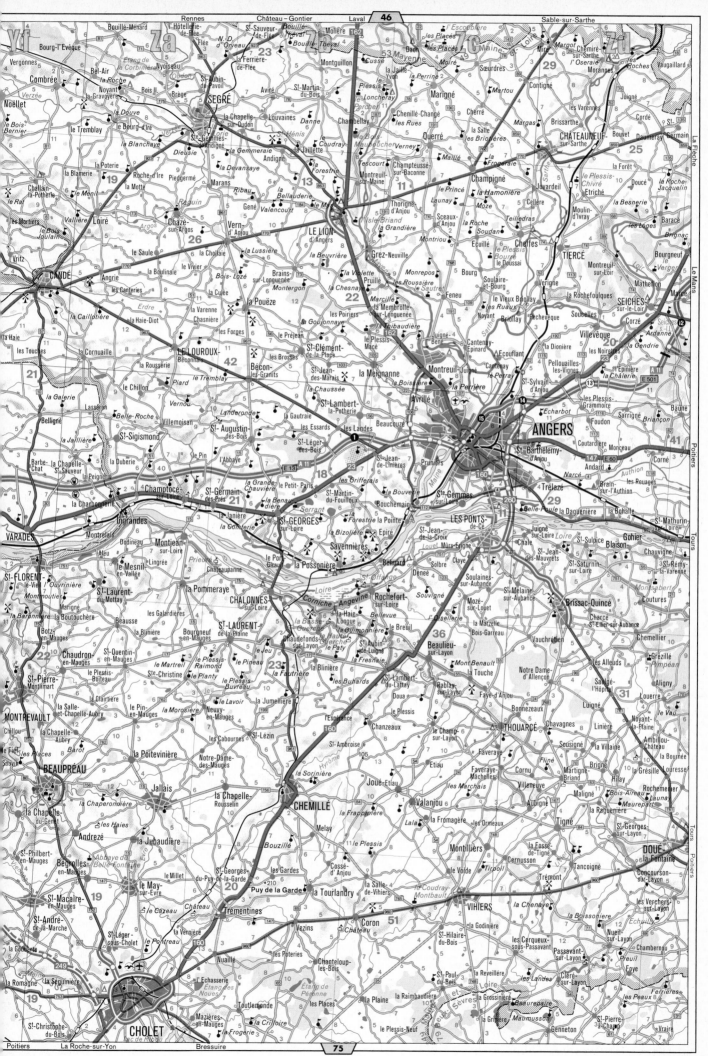

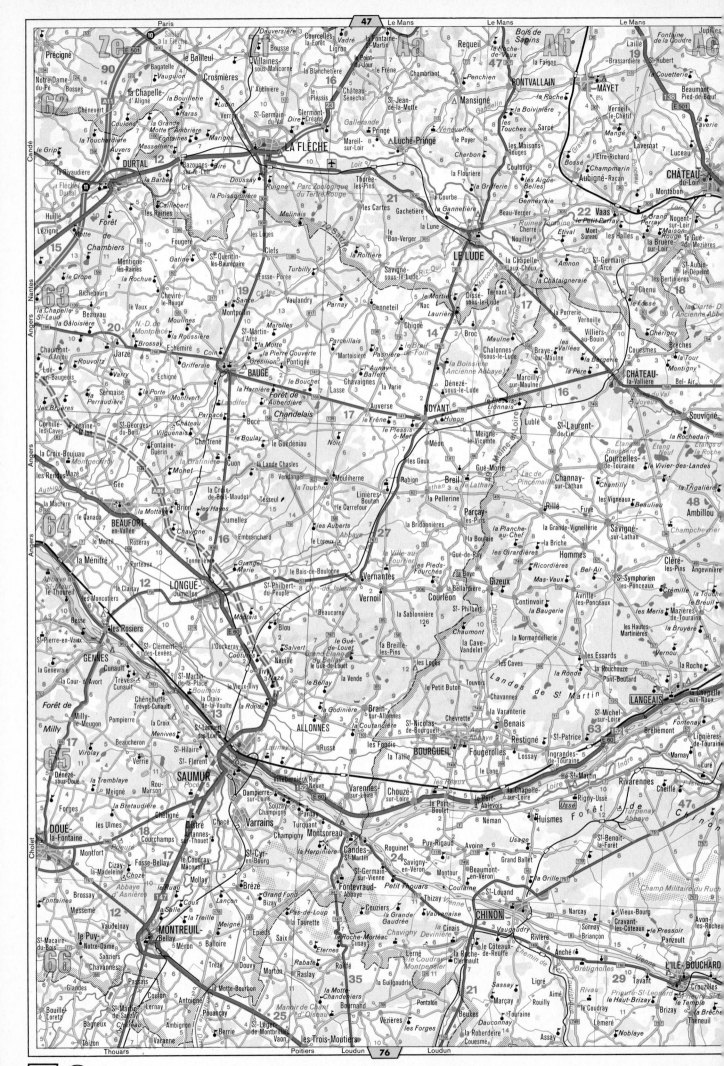

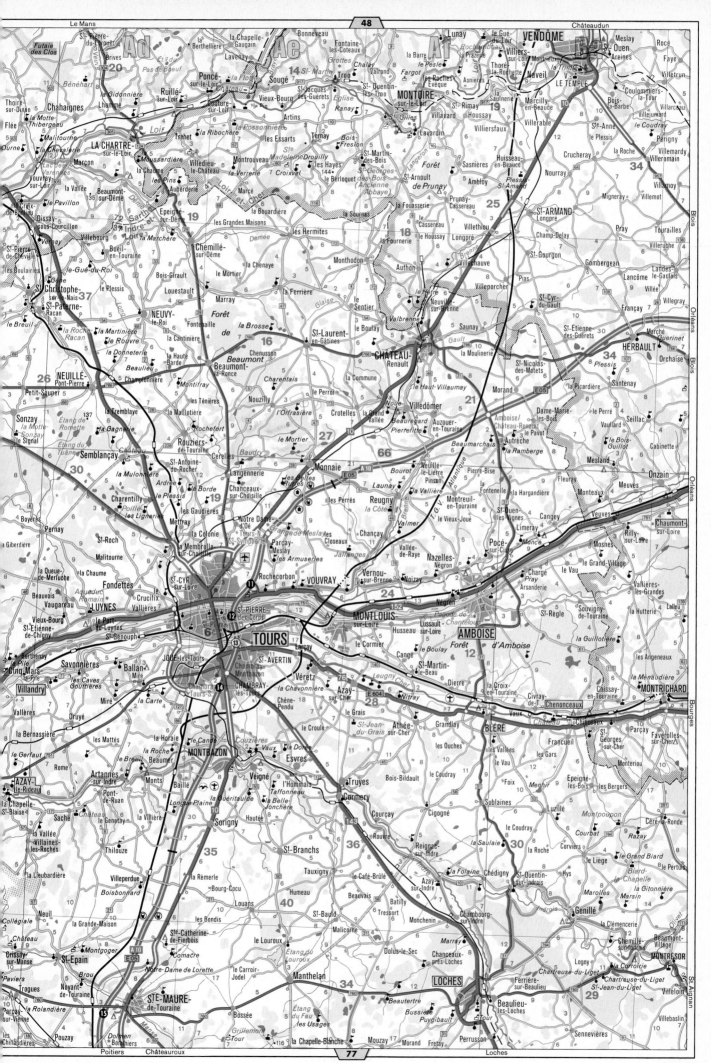

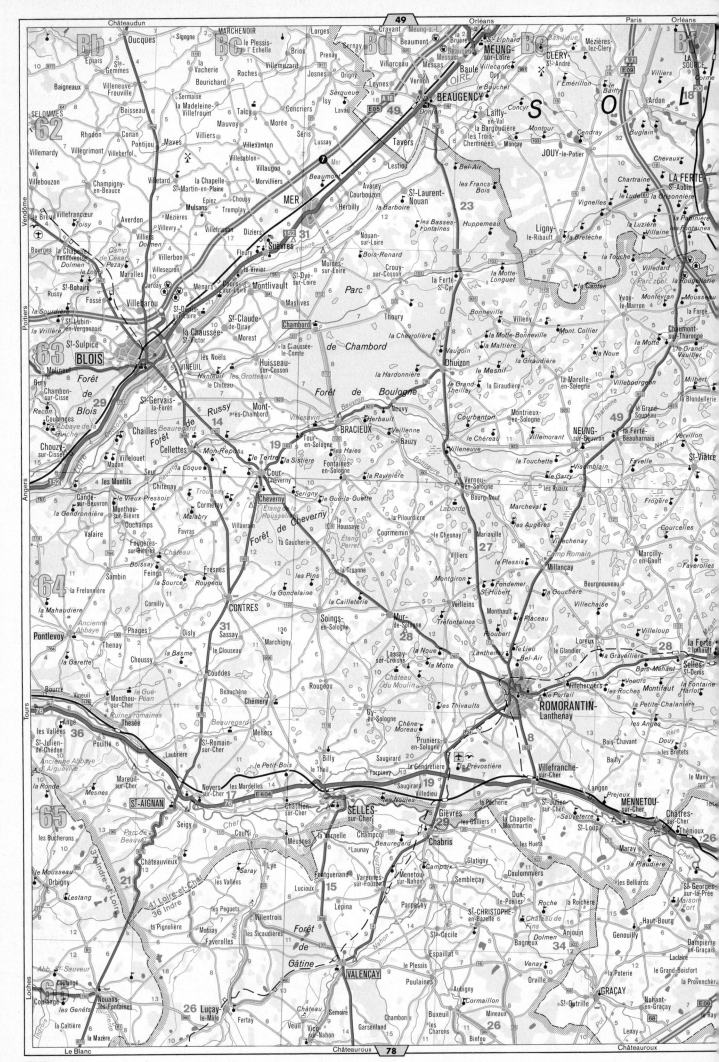

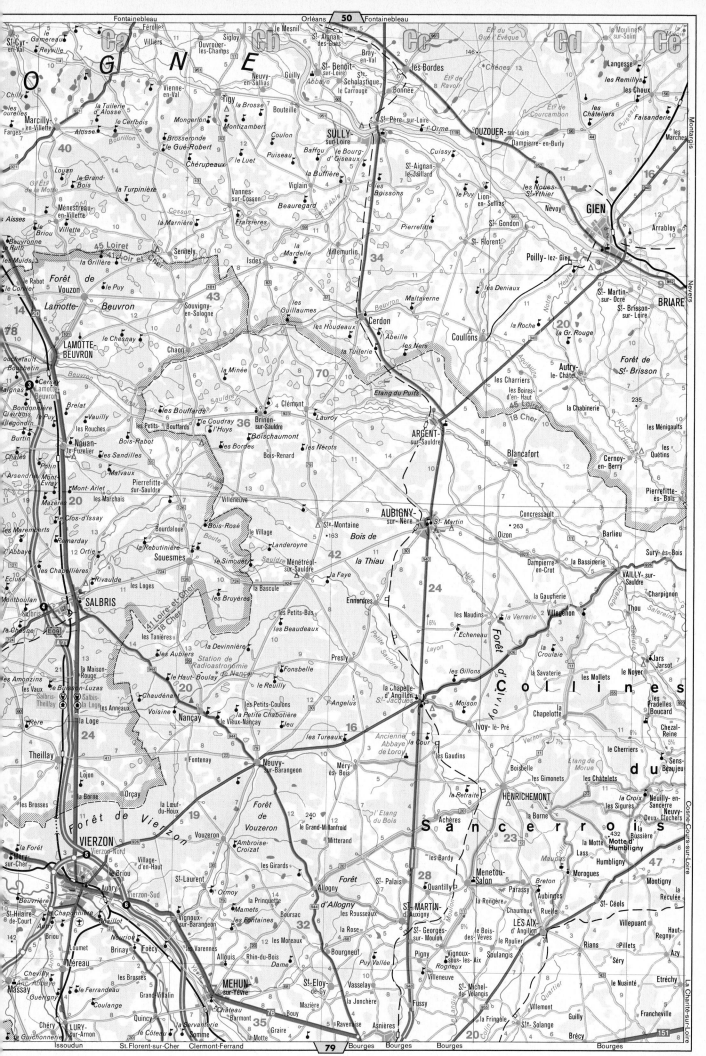

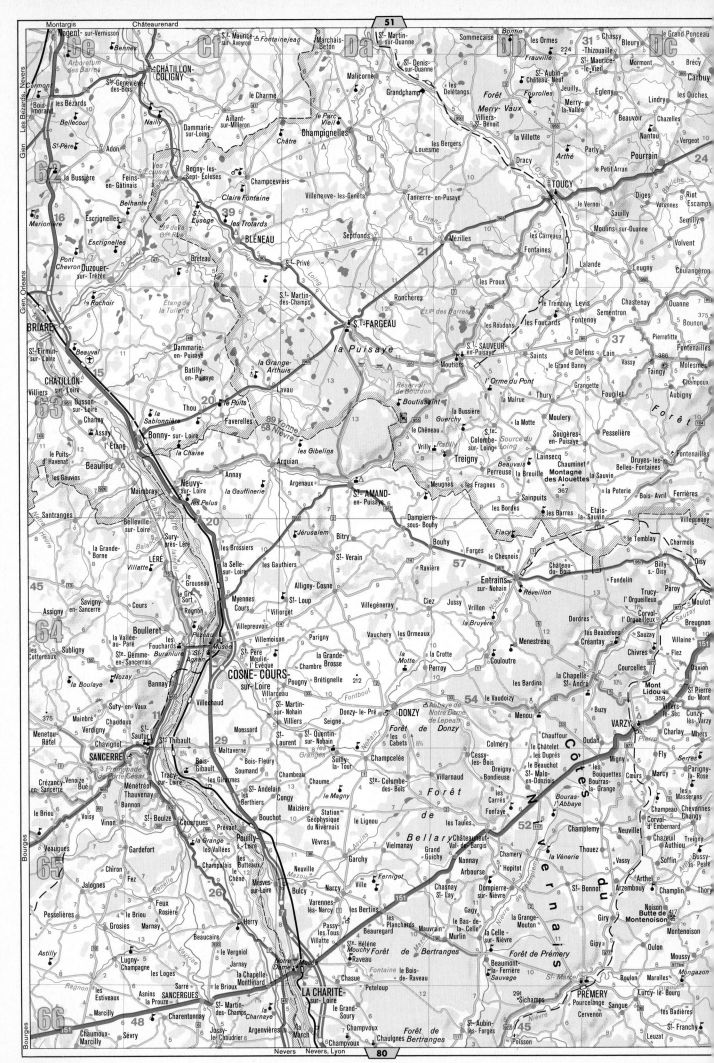

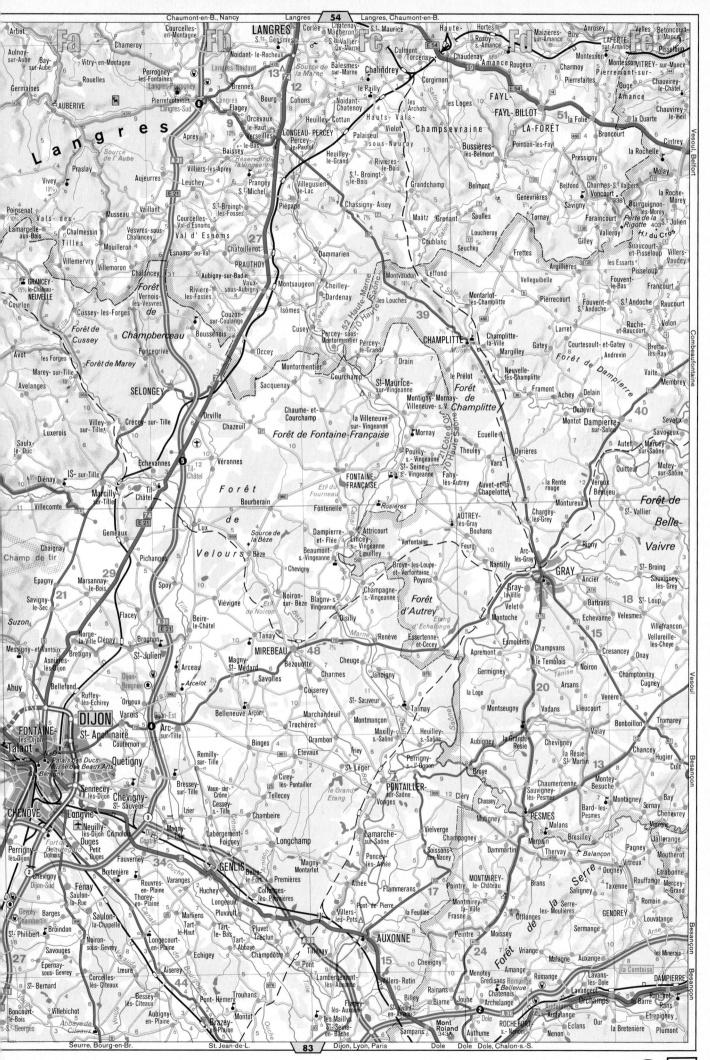

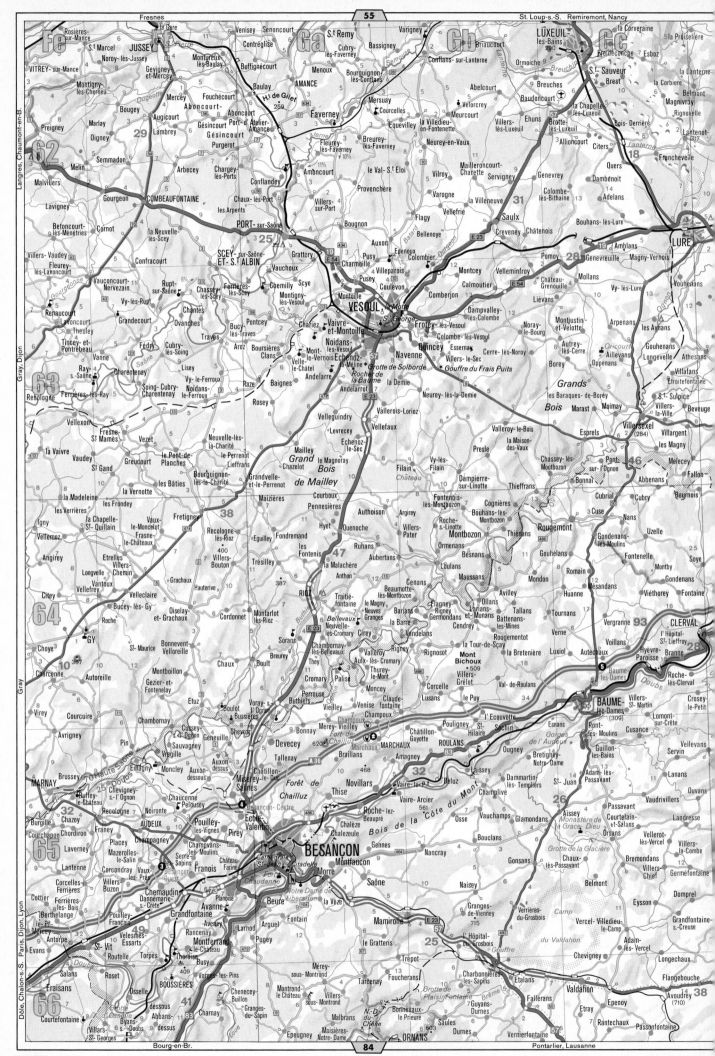

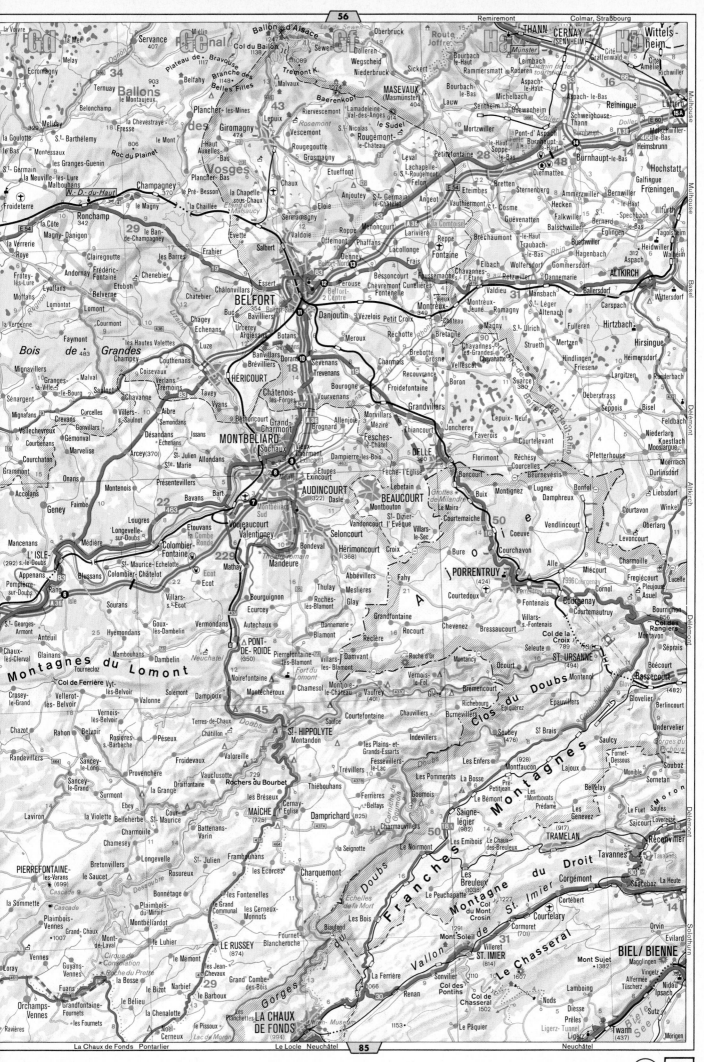

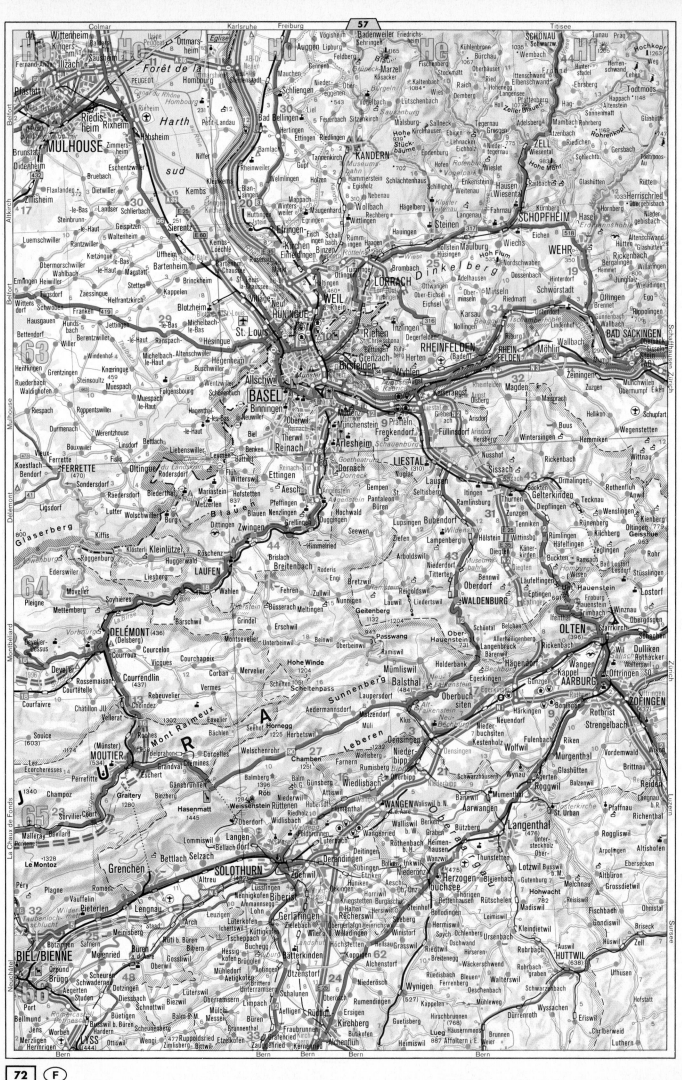

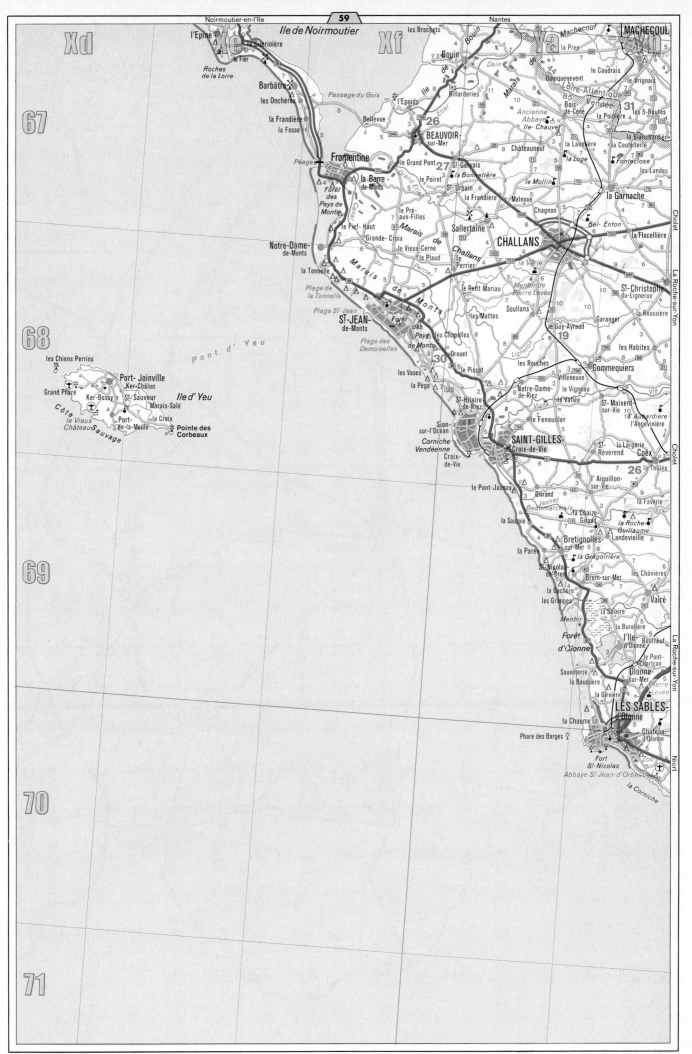

Noirmoutier-en-l'Île   Nantes   MACHECOUL

Île de Noirmoutier

l'Épine   Machecoul

la Guérinière   les Brochets   la Prée

le Fier   Bouin   le Coudrais

Roches   Bouin   le Vrignais   31
de la Loire   les 5-Routes

Barbâtre   Passage du Gois   les Billarderies   Bois-de-Céné   la Poinière
les Onchères   l'Époids   Ancienne   la Laurière   la Blanchardière
la Frandière   Bellevue   Abbaye   la Coutellerie
la Fosse   Île-Chauvet   la Loge   Fonteclose
                              BEAUVOIR-   Châteauneuf   les Landes
Fromentine   le Grand Pont   sur-Mer   27   St-Gervais   Malnoue   la Garnache
Péage   le Poirot   la Bonnetière   Chagnon   Bél-Enton
          la Barre-   St-Urbain   la Frandière   la Vérie   la Flocellière
          de-Monts   le Pré-   Sallertaine   CHALLANS   St-Christophe-
Forêt   aux-Filles   Grande-Croix   753   du-Ligneron
des   le Fief-Haut   le Vieux-Cerne   Challans   la Roussière
Pays   Marais   le Plaud   le Perrier   Garanger
de   le Petit Mariau   Menhir de   les Habites
Monts   Notre-Dame-   Soullans   Pierre Levée   19
          de-Monts   les Mattes   le Guy-Ayraud   754
la Tonnelle   Marais   les Chapelles   Commequiers
          de   Orouet   Villeneuve   le Vigneau   St-Maixent-
Plage de   Monts   le Pissot   les Rouches   la Vallée   sur-Vie
la Tonnelle   St-JEAN-   30   Notre-Dame-   l'Aubardière
Plage St-Jean   de-Monts   les Vases   de-Riez   l'Angevinière
          Forêt   la Pège   St-Hilaire-   le Fenouiller
Plage des   des   de-Riez   Vie   26
Demoiselles   Pays   Sion-   Givrand   SAINT-GILLES-   St-   la Largerie   la Taillée
          de   sur-l'Océan   Croix-de-Vie   Révérend   Coëx
Pont d' Yeu   Monts   Corniche   Croix-   l'Aiguillon-
          Vendéenne   de-Vie   sur-Vie
les Chiens Perrins   le Pont-Jaunay   la Faverie
Port-Joinville   Givrand   la Chaize-
Ker-Châlon   Beaumarchais   Giraud   la Roche-
Grand Phare   St-Sauveur   la Sauzaie   Landevieille   Guillaume
Ker-Bossy   Île d'Yeu   Bretignolles-   Vairé
le Vieux   Marais-Salé   sur-Mer   St-Nicolas-   Brem-sur-Mer   les Chânières
Château   Port-   la Croix   de-Brem
Sauvage   de-la-Meûle   la Parée   la Grégoirère
          Pointe des   la Gachère   Vairé
          Corbeaux   les Granges   la Salaire
          Menhir   la Burelière
          Forêt   Sauveterre   l'Île-   Bourneuf-
          d'Olonne   la Baudière   d'Olonne   d'Olonne
                    la Girvière   le Pont-
                              Olonne-   Chartran
                              sur-Mer
                              LES SABLES-
          la Chaume   d'Olonne
Phare des Barges   Château-
          Fort   d'Olonne
          St-Nicolas   Zoo
          Abbaye St-Jean-d'Orbestier
          la Corniche

67

68

69

70

71

Xd   Xe   Xf   Yg   Yh

La Roche-sur-Yon   Cholet   Niort

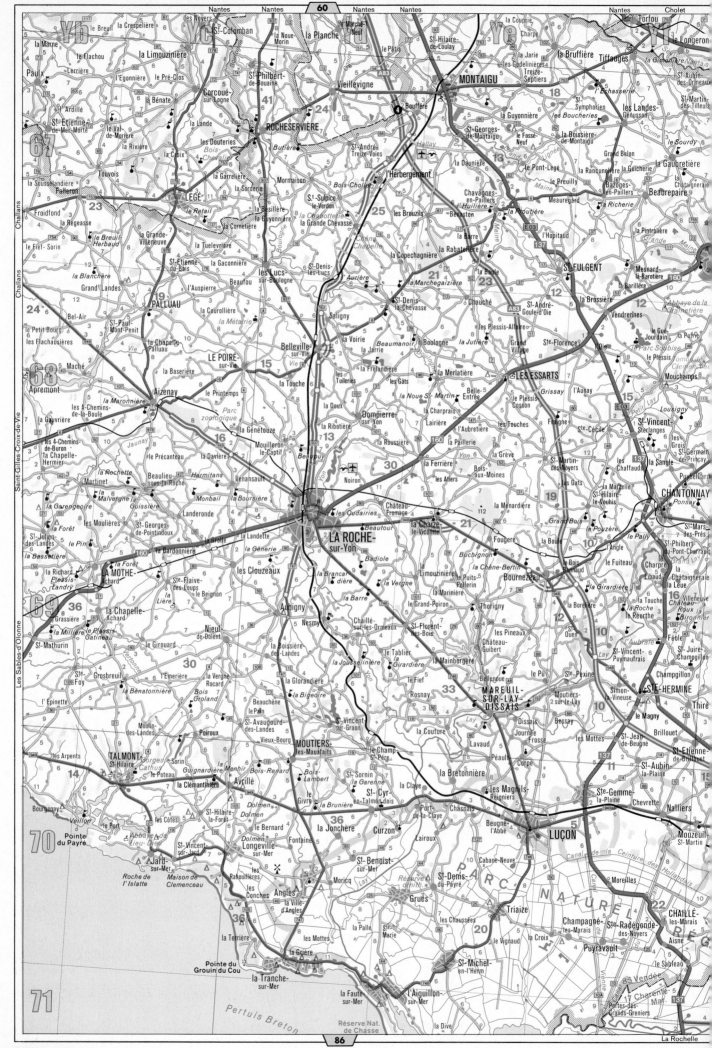

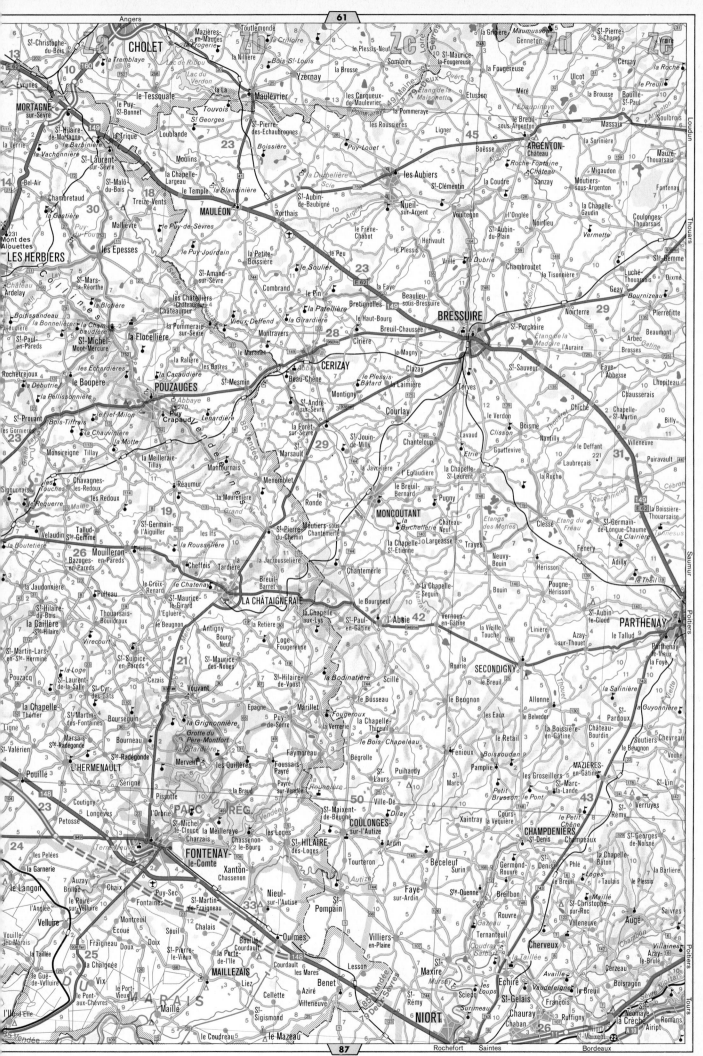

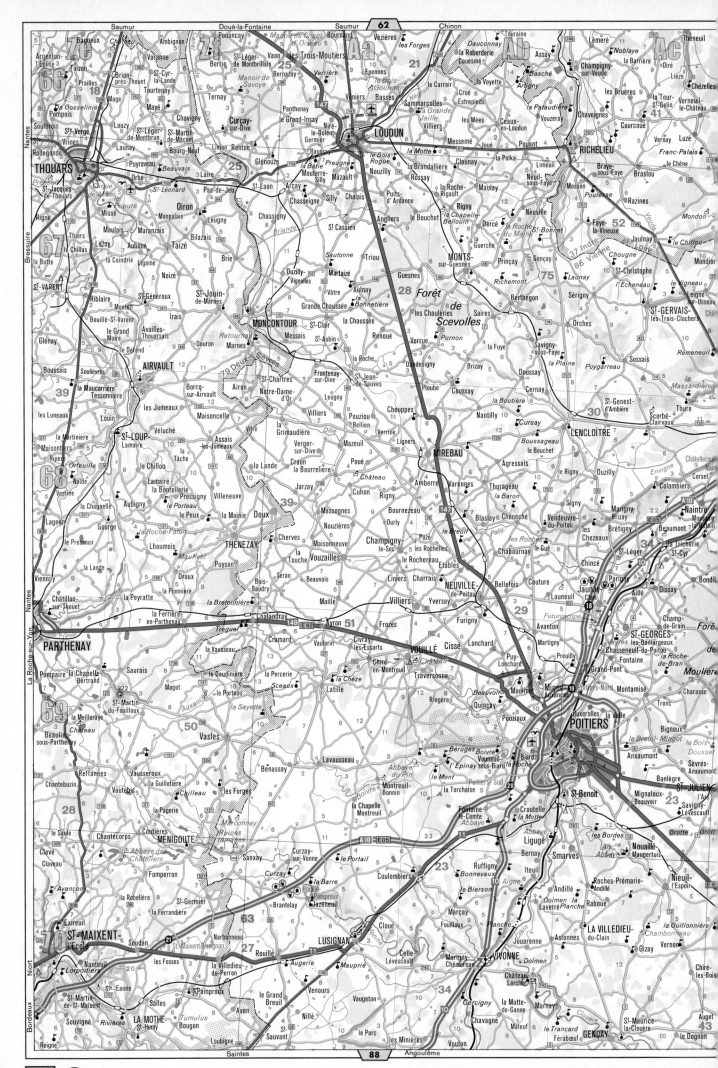

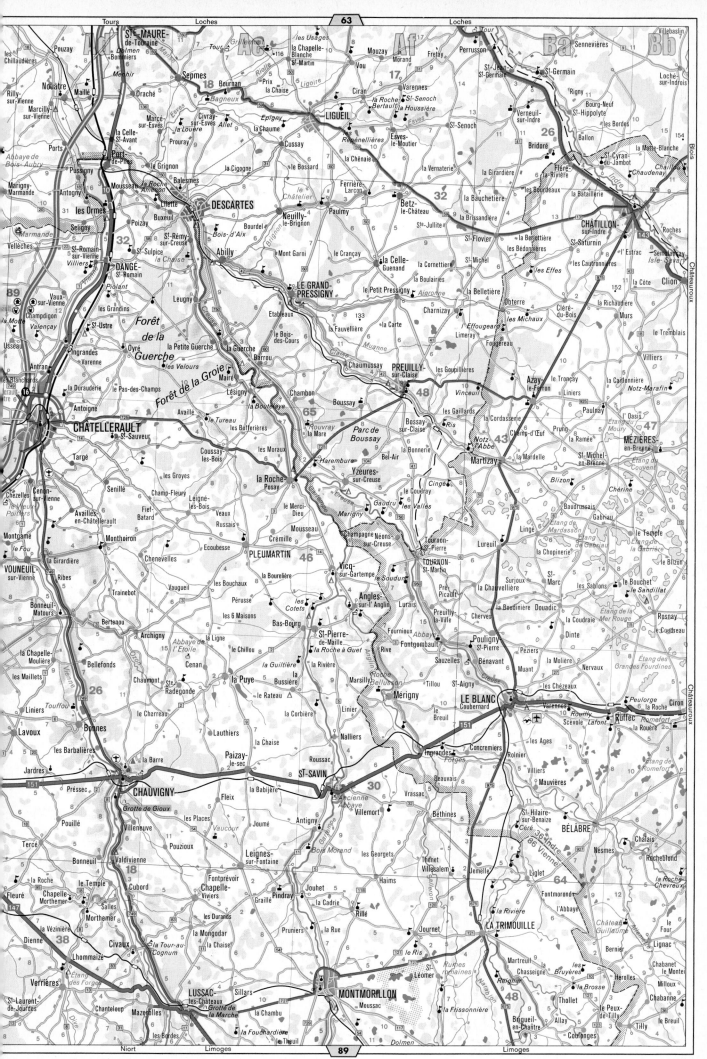

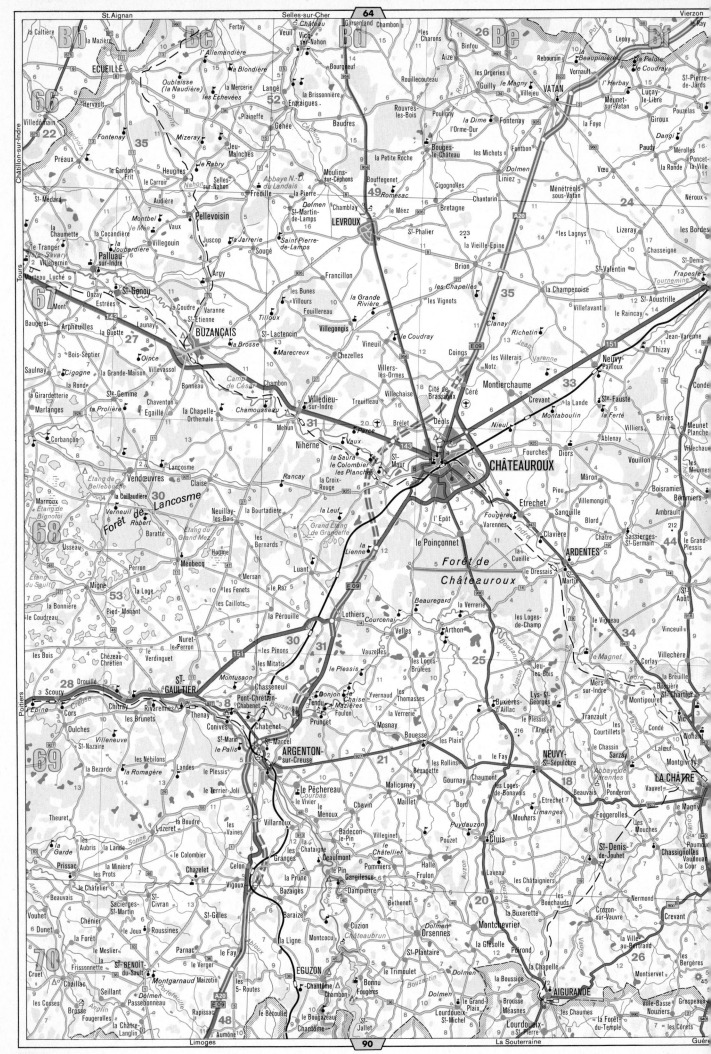

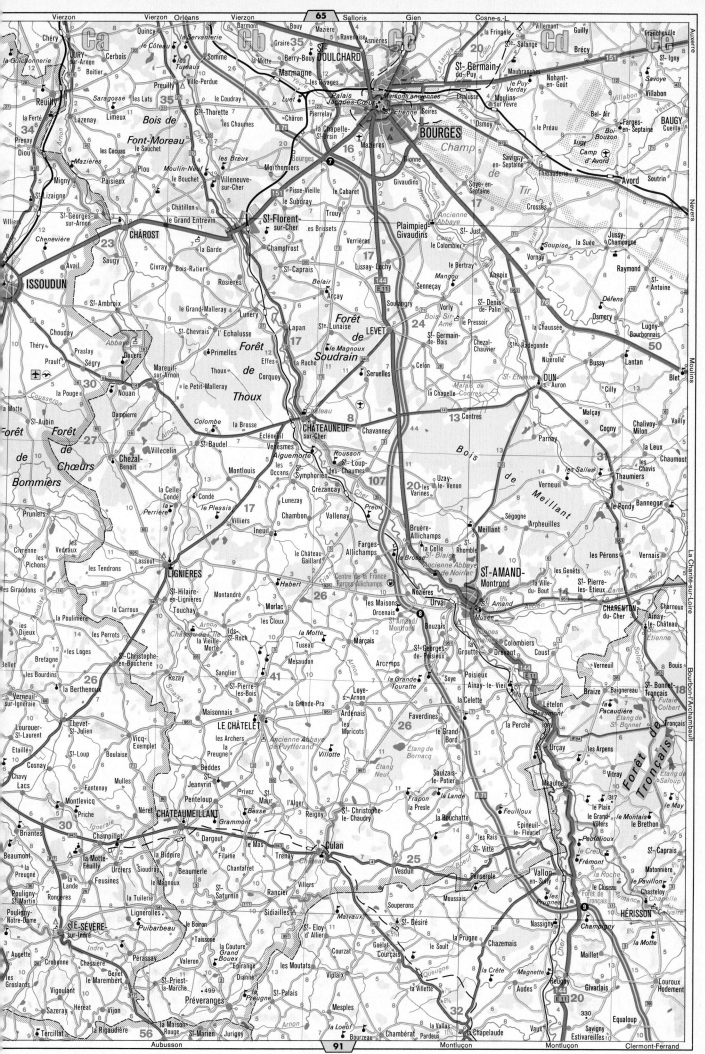

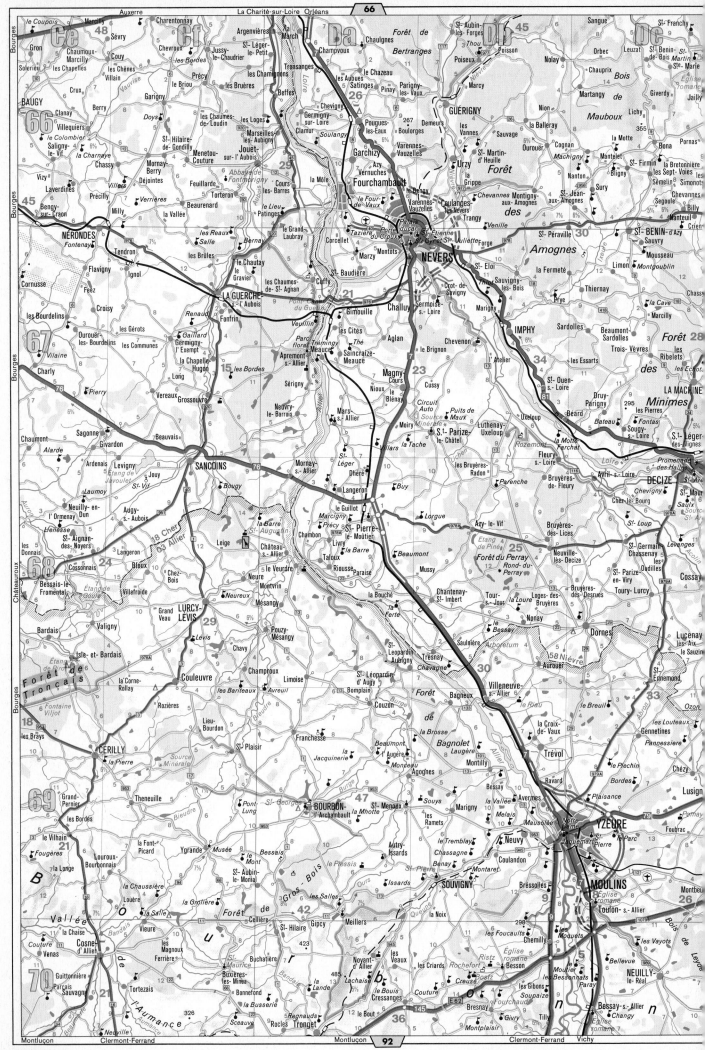

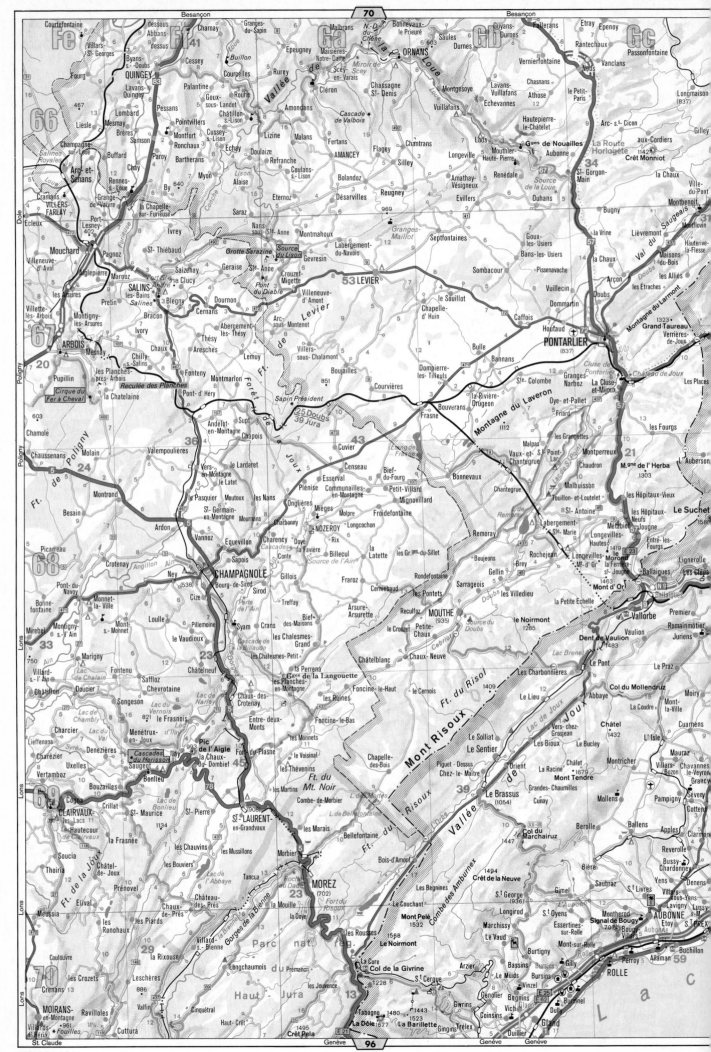

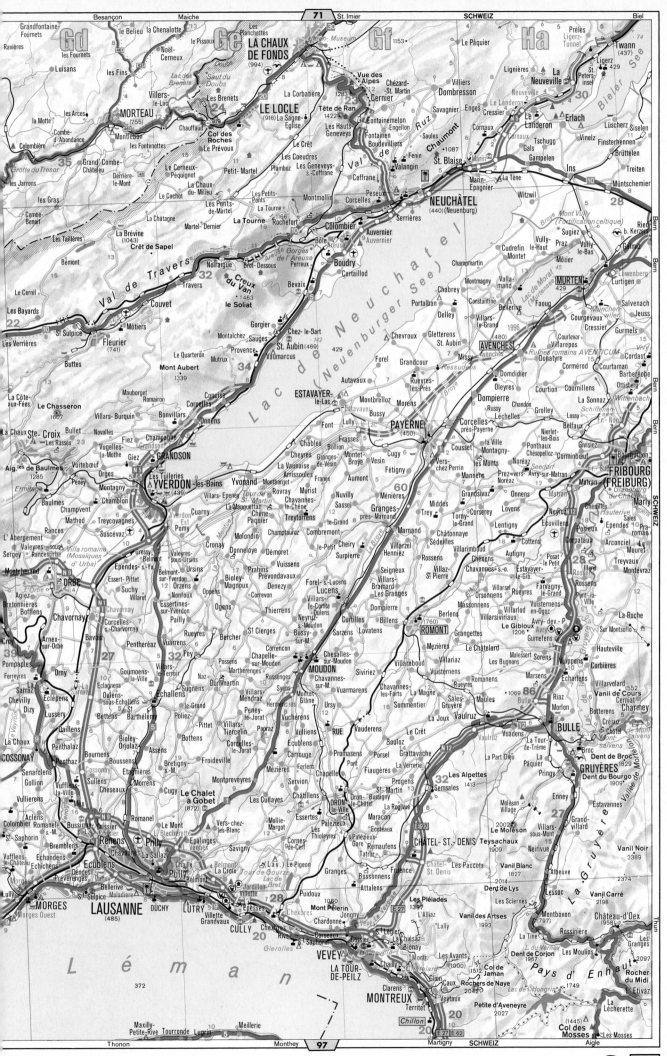

Yc   Yd   Ye   Yf   Za

Pertuis Breton

Phare des Baleineaux

Phare des Baleines

71

le Gillieux
St-Clément-
des-Baleines

ARS-
en-Ré

les Portes-
en-Ré

Loix

ILE DE RÉ

Pointe du Groin

Fier d'Ars

la Couarde-
sur-Mer

ST-MARTIN-
de-Ré
Citadelle

la Flotte
Abbaye
des Châteliers
Fort de la Prée

le Bois-Plage-
en-Ré

41

Rivedoux-
Plage

Fosse de Loix

le Morinant

201

Phare de
Chanchardon

lesGrenettes

la Noue

Ste-Marie-
de-Ré

la Faute-
sur-Mer

l'Aiguillon-
sur-Mer

la Dive

le Génie

Réserve Nat.
de Chasse

les Sablons

Pointe de
l'Aiguillon
Pointe St. Clément

Anse
de l'Aiguillon

Bourg-
Chapon

Charron

Esnandes

Marsilly

Nieul-
sur-Mer

Lauzières

la Pallice

Lagord

Puilboreau

Pérignу

Villeneuve

LA ROCHELLE

Aytré

Angoulins

Châtelaillon-
Plage

Pertuis d'Antioche

Rocher d'Antioche

Phare de Chassiron

la Gautrie

St- Denis
d'Oléron

la Brée-
les-Bains

les Boulassiers

les Huttes

734

Port du Douhet
Plaisance

Plage de
la Gautrelle

Chaucre

l'Ile

St-Georges-
d'Oléron

Sauzelle

Fort

Domino

Chéray

274

ILE
D'OLÉRON

l'Ileau

St-
Gilles

St-PIERRE-
d'Oléron

126

les Allards

la Biroire

41

la Cotinière

Dolus-
d'Oléron

Boyardville

la Perroche

la Remigeasse

la Gaconnière

26

Vert-Bois

la Chevalerie

Orsi

LE CHÂTEAU-
d'Oléron

Plage de
Vert- Bois

le Grand-Village-
Plage

Viaduc d'Oléron

Saint Trojan-
les-Bains

Chemin de fer Touristique
la Grande
Plage

20

la Plage
Pointe
de Manson

Boursefranc-
le-Chapus

la Gataudière

Hiers-Brouage

MARENNES

Marennes
Plage

Côte

Sauvage

Pertuis de Maumusson

Pointe de
Gatseau

Tour des 4 Fontaines

LA TREMBLADE

Fôret

de la

Coubre

Bouverie

Brisquettes

Tour

les Mathes

Etaules

Arvert

le Plochet

Avallon
Chatressac

l'Ile-de-
Etaules

le Maine-
Auriou

Mornac-
sur-Seudre

Coux

Chaillevette

Souhe

Phare de la
Coubre

la Palmyre

Zoo

Saint Augustin

le Billeau

le Grallet

Breuillet

Plage de
la Palmyre

Pointe de la Coubre

Plage de
Grande Côte

la Grande Côte

la Palud

Vaux-
sur-Mer

Les Maries

Saint Palais-
sur-Mer

Pontaillac

ROYAN

Bergerac

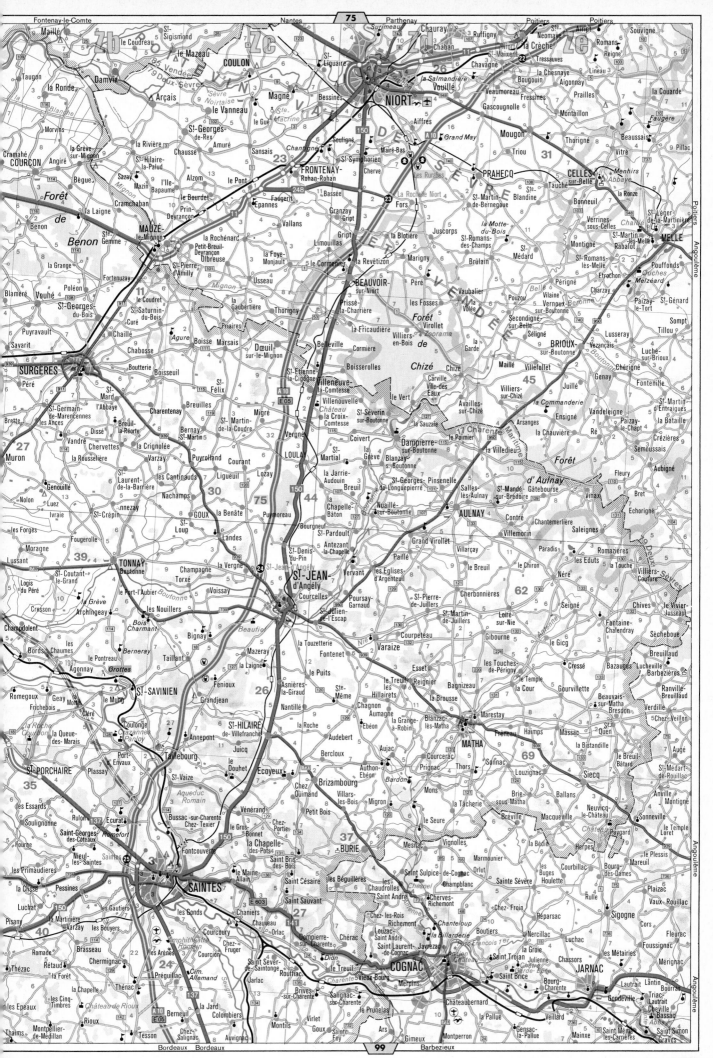

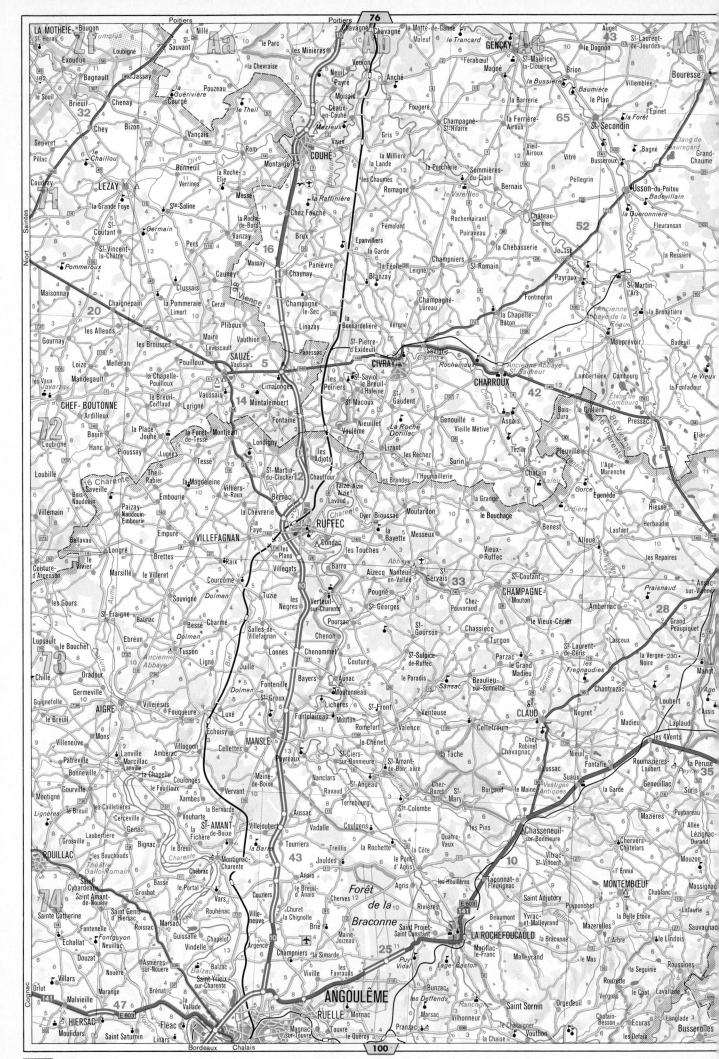

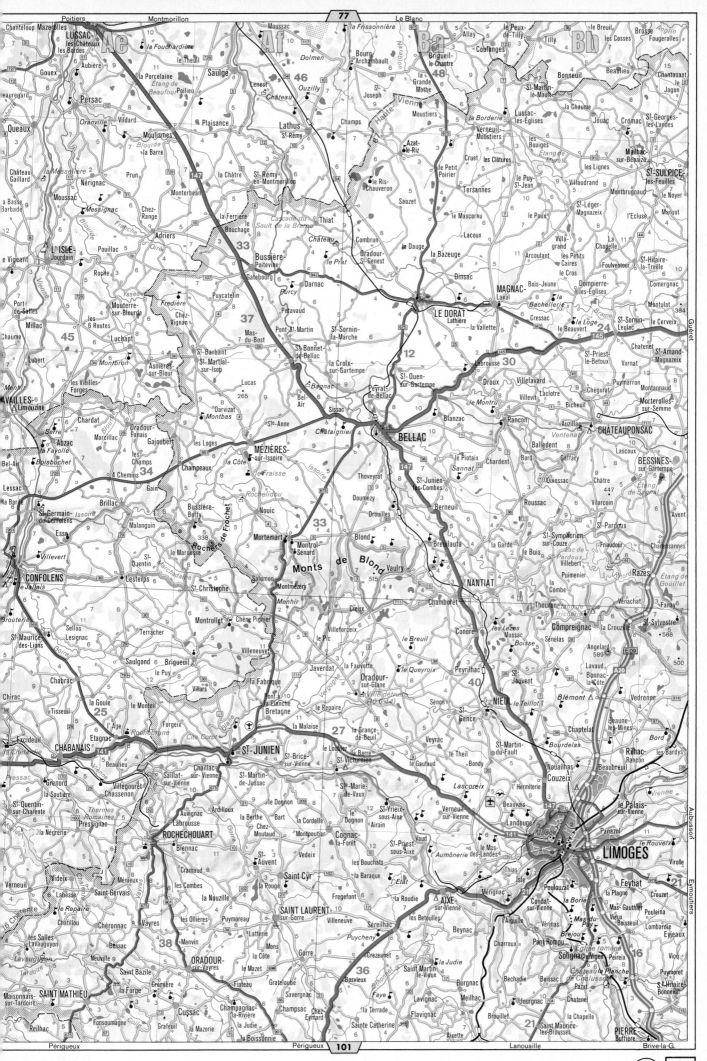

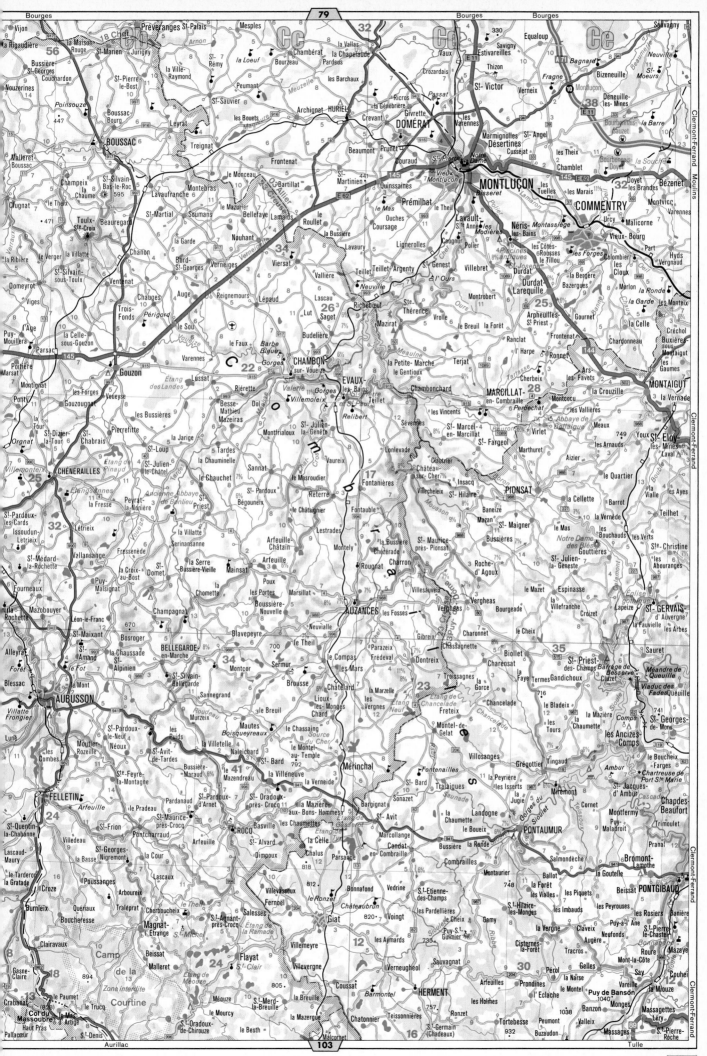

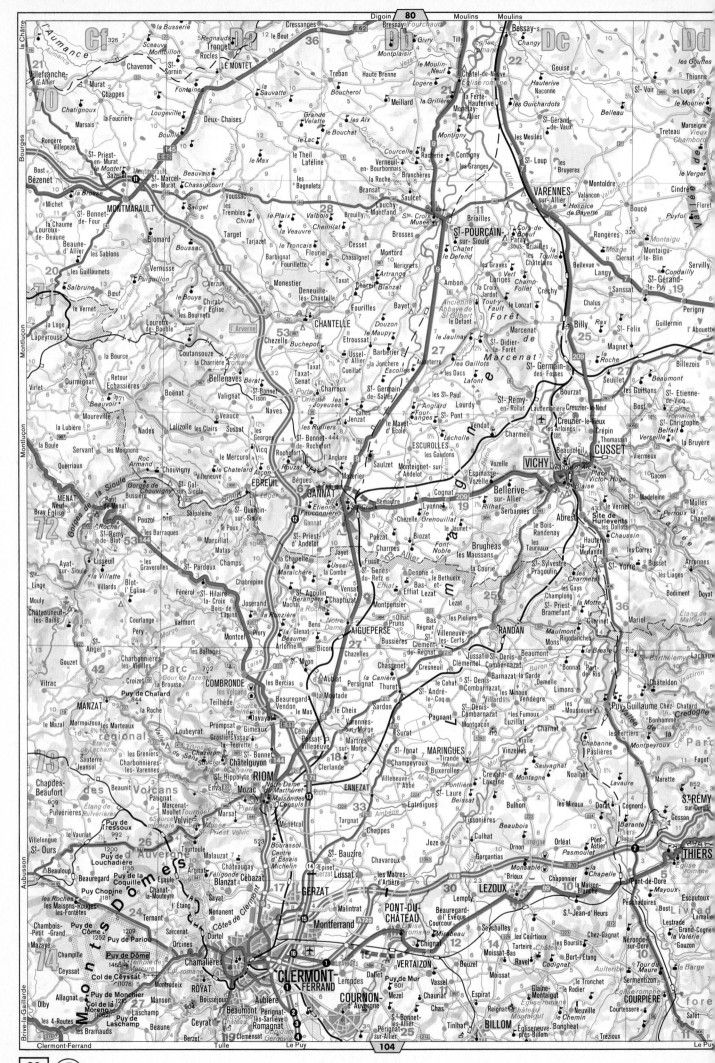

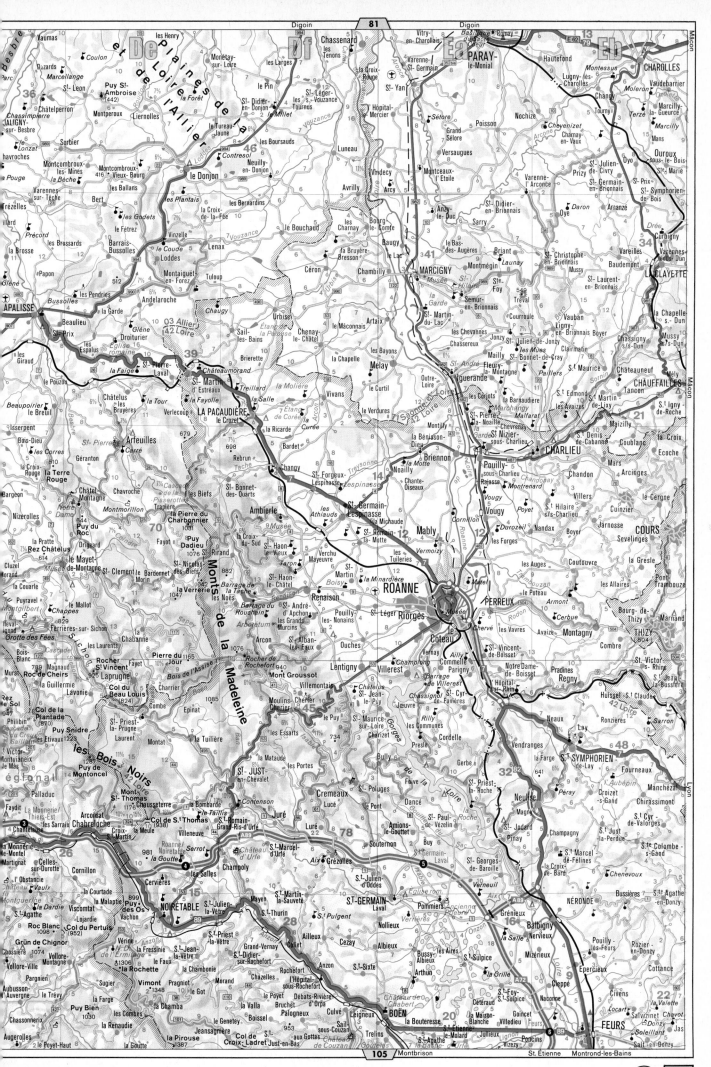

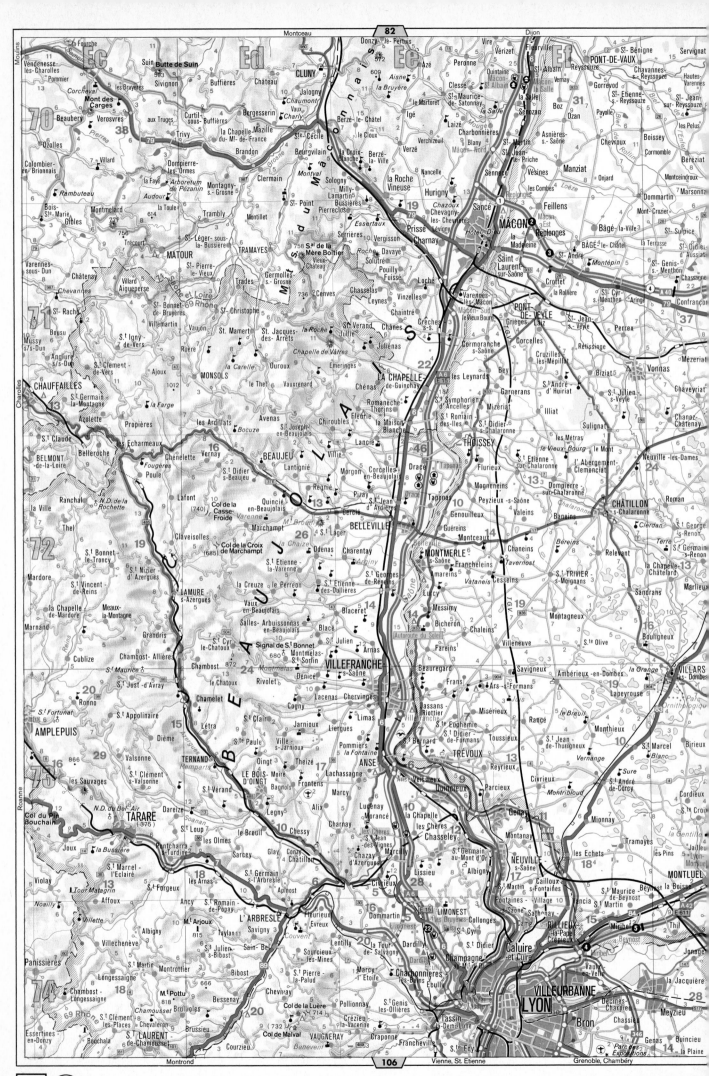

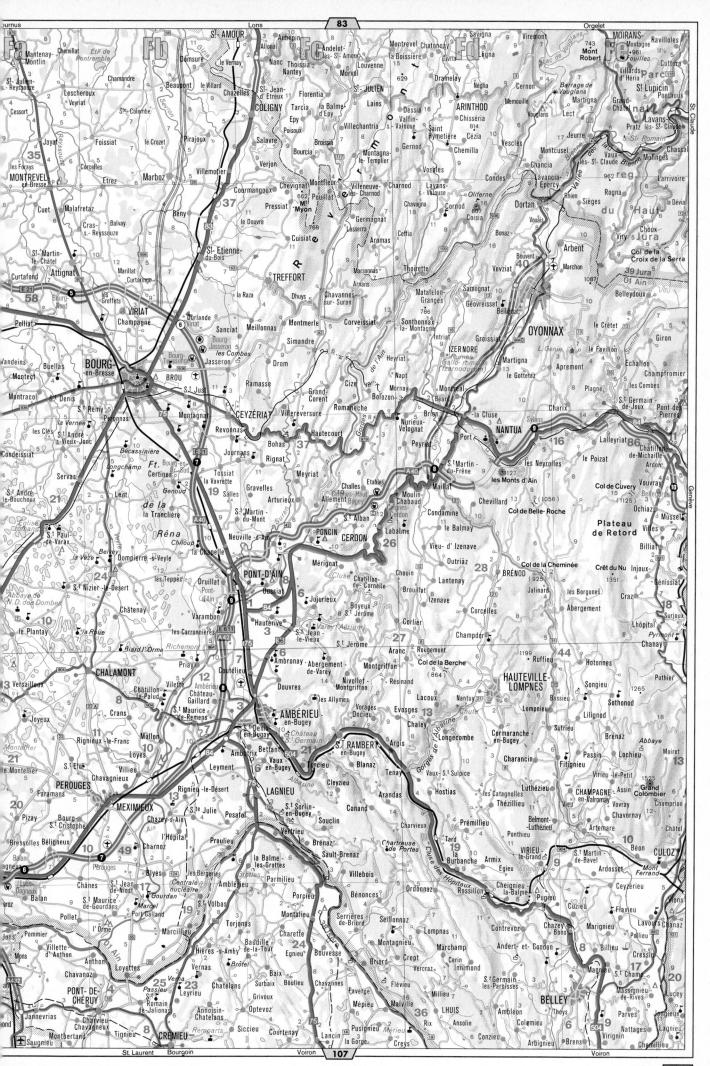

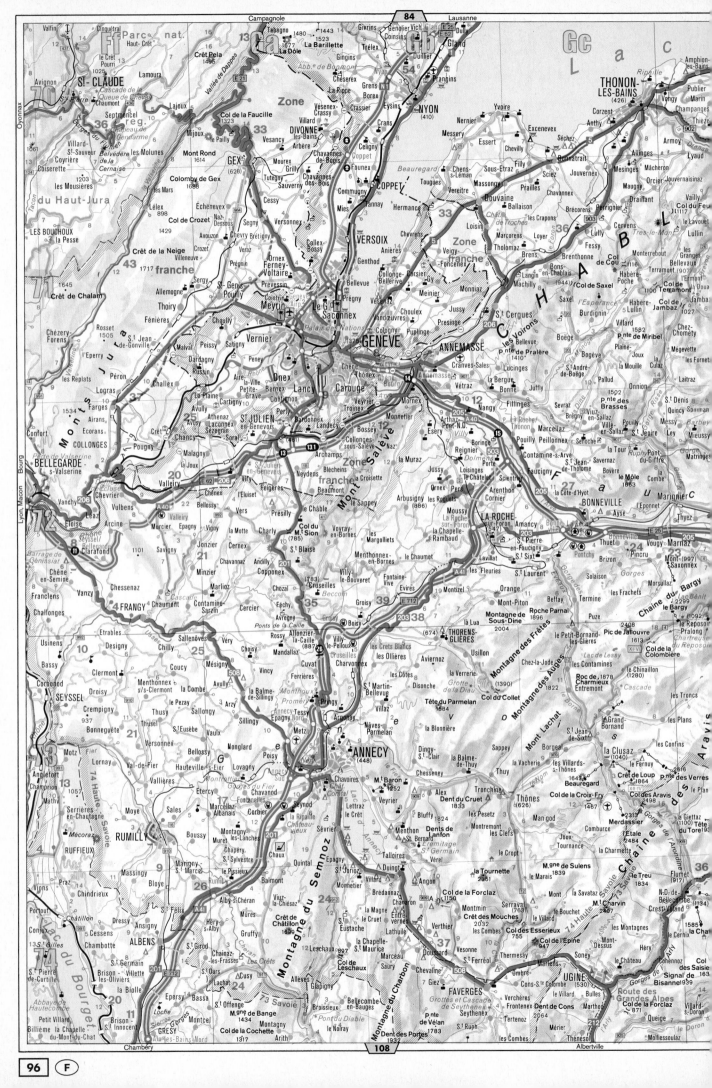

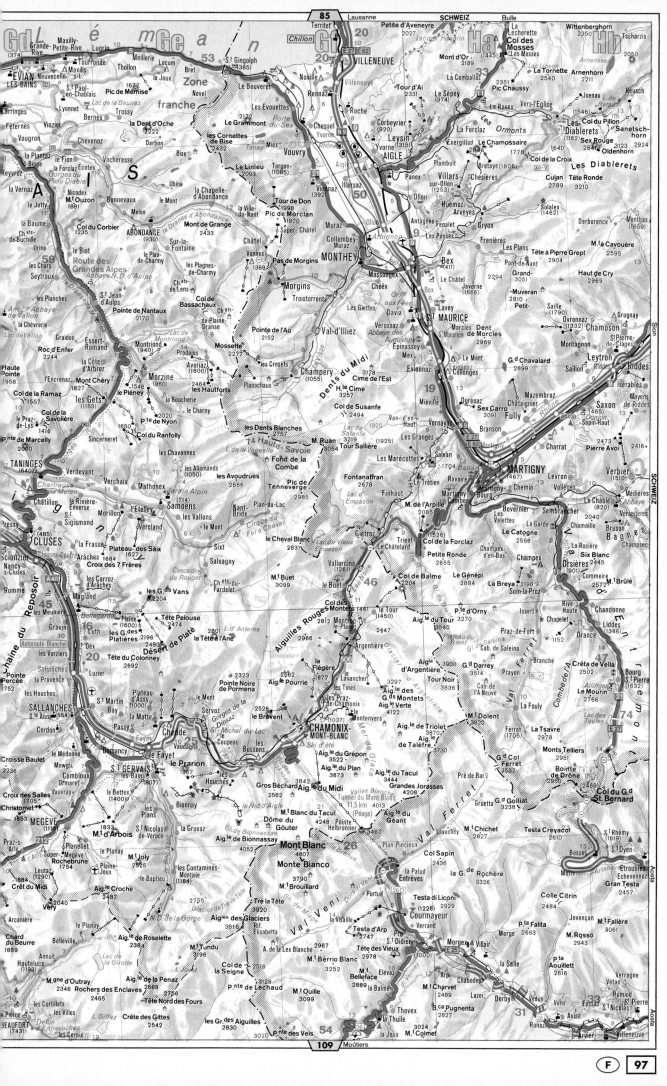

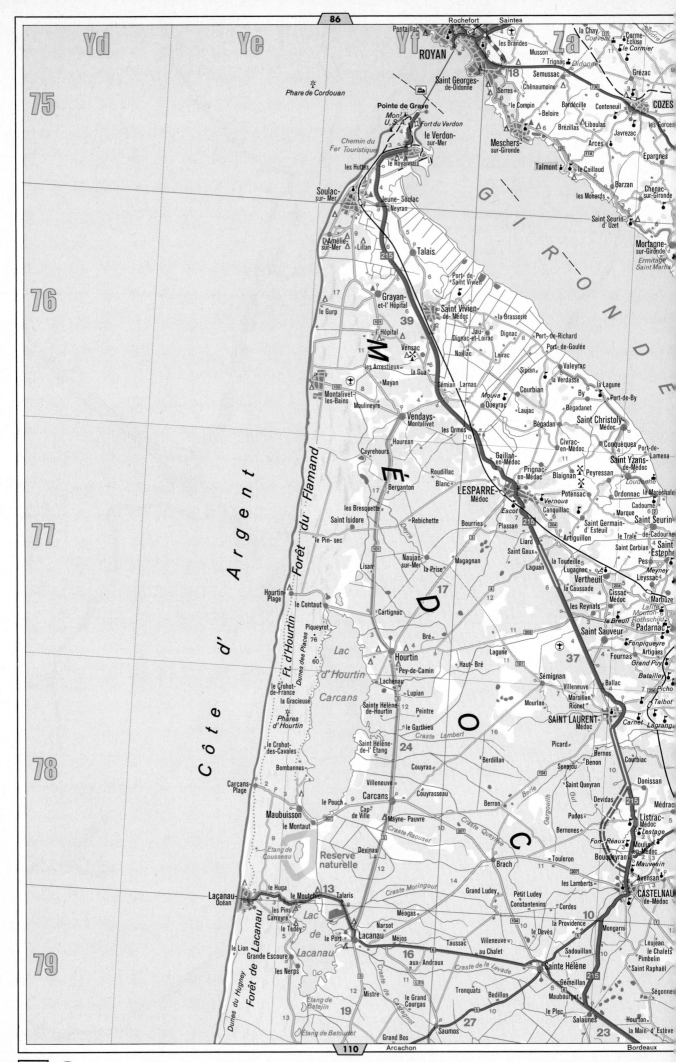

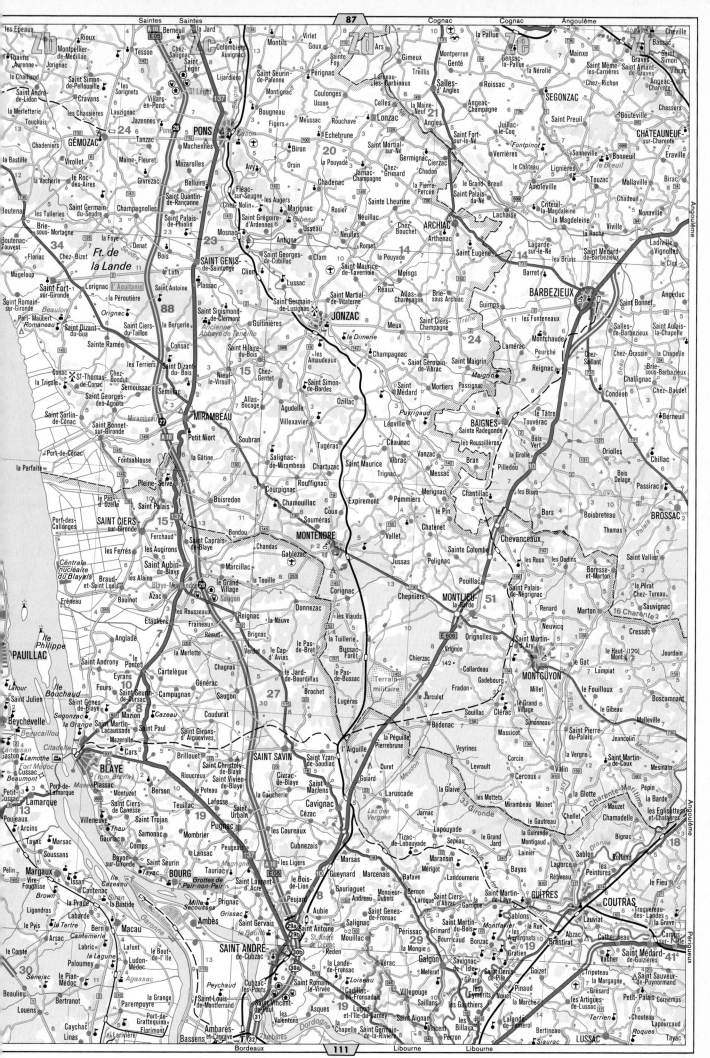

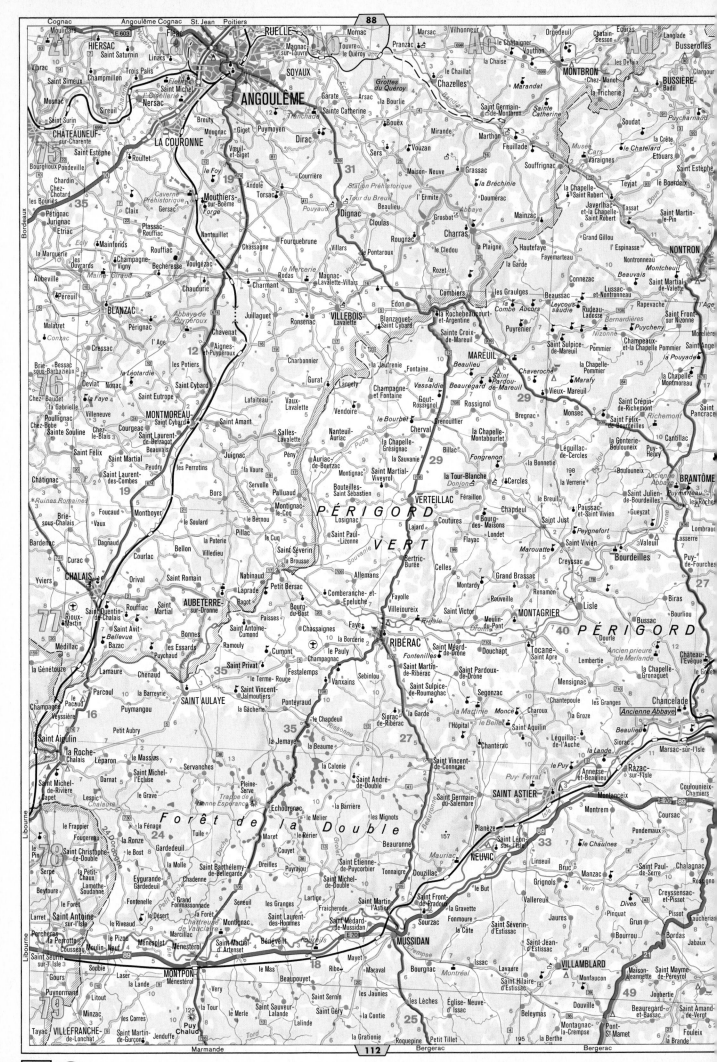

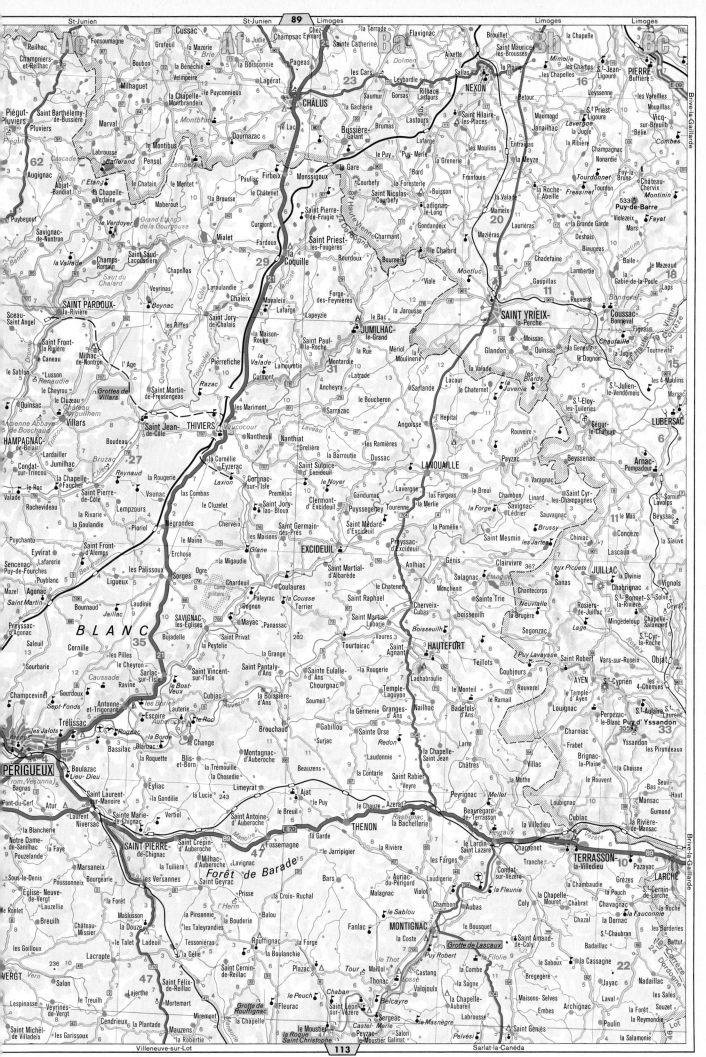

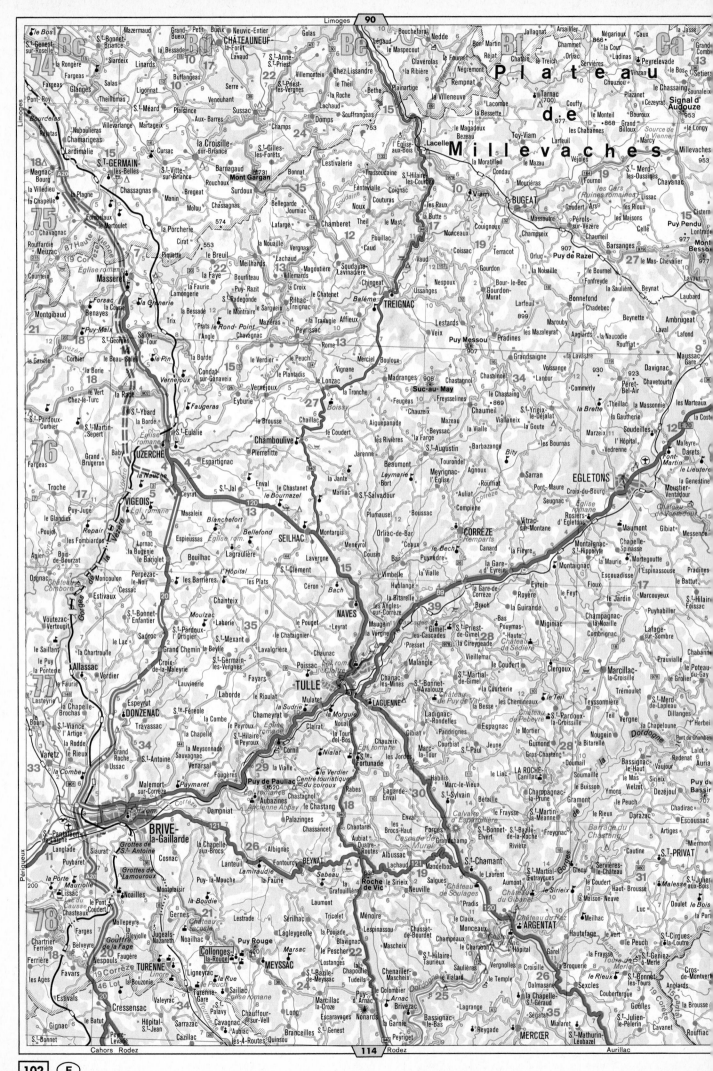

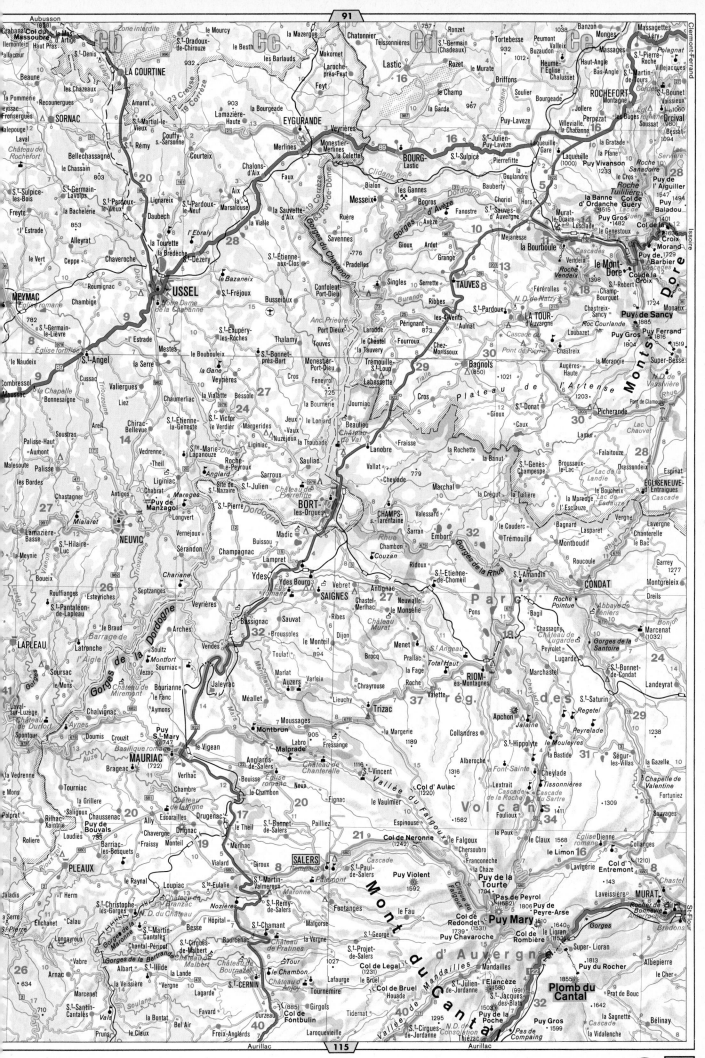

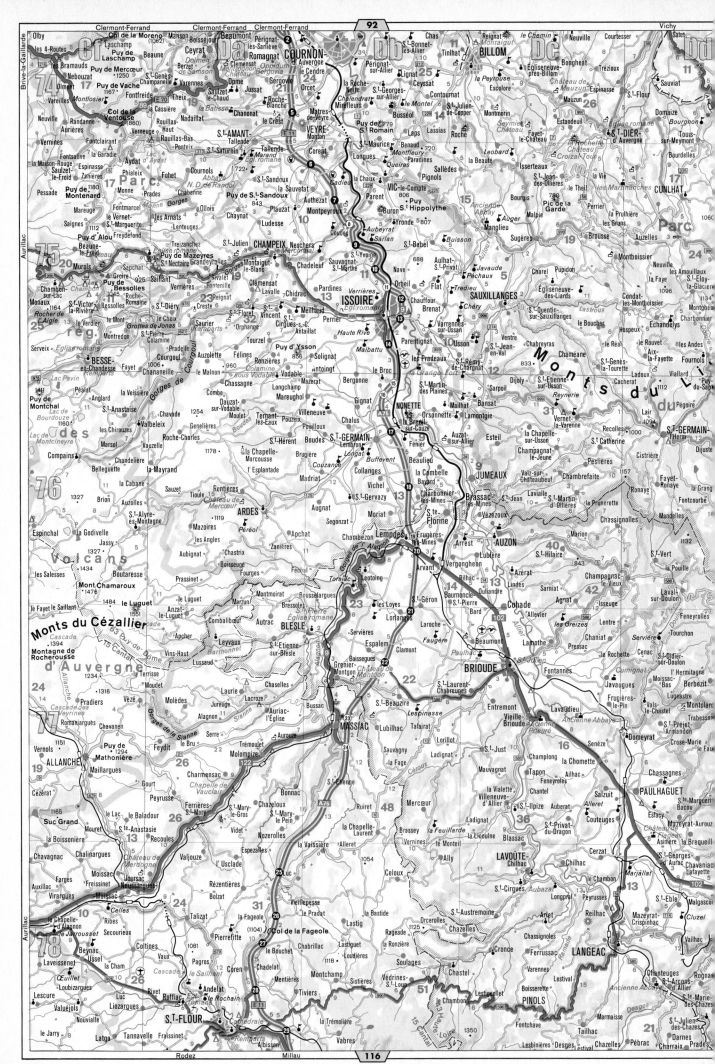

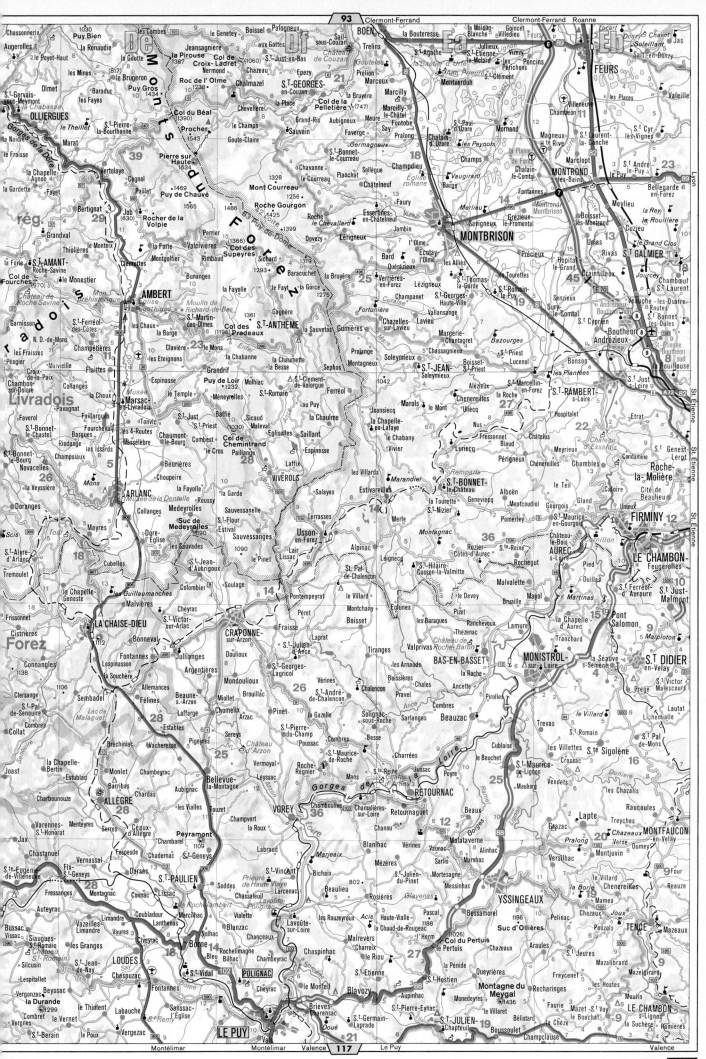

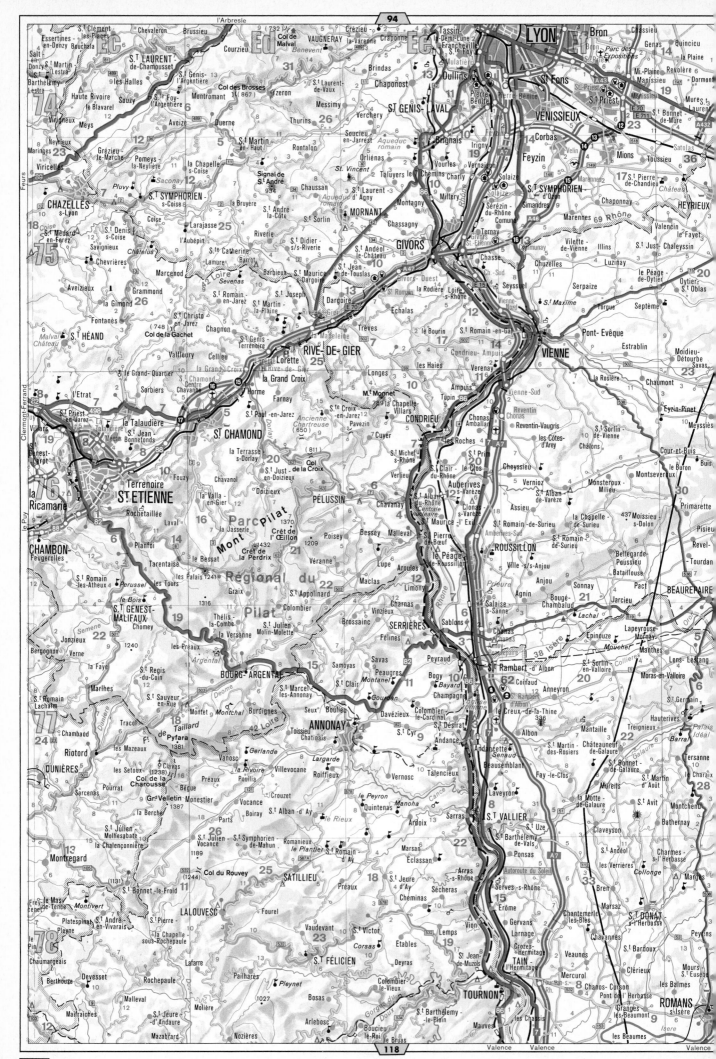

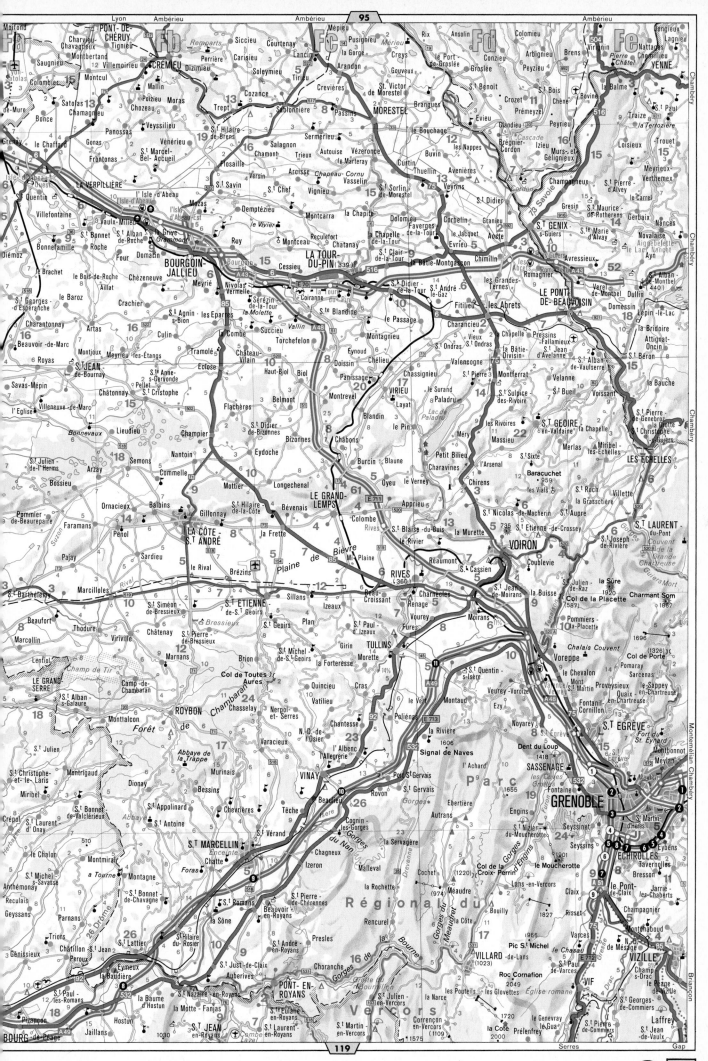

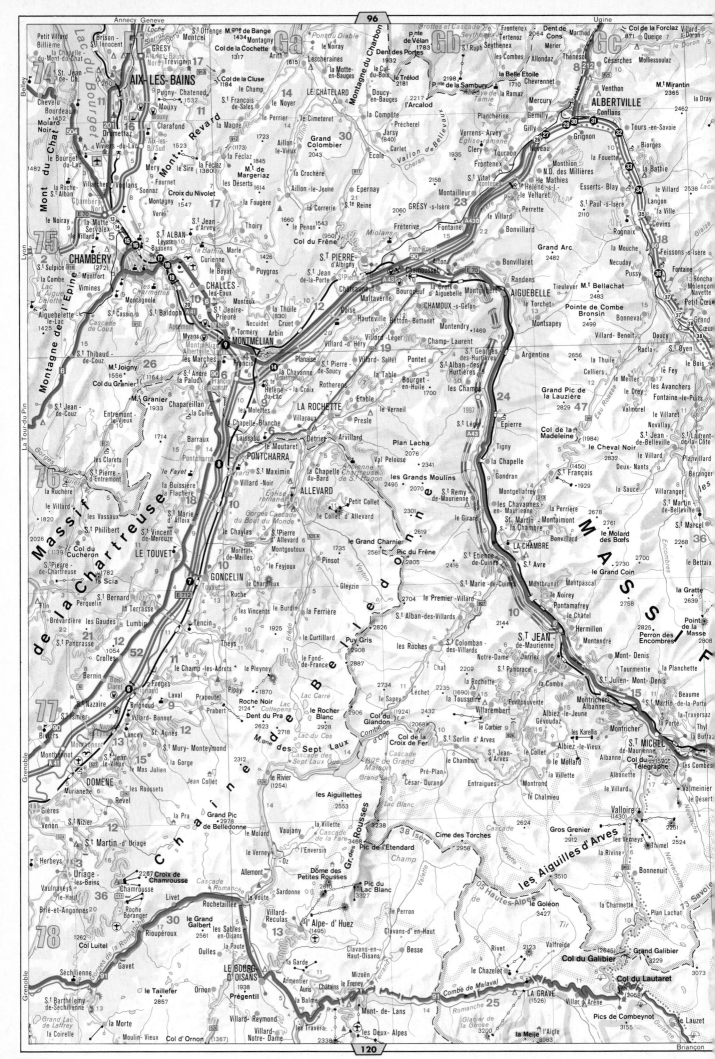

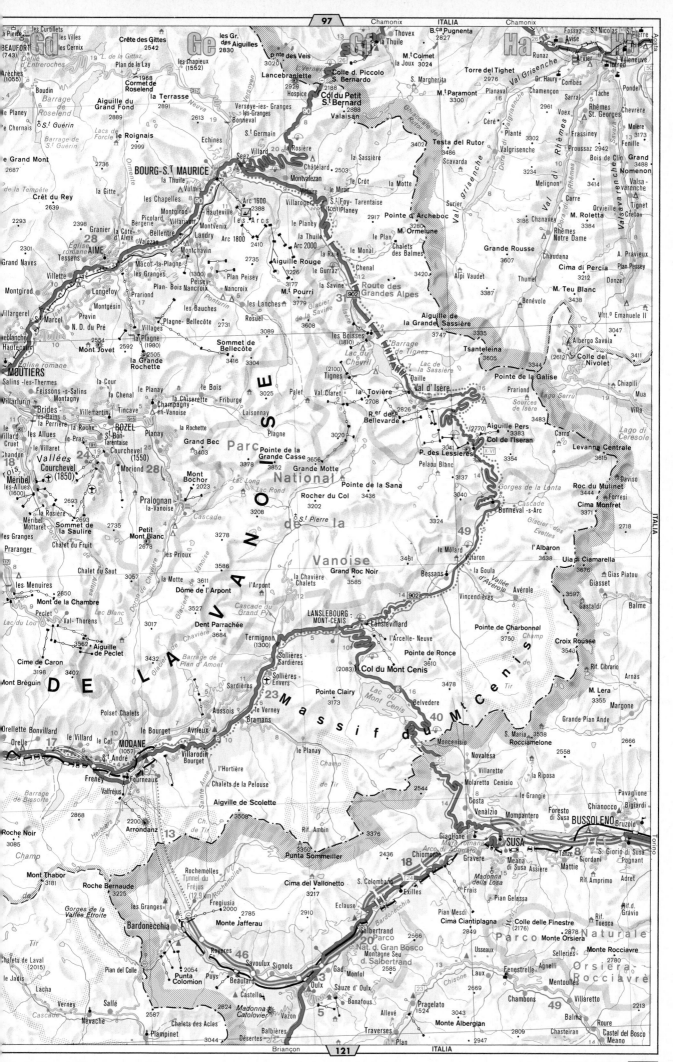

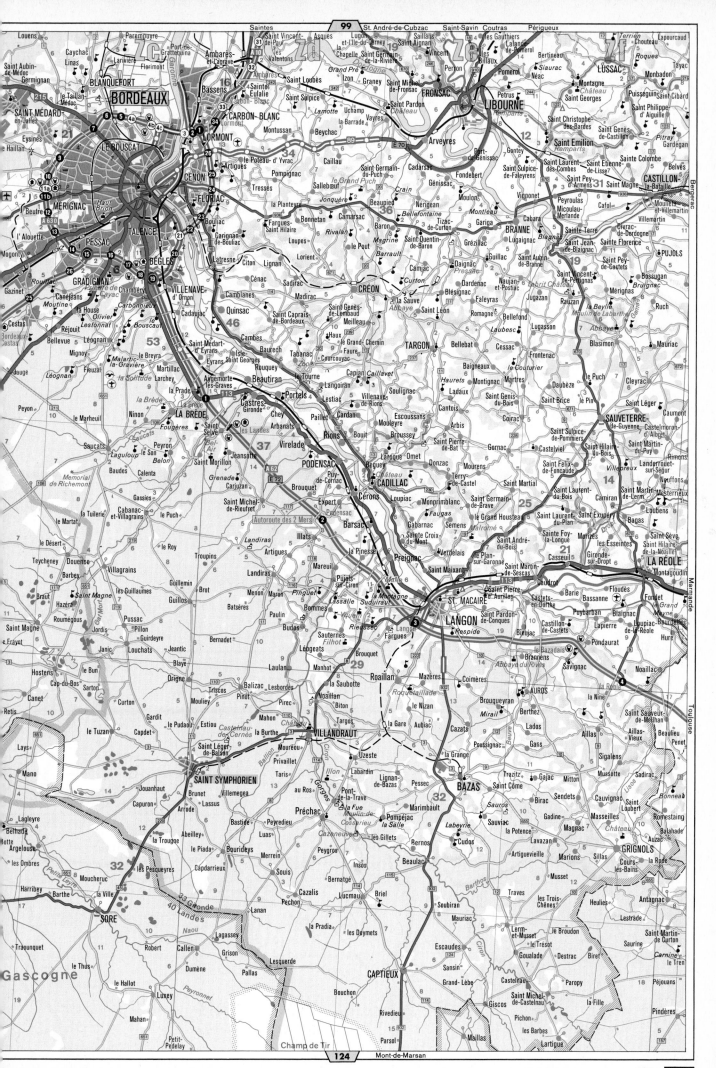

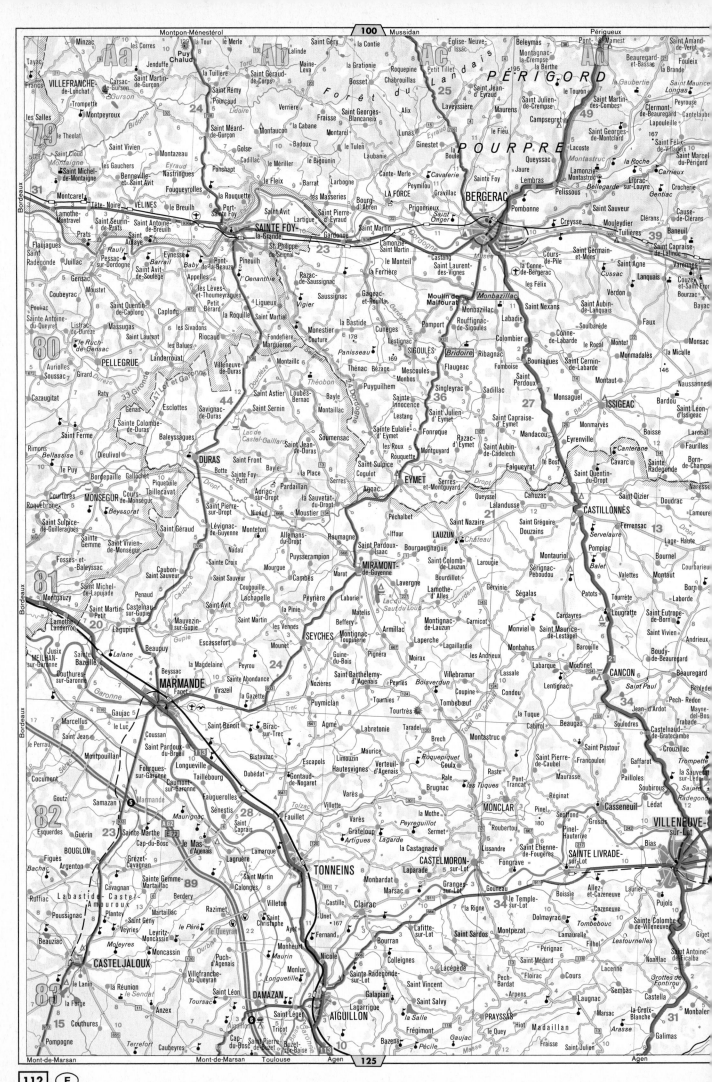

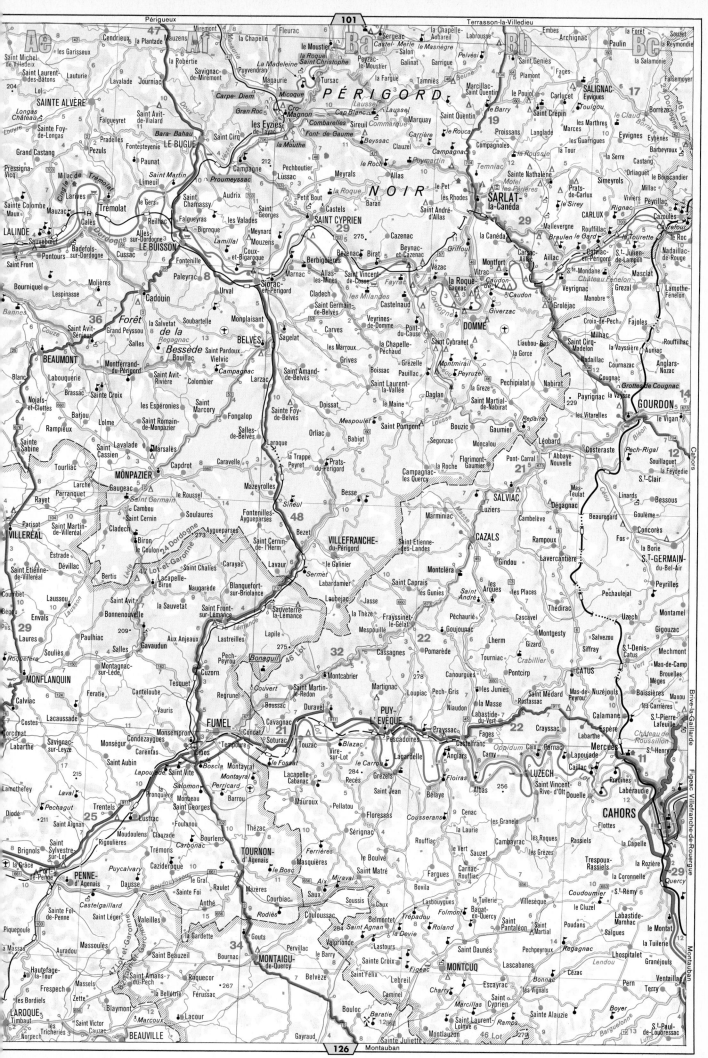

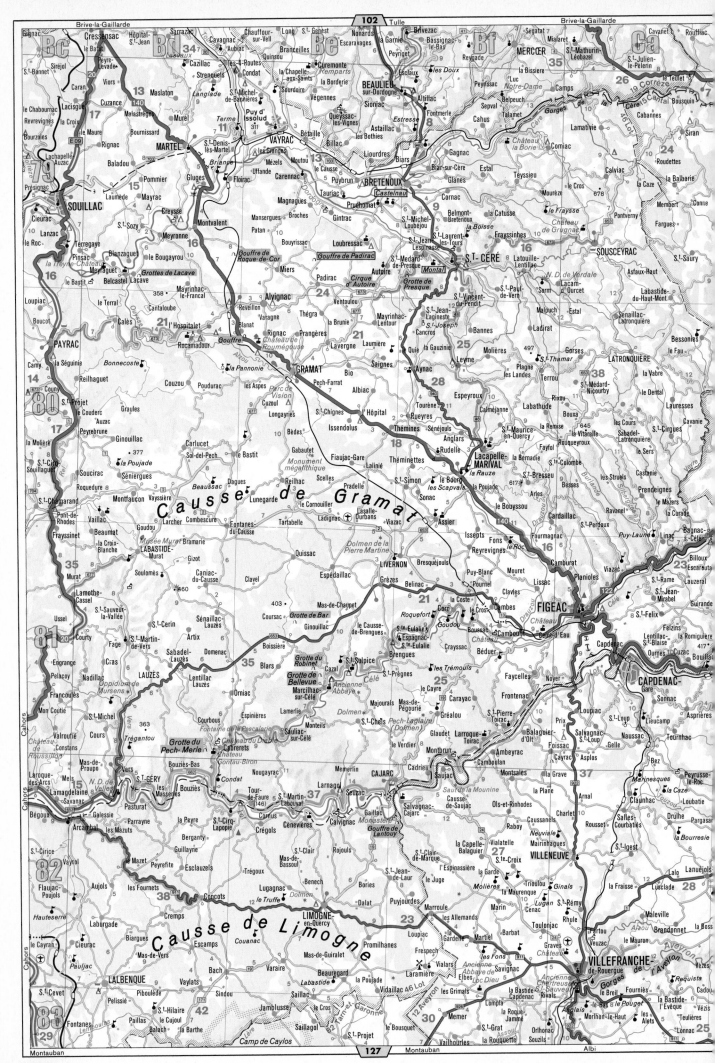

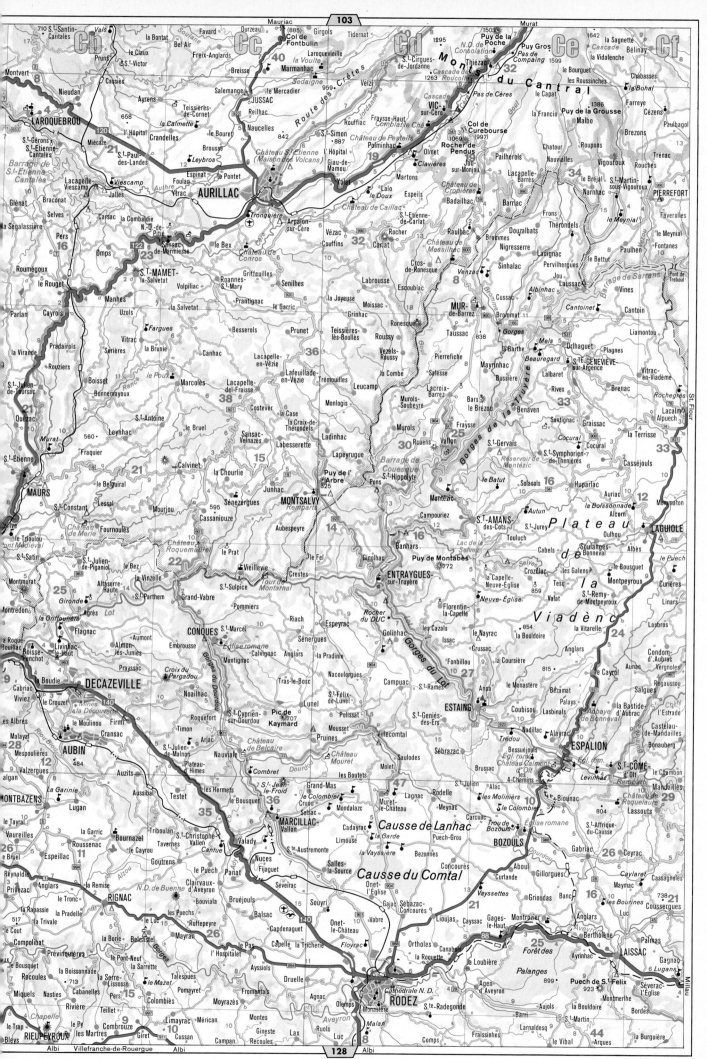

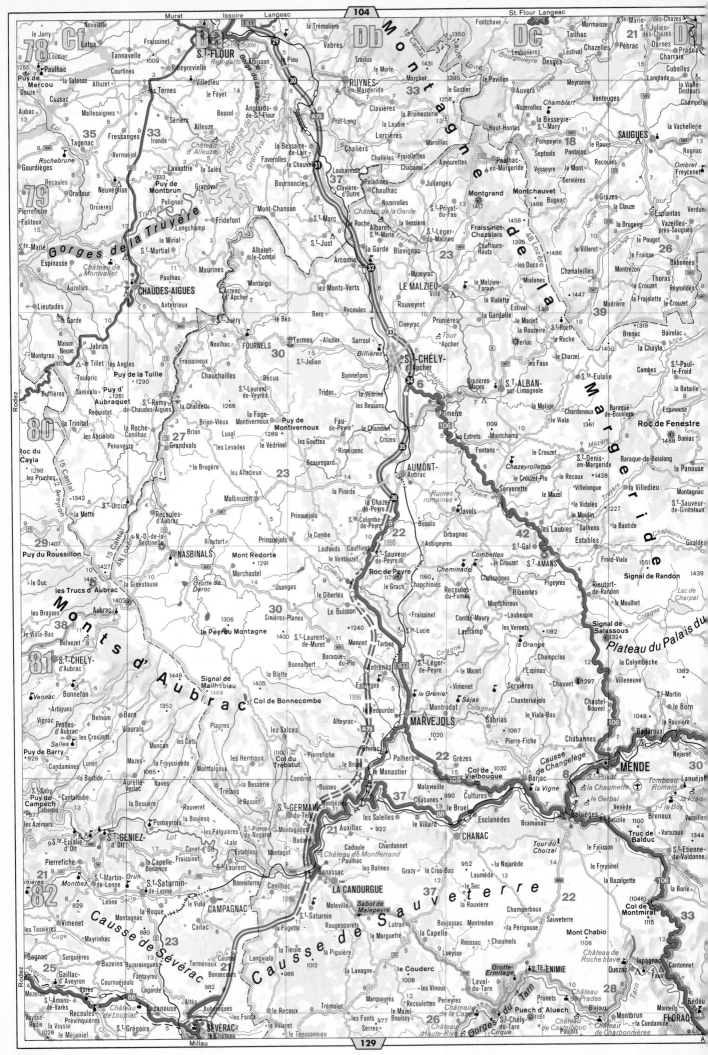

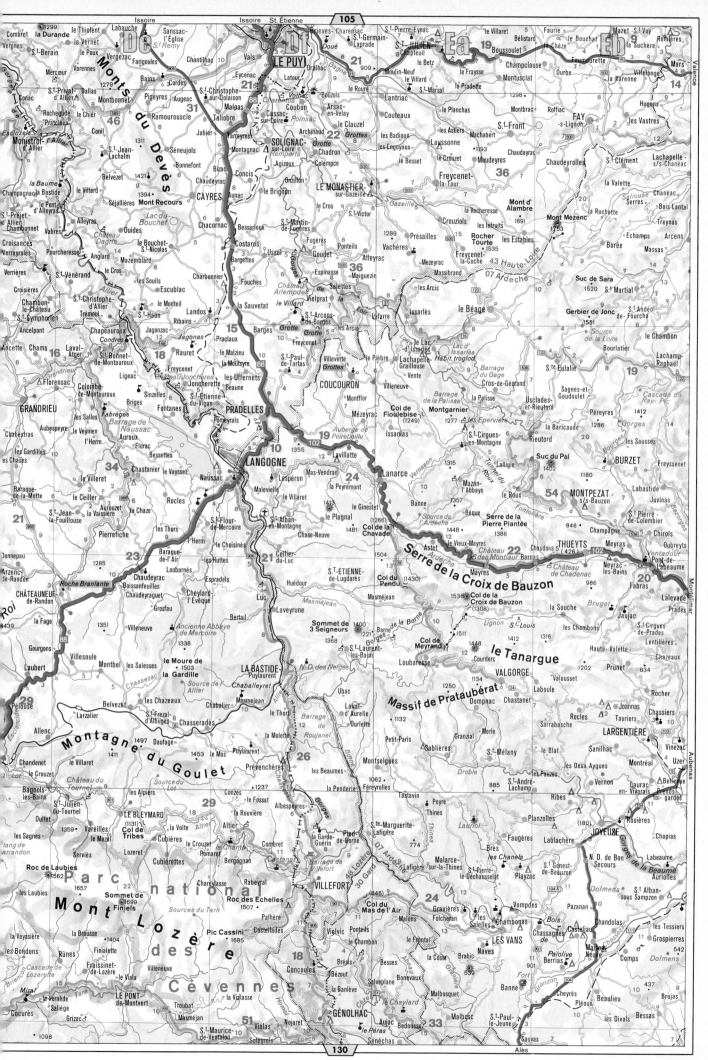

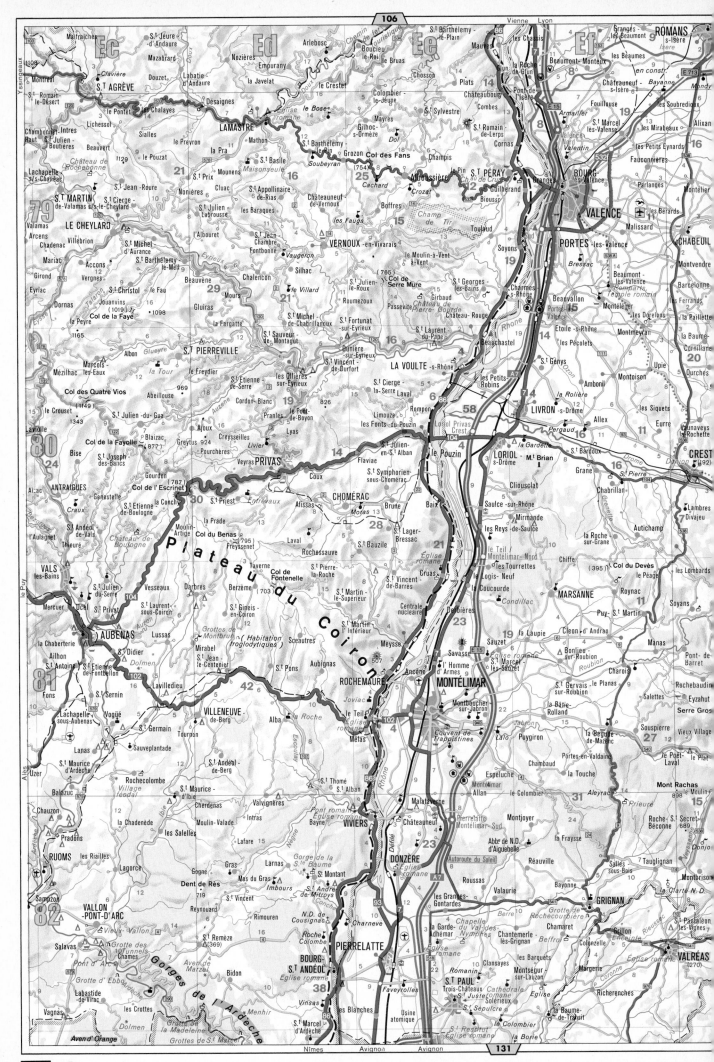

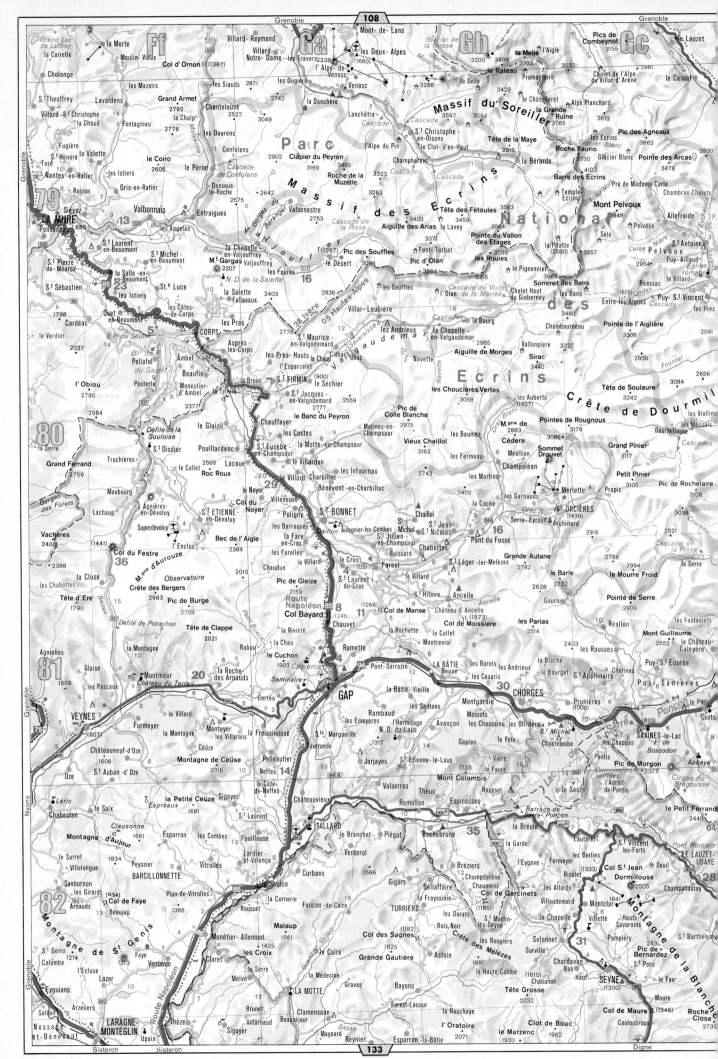

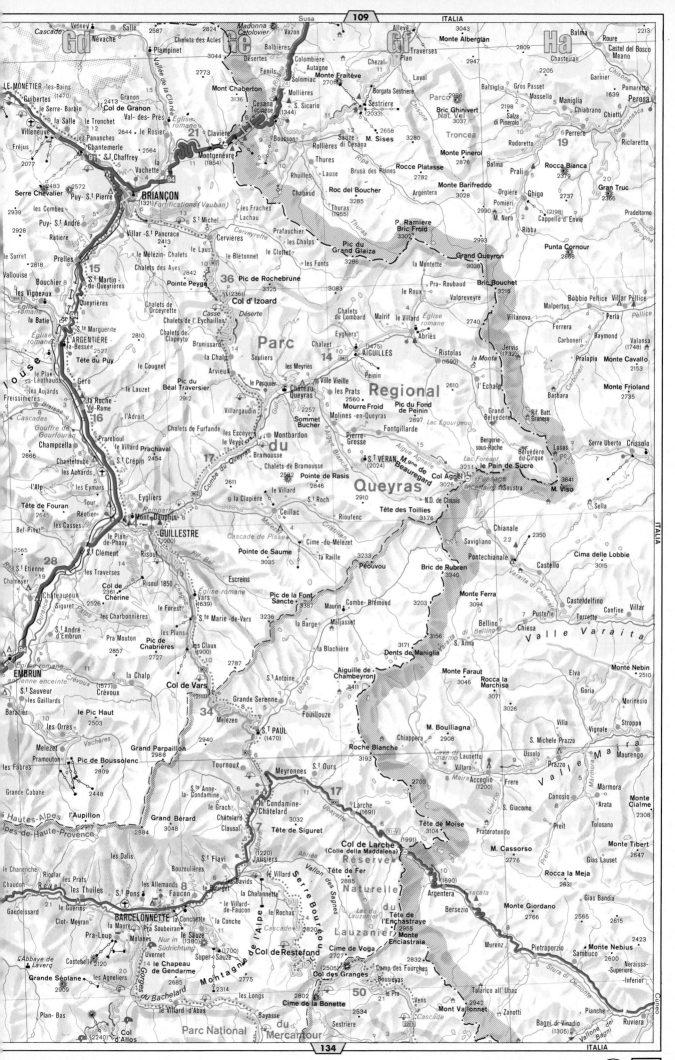

84

85

86

A r g e n t

Huchet
Pichelebe

Moliets- Plage　3

Étang
de Mollet

Étang
de Laprade 4

Messanges　△ Messanges
Plage

Arènes
Vieux-Boucau-
les-Bains　　Quartier-
Caliot

3
Coudère

Douca

8
Guin
Gaillou-de-
Pountaout

Plage
des Casernes　△　62•
Étang
Blanc

le Penon　　4

Golfe de
les Estagnots　　Seignosse
5
Soorts-
Hossegor　　Hossegor　　Saubion
Hossegor　　△　　Angresse
8

Capbreton

3　E 05

Capbreton　　　　Bénesse-
33　　7　　Maremme
10
Labenne　　Orx

G a s c o g n e

Labenne-　4
Océan　　10
Ugne

Ondres-　△　Beyres
Plage
9　　Lalanne
Lac d'Irieu
Larroque　　Monchoisi
Ondres　　St-André-
de-Seignanx
61
Tarnos　　St-Martin-
de-Seignanx　　2 le Pay
la Barre　　Vincennes
Chiberta　　Castillon　　Quartier- Neuf
BOUCAU
5

87

88

Plage Miramar　　Bayonne- 7
Grand Plage　　St Esprit　*Adour*
ANGLET　　BAYONNE　Saint Barthélemy

BIARRITZ　　Remparts
Lahonce　4　Urcuit
Hendaye　Cambo-l.-B.　Hendaye
136

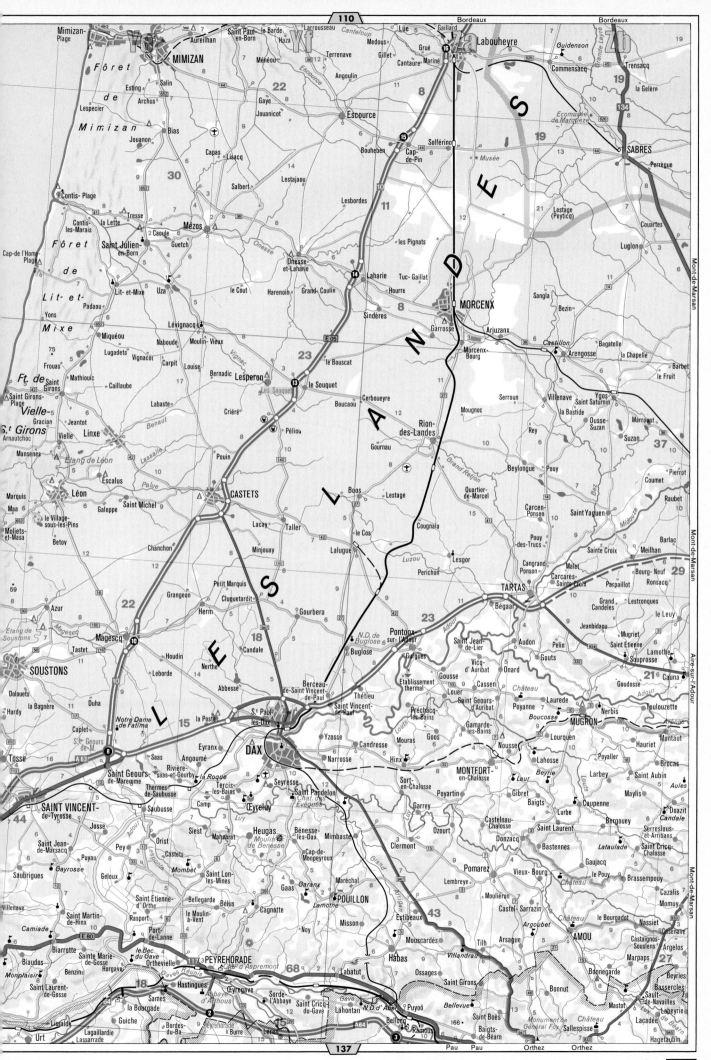

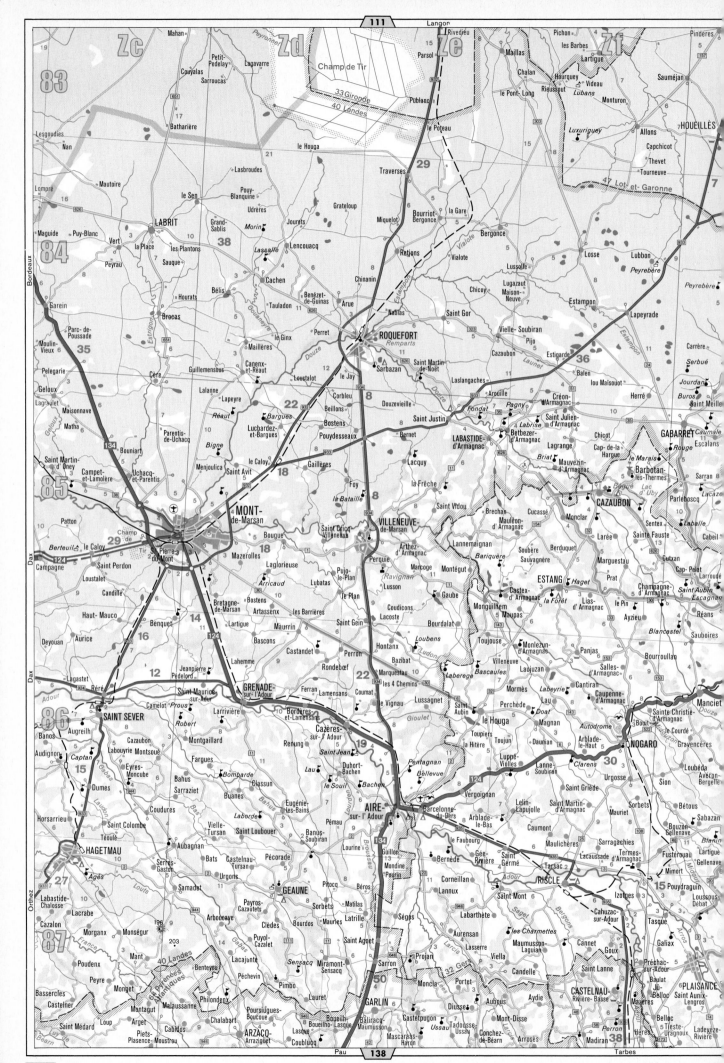

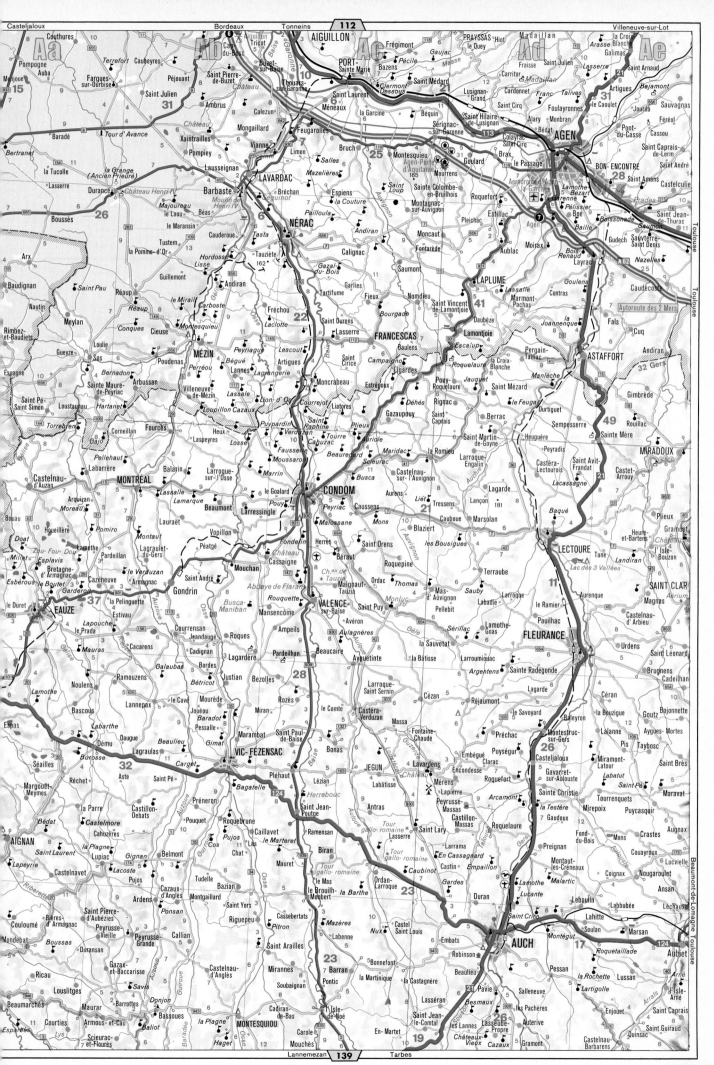

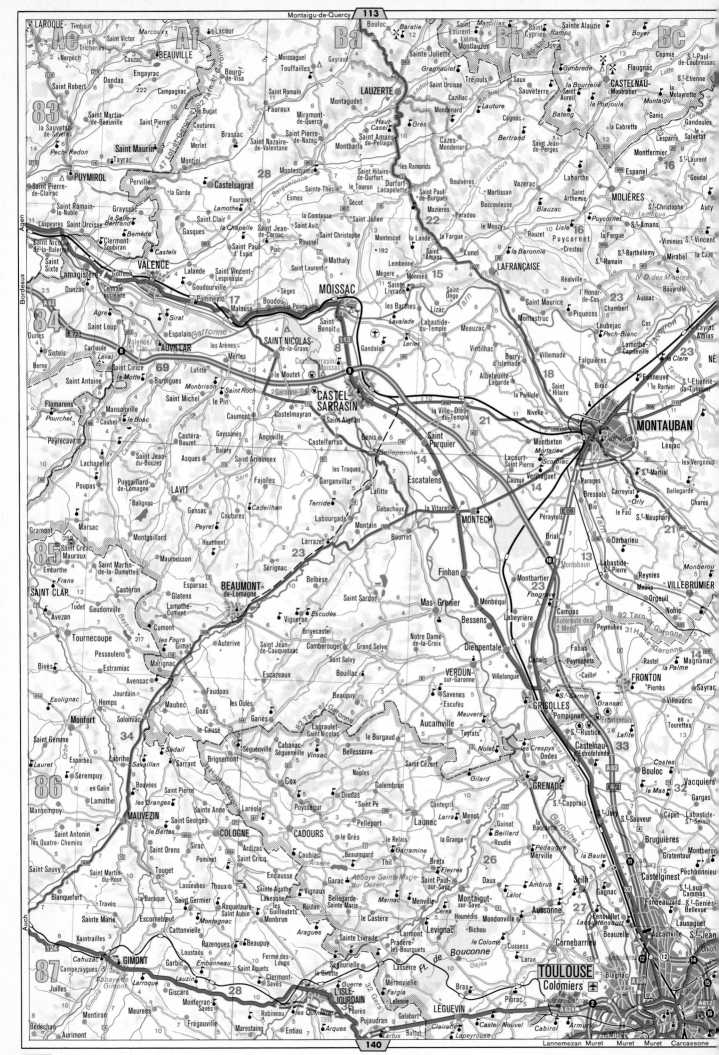

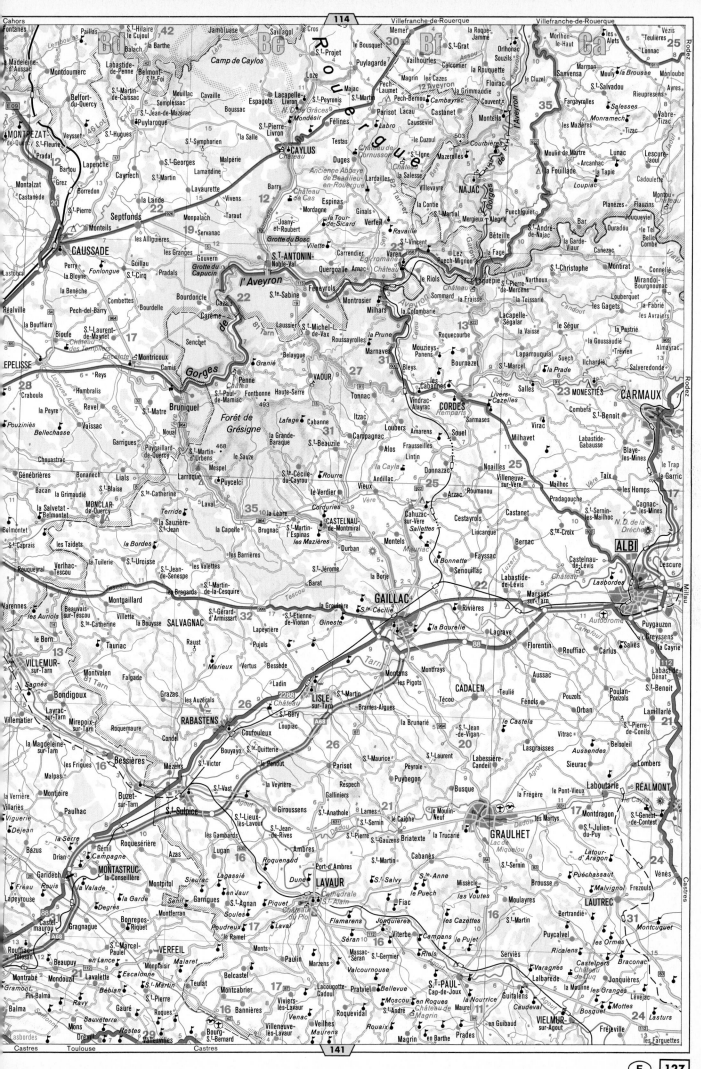

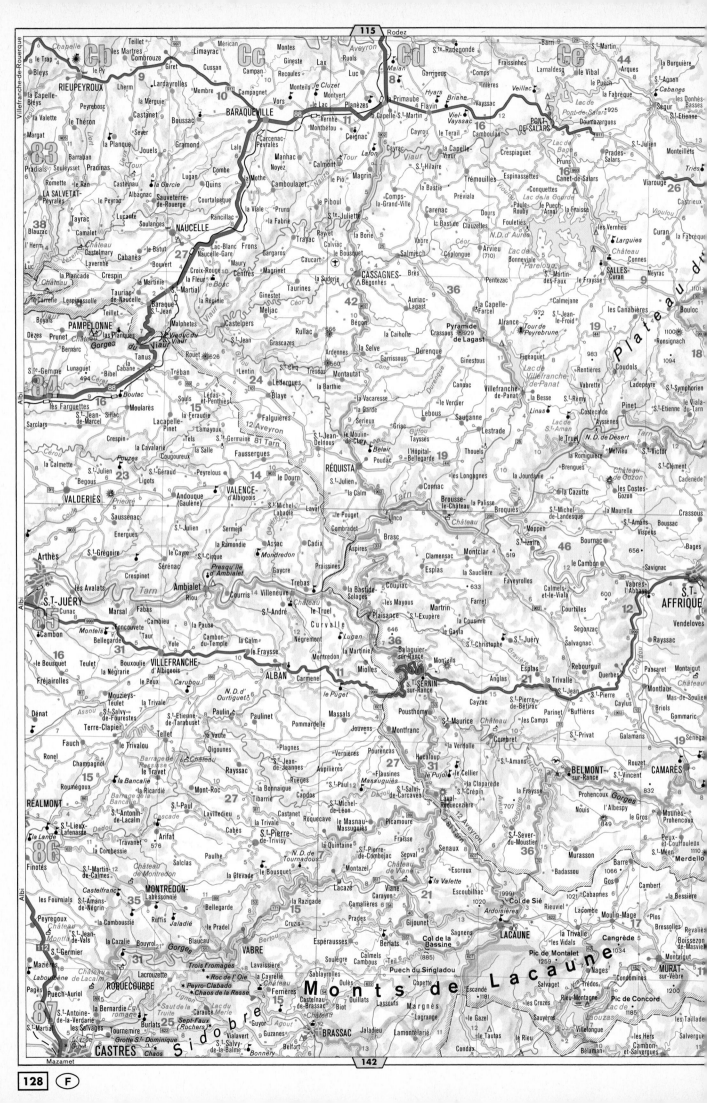

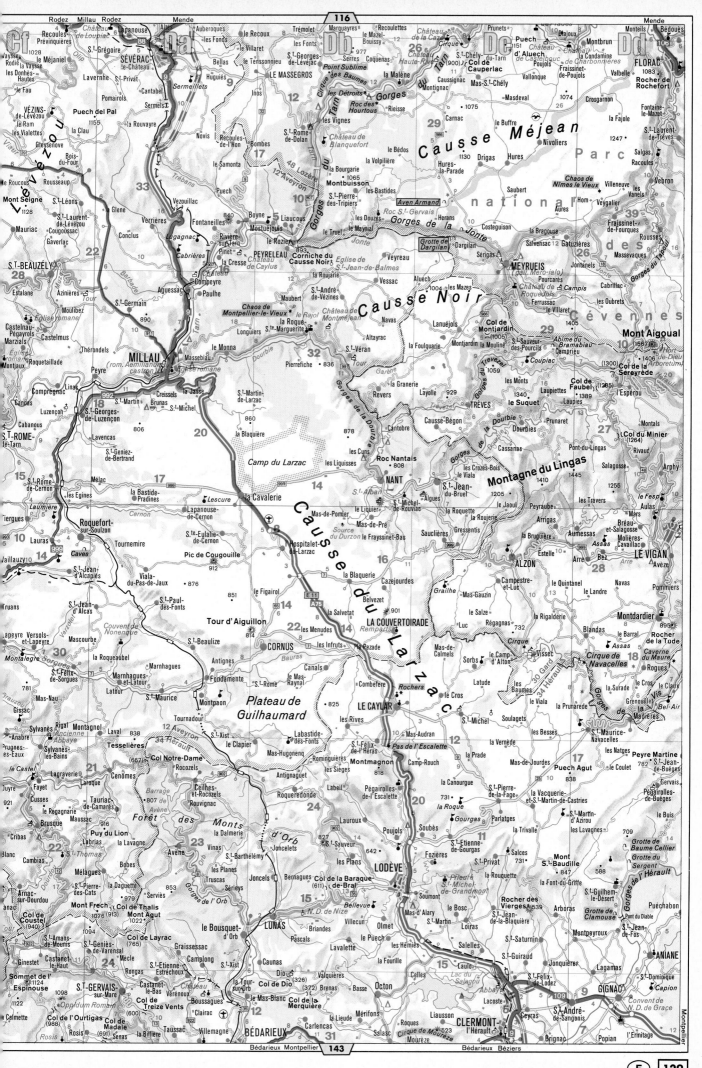

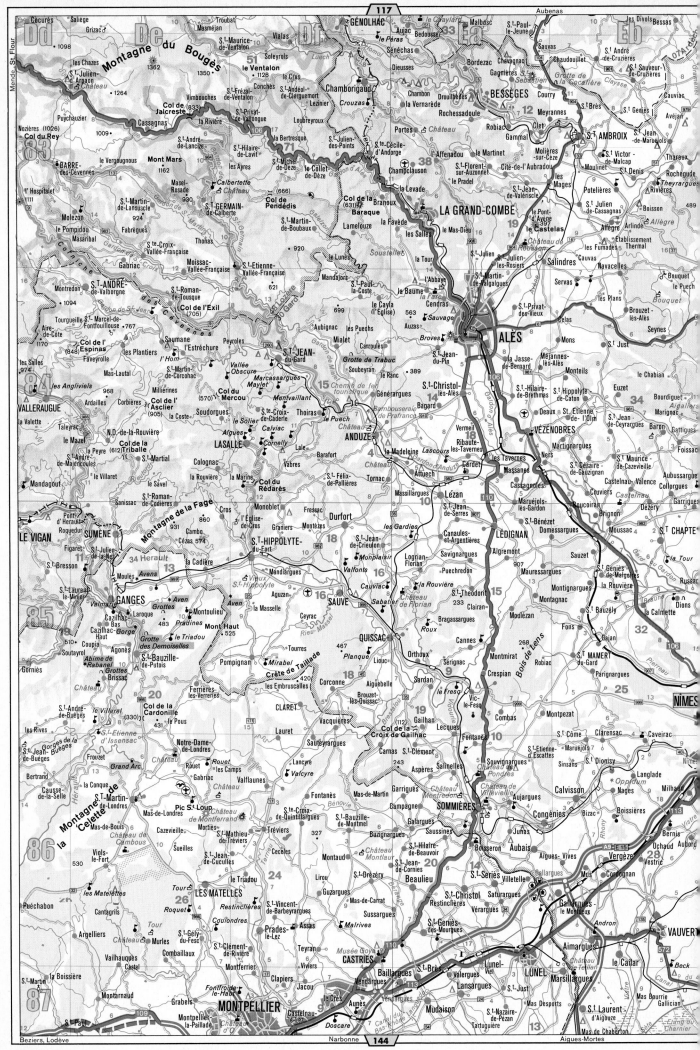

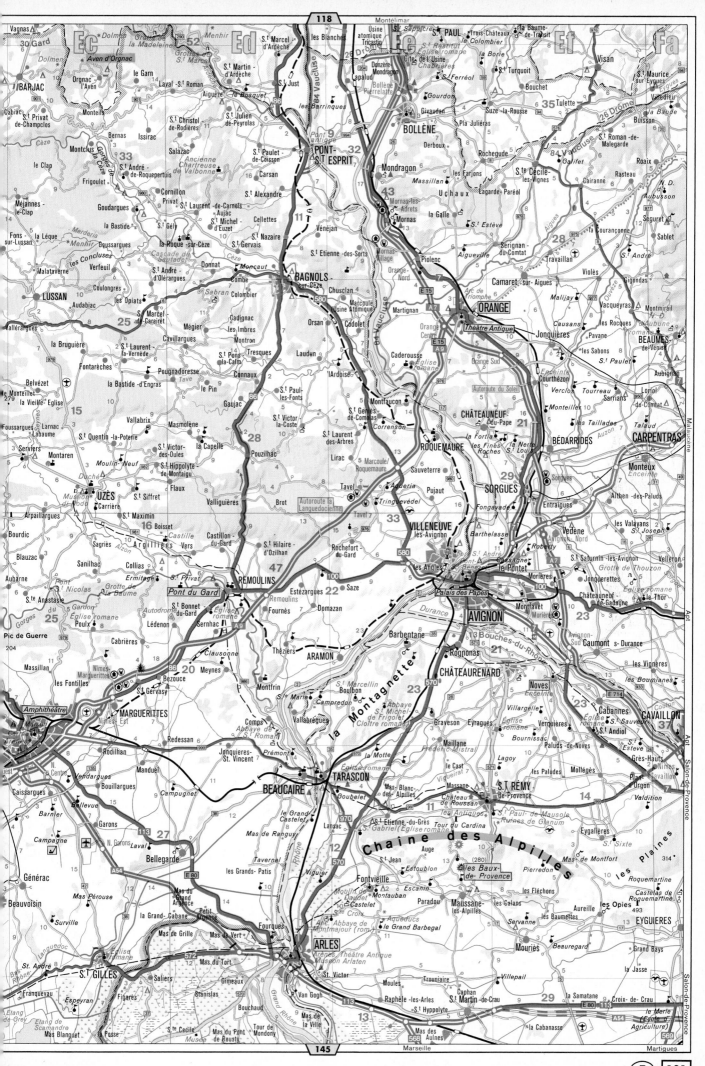

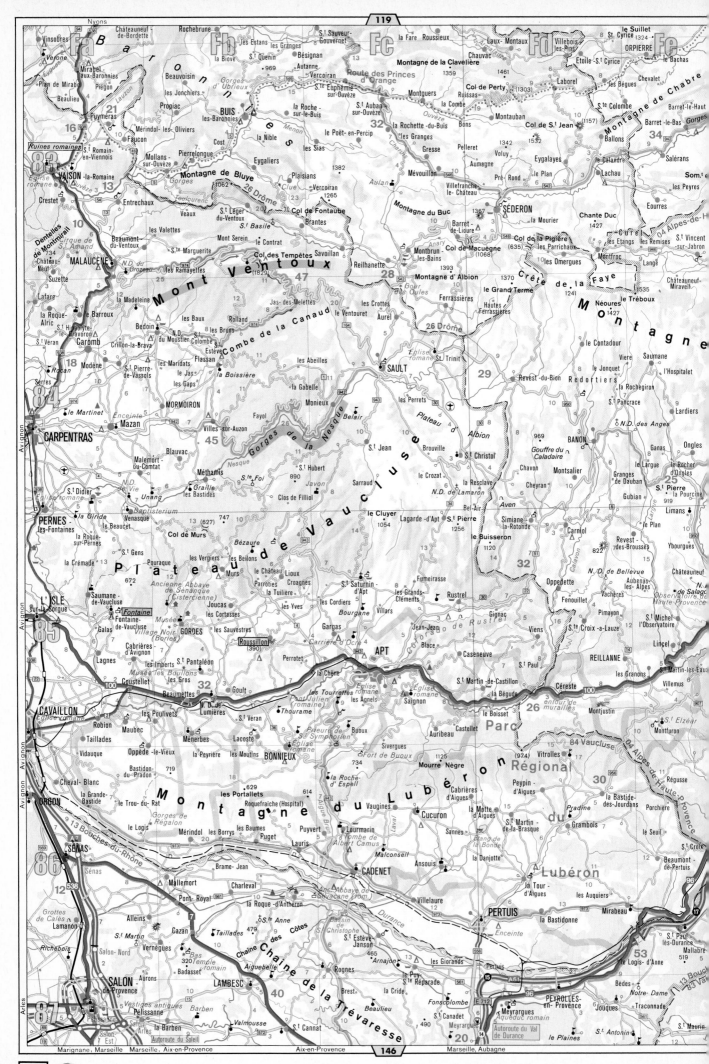

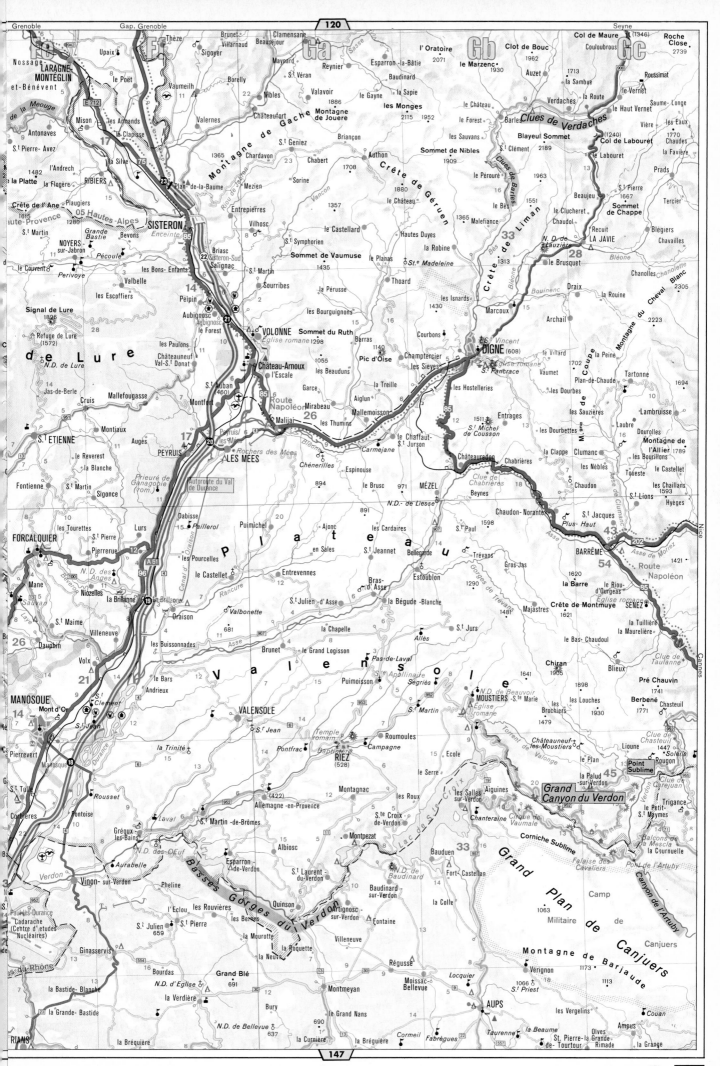

Golfe de Cascogne

Côte Basque

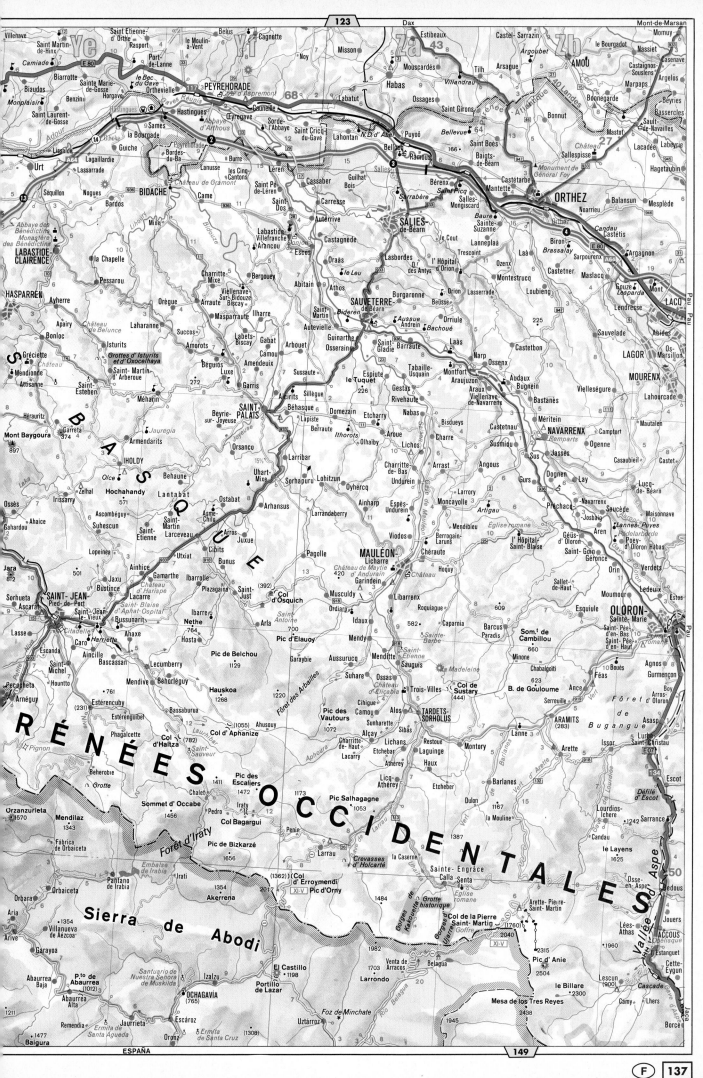

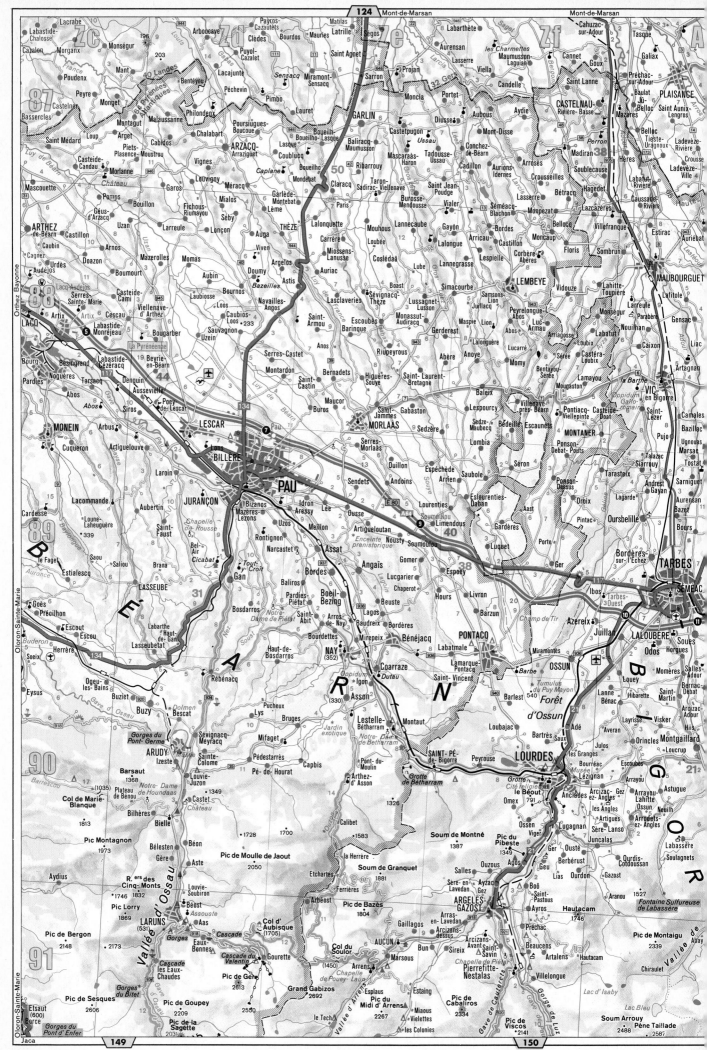

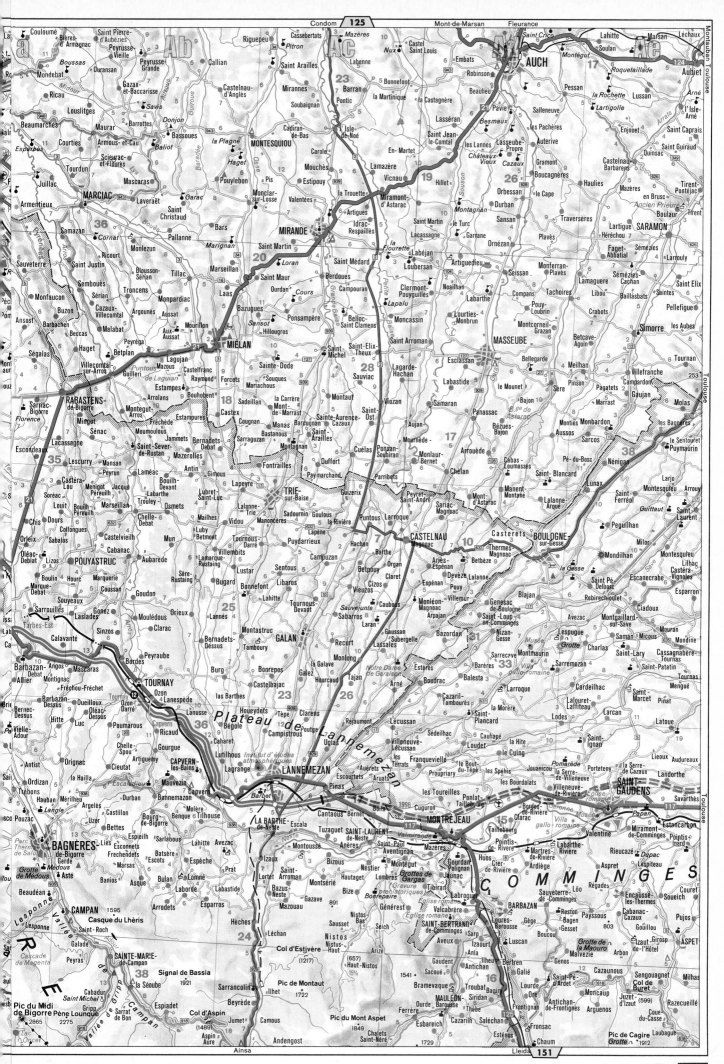

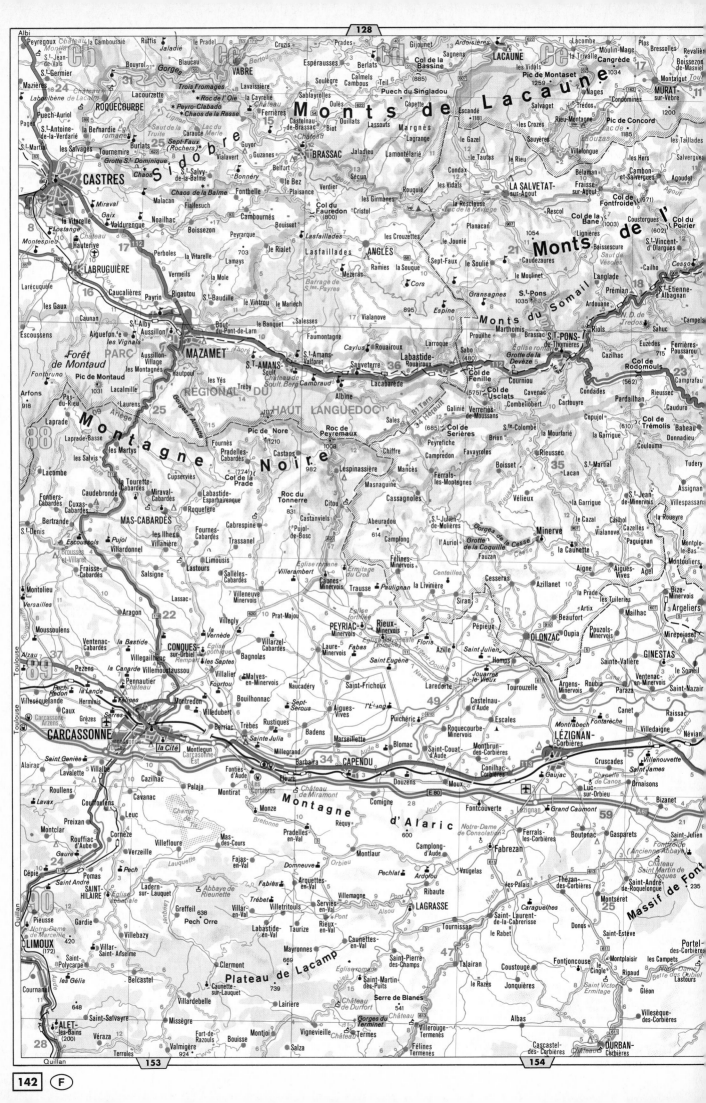

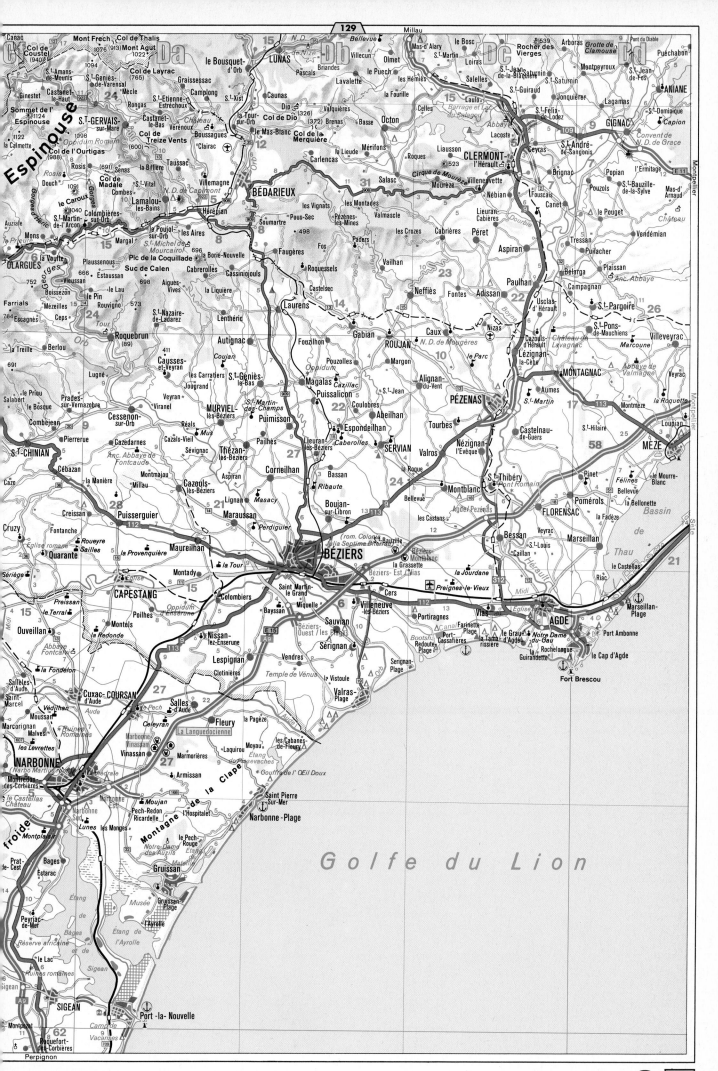

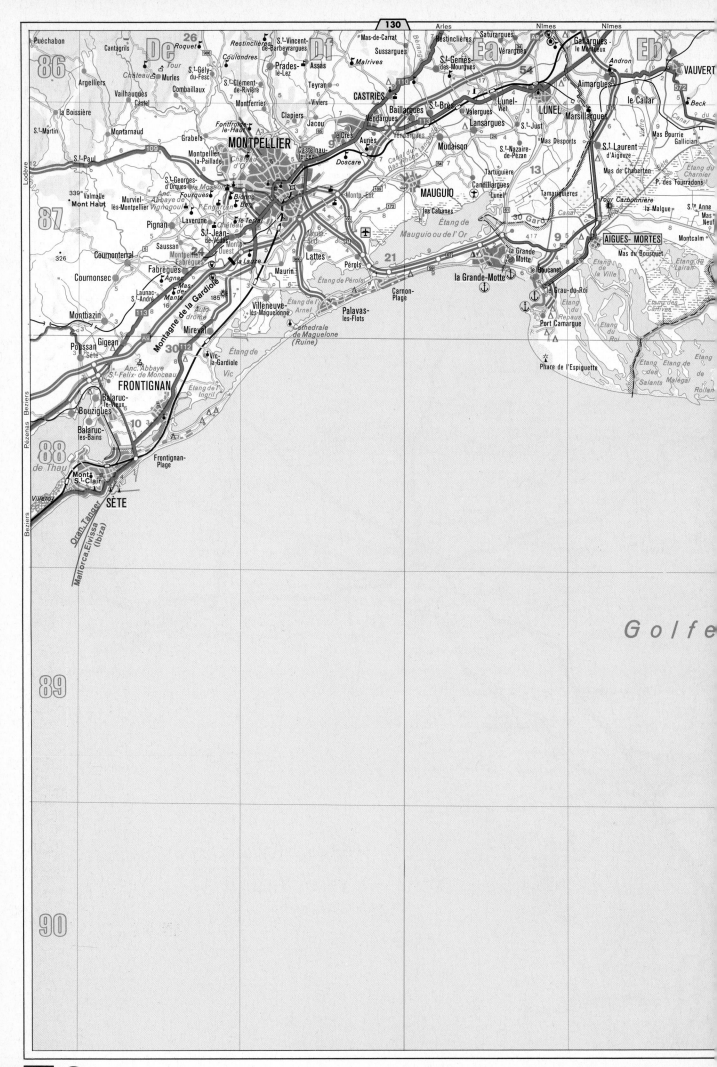

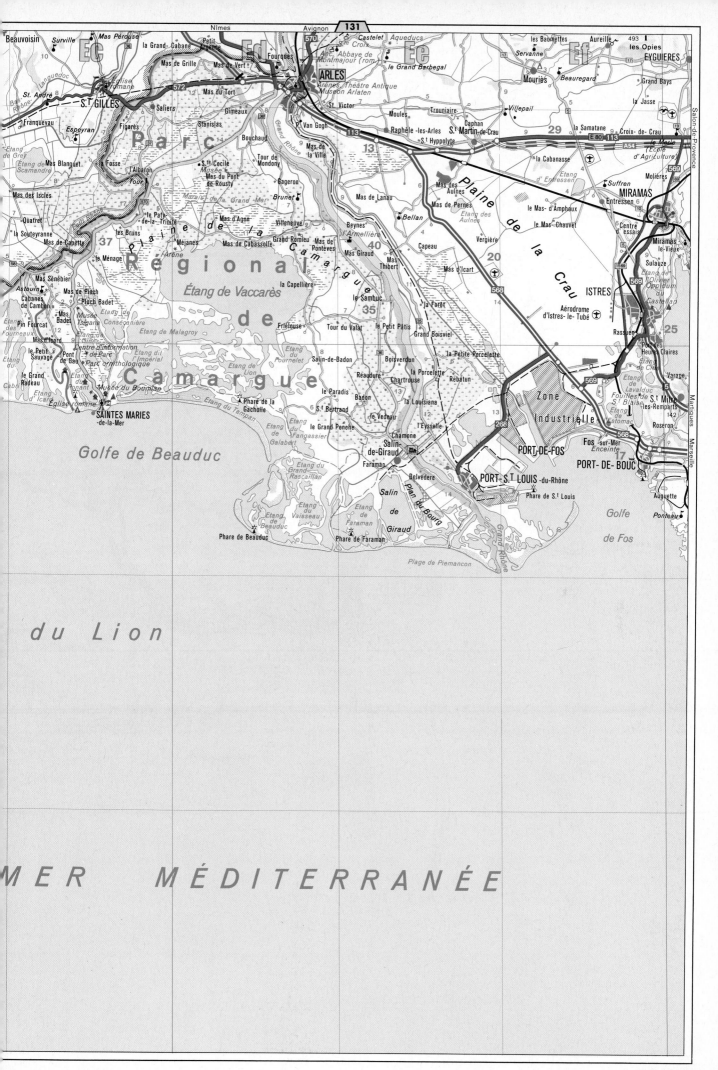

MER   MÉDITERRANÉE

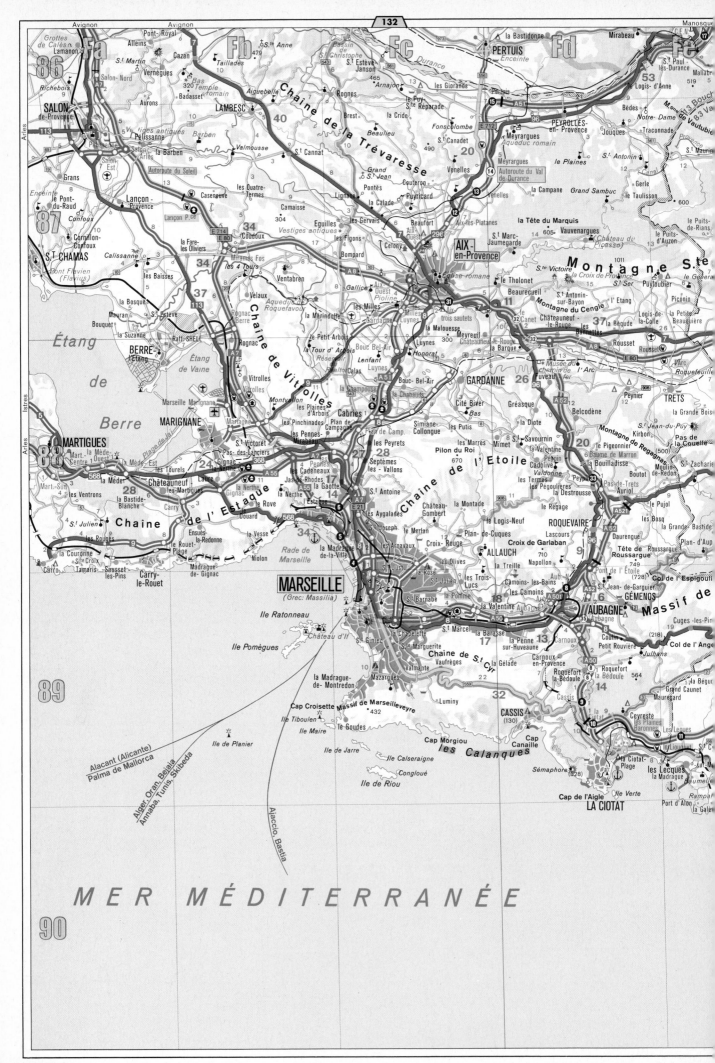

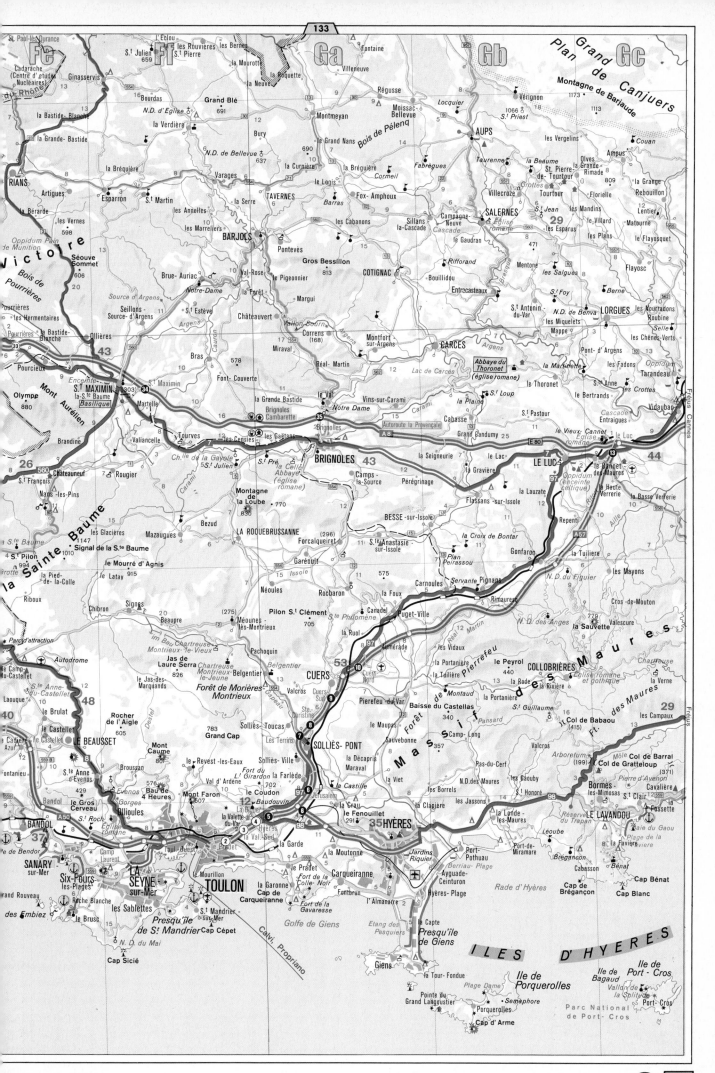

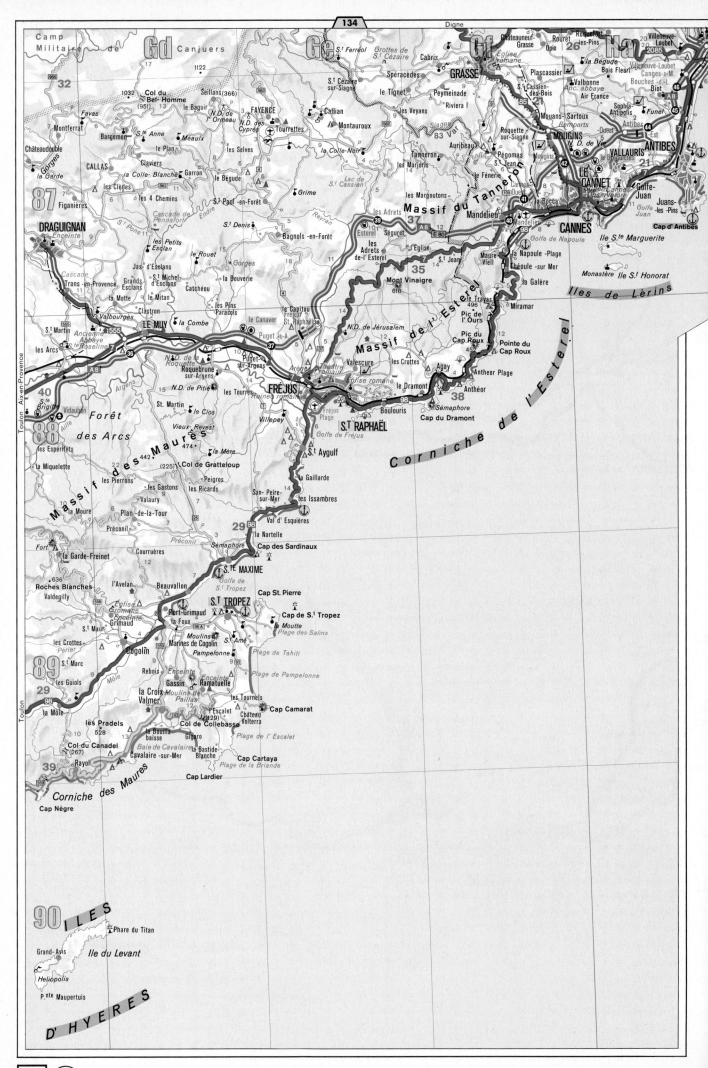

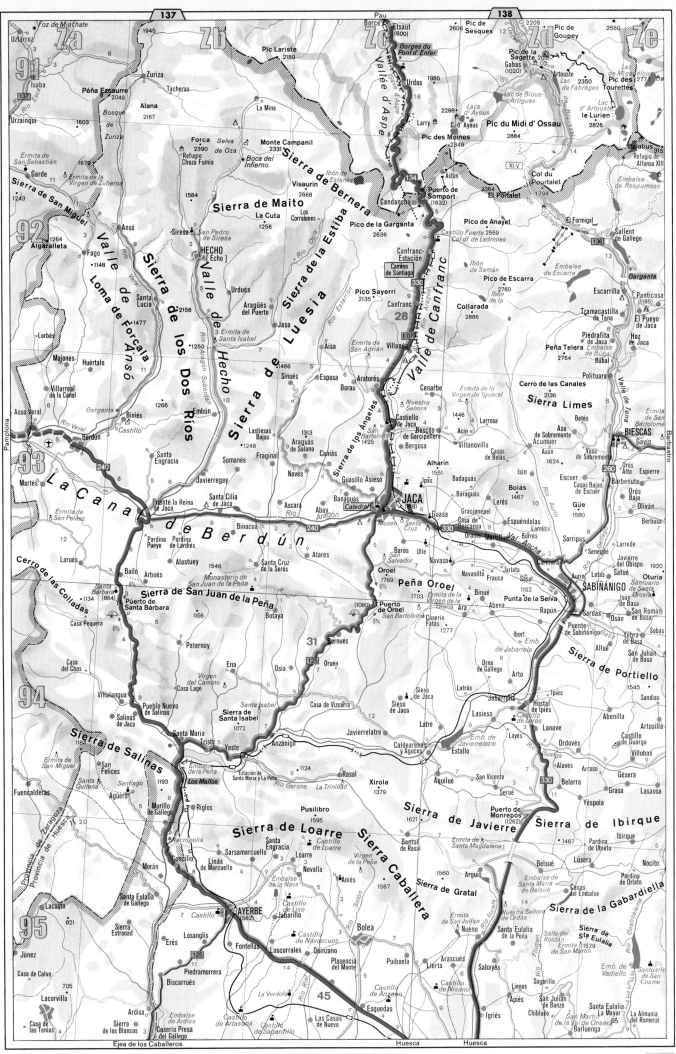

ZA ZB ZC ZD ZE

Foz de Minchate 1945 Pau Borce Etsaut (600) Pic de Sesques 2606 2209 Pic de Goupey 2550
Uztárroz Pic Lariste 2189 Gorges du Pont d'Enfer Pic de la Sagette 203 Gabas (1020) Lac de Migouélou Pic des Tourettes 2771
91 ZA Isaba Zuriza Urdos 1985 15% Lac de Bious-Artigues Artouste Lac de Fabréges 2350 le Lurien 2826
Urzainqui 1603 Peña Ezcaurre 2049 Tacheras Vallée d'Aspe Larry Lacs d'Ayous 2288 Lac d'Artouste Lac d'Artouste
Alana 2167 La Mina C. d'Ayous 2826 2271
Bosque de Zuriza Pic des Moines 2849 Pic du Midi d' Ossau 2884 Balatius 314
Ermita de San Sebastián 1679 Forca 2390 Monte Campanil 2331 Col du Pourtalet 1794 Refugio de Alfonso XIII Embalse de Respumoso
Garde Refugio Choza Fumia Selva de Oza Boca del Infierno Ibón de Estanés XI-V
Sierra de San Miguel 1243 Ermita de la Virgen de Zuberoa Visaurín 2668 Sierra de Bernera 134 Astún Puerto de Somport (1632) El Portalet 2364
92 1264 Algaralleta Ansó Siresa San Pedro de Siresa Sierra de Maito La Cuta 1256 Los Corralones Candanchú El Portalet Pico de Anayet 2559 El Formigal Sallent de Gállego
Fago 1148 HECHO [Echo] 1584 Pico de la Garganta 2636 Col de Ladrones 136
Santa Lucia 2156 Urdués Canfranc-Estación Camino de Santiago Ibón de Samán Escarrilla Panticosa (1185)
Loma de Forcala Lorbés Aragüés del Puerto 1477 Jasa 330 Pico Sayerri 2135 Canfranc 28 Ibón de Ip Pico de Escarra Tramacastilla de Tena El Pueyo de Jaca
Majones Huértalo 1250 Ermita de Santa Isabel Aísa Río Estarrón E07 Collarada 2886 Peña Telera 2764 Piedrafita de Jaca Hoz de Jaca
Villarreal de la Canal Valle de Hecho Embún Sinués Esposa Villanúa Ermita de San Adrián Politiquera Embalse de Búbal
Asso Veral 1266 Lastiesas Bajas Borau Aratorés Cenarbe Ermita de la Virgen de Iguacel Cerro de las Canales 2136 Valle de Tena Garganta
Río Veral Castillo 1248 Fraginal Novés Aísa San Bartolomé Castiello de Jaca Nuestra Señora 1446 Larrosa Sierra Limes Ermita de San Bartolomé Biescas Gavín
Pamplona Berdún Santa Engracia Javierregay Ascara 1313 Araguás de Solano Cañias Guasillo Asieso Bescós de Garcipollera Bergosa Acín Villanovilla Betés Aso de Sobremonte Acumuer Asún Isín 260 Orós Alto Espierre Barbenuta
93 Martés La Cana Puente la Reina de Jaca Santa Cilia de Jaca 240 Abay Banaguás Catedral JACA Casa de Bescansa Alharin 1551 Badaguás Orós Bajo
Ermita de San Peláez Binacua Río Aragón Museo Santa Cruz Guasa Gracionépel Lerés 1467 Bolás Escuer Casas Bajas de Escuer Güe 1580 Oliván Berbusa
12 Pardina Pueyo Pardina de Lardiés Atarés Barós Ulle Navasa Orante Martillué Val Ancho Larrés Borrés Sorripas Lárrede Javierre del Obispo 1920
94 Larués Alastuey 1546 Santa Cruz de la Serós San Salvador Navasilla Frauca Sasal Jarlata Aurín Latas Senegüé Oturia Santuario de Santa Orosia
Cerro de las Colladas Bailo Arbués Monasterio de San Juan de la Peña Oroel 1769 Peña Oroel 1152 Binué Punta de la Selva Rapún Cartirana SABIÑÁNIGO Isún de Basa San Román de Basa Sobás
Casa Pequera 1134 (864) Santa Bárbara Puerto de Santa Bárbara Sierra de San Juan de la Peña 1703 Ermita de la Virgen de la Gloria Abena Puente de Sabiñánigo Yebra de Basa Allué Sierra de Portiello San Julián de Basa
6% 1156 Botaya Puerto de Oroel Casa de Vizcárra Ibort Orna de Gállego Emb. de Jabarrela Arto Osán 1545
Casa del Chas Paternoy Ena 1080 San Bartolomé Caserío Fatás 1277 Ara Latrás Jabarrella Ipiés Lanave Ordovés Abenilla Artosilla
Villalangua Osia 125 Oruén 31 Bernués Sieso de Jaca Sieso de Jaca Lasieso Hostal de Ipiés Castillo de Lerés Castillo de Guarga Villobas
95 Pueblo Nuevo de Salinas Virgen del Camino Casa Lagé Santa Isabel Sierra de Santa Isabel 1072 Latre Javierrelatre Caldearenas y Aguces Estallo Layés Emb. de Javierrelatre Alavés Arraso Castillo de Guarga
Salinas de Jaca Santa Maria Triste Yeste Anzánigo Casa de Vizcárra Aquilué San Vicente Serué Belarra Gésera Grasa Lasaosa
Sierra de Salinas 1184 Ermita de San Miguel San Felices 1193 Embalse de la Peña Los Mallos Estación de Santa Maria y La Peña 1124 Rasal Xirola 1379 330 11 Yéspola Ibirque Pardina de Ubieto Nocito
Santa Quiteria Santiago Río Garona La Trinidad Puerto de Monrepós (1262) Sierra de Javierre Sierra de Ibirque 1467 Sierra de la Gabardiella
Fuencalderas Agüero Murillo de Gállego Riglos Pusilibro 1595 1621 Bentué de Rasal Ermita de Santa Magdalena Belsué Lúsera Pardina de Orlato
Necrópolis Santa Engracia Sierra de Loarre Sierra Caballera 1560 Arguis Embalse de Santa Maria de Belsué Casas del Embalse 1579 Sierra de la Gabardiella
Morán Concilio Linás de Marcuello Loarre Novalla Virgen de la Peña Sierra de Gratal 1567 Nuestra Señora de Ordás Ermita de San Martín Santa Eulalia de Sta. Eulalia
Santa Eulalia de Gállego Castillo de Liso Aniés Bolea Ermita de San Julián Nueno Santa Eulalia de la Peña 14 Salto del Roldán Emb. de Vadiello
95 821 Sierra Estronad AYERBE (582) Jabarillo 1193 Sotón Arascués Ermita de Sta. Eulalia Santuario de San Cosme
Júnez Losanglis Fontellas Loscorrales Quinzano Castillo de Navascués Sabayés Sagarillo Lienas Santa Eulalia la Mayor La Almunia de la Val de Onsera
Casa de Calvo Erés 125 Plasencia del Monte Puiboela Lierta Apiés San Julián de Banzo Barluenga
705 Biscarrués Piedramorrera La Verdola Castillo de Anzano Castillo de Nisano Igriés San Martín de la Val de Onsera
Lacorvilla Ardisa Sierra de los Blancos Caserío Presa del Gállego 45 Las Casas de Nuevo Esquedas
Casa de las Tenias Embalse de Artasona Castillo de Sagardillo
Ejea de los Caballeros Huesca Huesca

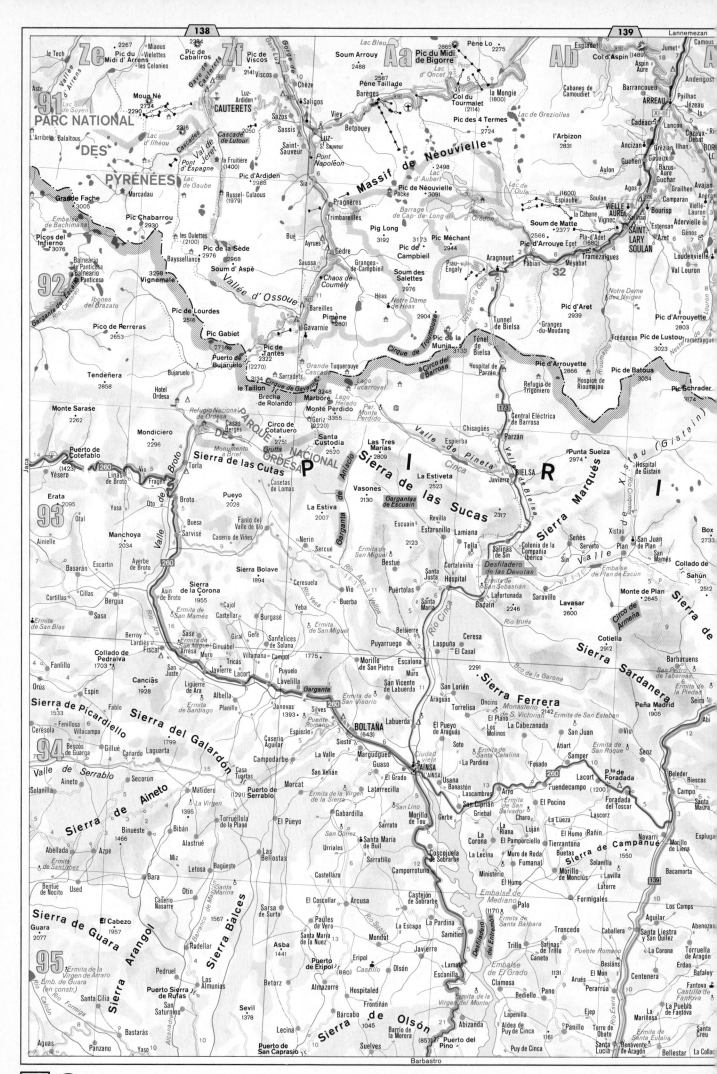

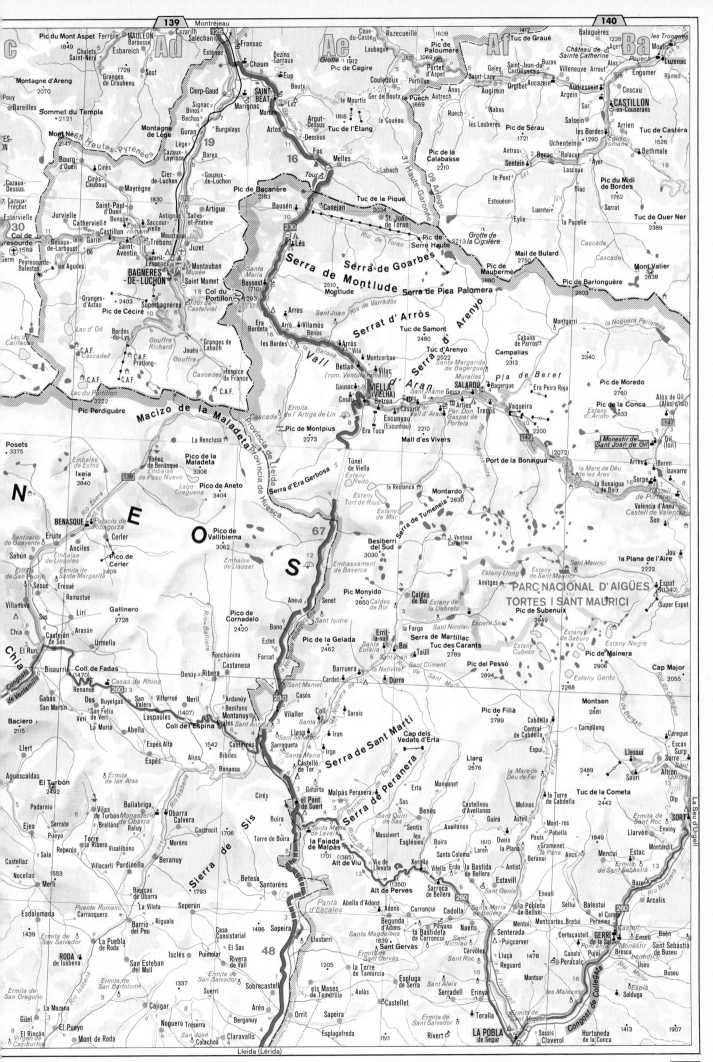

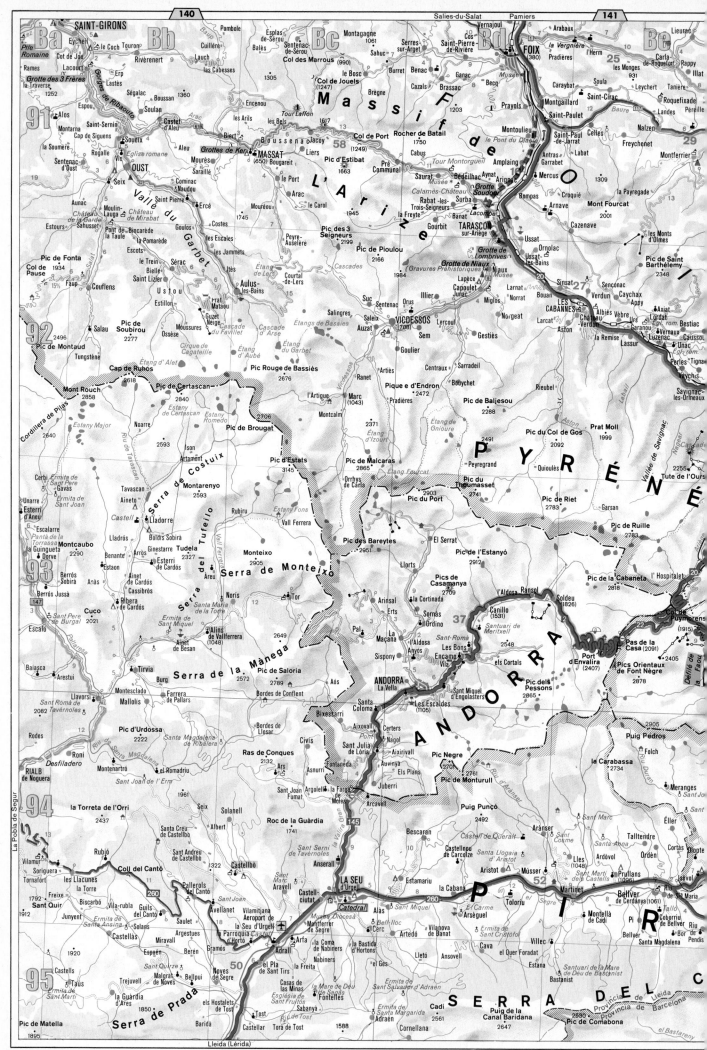

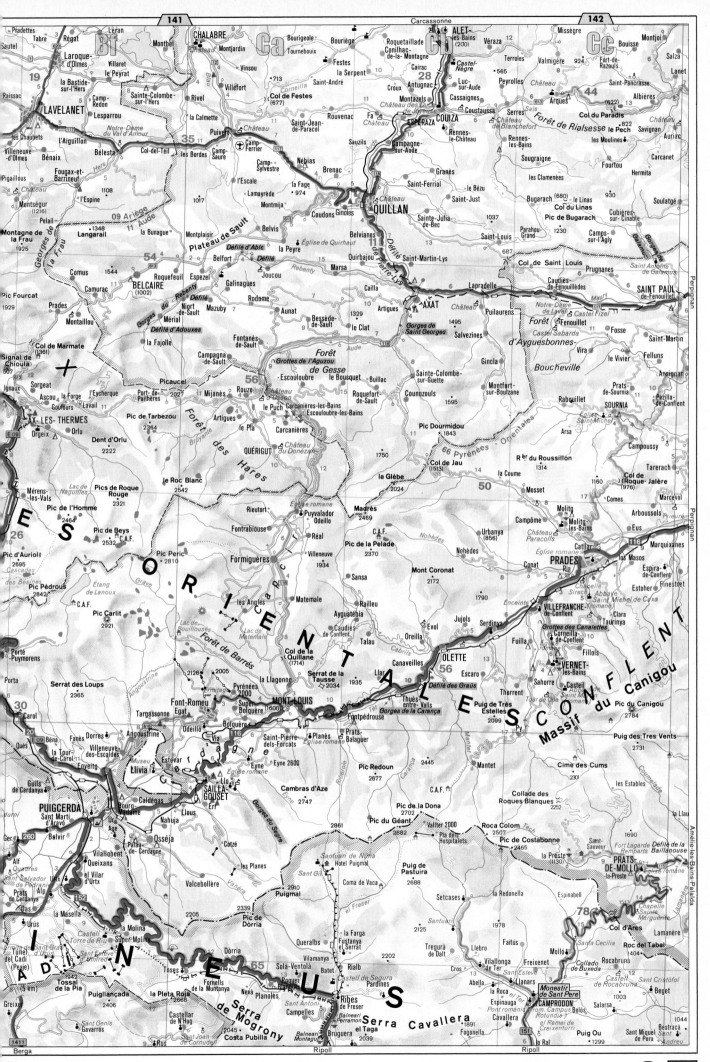

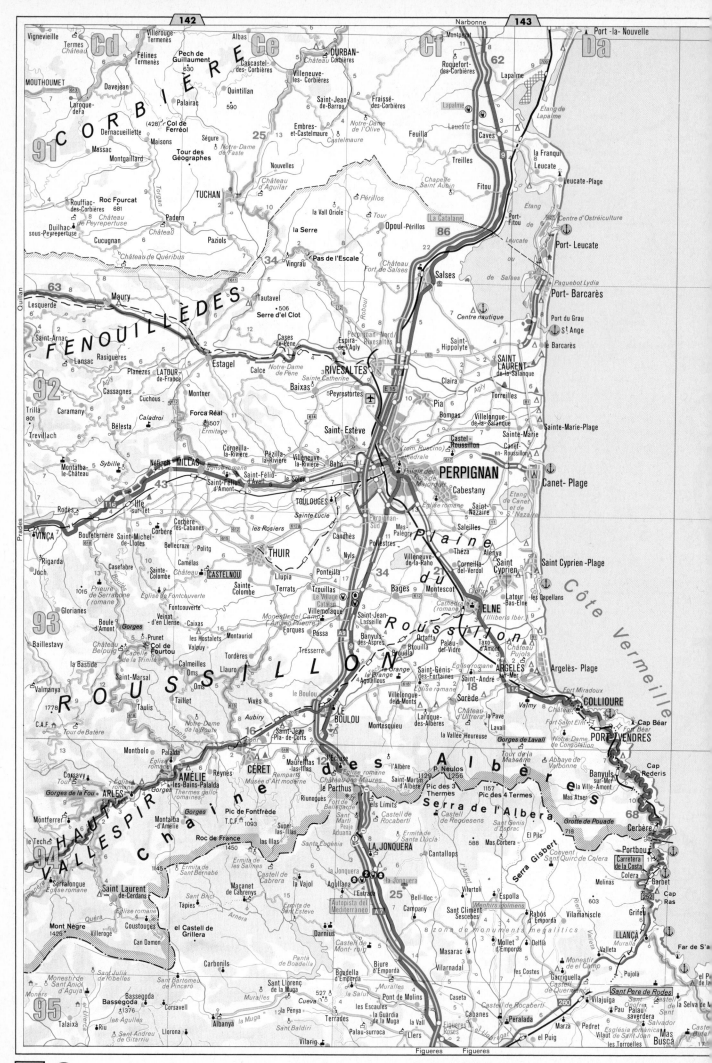

ella
Cap Gros

elva
Far de Creus
Cap
de
Creus

21
Illa
de Portlligat
Illa
Massina
Cadaqués
el Peni

Nice

Punta
di l'Acciolu

Anse
de Peraiola

Ile de
la Pietra

L'ILE
ROUSSE
one

S.Vicensu   Lozar
Guardiola   Village
7   de Vacances

11
Ogliastro

M. Neg
300

Punta
di Vallitone
Marine de Davia

Corbara
63   Monticello   396

Nice

Toulon

Marine de
Sant'Ambrogie

Algajola   197

S.ta Reparata-
di-Balagna
Regino   63

Pigna
Citadelle
14

Couvent
de Corbara
11

Palasca
Toccone

Punta Spano

Baie
Agajo

Sant
Antonino
(497)
113

Costa   Belgodere

la Revellata

Golfe de
la Revellata

563
157   Aregno
71

La
Trinité

 Occhiatana
Ville-de-Paraso
Speloncato
(550)

Bocca
Capann
844

Punta
Caldanu

CALVI
Citadelle

Golfe de
Calvi
7

Lumio
Lavatoggio   151

Cateri   119

455   71
1285
963

Grotte des
Veaux Marins

San
Petru

Camp Raffalli

Avapessa
Murato

17

Pioggiola
928

M. Toltu
1332   53

N.D.
de la Serra
4

336   18

Muro   Feliceto
Lunghignano

Nessa

Forcili

1113
Olmi-
Cappela
Vallica

Punta Guale

Petra
Maio

8

Montegrosso

Cassano
Zilia

e

S. Parteo
1680

de
Nichiareto

Baie

Capo Cavallo

451

Monte-
c maggiore
9

151

Santa
Restituta

Melaja

Mausoléo

Sémaphore   295

Prigugio   251

Moncale
Tarazone

51

CALENZANA
(300)

M. Grosso
1938

Capu Pianu

33   848

Paese
Novu   Suare
Mezzanodi

828
829

1781

Forêt de Tartagine

M. Terel
1310

81

Capu di
a Mursetta   256

San Quilcu
l'Argentella
813

443

Pieve

51
893

Chaos
de Bocca
Rezza

2144
M. Corona

2305

Bocca di
Laggiarello
1232

Asco
347

Punta
di Ciuttone   122
Bocca Bassa
Tour Maraghiu

Capu
di l'Argentella

17

Porta
Vecchia

Capu di Vegnu
1389

Maison forest.
de Bonifatu

Forêt

de   Cirque
de Bonifatu
1951

de

Ref.
de Carrozzu
(1450)
Haut
Asco

Forêt de Carozzica

Ref. Giunte

Pont
Génois

12

1487

Punta di Stollu

Golfe
de Galeria

Olmu

Prezzuna

a Muvrella
2145

Pinara

Capu Bianu

Bergerie
de Galghe
1992

407

Baie
de
Focolara

Punta
Palazzu

Baie
d'Elbo

Calca

Fangu

Chiorna

Punta a Scala
1409

Capu Tondu
839

594

Bocca

Capu
Stranciacone
2151

Piau
Stagnu
Ref.
d'Altore
2556

M. Cinto
2583

2562

Isola
di Gargali

Capu Licchia
639

Fangu
Manso

2706
Lac
du Cinto   Bergerie
Ref. de l'Ercu   de Casta

Scala di
S.ta Régina

La Scandola

408

Tuarelli

351

23

Punta
Minuta
2540

Cascade

Corscia

Réserve
Naturelle

Girolata

81

Capu
Manganellu
1023
927

Barghiana   Monte Estremo

Forêt du Fangu

Paglia Orba
2525

2018

N   i   o   l   o

Lozzi

Poggio

158

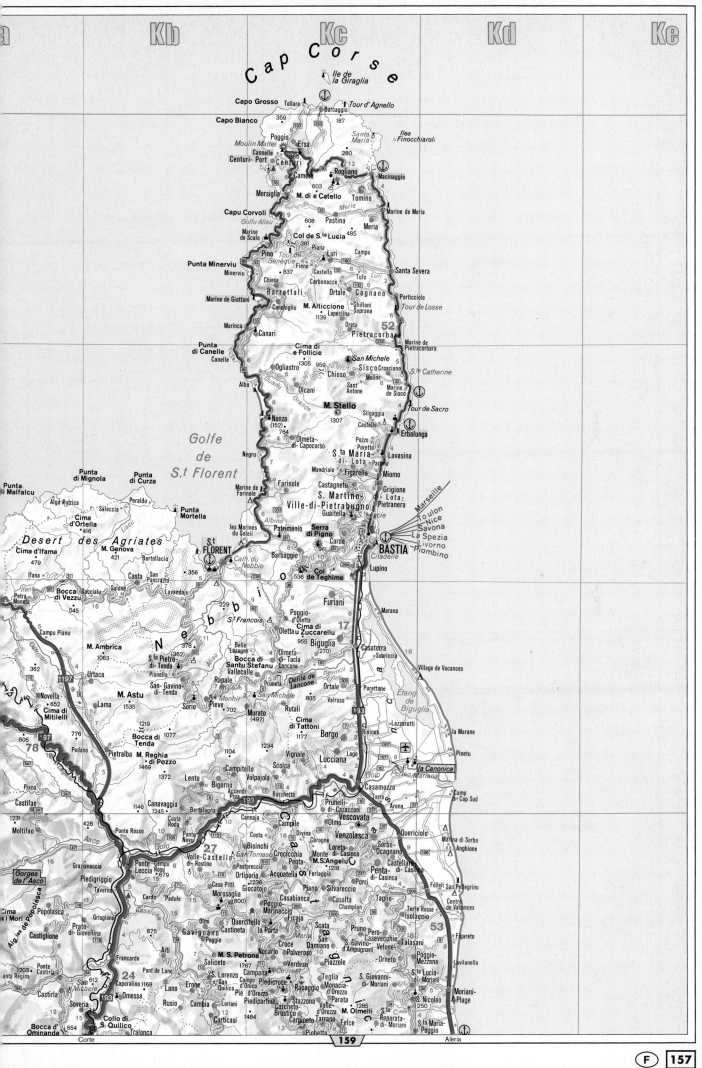

Cap Corse

Ile de la Giraglia

Capo Grosso   Tollare   Tour d' Agnello
Barcaggio
Capo Bianco   359
253   Iles Finocchiaroli
153   187
Santa Maria
Poggio   Ersa
Moulin Mattei   280
Centuri- Port   Cannelle   Centuri   12
Cameva   Rogliano   Macinaggio
Morsiglia   603
M. di e Catello   Tomino
Marine de Meria
Capu Corvoli   608   Meria
Golfu Alisu   Pastina
Marine   Col de S.ta Lucia   485
de Scalo   381
Pino   Piana   Luri   Campu
Punta Minerviu   Fieno   180
Tour de   837   Castello   Luri
Minerviu   Séneque   Chiesa   Carbonacce   132   6   Santa Severa
Tufo
Ortale   6   Cagnano
Barrettali   Porticciolo
Marine de Giottani   M. Alticcione   Ghilloni   Tour de Losse
Conchigliu   139   Suprana
Lapeclina   52
Marinca   Oreta
Canari   Pietracorbara   232
Cima di   Marine de
Punta   e Follicie   Pietracorbara
di Canelle   1305   959   San Michele
Canelle   Ogliastro   Sisco Crosciano   S.te Catherine
Chioso   Moline
Albo   Olcani   Sant   Marine
Antone   de Sisco   32
M. Stello   Tour de Sacro
Nonza   1307   Silgaggia
(152)   Castello
764   Pozzo
Olmeta-   Poretto   Erbalunga
di-Capocorso
Negru   S.ta Maria-   Lavasina
di- Lota   Parme
Golfe   Mandriale   Figarella   Miomo
de   Farinole   Castagnetu   di - Lota   80   Grigione
S.t Florent   Marine de   S. Martino-   Pietranera
Farinole   Ville-di-Pietrabugno   Marseille
333   Guaitella   S.te Lucie   Toulon
Punta   Punta   Albino   Nice
di Mignola   di Curza   les Marines   Savona
Punta.   Peraldu   du Soleil   Patrimonio   Serra   961   BASTIA   La Spezia
di Malfalcu   Saleccia   Punta   81   di Pigno   Cardo   81   Livorno
Alga Putrica   Mortella   Barbaggio   264   Citadelle   Piombino
Cima   St   Cath. du   Lupino
d'Ortella   FLORENT   Nebbio   536   Col
416   356   238   de Teghime   38
Desert   des   Agriates   Casta   San Pancraziu   O
Cima d'Ifama   Bartollaciu   Furiani
479   Bocca   Bacciala   Salone   229   Marana
Ifana   di Vezzu   16   Lavandaju   82   Poggio-
311   545   St Francois   d'Oletta
Petra   Campu Pianu   Cima di   17
Moneta   5   N   11   Belle   Oletta u Zuccarellu
362   e   378   Lasagne   955   Biguglia
12   M. Ambrica   b   362   Olmeta-   270   Casatorra
1197   Urtaca   1063   S.to Pietro   b   62   di-Tucla   18
4   di- Tenda   Pianello   Lancone   Village de Vacances
Novella   i   Bocca di   62   Suaricciu
652   Lama   M. Astu   San-Gavino-   Santu Stefanu   Purettone
Cima di   1535   di-Tenda   Vallecalle   Ortale   Etang
Mitilelli   776   Rapale   Menhir   San Michele   de
605   197   1219   Pieve   702   835   Valroso   Biguglia
547   Bocca di   1077   Sorio   Murato   305   193
78   Pedano   Tenda   (497)   Rivinco   Lazzarotti
Pietralba   M. Reghia   Cima   la Marane
1104   di Pozzo   di Tattoni   Borgo   507
Piana   1469   1372   1177   Lago   Pinetu
Castirla   247   Vignale   Lucciana
Campitello   1234   Scolca   107
1146   Volpajola   la Canonica
Castifao   Canavaggia   Lento   Pieve Mariana
1231   1245   Bigorno   Accendi   10   Pietro   Mariana
Bertalogna   Pipa   Barchetta   Casamozza   Camp
Moltifao   428   193   di· Cap Sud
Ponte Rosso   Cannaja   Prunelli-   10
Costa   di-Casacconi   Torra
47   Roda   Campile   Arena   37
16   Ponte   105   27   Costa   115   Divina   10   Vescovato   231
Grazianaccia   Leccia   Campu   Olmo
Novu   Valle-Castello-   Bisinchi   Carogne   Venzolasca   Quericiolo
Gorges   Piedigriggio   Rosu   di-Rostino   515   Crocicchia   Loreto-   Sorbo-   Marina di Sorbo
de l'Asco   679   San Tomaso   Penta   di-Casinca   Ocagnano   Anghione
Taverna   Ortiporio   1218   M.S'Angelu   Castellare-   106
Cima   Cardu   Padule   Casa Pitti   1236   Acquatella   Ferlaggia   Penta-   di-Casinca
a i Mori   15   Giocatojo   Piano   Silvareccio   237   di-Casinca
Castiglione   Morosaglia   Casabianca   Casalta   506   Folelli San Pellegrinu
Alg. les de popolasca   116   (800)   Ficaja   Taglio   Centre
Cima di   Olmi   Poggio-   la Porta   506   Terre Rosse   de Vacances
1203   875   Gavignano   Quercitello   Castineta   Scata   Pruno   Pero-   -Isolaccie
Santa   Poggio   Croce   Damiano   San   Casevecchie   330   18   53
Regina   Prato-   Aiti   S. Gavino   Velone   Talasani
di-Giovellina   M. S. Petrone   Polveroso   d'Ampugnani   Orneto   Poggio-
Ponte   Francardo   116   1767   Verdese   Piazzole   Mezzana
Castirla   Saliceto   S. Lorenzo   Campana   Convent   Teglia   Lavilanella
24   Pont de Lano   Campu   Piedicroce   Monacia-   S. Giovanni-   34
612   d'Onico   d'Orezza   Rapaggio   d'Orezza   di-Moriani   Moriani-
St Michele   Caporalino 1168   Lano   Erone   S. Quilico   Pie   Piedipartino   Stazzona   1285   250   Plage
Soveria   Rusio   Cambia   d'Orezza   Valle-   M. Olmeli   S. Nicolao
Castirla   Omessa   Loriani   Carcheto-   d'Orezza   S.ta
12   193   Carticasi   Brustico   Parata   Reparata-
Collo di   Carpineto Tarrano   di-Moriani   S.ta Maria-
Bocca d'   654   Felce   Poggio
Ominanda   Tralonca   Pinhetta
Corte   159   Aleria

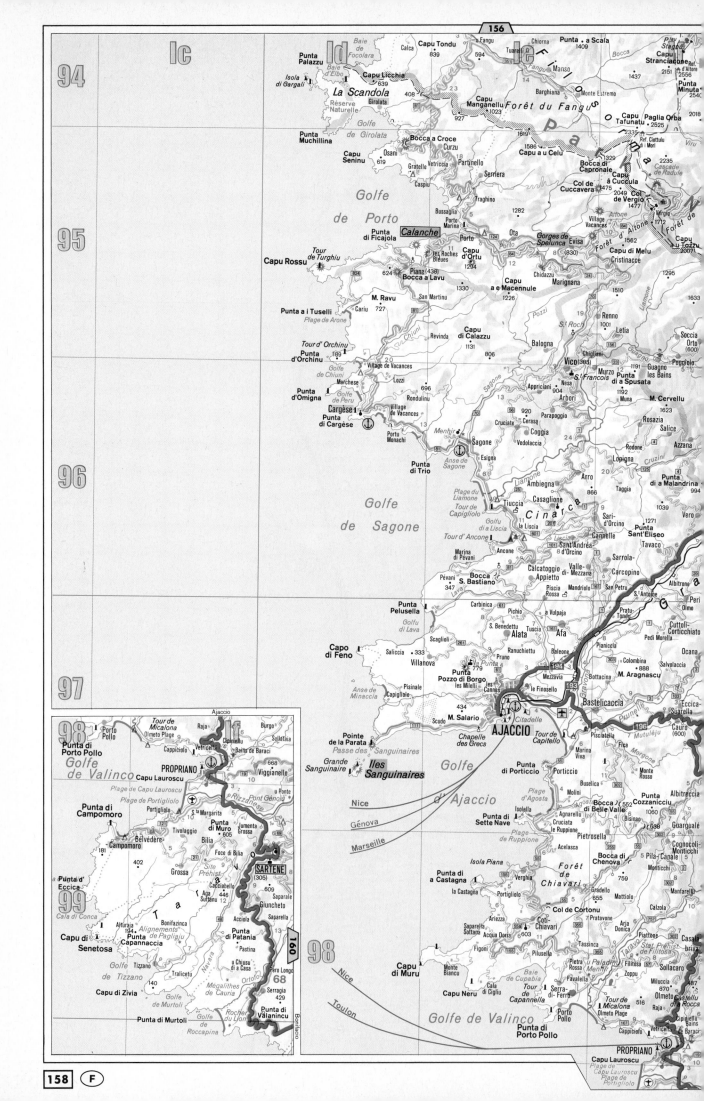

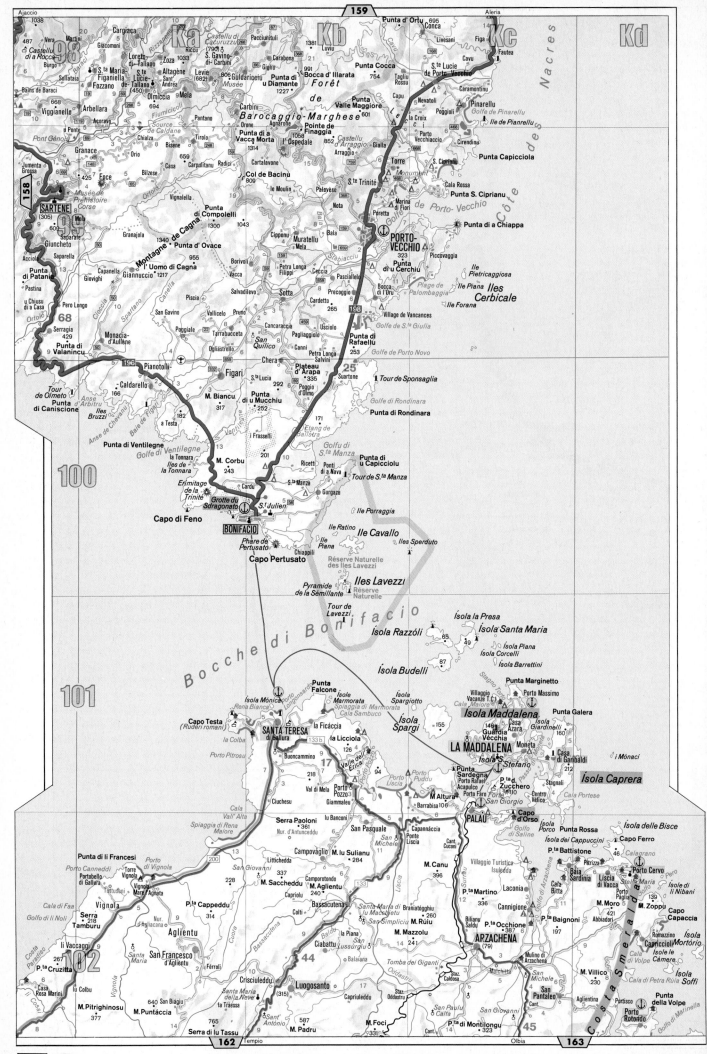

Index des localités · Plaatsnamenregister
Elenco dei nomi di località · Índice de poblaciones
Ortsnamenverzeichnis · Index of place names
Ortnamnsförteckning · Skorowidz miejscowości

Arles   **13**   131   Ed 86
(1)   (2)   (3)   (4)

(1)	(2)	(3)	(4)
(F) Localité	Département	N° de page	Coordonnées
(NL) Plaatsnaam	Bestuursdistrict („Département")	Paginanummer	Zoekveld-gegevens
(I) Località	Circondario amministrativo («Département»)	N° di pagina	Riquardo nel quale si trova il nome
(E) Topónimo	Distrito («Département»)	Nro. de página	Coordenadas de la casilla de localización
(D) Ortsname	Verwaltungseinheit („Département")	Seitenzahl	Suchfeldangabe
(GB) Place name	Administrative district ("Département")	Page number	Grid search reference
(S) Ortnamn	Förvaltningsområde («Département»)	Sidnummer	Kartrutangivelse
(PL) Nazwa miejscowości	Jednostka administracyjna („Département")	Numer strony	Wspóyrzňdne skorowidzowe

Les communes que vous trouvez dans l'index des localités sont normalement autonomes.

De in het register van plaatsnamen vermelde plaatsen zijn in de regel zelfstandig.

Le località indicate nel relativo elenco dei nomi di località sono di regola autonome.

Las poblaciones del índice de topónimos son por lo general independientes.

Die im Ortsnamenverzeichnis enthaltenen Orte sind in der Regel selbständig.

Due to space constraints the index is selective (only autonomous places).

Ortena som är upptagna i ortnamsförteckningen är vanligen autonoma.

Miejscowości zawarte w zkorowidzu sąz reguły samodzielnymi gminami.

(2)

01	Ain	33	Gironde	66	Pyrénées-Orientales
02	Aisne	34	Hérault	67	Bas-Rhin
03	Allier	35	Ille-et-Vilaine	68	Haut-Rhin
04	Alpes-de-Haute-Provence	36	Indre	69	Rhône
05	Hautes-Alpes	37	Indre-et-Loire	70	Haute-Saône
06	Alpes-Maritimes	38	Isère	71	Saône-et-Loire
07	Ardèche	39	Jura	72	Sarthe
08	Ardennes	40	Landes	73	Savoie
09	Ariège	41	Loir-et-Cher	74	Haute-Savoie
10	Aube	42	Loire	75	Paris
11	Aude	43	Haute-Loire	76	Seine-Maritime
12	Aveyron	44	Loire-Atlantique	77	Seine-et-Marne
13	Bouches-du-Rhône	45	Loiret	78	Yvelines
14	Calvados	46	Lot	79	Deux-Sèvres
15	Cantal	47	Lot-et-Garonne	80	Somme
16	Charente	48	Lozère	81	Tarn
17	Charente-Maritime	49	Maine-et-Loire	82	Tarn-et-Garonne
18	Cher	50	Manche	83	Var
19	Corrèze	51	Marne	84	Vaucluse
2A	Corse-du-Sud	52	Haute-Marne	85	Vendée
2B	Haute-Corse	53	Mayenne	86	Vienne
21	Côte-d'Or	54	Meurthe-et-Moselle	87	Haute-Vienne
22	Côtes-d'Armor	55	Meuse	88	Vosges
23	Creuse	56	Morbihan	89	Yonne
24	Dordogne	57	Moselle	90	Territoire-de-Belfort
25	Doubs	58	Nièvre	91	Essonne
26	Drôme	59	Nord	92	Hauts-de-Seine
27	Eure	60	Oise	93	Seine-St-Denis
28	Eure-et-Loir	61	Orne	94	Val-de-Marne
29	Finistère	62	Pas-de-Calais	95	Val-d'Oise
30	Gard	63	Puy-de-Dôme		
31	Haute-Garonne	64	Pyrénées-Atlantiques	(AND)	Andorra
32	Gers	65	Hautes-Pyrénées	(MC)	Monaco

A

Aast 64 138 Zf 89
Abainville 55 37 Fd 57
Abancourt 59 8 Db 47
Abancourt 60 16 Be 50
Abaucourt 54 38 Gb 55
Abaucourt-Hautecourt 55 37 Fd 53
Abbans-Dessous 25 70 Ff 66
Abbans-Dessus 25 70 Ff 66
Abbaretz 44 60 Yc 63
Abbécourt 02 18 Db 51
Abbecourt 60 17 Ca 52
Abbenans 25 70 Gc 64
Abbeville 80 7 Bf 48
Abbéville-la-Rivière 91 50 Ca 58
Abbéville-lès-Conflans 54 37 Ff 53
Abbévillers 25 71 Gf 64
Abbeville-Saint-Lucien 60 17 Cb 51
Abeilhan 34 143 Db 88
Abelcourt 70 70 Gb 62
Abère 64 138 Ze 88
Abergement-Clémenciat, L' 01 94 Ef 72
Abergement-de-Varey, L' 01 95 Fc 73
Abergement-la-Ronce 39 83 Fc 66
Abergement-le-Grand 39 83 Fe 67
Abergement-le-Petit 39 83 Fe 67
Abergement-lès-Thésy 39 84 Ff 67
Abergement-Sainte-Colombe, L' 71 83 Fa 68
Abidos 64 137 Zc 88
Abilly 37 77 Ae 67
Abitain 64 137 Za 88
Abjat-sur-Bandiat 24 101 Ae 75
Ablaincourt-Pressoir 80 18 Ce 49
Ablain-Saint-Nazaire 62 8 Ce 46
Ablainzevelle 62 8 Ce 48
Ablancourt 51 36 Ed 56
Ableiges 95 32 Bf 54
Ableuvenettes, Les 88 55 Gb 59
Ablis 78 32 Be 57
Ablon 14 14 Ab 52
Aboncourt 54 55 Ff 58
Aboncourt 57 22 Gc 53
Aboncourt-sur-Seille 57 38 Gc 56
Abondance 74 97 Ge 71
Abondant 28 32 Bc 56
Abos 64 138 Zc 88
Abos 64 138 Zf 88
Abreschviller 57 39 Ha 57
Abrest 03 92 Dc 72
Abrets, Les 38 107 Fd 75
Abriès 05 121 Gf 80
Abscon 59 9 Db 46
Absie, L' 79 75 Zc 69
Abzac 16 89 Ae 72
Abzac 33 99 Zf 78
Accolans 25 71 Gd 64
Accolay 89 67 De 63
Accons 07 118 Ec 79
Accous 64 137 Zc 91
Achain 57 38 Gd 55
Achen 57 39 Hb 54
Achenheim 67 40 Hd 57
Achères 18 65 Cc 65
Achères 28 32 Bc 57
Achères 78 33 Ca 55
Achères-la-Forêt 77 50 Cd 58
Achery 02 18 Dc 50
Acheux-en-Amiénois 80 8 Cd 48
Acheux-en-Vimeu 80 7 Be 48
Acheville 62 8 Cf 46
Achey 70 25 Fd 63
Achicourt 62 8 Cd 47
Achiet-le-Grand 62 8 Ce 48
Achiet-le-Petit 62 8 Ce 48
Achun 58 81 De 66
Achy 60 16 Bf 51
Acigné 35 45 Yc 60
Aclou 27 31 Ae 53
Acon 27 31 Ba 56
Acq 62 8 Cd 46
Acqueville 14 29 Zd 55
Acqueville 50 12 Yb 51
Acquigny 27 31 Bb 53
Acquin 62 3 Ca 44
Acy 02 18 Dc 52
Acy-en-Multien 60 34 Cf 54
Acy-Romance 08 19 Ec 51
Adaincourt 57 38 Gc 54
Adainville 78 32 Bd 56
Adam-lès-Passavant 25 70 Cc 65
Adam-lès-Vercel 25 70 Gc 65
Adamswiller 67 39 Hb 55
Adelange 57 38 Gd 54
Adelans 70 70 Gc 62
Adervielle 65 150 Ac 92
Adinfer 62 8 Ce 47
Adissan 34 143 Dc 87
Adjots, Les 16 88 Ab 72
Adompt 88 55 Gb 59
Adon 45 66 Ce 62
Adrets-de-l'Esterel, Les 83 148 Ge 87
Adriers 86 89 Ae 71
Afa 2A 158 Ie 97
Affieux 19 102 Be 75
Affléville 54 21 Fe 53
Affoux 69 94 Ec 74
Affracourt 54 55 Gb 58
Affringues 62 3 Ca 43
Agassac 31 140 Af 88
Agde 34 143 Dc 89
Agel 34 142 Cf 89
Agen 47 125 Ad 83
Agencourt 21 68 Ef 66
Agen-d'Aveyron 12 115 Ce 82
Agenville 80 7 Ca 47
Agenvillers 80 7 Bf 47
Ageux, Les 60 17 Cd 53
Ageville 52 54 Fc 60
Agey 21 68 Ee 65
Aghione 2B 159 Kc 96
Agincourt 54 38 Gb 56
Agmé 47 112 Ac 82
Agnat 43 104 Dc 76
Agneaux 50 29 Yf 54
Agnetz 60 17 Cc 52
Agnez-lès-Duisans 62 8 Cd 47
Agnicourt-et-Séchelles 02 19 Df 50
Agnières 62 8 Cd 46
Agnières-en-Dévoluy 05 120 Ff 80
Agnin 38 106 Ef 76
Agnos 64 137 Zc 90
Agny 62 8 Cd 47
Agonac 24 101 Ae 77
Agon-Coutainville 50 28 Yc 54
Agonès 34 130 De 85
Agonges 03 80 Da 69
Agos 65 150 Ac 91
Agos-Vidalos 65 138 Zf 90
Agris 16 88 Ab 74
Agudelle 17 99 Zd 76
Aguessac 12 129 Da 84
Aguilcourt 02 19 Df 52
Aguts 81 141 Bf 87
Agy 14 13 Zb 53
Ahaxe-Alciette-Bascassan 64 137 Yf 90
Ahetze 64 136 Yc 88
Ahéville 88 55 Gb 59
Ahuillé 53 46 Za 60
Ahun 23 90 Ca 72
Ahuy 21 69 Fa 64
Aibes 59 10 Ea 47
Aibre 25 71 Ge 63
Aïcirits-Camou-Suhast 64 137 Yf 88
Aiffres 79 87 Zd 71
Aigle, L' 61 31 Ad 56
Aiglemont 08 20 Ee 50
Aiglepierre 39 84 Fe 67
Aigleville 27 32 Bc 54
Aiglun 06 134 Gf 85
Aignay-le-Duc 21 68 Ee 63
Aigne 34 142 Ce 89
Aigné 72 47 Aa 60
Aignerville 14 13 Za 53
Aignes 31 141 Bd 89
Aignes-et-Puypéroux 16 100 Aa 76
Aigneville 80 6 Bd 48
Aigny 51 35 Eb 54
Aigonnay 79 87 Ze 71
Aigre 16 88 Aa 73
Aigrefeuille 31 141 Bd 87
Aigrefeuille-d'Aunis 17 86 Za 72
Aigrefeuille-sur-Maine 44 60 Yd 66
Aigremont 30 130 Ea 85
Aigremont 52 54 Fe 60
Aigremont 78 33 Ca 55
Aiguebelette-le-Lac 73 108 Fe 75
Aiguebelle 73 108 Gb 75
Aigueblanche 73 108 Gd 75
Aiguefonde 81 142 Cb 88
Aigueperse 63 92 Db 72
Aigueperse 69 94 Ec 71
Aigues-Juntes 09 140 Bc 90
Aigues-Mortes 30 144 Eb 87
Aigues-Vives 09 141 Bf 91
Aigues-Vives 11 142 Cd 89
Aigues-Vives 30 130 Eb 86
Aigues-Vives 34 142 Ce 88
Aiguèze 30 131 Ed 83
Aiguilles 05 121 Gf 80
Aiguillon 47 112 Ac 83
Aiguillon, L' 09 153 Bf 91
Aiguillon-sur-Mer, L' 85 74 Ye 71
Aiguillon-sur-Vie, L' 85 73 Yb 68
Aiguines 83 133 Gb 86
Aigurande 36 78 Be 70
Ailhon 07 118 Ec 81
Aillant-sur-Milleron 45 66 Cf 62
Aillant-sur-Tholon 89 51 Dc 61
Aillas 33 111 Zf 82
Ailleux 42 93 Df 74
Aillevans 70 70 Gc 63
Ailleville 10 53 Ee 59
Aillevillers-et-Lyaumont 70 55 Gc 61
Aillianville 52 54 Fc 58
Ailloncourt 70 70 Gc 62
Aillon-le-Vieux 73 108 Ga 75
Ailly 27 32 Bb 54
Ailly-le-Haut-Clocher 80 7 Bf 48
Ailly-sur-Noye 80 17 Cc 50
Ailly-sur-Somme 80 7 Cb 49
Aimargues 30 130 Eb 86
Aime 73 109 Gd 75
Ainay-le-Château 03 79 Ce 68
Ainay-le-Vieil 18 79 Cd 68
Aincille 64 137 Ye 90
Aincourt 95 32 Be 54
Aincreville 55 20 Fa 52
Aingeray 54 38 Ga 56
Aingeville 88 54 Fe 59
Aingoulaincourt 52 54 Fb 58
Ainharp 64 137 Za 89
Ainhice-Mongelos 64 137 Yf 89
Ainhoa 64 136 Yc 89
Ainvelle 70 55 Gb 61
Ainvelle 88 54 Ff 61
Airaines 80 7 Bf 49
Airan 14 30 Zf 54
Aire 08 19 Eb 52
Airel 50 13 Yf 53
Aires, Les 34 143 Da 87
Aire-sur-l'Adour 40 124 Ze 86
Aire-sur-la-Lys 62 3 Cc 45
Airion 60 17 Cc 52
Airon-Notre-Dame 62 6 Bd 46
Airon-Saint-Vaast 62 7 Bd 46
Airoux 11 141 Bf 88
Airvault 79 76 Zf 68
Aiserey 21 69 Fa 65
Aisey-sur-Seine 21 68 Ed 62
Aisonville-et-Bernoville 02 18 Dd 49
Aïssey 25 70 Gc 65
Aisy-sous-Thil 21 68 Eb 64
Aisy-sur-Armançon 89 67 Eb 63
Aiti 2B 157 Kb 94
Aiton 73 108 Gb 75
Aix 19 103 Cc 75
Aix-d'Angillon, Les 18 65 Cd 65
Aix-en-Ergny 62 7 Bf 45
Aix-en-Issart 62 7 Be 46
Aix-en-Othe 10 52 De 59
Aix-en-Provence 13 146 Fc 87
Aixe-sur-Vienne 87 89 Ba 74
Aix-la-Fayette 63 104 Dd 75
Aix-les-Bains 73 108 Ff 74
Aix-Noulette 62 8 Ce 46
Aizac 07 118 Ec 80
Aizanville 52 53 Ef 60
Aize 36 78 Be 66
Aizecourt-le-Bas 80 8 Da 49
Aizecourt-le-Haut 80 8 Cf 49
Aizelles 02 19 De 52
Aizenay 85 74 Yc 68
Aizier 27 15 Ad 52
Aizy-Jouy 02 18 Dd 52
Ajac 11 141 Ca 90
Ajaccio 2A 158 Ie 97
Ajain 23 90 Bf 71
Ajat 24 101 Ba 78
Ajou 27 31 Ae 55
Ajoux 07 118 Ed 80
Alaigne 11 141 Ca 90
Alaincourt 02 18 Dc 50
Alaincourt-la-Côte 57 38 Gc 55
Alairac 11 142 Cb 89
Alan 31 140 Af 89
Alando 2B 159 Kb 95
Alata 2A 158 Ie 97
Alba-la-Romaine 07 118 Ed 81
Alban 81 128 Cc 85
Albaret-le-Comtal 48 116 Da 79
Albaret-Sainte-Marie 48 116 Db 79
Albas 11 142 Ce 91
Albas 46 113 Bb 82
Albé 67 56 Hb 58
Albefeuille-Lagarde 82 126 Bb 84
Albens 73 96 Ff 74
Albepierre 15 103 Ce 78
Albère, L' 66 154 Cf 94
Albert 80 8 Cd 48
Albertacce 2B 159 If 95
Albertville 73 108 Gc 74
Albestroff 57 39 Gf 55
Albi 81 127 Ca 85
Albiac 31 141 Be 87
Albiac 46 114 Be 80
Albias 82 126 Bc 84
Albières 11 153 Cc 91
Albiès 09 152 Be 92
Albiez-le-Jeune 73 108 Gc 77
Albigny 69 94 Ec 74
Albignac 19 102 Be 78
Albigny-sur-Saône 69 94 Ee 73
Albine 81 142 Cd 88
Albitreccia 2A 159 If 97
Albon 07 118 Ec 80
Albon 26 106 Ef 77
Alboussières 07 118 Ee 79
Albussac 19 102 Bf 78
Alby-sur-Chéran 74 96 Ga 74
Alçay-Alçabéhéty-Sunharette 64 137 Za 90
Aldudes 64 136 Yd 90
Alembon 62 3 Bf 44
Alençon 61 47 Aa 58
Alénya 66 154 Cf 93
Aleria 2B 159 Kd 96
Alès 30 130 Ea 84
Alet-les-Bains 11 142 Cb 91
Alette 62 7 Be 45
Aleu 09 152 Bb 91
Alex 74 96 Gb 73
Alexain 53 46 Zb 59
Algajola 2B 156 If 93
Algans 81 141 Bf 87
Algolsheim 68 57 Hd 60
Algrange 57 22 Ga 52
Alièze 39 83 Fd 69
Alignan-du-Vent 34 143 Dc 88
Alincourt 08 19 Ec 52
Alincthun 62 3 Be 44
Alise-Sainte-Reine 21 68 Ec 63
Alissas 07 118 Ed 80
Alix 69 94 Ed 73
Alixan 26 118 Fa 79
Alizay 27 15 Bb 53
Allain 54 37 Ff 57
Allaines 80 8 Cf 49
Allaines-Mervilliers 28 49 Be 59
Allainville 28 32 Bb 56
Allainville 78 49 Bf 58
Allaire 56 59 Xf 63
Allamont 54 37 Fe 54
Allan 26 118 Ee 81
Allanche 15 104 Cf 77
Alland'Huy-et-Sausseuil 08 20 Ed 51
Allarmont 88 56 Ha 58
Allas-Bocage 17 99 Zd 76
Allas-Champagne 17 99 Zd 76
Allas-les-Mines 24 113 Ba 80
Allassac 19 102 Bc 77
Allauch 13 146 Fc 88
Allègre 30 130 Eb 83
Allègre 43 105 De 77
Alleins 13 132 Fa 86
Allemagne-en-Provence 04 133 Ga 86
Allemanche-Launay-et-Soyer 51 35 De 57
Allemans 24 100 Ab 77
Allemans-du-Dropt 47 112 Ab 81
Allemant 02 18 Dc 52
Allemant 51 35 De 56
Allemont 38 108 Ga 78
Allenay 80 6 Bc 48
Allenc 48 117 Dd 81
Allenjoie 25 71 Gf 63
Allennes-les-Marais 59 8 Cf 45
Allenwiller 67 39 Hc 57
Allerey 21 68 Ec 64
Allerey 21 68 Ec 65
Allerey-sur-Saône 71 83 Ef 67
Allériot 71 82 Ef 68
Allery 80 7 Bf 49
Alles-sur-Dordogne 24 113 Af 79
Alleuds, Les 49 61 Zd 65
Alleuds, Les 79 88 Zf 72
Alleux, Les 08 20 Ee 52
Alleuze 15 116 Da 79
Allevard 38 108 Ga 76
Allèves 74 96 Ga 74
Allex 26 118 Ef 80
Alleyrac 43 117 Df 79
Alleyras 43 117 De 79
Alleyrat 19 103 Cb 75
Alleyrat 23 91 Ca 73
Allez-et-Cazeneuve 47 112 Ad 82
Alliancelles 51 36 Ef 56
Allibaudières 10 35 Ea 57
Allichamps 52 36 Ef 57
Allier 65 139 Aa 89
Allières 09 140 Bc 90
Alliés, Les 25 84 Gc 67
Alligny-Cosne 58 66 Da 64
Allineuc 22 43 Xa 59
Allinges 74 96 Gc 71
Allogny 18 65 Cb 65
Allondans 25 71 Ge 63
Allondaz 73 96 Gc 74
Allondrelle-la-Malmaison 54 21 Fd 51
Allonne 60 17 Ca 52
Allonne 79 75 Zd 69
Allonnes 28 49 Bd 59
Allonnes 49 62 Aa 65
Allonnes 72 47 Aa 61
Allons 04 134 Gd 85
Allons 47 124 Zf 83
Allonville 80 7 Cc 49
Allonzier-la-Caille 74 96 Ga 73
Allos 04 134 Gd 83
Allouagne 62 8 Cd 45
Alloue 16 88 Ad 72
Allouis 18 65 Cb 66
Allouville-Bellefosse 76 15 Ae 51
Allues, Les 73 109 Gd 76
Alluets-le-Roi, Les 78 32 Bf 55
Alluy 58 81 Dd 66
Alluyes 28 49 Bc 59
Ally 15 103 Cb 77
Ally 43 104 Db 78
Almayrac 81 127 Cb 84
Almenêches 61 30 Aa 56
Almon-les-Junies 12 115 Cb 81
Alos 09 152 Ba 91
Alos 81 127 Bf 84
Alos-Sibas-Abense 64 137 Za 90
Alouette, L' 33 111 Zb 80
Aloxe-Corton 21 82 Ef 66
Alpes Maritimes 134 Ge 83
Alpuech 12 115 Cf 80
Alquines 62 3 Bf 44
Alrance 12 128 Ce 84
Alsting 57 39 Ha 53
Altagène 2A 159 Ka 98
Alteckendorf 67 40 Hd 56
Altenach 68 71 Ha 63
Altenbach, Goldbach- 68 56 Ha 61
Altenheim 67 40 Hc 56
Althen-des-Paludes 84 131 Ef 84
Altiani 2B 159 Kb 95
Altier 48 117 Df 82
Altillac 19 114 Bf 79
Altkirch 68 71 Hb 63
Altrippe 57 39 Ge 54
Altviller 57 39 Ge 54
Altwiller 67 39 Gf 55
Aluze 71 82 Ee 67
Alvignac 46 114 Be 80
Alvimare 76 15 Ad 51
Alzen 09 140 Bc 91
Alzi 2B 159 Kb 95
Alzing 57 22 Gd 53
Alzon 30 129 Dc 85
Alzonne 11 141 Cb 89
Amage 70 55 Gc 61
Amagne 08 20 Ed 51
Amagney 25 70 Ga 65
Amailloux 79 75 Ze 68
Amance 10 53 Ed 59
Amance 70 70 Ga 62
Amancey 25 84 Ga 66
Amancy 74 96 Gb 72
Amange 39 69 Fd 66
Amanlis 35 45 Yd 61
Amanty 55 54 Fd 57
Amanvillers 57 38 Ga 53
Amanzé 54 38 Gb 56
Amanzé 71 93 Eb 71
Amareins-Franceleins-Cesseins 01 94 Ee 72
Amarens 81 127 Bf 84
Amathay-Vésigneux 25 84 Gb 66
Amayé-sur-Orne 14 29 Zd 54
Amayé-sur-Seulles 14 29 Zb 54
Amazy 58 67 Dd 64
Ambacourt 88 55 Ga 58
Ambarès-et-Lagrave 33 111 Zd 79
Ambax 31 140 Af 88
Ambazac 87 90 Bc 73
Ambel 38 120 Ff 80
Ambenay 27 31 Ae 56
Ambérac 16 88 Aa 73
Ambérieu-en-Bugey 01 95 Fc 73
Ambérieux-en-Dombes 01 94 Ef 73
Ambernac 16 88 Ad 73
Amberre 86 76 Aa 68
Ambert 63 105 De 75
Ambès 33 99 Zc 78
Ambeyrac 12 114 Bf 81
Ambialet 81 128 Cc 85
Ambiegna 2A 158 Ie 96
Ambierle 42 93 Df 72
Ambiévillers 70 55 Ga 61
Ambillou 37 63 Ac 64
Ambillou-Château 49 61 Zd 65
Amblagnieu, Porcieu- 38 95 Fc 74
Amblainville 60 33 Ca 53
Amblans-et-Velotte 70 70 Gc 62
Ambleny 02 18 Db 52
Ambléon 01 95 Fd 74
Ambleteuse 62 2 Bd 44
Ambleville 16 99 Ze 75
Ambleville 95 32 Be 54
Amblie 14 13 Zd 53
Amblimont 08 20 Fa 51
Ambloy 41 63 Af 62
Ambly-Fleury 08 20 Ec 52
Ambly-sur-Meuse 55 37 Fc 54
Amboise 37 63 Af 64
Ambon 56 59 Xc 63
Ambonil 26 118 Ef 80
Ambonnay 51 35 Eb 54
Ambonville 52 53 Fa 59
Ambrault 36 78 Bf 68
Ambres 81 127 Be 86
Ambricourt 62 7 Cb 46
Ambrières 51 36 Ef 57
Ambrières-les-Vallées 53 46 Zc 58
Ambrines 62 7 Cc 47
Ambronay 01 95 Fc 73
Ambrugeat 19 102 Ca 75
Ambrumesnil 76 15 Af 49
Ambrus 47 125 Ab 83
Ambutrix 01 95 Fc 73
Amécourt 27 16 Be 52
Amelécourt 57 38 Gd 55
Amélie-les-Bains-Palalda 66 154 Ce 94
Amendeuix-Oneix 64 137 Yf 88
Amenoncourt 54 39 Ge 57
Amenucourt 95 32 Bd 54
Ames 62 7 Cc 45
Amettes 62 7 Cc 45
Ameugny 71 82 Ee 69
Ameuvelle 88 55 Ff 61
Amfréville 14 14 Ze 53
Amfreville 50 12 Yd 52
Amfreville-la-Campagne 27 15 Af 53
Amfreville-la-Mi-Voie 76 15 Ba 52
Amfreville-les-Champs 27 16 Bb 53
Amfreville-les-Champs 76 15 Ae 50
Amfreville-sous-les-Monts 27 16 Bb 53
Amfreville-sur-Iton 27 31 Ba 54
Amfroipret 59 9 De 47
Amiens 80 17 Cb 49
Amifontaine 02 19 Df 52
Amigny 50 12 Ye 54
Amigny-Rouy 02 18 Db 51
Amillis 77 34 Da 56
Amilly 28 49 Bc 58
Amilly 45 50 Ce 61
Amions 42 93 Ea 73
Amirat 06 134 Ge 85
Ammerschwihr 68 56 Hb 60
Ammerzwiller 68 71 Ha 62
Amné 72 47 Zf 60
Amnéville 57 22 Ga 53
Amoncourt 70 70 Ga 62
Amondans 25 84 Ga 66
Amorots-Succos 64 137 Yf 88
Amou 40 123 Zb 87
Ampilly-les-Bordes 21 68 Ed 63
Ampilly-le-Sec 21 68 Ed 62
Amplepuis 69 93 Eb 73
Amplier 62 7 Cc 48
Ampoigné 53 46 Zb 62
Amponville 77 50 Cd 59
Ampriani 2B 159 Kc 95
Ampuis 69 106 Ee 76
Ampus 83 147 Gc 87
Amuré 79 87 Zc 71
Amy 60 18 Ce 51
Anais 16 88 Ab 74
Anais 17 86 Za 71
Anan 31 140 Ae 88
Ance 64 137 Zb 90
Anceaumeville 76 15 Ba 51
Anceins 61 31 Ad 55
Ancelle 05 120 Gb 81
Ancemont 55 37 Fc 54
Ancenis 44 60 Ye 64
Ancerville 55 36 Fa 57
Ancerville 57 38 Gc 54
Ancerviller 54 39 Gf 57
Ancey 21 68 Ee 65
Anchamps 08 20 Ee 49
Anché 37 62 Ab 66
Anché 86 88 Ab 70
Anchenoncourt-et-Chazel 70 55 Ga 61
Ancienville 02 34 Db 53
Ancier 70 69 Fd 64
Ancinnes 72 47 Ab 58
Ancizan 65 150 Ac 91
Ancizes-Comps, Les 63 91 Ce 73
Ancône 26 118 Ee 81
Ancourt 76 6 Bb 49
Ancourteville-sur-Héricourt 76 15 Ad 50
Ancretteville-sur-Mer 76 15 Ad 50
Ancteville 50 28 Yd 54
Anctoville 14 29 Zb 54
Ancy 69 94 Ed 74
Ancy-le-Franc 89 67 Eb 62
Ancy-le-Libre 89 67 Ea 62
Ancy-sur-Moselle 57 38 Ga 54
Andainville 80 16 Be 49
Andance 07 106 Ee 77
Andancette 26 106 Ee 77
Andard 49 62 Zd 64
Andé 27 16 Bb 53
Andechy 80 17 Ce 50
Andel 22 27 Xc 58
Andelain 02 18 Dc 51
Andelaroche 03 93 De 71
Andelarre 70 70 Ga 63
Andelarrot 70 70 Ga 63
Andelat 15 104 Da 78
Andelot-Blancheville 52 54 Fb 59
Andelot-en-Montagne 39 84 Ff 67
Andelot-Morval 39 83 Fc 70
Andelu 78 32 Be 55
Andelys, Les 27 16 Bc 53
Andernay 55 36 Ef 56
Andernos-les-Bains 33 110 Yf 80
Anderny 54 21 Ff 52
Andert-et-Condon 01 95 Fd 74
Andeville 60 17 Ca 53
Andigné 49 61 Zb 63
Andillac 81 127 Bf 85
Andilly 17 86 Yf 71
Andilly 54 37 Ff 56
Andilly 74 96 Ga 72
Andilly 95 33 Cb 54
Andilly-en-Bassigny 52 54 Fd 61
Andiran 47 125 Ab 84
Andlau 67 56 Hc 58
Andoins 64 138 Ze 89
Andolsheim 68 57 Hc 60
Andon 06 134 Ge 86
Andonville 45 49 Ca 59
Andornay 70 71 Gd 63
Andorra La Vella (AND) 152 Bd 93
Andouillé 53 46 Zb 59
Andouque (Gaulène) 81 128 Cc 84
Andouville-Neuville 35 45 Yc 59
Andrein 64 137 Za 88
Andres 62 3 Bf 42
Andrest 65 138 Aa 89
Andrésy 78 33 Ca 55
Andrezé 49 61 Za 65
Andrezel 77 34 Ce 57
Andrézieux-Bouthéon 42 105 Eb 75
Andryes 89 67 Dc 63
Anduze 30 130 Df 84
Anères 65 139 Ac 90
Anet 28 32 Bc 55
Anetz 44 60 Yf 64
Angais 64 138 Ze 89
Angé 41 64 Bb 65
Angeac-Champagne 16 99 Ze 75
Angeac-Charente 16 99 Zf 75
Angecourt 08 20 Ef 51
Angeduc 16 99 Zf 76
Angely 89 67 Ea 63
Angeot 90 71 Ha 62
Angers 49 61 Zc 64
Angerville 91 49 Bf 59
Angerville-Bailleul 76 15 Ac 50
Angerville-la-Campagne 27 31 Ba 55
Angerville-la-Martel 76 15 Ad 50
Angerville-l'Orcher 76 14 Ab 51
Angervilliers 91 33 Ca 57
Angeville 82 126 Ba 84
Angevillers 57 22 Ga 52
Angey 50 28 Yd 56
Angicourt 60 17 Cd 53
Angiens 76 15 Ae 49
Angirey 70 70 Fe 64
Angivillers 60 17 Cd 52
Anglade 33 99 Zc 77
Anglards-de-Saint-Flour 15 116 Da 79
Anglards-de-Salers 15 103 Cc 77
Anglars 12 115 Cc 81
Anglars 12 115 Ce 81
Anglars 12 115 Ce 82
Anglars 46 114 Bf 80
Anglars-Juillac 46 113 Bb 82
Anglars-Nozac 46 113 Bc 80
Anglars-Saint-Félix 12 115 Cb 82
Anglefort 01 95 Fe 73
Anglemont 88 56 Ge 58
Angles 04 134 Gd 85
Anglès 81 142 Cd 87
Angles 85 74 Yd 70
Angles, Les 65 138 Aa 90
Angles, Les 66 153 Ca 93
Anglesqueville-la-Bras-Long 76 15 Ae 50
Anglesqueville-l'Esneval 76 14 Ab 51
Angles-sur-Corrèze, Les 19 102 Be 77
Angles-sur-l'Anglin 86 77 Af 68
Anglet 64 122 Yc 88
Angliers 17 86 Za 71
Angliers 86 76 Aa 67
Anglure 51 35 De 57
Anglure-sous-Dun 71 94 Ec 71
Angluzelles 51 35 Df 57
Angoisse 24 101 Ba 76
Angomont 54 39 Gf 57
Angos 65 139 Aa 89
Angoulême 16 100 Aa 75
Angoulins 17 86 Yf 72
Angoumé 40 123 Yf 86
Angous 64 137 Zb 89
Angoustrine-Villeneuve-des-Escaldes 66 153 Bf 94
Angoville 14 29 Zd 55
Angoville-au-Plain 50 12 Ye 52
Angoville-sur-Ay 50 12 Yc 53
Angresse 40 122 Yd 87
Angrie 49 61 Za 63
Anguerny 14 13 Zd 53
Anguilcourt-le-Sart 02 18 Dc 50
Angy 60 17 Cb 53
Anhiers 59 8 Da 46
Aniane 34 129 Dd 86
Aniche 59 9 Db 46
Anisy 14 13 Zd 53
Anizy-le-Château 02 18 Dc 51
Anjeux 70 55 Gb 61
Anjou 38 106 Ef 76
Anjouin 36 64 Be 65
Anjoutey 90 71 Gf 62
Anla 65 139 Ad 90
Anlezy 58 81 Dd 67
Anlhiac 24 101 Ba 77
Annay 58 66 Cf 63
Annay 62 8 Cf 46
Annay-la-Côte 89 67 Df 63
Annay-sur-Serein 89 67 Df 62
Annebault 14 14 Aa 53
Annecy 74 96 Ga 73
Annelles 08 20 Ec 52
Annemasse 74 96 Gb 71
Annéot 89 67 Df 63
Annepont 17 87 Zc 73
Annequin 62 8 Ce 45
Annesse-et-Beaulieu 24 100 Ad 78
Annet-sur-Marne 77 33 Ce 55
Anneux 59 8 Da 48
Anneville-Ambourville 76 15 Af 52
Annéville-la-Prairie 52 53 Fa 59
Anneville-sur-Mer 50 12 Yc 54
Anneville-sur-Scie 76 15 Ba 49
Anneyron 26 106 Ef 77
Annezay 17 87 Zb 69
Annezin 62 8 Ce 45
Annœulin 59 8 Cf 45
Annoire 39 83 Fb 67
Annois 02 18 Db 50
Annoisin-Chatelans 38 95 Fb 74
Annoix 18 79 Cd 67
Annonay 07 106 Ed 77
Annonville 52 54 Fb 58
Annot 04 134 Gd 85
Annouville-Vilmesnil 76 15 Ac 50
Annoux 89 67 Ea 63
Annoville 50 28 Yc 55
Anor 59 9 Ea 49
Anos 64 138 Ze 88
Anost 65 139 Aa 88
Anost 71 81 Ea 66
Anould 88 56 Gf 59
Anoux 54 21 Ff 53
Anoye 64 138 Zf 88
Anquetierville 76 15 Ad 51
Anrosey 52 54 Fe 61
Ansacq 60 17 Cc 52
Ansac-sur-Vienne 16 88 Ad 73
Ansan 32 125 Ae 86
Ansauville 54 37 Fe 56
Ansauvillers 60 17 Cc 51
Anse 69 94 Ee 73
Anserville 60 17 Cb 53
Ansignan 66 153 Cd 92
Ansouis 84 132 Fc 86
Anstaing 59 8 Db 45
Antagnac 47 111 Aa 82
Anterrieux 15 116 Da 79
Anteuil 25 71 Gd 64
Antezant-la-Chapelle 17 87 Zd 73
Anthé 47 113 Af 82
Anthelupt 54 38 Gc 57
Anthenay 51 35 De 54
Antheny 08 19 Eb 49
Anthéor 83 148 Gf 88
Antheuil 21 68 Ee 65
Antheuil-Portes 60 17 Ce 52
Anthien 58 67 De 65

162 (F) Aast — Anthien

Anthon **38** 95 Fb 74
Antibes **06** 134 Ha 87
Antichan **65** 139 Ad 91
Antichan-de-Frontignes **31** 139 Ae 91
Antignac **15** 103 Cd 76
Antignac **17** 99 Zc 75
Antignac **31** 151 Ad 92
Antigny **85** 75 Zb 69
Antigny **86** 77 Af 69
Antilly **57** 38 Gb 53
Antilly **60** 34 Cf 54
Antin **65** 139 Ab 89
Antisanti **2B** 159 Kc 95
Antist **65** 139 Aa 90
Antogny **37** 77 Ad 67
Antoigné **49** 62 Zf 66
Antoigny **61** 29 Zd 57
Antoingt **63** 104 Db 75
Antonaves **05** 133 Fe 83
Antonne-et-Trigonant **24** 101 Ae 77
Antony **92** 33 Cb 56
Antorpe **25** 70 Fe 65
Antraigues-sur-Volane **07** 118 Ec 80
Antrain **35** 28 Yd 58
Antran **86** 77 Ad 67
Antras **09** 151 Af 91
Antras **09** 152 Bd 91
Antras **32** 125 Ac 86
Antrenas **48** 116 Db 81
Antugnac **11** 153 Cb 91
Antully **71** 82 Ec 67
Anvéville **76** 15 Ae 50
Anville **16** 87 Zf 74
Anvin **62** 7 Cb 46
Any-Martin-Rieux **02** 19 Eb 49
Anzat-le-Luguet **63** 104 Da 77
Anzeling **57** 22 Gc 53
Anzême **23** 90 Bf 71
Anzex **47** 112 Aa 83
Anzin **59** 9 Dd 46
Anzin **62** 8 Cd 47
Anzy-le-Duc **71** 93 Ea 71
Aoste **38** 107 Fd 75
Aougny **51** 35 De 53
Aoury **57** 38 Gc 54
Aouste **08** 19 Eb 50
Aouste-sur-Sye **26** 118 Fa 80
Aouze **88** 54 Ff 58
Apach **57** 22 Gc 52
Apchat **63** 104 Da 76
Apchon **15** 103 Ce 77
Appelle **81** 141 Bf 87
Appenai-sous-Bellême **61** 48 Ad 58
Appenans **25** 71 Gd 64
Appenwihr **68** 57 Hc 60
Appeville **50** 12 Yd 53
Appeville-Annebault **27** 15 Ad 53
Appietto **2A** 158 Ie 96
Appilly **60** 18 Da 51
Appoigny **89** 51 Dd 61
Apprieu **38** 107 Fd 76
Appy **09** 153 Be 92
Apremont **01** 95 Fe 71
Apremont **08** 20 Ef 53
Apremont **60** 17 Cd 53
Apremont **70** 69 Fd 64
Apremont **85** 74 Yb 68
Apremont-la-Forêt **55** 37 Fd 55
Apremont-sur-Allier **18** 80 Da 67
Aprey **52** 69 Fb 62
Apt **84** 132 Fc 85
Arabaux **09** 141 Bd 91
Arâches **74** 97 Gd 72
Aragnouet **65** 150 Ab 92
Aragon **11** 142 Cb 89
Aramits **64** 137 Zb 90
Aramon **30** 131 Ee 85
Aranc **01** 95 Fd 73
Arandon **38** 107 Fc 74
Araujuzon **64** 137 Zb 88
Araules **43** 105 Eb 78
Araux **64** 137 Zb 88
Arbanats **33** 111 Zd 80
Arbas **31** 140 Af 91
Arbellara **2A** 159 If 98
Arbent **01** 95 Fe 71
Arbéost **65** 138 Ze 91
Arbignieu **01** 95 Fd 74
Arbigny-sous-Varennes **52** 54 Fd 61
Arbin **73** 108 Ga 75
Arbis **33** 111 Ze 80
Arblade-le-Bas **32** 124 Ze 86
Arblade-le-Haut **32** 124 Zf 86
Arbois **39** 84 Fe 67
Arbon **31** 139 Ae 90
Arbonne **64** 136 Yc 88
Arbonne-la-Forêt **77** 50 Cd 58
Arboras **34** 129 Dc 86
Arbori **2A** 158 Ie 96
Arbot **52** 53 Fa 61
Arboucave **40** 124 Zd 87
Arbouet-Sussaute **64** 137 Yf 88
Arbourse **58** 66 Db 65
Arboussols **66** 153 Cc 93
Arbresle, L' **69** 94 Ed 74
Arbrissel **35** 45 Ye 61
Arbus **64** 138 Zc 89
Arbusigny **74** 96 Gb 72
Arcachon **33** 110 Ye 81
Arçais **79** 87 Zb 71
Arcambal **46** 114 Bd 82
Arcangues **64** 136 Yc 88
Arçay **18** 79 Cc 67
Arçay **86** 76 Aa 67
Arceau **21** 69 Fb 64
Arcenant **21** 68 Ef 66
Arc-en-Barrois **52** 53 Fa 61
Arcens **07** 118 Eb 79
Arces **17** 98 Za 75
Arces-Dilo **89** 52 Dd 60
Arc-et-Senans **25** 84 Fe 66
Arcey **21** 68 Ee 65
Arcey **25** 71 Gd 63
Archail **04** 133 Gc 84
Archamps **74** 96 Ga 72
Archelange **39** 69 Fd 66
Arches **15** 103 Cb 77
Arches **88** 55 Gd 60
Archettes **88** 55 Gd 60
Archiac **17** 99 Ze 75
Archignac **24** 101 Bb 78
Archignat **03** 91 Cc 70
Archigny **86** 76 Ad 69
Archingeay **17** 87 Zb 73
Archon **02** 19 Ea 50
Arcins **33** 99 Zb 78
Arcis-le-Ponsart **51** 19 De 53
Arcis-sur-Aube **10** 35 Ea 57
Arcizac-Adour **65** 138 Aa 90
Arcizac-ez-Angles **65** 138 Aa 90
Arcizans-Avant **65** 138 Zf 91
Arcizans-Dessus **65** 138 Zf 91
Arc-lès-Gray **70** 69 Fd 64
Arcomps **18** 79 Cc 68
Arçon **25** 84 Gc 67
Arcon **42** 93 Df 72
Arconcey **21** 68 Ec 65
Arçonnay **72** 47 Aa 58
Arconsat **63** 93 De 73
Arconville **10** 53 Ee 60
Arcs, Les **83** 148 Gc 88
Arc-sous-Cicon **25** 84 Gc 66
Arc-sous-Montenot **25** 84 Ga 67
Arc-sur-Tille **21** 69 Fb 64
Arcy-Sainte-Restitue **02** 18 Dc 53
Arcy-sur-Cure **89** 67 De 63
Ardelles **28** 31 Bb 57
Ardelu **28** 49 Bf 58
Ardenais **18** 79 Cc 69
Ardenay-sur-Mérize **72** 47 Ac 61
Ardentes **36** 78 Be 68
Ardes **63** 104 Da 76
Ardeuil-et-Montfauxelles **08** 20 Ee 53
Ardiège **31** 139 Ad 90
Ardilleux **79** 88 Zf 72
Ardillières **17** 86 Za 72
Ardin **79** 75 Zc 70
Ardizas **32** 126 Ba 86
Ardoix **07** 106 Ee 77
Ardon **39** 84 Ff 68
Ardon **45** 64 Bf 62
Ardouval **76** 16 Bb 50
Ardres **62** 3 Bf 43
Aregno **2B** 156 If 93
Areines **41** 48 Ba 62
Aren **64** 137 Zb 89
Arengosse **40** 123 Zb 84
Arenthon **74** 96 Gb 72
Arès **33** 110 Yf 80
Aresches **39** 84 Ff 67
Aressy **64** 138 Ze 89
Arette **64** 137 Zb 90
Arette-Pierre-Saint-Martin **64** 137 Zb 91
Arfeuille-Châtain **23** 91 Cc 72
Arfeuilles **03** 92 De 72
Arfons **81** 141 Cb 88
Argagnon **64** 137 Zb 88
Arganchy **14** 13 Zb 53
Argançon **10** 53 Ed 59
Argancy **57** 38 Gb 53
Argein **09** 151 Af 91
Argelès **65** 139 Ab 90
Argelès-Gazost **65** 138 Zf 90
Argelès-sur-Mer **66** 154 Da 93
Argeliers **11** 142 Cf 89
Argelliers **34** 130 De 86
Argelos **40** 123 Zc 87
Argelos **64** 138 Zd 88
Argelouse **40** 111 Zc 82
Argences **14** 30 Zf 54
Argens-Minervois **11** 142 Ce 89
Argentan **61** 30 Zf 56
Argentat **19** 102 Bf 78
Argentenay **89** 67 Ea 62
Argenteuil **95** 33 Cb 55
Argenteuil-sur-Armançon **89** 67 Ea 62
Argentière-la-Bessée, l' **05** 121 Gd 80
Argentières **77** 34 Cf 57
Argentine **73** 108 Gb 76
Argenton **47** 112 Aa 82
Argenton-Château **79** 75 Zd 67
Argenton-l'Église **79** 76 Ze 66
Argenton-Notre-Dame **53** 46 Zc 62
Argenton-sur-Creuse **36** 78 Bd 69
Argentré **53** 46 Zc 60
Argentré-du-Plessis **35** 45 Yf 60
Argent-sur-Sauldre **18** 65 Cc 63
Argenvières **18** 66 Da 66
Argenvilliers **28** 48 Af 59
Argers **51** 36 Ef 54
Arget **64** 124 Zc 87
Argiésans **90** 71 Ge 63
Argillières **70** 69 Fd 62
Argilliers **30** 131 Ec 85
Argilly **21** 83 Fa 66
Argis **01** 95 Fc 73
Argiusta-Moriccio **2A** 159 Ka 98
Argœuves **80** 7 Cb 49
Argol **29** 24 Ve 59
Argonay **74** 96 Ga 73
Argouges **50** 28 Yd 57
Argoules **80** 7 Be 46
Argueil **76** 16 Bd 51
Arguel **25** 70 Ga 65
Arguel **80** 16 Be 49
Arguenos **31** 139 Ae 91
Argut-Dessous **31** 151 Ae 91
Argy **36** 78 Bc 67
Arhansus **64** 137 Yf 89
Ariès-Espénan **65** 139 Ad 89
Arifat **81** 128 Cc 86
Arignac **09** 152 Bd 91
Arinthod **39** 95 Fd 70
Arith **73** 96 Ga 74
Arjuzanx **40** 123 Za 84
Arlanc **63** 105 De 76
Arlay **39** 83 Fd 68
Arlebosc **07** 106 Ed 78
Arles **13** 131 Ed 86
Arles-sur-Tech **66** 154 Cd 94
Arlet **43** 104 Dc 78
Arleuf **58** 81 Ea 66
Arleux **59** 8 Da 47
Arleux-en-Gohelle **62** 8 Cf 46
Arlos **31** 151 Ae 91
Armaillé **49** 60 Yf 62
Armancourt **80** 17 Ce 50
Armaucourt **54** 38 Gb 56
Armbouts-Cappel **59** 3 Cc 43
Armeau **89** 51 Db 60
Armendarits **64** 137 Ye 89
Armentières **59** 4 Cf 44
Armentières-en-Brie **77** 34 Da 55
Armentières-sur-Avre **27** 31 Ae 56
Armentières-sur-Ourcq **02** 34 Dc 53
Armentieux **32** 139 Aa 87
Armes **58** 67 Dd 64
Armillac **47** 112 Ac 81
Armissan **11** 143 Da 89
Armix **01** 95 Fd 74
Armous-et-Cau **32** 125 Ab 87
Armoy **74** 96 Gd 70
Arnac **15** 103 Cb 78
Arnac-la-Poste **87** 90 Bc 71
Arnac-Pompadour **19** 101 Bc 76
Arnac-sur-Dourdou **12** 129 Cf 86
Arnage **72** 47 Ab 61
Arnancourt **52** 53 Ef 58
Arnas **69** 94 Ee 72
Arnas, Les **69** 94 Ed 73
Arnaud-Guilhem **31** 140 Af 90
Arnave **09** 152 Bd 91
Arnaville **54** 38 Ga 54
Arnay-le-Duc **21** 67 Ec 66
Arnayon **26** 119 Fb 82
Arnay-sous-Vitteaux **21** 68 Ec 64
Arné **65** 139 Ad 89
Arnéguy **64** 137 Ye 90
Arnèke **59** 3 Cc 43
Arnicourt **08** 19 Ec 51
Arnières-sur-Iton **27** 31 Ba 55
Arnos **64** 138 Zc 89
Arnouville-lès-Gonesse **95** 33 Cc 55
Arnouville-lès-Mantes **78** 32 Be 55
Aroffe **88** 55 Ff 58
Aromas **39** 95 Fc 71
Aroz **70** 70 Ga 63
Arpaillargues-et-Aureillac **30** 131 Ec 84
Arpajon **91** 33 Cb 57
Arpajon-sur-Cère **15** 115 Cc 79
Arpavon **26** 119 Fb 82
Arpenans **70** 70 Gc 63
Arpheuilles **18** 79 Cd 68
Arpheuilles **36** 78 Bb 67
Arpheuilles-Saint-Priest **03** 91 Ce 71
Arphy **30** 129 Dd 84
Arquenay **53** 46 Zc 61
Arques **11** 153 Cc 91
Arques **12** 115 Ce 83
Arques **62** 3 Cb 44
Arques, les **46** 113 Bb 81
Arques-la-Bataille **76** 16 Ba 49
Arquettes-en-Val **11** 142 Cd 90
Arquèves **80** 7 Cc 48
Arquian **58** 66 Cf 63
Arracourt **54** 38 Gd 56
Arradon **56** 58 Xb 63
Arraincourt **57** 38 Gd 55
Arrancy-sur-Crusne **55** 21 Fd 52
Arrans **21** 68 Eb 62
Arras **62** 8 Ce 47
Arras-en-Lavedan **65** 138 Zf 91
Arras-sur-Rhône **07** 106 Ee 78
Arrast-Larrebieu **64** 137 Zb 89
Arraute-Charritte **64** 137 Yf 88
Array-et-Han **54** 38 Gb 55
Arrayou-Lahitte **65** 138 Aa 90
Arre **30** 129 Dd 85
Arreau **65** 150 Ac 91
Arrelles **10** 52 Eb 60
Arrembécourt **10** 52 Ed 57
Arrènes **23** 90 Bd 72
Arrens-Marsous **65** 138 Ze 91
Arrentès-de-Corcieux **88** 56 Gf 60
Arrentières **10** 53 Ee 59
Arrest **80** 6 Bd 48
Arreux **08** 20 Ed 50
Arriance **57** 38 Gd 54
Arricau-Bordes **64** 138 Zf 88
Arrien **09** 151 Ba 91
Arrigas **30** 129 Dc 85
Arrigny **51** 36 Ee 57
Arro **2A** 158 Ie 96
Arrodets **65** 139 Ab 90
Arrodets-ez-Angles **65** 138 Aa 90
Arromanches-les-Bains **14** 13 Zc 52
Arronnes **03** 92 Dd 72
Arronville **95** 33 Ca 53
Arros **64** 137 Yf 89
Arros-de-Nay **64** 138 Ze 89
Arrosès **64** 124 Zf 87
Arrou **28** 48 Ba 60
Arrouède **32** 139 Ad 88
Arrout **09** 151 Ba 91
Arry **57** 38 Ga 54
Arry **80** 7 Be 47
Ars **16** 87 Zd 75
Ars **23** 90 Ca 72
Arsac **33** 99 Zb 79
Arsac-en-Velay **43** 117 Df 79
Arsague **40** 123 Zb 87
Arsans **70** 69 Fd 64
Ars-en-Ré **17** 86 Yc 71
Ars-Laquenexy **57** 38 Gb 54
Ars-les-Favets **63** 91 Ce 71
Arsonval **10** 53 Ed 59
Ars-sur-Formans **01** 94 Ee 73
Ars-sur-Moselle **57** 38 Ga 54
Arsure-Arsurette **39** 84 Ga 68
Arsures, Les **39** 84 Fe 67
Arsy **60** 17 Ce 52
Artagnan **65** 138 Aa 88
Artaise-le-Vivier **08** 20 Ef 51
Artaix **71** 93 Ea 71
Artalens-Souin **65** 138 Zf 91
Artannes-sur-Indre **37** 63 Ad 65
Artannes-sur-Thouet **49** 62 Zf 65
Artas **38** 107 Fa 75
Artassenx **40** 124 Zd 85
Artemare **01** 95 Fe 73
Artemps **02** 18 Db 50
Artenay **45** 49 Bf 60
Arthaz-Pont-Notre-Dame **74** 96 Gb 72
Arthel **58** 66 Dc 65
Arthenac **17** 99 Ze 75
Arthenas **39** 83 Fd 69
Arthès **81** 128 Cb 85
Arthez-d'Armagnac **40** 124 Ze 85
Arthez-d'Asson **64** 138 Ze 90
Arthez-de-Béarn **64** 138 Zc 88
Arthezé **72** 47 Zf 62
Arthies **95** 32 Be 54
Arthon **36** 78 Be 68
Arthon-en-Retz **44** 59 Ya 66
Arthonnay **89** 52 Eb 61
Arthun **42** 93 Ea 74
Artigat **09** 140 Bc 90
Artignosc-sur-Verdon **83** 133 Ga 86
Artigue **31** 151 Ad 92
Artigueloutan **64** 138 Ze 89
Artiguelouve **64** 138 Zd 89
Artiguemy **65** 139 Ab 90
Artigues **09** 153 Ca 92
Artigues **11** 153 Cb 92
Artigues **47** 125 Ac 84
Artigues **65** 138 Aa 90
Artigues **83** 147 Fe 87
Artigues-de-Lussac, les **33** 99 Zf 79
Artigues-près-Bordeaux **33** 111 Zd 79
Artins **41** 63 Ae 62
Artix **09** 141 Bd 90
Artix **64** 138 Zc 88
Artolsheim **67** 57 Hd 59
Artonges **02** 34 Dd 55
Artres **59** 9 Dd 47
Art-sur-Meurthe **54** 38 Gb 57
Artzenheim **68** 57 Hd 60
Arudy **64** 138 Zd 90
Arue **40** 124 Zd 84
Arvant **43** 104 Db 76
Arvert **17** 86 Yf 74
Arveyres **33** 111 Ze 79
Arvieu **12** 128 Cd 83
Arvieux **05** 121 Ge 80
Arvigna **09** 141 Be 90
Arvillard **73** 108 Ga 76
Arville **41** 48 Af 60
Arville **77** 50 Cd 59
Arvillers **80** 17 Cd 50
Arx **40** 125 Aa 84
Arzacq-Arraziguet **64** 124 Zd 87
Arzal **56** 59 Xd 63
Arzano **29** 42 Wd 61
Arzay **38** 107 Fa 76
Arzembouy **58** 66 Dc 65
Arzenc-d'Apcher **48** 116 Da 79
Arzenc-de-Randon **48** 117 Dd 81
Arzens **11** 141 Cb 89
Arzillières-Neuville **51** 52 Ed 57
Arzon **56** 58 Xa 63
Arzviller **57** 39 Ha 56
Asasp-Arros **64** 137 Zc 90
Ascain **64** 136 Yc 88
Ascarat **64** 137 Ye 89
Aschères-le-Marché **45** 49 Ca 60
Asco **2B** 156 Ka 94
Ascou **09** 153 Bf 92
Ascoux **45** 50 Cb 60
Ascros **06** 134 Ha 85
Asfeld **08** 19 Ea 52
Aslonnes **86** 76 Ac 70
Asnan **58** 67 Dd 65
Asnans-Beauvoisin **39** 83 Fc 67
Asnelles **14** 13 Zc 52
Asnières **27** 14 Ac 53
Asnières-en-Bessin **14** 13 Za 52
Asnières-en-Montagne **21** 68 Eb 62
Asnières-la-Giraud **17** 87 Zc 73
Asnières-lès-Dijon **21** 69 Fa 64
Asnières-sous-Bois **89** 67 Dd 64
Asnières-sur-Blour **86** 89 Ae 72
Asnières-sur-Nouère **16** 88 Aa 74
Asnières-sur-Oise **95** 33 Cc 54
Asnières-sur-Saône **01** 94 Ef 70
Asnières-sur-Seine **92** 33 Cb 55
Asnières-sur-Vègre **72** 47 Ze 61
Asnois **58** 67 Dd 64
Asnois **86** 88 Ac 72
Aspach **57** 39 Gf 57
Aspach **68** 71 Hb 63
Aspach-le-Bas **68** 71 Ha 62
Aspach-le-Haut **68** 71 Ha 62
Aspères **30** 130 Ea 86
Aspet **31** 139 Ae 90
Aspin-Aure **65** 139 Ac 91
Aspiran **34** 143 Dc 87
Aspremont **05** 119 Fe 82
Aspremont **06** 135 Hb 86
Aspres, Les **61** 31 Ad 56
Aspres-lès-Corps **05** 120 Ff 80
Aspres-sur-Buech **05** 119 Fe 81
Aspret-Sarrat **31** 139 Ae 90
Asprières **12** 114 Ca 81
Asque **65** 139 Ab 90
Asques **33** 99 Zd 79
Asques **82** 126 Af 85
Asquins **89** 67 De 64
Assac **81** 128 Cc 85
Assainvillers **80** 17 Cd 51
Assais-les-Jumeaux **79** 76 Zf 68
Assas **34** 130 Df 86
Assat **64** 138 Ze 89
Assay **37** 62 Ab 66
Assé-le-Bérenger **53** 46 Ze 60
Assé-le-Boisne **72** 47 Zf 59
Assé-le-Riboul **72** 47 Aa 59
Assenay **10** 52 Ea 59
Assencières **10** 52 Eb 58
Assenoncourt **57** 39 Ge 56
Assérac **44** 59 Xd 64
Assevillers **80** 18 Ce 49
Assier **46** 114 Bf 80
Assieu **38** 106 Ef 76
Assignan **34** 142 Cf 88
Assigny **18** 66 Ce 64
Assigny **76** 6 Bb 49
Assis-sur-Serre **02** 18 Dd 50
Asson **64** 138 Ze 90
Asswiller **67** 39 Hb 55
Astaffort **47** 125 Ad 84
Astaillac **19** 114 Be 79
Asté **65** 139 Ab 90
Aste **65** 150 Ze 91
Aste-Béon **64** 138 Zd 90
Astillé **53** 46 Za 61
Astis **64** 138 Zd 88
Aston **09** 152 Be 92
Astugue **65** 138 Aa 90
Athée **21** 69 Fc 65
Athée **53** 46 Za 61
Athée-sur-Cher **37** 63 Af 65
Athesans-Étroitefontaine **70** 70 Gd 63
Athie **21** 68 Eb 63
Athie **89** 67 Df 63
Athienville **54** 38 Gc 56
Athies **62** 8 Cf 47
Athies **80** 18 Cf 49
Athies-sous-Laon **02** 19 De 51
Athis **51** 35 Ea 54
Athis-de-l'Orne **61** 29 Zd 56
Athis-Mons **91** 33 Cc 56
Athos-Aspis **64** 137 Za 88
Athose **25** 84 Gb 66
Attainville **95** 33 Cc 54
Attancourt **52** 53 Ef 57
Attaques, Les **62** 3 Bf 43
Attenschwiller **68** 72 Hc 63
Attiches **59** 8 Da 45
Attichy **60** 18 Da 52
Attignat **01** 95 Fa 71
Attignat-Oncin **73** 107 Fe 75
Attignéville **88** 54 Fe 58
Attigny **08** 20 Ed 52
Attilloncourt **57** 38 Gc 56
Attilly **02** 18 Db 49
Attin **62** 7 Be 46
Atton **54** 38 Ga 55
Attray **45** 50 Ca 60
Attricourt **70** 69 Fc 64
Atur **24** 101 Ae 78
Aubagnan **40** 124 Zd 86
Aubagne **13** 146 Fd 89
Aubaine **21** 68 Ee 66
Aubais **30** 130 Ea 86
Aubarède **65** 139 Ab 89
Aubas **24** 101 Bb 78
Aubazines **19** 102 Be 77
Aube **57** 38 Gc 54
Aube **61** 31 Ad 56
Aubenas **07** 118 Ec 81
Aubenas-les-Alpes **04** 132 Fe 85
Aubencheul-au-Bac **59** 8 Da 47
Aubencheul-aux-Bois **02** 8 Db 48
Aubenton **02** 19 Eb 49
Aubepierre-Ozouer-le-Repos **77** 34 Cf 57
Aubepierre-sur-Aube **52** 53 Ef 61
Aubépin, L' **39** 83 Fc 70
Auberchicourt **59** 8 Db 47
Aubercourt **80** 17 Cd 50
Aubergenville **78** 32 Bf 55
Aubérive **51** 36 Ec 53
Auberive **52** 69 Fa 62
Auberives-sur-Varèze **38** 106 Ee 76
Aubermesnil-Beaumais **76** 15 Ba 49
Aubers **59** 8 Ce 45
Aubertin **64** 138 Zd 89
Auberville **14** 14 Zf 53
Auberville-la-Campagne **76** 15 Ad 51
Auberville-la-Manuel **76** 15 Ad 49
Auberville-la-Renault **76** 14 Ac 50
Aubervilliers **93** 33 Cc 55
Aubeterre **10** 52 Ea 58
Aubeterre-sur-Dronne **16** 100 Ab 77
Aubeville **16** 100 Zf 76
Aubevoye **27** 32 Bb 53
Aubiac **33** 111 Ze 82
Aubiac **47** 125 Ad 84
Aubiat **63** 91 Db 73
Aubie-et-Espessas **33** 99 Zd 78
Aubière **63** 92 Da 74
Aubiers, Les **79** 75 Zc 67
Aubiet **32** 125 Ae 87
Aubignan **84** 131 Fa 84
Aubignas **07** 118 Ed 81
Aubigné **35** 45 Yc 59
Aubigné **49** 61 Zd 65
Aubigné **79** 87 Zf 72
Aubigné-Racan **72** 62 Ab 62
Aubignosc **04** 133 Ff 84
Aubigny **03** 80 Db 68
Aubigny **14** 30 Ze 55
Aubigny **79** 76 Zf 68
Aubigny **80** 17 Cc 49
Aubigny **85** 74 Yd 69
Aubigny-au-Bac **59** 8 Da 47
Aubigny-aux-Kaisnes **02** 18 Da 50
Aubigny-en-Artois **62** 8 Cd 46
Aubigny-en-Laonnais **02** 19 De 52
Aubigny-en-Plaine **21** 69 Fb 66
Aubigny-la-Ronce **21** 82 Ed 67
Aubigny-les-Pothées **08** 20 Ec 50
Aubigny-lès-Sombernon **21** 68 Ed 65
Aubigny-sur-Nère **18** 65 Cc 64
Aubilly **51** 35 Df 53
Aubin **12** 115 Cb 81
Aubin **64** 138 Zd 88
Aubinges **18** 65 Cd 65
Aubin-Saint-Vaast **62** 7 Bf 46
Auboncourt-Vauzelles **08** 20 Ec 51
Aubonne **25** 84 Gc 66
Aubord **30** 130 Eb 86
Auboué **54** 38 Ff 53
Aubous **64** 124 Zf 87
Aubréville **55** 36 Fa 54
Aubrives **08** 20 Ee 48
Aubrometz **62** 7 Cb 47
Aubry-du-Hainaut **59** 9 Dc 46
Aubry-le-Panthou **61** 30 Ab 55
Aubure **68** 56 Hb 59
Aubussargues **30** 130 Eb 84
Aubusson **23** 91 Cb 73
Aubusson **61** 29 Zc 56
Aubvillers **80** 17 Cc 50
Auby **59** 8 Da 46
Aucaleuc **22** 27 Xf 58
Aucamville **31** 126 Bc 87
Aucamville **82** 126 Bb 86
Aucazein **09** 151 Af 91
Aucelon **26** 119 Fc 81
Aucey-la-Plaine **50** 28 Yd 57
Auch **32** 125 Ad 87
Auchel **62** 8 Cc 45
Auchonvillers **80** 8 Cd 48
Auchy **59** 8 Db 46
Auchy-au-Bois **62** 7 Cc 45
Auchy-la-Montagne **60** 17 Ca 51
Auchy-lès-Hesdin **62** 7 Ca 46
Auchy-les-Mines **62** 8 Ce 45
Aucun **65** 138 Ze 91
Audaux **64** 137 Zb 88
Audelange **39** 69 Fd 66
Audeloncourt **52** 54 Fd 60
Audembert **62** 3 Be 43
Auderville **50** 12 Ya 50
Audes **03** 79 Cd 70
Audeux **25** 70 Ff 65
Audeville **45** 50 Cb 59
Audierne **29** 41 Vc 60
Audignicourt **02** 18 Da 52
Audignon **40** 124 Zc 86
Audigny **02** 19 Dd 49
Audincourt **25** 71 Gf 64
Audincthun **62** 7 Ca 45
Audinghen **62** 2 Bd 43
Audin-le-Tiche **57** 22 Ff 52
Audon **40** 123 Zb 86
Audouville-la-Hubert **50** 12 Ye 52
Audrehem **62** 3 Bf 44
Audressein **09** 151 Ba 91
Audresselles **62** 2 Bd 44
Audrieu **14** 13 Zc 53
Audrix **24** 113 Af 79
Audruicq **62** 3 Ca 43
Audun-le-Roman **54** 21 Ff 52
Auenheim **67** 40 Ia 56
Auffargis **78** 32 Bf 56
Auffay **76** 15 Ba 50
Aufferville **77** 50 Cd 59
Auffreville-Brasseuil **78** 32 Be 55
Auflance **08** 21 Fb 51
Auga **64** 138 Zd 88
Auge **08** 19 Eb 49
Augé **16** 87 Ze 73
Auge **23** 91 Cb 71
Augé **79** 75 Ze 70
Augea **39** 83 Fc 69
Augerans **39** 83 Fd 66
Augères **23** 90 Be 72
Augerolles **63** 93 Dd 74
Auger-Saint-Vincent **60** 34 Ce 53
Augers-en-Brie **77** 34 Dc 56
Augerville-la-Rivière **45** 50 Cc 59
Augicourt **70** 70 Ff 62
Augignac **24** 101 Ae 75
Augirein **09** 151 Af 91
Augisey **39** 83 Fd 69
Augnat **63** 104 Db 76
Augnax **32** 125 Ae 86
Augne **87** 90 Be 74
Augny **57** 38 Ga 54
Auguaise **61** 31 Ad 56
Augy **02** 18 Dd 52
Augy **89** 67 Dd 62
Augy-sur-Aubois **18** 80 Cf 68
Aujac **17** 87 Zd 73
Aujac **30** 117 Ea 82
Aujac **30** 131 Ed 83
Aujan-Mournède **32** 139 Ad 88
Aujargues **30** 130 Ea 86
Aujeurres **52** 69 Fb 62
Aujols **46** 114 Bd 82
Aulas **30** 129 Dd 85
Aulhat-Saint-Privat **63** 104 Db 75
Aullène **2A** 159 Ka 98
Aulnat **63** 103 Cd 75
Aulnay **10** 53 Ec 58
Aulnay **17** 87 Zd 72
Aulnay **86** 76 Aa 67
Aulnay-l'Aître **51** 36 Ed 56
Aulnay-la-Rivière **45** 50 Cc 59
Aulnay-sous-Bois **93** 33 Cd 55
Aulnay-sur-Iton **27** 31 Ba 55
Aulnay-sur-Marne **51** 35 Eb 54
Aulnay-sur-Mauldre **78** 32 Bf 55
Aulnois **88** 54 Fe 59
Aulnois-en-Perthois **55** 37 Fa 57
Aulnois-sous-Laon **02** 19 Dd 51
Aulnois-sur-Seille **57** 38 Gb 55
Aulnoy **77** 34 Da 55
Aulnoye-Aymeries **59** 9 Df 47
Aulnoy-lez-Valenciennes **59** 9 Dd 46
Aulnoy-sur-Aube **52** 53 Fa 61
Aulon **23** 90 Be 72
Aulon **31** 140 Ae 89
Aulon **65** 150 Ab 91
Ault **80** 6 Bc 48
Aulus-les-Bains **09** 152 Bc 92
Aulx-lès-Cromary **70** 70 Ga 64
Aumagne **17** 87 Zd 73
Aumale **76** 16 Be 50
Aumâtre **80** 7 Be 49
Auménancourt **51** 19 Ea 52
Aumerval **62** 7 Cc 45
Aumes **34** 143 Dc 88
Aumessas **30** 129 Dd 85
Aumetz **57** 22 Ff 52
Aumeville-Lestre **50** 12 Ye 51
Aumont **39** 83 Fd 67
Aumont **60** 17 Cd 53
Aumont **80** 16 Bf 49
Aumont-Aubrac **48** 116 Db 80
Aumur **39** 83 Fc 66
Aunac **16** 88 Ab 73
Aunat **11** 153 Ca 92
Aunay-en-Bazois **58** 81 De 66
Aunay-les-Bois **61** 31 Ab 57
Aunay-sous-Auneau **28** 49 Be 58
Aunay-sous-Crécy **28** 32 Bb 56
Aunay-sur-Odon **14** 29 Zc 54
Auneau **28** 32 Be 58
Auneuil **60** 17 Bf 52
Aunou-le-Faucon **61** 30 Aa 56
Auppegard **76** 15 Ba 49
Aups **83** 147 Gb 87
Auquainville **14** 30 Ab 54
Auquemesnil **76** 6 Bb 49
Auradé **32** 140 Ba 87
Auradou **47** 113 Ae 82
Auray **56** 43 Xa 63
Aure **08** 20 Ed 53
Aurec-sur-Loire **43** 105 Eb 76
Aureil **87** 90 Bc 74
Aureilhan **40** 110 Ye 83
Aureilhan **65** 138 Aa 89
Aureille **13** 131 Ef 86
Aurel **26** 119 Fb 80
Aurel **84** 132 Fc 84
Aurelle-Verlac **12** 116 Da 81
Aurensan **32** 124 Ze 87
Aurensan **65** 138 Aa 89
Aureville **31** 140 Bc 88
Auriac **11** 153 Cc 91
Auriac **19** 103 Ca 77
Auriac **64** 138 Ze 88
Auriac-du-Périgord **24** 101 Ba 78
Auriac-Lagast **12** 128 Cd 84
Auriac-l'Église **15** 104 Da 77
Auriac-sur-Dropt **47** 112 Ab 81
Auriac-sur-Vendinelle **31** 141 Be 87
Auribail **31** 140 Bc 88
Auribeau **06** 134 Gf 87
Auribeau **84** 132 Fc 85
Aurice **40** 124 Zc 86
Auriébat **65** 138 Aa 88
Aurières **63** 104 Cf 74
Aurignac **31** 140 Af 89
Aurillac **15** 115 Cc 79

Anthon — Aurillac (F) 163

Bastide-sur-l'Hers, La **09** 153 Bf 91
Bastidonne, La **84** 132 Fd 86
Bastit, le **46** 114 Bd 79
Basville **23** 91 Cc 73
Bataille, La **79** 87 Zf 72
Bathelémont-lès-Bauzemont **54** 38 Gd 56
Bâthie, La **73** 108 Gc 75
Bâtie-des-Fonds, La **26** 119 Fd 81
Bâtie-Divisins, La **38** 107 Fd 75
Bâtie-Montgascon, La **38** 107 Fd 75
Bâtie-Montsaléon **05** 119 Fe 82
Bâtie-Neuve, la **05** 120 Gb 81
Bâtie-Rolland, La **26** 118 Ef 81
Bâtie-Vieille, La **05** 120 Ga 81
Batilly **54** 38 Ff 53
Batilly **61** 30 Ze 56
Batilly-en-Gâtinais **45** 50 Cc 60
Batilly-en-Puisaye **45** 66 Cf 63
Bats **40** 124 Zd 87
Batsère **65** 139 Ab 90
Battenans-les-Mines **25** 70 Gb 64
Battenans-Varin **25** 71 Ge 65
Battenheim **68** 56 Hc 62
Battexey **88** 55 Gb 58
Battigny **54** 55 Ff 58
Battrans **70** 69 Fd 64
Batzendorf **67** 40 He 56
Batz-sur-Mer **44** 59 Xd 65
Baubigny **21** 82 Ee 67
Bauche, La **73** 107 Fe 76
Baud **56** 43 Wf 61
Baudement **51** 35 De 57
Baudemont **71** 93 Eb 71
Baudignan **40** 125 Aa 84
Baudignécourt **55** 37 Fc 57
Baudinard-sur-Verdon **83** 133 Ga 86
Baudoncourt **70** 70 Gc 62
Baudonvilliers **55** 36 Fa 56
Baudre **50** 29 Yf 54
Baudrecourt **52** 53 Ef 58
Baudrecourt **57** 38 Gc 55
Baudreix **64** 138 Ze 89
Baudrémont **55** 37 Fc 55
Baudres **36** 78 Bc 66
Baudreville **28** 49 Bf 59
Baudreville **50** 12 Yc 53
Baudricourt **88** 55 Ga 59
Baudrières **71** 83 Fa 68
Bauduen **83** 133 Gb 86
Baugé **49** 62 Zf 63
Baugy **18** 79 Ce 66
Baugy **71** 93 Ea 71
Baulay **70** 70 Ga 62
Baule **45** 49 Bd 62
Baule-Escoublac, La **44** 59 Xd 65
Baulme-la-Roche **21** 68 Ee 64
Baulne-en-Brie **02** 35 Dd 55
Baulny-Chalpentry **55** 20 Fa 53
Baulon **35** 44 Yb 61
Baulou **09** 141 Bd 90
Baume, la **74** 97 Gd 71
Baume-Cornillane, La **26** 118 Fa 80
Baume-de-Transit, La **26** 118 Ef 82
Baume-d'Hostun, La **26** 107 Fb 78
Baume-les-Dames **25** 70 Gc 64
Baume-les-Messieurs **39** 83 Fd 68
Bauné **49** 61 Ze 64
Baupte **50** 12 Yd 53
Baurech **33** 111 Zd 80
Baussaine, La **35** 44 Ya 59
Bauvin **59** 8 Cf 45
Baux-de-Breteuil, Les **27** 31 Ae 55
Baux-de-Provence, Les **13** 131 Ee 86
Baux-Sainte-Croix, Les **27** 31 Ba 55
Bauzemont **54** 38 Gd 56
Bauzy **41** 64 Bd 63
Bavans **25** 71 Ge 64
Bavay **59** 9 De 47
Bavelincourt **80** 7 Cc 49
Bavent **14** 14 Ze 53
Baverans **39** 83 Fd 66
Bavilliers **90** 71 Ge 63
Bavinchove **59** 3 Cc 44
Bavincourt **62** 8 Cd 47
Bax **31** 140 Bb 89
Bay **70** 69 Fe 65
Bayac **24** 113 Ae 80
Bayard-sur-Marne **52** 53 Fa 57
Bayas **33** 99 Ze 78
Baye **29** 42 Wc 61
Baye **51** 35 De 55
Bayecourt **88** 55 Gc 59
Bayel **10** 53 Ee 59
Bayencourt **80** 8 Cd 48
Bayenghem-lès-Eperlecques **62** 3 Ca 44
Bayenghem-lès-Seninghem **62** 3 Ca 44
Bayers **16** 88 Ab 73
Bayet **03** 92 Db 71
Bayeux **14** 13 Zb 53
Bayon **54** 55 Gb 58
Bayonne **64** 136 Yd 88
Bayons **04** 120 Ga 82
Bayon-sur-Gironde **33** 99 Zc 78
Bayonville **08** 20 Fa 52
Bayonvillers **80** 17 Cd 49
Bayonville-sur-Mad **54** 38 Ff 54
Bay-sur-Aube **52** 69 Fa 62
Bazac **16** 100 Aa 77
Bazaiges **36** 78 Bd 70
Bazailles **54** 21 Fe 52
Bazainville **78** 32 Be 56
Bazancourt **51** 19 Eb 52
Bazarnes **89** 67 Dd 63
Bazas **33** 111 Ze 82
Bazauges **17** 87 Ze 73
Bazegney **88** 55 Gb 59
Bazeilles **08** 20 Ef 50
Bazeilles-sur-Othain **55** 21 Fc 52
Bazelat **23** 90 Bd 70
Bazemont **78** 32 Bf 55
Bazens **47** 112 Ac 83
Bazentin **80** 8 Ce 48
Bazenville **14** 13 Zc 53
Bazet **65** 138 Aa 89
Bazeuge, La **87** 89 Ba 71
Bazian **32** 125 Ab 86
Bazicourt **60** 17 Cd 52
Baziège **31** 141 Bd 88
Bazien **88** 56 Ge 58
Bazillac **65** 139 Aa 88
Bazincourt-sur-Epte **27** 16 Be 53
Bazincourt-sur-Saulx **55** 37 Fa 56
Bazinghen **62** 3 Bd 44
Bazinval **76** 6 Bd 49
Bazoche-en-Dunois **28** 49 Bd 60
Bazoche-Gouët, La **28** 48 Af 60
Bazoches **58** 67 De 64
Bazoches **78** 32 Bf 56
Bazoches-au-Houlme **61** 30 Ze 56
Bazoches-lès-Bray **77** 51 Db 58
Bazoches-les-Gallérandes **45** 50 Ca 60
Bazoches-les-Hautes **28** 49 Be 60
Bazoches-sur-Hoëne **61** 30 Ac 57
Bazoches-sur-le-Betz **45** 51 Cf 60
Bazoches-sur-Vesle **02** 19 Dd 53
Bazoge, La **50** 29 Yf 57
Bazoge, La **72** 47 Aa 60
Bazoge-des-Alleux, La **53** 46 Zc 59
Bazoge-Montpinçor, La **53** 46 Zc 59
Bazoges-en-Paillers **85** 74 Yf 67
Bazoilles-et-Menil **88** 55 Ga 59
Bazoilles-sur-Meuse **88** 54 Fd 59
Bazolles **58** 67 Dd 66
Bazoncourt **57** 38 Gc 54
Bazoque, la **14** 13 Za 54
Bazoque, La **61** 29 Zc 56
Bazoques **27** 31 Ad 53
Bazordon **65** 139 Ad 89
Bazouge-de-Désert, La **35** 28 Yf 58
Bazougers **53** 46 Zc 60
Bazouges **53** 46 Zb 62
Bazouges-la-Pérouse **35** 28 Yc 58
Bazouges-sur-le-Loir **72** 62 Zf 62
Bazuel **59** 9 Dd 48
Bazugues **32** 139 Ac 88
Bazus **31** 127 Bd 86
Bazus-Aure **65** 150 Ac 91
Bazus-Neste **65** 139 Ac 90
Béage, Le **07** 117 Ea 79
Béalcourt **80** 7 Cb 47
Béalencourt **62** 7 Ca 46
Béard **58** 80 Db 67
Beaubec-la-Rosière **76** 16 Bd 51
Beaubery **71** 94 Ec 70
Beaubigny **50** 12 Yb 52
Beaubray **27** 31 Af 55
Beaucaire **30** 131 Ed 86
Beaucaire **32** 125 Ac 85
Beaucamps-le-Jeune **80** 16 Be 50
Beaucamps-le-Vieux **80** 16 Be 49
Beaucamps-Ligny **59** 8 Cf 45
Beaucé **35** 45 Yf 58
Beaucens **65** 138 Zf 91
Beaucet, Le **84** 132 Fa 85
Beauchalot **31** 140 Af 90
Beauchamp **95** 33 Cb 54
Beauchamps **50** 28 Yd 56
Beauchamps **80** 6 Bd 48
Beauchamps-sur-Huillard **45** 50 Cc 61
Beauchastel **07** 118 Ee 80
Beauche **28** 31 Af 56
Beauchêne **41** 48 Af 61
Beauchêne **41** 64 Bc 64
Beauchêne **61** 29 Zb 56
Beauchery-Saint-Martin **77** 34 Dc 57
Beauclair **55** 20 Fa 52
Beaucoudray **50** 28 Yf 55
Beaucourt **90** 71 Gf 64
Beaucourt-en-Santerre **80** 17 Cd 50
Beaucourt-sur-l'Ancre **80** 8 Ce 48
Beaucourt-sur-l'Hallue **80** 7 Cc 49
Beaucouzé **49** 61 Zc 64
Beaucroissant **38** 107 Fc 76
Beaudéan **65** 139 Aa 90
Beaudéduit **60** 17 Ca 50
Beaudignies **59** 9 Dd 47
Beaudricourt **62** 7 Cc 47
Beaufai **61** 31 Ad 56
Beaufay **72** 47 Ac 60
Beauficel **50** 29 Za 56
Beauficel-en-Lyons **27** 16 Bd 52
Beaufin **38** 120 Ff 80
Beaufort **31** 140 Ba 88
Beaufort **34** 142 Ce 89
Beaufort **38** 107 Fa 77
Beaufort **39** 83 Fc 69
Beaufort **59** 9 Df 47
Beaufort **73** 97 Gd 74
Beaufort-Blavincourt **62** 8 Cd 47
Beaufort-en-Argonne **55** 20 Fa 52
Beaufort-en-Santerre **80** 17 Ce 50
Beaufort-en-Vallée **49** 62 Ze 64
Beaufort-sur-Gervanne **26** 119 Fa 80
Beaufou **85** 74 Yc 68
Beaufour-Druval **14** 14 Aa 53
Beaufremont **88** 54 Fe 59
Beaugas **47** 112 Ad 81
Beaugeay **17** 86 Za 73
Beaugency **45** 64 Bd 62
Beaugies-sous-Bois **60** 18 Da 51
Beaujeu **04** 120 Gc 83
Beaujeu **69** 94 Ed 72
Beaujeu-Saint-Vallier-Pierrejux-et-Quitteur **70** 69 Fe 64
Beaulandais **61** 29 Zc 57
Beaulencourt **62** 8 Cf 48
Beaulieu **07** 117 Eb 82
Beaulieu **14** 29 Zb 55
Beaulieu **15** 103 Cd 76
Beaulieu **21** 68 Ee 62
Beaulieu **34** 130 Ea 86
Beaulieu **36** 89 Bb 70
Beaulieu **38** 107 Fc 77
Beaulieu **43** 105 Df 78
Beaulieu **45** 66 Ce 63
Beaulieu **58** 67 Dd 65
Beaulieu **61** 31 Ae 56
Beaulieu **63** 104 Db 76
Beaulieu-en-Argonne **55** 36 Fa 54
Beaulieu-les-Fontaines **60** 18 Cf 51
Beaulieu-lès-Loches **37** 63 Ba 66
Beaulieu-sous-Bressuire **79** 75 Zc 67
Beaulieu-sous-la-Roche **85** 74 Yc 68
Beaulieu-sous-Parthenay **79** 76 Ze 69
Beaulieu-sur-Dordogne **19** 114 Bf 79
Beaulieu-sur-Layon **49** 61 Zc 65
Beaulieu-sur-Mer **06** 135 Hb 86
Beaulieu-sur-Oudon **53** 46 Za 61
Beaulieu-sur-Sonnette **16** 88 Ac 73
Beaulon **03** 81 De 69
Beaumais **14** 30 Zf 55
Beaumarchés **32** 125 Aa 87
Beaumat **46** 114 Bd 81
Beaumé **02** 19 Ea 49
Beaume, la **05** 119 Fd 81
Beauménil **88** 56 Ge 59
Beaumerie-Saint-Martin **62** 7 Be 46
Beaumes-de-Venise **84** 131 Fa 84
Beaumesnil **14** 29 Za 55
Beaumesnil **27** 31 Ae 54
Beaumettes **84** 132 Fb 85
Beaumetz **80** 7 Ca 48
Beaumetz-lès-Aire **62** 7 Cb 45
Beaumetz-lès-Cambrai **62** 8 Cf 48
Beaumetz-lès-Loges **62** 8 Cd 47
Beaumont **19** 102 Be 76
Beaumont **24** 113 Ae 80
Beaumont **32** 125 Ab 85
Beaumont **43** 104 Dc 77
Beaumont **54** 37 Fe 55
Beaumont **63** 92 Da 74
Beaumont **63** 92 Dc 73
Beaumont **74** 96 Ga 72
Beaumont **86** 76 Ac 68
Beaumont **89** 51 Dd 61
Beaumont-de-Lomagne **82** 126 Af 85
Beaumont-de-Pertuis **84** 132 Fe 86
Beaumont-du-Gâtinais **77** 50 Cc 60
Beaumont-du-Lac **87** 90 Be 74
Beaumont-du-Ventoux **84** 132 Fa 83
Beaumontel **27** 31 Ae 54
Beaumont-en-Argonne **08** 20 Fa 51
Beaumont-en-Auge **14** 14 Aa 53
Beaumont-en-Beine **02** 18 Da 50
Beaumont-en-Diois **26** 119 Fc 81
Beaumont-en-Véron **37** 62 Ab 65
Beaumont-Hague **50** 12 Ya 50
Beaumont-Hamel **80** 8 Cd 48
Beaumont-la-Ferrière **58** 66 Db 65
Beaumont-la-Ronce **37** 63 Ae 63
Beaumont-le-Hareng **76** 16 Bb 50
Beaumont-le-Roger **27** 31 Ae 54
Beaumont-les-Autels **28** 48 Af 59
Beaumont-les-Nonains **60** 17 Ca 53
Beaumont-lès-Valence **26** 118 Ef 79
Beaumont-Monteux **26** 118 Ef 78
Beaumont-Pied-de-Bœuf **53** 46 Zd 61
Beaumont-Pied-de-Bœuf **72** 62 Ac 62
Beaumont-Sardolles **58** 80 Dc 67
Beaumont-sur-Dême **72** 63 Ad 62
Beaumont-sur-Grosne **71** 82 Ef 69
Beaumont-sur-Lèze **31** 140 Bc 88
Beaumont-sur-Oise **95** 33 Cb 54
Beaumont-sur-Sarthe **72** 47 Aa 59
Beaumont-sur-Vesle **51** 35 Eb 53
Beaumont-sur-Vingeanne **21** 69 Fc 64
Beaumont-Village **37** 63 Bb 65
Beaumotte-Aubertrans **70** 70 Gb 64
Beaumotte-lès-Pin **70** 70 Ff 65
Beaunay **51** 35 Df 55
Beaune **21** 82 Ef 66
Beaune **73** 108 Gc 77
Beaune-d'Allier **03** 92 Cf 71
Beaune-la-Rolande **45** 50 Cc 60
Beaune-sur-Arzon **43** 105 De 77
Beaunotte **21** 68 Ee 62
Beaupont **01** 95 Fb 70
Beaupouyet **24** 100 Ab 79
Beaupréau **49** 61 Za 65
Beaupuy **31** 127 Bd 87
Beaupuy **32** 126 Ba 87
Beaupuy **47** 112 Aa 81
Beaupuy **82** 126 Ba 86
Beauquesne **80** 7 Cc 48
Beaurain **59** 9 Dd 47
Beaurains **62** 8 Cd 47
Beaurains-lès-Noyon **60** 18 Cf 51
Beaurainville **62** 7 Bf 46
Beaurecueil **13** 146 Fd 87
Beauregard **01** 94 Ee 73
Beauregard **46** 113 Bc 81
Beauregard **46** 114 Be 82
Beauregard-Baret **26** 119 Fb 79
Beauregard-de-Terrasson **24** 101 Bb 78
Beauregard-et-Bassac **24** 100 Ad 79
Beauregard-l'Evêque **63** 92 Dd 74
Beauregard-Vendon **63** 92 Da 73
Beaurepaire **38** 106 Fa 76
Beaurepaire **76** 14 Ab 50
Beaurepaire **85** 74 Yf 67
Beaurepaire-en-Bresse **71** 83 Fc 68
Beaurepaire-sur-Sambre **59** 9 De 48
Beaurevoir **02** 9 Db 49
Beaurières **26** 119 Fd 81
Beaurieux **02** 19 De 52
Beaurieux **59** 10 Ea 47
Beauronne **24** 100 Ac 78
Beausemblant **26** 106 Ee 77
Beausite **55** 37 Fb 55
Beausoleil **06** 135 Hc 86
Beaussac **24** 100 Ac 76
Beaussais **79** 87 Zf 71
Beaussault **76** 16 Bd 50
Beausse **49** 61 Za 65
Beausset, Le **83** 147 Fe 89
Beauteville **31** 141 Be 88
Beautheil **77** 34 Da 56
Beautiran **33** 111 Zd 80
Beautor **02** 18 Dc 51
Beautot **76** 15 Ba 51
Beauvain **61** 29 Ze 57
Beauvais **60** 17 Ca 52
Beauvais-sur-Matha **17** 87 Ze 73
Beauvais-sur-Tescou **81** 127 Bd 85
Beauval **80** 7 Cb 48
Beauvallon **26** 118 Ef 79
Beauvau **49** 62 Ze 63
Beauvène **07** 118 Ed 79
Beauvernois **71** 83 Fc 67
Beauvezer **04** 134 Gd 84
Beauville **31** 141 Be 88
Beauville **47** 113 Af 83
Beauvilliers **28** 49 Bd 59
Beauvilliers **41** 48 Bb 62
Beauvilliers **89** 67 Ea 64
Beauvoir **60** 17 Cb 51
Beauvoir **77** 34 Cf 57
Beauvoir **89** 66 Dc 62
Beauvoir-de-Marc **38** 107 Fa 75
Beauvoir-en-Lyons **76** 16 Bd 51
Beauvoir-en-Royans **38** 107 Fc 78
Beauvoir-sur-Mer **85** 73 Xf 67
Beauvoir-sur-Niort **79** 87 Zd 71
Beauvoir-Wavans **62** 7 Ca 47
Beauvois **62** 7 Cb 46
Beauvois-en-Cambrésis **59** 9 Dc 48
Beauvois-en-Vermandois **02** 18 Da 49
Beauvoisin **26** 132 Fb 83
Beauvoisin **30** 130 Eb 86
Beaux **43** 105 Ea 77
Beauzac **43** 105 Ea 77
Beauzelle **31** 126 Bc 87
Beauziac **47** 112 Aa 83
Bébing **57** 39 Gf 56
Beblenheim **68** 56 Ha 60
Beccas **32** 139 Aa 88
Bec-de-Mortagne **76** 15 Ac 50
Béceleuf **79** 75 Zc 70
Béchamps **54** 37 Fe 53
Bec-Hellouin, le **27** 15 Ae 53
Bécherel **35** 44 Ya 59
Bécheresse **16** 100 Aa 75
Béchy **57** 38 Gc 55
Bécordel **80** 8 Ce 49
Bécourt **62** 3 Bf 45
Becquigny **02** 9 Dc 48
Becquigny **80** 17 Cd 50
Bec-Thomas, Le **27** 15 Af 53
Bédarieux **34** 143 Da 87
Bédarrides **84** 131 Ef 84
Beddes **18** 79 Cb 69
Bédéchan **32** 126 Ae 87
Bédée **35** 44 Ya 59
Bédeilhac **09** 152 Bd 91
Bédeille **09** 140 Ba 90
Bédeille **64** 138 Zf 88
Bédenac **17** 99 Ze 78
Bédoin **84** 132 Fb 84
Bédouès **48** 116 Dd 82
Bedous **64** 137 Zc 91
Béduer **46** 114 Bf 81
Beffes **18** 80 Da 66
Beffia **39** 83 Fd 69
Beffu-et-le-Morthomme **08** 20 Ef 52
Bégaar **40** 123 Za 86
Bégadan **33** 98 Za 76
Béganne **56** 59 Xe 63
Bégard **22** 26 We 57
Bégles **33** 111 Zc 80
Begnécourt **88** 55 Ga 59
Bégole **65** 139 Ab 90
Bégude-de-Mazenac, Le **26** 118 Ef 81
Bégues **03** 92 Da 72
Béguios **64** 137 Yf 88
Béhagnies **62** 8 Cf 48
Béhasque-Lapiste **64** 137 Yf 89
Béhen **80** 7 Be 48
Béhencourt **80** 7 Cc 49
Béhéricourt **60** 18 Da 51
Behonne **55** 37 Fb 56
Béhorléguy **64** 137 Yf 90
Béhoust **78** 32 Be 56
Behren-lès-Forbach **57** 39 Gf 53
Beignon **56** 44 Xe 61
Beillé **72** 48 Ad 60
Beine **89** 67 De 62
Beine-Nauroy **51** 19 Eb 53
Beinheim **67** 40 Ia 55
Beire-le-Châtel **21** 69 Fb 64
Beire-le-Fort **21** 69 Fa 65
Beissat **23** 91 Cb 74
Bélâbre **36** 77 Ba 69
Belan-sur-Ource **21** 53 Ed 61
Bélarga **34** 143 Dc 87
Bélaye **46** 113 Bb 82
Belberaud **31** 141 Bd 87
Belbèse **82** 126 Ba 85
Belbeuf **76** 15 Ba 52
Belbèze-de-Lauragais **31** 141 Bd 88
Belbèze-en-Comminges **31** 140 Ba 90
Belcaire **11** 153 Bf 92
Belcastel **12** 115 Cc 82
Belcastel **81** 127 Be 87
Belcastel-et-Buc **11** 142 Cc 90
Belcodène **13** 146 Fd 88
Bélesta **09** 153 Bf 91
Bélesta **66** 154 Cd 92
Beleymas **24** 100 Ad 79
Belfahy **70** 71 Ge 62
Belfays **25** 71 Gf 65
Belflou **11** 141 Be 89
Belfonds **61** 30 Aa 57
Belfort **90** 71 Gf 63
Belfort-sur-Rebeteny **11** 153 Ca 92
Belgeard **53** 46 Zc 59
Belgentier **83** 147 Ga 89
Belgodere **2B** 156 Ka 93
Belhade **40** 111 Zb 82
Belhomert-Guéhouville **28** 31 Ba 57
Belieu, le **25** 71 Gd 66
Béligneux **01** 95 Fa 73
Belin-Béliet **33** 110 Zb 82
Bélis **40** 124 Zd 84
Bellac **87** 89 Ba 72
Bellaffaire **04** 120 Gb 82
Bellaing **59** 9 Dc 46
Bellancourt **80** 7 Bf 48
Bellange **57** 38 Gd 55
Bellavilliers **61** 48 Ad 58
Bellay-en-Vexin, le **95** 32 Bf 54
Belleau **02** 34 Db 54
Belleau **54** 38 Gb 55
Bellebat **33** 111 Ze 80
Bellebrune **62** 3 Be 44
Bellechassagne **19** 103 Cb 75
Bellechaume **89** 52 Dd 60
Belle-Église **60** 33 Cb 53
Belle-et-Houllefort **62** 3 Be 44
Bellefond **21** 69 Fa 64
Bellefond **33** 111 Ze 80
Bellefonds **86** 76 Ad 69
Bellefontaine **39** 84 Ga 69
Bellefontaine **50** 29 Za 56
Bellefontaine **88** 55 Gc 60
Bellefontaine **95** 33 Cc 54
Bellegarde **30** 131 Ed 86
Bellegarde **32** 139 Ad 88
Bellegarde **45** 50 Cc 61
Bellegarde **81** 128 Cb 85
Bellegarde **81** 128 Cc 86
Bellegarde-du-Razès **11** 141 Ca 90
Bellegarde-en Diois **26** 119 Fc 81
Bellegarde-en-Forez **42** 105 Eb 75
Bellegarde-en-Marche **23** 91 Cb 73
Bellegarde-Poussieu **38** 106 Ef 76
Bellegarde-Sainte Marie **31** 126 Ba 86
Bellegarde-sur-Valserine **01** 95 Fe 72
Belleherbe **25** 71 Gd 65
Belle-Isle-en-Terre **22** 26 Wd 57
Bellême **61** 48 Ad 58
Bellenaves **03** 92 Da 71
Bellencombre **76** 16 Bb 50
Belleneuve **21** 69 Fb 64
Bellenglise **02** 18 Db 49
Bellengreville **14** 30 Ze 54
Bellengreville **76** 6 Bb 49
Bellenod-sur-Seine **21** 68 Ed 62
Bellenot-sous-Pouilly **21** 68 Ed 65
Belleray **55** 37 Fc 54
Bellerive-sur-Allier **03** 92 Dc 72
Belleserre **81** 141 Ca 88
Bellesserre **31** 126 Ba 86
Belleu **02** 18 Dc 52
Belleuse **80** 17 Ca 50
Bellevaux **74** 96 Gd 71
Bellevesvre **71** 83 Fc 67
Belleville **54** 38 Ga 56
Belleville **69** 94 Ee 72
Belleville **79** 87 Zc 72
Belleville-en-Caux **76** 15 Af 50
Belleville-et-Châtillon-sur-Bar **08** 20 Ee 52
Belleville-sur-Loire **18** 66 Cf 63
Belleville-sur-Mer **76** 6 Ba 49
Belleville-sur-Meuse **55** 37 Fc 53
Belleville-sur-Vie **85** 74 Yd 68
Bellevue-la-Montagne **43** 105 De 77
Belley **01** 95 Fe 74
Belleydoux **01** 95 Fe 71
Bellicourt **02** 8 Db 49
Bellière, La **61** 30 Zf 57
Bellière, La **76** 16 Bd 51
Bellignat **01** 95 Fd 71
Belligné **44** 61 Yf 64
Bellignies **59** 9 De 46
Belliole, La **89** 51 Da 60
Belloc **09** 140 Ba 90
Belloc **09** 141 Bf 90
Bellocq **64** 123 Za 87
Bellocq **64** 138 Zf 88
Bellon **16** 100 Aa 77
Bellonne **62** 8 Da 47
Bellot **77** 34 Db 55
Bellou **14** 30 Ab 55
Bellou-en-Houlme **61** 29 Zd 56
Bellou-le-Trichard **61** 48 Ad 59
Bellou-sur-Huisne **61** 48 Ae 58
Belloy **60** 17 Cd 51
Belloy-en-France **95** 33 Cc 54
Belloy-en-Santerre **80** 18 Cf 49
Belloy-Saint-Leonard **80** 16 Bf 49
Belloy-sur-Somme **80** 7 Ca 49
Belluire **17** 99 Zc 75
Belmont **25** 70 Gc 65
Belmont **38** 107 Fc 76
Belmont **39** 83 Fd 66
Belmont **52** 69 Fd 62
Belmont **70** 70 Gc 62
Belmont-Bretenoux **46** 114 Bf 79
Belmont-de-la-Loire **69** 94 Ec 72
Belmontet **46** 113 Ba 82
Belmont-lès-Darney **88** 55 Ga 60
Belmont-Luthézieu **01** 95 Fd 73
Belmont-Sainte-Foi **46** 127 Bd 83
Belmont-sur-Buttant **88** 56 Ge 59
Belmont-sur-Rance **12** 128 Ce 86
Belmont-sur-Vair **88** 55 Ff 59
Belonchamp **70** 71 Gd 62
Belpech **11** 141 Be 89
Belrupt **88** 55 Ga 60
Belrupt-en-Verdunois **55** 37 Fc 54
Bélus **40** 123 Yf 87
Belval **08** 20 Ed 50
Belval **50** 28 Yd 54
Belval **88** 56 Ha 58
Belval-en-Argonne **51** 36 Fa 55
Belval-sous-Châtillon **51** 35 Df 54
Belvédère **06** 135 Hb 84
Belvédère-Campomoro **2A** 158 If 99
Belverne **70** 71 Gd 63
Belvès **24** 113 Ba 80
Belvès-de-Castillon **33** 111 Zf 79
Belvèze **82** 113 Ba 83
Belvèze-du-Razès **11** 141 Ca 90
Belvézet **30** 131 Ec 84
Belvezet **48** 117 De 79
Belvianes-et-Cavirac **11** 153 Cb 91
Belvis **11** 153 Ca 91
Belvoir **25** 71 Gd 65
Belz **56** 43 We 62
Bémécourt **27** 31 Af 55
Benac **09** 152 Bd 91
Bénac **65** 138 Aa 90
Benagues **09** 141 Bd 90
Benais **37** 62 Ab 65
Bénaix **09** 153 Bf 91
Bénaménil **54** 39 Ge 57
Bénarville **76** 15 Ac 50
Benassay **86** 76 Aa 69
Benâte, La **17** 87 Zc 72
Benay **02** 18 Db 50
Benayes **19** 102 Bc 75
Bendejun **06** 135 Hb 85
Bendorf **68** 71 Hb 64
Bénéjacq **64** 138 Ze 89
Bénerville-sur-Mer **14** 14 Aa 52
Bénesse-lès-Dax **40** 123 Yf 87
Bénesse-Maremne **40** 122 Yd 87
Benest **16** 88 Ac 72
Bénestroff **57** 39 Ge 55
Bénesville **76** 15 Ae 50
Benet **85** 75 Zc 70
Beneuvre **21** 68 Ef 62
Bénévent-et-Charbillac **05** 120 Ga 80
Bénévent-l'Abbaye **23** 90 Bd 72
Beney-en-Woëvre **55** 37 Fe 55
Benfeld **67** 57 Hd 58
Bengy-sur-Craon **18** 80 Ce 66
Béning-lès-Saint-Avold **57** 39 Gf 54
Bénisson-Dieu, La **42** 93 Ea 72
Bennecourt **78** 32 Bd 54
Bennetot **76** 15 Ad 50
Benney **54** 38 Gb 57
Bennwihr **68** 56 Hb 60
Bénodet **29** 41 Vf 61
Benoisey **21** 68 Ec 63
Benoîtville **50** 12 Yb 51
Benon **17** 87 Zb 71
Bénonces **01** 95 Fc 74
Bénouville **76** 14 Ab 50
Benque **31** 140 Af 89
Benque **31** 140 Ba 89
Benque **65** 139 Ab 90
Benque-Dessous-et-Dessus **31** 151 Ad 92
Bentayou-Sérée **64** 138 Zf 88
Bény **01** 95 Fb 71
Béon **01** 95 Fe 73
Béon **89** 51 Db 61
Béost **64** 138 Zd 91
Bérat **31** 140 Bb 88
Berbérust **65** 138 Zf 90
Berbezit **43** 104 Dd 77
Berbiguières **24** 113 Ba 79
Bercenay-en-Othe **10** 52 Df 59
Bercenay-le-Hayer **10** 52 Dd 58
Berchères-les-Pierres **28** 49 Bd 58
Berchères-Saint-Germain **28** 32 Bc 57
Berchères-sur-Vesgre **28** 32 Bd 55
Berck-sur-Mer **62** 6 Bd 46
Bercloux **17** 87 Zd 73
Berd'huis **61** 48 Ae 58
Berdoues-Ponsampère **32** 139 Ac 88
Bérelles **59** 10 Ea 47
Berentzwiller **68** 72 Hc 63
Bérenx **64** 137 Za 88
Béréziat **01** 94 Fa 70
Berfay **72** 48 Ae 61
Berg **57** 22 Gb 52
Berg **67** 39 Ha 55
Berganty **46** 114 Bd 82
Bergbieten **67** 40 Hc 57
Bergerac **24** 112 Ac 79
Bergères **10** 53 Ed 59
Bergères-lès-Vertus **51** 35 Ea 55
Bergères-sous-Montmirail **51** 35 Dd 55
Bergesserin **71** 94 Ed 70
Bergheim **68** 56 Hc 59
Bergholtz **68** 56 Hb 61
Bergicourt **80** 17 Ca 50
Bergnicourt **08** 19 Eb 52
Bergonne **63** 104 Db 75
Bergouey **40** 123 Zb 86
Bergouey-Viellenare **64** 137 Yf 88
Bergueneuse **62** 7 Cb 46
Bergues **02** 9 De 48
Bergues **59** 3 Cc 43
Berguette **62** 8 Cc 45
Berhet **22** 26 We 56
Bérigny **50** 13 Za 54
Bérig-Vintrage **57** 39 Ge 55
Berjou **61** 29 Zd 55
Berlaimont **59** 9 De 47
Berlancourt **02** 19 De 50
Berlancourt **60** 18 Da 50
Berlats **81** 128 Cd 86
Berlencourt-le-Cauroy **62** 8 Cc 47
Berles-au-Bois **62** 8 Cd 47
Berlière, La **08** 20 Ef 51
Berling **57** 39 Hb 56
Berlise **02** 19 Ea 50
Berlou **34** 143 Cf 88
Bermerain **59** 9 Dd 47
Berméricourt **51** 19 Df 52
Bermeries **59** 9 De 47
Bermering **57** 39 Ge 55
Bermesnil **80** 16 Be 49
Bermicourt **62** 7 Cb 46
Bermonville **76** 15 Ad 51
Bernac **16** 88 Aa 72
Bernac **81** 127 Ca 85
Bernac-Debat **65** 139 Aa 90
Bernac-Dessus **65** 139 Aa 90
Bernadets **64** 138 Ze 88
Bernadets-Debat **65** 139 Ab 88
Bernadets-Dessus **65** 139 Ab 89
Bernard, Le **85** 74 Yd 70
Bernardière, La **85** 60 Ye 66
Bernardswiller **67** 57 Hc 58
Bernardvillé **67** 56 Hc 58
Bernâtre **80** 7 Ca 47
Bernaville **80** 7 Ca 48
Bernay **27** 31 Ad 54
Bernay **72** 47 Zf 60
Bernay-en-Ponthieu **80** 7 Be 47
Bernay-Saint-Martin **17** 87 Zc 72
Bernay-Vilbert **77** 34 Cf 56
Berné **56** 42 Wd 61
Bernécourt **54** 37 Ff 55
Bernède **32** 124 Ze 86
Bernerie-en-Retz, La **44** 59 Xf 66
Bernes **80** 18 Da 49
Bernesq **14** 13 Za 53
Bernes-sur-Oise **95** 33 Cb 54
Berneuil **16** 99 Zf 76
Berneuil **80** 7 Cb 48
Berneuil **87** 89 Ba 72
Berneuil-en-Bray **60** 17 Ca 52
Berneuil-sur-Aisne **60** 18 Da 52
Berneval-le-Grand **76** 6 Bb 49
Berneville **62** 8 Ce 47
Bernex **74** 97 Ge 70
Bernienville **27** 31 Ba 54
Bernières **76** 15 Ac 51
Bernières-d'Ailly **14** 30 Zf 55
Bernières-sur-Mer **14** 13 Zd 52

Bastide-sur-l'Hers, La — Bernières-sur-Mer (F) **165**

Bernières-sur-Seine 27 16 Bc 53
Bernieulles 62 7 Be 45
Bernin 38 108 Ef 77
Bernis 30 130 Eb 86
Bernolsheim 67 40 He 56
Bernon 10 52 Df 61
Bernos-Beaulac 33 111 Ze 82
Bernot 02 18 Dd 49
Bernouil 89 52 Df 61
Bernouville 27 16 Be 53
Bernwiller 68 71 Hb 62
Berny-en-Santerre 62 8 Cf 49
Berny-Rivière 02 18 Da 52
Bérou-la-Mulotière 28 31 Ba 56
Berrac 32 125 Ad 84
Berre-des-Alpes 06 135 Hb 85
Berre-l'Étang 13 146 Fa 88
Berrias 07 117 Eb 82
Berric 56 59 Xc 63
Berrie 86 62 Zf 66
Berrien 29 25 Wb 58
Berrieux 02 19 Df 52
Berrogain-Laruns 64 137 Za 89
Berru 51 19 Ea 53
Berrwiller 68 56 Hb 61
Berry-au-Bac 02 19 Df 52
Berry-Bouy 18 79 Cb 66
Bersac, le 05 119 Fe 82
Bersac-sur-Rivalier 87 90 Bc 72
Bersaillin 39 83 Fd 67
Bersée 59 8 Da 46
Bersillies 59 9 Ea 47
Berstett 67 40 Hd 56
Berstheim 67 40 He 56
Bert 03 93 De 71
Bertangles 80 7 Cb 49
Bertaucourt-Épourdon 02 18 Dc 51
Berteaucourt 80 17 Cc 50
Berteaucourt-lès-Dames 80 7 Ca 48
Bertheauville 76 15 Ad 50
Berthecourt 60 17 Cb 52
Berthegon 86 76 Ab 67
Berthelange 25 70 Fe 65
Berthelévílle, Dainville- 55 54 Fd 58
Berthelming 57 39 Ha 56
Berthen 59 4 Ce 44
Berthenay 37 63 Ad 64
Berthenicourt 02 18 Dc 50
Berthenonville 27 32 Bd 53
Berthenoux, La 36 79 Ca 69
Berthez 33 111 Zf 82
Bertholène 12 115 Ce 82
Berthouville 27 31 Ad 53
Bertignat 63 105 De 75
Bertignolles 10 53 Ed 60
Bertincourt 62 8 Cf 48
Bertoncourt 08 20 Ec 51
Bertrambois 54 39 Gf 57
Bertrancourt 80 8 Cd 48
Bertrange 57 22 Gb 53
Bertre 81 141 Bf 87
Bertren 65 139 Ad 91
Bertreville-Saint-Ouen 76 15 Ba 50
Bertric-Burée 24 100 Ac 77
Bertrichamps 54 56 Ge 58
Bertricourt 02 19 Ea 52
Bertrimont 76 15 Ba 50
Bertrimoutier 88 56 Ha 59
Bertry 59 9 Dc 48
Béru 89 67 Df 62
Bérulle 10 52 De 59
Bérus 72 47 Aa 58
Bérus 72 47 Ab 58
Berville 76 15 Ae 50
Berville 95 33 Ca 53
Berville-en-Roumois 27 15 Ae 53
Berville-la-Campagne 27 31 Af 54
Berviller-en-Moselle 57 22 Gd 53
Berville-sur-Mer 27 14 Ac 52
Berville-sur-Seine 76 15 Af 52
Berzé-la-Ville 71 94 Ee 70
Berzé-le-Châtel 71 94 Ee 70
Berzème 07 118 Ed 81
Berzieux 51 36 Ee 54
Berzy-le-Sec 02 18 Db 52
Besace, La 08 19 Ec 50
Besace, La 08 20 Ef 51
Besain 39 84 Fe 68
Besançon 25 70 Ga 65
Bésayes 26 119 Fa 79
Bescat 64 138 Zd 90
Bésingrand 64 138 Zc 89
Besion 50 28 Yf 55
Besmé 02 18 Db 51
Besmont 02 19 Ea 49
Besnans 70 70 Gb 64
Besné 44 59 Xf 64
Besneville 50 12 Yc 52
Besny-et-Loizy 02 19 Dd 51
Bessac 16 100 Zf 76
Bessais-le-Fromental 18 80 Ce 68
Bessamorel 43 105 Ea 78
Bessan 34 143 Dc 88
Bessancourt 95 33 Cb 54
Bessans 73 109 Gf 77
Bessas 07 117 Eb 82
Bessat, Le 42 106 Ed 76
Bessay 85 74 Yf 69
Bessay-sur-Allier 03 80 Dc 70
Besse 15 103 Cc 78
Bessé 16 88 Aa 73
Besse 24 113 Ba 80
Besse 38 108 Gb 78
Besse, La 63 105 Df 75
Bessède-de-Sault 11 153 Ca 92
Besse-et-Saint-Anastaise 63 104 Cf 75
Bességes 30 130 Ea 83
Bessenay 69 94 Ed 74
Bessens 82 126 Bb 85
Bessé-sur-Braye 72 48 Ae 62
Besse-sur-Issole 83 147 Gb 88
Besset 09 141 Bf 90
Bessey 42 106 Ee 76
Bessey-en-Chaume 21 82 Ee 66
Bessey-la-Cour 21 82 Ed 66
Bessey-lès-Cîteaux 21 69 Fa 66
Besseyre-Saint-Mary, La 43 116 Dc 79
Bessières 31 127 Bd 86
Bessines 79 87 Zc 71
Bessines-sur-Gartempe 87 89 Bc 72
Bessins 38 107 Fb 77
Besson 03 80 Db 70
Bessoncourt 90 71 Gf 63
Bessonies 46 114 Ca 80
Bessons, Les 48 116 Db 80
Bessuéjouls 12 115 Ce 81
Bessy-sur-Cure 89 67 De 63
Bestiac 09 153 Be 92
Bétaille 46 114 Be 79
Betaucourt 70 55 Ff 61
Betbèze 65 139 Ad 89
Betbezer-d'Armagnac 40 124 Ze 85
Betcave-Aguin 32 139 Ae 88
Betchat 09 140 Ba 90
Bétête 23 90 Ca 70
Béthancourt-en-Valois 60 18 Cf 53
Béthancourt-en-Vaux 02 18 Da 51
Béthelainville 55 37 Fb 53
Béthemont-la-Forêt 95 33 Cb 54
Béthencourt 59 9 Dc 48
Béthencourt-sur-Mer 80 6 Bd 48
Béthencourt-sur-Somme 80 18 Cf 50
Bétheniville 51 20 Ec 53
Bétheny 51 19 Ea 53
Béthincourt 55 21 Fb 53
Béthines 86 77 Af 69
Béthisy-Saint-Martin 60 18 Ce 53
Béthisy-Saint-Pierre 60 18 Ce 53
Bethmale 09 151 Ba 91
Béthon 51 35 Dd 57
Béthon 72 47 Aa 58
Béthoncourt 25 71 Ge 63
Béthonsart 62 8 Cd 46
Béthonvilliers 28 48 Af 59
Béthune 62 8 Cd 45
Bétignicourt 10 53 Ec 58
Béton-Bazoches 77 34 Db 56
Betoncourt-les-Ménétries 70 70 Fe 62
Betoncourt-Saint-Pancras 70 55 Gb 61
Betoncourt-sur-Mance 70 54 Fe 61
Bétous 32 124 Aa 86
Betpouey 65 150 Aa 91
Betpouy 65 139 Ac 89
Bétracq 64 138 Zf 87
Betschdorf 67 40 Hf 55
Bettainvillers 54 21 Ff 53
Bettancourt-la-Ferrée 52 36 Ef 57
Bettancourt-la-Longue 51 36 Ef 56
Bettange 57 22 Gc 53
Bettant 01 95 Fc 73
Bettborn 57 39 Ha 56
Bettegney-Saint-Brice 88 55 Gb 59
Bettelainville 57 22 Gb 53
Bettembos 80 16 Bf 50
Bettencourt-Rivière 80 7 Bf 48
Bettencourt-Saint-Ouen 80 7 Ca 48
Bettendorf 68 71 Hb 63
Bettes 65 139 Ab 90
Betteville 76 15 Ae 51
Bettignies 59 9 Df 46
Betting-lès-Saint-Avold 57 39 Ge 54
Bettlach 68 72 Hc 63
Betton 35 45 Yc 59
Betton-Bettonet 73 108 Gb 75
Bettoncourt 88 55 Ga 58
Bettrechies 59 9 De 47
Bettwiller 67 39 Hb 55
Betz 60 34 Cf 54
Betz-le-Château 37 77 Af 67
Beugnâtre 62 8 Cf 48
Beugneux 02 18 Dc 53
Beugnies 59 9 Ea 47
Beugnon 89 52 De 60
Beugnon, Le 79 75 Zc 69
Beugnon, Le 79 75 Ze 69
Beugny 62 8 Cf 48
Beuil 06 134 Gf 84
Beulay, Le 88 56 Ha 59
Beulotte-Saint-Laurent 70 56 Ge 61
Beure 25 70 Ga 65
Beurey 10 53 Ec 59
Beurey-Bauguay 21 68 Ec 65
Beurey-sur-Saulx 55 36 Fa 56
Beurières 63 105 De 76
Beurizot 21 68 Ec 64
Beurlay 17 86 Zb 73
Beurville 52 53 Ef 59
Beussent 62 7 Be 45
Beutin 62 7 Be 46
Beuvardes 02 34 Dc 54
Beuvezin 54 55 Ff 58
Beuvigny 50 29 Za 55
Beuvillers 14 30 Ab 54
Beuvillers 54 21 Ff 52
Beuvraignes 80 17 Ce 51
Beuvrequen 62 3 Bd 44
Beuvron 58 67 Dc 64
Beuvron-en-Auge 14 14 Zf 53
Beuvry 62 8 Ce 45
Beuvry-la-Forêt 59 9 Db 46
Beux 57 38 Gb 54
Beuxes 86 62 Ab 66
Beuzec-Cap-Sizun 29 41 Vc 60
Beuzeville 27 14 Ac 52
Beuzeville-au-Plain 50 12 Ye 52
Beuzeville-la-Bastille 50 12 Yd 52
Beuzeville-la-Grenier 76 15 Ac 51
Beuzeville-la-Guérard 76 15 Ad 50
Beuzevillette 76 15 Ad 51
Beveuge 70 70 Gc 63
Béville-le-Comte 28 32 Be 58
Bévillers 59 9 Dc 48
Bevons 04 133 Ef 83
Bévy 21 68 Ef 65
Bey 01 94 Ef 71
Bey 71 82 Ef 68
Beychac-et-Caillau 33 111 Zd 79
Beylongue 40 123 Zb 85
Beynac 87 89 Bb 74
Beynac-et-Cazenac 24 113 Ba 79
Beynat 19 102 Ca 75
Beynes 04 133 Gb 84
Beynes 78 32 Bf 55
Beynost 01 94 Ef 73
Beyrède-Jumet 65 139 Ac 91
Beyren-lès-Sierck 57 22 Gb 52
Beyrie-en-Béarn 64 138 Zd 88
Beyries 40 123 Zc 87
Beyrie-sur-Joyeuse 64 137 Yf 89
Beyssac 19 101 Bc 76
Beyssac 19 102 Bf 76
Beyssenac 19 101 Bb 76
Bey-sur-Seille 54 38 Gc 56
Bez, Le 81 142 Cc 87
Bézac 09 141 Bd 90
Bezalles 77 34 Db 56
Bézancourt 76 16 Bd 52
Bezange-la-Petite 57 38 Gd 56
Bezannes 51 35 Df 53
Bézaudun-les-Alpes 06 134 Ha 86
Bézaudun-sur-Bîne 26 119 Fb 81
Bezaumont 54 38 Ga 55
Bèze 21 69 Fb 64
Bézenac 24 113 Ba 79
Bézenet 03 91 Cf 70
Bézéril 32 140 Af 87
Bez-et-Esparon 30 129 Dd 85
Béziers 34 143 Db 88
Bezinghem 62 7 Be 45
Bezins-Garraux 31 139 Ae 91
Bezole, La 11 141 Ca 90
Bezolles 32 125 Ac 86
Bezons 95 33 Cb 55
Bezouce 30 132 Ec 85
Bézouotte 21 69 Fc 64
Bézues-Bajon 32 139 Ad 88
Bézu-le-Guéry 02 34 Db 54
Bézu-Saint-Eloi 27 16 Be 53
Bézu-Saint-Germain 02 34 Dc 54
Biaches 80 18 Cf 49
Biache-Saint-Vaast 62 8 Cf 47
Bians-les-Usiers 25 84 Gb 67
Biard 86 76 Ab 69
Biarne 39 69 Fc 66
Biarre 80 18 Cf 50
Biarritz 64 136 Yc 88
Biarrotte 40 122 Ye 87
Biars-sur-Cère 46 114 Bf 79
Bias 40 123 Ye 84
Bias 47 112 Ae 82
Biaudos 40 123 Ye 87
Bibiche 57 22 Gc 52
Biblisheim 67 40 He 55
Bibost 69 94 Ed 74
Bichancourt 02 18 Db 51
Biches 58 81 Dd 66
Bickenholtz 57 39 Ha 56
Bicqueley 54 38 Ff 57
Bidache 64 137 Yf 88
Bidarray 64 136 Yd 89
Bidart 64 136 Yc 88
Bidestroff 57 39 Ge 55
Biding 57 39 Ge 54
Bidon 07 118 Ed 82
Biécourt 88 55 Ff 59
Biederthal 68 72 Hc 64
Bief-des-Maisons 39 84 Ga 68
Bief-du-Fourg 39 84 Ga 68
Biefmorin 39 83 Fd 67
Biefvillers-lès-Bapaume 62 8 Ce 48
Bielle 64 138 Zd 90
Biencourt 80 7 Be 49
Biencourt-sur-Orge 55 37 Fc 57
Bienville 60 18 Cf 52
Bienville-la-Petite 54 38 Gd 57
Bienvillers-au-Bois 62 8 Cd 47
Biermes 08 20 Ec 52
Biermont 60 17 Ce 51
Bierné 53 46 Zc 62
Bierne 59 3 Cc 43
Bierre-lès-Semur 21 68 Eb 64
Bierry-les-Belles-Fontaines 89 67 Eb 63
Biert 09 152 Bb 91
Bierville 76 16 Bb 51
Biesheim 68 57 Hd 60
Biesles 52 54 Fb 60
Bietlenheim 67 40 He 56
Bieujac 33 111 Zf 81
Bieuxy 02 18 Db 52
Biéville 50 29 Za 54
Biéville-Beuville 14 14 Ze 53
Biéville-Quétiéville 14 30 Zf 54
Bièvres 02 19 De 52
Bièvres 08 21 Fb 51
Bièvres 91 33 Cb 56
Biffontaine 88 56 Ge 59
Biganos 33 110 Za 81
Bignac 16 88 Aa 74
Bignan 56 43 Xb 61
Bignay 17 87 Zb 73
Bigne, La 14 29 Zb 54
Bignicourt-sur-Marne 51 36 Ed 56
Bignicourt-sur-Saulx 51 36 Ee 56
Bignon, Le 44 60 Yd 66
Bignon-du-Maine, Le 53 46 Zc 61
Bignon-Mirabeau, Le 45 51 Cf 60
Bignoux 86 76 Ac 69
Bignycourt 08 20 Ec 52
Bigorno 2B 157 Kb 93
Bigottière, La 53 46 Zb 59
Biguglia 2B 157 Kd 93
Bihorel 76 15 Ba 52
Bihucourt 62 8 Ce 48
Bilhères 64 138 Zd 90
Bilia 2A 158 If 99
Billac 19 114 Be 79
Billancelles 28 48 Bb 58
Billancourt 80 18 Cf 50
Billaux, Les 33 99 Ze 79
Billé 35 45 Ye 59
Billecul 39 84 Ga 68
Billère 64 138 Zd 89
Billey 21 69 Fc 66
Billezois 03 92 Dd 71
Billiat 01 95 Fe 72
Billième 73 96 Fe 74
Billiers 56 59 Xd 63
Billio 56 43 Xc 61
Billom 63 92 Dc 74
Billy 03 92 Dc 71
Billy 14 30 Ze 54
Billy 41 64 Bd 65
Billy-Berclau 62 8 Cf 45
Billy-Chevannes 58 80 Dc 66
Billy-le-Grand 51 35 Eb 54
Billy-lès-Chanceaux 21 68 Ee 63
Billy-Montigny 62 8 Cf 46
Billy-sous-Mangiennes 55 21 Fd 52
Billy-sur-Oisy 58 66 Dc 64
Billy-sur-Ourcq 02 34 Db 53
Bilwisheim 67 40 Hd 56
Bilzheim 68 56 Hc 61
Bimont 62 7 Bf 45
Binarville 51 20 Ef 53
Binas 41 49 Bc 61
Bindernheim 67 57 Hd 59
Binges 21 69 Fb 65
Binic 22 26 Xb 57
Bining 57 39 Hb 54
Biniville 50 12 Yd 52
Binos 31 151 Ad 91
Binson-et-Orquigny 51 35 De 54
Bio 46 114 Be 80
Biol 38 107 Fc 76
Biolle, La 73 96 Ff 74
Biollet 63 91 Ce 73
Bion 50 29 Za 57
Bioncourt 57 38 Gc 56
Bionville-sur-Nied 57 38 Gc 54
Biot 06 148 Ha 87
Biot, le 74 97 Gd 71
Bioule 82 127 Bd 84
Bioussac 16 88 Ab 72
Biozat 03 92 Db 72
Birac 16 99 Zf 75
Birac 33 111 Zf 82
Birac-sur-Trec 47 112 Ab 82
Biran 32 125 Ac 86
Biras 24 100 Ad 77
Biriatou 64 136 Yb 88
Birkenwald 67 39 Hc 56
Biron 17 99 Zd 75
Biron 24 113 Af 81
Biron 64 137 Zb 88
Biscarrosse 40 110 Yf 82
Bischheim 67 40 He 57
Bischholtz 67 40 Hd 55
Bischoffsheim 67 40 Hc 58
Bischwihr 68 57 Hc 60
Bischwiller 67 40 Hf 56
Bisel 68 71 Hb 63
Bisinchi 2B 157 Kc 94
Bislée 55 37 Fc 55
Bisping 57 39 Gf 56
Bissert 67 39 Ha 55
Bisseuil 51 35 Ea 54
Bissey-la-Côte 21 53 Ee 61
Bissey-la-Pierre 21 53 Ec 61
Bissey-sous-Cruchaud 71 82 Ee 68
Bissezeele 59 3 Cc 43
Bissières 14 30 Zf 54
Bissy-la-Mâconnaise 71 82 Ee 70
Bissy-sous-Uxelles 71 82 Ee 69
Bissy-sur-Fley 71 82 Ed 69
Bisten-en-Lorraine 57 38 Gd 53
Bistroff 57 39 Ge 54
Bitche 57 39 Hc 54
Bitry 58 66 Da 64
Bitry 60 18 Da 52
Bitschhoffen 67 40 Hd 55
Bitschwiller-lès-Thann 68 56 Ha 62
Bivès 32 126 Ae 85
Biviers 38 108 Fe 77
Biville 50 12 Yb 51
Biville-la-Baignarde 76 15 Ba 50
Biville-la-Rivière 76 15 Af 50
Biville-sur-Mer 76 6 Bb 49
Bivilliers 61 31 Ad 57
Bizanet 11 142 Cf 90
Bizanos 64 138 Zd 89
Bize 52 54 Fd 61
Bize 65 139 Ac 90
Bize-Minervois 11 142 Cf 89
Bizeneuille 03 91 Ce 70
Biziat 01 94 Ef 71
Bizonnes 38 107 Fc 76
Bizot, Le 25 71 Ge 66
Bizots, les 71 82 Ec 68
Bizou 61 31 Ae 58
Bizous 65 139 Ac 90
Blacé 69 94 Ed 72
Blaceret 69 94 Ed 72
Blaceret 69 94 Ee 72
Blacourt 60 16 Bf 52
Blacqueville 76 15 Af 51
Blacy 51 36 Ed 56
Blacy 89 67 Ea 63
Blaesheim 67 40 Hd 57
Blagnac 31 126 Bc 87
Blagny-sur-Vingeanne 21 69 Fc 64
Blaignac 33 111 Zf 81
Blaignan 33 98 Za 77
Blain 44 60 Yb 64
Blaincourt 60 17 Cc 53
Blaincourt-sur-Aube 10 53 Ec 58
Blainville-Crevon 76 16 Bb 51
Blainville-sur-l'Eau 54 38 Gc 57
Blainville-sur-Mer 50 28 Yc 54
Blainville-sur-Orne 14 14 Ze 53
Blairville 62 8 Ce 47
Blaiserives 52 53 Ef 58
Blaise-sous-Arzillières 51 36 Ed 56
Blaison-Gohier 49 61 Zd 64
Blaisy 52 53 Fa 59
Blaisy-Bas 21 68 Ee 64
Blaisy-Haut 21 68 Ee 64
Blajan 31 139 Ad 89
Blamont 25 71 Gf 64
Blâmont 54 39 Gf 57
Blan 81 141 Ca 87
Blanc, Le 36 77 Ba 69
Blancafort 18 65 Cd 63
Blancey 21 68 Ec 65
Blancfossé 60 17 Cb 51
Blanchefosse-et-Bay 08 19 Eb 50
Blancherupt 67 56 Hb 58
Blanc-Mesnil, le 93 33 Cc 55
Blandainville 28 49 Bb 59
Blandas 30 129 Dd 85
Blandin 38 107 Fc 75
Blandouet 53 46 Ze 60
Blandy 77 33 Ce 57
Blandy 91 50 Cb 59
Blangerval-Blangermont 62 7 Cb 47
Blangy-le-Château 14 14 Ab 53
Blangy-sous-Poix 80 17 Ca 50
Blangy-sur-Bresle 76 16 Bd 49
Blangy-sur-Ternoise 62 7 Cb 46
Blangy-Tronville 80 17 Cc 49
Blannay 89 67 De 63
Blanot 21 68 Eb 65
Blanot 71 82 Ee 70
Blanquefort 32 126 Ae 86
Blanquefort 32 140 Ba 87
Blanquefort 33 111 Zc 79
Blanquefort-sur-Briolance 47 113 Af 81
Blanzac 43 105 Df 78
Blanzac 87 89 Ba 72
Blanzac-Porcheresse 16 100 Aa 76
Blanzaguet-Saint-Cybard 16 100 Ab 76
Blanzat 63 92 Da 74
Blanzay 86 88 Ab 71
Blanzay-sur-Boutonne 17 87 Zd 72
Blanzée 55 37 Fd 54
Blanzy 71 82 Ec 68
Blanzy-la-Salonnaise 08 19 Eb 52
Blanzy-lès-Fismes 02 19 De 52
Blargies 60 16 Be 50
Blarians 25 70 Gb 64
Blaringhem 59 3 Cc 44
Blars 46 114 Be 81
Blasimon 33 111 Zf 80
Blaslay 86 76 Ab 68
Blassac 43 104 Dc 77
Blaudeix 23 90 Ca 71
Blausasc 06 135 Hc 86
Blauvac 84 132 Fb 84
Blauzac 30 131 Ec 84
Blavignac 48 116 Db 79
Blavozy 43 105 Df 78
Blay 14 13 Zb 53
Blaye 33 99 Zc 78
Blaye-les-Mines 81 127 Ca 84
Blaymont 47 113 Af 83
Blaziert 32 125 Ac 85
Blécourt 52 53 Fa 58
Blécourt 59 8 Db 47
Bleigny-le-Carreau 89 52 De 61
Blémerey 54 39 Ge 57
Blémerey 88 55 Ga 58
Blendecques 62 3 Cb 44
Bléneau 89 66 Cf 62
Blennes 77 51 Da 59
Blénod-lès-Pont-à-Mousson 54 38 Ga 55
Blénod-lès-Toul 54 37 Fe 57
Bléquin 62 3 Bf 44
Blérancourt 02 18 Da 51
Bléré 37 63 Af 65
Bléruais 35 44 Xf 60
Blésignac 33 111 Ze 80
Blesle 43 104 Db 77
Blesme 51 36 Ee 56
Blesmes 02 34 Dc 54
Blessac 23 91 Ca 73
Blessey 21 68 Ee 64
Blessonville 52 53 Fa 60
Blessy 62 7 Cb 45
Blet 18 79 Ce 67
Bletterans 39 83 Fc 68
Bleurville 88 55 Ff 60
Bleury 28 32 Be 57
Blévaincourt 88 54 Fe 60
Blèves 72 47 Ac 58
Bleymard, Le 48 117 De 82
Blicourt 60 17 Ca 51
Blienschwiller 67 56 Hc 58
Bliesbruck 57 39 Hb 54
Blies-Guersviller 57 39 Ha 54
Blieux 04 133 Gc 85
Blignicourt 10 53 Ed 58
Bligny 10 53 Ed 59
Bligny 51 35 Df 53
Bligny-lès-Beaume 21 82 Ee 67
Bligny-le-Sec 21 68 Ee 64
Bligny-sur-Ouche 21 82 Ee 66
Blincourt 60 17 Cd 52
Blingel 62 7 Ca 46
Blis-et-Born 24 101 Af 77
Blismes 58 67 De 66
Blodelsheim 68 57 Hd 61
Blois 41 64 Bb 63
Blois-sur-Seille 39 83 Fe 68
Blomac 11 142 Cd 89
Blomard 03 92 Cf 71
Blombay-Morency 08 20 Ec 50
Blond 87 89 Ba 72
Blondefontaine 70 55 Ff 61
Blonville-sur-Mer 14 14 Aa 52
Blosseville 76 15 Ae 49
Blosville 50 12 Ye 52
Blot-l'Église 63 92 Cf 72
Blotzheim 68 72 Hc 63
Blou 49 62 Zf 64
Blousson-Sérian 32 139 Ab 88
Bloutière, La 50 28 Ye 55
Bloye 74 96 Ff 74
Bluffy 74 96 Gb 73
Blumeray 52 53 Ef 58
Blussans 25 71 Gd 64
Blye 39 83 Fe 69
Blyes 01 95 Fb 73
Bô, Le 14 29 Zd 55
Bobigny 93 33 Cc 55
Bobital 22 27 Xf 58
Bocasse, Le 76 15 Ba 51
Bocé 49 62 Zf 63
Bocognano 2A 159 Ka 96
Bocquegney 88 55 Gb 59
Bocquence 61 31 Ac 56
Bodéo, La 22 43 Xa 59
Bodilis 29 25 Vf 57
Boé 47 125 Ad 84
Boëcé 61 30 Ac 57
Boëge 74 96 Gc 71
Boeil-Bezing 64 138 Ze 89
Boën 42 93 Ea 74
Bœrsch 67 56 Hc 58
Boeschepe 59 4 Ce 44
Boëseghem 59 3 Cc 44
Bœsenbiesen 67 57 Hd 59
Boësse 45 50 Cc 60
Boëssé 79 75 Zd 67
Boëssé-le-Sec 72 48 Ad 60
Boffles 62 7 Cb 47
Boffres 07 118 Ee 79
Bogève 74 96 Gc 71
Bogny-sur-Meuse 08 20 Ee 49
Bogy 07 106 Ee 77
Bohain-en-Vermandois 02 9 Dc 49
Bohal 56 44 Xd 62
Bohalle, La 49 61 Zd 64
Bohars 29 24 Vc 58
Bohas-Meyriat-Rignat 01 95 Fc 72
Boigneville 91 50 Cc 58
Boigny-sur-Bionne 45 49 Ca 61
Boinville-en-Mantois 78 32 Be 55
Boinville-en-Woëvre 55 37 Fe 53
Boinville-le-Gaillard 78 49 Bf 58
Boinvilliers 78 32 Bd 55
Boiry-Becquerelle 62 8 Ce 47
Boiry-Notre-Dame 62 8 Cf 47
Boiry-Saint-Martin 62 8 Ce 47
Bois 17 99 Zc 76
Bois-Anzeray 27 31 Ae 55
Bois-Arnault 27 31 Ae 56
Boisbergues 80 7 Cb 48
Bois-Bernard 62 8 Cf 46
Boisbreteau 16 99 Zf 77
Boiscommun 45 50 Cc 60
Bois-d'Amont 39 84 Ga 69
Bois-d'Arcy 78 33 Ca 56
Bois-d'Arcy 89 67 De 63
Bois-de-Céné 85 73 Ya 67
Bois-de-Champ 88 56 Ge 59
Bois-de-la-Pierre 31 140 Ba 88
Bois-d'Ennebourg 76 16 Bb 52
Boisdinghem 62 3 Ca 44
Bois-d'Oingt, Le 69 94 Ed 73
Boisdon 77 34 Db 56
Boisemont 27 16 Bc 53
Boisemont 95 32 Bf 54
Boisgasson 28 48 Ba 60
Boisgervilly 35 44 Xf 60
Bois-Grenier 59 4 Ce 45
Bois-Guilbert 76 16 Bc 51
Bois-Guillaume 76 15 Ba 52
Bois-Hérault 76 16 Bc 51
Bois-Herpin 91 50 Cb 58
Bois-Himont 76 15 Ae 51
Boisjean 62 7 Be 46
Bois-Jérôme-Saint-Ouen 27 32 Bd 54
Boisle, Le 80 7 Bf 47
Bois-le-Roi 27 32 Bc 55
Bois-le-Roi 77 50 Ce 58
Bois-lès-Pargny 02 19 Dd 50
Boisleux-au-Mont 62 8 Ce 47
Boisleux-Saint-Marc 62 8 Ce 47
Boismont 54 21 Fe 52
Boismont 80 7 Be 48
Boismorand 45 66 Ce 62
Boisney 27 31 Ad 54
Bois-Normand-près-Lyre 27 31 Ae 55
Bois-Plage-en-Ré, Le 17 86 Yd 71
Boisredon 17 99 Zc 77
Bois-Robert, Les 76 15 Ba 49
Boisroger 50 28 Yc 54
Bois-Sainte-Marie 71 94 Ec 71
Boissay 76 16 Bc 51
Boisse 24 112 Ad 80
Boisse, La 01 94 Fa 73
Boisseau 41 64 Bb 62
Boisseaux 45 49 Bf 59
Boissède 31 140 Ae 88
Boissei-la-Lande 61 30 Aa 56
Boisse-Penchot 12 115 Cb 81
Boisserolles 79 87 Zd 72
Boisseron 34 130 Ea 86
Boisset 15 115 Cb 80
Boisset 30 131 Ec 85
Boisset 34 142 Ce 88
Boisset 43 105 Df 77
Boisset-lès-Montrond 42 105 Eb 75
Boisset-les-Prévanches 27 32 Bb 55
Boissets 78 32 Bd 55
Boisset-Saint-Priest 42 105 Ea 75
Boissettes 77 50 Cd 57
Boisseuil 87 89 Bb 74
Boisseuilh 24 101 Bb 77
Boissey 01 94 Fa 70
Boissey 14 30 Aa 54
Boissezon 81 142 Cc 87
Boissezon-de-Masviel 81 128 Cf 86
Boissière, la 14 30 Aa 54
Boissière, La 27 32 Bc 55
Boissière, La 34 130 Cd 87
Boissière, La 53 46 Za 62
Boissière-d'Ans, La 24 101 Af 77
Boissière-de-Montaigu, La 85 74 Ye 67
Boissière-des-Landes, La 85 74 Yd 69
Boissière-du-Doré, La 44 60 Ye 65
Boissière-École, La 78 32 Bd 56
Boissière-en-Gâtine, La 79 75 Zd 69
Boissières 30 130 Eb 86
Boissières 46 113 Bc 81
Boissière-sur-Evre, La 49 60 Yf 65
Boissise-la-Bertrand 77 33 Cd 57
Boissise-le-Roi 77 33 Cd 57
Boissy-aux-Cailles 77 50 Cd 59
Boissy-en-Drouais 28 32 Bb 56
Boissy-Fresnoy 60 34 Cf 53
Boissy-l'Aillerie 95 33 Ca 54
Boissy-Lamberville 27 31 Ad 54
Boissy-la-Rivière 91 50 Ca 58
Boissy-le-Bois 60 16 Bf 53
Boissy-le-Châtel 27 15 Ae 53
Boissy-le-Châtel 77 34 Da 56
Boissy-le-Cutte 91 50 Cb 58
Boissy-le-Repos 51 35 Dd 55
Boissy-le-Sec 91 50 Ca 58
Boissy-lès-Perche 28 31 Af 56
Boissy-Maugis 61 48 Ae 58
Boissy-Mauvoisin 78 32 Bd 55
Boissy-Saint-Léger 94 33 Cd 56
Boissy-sans-Avoir 78 32 Be 56
Boissy-sous-Saint-Yon 91 33 Cb 57
Boistrudan 35 45 Yd 61
Boisville-la-Saint-Père 28 49 Be 59
Boisyvon 50 28 Yf 56
Boitron 61 30 Ab 57
Boitron 77 34 Db 55
Bolandoz 25 84 Ga 66
Bolazec 29 25 Wc 58
Bolbec 76 15 Ac 51
Bollène 84 131 Ee 83
Bollène-Vésubie, la 06 135 Hb 84
Bolleville 50 12 Yc 53
Bolleville 76 15 Ad 51
Bollezeele 59 3 Cb 43
Bollwiller 68 56 Hb 61
Bologne 52 54 Fa 59
Bolozon 01 95 Fc 71
Bolquère 66 153 Ca 93
Bolsenheim 67 57 Hd 58
Bombon 77 34 Cf 57
Bommes 33 111 Zd 81
Bommiers 36 78 Bf 68
Bompas 09 152 Bd 91
Bompas 66 154 Cf 92
Bomy 62 7 Cb 45
Bona 58 80 Dc 66
Bonac-Irazein 09 151 Af 91
Bonboillon 70 69 Fe 64
Boncé 28 49 Bd 59

166 (F) Bernières-sur-Seine — Boncé

Bonchamp-lès-Laval **53** 46 Zb 60
Boncour **02** 19 Df 51
Boncourt **27** 32 Bb 54
Boncourt **54** 37 Fe 53
Boncourt-le-Bois **21** 69 Ef 66
Boncourt-sur-Meuse **55** 37 Fd 56
Bondaroy **45** 50 Cb 59
Bondeval **25** 71 Gf 64
Bondigoux **31** 127 Bd 85
Bondons, Les **48** 117 Dd 82
Bondoufle **91** 33 Cc 57
Bondues **59** 4 Da 44
Bondy **93** 33 Cc 55
Bon-Encontre **47** 125 Ad 83
Bongheat **63** 92 Dc 74
Bonhomme, le **68** 56 Ha 59
Bonifacio **2A** 160 Kb 100
Bonin **58** 67 Df 65
Bonlier **60** 17 Ca 52
Bonlieu **39** 84 Ff 69
Bonlieu-sur-Roubion **26** 118 Ef 81
Bonloc **64** 137 Ye 88
Bonnac **09** 141 Bd 90
Bonnac **15** 104 Da 77
Bonnac-la-Côte **87** 89 Bb 73
Bonnard **89** 51 Dd 61
Bonnat **23** 90 Bf 71
Bonnaud **39** 83 Fc 69
Bonnay **25** 70 Ga 65
Bonnay **71** 82 Ed 69
Bonnay **80** 8 Cc 49
Bonne **74** 96 Gb 72
Bonnebosq **14** 14 Aa 53
Bonnecourt **52** 54 Fc 61
Bonnée **45** 65 Cc 62
Bonnefamille **38** 107 Fa 75
Bonnefoi **61** 31 Ad 56
Bonnefond **19** 102 Bf 75
Bonnefont **65** 139 Ac 89
Bonnefontaine **39** 84 Fe 68
Bonnegarde **40** 123 Zb 87
Bonneil **02** 34 Dc 54
Bonnelles **78** 33 Ca 57
Bonnemain **35** 28 Yb 58
Bonnemaison **14** 29 Zc 54
Bonnemazon **65** 139 Ab 90
Bonnencontre **21** 83 Fa 66
Bonnœil **14** 29 Zd 55
Bonnes **16** 100 Aa 77
Bonnes **86** 77 Ad 69
Bonnesvalyn **02** 34 Db 54
Bonnet **55** 37 Fc 57
Bonnétable **72** 47 Ac 59
Bonnétage **25** 71 Ge 65
Bonnetan **33** 111 Zd 80
Bonneuil **16** 99 Zf 75
Bonneuil **36** 89 Bb 70
Bonneuil-en-Valois **60** 18 Cf 53
Bonneuil-les-Eaux **60** 17 Cb 51
Bonneuil-Matours **86** 77 Ad 68
Bonneuil-sur-Marne **94** 33 Cd 56
Bonneval **28** 49 Bc 59
Bonneval **43** 105 De 77
Bonneval-sur-Arc **73** 109 Ha 76
Bonnevaux **25** 84 Gb 68
Bonnevaux **30** 117 Ea 82
Bonnevaux **74** 97 Ge 71
Bonnevaux-le-Prieuré **25** 70 Gb 66
Bonneveau **41** 48 Ae 62
Bonnevent-Velloreille **70** 70 Ff 64
Bonneville **16** 88 Ze 73
Bonneville **74** 96 Gc 72
Bonneville **80** 7 Cb 48
Bonneville, La **50** 12 Yd 52
Bonneville-Aptot **27** 15 Ae 53
Bonneville-et-Saint-Avit-de-Fumadières **24** 112 Aa 79
Bonneville-la-Louvet **14** 14 Ac 53
Bonneville-sur-Iton, la **27** 31 Ba 55
Bonnières **60** 16 Bf 51
Bonnières **62** 7 Cb 47
Bonnières-sur-Seine **78** 32 Bd 54
Bonnieux **84** 132 Fb 86
Bonningues-lès-Ardres **62** 7 Cc 45
Bonningues-lès-Calais **62** 3 Be 43
Bonnœuvre **44** 60 Ye 63
Bonnut **64** 123 Zb 87
Bonny-sur-Loire **45** 66 Cf 63
Bono **56** 43 Xa 63
Bonrepos **65** 139 Ac 89
Bonrepos-Riquet **31** 127 Bd 86
Bonrepos-sur-Aussonnelle **31** 140 Ba 87
Bonsecours **76** 15 Ba 52
Bons-en-Chablais **74** 96 Gc 71
Bonsmoulins **61** 31 Ad 57
Bonson **42** 105 Eb 75
Bonsons **06** 135 Hb 85
Bons-Tassilly **14** 30 Ze 55
Bonvillaret **73** 108 Gb 75
Bonville **54** 38 Gd 57
Bonviller **54** 38 Gc 57
Bonvillers **60** 17 Cb 53
Bonvillers **60** 17 Cc 51
Bonvillet **88** 55 Ga 60
Bony **02** 8 Db 49
Bonzac **33** 99 Ze 78
Bonzée-en-Woëvre **55** 37 Fd 54
Boofzheim **67** 57 He 58
Boos **76** 15 Bb 52
Bootzheim **67** 57 Hd 59
Boqueho **22** 26 Xa 58
Boran-sur-Oise **60** 33 Cc 53
Borce **64** 137 Zc 91
Bordeaux **33** 111 Zc 79
Bordeaux-en-Gâtinais **45** 50 Cd 60
Bordeaux-Saint-Clair **76** 14 Ab 50
Bordères **64** 138 Ze 89
Bordères-et-Lamensans **40** 124 Zd 86
Bordères-Louron **65** 150 Ac 91
Bordères-sur-l'Echez **65** 138 Aa 89
Bordes **64** 138 Ze 89
Bordes **65** 139 Ab 89
Bordes, Les **36** 78 Bf 67
Bordes, Les **45** 65 Cc 62
Bordes, Les **71** 83 Fa 67
Bordes, Les **89** 51 Dc 60
Bordes-Aumont, Les **10** 52 Ea 59
Bordes-de-Rivière **31** 139 Ad 90
Bordes-du-Ba **64** 123 Yf 87
Bordes-sur-Arize, Les **09** 140 Bc 90
Bordes-sur-Lez, Lles **09** 151 Ba 91
Bordezac **30** 130 Ea 83
Bords **17** 87 Zb 73
Bord-Saint-Georges **23** 91 Cb 71
Borée **07** 117 Eb 79
Boresse-et-Martron **17** 99 Zf 77
Borest **60** 33 Ce 53
Borey **70** 70 Gc 63
Borgo **2B** 157 Kd 93
Bormes-les-Mimosas **83** 147 Gc 90
Born, le **31** 127 Bd 85
Born, le **48** 116 Dd 81
Bornambusc **76** 14 Ac 51
Bornay **39** 83 Fd 69
Borne **43** 105 De 78
Bornel **60** 33 Cb 53
Boron **90** 71 Ha 63
Borre **59** 4 Cd 44
Borrèze **24** 113 Bc 79
Bors-de-Baignes **16** 99 Ze 77
Bors-de-Montmoreau **16** 100 Ab 76
Bort-les-Orgues **19** 103 Cc 76
Bort-l'Étang **63** 92 Dc 74
Borville **54** 55 Gc 58
Bosc, le **09** 152 Bc 91
Bosc, Le **34** 129 Dc 86
Boscamnant **17** 99 Zf 77
Bosc-Bénard-Commin **27** 15 Af 53
Bosc-Bénard-Crescy **27** 15 Ae 53
Bosc-Bérenger **76** 16 Bb 51
Bosc-Bordel **76** 16 Bc 51
Bosc-Edeline **76** 16 Bc 51
Bosc-Guérard-Saint-Adrien **76** 15 Ba 51
Bosc-Hyons **76** 16 Bd 52
Bosc-le-Hard **76** 15 Bb 51
Bosc-Mesnil **76** 16 Bc 50
Bosc-Renoult, Le **61** 30 Ab 55
Bosc-Renoult-en-Ouche **27** 31 Ae 55
Bosc-Renoult-en-Roumois **27** 15 Ae 53
Bosc-Roger-en-Roumois, Le **27** 15 Af 53
Bosc-Roger-sur-Buchy **76** 16 Bc 51
Bosdarros **64** 138 Zd 89
Bosgouet **27** 15 Af 52
Bosguérard-de-Marcouville **27** 15 Af 53
Bosjean **71** 83 Fc 68
Bosmont-sur-Serre **02** 19 Df 50
Bosnormand **27** 15 Af 53
Bosquel **80** 17 Cb 50
Bosquentin **27** 16 Bd 52
Bosrobert **27** 15 Ae 53
Bosroger **23** 91 Cb 73
Bossay-sur-Claise **37** 77 Af 68
Bosse, La **25** 71 Gd 66
Bosse, La **72** 48 Ad 60
Bosse-de-Bretagne, La **35** 45 Yc 61
Bossée **37** 63 Ae 66
Bossendorf **67** 40 Hd 56
Bosset **24** 112 Ac 79
Bosseval-et-Briancourt **08** 20 Ef 50
Bossey **74** 95 Ga 72
Bossieu **38** 107 Fa 76
Bossugan **33** 111 Zf 80
Bossus-lès-Rumigny **08** 19 Eb 49
Bost **03** 92 Cf 70
Bost **03** 92 Dd 71
Bostens **40** 124 Zd 85
Bosville **76** 15 Ae 50
Botans **90** 71 Gf 63
Botmeur **29** 25 Wa 58
Botsorhel **29** 25 Wc 57
Bottereaux, Les **27** 31 Ae 55
Botz-en-Mauges **49** 61 Za 65
Bou **45** 49 Ca 61
Bouafle **78** 32 Bf 55
Bouafles **27** 16 Bc 53
Bouan **09** 152 Bd 92
Bouaye **44** 60 Yb 66
Boubers-lès-Hesmond **62** 7 Be 46
Boubers-sur-Canche **62** 7 Cb 47
Boubiers **60** 16 Bf 53
Boucagnères **32** 139 Ad 87
Boucau **64** 122 Yd 87
Bouc-Bel-Air **13** 146 Fc 88
Boucé **03** 92 Dc 71
Boucé **61** 30 Zf 57
Bouchage **38** 107 Fd 74
Bouchage, Le **16** 88 Ac 72
Bouchain **59** 9 Db 47
Bouchamps-lès-Craon **53** 46 Za 62
Bouchaud, Le **03** 93 Df 71
Bouchavesnes-Bergen **80** 8 Cf 49
Bouchemaine **49** 61 Zc 64
Boucheporn **57** 38 Gd 54
Bouchet, le **74** 96 Gc 74
Bouchet, Le **86** 76 Aa 67
Bouchet, Le **86** 76 Ab 68
Bouchet-Saint-Nicolas, Le **43** 117 De 79
Bouchevilliers **27** 16 Be 52
Bouchoir **80** 17 Ce 50
Bouchon **80** 7 Ca 48
Bouchon-sur-Saulx, Le **55** 37 Fb 57
Bouchoux, les **39** 96 Fe 71
Bouchy-Saint-Genest **51** 34 Dd 57
Boucieux-le-Roi **07** 106 Ee 78
Bouclans **25** 70 Gb 65
Boucoiran **30** 130 Eb 84
Bouconville **08** 20 Ee 53
Bouconvillers **60** 32 Bf 53
Bouconville-sur-Madt **55** 37 Fe 55
Bouconville-Vauclair **02** 19 De 52
Boudes **63** 103 Db 76
Boudeville **76** 15 Af 50
Boudou **82** 126 Ba 84
Boudrac **31** 139 Ad 89
Boudreville **21** 53 Ee 61
Boudy-de-Beauregard **47** 112 Ae 81
Bouée **44** 59 Ya 65
Boueilh-Boueilho-Lasque **64** 124 Ze 87
Bouelles **76** 16 Bc 50
Bouër **72** 48 Ad 60
Bouère **53** 46 Zd 61
Bouessay **53** 46 Zd 61
Bouesse **36** 78 Be 69
Bouëx **16** 100 Ab 75
Bouëxière, La **35** 45 Yd 59
Bouffémont **95** 33 Cb 54
Boufféré **85** 74 Yd 67
Bouffignereux **02** 19 Df 52
Boufflers **80** 7 Ca 47
Bougainville **80** 17 Ca 49
Bougarber **64** 138 Zd 88
Bougé-Chambalud **38** 106 Ef 77
Bouges-le-Château **36** 78 Be 66
Bougey **70** 70 Ff 62
Bouglainval **28** 32 Bd 57
Bougligny **77** 50 Cd 59
Bouglon **47** 112 Aa 82
Bougneau **17** 99 Zc 75
Bougnon **70** 70 Ga 62
Bougon **79** 76 Zf 70
Bougue **40** 124 Zd 85
Bouguenais **44** 60 Yc 65
Bougy **14** 29 Zc 54
Bougy-lez-Neuville **45** 49 Ca 60
Bouhans **71** 83 Fb 68
Bouhanset-et-Feurg **70** 69 Fd 64
Bouhans-lès-Lure **70** 70 Gc 62
Bouhans-lès-Montbozon **70** 70 Gb 64
Bouhet **17** 86 Za 72
Bouhey **21** 68 Ee 65
Bouhy **58** 66 Da 64
Bouilh-Devant **65** 139 Ab 89
Bouilhonnac **11** 142 Cc 89
Bouilh-Péreuilh **65** 139 Ab 89
Bouillac **12** 114 Ca 81
Bouillac **24** 113 Af 80
Bouillac **82** 126 Ba 85
Bouilladise, La **13** 146 Fd 88
Bouillancourt-en-Séry **80** 6 Bd 49
Bouillancourt-la-Bataille **80** 17 Cd 50
Bouillancy **60** 34 Cf 54
Bouilland **21** 68 Ee 66
Bouillargues **30** 131 Ec 86
Bouille, la **76** 15 Af 52
Bouillé-Courdault **85** 75 Zb 70
Bouillé-Loretz **79** 62 Ze 66
Bouillé-Ménard **49** 46 Za 62
Bouillé-Saint-Paul **79** 75 Zd 66
Bouillie, La **22** 27 Xd 57
Bouillon **64** 138 Zc 88
Bouillonville **54** 37 Ff 55
Bouilly **10** 52 Df 59
Bouilly **51** 35 Df 53
Bouilly-en-Gâtinais **45** 50 Cb 60
Bouin **79** 88 Zf 72
Bouin **85** 59 Xf 67
Bouin-Plumoisin **62** 7 Bf 46
Bouisse **11** 142 Cc 91
Bouix **21** 53 Ec 61
Boujailles **25** 84 Ga 67
Boujan-sur-Libron **34** 143 Db 88
Boulages **10** 35 Df 57
Boulaincourt **88** 55 Ga 58
Boulancourt **77** 50 Cc 59
Boulange **57** 22 Ff 52
Boulaur **32** 139 Ae 87
Boulaye, La **71** 81 Ea 68
Boulay-les-Barres **45** 49 Be 61
Boulay-les-Ifs **53** 47 Zf 58
Boulay-Morin, Le **27** 31 Bb 54
Boulay-Moselle **57** 38 Gc 53
Boulazac **24** 101 Ae 77
Boulbon **13** 131 Ee 85
Boule-d'Amont **66** 154 Cd 93
Bouleternère **66** 154 Cd 93
Bouleurs-le-Mont **77** 34 Cf 55
Bouleuse **51** 35 Df 53
Bouliac **33** 111 Zc 80
Boulieu-lès-Annonay **07** 106 Ed 77
Bouligneux **01** 94 Ef 72
Bouligney **70** 55 Gb 61
Bouligny **55** 21 Fe 53
Boulin **65** 139 Aa 89
Boullarre **60** 34 Da 54
Boullay-les-Deux-Églises **28** 32 Bb 57
Boullay-les-Troux **91** 33 Ca 56
Boullay-Mivoye, Le **28** 32 Bc 57
Boullay-Thierry, Le **28** 32 Bc 57
Boulleret **18** 66 Cf 64
Boulleville **27** 14 Ac 52
Bouloc **31** 126 Bc 86
Bouloc **82** 113 Ba 83
Boulogne **85** 74 Ye 68
Boulogne-Billancourt **92** 33 Cb 55
Boulogne-la-Grasse **60** 17 Ce 51
Boulogne-sur-Gesse **31** 139 Ad 89
Boulogne-sur-Helpe **59** 9 Df 48
Boulogne-sur-Mer **62** 2 Bd 44
Bouloire **72** 48 Ad 61
Boulon **14** 29 Zd 54
Boulot **70** 70 Ff 64
Boulou, le **66** 154 Ce 93
Boult **70** 70 Ga 64
Boult-au-Bois **08** 20 Ef 52
Boult-sur-Suippe **51** 19 Ea 52
Boulvé, Le **46** 113 Ba 82
Boulzicourt **08** 20 Ee 50
Boumourt **64** 138 Zc 89
Bouniagues **24** 112 Ad 80
Boupère, Le **85** 75 Za 68
Bouquehault **62** 3 Bf 43
Bouquelon **27** 15 Ac 52
Bouquemaison **80** 7 Cc 47
Bouquemont **55** 37 Fc 55
Bouquet **30** 130 Eb 84
Bouquetot **27** 15 Ae 52
Bouqueval **95** 33 Cc 54
Bouranton **10** 52 Eb 59
Bouray-sur-Juine **91** 50 Cb 57
Bourbach-le-Bas **68** 71 Ha 62
Bourbach-le-Haut **68** 56 Ha 62
Bourberain **21** 69 Fb 64
Bourbévelle **70** 55 Ff 61
Bourbon-Lancy **71** 81 De 69
Bourbon-l'Archambault **03** 80 Da 69
Bourbonne-les-Bains **52** 54 Fe 61
Bourboule, La **63** 103 Ce 75
Bourbourg **59** 3 Cb 43
Bourbriac **22** 26 We 58
Bourcia **39** 95 Fc 70
Bourcq **08** 20 Ed 52
Bourdainville **76** 15 Af 50
Bourdalat **40** 124 Ze 85
Bourdeau **73** 108 Ff 74
Bourdeaux **26** 119 Fa 81
Bourdeilles **24** 100 Ad 77
Bourdeix, Le **24** 100 Ad 75
Bourdelles **33** 111 Aa 81
Bourdet, Le **79** 87 Zc 71
Bourdic **30** 131 Eb 85
Bourdinière-Saint-Loup, La **28** 49 Bc 59
Bourdon **80** 7 Ca 49
Bourdonnay **57** 39 Ge 56
Bourdonné **78** 32 Bd 56
Bourdons-sur-Rognon **52** 54 Fc 60
Bourecq **62** 7 Cc 45
Bouresches **02** 34 Db 54
Bouresse **86** 88 Ad 70
Bouret-sur-Canche **62** 7 Cb 47
Boureuilles **55** 36 Fa 53
Bourg **33** 99 Zc 78
Bourg **52** 69 Fb 62
Bourg, Le **46** 114 Bf 80
Bourg-Achard **27** 15 Ae 52
Bourgaltroff **57** 39 Ge 55
Bourganeuf **23** 90 Be 73
Bourg-Archambault **86** 89 Ba 70
Bourg-Argental **42** 106 Ed 77
Bourgbarré **35** 45 Yc 61
Bourg-Beaudouin **27** 16 Bb 52
Bourg-Blanc **29** 24 Vd 57
Bourg-Bruche **67** 56 Ha 58
Bourg-Charente **16** 87 Ze 74
Bourg-de-Bigorre **65** 139 Ab 90
Bourg-de-Péage **26** 107 Fa 78
Bourg-des-Comptes **35** 45 Yb 61
Bourg-de-Sirod **39** 84 Ff 68
Bourg-des-Maisons **24** 100 Ac 76
Bourg-de-Thizy **69** 93 Eb 72
Bourg-de-Visa **82** 126 Af 83
Bourg-d'Hem, Le **23** 90 Be 71
Bourg-d'Iré, Le **49** 61 Za 62
Bourg-d'Oisans, Le **38** 108 Ga 78
Bourg-d'Oueil **31** 151 Ac 91
Bourg-du-Bost **24** 100 Ab 77
Bourg-Dun **76** 15 Af 49
Bourgeauville **14** 14 Aa 53
Bourg-en-Bresse **01** 95 Fb 71
Bourges **18** 79 Cc 66
Bourg-et-Comin **02** 19 De 52
Bourget-du-Lac, Le **73** 108 Ff 75
Bourget-en-Huile **73** 108 Gb 76
Bourg-Fidèle **08** 20 Ed 49
Bourgheim **67** 57 Hc 58
Bourghelles **59** 8 Db 45
Bourg-Lastic **63** 103 Cd 75
Bourg-le-Comte **71** 93 Df 71
Bourg-le-Roi **72** 47 Aa 58
Bourg-lès-Valence **26** 118 Ef 79
Bourg-l'Evêque **49** 45 Yf 62
Bourg-Madame **66** 153 Bf 94
Bourgneuf **17** 86 Yf 72
Bourgneuf **73** 108 Gb 75
Bourgneuf-en-Mauges **49** 61 Za 65
Bourgneuf-en-Retz **44** 59 Ya 66
Bourgneuf-la-Forêt, Le **53** 46 Za 60
Bourgogne **51** 19 Ea 52
Bourgoin-Jallieu **38** 107 Fb 75
Bourgon **53** 45 Yf 60
Bourgonce, La **88** 56 Ge 59
Bourgougnague **47** 112 Ac 81
Bourg-Saint-Andéol **07** 118 Ed 82
Bourg-Saint-Bernard **31** 127 Be 87
Bourg-Saint-Christophe **01** 95 Fa 73
Bourg-Sainte-Marie **52** 54 Fd 59
Bourg-Saint-Léonard, Le **61** 30 Aa 56
Bourg-Saint-Maurice **73** 109 Ge 75
Bourgthéroulde-Infreville **27** 14 Af 53
Bourguébus **14** 30 Ze 54
Bourgueil **37** 62 Aa 65
Bourguenolles **50** 28 Ye 56
Bourguet, Le **83** 134 Gd 86
Bourguignon **25** 71 Ge 64
Bourguignon-lès-Conflans **70** 70 Ga 62
Bourguignon-lès-la-Charité **70** 70 Ff 64
Bourguignon-lès-Morey **70** 69 Fe 62
Bourguignons **10** 53 Ec 60
Bourgvilain **71** 94 Ed 70
Bourideys **33** 111 Zd 82
Bouriège **11** 141 Ca 91
Bourigeole **11** 141 Ca 91
Bourisp **65** 150 Ac 92
Bourlens **47** 113 Af 82
Bourlon **62** 8 Da 47
Bourmont **52** 54 Fd 59
Bournainville-Faverolles **27** 31 Ac 54
Bournan **37** 77 Ae 66
Bournand **86** 62 Aa 66
Bournazel **12** 115 Cb 82
Bournazel **81** 127 Bf 84
Bourneau **85** 75 Zb 69
Bournel **47** 112 Ae 81
Bourneville **27** 15 Ad 52
Bournezeau **85** 74 Ye 69
Bourniquel **24** 113 Ae 80
Bournois **25** 70 Gc 64
Bournoncle-Saint-Pierre **43** 104 Db 76
Bournonville **62** 3 Bf 44
Bournos **64** 138 Zd 88
Bourogne **90** 71 Gf 63
Bourran **47** 112 Ac 82
Bourré **41** 64 Bb 64
Bourréac **65** 138 Aa 90
Bourret **82** 126 Ba 85
Bourriot-Bergonce **40** 124 Ze 84
Bourron-Marlotte **77** 50 Ce 58
Bourrou **24** 100 Ad 78
Bourrouillan **32** 124 Zf 86
Bours **62** 7 Cb 46
Bours **65** 138 Aa 89
Boursault **51** 35 Df 54
Boursay **41** 48 Af 60
Bourscheid **57** 39 Hb 56
Boursefranc-le-Chapus **17** 86 Yf 73
Bourseul **22** 27 Xe 58
Bourseville **80** 6 Bd 48
Boursières **70** 70 Ga 63
Boursies **59** 8 Da 48
Boursin **62** 3 Be 44
Boursonne **60** 34 Da 53
Bourth **27** 31 Ae 56
Bourthes **62** 7 Bf 45
Bourville **76** 15 Ae 50
Boury-en-Vexin **60** 16 Be 53
Bousbach **57** 39 Gf 54
Bousbecque **59** 4 Da 44
Bouscat, le **33** 111 Zc 79
Bousies **59** 9 Dd 48
Bousignies **59** 9 Dc 46
Bousignies-sur-Roc **59** 10 Eb 47
Bousquet, Le **11** 153 Ca 92
Bousquet-d'Orb, Le **34** 129 Da 86
Boussac **12** 128 Cc 83
Boussac **12** 128 Cf 85
Boussac **23** 90 Cb 70
Boussac **46** 114 Bf 81
Boussac, La **35** 28 Yc 57
Boussac-Bourg **23** 91 Cb 70
Boussagues **34** 129 Da 87
Boussan **31** 140 Af 89
Boussay **37** 77 Af 67
Boussay **44** 60 Ye 66
Bousse **57** 22 Gb 53
Bousse **72** 47 Zf 62
Bousselange **21** 83 Fb 67
Boussenac **09** 152 Bc 91
Boussenois **21** 69 Fb 63
Boussens **31** 140 Af 89
Bousseraucourt **70** 55 Ff 61
Boussès **47** 125 Aa 84
Bousseviller **57** 39 Hc 54
Boussey **21** 68 Ed 64
Boussicourt **80** 17 Cd 50
Boussières **25** 70 Ff 66
Boussières **59** 9 Df 47
Boussières-en-Cambrésis **59** 9 Dc 47
Boussois **59** 9 Ea 47
Boussoulet **43** 105 Ea 78
Boussy **74** 96 Ff 73
Boussy-Saint-Antoine **91** 33 Cd 56
Boust **57** 22 Gb 52
Boustroff **57** 38 Gd 54
Boutancourt **08** 20 Ee 50
Boutavent **60** 16 Be 51
Bout-du-Pont-de-Larn **81** 142 Cc 88
Bouteille, La **02** 19 Df 49
Boutenac **11** 142 Ce 90
Boutenac-Touvent **17** 99 Zb 76
Boutencourt **60** 16 Bf 53
Boutervilliers **91** 50 Ca 58
Bouteville **16** 99 Zf 75
Boutiers-Saint-Trojan **16** 87 Ze 74
Boutigny **77** 34 Cf 55
Boutigny-Prouais **28** 32 Bd 56
Boutigny-sur-Essonne **91** 50 Cc 58
Bouttencourt **80** 6 Bd 49
Boutteville **50** 12 Ye 52
Boutx **31** 151 Ae 91
Bouvaincourt-sur-Bresle **80** 6 Bc 48
Bouvancourt **51** 19 Df 52
Bouvante(-le-Bas) **26** 119 Fb 79
Bouvellemont **08** 20 Ed 51
Bouverans **25** 84 Gb 67
Bouvesse-Quirieu **38** 95 Fc 74
Bouvières **26** 119 Fb 81
Bouvignies **59** 8 Db 46
Bouvigny **62** 8 Ce 46
Bouville **28** 49 Bc 59
Bouville **76** 15 Af 51
Bouville **91** 50 Cb 58
Bouvincourt-en-Vermandois **80** 18 Da 49
Bouvines **59** 8 Db 45
Bouvresse **60** 16 Be 51
Bouvron **44** 59 Ya 64
Bouvron **54** 37 Ff 56
Bouxières-aux-Bois **88** 55 Gb 59
Bouxières-aux-Chênes **54** 38 Gb 56
Bouxières-aux-Dames **54** 38 Gb 56
Bouxières-sous-Froidmont **54** 38 Ga 55
Boux-sous-Salmaise **21** 68 Ed 64
Bouxurulles **88** 55 Gb 58
Bouxwiller **67** 40 Hc 55
Bouxwiller **68** 72 Hb 63
Bouy **51** 35 Ec 54
Bouy-Luxembourg **10** 52 Eb 58
Bouyssou, Le **46** 114 Bf 80
Bouy-sur-Orvin **10** 51 Dc 58
Bouzais **18** 79 Cc 68
Bouzancourt **52** 53 Ef 59
Bouzanville **54** 55 Ga 58
Bouzel **63** 92 Db 74
Bouze-lès-Beaume **21** 82 Ee 66
Bouzemont **88** 55 Gb 59
Bouzic **24** 113 Bb 80
Bouziès **46** 114 Bd 82
Bouzigues **34** 144 Dd 88
Bouzillé **49** 60 Yf 65
Bouzin **31** 140 Af 89
Bouzincourt **80** 8 Cd 48
Bouzon-Gellenave **32** 124 Aa 86
Bouzonville **57** 22 Gd 53
Bouzonville-aux-Bois **45** 50 Cb 60
Bouzy **51** 35 Ea 54
Bouzy-la-Forêt **45** 50 Cc 61
Bovée-sur-Barboure **55** 37 Fd 57
Bovel **35** 44 Ya 61
Bovelles **80** 17 Ca 49
Boves **80** 17 Cc 49
Boviolles **55** 37 Fc 57
Boyardville **17** 86 Ye 73
Boyaval **62** 7 Cb 46
Boyelles **62** 8 Ce 47
Boyer **42** 93 Eb 72
Boyer **71** 82 Ef 69
Boyeux-Saint-Jérôme **01** 95 Fc 72
Boynes **45** 50 Cc 60
Boyon **06** 134 Ha 85
Boz **01** 94 Ef 70
Bozas **07** 106 Ed 78
Bozel **73** 109 Gd 76
Bozouls **12** 115 Ce 82
Brabant-le-Roi **55** 36 Ef 55
Brabant-sur-Meuse **55** 21 Fb 53
Brach **33** 98 Za 78
Brachay **52** 53 Fa 58
Brachy **76** 15 Af 50
Bracieux **41** 64 Bd 63
Bracon **39** 84 Ff 67
Bracquemont **76** 6 Ba 49
Bracquetuit **76** 15 Ba 50
Bradiancourt **76** 16 Bc 51
Braffais **50** 28 Ye 56
Bragassargues **30** 130 Ea 85
Bragayrac **31** 140 Ba 88
Bragelogne-Beauvoir **10** 52 Eb 61
Bragny-sur-Saône **71** 83 Fa 67
Brahic **07** 117 Ea 82
Braillans **25** 70 Ga 65
Brailly-Cornehotte **80** 7 Bf 47
Brain **21** 68 Ed 64
Brainans **39** 83 Fd 67
Braine **02** 18 Dd 52
Brains **44** 60 Yb 65
Brains-sur-les-Marches **53** 43 Ye 61
Brain-sur-Allonnes **49** 62 Aa 65
Brain-sur-l'Authion **49** 61 Zd 64
Brain-sur-Longuenée **49** 61 Zb 63
Brain-sur-Vilaine **35** 44 Ya 62
Brainville **50** 28 Yd 54
Brainville **54** 37 Fe 54
Brainville-sur-Meuse **52** 54 Fd 59
Braize **03** 79 Cd 69
Bralleville **54** 55 Gb 58
Bram **11** 141 Ca 89
Bramans **73** 109 Ge 77
Brametot **76** 15 Af 50
Bramevaque **65** 139 Ad 91
Bran **17** 99 Ze 76
Branceilles **19** 102 Be 78
Branches **89** 51 Dc 61
Brancourt-en-Laonnois **02** 18 Dc 51
Brancourt-le-Grand **02** 9 Dc 49
Brandérion **56** 43 We 62
Brandeville **55** 21 Fb 52
Brando **2B** 157 Kc 92
Brandon **71** 94 Ed 70
Brandonnet **12** 114 Ca 82
Brandonvillers **51** 52 Ed 57
Branges **71** 83 Fb 69
Brangues **38** 107 Fd 74
Brannay **89** 51 Da 59
Branne **25** 70 Gc 64
Branne **33** 111 Ze 80
Brannens **33** 111 Zf 81
Branoux-les-Taillades **30** 130 Df 83
Brans **39** 69 Fd 65
Bransat **03** 92 Db 71
Branscourt **51** 19 De 53
Bransles **77** 51 Cf 60
Brantes **84** 132 Fb 83
Brantes **84** 132 Fc 83
Brantigny **88** 55 Gb 58
Brantôme **24** 100 Ad 76
Branville **14** 14 Aa 53
Branville-Hague **50** 12 Yb 51
Bras **83** 147 Ff 88
Brasc **12** 128 Cd 85
Bras-d'Asse **04** 133 Ga 85
Brasles **02** 34 Dc 54
Braslou **37** 76 Ac 67
Brasparts **29** 25 Wa 59
Brassac **09** 152 Bd 91
Brassac **81** 128 Cd 87
Brassac **82** 126 Af 83
Brassac-les-Mines **63** 104 Dc 76
Brassempouy **40** 123 Zb 87
Brasseuse **60** 17 Ce 53
Bras-sur-Meuse **55** 37 Fc 53
Brassy **58** 67 Df 65
Brassy **80** 17 Ca 50
Bratte **54** 38 Gb 56
Braud-et-Saint-Louis **33** 99 Zc 77
Brauvilliers **55** 37 Fa 57
Braux **04** 134 Ge 85
Braux **10** 53 Ec 58
Braux **21** 68 Ec 64
Braux-le-Châtel **52** 53 Ef 60
Braux-Saint-Rémy **51** 36 Ef 54
Brax **31** 126 Bb 87
Brax **47** 125 Ad 83
Bray **27** 31 Af 54
Bray **71** 82 Ee 69
Bray-Dunes **59** 4 Cd 42
Braye **02** 18 Dc 52
Braye-en-Laonnais **02** 19 Dd 52
Braye-en-Thiérache **02** 19 Df 50
Bray-en-Val **45** 50 Cc 62
Braye-sous-Faye **37** 76 Ac 67
Braye-sur-Maulne **37** 62 Ab 63
Bray-et-Lû **95** 32 Bd 54
Bray-lès-Mareuil **80** 7 Bf 48
Bray-sur-Seine **77** 51 Db 58
Bray-sur-Somme **80** 8 Ce 49
Brazey-en-Morvan **21** 68 Eb 65
Brazey-en-Plaine **21** 69 Fb 66
Bréal-sous-Montfort **35** 44 Ya 60
Bréal-sous-Vitré **35** 45 Yf 60
Bréançon **95** 33 Ca 54
Bréau **77** 34 Cf 57
Bréau-et-Salagosse **30** 129 Dd 85
Bréauté **76** 14 Ac 51
Brebières **62** 8 Da 46
Brebotte **90** 71 Gf 63
Brécé **35** 45 Yd 60
Brecé **53** 46 Zb 58
Brécey **50** 28 Yf 56
Brech **56** 43 Xa 62
Bréchamps **28** 32 Bd 56
Bréchaumont **68** 71 Ha 62
Brectouville **50** 29 Yf 54
Brécy **02** 34 Dc 54
Brécy **18** 65 Cd 66
Brécy-Brières **08** 20 Ee 53
Brède, La **33** 111 Zc 80
Brée **53** 46 Zc 60
Bréel **61** 29 Zd 56
Brée-les-Bains, la **17** 86 Yd 72
Brégnier-Cordon **01** 107 Fd 75
Brégy **60** 34 Cf 54
Bréhain **57** 38 Gd 55
Bréhain-la-Ville **54** 21 Ff 52
Bréhal **50** 28 Yc 55
Bréhand **22** 27 Xc 58
Bréhéville **55** 21 Fb 52
Breidenbach **57** 39 Hc 54
Breil **49** 62 Aa 64
Breille-les-Pins, La **49** 62 Aa 64
Breil-sur-Mérize, Le **72** 47 Ac 61
Breil-sur-Roya **06** 135 Hd 85
Breistroff-la-Grande **57** 22 Gb 52
Breitenau **67** 56 Hb 59
Breitenbach **67** 56 Hb 58
Breitenbach-Haut-Rhin **68** 56 Ha 60
Brélidy **22** 26 We 57
Bréménil **54** 39 Gf 57

Bonchamp-lès-Laval — Bréménil (F) 167

Cambout, Le **22** 43 Xc 60
Cambrai **59** 8 Db 47
Cambremer **14** 30 Aa 54
Cambrin **62** 8 Ce 45
Cambron **80** 7 Be 48
Cambronne-lès-Clermont **60** 17 Cc 52
Cambronne-lès-Ribécourt **60** 18 Cf 51
Camburat **46** 114 Bf 81
Came **64** 137 Yf 88
Camelas **66** 154 Ce 93
Camelin **02** 18 Da 51
Camembert **61** 30 Ab 55
Cametours **50** 28 Ye 54
Camiac-et-Saint-Denis **33** 111 Ze 80
Camiers **62** 6 Bd 45
Camiran **33** 111 Zf 81
Camlez **22** 26 We 56
Cammazes, Les **81** 141 Ca 88
Camoël **56** 59 Xd 64
Camon **09** 141 Bf 90
Camon **80** 17 Cc 49
Camors **56** 43 Xa 61
Camou-Cihigue **64** 137 Za 90
Camou-Mixe-Suhast **64** 137 Yf 88
Camous **65** 139 Ac 91
Campagnac **12** 116 Da 82
Campagnac-lès-Quercy **24** 113 Bb 80
Campagnan **34** 143 Dc 87
Campagne **24** 113 Af 79
Campagne **34** 130 Ea 86
Campagne **60** 18 Cf 51
Campagne-de-Sault **11** 153 Ca 92
Campagne-lès-Boulonnais **62** 7 Bf 45
Campagne-lès-Guînes **62** 3 Bf 43
Campagne-lès-Hesdin **62** 7 Bf 46
Campagne-sur-Arize **09** 140 Bc 90
Campagne-sur-Aude **11** 153 Cb 91
Campagnolles **14** 29 Za 55
Campan **65** 139 Ab 90
Campana **2B** 157 Kc 94
Campandré-Valcongrain **14** 29 Zc 55
Camparan **65** 150 Ac 91
Campeaux **14** 29 Za 55
Campeaux **60** 16 Be 51
Campénéac **56** 44 Xe 61
Campestre-et-Luc **30** 129 Dc 85
Campet-et-Lamolère **40** 124 Zc 85
Camphin-en-Carembault **59** 8 Cf 45
Camphin-en-Pévèle **59** 8 Db 45
Campi **2B** 159 Kc 95
Campigneulles-les-Grandes **62** 7 Be 46
Campigneulles-les-Petites **62** 7 Be 46
Campigny **27** 15 Ad 53
Campile **2B** 157 Kc 94
Campistrous **65** 139 Ac 90
Campitello **2B** 157 Kb 93
Camplong **34** 129 Da 86
Camplong-d'Aude **11** 142 Cd 90
Campneuseville **76** 16 Bd 49
Campo **2A** 159 Ka 97
Campôme **66** 153 Cc 93
Campouriez **12** 115 Cd 80
Campoussy **66** 153 Cc 92
Camprémy **60** 17 Cb 51
Camprond **50** 28 Yd 54
Campsas **82** 126 Bb 85
Campsegret **24** 112 Ad 79
Camps-en-Amiénois **80** 16 Bf 49
Camps-la-Source **83** 147 Ga 88
Camps-sur-l'Agly **11** 153 Cc 91
Camps-sur-l'Isle **33** 99 Zf 79
Campuac **12** 115 Cd 81
Campugnan **33** 99 Zc 77
Campuzan **65** 139 Ac 89
Camurac **11** 153 Bf 92
Canale-di-Verde **2B** 159 Kc 95
Canals **82** 126 Bb 85
Canaples **80** 7 Cb 48
Canappeville **27** 31 Ba 54
Canapville **14** 14 Aa 53
Canapville **61** 30 Ab 55
Canari **2B** 157 Kc 91
Canaules-et-Argentières **30** 130 Ea 85
Canavaggia **2B** 157 Kb 93
Canaveilles **66** 153 Cb 93
Cancale **35** 28 Ya 56
Canchy **14** 13 Za 53
Canchy **80** 7 Bf 47
Cancon **47** 112 Ad 81
Candas **80** 7 Cb 48
Candé **49** 61 Yf 63
Candes-Saint-Martin **37** 62 Aa 65
Candé-sur-Beuvron **41** 64 Bb 64
Candillargues **34** 144 Ea 87
Candor **60** 18 Cf 51
Candresse **40** 123 Za 86
Canehan **76** 6 Bc 49
Canéjean **33** 111 Zc 80
Canens **31** 140 Bc 89
Canenx-et-Réaut **40** 124 Zd 84
Canet **11** 142 Cf 89
Canet **34** 143 Dc 87
Canet-de-Salars **12** 128 Ce 83
Canet-en-Roussillon **66** 154 Da 92
Canet-Plage **66** 154 Da 92
Canettemont **62** 7 Cc 47
Cangey **37** 63 Ba 64
Caniac-du-Causse **46** 114 Bd 81
Canihuel **22** 26 Wf 58
Canilhac **48** 116 Da 82
Canillo **(AND)** 152 Bd 93
Canisy **50** 28 Yf 54
Canlers **62** 7 Ca 46
Canly **60** 17 Ce 52
Cannectancourt **60** 18 Cf 51
Cannelle **2A** 158 Ie 96
Cannes **06** 148 Ha 87
Cannes-Ecluse **77** 51 Cf 58
Cannes-et-Clairan **30** 130 Ea 85
Cannessières **80** 7 Be 49
Cannet **32** 124 Zf 87
Cannet, Le **06** 148 Ha 87
Cannet-des-Maures, Le **83** 147 Gc 88
Canny-sur-Matz **60** 18 Ce 51
Canny-sur-Thérain **60** 16 Be 51
Canohès **66** 154 Ce 93
Canon, Le **33** 110 Ye 80
Canon, Mézidon- **14** 30 Zf 54
Canourgue, La **48** 116 Db 82
Canouville **76** 15 Ad 50
Cantaing-sur-Escaut **59** 8 Da 48
Cantaous **65** 139 Ac 90
Cantaron **06** 135 Hb 86
Canté **09** 141 Bd 89
Canteleu **76** 15 Ba 52
Canteleux **62** 7 Cb 47
Canteloup **14** 30 Zf 54
Canteloup **50** 12 Yd 51
Cantenac **33** 99 Zc 78
Cantenay-Epinard **49** 61 Zc 63
Cantiers **27** 16 Bd 53
Cantigny **80** 17 Cc 50
Cantillac **24** 100 Ad 76
Cantin **59** 8 Da 47
Cantoin **12** 115 Ce 79
Cantois **33** 111 Ze 80
Canville-la-Rocque **50** 12 Yc 52
Canville-les-Deux-Eglises **76** 15 Af 50
Cany-Barville **76** 15 Ad 50
Caorches-Saint-Nicolas **27** 31 Ad 54
Caouënnec-Lanvézéac **22** 26 Wd 56
Caours **80** 7 Bf 48
Capbreton **40** 122 Yd 87
Cap-d'Agde, Le **34** 143 Dd 89
Cap-d'Ail **06** 135 Hc 86
Capdenac **46** 114 Ca 81
Capdenac-Gare **12** 114 Ca 81
Capdrot **24** 113 Af 80
Capelle **59** 9 Dd 47
Capelle, la **02** 9 Df 49
Capelle-Balaguier, La **12** 114 Bf 82
Capelle-Banance, La **12** 116 Da 82
Capelle-Bleys, La **12** 128 Cb 83
Capelle-Fermont **62** 8 Cd 46
Capelle-lès-Boulogne, la **62** 3 Be 44
Capelle-les-Grands **27** 31 Ac 54
Capelle-lès-Hesdin **62** 7 Be 46
Capendu **11** 142 Cd 89
Capens **31** 140 Bb 89
Capestang **34** 143 Da 89
Cap-Ferret **33** 110 Ye 81
Capian **33** 111 Zd 80
Caplong **33** 112 Aa 80
Capoulet **09** 152 Bd 92
Cappel **57** 39 Gf 54
Cappelle-Brouck **59** 3 Cb 43
Cappelle-en-Pévèle **59** 8 Db 45
Cappelle-la-Grande **59** 3 Cc 43
Cappy **80** 17 Ce 49
Captieux **33** 111 Ze 83
Capvern **65** 139 Ab 90
Caragoudes **31** 141 Be 88
Caraman **31** 141 Be 87
Caramany **66** 154 Cd 92
Carantec **29** 25 Wa 56
Carantilly **50** 28 Ye 54
Carayac **46** 114 Bf 81
Carbay **49** 45 Ye 62
Carbini **2A** 159 Ka 98
Carbon-Blanc **33** 111 Zc 79
Carbonne **31** 140 Bb 89
Carbuccia **2A** 159 If 96
Carcagny **14** 13 Zc 53
Carcanières **09** 153 Ca 92
Carcans **33** 98 Yf 78
Carcarès-Sainte-Croix **40** 123 Zb 85
Carcassonne **11** 142 Cc 89
Carcen-Ponson **40** 123 Zb 85
Carces **83** 147 Gb 88
Carcheto-Brustico **2B** 157 Kc 94
Cardaillac **46** 114 Bf 80
Cardan **33** 111 Zd 80
Cardeilhac **31** 139 Ae 89
Cardesse **64** 138 Zc 89
Cardet **30** 130 Ea 84
Cardonette **80** 7 Cc 49
Cardonnet **47** 125 Ad 83
Cardonnois, Le **80** 17 Cc 51
Cardo-Torgia **2A** 159 If 97
Cardroc **35** 44 Ya 59
Carelles **53** 46 Za 58
Carency **62** 8 Ce 46
Carennac **46** 114 Be 79
Carentan **50** 12 Ye 53
Carentoir **56** 44 Xf 62
Cargèse **2A** 158 Id 96
Carhaix-Plouguer **29** 42 Wc 59
Carignan **08** 21 Fb 51
Carignan-de-Bordeaux **33** 111 Zd 80
Carisey **89** 52 Df 61
Carla-Bayle **09** 140 Bc 90
Carla-de-Roquefort **09** 141 Be 91
Carlat **15** 115 Cd 79
Carlencas-et-Levas **34** 129 Db 87
Carlepont **60** 18 Da 51
Carling **57** 39 Ge 53
Carlipa **11** 141 Ca 89
Carlucet **46** 114 Bd 80
Carlus **81** 127 Ca 85
Carlux **24** 113 Bc 79
Carly **62** 3 Be 45
Carmaux **81** 128 Cb 84
Carnac **56** 58 Wf 63
Carnac-Rouffiac **46** 113 Bb 82
Carnas **30** 130 Df 86
Carneille, la **61** 29 Zd 56
Carnet **50** 28 Yc 57
Carneville **50** 12 Yd 50
Carnières **59** 9 Dc 47
Carnin **59** 8 Cf 45
Carnoët **22** 25 Wc 58
Carnoules **83** 147 Gb 89
Carnoux-en-Provence **13** 146 Fd 89
Carnoy **80** 8 Ce 49
Caro **56** 44 Xe 61
Caro **64** 137 Ye 90
Carolles **50** 28 Yc 56
Caromb **84** 132 Fa 84
Carpentras **84** 132 Fa 84
Carpineto **2B** 157 Kc 94
Carpiquet **14** 13 Zd 53
Carquebut **50** 12 Ye 52
Carquefou **44** 60 Yd 65
Carqueiranne **83** 147 Ga 90
Carrépuis **80** 18 Ce 50
Carrère **64** 138 Ze 88
Carrières-sous-Poissy **78** 33 Ca 55
Carros **06** 135 Hb 86
Carrouges **61** 30 Zf 57
Carry-le-Rouet **13** 146 Fa 88
Cars **33** 99 Zc 78
Cars, Les **87** 101 Ba 74
Carsac-Aillac **24** 113 Bb 79
Carsac-de-Gurson **24** 112 Aa 79
Carsan **30** 131 Ed 83
Carsix **27** 31 Ae 54
Carspach **68** 71 Hb 63
Cartelègue **33** 99 Zc 77
Carteret, Barneville- **50** 12 Yb 52
Carticasi **2B** 157 Kb 94
Cartignies **59** 9 Df 48
Cartigny **80** 18 Da 49
Cartigny-l'Epinay **14** 13 Yf 53
Carves **24** 113 Ba 80
Carville-la-Folletière **76** 15 Ae 51
Carville-Pot-de-Fer **76** 15 Ae 50
Carvin **62** 8 Cf 46
Casabianca **2B** 157 Kc 94
Casaglione **2A** 158 Ie 96
Casalabriva **2A** 158 If 98
Casalta **2B** 157 Kc 94
Casamaccioli **2B** 159 Ka 95
Casanova **2B** 159 Kb 95
Cascastel-des-Corbières **11** 154 Ce 91
Casefabre **66** 154 Cd 93
Caseneuve **84** 132 Fc 85
Cases-de-Pène **66** 154 Ce 92
Casevecchie **2B** 159 Kc 96
Cassagnabère-Tournas **31** 139 Ae 89
Cassagnas **48** 130 De 83
Cassagne **31** 140 Af 90
Cassagne, la **24** 101 Bb 78
Cassagnes **46** 113 Ba 81
Cassagnes **66** 154 Cd 92
Cassagnes-Bégonhès **12** 128 Cd 84
Cassagnoles **30** 130 Ea 84
Cassagnoles **34** 142 Cd 88
Cassaigne **32** 125 Ac 85
Cassaigne, La **11** 141 Bf 89
Cassaignes **11** 153 Cb 91
Cassaniouze **15** 115 Cc 80
Cassel **59** 4 Cc 44
Cassen **40** 123 Za 86
Casseneuil **47** 112 Ad 82
Casseuil **33** 111 Zf 81
Cassis **13** 146 Fd 89
Casson **44** 60 Yc 64
Cassuéjouls **12** 115 Ce 80
Cast **29** 41 Vf 60
Castagnac **31** 140 Bc 89
Castagnède **31** 140 Af 90
Castagnède **64** 137 Za 89
Castagniers **06** 135 Hb 86
Castaignos-Souslens **40** 123 Zc 87
Castandet **40** 124 Zd 86
Castanet **12** 128 Cb 83
Castanet **81** 127 Ca 85
Castanet **82** 127 Bf 83
Castanet-le-Bas **34** 129 Da 87
Castanet-le-Haut **34** 129 Cf 87
Castanet-Tolosan **31** 141 Bd 87
Castans **11** 142 Cc 88
Casteide-Cami **64** 138 Zc 89
Casteide-Candau **64** 138 Zc 87
Casteide-Doat **64** 138 Zf 88
Casteil **66** 153 Cc 93
Castelbajac **65** 139 Ac 89
Castelbiague **31** 140 Af 90
Castelculier **47** 125 Ae 83
Castelferrus **82** 126 Ba 84
Castelfranc **46** 113 Bb 81
Castelgaillard **31** 140 Af 88
Castelginest **31** 126 Bc 86
Casteljaloux **47** 112 Aa 83
Casteljau **07** 117 Eb 82
Castella **47** 112 Ae 83
Castellane **04** 134 Gd 85
Castellar **06** 135 Hc 86
Castellare-di-Casinca **2B** 157 Kc 94
Castellare-di-Mercurio **2B** 159 Kb 95
Castellet **84** 132 Fc 85
Castellet, Le **04** 133 Ff 85
Castellet, Le **83** 147 Fe 89
Castello-di-Rostino **2B** 157 Kb 94
Castelmary **12** 128 Cb 83
Castelmaurou **31** 127 Bd 86
Castelmayran **82** 126 Ba 84
Castelmoron-d'Albret **33** 111 Zf 80
Castelmoron-sur-Lot **47** 112 Ac 82
Castelnau-Barbarens **32** 125 Ae 87
Castelnau-Chalosse **40** 123 Za 87
Castelnau-d'Anglès **32** 125 Ab 87
Castelnau-d'Arbieu **32** 125 Ae 85
Castelnaudary **11** 141 Bf 89
Castelnau-d'Aude **11** 142 Ce 89
Castelnau-d'Auzan **32** 125 Aa 85
Castelnaud-de-Gratecambe **47** 112 Ae 82
Castelnau-de-Brassac **81** 128 Cd 87
Castelnau-de-Guers **34** 143 Dc 88
Castelnau-de-Lévis **81** 127 Ca 85
Castelnau-de-Mandailles **12** 115 Cf 81
Castelnau-de-Médoc **33** 98 Zb 78
Castelnau-de-Montmiral **81** 127 Be 85
Castelnau-d'Estrétefonds **31** 126 Bc 86
Castelnaud-la-Chapelle **24** 113 Ba 80
Castelnau-Durban **09** 140 Bc 90
Castelnau-le-Lez **34** 130 Df 87
Castelnau-Magnoac **65** 139 Ad 89
Castelnau-Montratier **46** 126 Bc 83
Castelnau-Pégayrols **12** 129 Cf 84
Castelnau-Picampeau **31** 140 Ba 89
Castelnau-Rivière-Basse **65** 124 Zf 87
Castelnau-sur-Gupie **47** 112 Aa 81
Castelnau-sur-l'Auvignon **32** 125 Ac 85
Castelnau-Tursan **40** 124 Zd 87
Castelnau-Valence **30** 130 Eb 84
Castelnavet **32** 125 Aa 86
Castelner **40** 124 Zc 87
Castelnou **66** 154 Ce 93
Castelreng **11** 141 Ca 90
Castels **24** 113 Ba 79
Castelsagrat **82** 126 Af 83
Castelsarrasin **82** 126 Ba 84
Castel-Sarrazin **40** 123 Zb 87
Castelvieilh **65** 139 Ab 89
Castelviel **33** 111 Zf 80
Castéra, Le **31** 126 Ba 86
Castéra-Bouzet **82** 126 Af 84
Castéra-Lectourois **32** 125 Ad 85
Castéra-Lou **65** 139 Aa 89
Castéra-Loubix **64** 138 Zf 88
Castéras **09** 140 Bc 90
Castéra-Verduzan **32** 125 Ac 86
Castéra-Vignoles **31** 139 Ae 89
Casterets **65** 139 Ad 89
Castéron **32** 126 Af 85
Castet **64** 137 Zc 89
Castet **64** 138 Zd 90
Castet-Arrouy **32** 125 Ae 85
Castetbon **64** 137 Zb 88
Castétis **64** 137 Zb 88
Castetnau-Camblong **64** 137 Zb 89
Castetpugon **64** 124 Ze 87
Castets **40** 123 Ye 87
Castets **40** 123 Yf 85
Castets-en-Dorthe **33** 111 Zf 81
Castex **09** 140 Bb 90
Castex **32** 139 Ab 88
Castex-d'Armagnac **32** 124 Zf 85
Casties-Labrande **31** 140 Ba 89
Castifao **2B** 157 Ka 93
Castiglione **2B** 157 Ka 94
Castillon **06** 135 Hc 85
Castillon **64** 138 Zc 89
Castillon **64** 138 Zf 88
Castillon **65** 139 Ab 90
Castillon-Debats **32** 125 Ab 86
Castillon-de-Castets **33** 111 Zf 81
Castillon-de-Larboust **31** 151 Ad 92
Castillon-du-Gard **30** 131 Ed 85
Castillon-en-Auge **14** 30 Aa 54
Castillon-en-Couserans **09** 151 Ba 91
Castillon-la-Bataille **33** 111 Zf 79
Castillon-Massas **32** 125 Ad 86
Castillonnès **47** 112 Ad 81
Castillon-Savès **32** 140 Af 87
Castilly **14** 13 Yf 53
Castin **32** 125 Ad 86
Castineta **2B** 157 Kb 94
Castirla **2B** 157 Ka 94
Castres **02** 18 Db 50
Castres **81** 128 Cb 87
Castres-Gironde **33** 111 Zd 80
Castries **34** 143 Df 86
Cateau-Cambrésis, le **59** 9 Dd 48
Catelet, le **02** 8 Db 48
Catelier, Le **76** 15 Ba 50
Catenay **76** 16 Bb 51
Catenoy **60** 17 Cd 52
Cateri **2B** 156 If 93
Cathervielle **31** 151 Ad 92
Catheux **60** 17 Ca 51
Catigny **60** 18 Cf 51
Catillon-Fumechon **60** 17 Cc 51
Catillon-sur-Sambre **59** 9 Dd 48
Catllar **66** 153 Cc 93
Cattenières **59** 9 Db 48
Cattenom **57** 22 Gb 52
Catteville **50** 12 Yc 52
Cattonvielle **32** 126 Af 87
Catus **46** 116 Bb 81
Catz **50** 12 Ye 53
Caubeyres **47** 112 Ab 83
Caubiac **31** 126 Ba 86
Caubios-Loos **64** 138 Zd 88
Caubon-Saint-Sauveur **47** 112 Ab 81
Caucalières **81** 142 Cb 87
Cauchie **62** 3 Cb 44
Cauchie, La **62** 8 Cd 47
Cauchy-à-la-Tour **62** 7 Cc 45
Caucourt **62** 8 Cd 46
Caudan **56** 42 Wd 62
Caudebec-en-Caux **76** 15 Ae 51
Caudebec-lès-Elbeuf **76** 15 Ba 53
Caudebronde **11** 142 Cb 88
Caudecoste **47** 125 Ae 84
Caudeval **11** 141 Bf 90
Caudies-de-Confent **66** 153 Ca 93
Caudiès-de-Fenouillèdes **66** 153 Cc 92
Caudrot **33** 111 Zf 81
Caudry **59** 9 Dc 48
Cauffry **60** 17 Cc 53
Caugé **27** 31 Ba 54
Caujac **31** 140 Bc 89
Caulaincourt **02** 18 Da 49
Caule-Sainte-Beuve, Le **76** 16 Bd 50
Caulières **80** 16 Bf 50
Caullery **59** 9 Dc 48
Caulnes **22** 44 Xf 59
Caumont **02** 18 Db 51
Caumont **09** 140 Ba 90
Caumont **27** 15 Af 52
Caumont **32** 124 Zf 86
Caumont **33** 111 Zf 80
Caumont **62** 7 Ca 47
Caumont **82** 126 Ba 84
Caumont-l'Eventé **14** 29 Zb 54
Caumont-sur-Durance **84** 131 Ef 85
Caumont-sur-Garonne **47** 112 Ab 82
Caumont-sur-Orne **14** 29 Zd 55
Cauna **40** 123 Zc 86
Caunay **79** 88 Aa 71
Caunes-Minervois **11** 142 Cd 89
Caunette **34** 142 Ce 88
Caunettes-en-Val **11** 142 Cd 90
Caunette-sur-Lauquet **11** 142 Cc 90
Caupenne **40** 123 Zb 86
Caupenne-d'Armagnac **32** 124 Zf 86
Caure, La **51** 35 De 55
Caurel **22** 43 Wf 59
Cauro **2A** 158 If 97
Cauroir **59** 9 Db 47
Cauroy **08** 20 Ec 52
Cauroy-lès-Hermonville **51** 19 Df 52
Causé, Le **82** 126 Af 86
Cause-de-Clérans **24** 112 Ae 79
Caussade **82** 127 Bd 84
Caussade-Rivière **65** 138 Aa 87
Causse-Bégon **30** 129 Dc 84
Causse-de-la-Selle **34** 130 Dd 86
Causse-de-Sarzac **12** 114 Bf 82
Caussens **32** 125 Ac 85
Causses-et-Veyron **34** 143 Da 88
Caussols **06** 134 Gf 86
Caussou **09** 152 Be 92
Cauterets **65** 150 Zf 91
Cauverville-en-Roumois **27** 15 Ad 52
Cauvicourt **14** 30 Ze 54
Cauvignac **33** 111 Zf 82
Cauvigny **60** 17 Cb 53
Cauville **14** 29 Zc 55
Cauville **76** 14 Aa 51
Caux **34** 143 Dc 87
Caux-et-Sauzens **11** 142 Cb 89
Cauzac **47** 113 Af 83
Cavagnac **46** 102 Bd 78
Cavaillon **84** 132 Fa 85
Cavalaire-sur-Mer **83** 148 Gd 89
Cavan **22** 26 Wd 56
Cavanac **11** 142 Cb 90
Cavarc **47** 112 Ad 80
Caveirac **30** 130 Eb 86
Caves **11** 154 Cf 91
Cavignac **33** 99 Zd 78
Cavigny **50** 13 Yf 53
Cavillargues **30** 131 Ed 84
Cavillon **80** 17 Ca 49
Cavron-Saint-Martin **62** 7 Bf 46
Caychax **09** 153 Be 92
Cayeux-en-Santerre **80** 17 Cd 50
Cayeux-sur-Mer **80** 6 Bc 47
Caylar, Le **34** 129 Db 85
Caylus **82** 127 Be 83
Cayrac **82** 126 Bc 84
Cayres **43** 117 De 79
Cayriech **82** 127 Bd 83
Cayrol, Le **12** 115 Ce 81
Cayrols **15** 115 Cb 80
Cazac **31** 140 Af 88
Cazalis **33** 111 Zd 82
Cazalis **40** 123 Zc 87
Cazalrenoux **11** 141 Bf 89
Cazals **46** 113 Bb 81
Cazals **82** 127 Be 84
Cazals-des-Baylès **09** 141 Bf 90
Cazarilh **65** 139 Ad 91
Cazaril-Laspènes **31** 151 Ad 92
Cazaril-Tambourès **31** 139 Ad 89
Cazats **33** 111 Ze 82
Cazaubon **32** 124 Zf 85
Cazaugitat **33** 112 Aa 80
Cazaunous **31** 139 Ae 91
Cazaux **09** 141 Bd 90
Cazaux-d'Anglès **32** 125 Ab 87
Cazaux-Debat **65** 150 Ac 91
Cazaux-Layrisse **31** 151 Ad 91
Cazaux-Savès **32** 140 Af 87
Cazaux-Villecomtal **32** 139 Ab 88
Cazavet **09** 140 Ba 90
Cazenave **09** 152 Be 91
Cazeneuve **32** 125 Aa 85
Cazeneuve-Montaut **31** 140 Af 89
Cazères **31** 140 Ba 89
Cazères-sur-l'Adour **40** 124 Ze 86
Cazes-Mondenard **82** 126 Bb 83
Cazevieille **34** 130 De 86
Cazideroque **47** 113 Af 82
Cazilhac **11** 142 Cc 89
Cazilhac **34** 130 De 85
Cazillac **46** 114 Bd 79
Cazoulès **24** 113 Bc 79
Cazouls-d'Hérault **34** 143 Dc 87
Cazouls-lès-Béziers **34** 143 Da 88
Ceaucé **61** 29 Zc 58
Ceaulmont **36** 78 Bd 69
Céaux **50** 28 Yd 57
Céaux-d'Allègre **43** 105 De 77
Ceaux-en-Couhé **86** 88 Ab 71
Ceaux-en-Loudun **86** 76 Ab 66
Cébazan **34** 143 Cf 88
Cébazat **63** 92 Da 74
Ceffonds **52** 53 Ee 58
Ceilhes-et-Rocozels **34** 129 Da 86
Ceillac **05** 121 Ge 80
Ceilloux **63** 104 Dd 75
Ceintrey **54** 38 Gb 57
Celette, La **18** 79 Cd 69
Celle, La **03** 91 Ce 71
Celle, La **18** 79 Cc 68
Celle, La **63** 91 Cc 73
Celle-Condé, La **18** 79 Cb 68
Celle-Dunoise, La **23** 90 Be 71
Celle-en-Morvan, La **71** 81 Eb 66
Cellefrouin **16** 88 Ac 73
Celle-Guenand, La **37** 77 Af 67
Celle-les-Bordes, La **78** 32 Bf 57
Celle-Lévescault **86** 76 Ab 70
Celles **09** 152 Be 91
Celles **17** 99 Zd 75
Celles **24** 100 Ac 77
Celles **34** 129 Dc 87
Celle-Saint-Avant, La **37** 77 Ad 66
Celle-Saint-Cloud, La **78** 33 Ca 55
Celle-Saint-Cyr, La **89** 51 Db 61
Celles-en-Bassigny **52** 54 Fd 61
Celles-lès-Condé **02** 34 Dd 54
Celle-sous-Chantemerle, La **51** 35 De 57
Celle-sous-Gouzon, La **23** 91 Cb 71
Celle-sous-Montmirail, La **02** 34 Dc 55
Celles-sur-Aisne **02** 18 Dc 52
Celles-sur-Belle **79** 87 Ze 71
Celles-sur-Durolle **63** 93 Dd 73
Celles-sur-Ource **10** 53 Ec 60
Celles-sur-Plaine **88** 56 Gf 58
Celle-sur-Loire, La **58** 66 Cf 64
Celle-sur-Nièvre, La **58** 66 Db 65
Cellettes, La **23** 90 Ca 70
Cellette, La **63** 91 Ce 72
Cellettes **16** 88 Aa 73
Cellien **42** 106 Ed 75
Cellier, Le **44** 60 Yd 65
Cellieville **76** 15 Ba 52
Cellule **63** 92 Da 73
Celon **36** 78 Bc 69
Celoux **15** 104 Db 78
Celsoy **52** 54 Fc 61
Cély **77** 50 Cd 58
Cemboing **70** 54 Ff 61
Cempuis **60** 17 Ca 50
Cénac **33** 111 Zd 80
Cenans **70** 70 Gb 64
Cendre, Le **63** 104 Db 74
Cendrecourt **70** 55 Ff 61
Cendrey **25** 70 Gb 64
Cendrieux **24** 101 Ae 79
Cénevières **46** 114 Be 82
Cenne-Monestiès **11** 141 Ca 89
Cenon **33** 111 Zc 79
Cenon-sur-Vienne **86** 77 Ad 68
Censerey **21** 68 Ec 65
Censy **89** 67 Ea 62
Cent-Acres, Les **76** 15 Ba 50
Centrès **12** 128 Cc 84
Centuri **2B** 157 Kc 91
Cenves **69** 94 Ed 71
Cépet **31** 126 Bc 86
Cépie **11** 142 Cb 90
Cepoy **45** 50 Ce 60
Céran **32** 125 Ae 86
Cérans-Foulletourte **72** 47 Ab 62
Cerbère **66** 154 Da 94
Cerbois **18** 79 Ca 66
Cercier **74** 96 Ga 72
Cerclé **69** 94 Ee 72
Cercles **24** 100 Ac 76
Cercottes **45** 49 Bf 61
Cercoux **17** 99 Ze 78
Cercueil, Le **61** 30 Aa 57
Cercy-la-Tour **58** 81 Dd 67
Cerdon **01** 95 Fc 72
Cerdon **45** 65 Cc 63
Cere **40** 124 Zc 85
Céré-la-Ronde **37** 63 Bb 65
Cérelles **37** 63 Ae 64
Cérences **50** 28 Yd 55
Céreste **04** 132 Fd 85
Céret **66** 154 Ce 94
Cerfontaine **59** 9 Ea 47
Cergne, La **42** 93 Eb 72
Cergy **95** 33 Ca 54
Cergy-Pontoise (ville nouvelle) **95** 33 Ca 54
Cérilly **03** 80 Ce 69
Cérilly **21** 53 Ec 61
Cérilly **89** 52 Dd 59
Cerisé **61** 47 Aa 58
Cerisières **52** 53 Fa 59
Cerisiers **89** 51 Dc 60
Cerisy **80** 17 Cd 49
Cerisy-Belle-Etoile **61** 29 Zc 56
Cérisy-Buleux **80** 7 Be 49
Cerisy-la-Forêt **50** 13 Za 53
Cerisy-la-Salle **50** 28 Ye 54
Cerizay **79** 75 Zc 68
Cérizols **09** 140 Ba 90
Cerizy **02** 18 Db 50
Cerlangue, La **76** 14 Ac 51
Cernay **14** 30 Ab 54
Cernay **28** 48 Bb 58
Cernay **68** 56 Hb 62
Cernay **86** 76 Ab 68
Cernay-en-Dormois **51** 36 Ee 53
Cernay-la-Ville **78** 32 Bf 56
Cernay-l'Eglise **25** 71 Gf 65
Cernay-lès-Reims **51** 19 Ea 53
Cerneux **77** 34 Dc 56
Cernex **74** 96 Ga 72
Cerniébaud **39** 84 Ga 68
Cernion **08** 20 Ec 50
Cernon **39** 95 Fd 70
Cernon **51** 35 Ec 55
Cernoy **60** 17 Cd 52
Cernoy-en-Berry **45** 65 Cd 63
Cernusson **49** 61 Zd 65
Cerny **91** 50 Cb 58
Cerny-en-Laonnois **02** 19 De 52
Cerny-lès-Bucy **02** 18 Dd 51
Céron **71** 93 Df 71
Cérons **33** 111 Zd 81
Cerqueux-de-Maulevrier, Les **49** 75 Zc 65
Cerqueux-sous-Passavant **49** 61 Zd 66
Cerre-lès-Nordy **70** 70 Gb 63
Cers **34** 143 Db 89
Cersay **79** 75 Zd 66
Cerseuil **02** 18 Dd 53
Cersot **71** 82 Ed 68
Certilleux **88** 54 Fe 59
Certines **01** 95 Fb 72
Cervens **74** 96 Gc 71
Cervières **05** 120 Ge 79
Cervières **42** 93 De 73
Cerville **54** 38 Gb 56
Cervione **2B** 159 Kc 95
Cervon **58** 67 De 65
Cerzat **43** 104 Dc 78
Césarches **73** 108 Gc 74
Césarville-Dossainville **45** 50 Cb 59
Cescau **09** 151 Ba 91
Cescau **64** 138 Zc 88
Cesny-aux-Vignes-Ouezy **14** 30 Zf 54
Cesny-Bois-Halbaut **14** 29 Zd 55
Cessac **33** 111 Ze 80
Cessales **31** 141 Be 88
Cesse **55** 21 Fa 51
Cessenon-sur-Orb **34** 143 Da 88
Cessens **73** 96 Ff 74
Cesseras **34** 142 Ce 89
Cesset **03** 92 Db 71
Cesseville **27** 31 Af 53
Cessey **25** 84 Ff 66
Cessey-sur-Tille **21** 69 Fb 65
Cessières **02** 18 Dd 51
Cessieu **38** 107 Fc 75
Cesson **22** 26 Xb 57
Cesson **77** 33 Cd 57
Cesson-Sevigne **35** 45 Yc 60
Cessoy-en-Montois **77** 51 Da 57
Cessy **01** 96 Ha 71
Cessy-les-Bois **58** 66 Db 65
Cestas **33** 111 Zb 80
Cestayrols **81** 127 Bf 85
Ceton **61** 48 Ae 59
Cette-Eygun **64** 137 Zc 91
Cevins **73** 108 Gc 75
Ceyras **34** 129 Dc 87
Ceyrat **63** 92 Da 74
Ceyreste **13** 146 Fd 89
Ceyroux **23** 90 Bd 72

Cambout, Le — Ceyroux (F) 169

Chevannes 91 33 Cc 57
Chevannes-Changy 58 66 Dc 65
Chevennes 02 19 De 50
Chevennes 21 68 Ef 66
Chevenon 58 80 Db 67
Chevenoz 74 96 Gd 71
Cheverny 41 64 Bc 64
Cheveuges-St.-Aignan 08 20 Ef 50
Chevières 08 20 Ef 52
Chevigney 25 70 Gc 66
Chevigney 70 69 Fd 65
Chevigney-sur-l'Ognon 25 70 Ff 65
Chevigny 21 69 Fa 65
Chevigny 39 69 Fc 65
Chevigny-en-Valière 21 82 Ef 67
Chevigny-Saint-Sauveur 21 69 Fa 65
Chevillard 01 95 Fd 72
Chevillé 72 47 Ze 61
Chevillon 52 37 Fa 57
Chevillon 89 51 Db 61
Chevillon-sur-Huillard 45 50 Cd 61
Chevilly 45 49 Be 60
Chevinay 69 94 Ed 74
Chevincourt 60 18 Cf 51
Cheviré-le-Rouge 49 62 Ze 63
Chevrainvilliers 77 50 Cd 59
Chevreaux 39 83 Fc 69
Chevregny 02 19 Dd 52
Chèvremont 90 71 Gf 63
Chèvrerie, La 16 88 Aa 72
Chevresis-Monceau 02 19 Dd 50
Chevreuse 78 33 Ca 56
Chèvreville 50 29 Yf 57
Chèvreville 60 34 Ce 54
Chevrier 74 96 Ff 72
Chevrières 38 107 Fb 77
Chevrières 42 106 Ec 75
Chevrières 60 17 Ce 52
Chevroches 58 67 Dd 64
Chevrolière, La 44 60 Yc 66
Chevrotaine 39 84 Ff 69
Chevroux 01 94 Ee 70
Chevroz 25 70 Ga 65
Chevru 77 34 Db 56
Chevry 01 96 Ga 71
Chevry 50 28 Yf 55
Chevry-Cossigny 77 33 Cd 56
Chevry-en-Sereine 77 51 Cf 59
Chevry-sous-le-Bignon 45 51 Cf 60
Chey 79 88 Zf 71
Cheylade 15 103 Ce 77
Cheylard, Le 07 118 Ec 79
Cheylard-l'Evêque 48 117 De 81
Cheyssieu 38 106 Ef 76
Chezal-Benoît 18 79 Ca 68
Chèze 65 150 Zf 91
Chèze, La 22 43 Xc 60
Chèzeaux 52 54 Fd 61
Chezelle 03 92 Da 71
Chezelle 03 92 Db 72
Chezelles 36 78 Bd 67
Chézelles 37 76 Ac 66
Chézeneuve 38 107 Fb 75
Chézery-Forens 01 96 Ff 71
Chézy 03 80 Dc 69
Chézy-en-Orxois 02 34 Db 54
Chézy-sur-Marne 02 34 Dc 55
Chiatra 2B 159 Kc 95
Chiché 79 75 Zd 68
Chicheboville 14 30 Ze 54
Chichée 89 67 Df 62
Chichery 89 51 Dd 61
Chichey 51 35 De 56
Chichilianne 38 119 Fd 80
Chicourt 57 38 Gd 55
Chiddes 58 81 Df 67
Chiddes 71 82 Ed 70
Chidrac 63 104 Da 75
Chierry 02 34 Dc 54
Chieulles 57 38 Gb 54
Chigné 49 63 Aa 63
Chigny 02 19 De 49
Chigny-les-Roses 51 35 Ea 54
Chigy 89 51 Dc 59
Chilhac 43 104 Dc 78
Chillac 16 99 Zf 76
Chille 39 83 Fd 68
Chilleurs-aux-Bois 45 50 Ca 60
Chillou, Le 79 76 Zf 68
Chilly 08 20 Ec 49
Chilly 74 96 Ff 73
Chilly 80 17 Ce 50
Chilly-le-Vignoble 39 83 Fd 69
Chilly-Mazarin 91 33 Cb 56
Chilly-sur-Salins 39 84 Ff 67
Chimilin 38 107 Fd 75
Chindrieux 73 96 Ff 74
Chinon 37 62 Ab 66
Chipilly 80 17 Cd 49
Chirac 16 89 Ad 73
Chirac 48 116 Db 81
Chirac-Bellevue 19 103 Cd 76
Chirassimont 42 93 Eb 73
Chirat-l'Église 03 92 Da 71
Chiré-en-Montreuil 86 76 Aa 69
Chirens 38 107 Fd 76
Chirmont 80 17 Cc 50
Chirols 07 117 Eb 80
Chiroubles 69 94 Ed 71
Chiry-Ourscamps 60 18 Cf 51
Chis 65 139 Aa 89
Chisa 2B 159 Kb 97
Chissay-en-Touraine 41 63 Ba 64
Chisseaux 37 63 Ba 65
Chisséria 39 95 Fd 70
Chissey-en-Morvan 71 81 Eb 66
Chissey-lès-Mâcon 71 82 Ee 69
Chissey-sur-Loue 39 83 Fe 66
Chitenay 41 64 Bc 64
Chitray 36 78 Bc 69
Chitry 89 67 De 62
Chitry-les-Mines 58 67 Dd 65
Chivres 21 83 Fa 67
Chivres-en-Laonnais 02 19 Df 51
Chivres-Val 02 18 Dc 52
Chivy-lès-Étouvelles 02 19 Dd 51
Chizé 79 87 Zd 72
Chouain 14 13 Zc 53
Chocques 62 8 Cd 45
Choilley-Dardenay 52 69 Fc 63
Choisel 78 33 Ca 56
Choiseul 52 54 Fd 60
Choisey 39 83 Fc 66
Choisies 59 9 Ea 47
Choisy 74 96 Ga 73
Choisy-au-Bac 60 18 Cf 52
Choisy-en-Brie 77 34 Db 56
Choisy-la-Victoire 60 17 Cd 52
Choisy-le-Roi 94 33 Cc 56
Cholet 49 61 Za 66
Cholonge 38 120 Fe 78
Choloy-Ménillot 54 37 Fe 57
Chomelix 43 105 De 77
Chomérac 07 118 Ed 80
Chomette, La 43 104 Dc 77
Chonas-l'Amballan 38 106 Ee 76
Chooz 08 10 Ee 48
Choqueuse-les-Bénards 60 17 Ca 51
Choranche 38 107 Fc 78
Chorey 21 82 Ef 66
Chorges 05 120 Gb 81
Chouday 36 79 Ca 67
Chougny 58 81 De 66
Chouilly 51 35 Ea 54
Chouppes 86 76 Aa 68
Chourgnac 24 101 Ba 77
Choussy 41 64 Bc 64
Chouvigny 03 92 Da 72
Choux 39 95 Fe 71
Choux, Les 45 65 Ce 62
Chouy 02 34 Db 53
Chouzé-sur-Loire 37 62 Aa 65
Chouzy-sur-Cisse 41 64 Bb 63
Choye 70 70 Fe 64
Chuelles 45 51 Cf 60
Chuffilly-Roche 08 20 Ed 52
Chuignes 80 17 Ce 49
Chuignolles 80 17 Ce 49
Chuisnes 28 48 Bb 58
Chusclan 30 131 Ee 84
Chuzelles 38 106 Ef 75
Ciadoux 31 139 Ae 89
Ciamannacce 2A 159 Ka 97
Ciboure 64 136 Yb 88
Cideville 76 15 Af 51
Ciel 71 83 Fa 67
Cier-de-Luchon 31 151 Ad 91
Cier-de-Rivière 31 139 Ad 90
Cierges 02 35 Dd 53
Cierges-sous-Montfaucon 55 20 Fa 53
Cierp-Gaud 31 151 Ad 91
Cierrey 27 32 Bb 54
Cierzac 17 99 Ze 75
Cieurac 46 114 Bc 79
Cieurac 46 114 Bd 82
Cieutat 65 139 Ab 90
Cieux 87 89 Ba 73
Ciez 58 66 Da 64
Cigogné 37 63 Af 65
Cilly 02 19 Df 50
Cinais 37 62 Ab 66
Cindré 03 92 Dd 71
Cinq-Mars-la-Pile 37 63 Ac 64
Cinqueux 60 17 Cd 53
Cintegabelle 31 141 Bd 89
Cintheaux 14 30 Ze 54
Cintray 27 31 Af 56
Cintray 28 49 Bc 58
Cintré 35 44 Ya 60
Cintrey 70 69 Fe 62
Ciotat, La 13 146 Fd 89
Cipières 06 134 Gf 86
Ciral 61 30 Zf 58
Ciran 37 77 Af 66
Circourt 88 55 Gb 59
Circourt-sur-Mouzon 88 54 Fe 59
Cirès 31 151 Ad 91
Cires-lès-Mello 60 17 Cc 53
Cirey 70 70 Ga 64
Cirey-lès-Mareilles 52 54 Fb 59
Cirey-lès-Pontailler 21 69 Fb 65
Cirey-sur-Blaise 52 53 Ef 58
Cirey-sur-Vezouze 54 39 Gf 57
Cirfontaines-en-Azois 52 53 Ef 60
Cirfontaines-en-Ornois 52 54 Fc 58
Ciron 36 77 Bb 69
Ciry-le-Noble 71 82 Eb 69
Ciry-Salsogne 02 18 Dc 52
Cisai-Saint-Aubin 61 30 Ac 56
Cisery 89 67 Ea 63
Cissac-Médoc 33 98 Zb 77
Cissé 86 76 Ab 69
Cisternes-la-Forêt 63 91 Ce 74
Cistrières 43 105 Dd 77
Citerne 80 7 Be 49
Citers 70 70 Gc 62
Citey 70 70 Fe 64
Citou 11 142 Cd 88
Citry 77 34 Db 55
Civaux 86 77 Ad 70
Civens 42 93 Eb 73
Civières 27 32 Bd 53
Civrac-de-Blaye 33 99 Zd 78
Civrac-de-Dordogne 33 111 Zf 80
Civrac-en-Médoc 33 98 Za 76
Civray 18 79 Cb 67
Civray 86 88 Ab 72
Civray-de-Touraine 37 63 Ba 65
Civray-sur-Esves 37 77 Ae 66
Civrenne 36 79 Ca 68
Civrieux 01 94 Ef 73
Civrieux-d'Azergues 69 94 Ee 73
Civry 28 49 Bc 60
Civry-en-Montagne 21 68 Ed 65
Civry-la-Forêt 78 32 Bd 55
Cizancourt 80 8 Cf 49
Cizay-la-Madeleine 49 62 Ze 65
Cize 01 95 Fc 71
Cize 39 84 Ff 64
Cizely 58 81 Dc 67
Cizos 65 139 Ac 89
Clacy-et-Thierret 02 19 Dd 51
Cladech 24 113 Af 81
Cladech 24 113 Ba 80
Claira 66 154 Cf 92
Clairac 47 112 Ac 82
Clairefontaine-en-Yvelines 78 32 Bf 57
Clairefougère 61 29 Zb 56
Clairegoutte 70 71 Gd 63
Clairfayts 59 10 Ea 48
Clairfontaine 02 9 Df 49
Clairmarais 62 3 Cb 44
Clairoix 60 18 Cf 52
Clairvaux-d'Aveyron 12 115 Cc 82
Clairvaux-les-Lacs 39 84 Fe 69
Clairy-Saulchoix 80 17 Cb 49
Clais 76 16 Bc 50
Claix 16 100 Aa 75
Claix 38 107 Fe 78
Clam 17 99 Zd 76
Clamanges 51 35 Ea 56
Clamart 92 33 Cb 56
Clamecy 02 18 Dc 52
Clamecy 58 67 Dd 64
Clamensane 04 120 Ga 83
Clamerey 21 68 Ec 64
Clamour 58 80 Da 66
Clans 06 134 Ha 84
Clans 70 69 Ga 63
Clansayes 26 118 Ee 82
Claon, Le 55 36 Ef 54
Claouey 33 110 Ye 80
Clapier, Le 12 129 Db 86
Clapiers 34 130 Cf 87
Clara 66 153 Cc 93
Clarac 31 139 Ad 90
Clarac 65 139 Ab 89
Claracq 64 138 Ze 87
Clarafond 74 96 Ff 72
Clarbec 14 14 Aa 53
Clarens 65 139 Ac 90
Clarensac 30 130 Eb 86
Claret 04 120 Ff 82
Claret 34 130 Df 85
Clarques 62 3 Cb 45
Clary 59 9 Dc 48
Classun 40 124 Zd 86
Clastres 02 18 Db 50
Clasville 76 15 Ad 50
Clat, Le 11 153 Cb 92
Claudon 88 55 Ga 60
Claunay 86 76 Ab 67
Claux, Le 15 103 Ce 78
Clavans-en-Haut-Oisans 38 108 Ga 78
Claveisolles 69 94 Ec 72
Claveyson 26 106 Ef 77
Clavière 36 78 Be 68
Clavières 15 116 Db 79
Claviers 83 134 Gd 87
Claville 27 31 Ba 54
Claville-Motteville 76 15 Bb 51
Clavy-Warby 08 20 Ed 50
Claye, La 85 74 Ye 70
Clayes 35 44 Ya 59
Claye-Souilly 77 33 Ce 55
Clayes-sous-Bois, Les 78 32 Bf 56
Clayette, La 71 93 Eb 71
Clayeures 54 55 Gc 58
Clécy 14 29 Zd 55
Cléden-Cap-Sizun 29 41 Vc 60
Cléden-Poher 29 42 Wb 59
Cléder 29 25 Vf 57
Clèdes 40 124 Zd 87
Cleebourg 67 40 Hf 54
Clefcy 88 56 Gf 59
Clefmont 52 54 Fd 60
Clefs 49 62 Zf 63
Clefs, Les 74 96 Gb 73
Cléguer 56 42 Wd 61
Cléguérec 56 43 Wf 60
Clelles-en-Trièves 38 119 Fd 80
Clémencey 21 68 Ef 65
Clémensat 63 92 Da 74
Clémensat 63 104 Da 75
Clémery 54 38 Gb 55
Clémont 18 65 Cb 63
Clénay 21 69 Fa 64
Clenleu 62 7 Bf 45
Cléon 76 15 Ba 53
Cleon-d'Andran 26 118 Ef 81
Cleppé 42 93 Eb 74
Clérac 17 99 Ze 77
Cléré-du-Bois 36 77 Ba 67
Cléré-les-Pins 37 62 Ac 64
Clères 76 15 Ba 51
Cléré-sur-Layon 49 61 Zd 66
Clérey 10 52 Eb 59
Clérey-la-Côte 88 54 Fe 58
Clérey-sur-Brénon 54 55 Ga 57
Clergoux 19 102 Bf 77
Clérieux 26 106 Ef 78
Clérimois, Les 89 51 Dc 59
Clerjus, Le 88 55 Gb 61
Clerlande 63 92 Db 73
Clermain 71 94 Ed 70
Clermont 09 140 Bb 90
Clermont 40 123 Za 87
Clermont 60 17 Cc 52
Clermont 74 96 Ff 73
Clermont-Créans 72 62 Zf 62
Clermont-de-Beauregard 24 112 Ad 79
Clermont-d'Excideuil 24 101 Ba 76
Clermont-en-Argonne 55 36 Fa 54
Clermont-Ferrand 63 92 Da 74
Clermont-le-Fort 31 140 Bc 88
Clermont-lès-Fermes 02 19 Df 50
Clermont-l'Hérault 34 129 Dc 87
Clermont-Pouyguillès 32 139 Ad 88
Clermont-Savès 32 126 Ba 87
Clermont-Soubiran 47 126 Ae 84
Clermont-sur-Lauquet 11 142 Cc 90
Cléron 25 84 Ga 66
Clerques 62 3 Bf 43
Clerval 25 70 Gc 64
Cléry 21 69 Fd 65
Cléry 73 108 Gb 75
Cléry-en-Vexin 95 32 Bf 54
Cléry-Grand 55 21 Fa 52
Cléry-Petit 55 21 Fb 52
Cléry-Saint-André 45 49 Be 62
Cléry-sur-Somme 80 8 Cf 49
Clesles 51 35 De 57
Clessé 79 75 Zd 68
Clessy 71 81 Ea 69
Cléty 62 3 Cb 45
Cleurie 88 56 Ge 60
Cleuville 76 15 Ad 50
Cléville 14 30 Zf 54
Cléville 76 15 Ad 51
Clévilliers 28 32 Bc 57
Cleyrac 33 111 Zf 80
Cleyzieu 01 95 Fc 73
Clézentaine 88 55 Gd 58
Clichy 92 33 Cb 55
Climbach 67 40 Hf 54
Clinchamp 52 54 Fc 59
Clinchamps-sur-Orne 14 29 Zd 54
Clion 17 99 Zc 76
Clion 36 77 Bb 67
Cliousclat 26 118 Ef 80
Cliponville 76 15 Ad 50
Clisse, La 17 87 Zb 74
Clisson 44 60 Ye 66
Clitourps 50 12 Yd 51
Clohars-Carnoët 29 42 Wc 62
Clohars-Fouesnant 29 42 Vf 61
Cloître-Pleyben, Le 29 42 Wa 59
Cloître-Saint-Thégonnec 29 25 Wb 58
Clomot 21 68 Ec 65
Clonaz-sur-Varèze 38 106 Ee 76
Clos-Fontaine 77 34 Da 57
Clouange 57 22 Ga 53
Cloué 86 76 Aa 70
Clouzeaux, Les 85 74 Yc 69
Cloyes-sur-le-Loir 28 48 Bb 61
Cloyes-sur-Marne 51 52 Ed 57
Clucy 39 84 Ff 67
Clugnat 23 91 Ca 71
Cluis 36 78 Be 69
Clumanc 04 133 Gc 84
Cluny 71 82 Ed 70
Clusaz, la 74 96 Gc 73
Cluse, La 05 120 Ff 81
Cluse-et-Mijoux, la 25 84 Gc 67
Cluses 74 97 Gd 72
Clussais 79 88 Aa 71
Clux 71 83 Fb 67
Coadut 22 26 We 57
Coaraze 06 135 Hb 85
Coarraze 64 138 Ze 89
Coatascorn 22 26 We 56
Coat-Méal 29 24 Vc 57
Coatréven 22 26 We 56
Cobonne 26 119 Fa 80
Cobrieux 59 8 Db 45
Cochère, La 61 30 Aa 56
Cocherel 77 34 Da 54
Cocheren 57 39 Gf 54
Coclois 10 52 Ec 58
Cocquerel 80 7 Bf 48
Cocumont 47 112 Aa 82
Cocurès 48 117 Dd 82
Codognan 30 130 Eb 86
Codolet 30 131 Ee 84
Coëtlogon 22 44 Xc 60
Coëtmieux 22 27 Xd 58
Cœuvres-et-Valsery 02 18 Da 52
Coëx 85 73 Yb 68
Coffery 77 34 Db 56
Coggia 2A 158 Ie 96
Coglès 35 28 Yd 58
Cogna 39 84 Fe 69
Cognac 16 87 Ze 74
Cognac-la-Forêt 87 89 Ba 73
Cognat-Lyonne 03 92 Db 72
Cogners 72 48 Ad 61
Cognet 38 119 Fe 79
Cognières 70 70 Gb 64
Cognin-les-Gorges 38 107 Fc 77
Cognocoli-Monticchi 2A 158 If 98
Cogny 18 79 Cd 67
Cogny 69 94 Ed 73
Cogolin 83 148 Gd 89
Cohade 43 104 Dc 76
Cohiniac 22 26 Xa 58
Cohons 52 69 Fc 62
Coiffy-le-Bas 52 54 Fe 61
Coiffy-le-Haut 52 54 Fe 61
Coigneux 80 8 Cd 48
Coignières 78 32 Bf 56
Coigny 50 12 Yd 53
Coimères 33 111 Ze 82
Coinces 45 49 Be 60
Coinches 88 56 Ha 59
Coincourt 54 38 Gd 56
Coincy 02 34 Dc 54
Coincy 57 38 Gb 54
Coings 36 78 Be 67
Coingt 02 19 Ea 50
Coin-lès-Cuvry 57 38 Ga 54
Coin-sur-Seille 57 38 Ga 54
Coirac 33 111 Ze 80
Coise 69 106 Ec 75
Coiserette 39 96 Ff 70
Coisevaux 70 71 Ge 63
Coisia 39 95 Fd 71
Coisy 80 7 Cb 49
Coivert 17 87 Zd 72
Coivrel 60 17 Cd 51
Coizard-Joches 51 35 Df 56
Colayrac-Saint-Cirq 47 125 Ad 83
Colembert 62 3 Be 44
Coligny 01 95 Fc 70
Colincamps 80 8 Cd 48
Collan 89 52 Df 61
Collancelle, La 58 67 Dd 65
Collandres 15 103 Cd 77
Collandres-Quincarnon 27 31 Af 55
Collanges 63 104 Db 76
Collat 43 105 Dd 77
Collégien 77 33 Ce 55
Collemiers 89 51 Db 60
Collenges-au-Mont-d'Or 69 94 Ee 74
Colleret 59 10 Ea 47
Collet-de-Dèze, Le 48 130 Df 83
Colletot 27 15 Ad 52
Colleville 76 15 Ac 50
Colleville-Montgomery 14 14 Ze 53
Colleville-sur-Mer 14 13 Za 52
Collias 30 131 Ec 85
Colligny 57 38 Gb 54
Colline-Beaumont 62 7 Be 46
Collinée 22 44 Xc 59
Collioure 66 154 Da 93
Collobrières 83 147 Gb 89
Collonge-en-Charollais 71 82 Ed 69
Collonge-la-Madeleine 71 82 Ed 67
Collonges 01 96 Ff 72
Collonges-la-Rouge 19 102 Bd 78
Collonges-lès-Bevy 21 68 Ef 65
Collonges-lès-Premières 21 69 Fa 65
Collonges-sous-Salève 74 95 Ga 72
Collongues 06 134 Gf 85
Collongues 65 139 Aa 89
Collorec 29 25 Wa 59
Collorgues 30 130 Eb 84
Colmar 68 56 Hc 60
Colmars 04 134 Gd 83
Colmen 57 22 Gd 52
Colmesnil-Mannevil 76 15 Ba 49
Colmey 54 21 Fd 52
Colmier-le-Bas 52 68 Ef 62
Colmier-le-Haut 52 68 Ef 62
Colognac 30 130 De 84
Cologne 32 126 Af 86
Colombe 38 107 Fc 76
Colombe, La 41 49 Bc 61
Colombe, La 50 28 Ye 55
Colombé-la-Fosse 10 53 Ee 59
Colombé-le-Sec 10 53 Ee 59
Colombe-lès-Vesoul 70 70 Gb 63
Colombelles 14 14 Ze 53
Colombes 92 33 Cb 55
Colombey-lès-Choiseul 52 54 Fd 60
Colombey-les-Deux-Églises 52 53 Ef 59
Colombier 03 91 Ce 71
Colombier 21 68 Ee 65
Colombier 24 112 Ad 80
Colombier 42 106 Ed 77
Colombier, Le 18 79 Cd 67
Colombier-en-Brionnais 71 94 Eb 70
Colombières-sur-Orb 34 143 Da 87
Colombier-Fontaine 25 71 Ge 64
Colombier-le-Cardinal 07 106 Ee 77
Colombier-le-Jeune 07 118 Ee 78
Colombier-le-Vieux 07 106 Ee 78
Colombiers 17 87 Zc 75
Colombiers 34 143 Da 89
Colombiers 61 30 Aa 58
Colombiers 86 76 Ab 68
Colombier-Saugnieu 69 107 Fa 74
Colombiers-du-Plessis 53 46 Za 58
Colombiers-sur-Seulles 14 13 Zc 53
Colombiès 12 115 Cc 82
Colomby 50 12 Yd 52
Colomby-sur-Thaon 14 13 Zd 53
Colomiers 31 126 Bc 87
Colomieu 01 95 Fd 74
Colonard-Corubert 61 48 Ad 58
Colondannes 23 90 Bd 71
Colonne 39 83 Fd 67
Colonzelle 26 118 Ef 82
Colpo 56 43 Xa 62
Colroy-la-Grande 88 56 Ha 59
Colroy-la-Roche 67 56 Hb 58
Coltainville 28 49 Bd 58
Coltines 15 104 Cf 78
Coly 24 101 Bb 78
Combaillaux 34 130 De 86
Combas 30 130 Ea 85
Combeaufontaine 70 70 Ff 62
Combefa 81 127 Ca 84
Comberanche-et-Epeluche 24 100 Ab 77
Comberjon 70 70 Gb 63
Comberouger 82 126 Ba 85
Combertault 21 82 Ef 67
Combes 34 143 Da 87
Combiers 16 100 Ac 76
Comblanchien 21 82 Ef 66
Combles 80 8 Cf 48
Combles-en-Barrois 55 36 Fa 56
Comblessac 35 44 Xf 61
Combleux 45 49 Bf 61
Comblot 61 48 Ad 58
Combloux 74 97 Gd 73
Combon 27 31 Af 54
Combourg 35 28 Yb 58
Combourtillé 35 45 Ye 59
Combovin 26 119 Fa 79
Combrailles 63 91 Cd 73
Combrand 79 75 Zb 67
Combray 14 29 Zd 55
Combray, Illiers- 28 48 Bb 59
Combre 42 93 Eb 72
Combrée 49 61 Yf 62
Combres 28 48 Ba 59
Combressol 19 103 Cb 76
Combres-sous-les-Côtes 55 37 Fd 54
Combret 12 128 Ce 85
Combreux 45 50 Cb 61
Combrimont 88 56 Ha 59
Combrit 29 41 Vf 61
Combronde 63 92 Da 73
Combs-la-Ville 77 33 Cd 57
Comelle, La 71 81 Ea 67
Comiac 46 114 Bf 79
Comigne 11 142 Cd 90
Comines 59 4 Da 44
Commana 29 25 Wa 58
Commarin 21 68 Ed 65
Commeaux 61 30 Zf 56
Commelle 42 93 Ea 73
Commenailles 39 83 Fc 68
Commenchon 02 18 Db 51
Commensacq 40 123 Zb 83
Commentry 03 91 Ce 71
Commeny 95 32 Bf 54
Commequiers 85 73 Ya 68
Commer 53 46 Zc 59
Commercy 55 37 Fd 56
Commerveil 72 47 Ac 59
Commes 14 13 Zb 52
Communailles-en-Montagne 39 84 Ga 68
Communay 69 106 Ef 75
Compains 63 104 Cf 76
Compainville 76 16 Bd 50
Compans 77 33 Ce 55
Compas, Le 23 91 Cc 73
Compertrix 51 36 Ec 55
Compeyre 12 129 Da 84
Compiègne 60 18 Ce 52
Compigny 89 51 Db 58
Compolibat 12 115 Cb 82
Compôte, La 73 108 Ga 74
Comprégnac 12 129 Cf 84
Compreignac 87 89 Bb 73
Comps 26 119 Fa 81
Comps 30 131 Ed 85
Comps 33 99 Zc 78
Comps-la-Grand-Ville 12 128 Cd 83
Comps-sur-Artuby 83 134 Gd 86
Comté, La 62 8 Cd 46
Comus 11 153 Bf 92
Conan 41 64 Bb 62
Conand 01 95 Fc 73
Conat 66 153 Cc 93
Conca 2A 159 Kc 98
Concarneau 29 42 Wa 61
Concevreux 02 19 De 52
Concèze 19 101 Bc 76
Conches 77 33 Ce 55
Conches-en-Ouche 27 31 Af 55
Conchez-de-Béarn 64 124 Ze 87
Conchil-le-Temple 62 6 Bd 46
Conchy-les-Pots 60 17 Ce 51
Conchy-sur-Canche 62 7 Cb 47
Concorès 46 113 Bc 81
Concots 46 114 Bd 82
Concoules 30 117 Df 82
Concourson-sur-Layon 49 61 Zd 65
Concremiers 36 77 Ba 69
Concressault 18 65 Cd 64
Concriers 41 64 Bc 62
Condac 16 88 Ab 72
Condamine 01 95 Fd 72
Condamine 39 83 Fc 69
Condamine-Châtelard, La 04 121 Ge 82
Condat 15 103 Ce 76
Condat 46 114 Bd 79
Condat-en-Combraille 63 91 Cd 73
Condat-lès-Montboissier 63 104 Dd 75
Condat-sur-Ganaveix 19 102 Bd 76
Condat-sur-Trincou 24 101 Ae 76
Condat-sur-Vézère 24 101 Bb 78
Condat-sur-Vienne 87 89 Bb 74
Condeau 61 48 Af 58
Condécourt 95 32 Bf 54
Condé-Folie 80 7 Ca 48
Condeissiat 01 94 Fa 72
Condé-lès-Autry 08 20 Ef 53
Condé-lès-Herpy 08 19 Eb 51
Condé-Northen 57 38 Gc 54
Condéon 16 99 Zf 76
Condes 39 95 Fd 70
Condes 52 54 Fa 60
Condé-Sainte-Libiaire 77 34 Cf 55
Condé-sur-Aisne 02 18 Dc 52
Condé-sur-Huisne 61 48 Af 58
Condé-sur-Ifs 14 30 Zf 54
Condé-sur-Iton 27 31 Af 56
Condé-sur-l'Escaut 59 9 Dd 46
Condé-sur-Marne 51 35 Eb 54
Condé-sur-Noireau 14 29 Zc 55
Condé-sur-Risle 27 15 Ad 53
Condé-sur-Sarthe 61 47 Aa 58
Condé-sur-Suippe 02 19 Df 52
Condé-sur-Vesgre 78 32 Bd 56
Condé-sur-Vire 50 29 Yf 54
Condette 62 2 Bd 45
Condezaygues 47 113 Af 82
Condom 32 125 Ac 85
Condom-d'Aubrac 12 115 Cf 81
Condorcet 26 119 Fb 82
Condren 02 18 Db 51
Condrieu 69 106 Ee 76
Conflandey 70 70 Ga 62
Conflans-en-Jarny 54 37 Ff 54
Conflans-Sainte-Honorine 78 33 Ca 54
Conflans-sur-Anille 72 48 Ae 61
Conflans-sur-Lanterne 70 55 Gb 62
Conflans-sur-Loing 45 50 Ce 61
Conflans-sur-Seine 51 35 De 57
Confolens 16 89 Ae 72
Confolent-Port-Dieu 19 103 Cc 75
Confracourt 70 70 Ff 62
Confrançon 01 94 Fa 71
Congénies 30 130 Ea 86
Congerville-Thionville 91 49 Bf 58
Congé-sur-Orne 72 47 Ab 59
Congis-sur-Thérouanne 77 34 Cf 54
Congrier 53 45 Yf 62
Congy 51 35 De 55
Conie-Molitard 28 49 Bc 60
Conilhac-Corbières 11 142 Ce 89
Conilhac-de-la-Montagne 11 141 Cb 91
Conjoux 73 96 Fe 74
Conlie 72 47 Zf 60
Conliège 39 83 Fd 69
Connac 12 128 Cd 84
Connangles 43 105 Dd 77
Connantray-Vaurefroy 51 35 Ea 56
Connantre 51 35 Df 56
Connaux 30 131 Ed 84
Conne-de-Labarde 24 112 Ad 80
Connelles 27 16 Bb 53
Connerré 72 47 Ad 60
Connezac 24 100 Ad 75
Connigis 02 34 Dd 54
Conquereuil 44 60 Yb 63
Conques 12 115 Cc 81
Conques-sur-Orbiel 11 142 Cc 89
Conquet, Le 29 24 Vb 58
Consac 17 99 Zc 76
Conségudes 06 134 Ha 85
Consenvoye 55 21 Fb 53
Consigny 52 54 Fc 60
Cons-la-Grandville 54 21 Fe 52
Cons-Sainte-Colombe 74 96 Gb 74
Contalmaison 80 8 Ce 48
Contamine-Sarzin 74 96 Ff 72
Contamines-Montjoie, les 74 97 Ge 74
Contamine-sur-Arve 74 96 Gc 72
Contault 51 36 Ee 55
Contay 80 8 Cc 48
Conte 39 84 Ga 68
Contes 06 135 Hb 86
Contes 62 7 Bf 46
Contest 53 46 Zc 59
Conteville 14 30 Ze 54
Conteville 27 14 Ac 52
Conteville 60 17 Ca 51
Conteville 62 7 Cb 46
Conteville 76 16 Bd 50
Conteville 80 7 Ca 47
Conteville-lès-Boulogne 62 3 Be 44
Conthil 57 38 Ge 55
Contigné 49 61 Zc 62
Contigny 03 92 Db 70
Continvoir 37 62 Ab 64
Contoire 80 17 Cd 50
Contrazy 09 140 Bb 90
Contré 17 87 Ze 72
Contre 80 17 Ca 50
Contréglise 70 55 Ga 62

172 (F) Chevannes — Contréglise

Contremoulins **76** 15 Ac 50
Contres **18** 79 Cd 67
Contres **41** 64 Bc 64
Contreuve **08** 20 Ed 52
Contrevoz **01** 95 Fd 74
Contrexéville **88** 55 Ff 59
Contrières **50** 28 Yd 55
Contrisson **55** 36 Ef 56
Conty **80** 17 Ca 50
Contz-les-Bains **57** 22 Gc 52
Conzieu **01** 95 Fd 74
Coole **51** 36 Ec 56
Coolus **51** 36 Ec 55
Copechagnière, La **85** 74 Yd 67
Copponex **74** 96 Ga 72
Coquainvilliers **14** 14 Ab 53
Coquelles **62** 3 Be 43
Coquille, La **24** 101 Af 75
Corancez **28** 49 Bd 58
Corancy **58** 81 Df 66
Coray **29** 42 Wb 60
Corbara **2B** 156 If 93
Corbarieu **82** 126 Bc 85
Corbas **69** 106 Ef 75
Corbehem **62** 8 Da 46
Corbeil **51** 36 Ec 57
Corbeil-Cerf **60** 17 Ca 53
Corbeil-Essonnes **91** 33 Cc 57
Corbeilles **45** 50 Cd 60
Corbelin **38** 107 Fd 75
Corbeny **02** 19 Df 52
Corbère **66** 154 Cd 93
Corbère-Abères **64** 138 Zf 88
Corbère-les-Cabanes **66** 154 Ce 93
Corberon **21** 83 Ef 66
Corbie **80** 17 Cd 49
Corbière, La **70** 70 Gc 62
Corbières **04** 133 Fe 86
Corbigny **58** 67 De 65
Corbon **14** 30 Zf 54
Corbonod **01** 96 Fe 73
Corcelle-Mieslot **25** 70 Gb 64
Corcelles **01** 94 Ef 71
Corcelles **01** 95 Fb 70
Corcelles **01** 95 Fd 72
Corcelles-en-Beaujolais **69** 94 Ee 72
Corcelles-Ferrières **25** 70 Fe 65
Corcelles-les-Arts **21** 82 Ee 67
Corcelles-lès-Cîteaux **21** 69 Fa 65
Corcelles-les-Monts **21** 68 Ef 65
Corcieux **88** 56 Gf 59
Corcondray **25** 70 Fe 65
Corconne **30** 130 Df 85
Corcoué-sur-Logne **44** 74 Yc 67
Corcy **02** 18 Db 53
Cordéac **38** 120 Ff 80
Cordebugle **14** 30 Ac 54
Cordelle **42** 93 Ea 73
Cordemais **44** 59 Ya 65
Cordes **81** 127 Bf 84
Cordesse **71** 82 Ec 66
Cordey **14** 30 Ze 55
Cordon **74** 97 Gd 73
Cordonnet **70** 70 Ff 64
Coren **15** 104 Da 78
Corent **63** 104 Db 75
Corfélix **51** 35 De 55
Corgengoux **21** 83 Ef 67
Corgnac-sur-l'Isle **24** 101 Af 76
Corgoloin **21** 81 Ef 66
Corignac **17** 99 Zd 77
Corlay **22** 43 Wf 59
Corlier **01** 95 Fc 72
Cormainville **28** 49 Bd 60
Cormaranche-en-Bugey **01** 95 Fd 73
Cormatin **71** 82 Ee 69
Corme-Ecluse **17** 86 Za 75
Cormeilles **27** 14 Ac 53
Cormeilles **60** 17 Cb 51
Cormeilles-en-Parisis **95** 33 Cb 55
Cormeilles-en-Vexin **95** 33 Ca 54
Cormenon **41** 48 Af 61
Cormeray **41** 64 Bc 64
Corme-Royal **17** 86 Zb 74
Cormery **37** 63 Af 65
Cormes **72** 48 Ae 60
Cormicy **51** 19 Df 52
Cormier, Le **27** 32 Bb 55
Cormolain **14** 29 Za 54
Cormont **62** 7 Be 45
Cormontreuil **51** 35 Ea 53
Cormoranche-sur-Saône **01** 94 Ee 71
Cormost **10** 52 Ea 59
Cormot-le-Grand **21** 82 Ed 67
Cormoyeux **51** 35 Df 54
Cormoz **01** 83 Fb 70
Corn **46** 114 Bf 81
Cornac **46** 114 Bf 79
Cornant **89** 51 Db 60
Cornas **07** 118 Ef 79
Cornay **08** 20 Ef 53
Corné **49** 61 Zd 64
Cornebarrieu **31** 126 Bb 87
Corneilhan **34** 143 Db 88
Corneilla-de-Conflent **66** 153 Cc 93
Corneilla-del-Vercol **66** 154 Cf 93
Corneilla-la-Rivière **66** 154 Ce 92
Corneillan **32** 124 Ze 87
Corneuil **27** 31 Ba 55
Corneville-le-Fouquetière **27** 31 Ae 54
Corniallac **26** 119 Fc 82
Cornier **74** 96 Gb 72
Cornil **19** 102 Be 77
Cornille **24** 101 Ae 77
Cornillé **35** 45 Ye 60
Cornillé-les-Caves **49** 62 Ze 64
Cornillon **30** 131 Ec 83
Cornillon-Confoux **13** 146 Fa 87
Cornillon-en-Trièves **38** 119 Fe 79
Cornillon-sur-l'Oule **26** 119 Fc 82
Cornimont **88** 56 Gf 61
Cornod **39** 95 Fd 71
Cornot **70** 70 Ff 62
Cornuaille, La **49** 61 Za 63
Cornus **12** 129 Db 85
Cornusse **18** 80 Ce 67
Cornville-sur-Risle **27** 15 Ad 52
Corny **27** 16 Bc 53
Corny-Macheroménil **08** 20 Ec 51
Corny-sur-Moselle **57** 38 Ga 54
Coron **49** 61 Zc 66
Corpe **85** 74 Ye 69
Corpeau **21** 82 Ee 67
Corpoyer-la-Chapelle **21** 68 Ed 63
Corps **38** 120 Ff 80
Corps-Nuds **35** 45 Yc 61
Corquilleroy **45** 50 Ce 60
Corquoy **18** 79 Cb 67
Corrano **2A** 159 Ka 97
Corravillers **70** 55 Gd 61
Corre **70** 55 Ff 61
Corrençon-en-Vercors **38** 107 Fd 78
Correns **83** 147 Ga 88
Corrèze **19** 102 Bf 76
Corribert **51** 35 De 55
Corrobert **51** 35 Dd 55
Corrombles **21** 67 Eb 63
Corronsac **31** 140 Bc 88
Corroy **51** 35 Df 56
Corsaint **21** 67 Eb 63
Corsavy **66** 154 Cd 94
Corscia **2B** 156 Ka 94
Corsept **44** 59 Xf 65
Corseul **22** 27 Xf 58
Cortambert **71** 82 Ee 70
Corte **2B** 159 Ka 95
Cortevaix **71** 82 Ed 69
Cortrat **45** 50 Ce 61
Corvées-les-Yys, Les **28** 48 Ba 58
Corveissiat **01** 95 Fc 71
Corvol-d'Embernard **58** 66 Dc 65
Corvol-l'Orgueilleux **58** 66 Dc 64
Corzé **49** 61 Zd 63
Cos **09** 152 Bd 91
Cosges **39** 83 Fc 68
Coslédaà-Lube-Boast **64** 138 Ze 88
Cosmes **53** 46 Za 61
Cosnac **19** 102 Bd 78
Cosne-Cours-sur-Loire **58** 66 Cf 64
Cosne-d'Allier **03** 80 Cf 70
Cosnes-et-Romain **54** 21 Fe 51
Cosqueville **50** 12 Yd 50
Cossaye **58** 80 Dc 68
Cossé-d'Anjou **49** 61 Zb 66
Cossé-en-Champagne **53** 46 Ze 61
Cossé-le-Vivien **53** 46 Za 61
Cossesseville **14** 29 Zd 55
Cosswiller **67** 39 Hc 57
Costa **2B** 156 Ka 93
Costa **2B** 157 Kc 94
Costaros **43** 117 Df 79
Costes-Gozon, Les **12** 128 Ce 84
Côte, La **70** 71 Gd 61
Coteau, Le **42** 93 Ea 72
Côte-d'Abroz, La **74** 97 Gd 71
Côte-d'Hyot **74** 96 Gc 72
Côte-Saint-André, La **38** 107 Fb 76
Côtes-d'Arey, Les **38** 106 Ef 76
Côtes-de-Corps, les **38** 120 Ff 79
Coti-Chiavari **2A** 158 Ie 98
Cotignac **83** 147 Ga 87
Cottance **42** 93 Eb 74
Cottenchy **80** 17 Cc 50
Cottévrard **76** 16 Bb 51
Couarde, La **79** 87 Zf 71
Couarde-sur-Mer, La **17** 86 Yd 71
Couargues **18** 66 Cf 65
Coubert **77** 33 Ce 56
Coubeyrac **33** 112 Aa 80
Coubisou **12** 115 Ce 81
Coubjours **24** 101 Bb 77
Coublanc **71** 93 Eb 72
Coublevie **38** 107 Fd 76
Coublucq **64** 124 Zd 87
Coubon **43** 117 Df 79
Coubron **93** 33 Cd 55
Couches **71** 82 Ed 67
Couchey **21** 68 Ef 65
Coucourde, La **26** 118 Ee 81
Coucouron **07** 117 Df 80
Coucy **08** 20 Ec 51
Coucy-la-Ville **02** 18 Dc 51
Coucy-le-Château-Auffrique **02** 18 Db 51
Coucy-lès-Eppes **02** 19 De 51
Couddes **41** 64 Bc 64
Coudehard **61** 30 Aa 55
Coudekerque **59** 3 Cc 43
Coudekerque-Branche **59** 3 Cc 42
Coudes **63** 104 Db 75
Coudeville **50** 28 Yc 55
Coudons **11** 153 Ca 91
Coudoux **13** 146 Fb 87
Coudray **27** 16 Bd 52
Coudray **45** 50 Cc 59
Coudray **53** 46 Zc 62
Coudray, Le **27** 31 Bb 54
Coudray, Le **28** 32 Bd 57
Coudray, le **28** 49 Bc 58
Coudray-au-Perche **28** 48 Af 59
Coudray-Macouard, Le **49** 62 Zf 65
Coudray-Montceaux, le **91** 33 Cd 57
Coudray-Saint-Germer, Le **60** 16 Bf 52
Coudray-sur-Thelle, Le **60** 17 Ca 53
Coudre, La **79** 75 Zd 67
Coudreceau **28** 48 Af 58
Coudrecieux **72** 48 Ad 61
Coudres **27** 32 Bb 55
Coudroy **45** 50 Cc 61
Coudun **60** 18 Ce 52
Coudures **40** 124 Zc 86
Coueilles **31** 140 Af 88
Couëron **44** 60 Yb 65
Couesmes **37** 62 Ac 63
Couesmes-Vaucé **53** 29 Zb 58
Couffé **44** 60 Ye 64
Couffi **41** 64 Bc 65
Couffoulens **11** 142 Cb 90
Couffy-sur-Sarsonne **19** 103 Cb 75
Couflens **09** 152 Bb 92
Coufouleux **81** 127 Be 86
Couhé **86** 88 Ab 71
Couilly-Pont-aux-Dames **77** 34 Cf 55
Couin **62** 8 Cd 48
Couiza **11** 153 Cb 91
Couladère **31** 140 Ba 89
Coulaines **72** 47 Ab 60
Coulandon **03** 80 Db 69
Coulangeron **89** 66 Dc 62
Coulanges **03** 81 Df 70
Coulanges **41** 64 Bb 63
Coulanges-la-Vineuse **89** 67 Dd 62
Coulanges-lès-Nevers **58** 80 Db 66
Coulanges-sur-Yonne **89** 67 Dd 63
Coulans-sur-Gée **72** 47 Aa 60
Coulans-sur-Gée **72** 47 Zf 60
Coulaures **24** 101 Af 77
Couleuvre **03** 80 Cf 68
Coulevon **70** 70 Gb 63
Coulgens **16** 88 Ab 74
Coulimer **61** 47 Ac 58
Coullemelle **80** 17 Cc 50
Coullemont **62** 8 Cc 47
Coullons **45** 65 Cc 63
Coulmier-le-Sec **21** 68 Ec 62
Coulmiers **45** 49 Bd 61
Coulobres **34** 143 Db 88
Coulogne **62** 3 Bf 43
Couloisy **60** 18 Da 52
Coulombiers **86** 76 Ab 70
Coulombs **14** 13 Zc 53
Coulombs **28** 32 Bd 57
Coulombs-en-Valois **77** 34 Da 54
Coulomby **62** 3 Ca 44
Coulommes **77** 34 Cf 55
Coulommes-et-Marqueny **08** 20 Ed 52
Coulommes-la-Montagne **51** 35 Df 53
Coulommiers **77** 34 Da 56
Coulommiers-la-Tour **41** 63 Ba 62
Coulon **79** 87 Zc 71
Coulonces **14** 29 Za 55
Coulonces **61** 30 Aa 56
Coulonche, La **61** 29 Zd 57
Coulonge **17** 87 Zb 73
Coulongé **72** 62 Ab 62
Coulonges **16** 88 Aa 73
Coulonges **17** 99 Zd 75
Coulonges **86** 77 Ba 70
Coulonges-Cohan **02** 35 Dd 53
Coulonges-les-Sablons **61** 48 Af 58
Coulonges-sur-l'Autize **79** 75 Zc 70
Coulonges-sur-Sarthe **61** 30 Ac 57
Coulonges-Thouarsais **79** 75 Ze 67
Coulonvillers **80** 7 Ca 48
Couloumé-Mondebat **32** 125 Aa 87
Coulounieix-Chamiers **24** 100 Ae 78
Couloures **89** 52 Dd 60
Couloutre **58** 66 Db 64
Coulouvray-Boisbenâtre **50** 28 Yf 56
Coulvain **14** 29 Zb 54
Coulx **47** 112 Ac 82
Coume **57** 22 Gd 53
Counozouls **11** 153 Cb 92
Coupelle-Neuve **62** 7 Ca 45
Coupelle-Vieille **62** 7 Ca 45
Coupesarte **14** 30 Aa 54
Coupetz **51** 36 Ec 56
Coupéville **51** 36 Ed 55
Coupiac **12** 128 Cd 85
Coupray **52** 53 Ef 61
Coupru **02** 34 Db 54
Couptrain **53** 29 Ze 58
Coupvray **77** 34 Ce 55
Couquèques **33** 98 Za 76
Courances **91** 50 Cc 58
Courant **17** 87 Zc 72
Courbe, La **61** 30 Ze 56
Courbehaye **28** 49 Bd 60
Courbépine **27** 31 Ad 54
Courbesseaux **54** 38 Gc 56
Courbette **39** 83 Fd 69
Courbeveille **53** 46 Za 61
Courbevoie **92** 33 Cb 55
Courbiac **33** 98 Zb 78
Courbiac **47** 113 Ba 82
Courbillac **16** 87 Ze 74
Courboin **02** 34 Dd 55
Courbouzon **39** 83 Fd 69
Courbouzon **41** 64 Bd 62
Courçais **03** 79 Cc 70
Courçay **37** 63 Af 65
Courcebœufs **72** 47 Ab 70
Courcelette **80** 8 Ce 48
Courcelles **17** 87 Zd 73
Courcelles **25** 84 Ff 66
Courcelles **45** 50 Cb 60
Courcelles **51** 35 Df 57
Courcelles **54** 55 Ga 58
Courcelles **58** 66 Dc 64
Courcelles **62** 8 Da 46
Courcelles **90** 71 Ha 63
Courcelles-au-Bois **80** 8 Cd 48
Courcelles-Chaussy **57** 38 Gc 54
Courcelles-de-Touraine **37** 62 Ab 64
Courcelles-en-Barrois **55** 37 Fc 56
Courcelles-en-Bassée **77** 51 Da 58
Courcelles-en-Montagne **52** 54 Fb 61
Courcelles-Epayelles **60** 17 Cd 51
Courcelles-Frémoy **21** 67 Eb 64
Courcelles-la-Forêt **72** 47 Zf 62
Courcelles-le-Comte **62** 8 Ce 48
Courcelles-lès-Montbard **21** 68 Ec 63
Courcelles-lès-Semur **21** 68 Eb 64
Courcelles-Sapicourt **51** 19 Df 53
Courcelles-sous-Châtenois **88** 54 Fe 59
Courcelles-sous-Moyencourt **80** 17 Ca 50
Courcelles-sous-Thoix **80** 17 Ca 50
Courcelles-sur-Aire **55** 37 Fb 55
Courcelles-sur-Blaise **52** 53 Ef 58
Courcelles-sur-Nied **57** 38 Gb 54
Courcelles-sur-Seine **27** 32 Bc 53
Courcelles-sur-Vesle **02** 19 Dd 52
Courcelles-sur-Viosne **95** 32 Ca 54
Courcelles-sur-Voire **10** 53 Ed 58
Courcemain **51** 35 Df 57
Courcemont **72** 47 Ac 59
Courcerac **17** 87 Zd 73
Courcerault **61** 48 Ad 58
Courceroy **10** 51 Dc 58
Courchamp **77** 34 Db 57
Courchamps **02** 34 Db 54
Courchamps **49** 62 Zf 65
Courchapon **25** 70 Fe 65
Courchaton **70** 71 Gd 63
Courchelettes **59** 8 Da 46
Courchevel **73** 109 Gd 76
Cour-Cheverny **41** 64 Bc 63
Courcité **53** 47 Ze 59
Courcival **72** 47 Ac 59
Courcôme **16** 88 Aa 73
Courçon **17** 87 Zb 71
Courcoué **37** 76 Ac 66
Courcouronnes **91** 33 Cc 57
Courcoury **17** 87 Zc 74
Courcuire **70** 70 Fe 64
Courcy **14** 30 Zf 55
Courcy **50** 28 Yd 54
Courcy **51** 19 Ea 53
Courcy-aux-Loges **45** 50 Cb 60
Courdemanche **27** 32 Bb 56
Courdemanche **72** 48 Ad 62
Courdemanges **51** 36 Ed 56
Courdimanche-sur-Essonne **91** 50 Cc 58
Couret **31** 139 Ae 90
Courgains **72** 47 Ab 59
Courgeac **16** 100 Aa 76
Courgenard **72** 48 Ae 60
Courgenay **89** 51 Dd 59
Courgent **78** 32 Bd 55
Courgeon **61** 48 Ad 58
Courgeoût **61** 30 Ac 57
Courgis **89** 67 De 62
Courgivaux **51** 34 Dc 56
Courgoul **63** 104 Da 75
Courjeonnet **51** 35 Df 56
Courlac **16** 100 Aa 77
Courlandon **51** 19 De 53
Courlans **39** 83 Fd 68
Courlaoux **39** 83 Fc 68
Courlay-sur-Mer **17** 86 Yf 75
Courléon **49** 62 Aa 64
Cour-l'Evêque **52** 53 Ef 61
Courlon **21** 69 Fa 63
Courlon-sur-Yonne **89** 51 Db 58
Courmangoux **01** 95 Fc 71
Cour-Marigny, la **45** 50 Cd 61
Courmas **51** 35 Df 53
Courmelles **02** 18 Db 52
Courmemin **41** 64 Bd 64
Courménil **61** 30 Ab 56
Courmes **06** 134 Ha 86
Courmont **02** 35 Dd 54
Courmont **70** 71 Gd 63
Cournanel **11** 142 Cb 90
Courniou **34** 142 Ce 88
Cournols **63** 104 Da 75
Cournon-d'Auvergne **63** 92 Db 74
Cournonsec **34** 144 De 87
Cournonterral **34** 144 De 87
Couronne, La **16** 100 Aa 75
Courouvre **55** 37 Fc 55
Courpalay **77** 34 Cf 57
Courpière **63** 92 Dd 74
Courpignac **17** 99 Zd 77
Courquetaine **77** 33 Ce 56
Courrensan **32** 125 Ab 85
Courrières **62** 8 Cf 46
Courris **81** 128 Cc 85
Courry **30** 130 Ea 83
Cours **46** 114 Bd 81
Cours **47** 112 Ad 83
Cours, le **56** 44 Xd 62
Cours, les **46** 114 Ca 80
Coursac **24** 100 Ad 78
Cour-Saint-Maurice **25** 71 Ge 65
Coursan **11** 143 Da 89
Coursan-en-Othe **10** 52 Df 60
Cours-de-Monségur **33** 112 Aa 81
Cours-de-Pile **24** 112 Ad 79
Coursegoules **06** 134 Ha 86
Courselles-lès-Gisors **60** 16 Be 53
Courset **62** 3 Be 45
Courseulles-sur-Mer **14** 13 Zd 53
Cours-la-Véquière **79** 75 Zd 70
Cours-la-Ville **69** 93 Eb 72
Cours-les-Bains **33** 111 Zf 82
Cours-les-Barres **18** 80 Da 66
Courson-les-Carrières **89** 67 Dd 63
Courson-Monteloup **91** 33 Ca 57
Cours-sur-Loire, Cosne- **58** 66 Cf 64
Cour-sur-Loire **41** 64 Bc 63
Courtacon **77** 34 Db 56
Courtagnon **51** 35 Df 54
Courtalain **28** 48 Ba 60
Courtaoult **10** 52 Df 60
Courtauly **11** 141 Ca 90
Courtavon **68** 71 Hb 64
Courtefontaine **25** 71 Gf 65
Courtefontaine **39** 70 Fe 66
Courteilles **27** 31 Ba 56
Courteix **19** 103 Cc 75
Courtelain-et-Salans **25** 70 Gc 65
Courtelevant **90** 71 Ha 63
Courtemanche **80** 17 Cd 50
Courtemaux **45** 51 Cf 60
Courtémont **51** 36 Ee 54
Courtemont-Varennes **02** 34 Dd 54
Courtenay **38** 95 Fc 74
Courtenay **45** 51 Da 60
Courtenot **10** 52 Eb 60
Courteranges **10** 52 Eb 59
Courteron **10** 53 Ec 60
Courtes **01** 83 Fa 70
Courtesoult-et-Gatey **70** 69 Fd 63
Courtète, La **11** 141 Ca 90
Courteuil **60** 33 Cd 53
Courthézon **84** 131 Ef 84
Courthiézy **51** 35 Dd 54
Courties **32** 125 Aa 87
Courtieux **60** 18 Da 52
Courtillers **72** 46 Ze 62
Courtils **50** 28 Yd 57
Courtine, La **23** 103 Cb 74
Courtisols **51** 36 Ed 55
Courtivron **21** 68 Ef 63
Courtois-sur-Yonne **89** 51 Db 59
Courtomer **61** 31 Ac 57
Courtomer **77** 34 Cf 57
Courtonne-la-Meurdrac **14** 30 Ab 54
Courtonne-les-Deux-Eglises **14** 30 Ac 54
Courtrizy-et-Fussigny **02** 19 De 51
Courtry **77** 33 Cd 55
Courvaudon **14** 29 Zc 54
Courvières **25** 84 Ga 67
Courville **51** 19 De 53
Courville-sur-Eure **28** 48 Bb 58
Courzieu **69** 94 Ed 74
Cousance **39** 83 Fc 69
Cousances-les-Forges **55** 36 Fa 57
Cousolre **59** 10 Ea 47
Coussac-Bonneval **87** 101 Bb 75
Coussan **65** 139 Ab 89
Coussay **86** 76 Ab 67
Coussay-les-Bois **86** 77 Ae 68
Coussegrey **10** 52 Ea 61
Coussergues **12** 115 Cf 82
Coussey **88** 54 Fe 58
Coust **18** 79 Cd 68
Coustaussa **11** 153 Cb 91
Coustouge **11** 142 Ce 90
Coustouges **66** 154 Cd 94
Coutainville, Agon- **50** 28 Yc 54
Coutances **50** 28 Yd 54
Coutansouze **03** 92 Da 71
Coutarnoux **89** 67 Df 63
Coutençon **77** 51 Da 58
Coutens **09** 141 Be 90
Couterne **61** 29 Zd 57
Couternon **21** 69 Fa 65
Couteuges **43** 104 Dc 77
Coutevroult **77** 34 Cf 55
Couthenans **70** 71 Ge 63
Couthures-sur-Garonne **47** 112 Aa 81
Coutiches **59** 8 Db 46
Coutières **79** 76 Zf 69
Coutouvre **42** 93 Eb 72
Coutras **33** 99 Zf 78
Couture **16** 88 Ab 73
Couture **24** 112 Ab 80
Couture, La **62** 8 Ce 45
Couture, La **85** 74 Ye 69
Couture-Boussey, La **27** 32 Bc 55
Couture-d'Argenson **79** 88 Zf 73
Couturelle **62** 8 Cd 47
Coutures **24** 100 Ac 76
Coutures **49** 61 Zd 64
Coutures **57** 38 Gc 56
Coutures **82** 113 Af 83
Coutures **82** 126 Af 85
Couture-sur-Loir **41** 63 Ae 62
Couvains **50** 13 Yf 54
Couvains **61** 31 Ad 55
Couvertoirade, La **12** 129 Db 85
Couvertpuis **55** 37 Fb 57
Couvignon **10** 53 Ed 59
Couville **50** 12 Yb 51
Couvonges **55** 36 Fa 56
Couvrelles **02** 18 Dc 52
Couvron-et-Aumencourt **02** 18 Dd 51
Couvrot **51** 36 Ed 56
Coux **07** 118 Ed 80
Coux **17** 99 Zd 77
Coux-et-Bigaroque **24** 113 Af 79
Couy **18** 80 Ce 66
Couyère, La **35** 45 Yc 61
Couze-et-Saint-Front **24** 112 Ae 80
Couzeix **87** 89 Bb 73
Couziers **37** 62 Aa 66
Couzon **03** 80 Da 69
Couzon-sur-Coulange **52** 69 Fb 63
Couzou **46** 114 Bd 80
Cox **31** 126 Ba 86
Coyecques **62** 7 Cb 45
Coye-la-Forêt **60** 33 Cc 54
Coyolles **02** 18 Da 53
Coyrière **39** 96 Ff 70
Coyron **39** 83 Fd 69
Coyviller **54** 38 Gb 57
Cozes **17** 98 Za 75
Cozzano **2A** 159 Ka 97
Crac'h **56** 58 Wf 63
Craches **78** 32 Be 57
Crachier **38** 107 Fb 75
Crain **89** 67 Dd 63
Craincourt **57** 38 Gb 55
Craintilleux **42** 105 Eb 75
Crainvilliers **88** 54 Ff 60
Cramaille **02** 18 Dc 53
Cramans **39** 84 Fe 66
Cramant **51** 35 Df 55
Cramchaban **17** 87 Zb 71
Craménil **61** 29 Zd 56
Cramoisy **60** 17 Cc 53
Cramont **80** 7 Ca 48
Crampagna **09** 141 Bd 90
Crancey **10** 52 Dd 57
Crançot **39** 83 Fd 68
Crandelain **02** 19 Dd 52
Crandelles **15** 115 Cc 79
Crannes-en-Champagne **72** 47 Zf 61
Crans **01** 95 Fb 73
Crans **39** 84 Ff 68
Cransac **12** 115 Cb 81
Cranves-Sales **74** 96 Gb 71
Craon **53** 46 Za 61
Craon **86** 76 Aa 68
Craonne **02** 19 De 52
Crapeaumesnil **60** 18 Ce 51
Craponne **69** 94 Ee 74
Craponne-sur-Arzon **43** 105 Df 77
Cras **38** 107 Fc 77
Cras **46** 114 Bd 81
Cras-sur-Reyssouze **01** 95 Fb 71
Crastatt **67** 39 Hc 56
Crastes **32** 125 Ae 86
Crasville **27** 15 Ba 53
Crasville **50** 12 Yd 51
Crasville-la-Mallet **76** 15 Ae 50
Crasville-la-Rocquefort **76** 15 Af 50
Crau, La **83** 147 Ga 90
Cravanche **90** 71 Ge 63
Cravans **17** 99 Zb 75
Cravant **45** 49 Bd 62
Cravant **89** 67 De 62
Cravant-les-Côteaux **37** 62 Ac 66
Cravent **78** 32 Bc 55
Crayssac **46** 113 Bb 81
Crayssac **46** 114 Bf 81
Craywick **59** 3 Cb 43
Cré **72** 62 Zf 62
Creac'h Maout **22** 26 Wf 55
Créances **50** 12 Yc 53
Créancey **21** 68 Ed 65
Créancey **52** 53 Ef 60
Crécey-sur-Tille **21** 69 Fa 63
Crèche, La **79** 75 Ze 70
Crêches-sur-Saône **71** 94 Ee 71
Créchy **03** 92 Dc 71
Crécy-au-Mont **02** 18 Db 52
Crécy-Couvé **28** 32 Bb 56
Crécy-en-Ponthieu **80** 7 Bf 47
Crécy-la-Chapelle **77** 34 Cf 55
Crécy-sur-Serre **02** 19 Dd 50
Crédin **56** 43 Xb 60
Crégols **46** 114 Be 82
Crégy-lès-Meaux **77** 34 Cf 55
Créhange **57** 38 Gd 54
Créhen **22** 27 Xe 57
Creil **60** 17 Cc 53
Creissan **34** 143 Da 88
Creissels **12** 129 Da 84
Crémarest **62** 3 Be 44
Crémeaux **42** 93 Df 73
Crémery **80** 18 Ce 50
Crémieu **38** 95 Fb 74
Crempigny **74** 96 Ff 73
Cremps **46** 114 Bd 82
Crenans **39** 84 Fe 70
Creney-près-Troyes **10** 52 Ea 58
Crennes-sur-Fraubée **53** 47 Ze 58
Créon **33** 111 Zd 80
Créon-d'Armagnac **40** 124 Zf 85
Créot **71** 82 Ed 67
Crépand **21** 68 Eb 63
Crépey **54** 37 Ff 57
Crépol **26** 107 Fa 77
Crépon **14** 13 Zc 53
Crépy **02** 18 Dd 51
Crépy **62** 7 Cb 46
Crépy-en-Valois **60** 18 Cf 53
Créquy **62** 7 Ca 46
Crès, Le **34** 130 Df 87
Cresancey **70** 69 Fd 64
Crésantignes **10** 52 Ea 60
Cresnays, Les **50** 28 Yf 56
Crespian **30** 130 Ea 85
Crespières **78** 32 Bf 55
Crespin **12** 128 Cb 84
Crespin **59** 9 Dd 46
Crespin **81** 128 Cb 84
Crespinet **81** 128 Cb 85
Crespy-le-Neuf **10** 53 Ed 58
Cressac-Saint-Génis **16** 100 Aa 76
Cressanges **03** 80 Da 70
Cressat **23** 90 Ca 72
Cressé **17** 87 Ze 73
Cresse, La **12** 129 Da 83
Cressensac **46** 102 Bd 78
Cresseveuille **14** 14 Aa 53
Cressia **39** 83 Fc 69
Cressin-Rochefort **01** 95 Fe 74
Cressonsacq **60** 17 Cd 52
Cressy **76** 15 Ba 50
Cressy-Omencourt **80** 18 Cf 50
Cressy-sur-Somme **71** 81 Df 68
Crest **26** 118 Fa 80
Crest, Le **63** 104 Da 74
Creste **63** 104 Da 75
Crestet **84** 132 Fa 83
Crestet, Le **07** 118 Ed 78
Crestot **27** 15 Af 53
Crest-Voland **73** 96 Gc 74
Créteil **94** 33 Cc 56
Cretteville **50** 12 Yd 52
Creully **14** 13 Zc 53
Creuse **80** 17 Ca 49
Creusot, Le **71** 82 Ec 68
Creutzwald **57** 39 Ge 53
Creuzier-le-Neuf **03** 92 Dc 71
Creuzier-le-Vieux **03** 92 Dc 72
Crevans-et-la-Chapelle-lès-Granges **70** 71 Gd 63
Crevant **36** 78 Bf 70
Crevant-Laveine **63** 92 Dc 73
Crevéchamps **54** 38 Gb 57
Crèvecœur-en-Auge **14** 30 Aa 54
Crèvecœur-en-Brie **77** 34 Cf 56
Crèvecœur-le-Grand **60** 17 Ca 51
Crèvecœur-le-Petit **60** 17 Cd 51
Crèvecœur-sur-l'Escaut **59** 8 Db 48
Creveney **70** 70 Gb 62
Crévic **54** 38 Gc 57
Crévin **35** 45 Yc 61
Crévoux **05** 121 Gd 81
Creyssac **24** 100 Ad 77
Creysse **24** 112 Ad 79
Creysse **46** 114 Bd 79
Creysseilles **07** 118 Ed 80
Creyssensac-et-Pissot **24** 100 Ad 78
Crézancay **18** 79 Cc 68
Crézancy **02** 34 Dd 54
Crézancy-en-Sancerre **18** 66 Ce 65
Crézières **79** 87 Zf 72
Crézilles **54** 37 Ff 57
Cricqueville-en-Auge **14** 14 Zf 53
Cricqueville-en-Bessin **14** 13 Za 52
Criel-sur-Mer **76** 6 Bb 48
Crillat **39** 84 Ff 69
Crillon **60** 16 Bf 51
Crillon-le-Brave **84** 132 Fa 84
Crimolois **21** 69 Fa 65
Crique, La **76** 16 Bb 50
Criquebeuf-la-Campagne **27** 15 Ba 53
Criquebeuf-sur-Seine **27** 15 Ba 53
Criquebœuf **14** 14 Aa 52
Criquetot-le-Mauconduit **76** 15 Ad 50
Criquetot-l'Esneval **76** 14 Ab 51
Criquetot-sur-Longueville **76** 15 Ba 50
Criquetot-sur-Ouville **76** 15 Af 50
Criquiers **76** 16 Be 50
Crisenoy **77** 33 Ce 57
Crisolles **60** 18 Da 51
Crissay-sur-Manse **37** 63 Ac 66
Crissé **72** 47 Zf 60
Crissey **39** 83 Fc 66
Crissey **71** 82 Ef 68
Cristinacce **2A** 158 If 95
Cristot **14** 13 Zc 53
Criteuil-la-Magdeleine **16** 99 Ze 75
Critot **76** 16 Bb 51
Croce **2B** 157 Kc 94

Contremoulins — Croce (F) **173**

Crocg, Le **60** 17 Cb 51
Crochte **59** 3 Cc 43
Crocicchia **2B** 157 Kc 94
Crocq **23** 91 Cc 73
Crocy **14** 30 Zf 55
Crœttwibrt **67** 40 Ia 55
Croisances **43** 117 Dd 79
Croisette **62** 7 Cb 46
Croisette, La **74** 96 Gb 72
Croisic, le **44** 59 Xc 65
Croisille, La **27** 31 Af 55
Croisilles **14** 29 Zd 55
Croisilles **28** 32 Bc 56
Croisilles **61** 30 Ab 56
Croisilles **62** 8 Cf 47
Croisille-sur-Briance, la **87** 102 Bd 75
Croismare **54** 38 Gd 57
Croissanville **14** 30 Zf 54
Croissy-Beaubourg **77** 33 Cd 56
Croissy-sur-Seine **78** 33 Ca 55
Croissy-sur-Selle **60** 17 Cb 51
Croisty, Le **56** 42 Wd 60
Croisy **18** 80 Ce 67
Croisy-sur-Andelle **76** 16 Bc 52
Croisy-sur-Eure **27** 32 Bc 54
Croix **59** 4 Da 44
Croix **90** 71 Gf 64
Croix, la **73** 108 Ga 76
Croixanvec **56** 43 Xa 60
Croix-au-Bois, La **08** 20 Ee 52
Croix-aux-Mines, La **88** 56 Ha 59
Croix-Avranchin, la **50** 28 Yd 57
Croix-Blanche, La **47** 112 Ae 83
Croix-Chapeau **17** 86 Yf 72
Croix-Comtesse, La **17** 87 Zd 72
Croixdalle **76** 16 Bc 50
Croix-de-Vie, Saint-Gilles- **85** 73 Ya 68
Croix-du-Perche, La **28** 48 Ba 59
Croix-en-Brie, La **77** 34 Da 57
Croix-en-Champagne, La **51** 36 Ed 54
Croix-en-Ternois **62** 7 Cb 46
Croix-en-Touraine, La **37** 63 Af 64
Croix-Fonsommes **02** 18 Dc 49
Croix-Hélléan, La **56** 44 Xd 61
Croixille, La **53** 45 Yf 59
Croix-Mare **76** 15 Af 51
Croix-Moligneaux **80** 18 Da 50
Croixrault **80** 17 Bf 50
Croix-Saint-Leufroy, la **27** 32 Bb 54
Croix-sur-Gartempe, la **87** 89 Af 72
Croix-sur-Ourcq, la **02** 34 Dc 53
Croix-sur-Roudoule, la **06** 134 Gf 84
Croix-Valmer, La **83** 148 Gd 89
Croizet-sur-Gand **42** 93 Eb 73
Crollon **50** 28 Yd 57
Cromac **87** 89 Bb 70
Cromary **70** 70 Ga 64
Cronat **71** 81 De 68
Cronce **43** 104 Dc 78
Cropte, La **53** 46 Zd 61
Cropus **76** 15 Ba 50
Cros **30** 130 De 85
Cros **63** 103 Cd 76
Cros, le **30** 129 Dd 85
Cros, le **34** 129 Dc 85
Cros, le **63** 103 Ce 75
Cros, le **63** 105 De 76
Cros-de-Montvert **15** 103 Ca 78
Cros-de-Ronesque **15** 115 Cd 79
Crosey-le-Grand **25** 71 Gd 64
Crosey-le-Petit **25** 70 Gc 64
Crosmières **72** 62 Zf 62
Crosne **91** 33 Cc 56
Crossac **44** 59 Xe 64
Crosses **18** 79 Cd 66
Crosville-la-Vieille **27** 31 Af 54
Crosville-sur-Douve **50** 12 Yd 52
Crosville-sur-Scie **76** 15 Ba 50
Crotelles **83** 63 Af 63
Crotenay **39** 83 Fe 68
Croth **27** 32 Bc 55
Crotoy, Le **80** 6 Bd 47
Crots **05** 120 Gc 81
Crottes-in-Pithiverais **45** 50 Ca 60
Crottet **01** 94 Ef 71
Crouay **14** 13 Zb 53
Crouseilles **64** 138 Zf 87
Croutelle **86** 76 Ab 69
Croûtes, Les **10** 52 Df 61
Croutoy **60** 18 Da 52
Crouttes **61** 30 Aa 55
Crouttes-sur-Marne **02** 34 Db 55
Crouy **02** 18 Dc 52
Crouy-en-Thelle **60** 33 Cb 53
Crouy-Saint-Pierre **80** 7 Ca 49
Crouy-sur-Cosson **41** 64 Bd 63
Crouy-sur-Ourcq **77** 34 Da 54
Crouzet, Le **25** 84 Ga 68
Crouzet-Migette **25** 84 Gd 67
Crouzille, La **63** 91 Ce 71
Crouzilles **37** 62 Ac 66
Crozant **23** 90 Bd 70
Croze **23** 92 Cb 74
Crozes-Hermitage **26** 106 Ef 78
Crozet **01** 96 Ga 71
Crozet **01** 107 Fd 74
Crozet, le **01** 95 Fb 70
Crozets, Les **39** 84 Fe 70
Crozon **29** 24 Vd 59
Crozon-sur-Vauvre **36** 78 Bf 70
Cruas **07** 118 Ee 81
Crucey **28** 31 Ba 56
Crucheray **41** 63 Ba 62
Cruet **73** 108 Ga 75
Crugey **21** 68 Ee 65
Crugny **51** 19 De 53
Cruguel **56** 43 Xc 61
Cruis **04** 133 Ff 84
Crulai **61** 31 Ae 56
Crupies **26** 119 Fb 81
Crupilly **02** 19 De 49
Cruscades **11** 142 Ce 89
Cruseilles **74** 96 Ga 72
Crusnes **54** 21 Ff 52
Cruviers-Lascours **30** 130 Eb 84
Crux-la-Ville **58** 67 Dd 66
Cruzille **71** 82 Ee 69
Cruzilles-lès-Mépillat **01** 94 Ef 71
Cruzy **34** 143 Cf 88
Cruzy-le-Châtel **89** 52 Eb 61
Cry **89** 68 Eb 62
Cubelles **43** 116 Dd 78

Cubières **48** 117 De 82
Cubières-sur-Cinable **11** 153 Cc 91
Cubiérettes **48** 117 De 82
Cubjac **24** 101 Af 77
Cublac **19** 101 Bb 78
Cublize **69** 94 Ec 72
Cubnezais **33** 99 Zd 78
Cubrial **25** 70 Gc 64
Cubry **25** 70 Gc 64
Cubry-lès-Faverney **70** 55 Ga 62
Cubzac-les-Ponts **33** 99 Zd 79
Cucharmoy **77** 34 Db 57
Cuchery **51** 35 De 54
Cucq **62** 6 Bd 46
Cucugnan **11** 154 Cd 91
Cucuron **84** 132 Fc 86
Cudos **33** 111 Ze 82
Cuébris **06** 134 Ha 85
Cuélas **32** 139 Ac 88
Cuers **83** 147 Ga 89
Cuffies **62** 18 Db 52
Cuffy **18** 80 Da 67
Cugand **85** 60 Ye 66
Cugney **70** 69 Fe 64
Cugny **02** 18 Da 50
Cuguen **35** 28 Ye 57
Cuguron **31** 139 Ad 90
Cuhon **86** 76 Aa 68
Cuignères **60** 17 Cc 52
Cuigy-en-Bray **60** 16 Be 52
Cuillé **53** 45 Yf 61
Cuinchy **62** 8 Ce 45
Cuincy **59** 8 Da 46
Cuing, le **31** 139 Ad 90
Cuinzier **42** 93 Eb 72
Cuire, Caluire-et-, **69** 94 Ef 74
Cuirieux **02** 19 De 50
Cuiry-Housse **02** 18 Dc 53
Cuiry-lès-Chaudardes **02** 19 De 52
Cuiry-lès-Iviers **02** 19 Ea 50
Cuis **51** 35 Df 55
Cuiseaux **71** 83 Fc 70
Cuise-la-Motte **60** 18 Da 52
Cuiserey **60** 69 Fb 64
Cuisery **71** 83 Fa 69
Cuisia **39** 83 Fc 69
Cuissai **61** 30 Aa 58
Cuisy **55** 21 Fb 53
Cuisy **77** 33 Ce 54
Cuisy-en-Almont **02** 18 Db 52
Culan **18** 79 Cd 68
Culey-le-Patry **14** 29 Zc 55
Culhat **63** 92 Dc 73
Culin **38** 107 Fb 75
Culles-les-Roches **71** 82 Ed 69
Cully **14** 13 Zc 53
Culmont **52** 54 Fc 62
Culoz **01** 95 Fe 73
Cult **70** 69 Fe 65
Cultures **48** 116 Dc 82
Cumières **51** 35 Df 54
Cumières-le-Mort-Homme **55** 21 Fb 53
Cumiès **11** 141 Bf 89
Cumont **82** 126 Af 85
Cunac **81** 128 Cb 85
Cuncy-lès-Varzy **58** 66 Dc 64
Cunèges **24** 112 Ac 80
Cunel **55** 20 Fa 52
Cunelières **90** 71 Gf 63
Cunfin **10** 53 Ee 60
Cuon **49** 62 Zf 64
Cuperly **51** 36 Ec 54
Cuq **47** 125 Ae 84
Cuq-Toulza **81** 141 Bf 87
Cuqueron **64** 138 Zc 89
Curac **16** 100 Aa 77
Curan **12** 128 Cf 83
Curbans **04** 120 Ga 82
Curbigny **71** 93 Eb 71
Curchy **80** 18 Cf 50
Curciat-Dongalon **01** 83 Fa 70
Curdin **71** 81 Ea 69
Curel **04** 132 Fd 83
Curel-Autigny **52** 54 Fa 58
Curemonte **19** 114 Be 79
Cures **72** 47 Zf 62
Curey **50** 28 Yd 57
Curgies **59** 9 Dc 46
Curgy **71** 82 Ec 67
Curienne **73** 108 Ga 75
Curières **12** 115 Cf 81
Curley **21** 68 Ef 65
Curlu **80** 8 Ce 49
Curtafond **01** 95 Fa 71
Curtil-Saint-Seine **21** 68 Ef 64
Curtil-sous-Buffières **71** 94 Ed 70
Curtil-sous-Burnand **71** 82 Ed 69
Curtil-Vergy **21** 68 Ef 65
Curvalle **81** 128 Cd 85
Curverville **27** 16 Bc 53
Curzay-sur-Vonne **86** 76 Aa 70
Curzon **85** 74 Ye 70
Cusance **25** 70 Gc 65
Cuse-et-Adrisans **25** 70 Gc 64
Cusey **70** 69 Fc 63
Cussac **15** 103 Ca 79
Cussac **33** 99 Zb 78
Cussac **87** 113 Af 76
Cussac-sur-Loire **43** 117 Df 79
Cussangy **10** 52 Ea 60
Cussay **37** 77 Ae 66
Cusset **03** 92 Dc 72
Cussey-les-Forges **21** 69 Fa 63
Cussey-sur-Lison **25** 84 Ff 66
Cussey-sur-l'Ognon **25** 70 Ff 64
Cussy-en-Morvan **71** 81 Ea 66
Cussy-la-Colonne **21** 68 Ed 65
Cussy-le-Châtel **21** 68 Ed 65
Cussy-les-Forges **89** 67 Ea 64
Custines **54** 38 Ga 56
Cutry **02** 18 Db 52
Cutry **54** 21 Fe 52
Cuts **60** 18 Da 51
Cutting **57** 39 Gf 55
Cuttoli-Corticchiato **2A** 158 If 97
Cutura **39** 84 Fe 70
Cuve **70** 55 Gb 61
Cuvergnon **60** 34 Cf 53
Cuverville **14** 14 Ze 53
Cuverville **27** 16 Bc 53

Cuverville **76** 14 Ab 50
Cuverville-sur-Yères **76** 6 Bc 49
Cuves **50** 28 Yf 56
Cuves **52** 54 Fc 60
Cuvier **39** 84 Ga 68
Cuvillers **59** 8 Db 47
Cuvilly **60** 17 Ce 51
Cuvry **57** 38 Ga 54
Cuxac-Cabardès **11** 142 Cb 88
Cuxac-d'Aude **11** 143 Cf 89
Cuy **60** 18 Cf 51
Cuy **89** 51 Db 59
Cuy-Saint-Fiacre **76** 16 Be 51
Cuzac **46** 114 Ca 81
Cuzance **46** 114 Bd 79
Cuzieu **01** 95 Fe 74
Cuzieu **42** 105 Eb 75
Cuzion **36** 78 Bf 70
Cuzorn **47** 113 Af 81
Cuzy **71** 81 Ea 68
Cys-la-Commune **02** 19 Dd 52
Cysoing **59** 8 Db 45

D

Dabo **57** 39 Hb 57
Dachstein **67** 40 Hd 57
Daglan **24** 113 Bb 80
Dagny **77** 34 Db 56
Dagny-Lamberoy **02** 19 Ea 50
Dagonville **55** 37 Fc 56
Daguenière, La **49** 61 Zd 64
Dahlenheim **67** 40 Hd 57
Daignac **33** 111 Ze 80
Daigny **08** 20 Ef 50
Daillancourt **52** 53 Ef 59
Daillecourt **52** 54 Fd 60
Dainville **62** 8 Cd 47
Dainville-Bertheléville **55** 54 Fd 58
Daix **21** 69 Ef 64
Dalem **57** 22 Gd 53
Dalhain **57** 38 Gd 55
Dalhunden **67** 40 Hf 56
Dallon **02** 18 Da 50
Dalou **09** 141 Bd 90
Dalstein **57** 22 Gc 53
Daluis **06** 134 Gf 84
Damas-aux-Bois **88** 55 Gc 58
Damas-et-Bettegney **88** 55 Gb 59
Damazan **47** 112 Ab 83
Dambach **67** 40 Hd 54
Dambach-la-Ville **67** 56 Hc 59
Dambelin **25** 71 Gd 65
Damblain **88** 54 Fd 60
Damblainville **14** 30 Zf 55
Dambron **28** 49 Bf 60
Dame-Marie **27** 31 Ba 56
Dame-Marie **61** 48 Ad 58
Dame-Marie-les-Bois **37** 63 Ba 63
Daméraucourt **60** 16 Bf 50
Damerey **71** 83 Ef 67
Damery **80** 17 Cd 50
Damgan **56** 59 Xc 63
Damigni **61** 47 Aa 58
Damloup **55** 37 Fc 53
Dammard **02** 34 Db 54
Dammarie **28** 49 Bc 58
Dammarie-en-Puisaye **45** 66 Cf 63
Dammarie-les-Lys **77** 50 Cd 57
Dammarie-sur-Loing **45** 66 Cf 62
Dammarie-sur-Saulx **55** 37 Fb 57
Dammartin-en-Goële **77** 33 Ce 54
Dammartin-en-Serve **78** 32 Bd 55
Dammartin-les-Templiers **25** 70 Gb 65
Dammartin-Marpain **39** 69 Fd 65
Dammartin-sur-Meuse **52** 54 Fd 61
Dammartin-sur-Tigeaux **77** 34 Cf 56
Damousies **59** 9 Ea 47
Damouzy **08** 20 Ee 50
Dampierre **10** 36 Ec 57
Dampierre **14** 29 Za 54
Dampierre **52** 54 Fa 60
Dampierre-au-Temple **51** 36 Ec 54
Dampierre-en-Bray **76** 16 Be 51
Dampierre-en-Bresse **71** 83 Fb 68
Dampierre-en-Burly **45** 65 Cd 62
Dampierre-en-Crot **18** 65 Cd 64
Dampierre-en-Graçay **18** 64 Bf 65
Dampierre-en-Montagne **21** 68 Ed 64
Dampierre-en-Yvelines **78** 32 Bf 56
Dampierre-et-Flée **21** 69 Fc 64
Dampierre-le-Château **51** 36 Ee 54
Dampierre-les-Bois **25** 71 Gf 63
Dampierre-lès-Conflans **70** 55 Gb 61
Dampierre-Saint-Nicolas **76** 16 Bd 49
Dampierre-sous-Bouhy **58** 66 Da 64
Dampierre-sous-Brou **28** 48 Ba 59
Dampierre-sur-Avre **28** 31 Ba 56
Dampierre-sur-Boutonne **17** 87 Zd 72
Dampierre-sur-Linotte **70** 70 Gb 64
Dampierre-sur-Moivre **51** 36 Ed 55
Dampierre-sur-Salon **70** 69 Fe 63
Dampjoux **25** 71 Ge 64
Dampleux **02** 18 Da 53
Dampmart **77** 33 Ce 55
Dampniat **19** 102 Bd 78
Damprichard **25** 71 Gf 65
Damps, Les **27** 15 Bb 53
Dampsmesnil **27** 32 Bd 53
Dampvalley-lès-Colombe **70** 70 Gb 63
Dampvalley-Saint-Pancras **70** 55 Gb 61
Dampvitoux **54** 37 Ff 54
Damrémont **52** 54 Fd 61
Damville **27** 31 Ba 55
Damvix **85** 87 Zb 71
Dancé **42** 93 Ea 73
Dancé **61** 48 Ae 58
Dancevoir **52** 53 Ef 61
Dancourt **76** 16 Bd 49

Dancourt-Popincourt **80** 17 Ce 50
Dancy **28** 49 Bc 59
Danestal **14** 14 Aa 53
Dangeau **28** 49 Bb 59
Dangers **28** 32 Bc 57
Dangé-Saint-Romain **86** 77 Ad 67
Dangeul **72** 47 Aa 60
Dangolsheim **67** 40 Hc 57
Dangu **27** 16 Bd 53
Dangy **50** 28 Ye 54
Danizy **02** 18 Db 51
Danjoutin **90** 71 Gf 63
Danne-et-Quatre-Vents **57** 39 Hb 56
Dannelbourg **57** 39 Hb 56
Dannemarie **25** 71 Gf 64
Dannemarie **68** 71 Ha 63
Dannemarie **78** 32 Bd 56
Dannemarie-sur-Crète **25** 70 Ff 65
Dannemoine **89** 52 Df 61
Dannemois **91** 50 Cc 58
Dannes **62** 6 Bd 45
Dannevoux **55** 21 Fb 53
Danvou-la-Ferrière **14** 29 Zb 55
Danzé **41** 48 Ba 61
Daon **53** 46 Zc 62
Daoulas **29** 24 Ve 58
Daours **80** 17 Cd 49
Darazac **19** 102 Ca 77
Darbonnay **39** 83 Fd 68
Darbres **07** 118 Ed 81
Darcey **21** 68 Ed 63
Darcilly **69** 94 Ee 74
Dardenac **33** 111 Ze 80
Dardez **27** 31 Bb 54
Dareizé **69** 94 Ec 73
Dargies **60** 17 Bf 50
Dargnies **80** 6 Bd 48
Dargoire **42** 106 Ed 75
Darmannes **52** 54 Fb 59
Darmont **55** 37 Fe 53
Darnac **87** 89 Af 71
Darnétal **76** 15 Ba 52
Darnets **19** 102 Ca 76
Darney **88** 55 Ga 60
Darney-aux-Chênes **88** 54 Fe 59
Darnieulles **88** 55 Gc 59
Darois **21** 68 Ef 64
Darvault **77** 50 Ce 59
Darvoy **45** 50 Ca 61
Dasle **71** 71 Gf 64
Daubensand **67** 57 He 58
Daubeuf-la-Campagne **27** 31 Ba 53
Daubeuf-près-Vatteville **27** 16 Bb 53
Daubeuf-Serville **76** 15 Ac 50
Daubèze **33** 111 Zf 80
Dauendorf **67** 40 Hd 55
Daufage **48** 117 De 81
Daumazan-sur-Arize **09** 140 Bb 90
Daumeray **49** 61 Zd 62
Dauphin **04** 133 Fe 85
Dausse **47** 113 Af 82
Dauzat-sur-Vodable **63** 104 Da 76
Davayat **63** 92 Da 73
Davayé **71** 94 Ee 71
Davejean **11** 154 Cd 91
Davenescourt **80** 17 Cd 50
Davézieux **07** 106 Ee 77
Davignac **19** 102 Ca 76
Davrey **10** 52 Df 60
Davron **78** 32 Bf 55
Dax **40** 123 Yf 86
Deauville **14** 14 Aa 53
Deaux **30** 130 Ea 84
Débats-Rivière-d'Orpra **42** 93 Df 73
Decazeville **12** 115 Cb 81
Déchy **59** 8 Da 46
Décines-Charpieu **69** 94 Ef 74
Decize **58** 80 Dc 68
Dégagnac **46** 113 Bb 80
Degré **72** 47 Aa 60
Dehault **72** 48 Ad 59
Dehlingen **67** 39 Hb 55
Deinvillers **88** 55 Gd 58
Déjointes **18** 80 Cf 66
Delain **70** 69 Fd 63
Delettes **62** 7 Cb 45
Delincourt **60** 16 Be 53
Delle **90** 71 Gf 63
Delme **57** 38 Gc 55
Delouze-Rosières **55** 37 Fd 57
Déluge, Le **60** 17 Ca 53
Delut **55** 21 Fd 52
Deluz **25** 70 Gb 65
Demandolx **04** 134 Gd 85
Demange-aux-Eaux **55** 37 Fc 57
Demangevelle **70** 55 Ga 61
Demie, La **70** 70 Gb 63
Demigny **71** 82 Ef 67
Démouville **14** 14 Ze 53
Dému **32** 125 Ab 86
Démuin **80** 17 Cd 50
Dénat **81** 127 Cb 86
Denazé **53** 46 Za 61
Dénestanville **76** 15 Ba 50
Deneuille-les-Mines **03** 91 Ce 70
Deneuille-lès-Chantelle **03** 92 Da 71
Deneuvre **54** 56 Ge 58
Dénezé-sous-Doué **49** 62 Ze 65
Dénezé-sous-le-Lude **49** 63 Aa 63
Denezières **39** 84 Fe 69
Denguin **64** 138 Zc 89
Denice **69** 94 Ed 73
Denier **62** 8 Cc 46
Denipaire **88** 56 Gf 58
Dennebrœucq **62** 7 Ca 45
Denneville **50** 12 Yc 52
Dennevy **71** 82 Ed 67
Denney **90** 71 Gf 63
Denonville **28** 49 Be 58
Denting **57** 38 Gd 53
Déols **36** 78 Be 67
Derbamont **88** 55 Gb 59
Dercé **86** 76 Ab 67
Dercy **02** 19 De 51
Dernacueillette **11** 154 Cd 91
Dernancourt **80** 8 Cd 49
Derval **44** 60 Yb 63
Désaignes **07** 118 Ed 79
Désandans **25** 71 Ge 63

Descartes **37** 77 Ae 67
Deschaux, Le **39** 83 Fd 67
Désert, Le **14** 29 Zb 55
Désertines **03** 91 Cd 70
Désertines **53** 29 Za 58
Déserts, Les **73** 108 Ga 75
Déservillers **25** 84 Ga 66
Desges **43** 116 Dc 78
Designy **74** 96 Ff 73
Desmonts **45** 50 Cd 59
Desnes **39** 83 Fc 68
Dessenheim **68** 57 Hc 61
Dessia **39** 95 Fd 70
Destord **88** 55 Gd 59
Destrousse, La **13** 146 Fd 88
Destry **57** 38 Gd 55
Desvres **62** 7 Ca 45
Détain-et-Bruant **21** 68 Ee 65
Détrier **73** 108 Ga 76
Détroit, Le **14** 29 Zd 55
Dettey **71** 81 Eb 68
Dettwiller **67** 40 Hc 56
Deuil **22** 18 Dc 51
Deuillet **02** 18 Dc 51
Deûlémont **59** 4 Cf 44
Deux-Chaises **03** 92 Da 70
Deux-Evailles **53** 46 Zc 59
Deux-Fays, Les **39** 83 Fc 67
Deux-Jumeaux **14** 13 Za 52
Deuxville **54** 38 Gc 57
Deux-Villes-Basse, les Les **08** 21 Fb 51
Deux-Villes-Haute, Les, les **08** 21 Fb 51
Devay **58** 81 Dd 68
Devecey **25** 70 Ga 65
Devesset **07** 106 Ec 78
Devèze **65** 139 Ad 89
Deviat **16** 100 Aa 76
Dévillac **47** 113 Ae 81
Deville **08** 20 Ee 49
Déville-lès-Rouen **76** 15 Ba 52
Devise **80** 18 Cf 50
Devrouze **71** 83 Fa 68
Deycimont **88** 55 Gd 59
Deyme **31** 141 Bd 88
Deyvillers **88** 55 Gd 59
Dézert, Le **50** 12 Yf 53
Dezize-lès-Maranges **71** 82 Ed 67
D'Huison-Longueville **91** 50 Cb 58
Dhuisy **77** 34 Da 54
Dhuizel **02** 19 Dd 52
Dhuizon **41** 64 Bd 63
Diancey **21** 68 Ed 65
Diane-Capelle **57** 39 Gf 56
Diant **77** 51 Cf 59
Diarville **54** 54 Ga 58
Diconne **71** 83 Fa 68
Dicy **89** 51 Da 61
Didenheim **68** 72 Hb 62
Die **26** 119 Fc 80
Diebling **57** 39 Gf 54
Diebolsheim **67** 57 Hd 59
Diedendorf **67** 39 Ha 55
Diedling **57** 39 Ha 54
Dieffenbach-au-Val **67** 56 Hb 59
Dieffenbach-lès-Wœrth **67** 40 He 55
Dieffenthal **67** 56 Hc 59
Diefmatten **68** 71 Ha 62
Dième **69** 94 Ec 73
Diemeringen **67** 39 Hb 55
Diémoz **38** 107 Fa 75
Diénay **21** 69 Fa 63
Dienne **15** 103 Ce 78
Dienné **86** 76 Ad 70
Diennes-Aubigny **58** 81 Dd 67
Dienville **10** 53 Ed 58
Dieppe **76** 6 Ba 49
Dierre **37** 63 Af 64
Dierrey-Saint-Julien **10** 52 De 59
Dierrey-Saint-Pierre **10** 52 De 59
Diesen **57** 38 Ge 53
Dietwiller **68** 72 Hc 63
Dieudonné **60** 17 Ca 53
Dieue-sur-Meuse **55** 37 Fc 54
Dieulefit **26** 119 Fa 81
Dieulivol **33** 112 Aa 80
Dieulouard **54** 38 Ga 55
Dieupentale **82** 126 Bb 85
Dieuze **57** 39 Ge 56
Diéval **62** 7 Cb 46
Diffembach-lès-Hellimer **57** 39 Gf 54
Diges **89** 66 Dc 62
Digna **39** 83 Fd 68
Dignac **16** 100 Ab 75
Digne-d'Aval, La **11** 141 Cb 90
Digne-les-Bains **04** 133 Gb 84
Dignonville **88** 55 Gd 59
Digny **28** 31 Ba 57
Digoin **71** 81 Df 69
Digosville **50** 12 Yc 51
Digulleville **50** 12 Ya 50
Dijon **21** 69 Fa 65
Dimbsthal **67** 39 Hc 56
Dimechaux **59** 9 Ea 47
Dimont **59** 9 Ea 47
Dinan **22** 27 Xf 58
Dinard **35** 27 Xf 57
Dinéault **29** 41 Vf 59
Dingé **35** 45 Yb 58
Dingsheim **67** 40 Hd 57
Dinozé **88** 55 Gd 59
Dinsac **87** 89 Ba 71
Dinsheim **67** 39 Hc 57
Dinteville **52** 53 Ee 60
Dio **34** 129 Db 87
Dionay **38** 107 Fb 77
Dions **30** 130 Eb 85
Diors **36** 78 Be 68
Diou **03** 81 Df 69
Diou **36** 79 Ca 66
Dirac **16** 100 Ab 75
Dirinon **29** 24 Ve 58
Dirol **58** 67 Dd 65
Dissangis **89** 67 Df 63
Dissay **86** 76 Ac 68
Dissay-sous-Courcillon **72** 63 Ac 63
Dissé-sous-Ballon **72** 47 Ab 59
Dissé-sous-le-Lude **72** 63 Aa 63
Distré **49** 62 Ze 65
Diusse **64** 124 Ze 87
Divajeu **26** 118 Fa 80
Dives **60** 18 Cf 51
Dives-sur-Mer **14** 14 Zf 53

Divion **62** 8 Cd 46
Divonne-les-Bains **01** 96 Ga 70
Dixmont **89** 51 Dc 60
Dizimieu **38** 107 Fb 74
Dizy **51** 35 Df 54
Dizy-le-Gros **02** 19 Ea 51
Doazit **40** 123 Zc 86
Doazon **64** 138 Zc 89
Docelles **88** 55 Gd 59
Dodenom **57** 22 Gb 52
Dœuil-sur-le-Mignon **17** 87 Zc 72
Dognen **64** 137 Zb 89
Dogneville **88** 55 Gc 59
Dohem **62** 3 Cb 45
Dohis **02** 19 Ea 50
Doignies **59** 8 Da 48
Doingt **80** 18 Cf 49
Doissat **24** 113 Ba 80
Doissin **38** 107 Fc 76
Doix **85** 75 Zb 70
Doizieux **42** 106 Ed 76
Dol-de-Bretagne **35** 28 Yb 57
Dole **39** 83 Fd 66
Dolignon **02** 19 Ea 50
Dolleren **68** 56 Gf 62
Dollon **72** 48 Ad 60
Dollot **89** 51 Cf 59
Dolmayrac **47** 112 Ad 82
Dolo **22** 27 Xe 58
Dolomieu **38** 107 Fc 75
Dolus-d'Oléron **17** 86 Ye 73
Dolus-le-Sec **37** 63 Af 66
Dolving **57** 39 Ha 56
Domagné **35** 45 Yd 60
Domaize **63** 104 Dd 74
Domalain **35** 45 Ye 61
Domancy **74** 97 Gd 73
Domarin **38** 107 Fb 75
Domart-en-Ponthieu **80** 7 Ca 48
Domart-sur-la-Luce **80** 17 Cc 50
Domats **89** 51 Da 60
Domazan **30** 131 Ed 85
Dombasle-devant-Darney **88** 55 Ga 60
Dombasle-en-Argonne **55** 37 Fb 54
Dombasle-en-Xaintois **88** 55 Ff 59
Dombasle-sur-Meurthe **54** 38 Gc 57
Domblain **52** 53 Ef 58
Domblans **39** 83 Fd 68
Dombras **55** 21 Fc 52
Dombrot-le-Sec **88** 55 Ff 60
Dombrot-sur-Vair **88** 55 Ff 59
Domecy-sur-Cure **89** 67 De 64
Doméliers **60** 17 Ca 51
Domène **38** 108 Ff 77
Domérat **03** 91 Cd 70
Domesargues **30** 130 Eb 84
Domesmont **80** 7 Ca 48
Domessin **73** 107 Fe 75
Domèvre-sous-Montfort **88** 55 Ga 59
Domèvre-sur-Avière **88** 55 Gc 59
Domèvre-sur-Durbion **88** 55 Gc 59
Domeyrat **43** 104 Dd 77
Domeyrot **23** 91 Ca 71
Domezain-Berraute **64** 137 Zb 89
Domfaing **88** 56 Ge 59
Domfessel **67** 39 Ha 55
Domfront **60** 17 Cd 51
Domfront **61** 29 Zc 57
Domfront-en-Champagne **72** 47 Aa 60
Domgermain **54** 37 Fe 57
Dominelais, La **35** 45 Yb 62
Dominois **80** 7 Bf 48
Domjean **80** 29 Yf 55
Domjulien **88** 55 Ga 59
Domléger-Longvillers **80** 7 Ca 48
Dom-le-Mesnil **08** 20 Ee 50
Domloup **35** 45 Yc 60
Dommarie-Eulmont **54** 55 Ga 58
Dommartemont **54** 38 Gb 56
Dommartin **01** 94 Ef 70
Dommartin **25** 84 Gb 67
Dommartin **58** 81 Df 66
Dommartin **69** 94 Ee 74
Dommartin **80** 17 Cc 50
Dommartin-aux-Bois **88** 55 Gb 60
Dommartin-Dampierre **51** 36 Ee 54
Dommartin-la-Chaussée **54** 37 Ff 54
Dommartin-la-Montagne **55** 37 Fd 54
Dommartin-le-Coq **10** 53 Ec 57
Dommartin-le-Franc **52** 53 Ef 58
Dommartin-le-Saint-Père **52** 53 Ef 58
Dommartin-lès-Remiremont **88** 56 Gd 61
Dommartin-lès-Toul **54** 38 Ff 56
Dommartin-lès-Vallois **88** 55 Ga 60
Dommartin-Lettrée **51** 35 Eb 54
Dommartin-sous-Amance **54** 38 Gb 56
Dommartin-sous-Hans **51** 36 Ee 54
Dommartin-sur-Vraine **88** 55 Ff 58
Dommary-Baroncourt **55** 21 Fe 53
Domme **24** 113 Bb 80
Dommery **08** 20 Ec 50
Dommiers **02** 18 Db 52
Domnon-lès-Dieuze **57** 39 Ge 55
Domont **95** 33 Cb 54
Dompaire **88** 55 Gb 59
Dompcevrin **55** 37 Fc 55
Dompierre **59** 9 Df 48
Dompierre **60** 17 Ce 51
Dompierre **61** 29 Zc 57
Dompierre **88** 55 Gd 59
Dompierre-aux-Bois **55** 37 Fd 55
Dompierre-Becquincourt **80** 18 Ce 49
Dompierre-du-Chemin **35** 45 Yf 59
Dompierre-en-Morvan **21** 67 Eb 64
Dompierre-les-Églises **87** 89 Bb 71
Dompierre-les-Ormes **71** 94 Ec 70

Dompierre-les-Tilleuls 25 84 Gb 67
Dompierre-sous-Sanvignes 71 81 Eb 69
Dompierre-sur-Authie 80 7 Bf 47
Dompierre-sur-Besbre 03 81 De 69
Dompierre-sur-Chalaronne 01 94 Ef 72
Dompierre-sur-Charente 17 87 Zd 74
Dompierre-sur-Héry 58 67 Dd 65
Dompierre-sur-Mer 17 86 Yf 71
Dompierre-sur-Mont 39 83 Fd 69
Dompierre-sur-Nièvre 58 66 Db 65
Dompierre-sur-Veyle 01 95 Fb 72
Dompierre-sur-Yon 85 74 Yd 68
Dompnac 07 117 Ea 81
Domprel 25 70 Gc 65
Dompremy 51 36 Ee 56
Domprix 54 21 Fe 53
Domps 87 102 Be 75
Domptail 88 55 Gd 58
Domptail-en-l'Air 54 38 Gb 57
Domptin 02 34 Db 54
Domqueur 80 7 Ca 48
Domrémy-aux-Bois 55 37 Fc 56
Domremy-Landéville 52 54 Fb 58
Domrémy-la-Pucelle 88 54 Fe 58
Domsure 01 83 Fb 70
Domvallier 88 55 Ga 59
Domvast 80 7 Bf 47
Don 59 8 Cf 45
Donazac 11 141 Ca 90
Donchery 08 20 Ef 50
Doncières 88 55 Gc 58
Doncourt-aux-Templiers 55 37 Fe 54
Doncourt-lès-Conflans 54 38 Ff 54
Doncourt-lès-Longuyon 54 21 Fe 52
Doncourt-sur-Meuse 52 54 Fd 60
Dondas 47 126 Af 83
Donges 59 Xf 65
Donjeux 52 54 Fa 58
Donjeux 57 38 Gc 55
Donjon, Le 03 93 De 70
Donnay 14 29 Zd 55
Donnazac 81 127 Bf 84
Donnelay 57 39 Ge 56
Donnemain-Saint-Mamès 28 49 Bc 60
Donnemarie-Dontilly 77 51 Da 58
Donnement 10 53 Ec 57
Donnenheim 67 40 Hd 56
Donnery 45 50 Ca 61
Donneville 31 141 Bd 88
Donneville-les-Bains 50 28 Yc 55
Donnezac 33 99 Zd 77
Dontreix 23 91 Cd 73
Dontrien 51 20 Ec 53
Donzac 33 111 Ze 81
Donzac 82 126 Ae 84
Donzacq 40 123 Zb 87
Donzeil 23 90 Bf 72
Donzenac 19 102 Bd 77
Donzère 26 118 Ee 82
Donzy 58 66 Db 64
Donzy-le-National 71 82 Ed 70
Donzy-le-Pertuis 71 82 Ee 70
Doranges 63 105 Dd 76
Dorans 90 74 Ge 63
Dorat 63 92 Dc 73
Dorat, le 87 89 Ba 71
Dorceau 61 48 Ae 58
Dordives 45 50 Ca 60
Dorée, La 53 29 Za 58
Dore-l'Église 63 105 De 76
Dorengt 02 9 De 49
Dorlisheim 67 40 Hc 57
Dormans 51 35 Dd 54
Dormelles 77 51 Cf 59
Dornac, La 24 101 Bc 78
Dornas 07 118 Ec 79
Dornecy 58 67 Dd 64
Dornes 58 80 Dc 68
Dornot 57 38 Ga 54
Dorres 66 153 Bf 94
Dorst 57 39 Hc 53
Dortan 01 95 Fd 71
Dosches 10 52 Eb 59
Dosnon 10 35 Eb 57
Dossenheim-Kochersberg 67 40 Hd 57
Dossenheim-sur-Zinsel 67 39 Hc 56
Douadic 36 77 Ba 68
Douai 59 8 Da 46
Douains 27 32 Bc 54
Douarnenez 29 41 Vd 60
Douaumont 55 37 Fc 53
Doubs 25 84 Gc 67
Doucelles 72 47 Zd 59
Douchapt 24 100 Ac 77
Douchy 02 18 Da 50
Douchy 45 51 Da 61
Douchy-lès-Ayette 62 8 Ce 47
Douchy-les-Mines 59 9 Dc 47
Doucier 39 84 Fe 69
Doucy-en-Bauges 73 108 Gb 74
Doudeauville 62 7 Be 45
Doudeauville 76 16 Be 51
Doudeauville-en-Vexin 27 16 Bd 53
Doudelainville 80 7 Be 48
Doudeville 76 15 Ba 50
Doudrac 47 112 Ae 81
Doue 77 34 Da 55
Doué-la-Fontaine 49 62 Ze 65
Douelle 46 113 Bc 82
Douhet, Le 17 87 Zc 74
Douillet 72 47 Zf 59
Douilly 80 18 Da 50
Doulaincourt-Saucourt 52 54 Fb 59
Doulcon 55 21 Fa 52
Doulevant-le-Petit 52 53 Ef 58
Doulieu, Le 59 4 Ce 44
Doullens 80 7 Cc 48
Doumely-Bégny 08 19 Eb 51
Doumy 64 138 Zd 89
Dounoux 88 55 Gc 60
Dourbies 30 129 Dc 84
Dourdain 35 45 Yd 59
Dourdan 91 32 Ca 57
Dourges 62 8 Cf 46
Dourgne 81 141 Ca 88
Douriez 62 7 Be 46

Dourlers 59 9 Df 47
Dourn, le 81 128 Cc 84
Dournazac 87 101 Af 75
Dournon 39 84 Ff 67
Dours 65 139 Aa 89
Doussard 74 96 Gb 74
Doussay 86 76 Ab 67
Douvaine 74 96 Gb 71
Douville 24 100 Ad 79
Douville-en-Auge 14 14 Zf 53
Douvrend 76 16 Bb 49
Douvres 01 95 Fc 73
Douvres-la-Délivrande 14 13 Zd 53
Douvrin 62 8 Ce 45
Doux 08 20 Ec 51
Doux 79 76 Aa 68
Douy 28 48 Bb 60
Douy-la-Ramée 77 34 Cf 54
Douzains 47 112 Ad 81
Douzat 16 88 Aa 74
Douze, la 24 101 Af 78
Douzens 11 142 Cd 89
Douzillac 24 100 Ac 78
Douzy 08 20 Fa 50
Doville 50 12 Yc 52
Doye 39 84 Ga 68
Doyet 03 91 Ce 70
Dozulé 14 14 Zf 53
Dracé 69 94 Ee 71
Draché 37 77 Ad 66
Drachenbronn 67 40 Hf 55
Dracy 89 66 Db 62
Dracy-le-Fort 71 82 Ed 67
Dracy-lès-Couches 71 82 Ed 67
Dracy-Saint-Loup 71 82 Ec 66
Dragey-Ronthon 50 28 Yd 56
Draguignan 83 148 Gc 87
Drain 49 60 Ye 65
Draix 04 133 Gc 84
Draize 08 19 Ec 51
Drambon 21 69 Fc 65
Dramelay 39 95 Fd 70
Drancy 93 33 Cc 55
Drap 06 135 Hb 86
Dravegny 02 35 Dd 53
Draveil 91 33 Cc 56
Drée 21 68 Ee 64
Dréfféac 44 59 Xf 64
Drennec, Le 29 24 Vd 57
Dreuil-lès-Amiens 80 17 Cb 49
Dreux 28 32 Bb 56
Drevant 18 79 Cd 68
Dricourt 08 20 Ed 52
Driencourt 80 8 Da 49
Drincham 59 3 Cb 43
Drocourt 62 8 Cf 46
Drocourt 78 32 Be 54
Droisy 27 31 Ba 56
Droisy 74 96 Ff 73
Droiturier 03 93 De 71
Droizy 02 18 Dc 53
Drom 01 95 Fc 71
Dromesnil 80 16 Bf 49
Drosay 76 15 Ae 50
Drosnay 51 52 Ed 57
Droué 41 48 Ba 60
Droue-sur-Drouette 28 32 Be 57
Drouges 35 45 Ye 61
Drouilly 51 36 Ed 56
Droupt-Saint-Basle 10 52 Df 58
Droupt-Sainte-Marie 10 52 Df 58
Drouville 54 38 Gc 56
Droux 87 89 Ba 72
Droyes 52 53 Ee 57
Drubec 14 14 Aa 53
Drucat 80 7 Bf 48
Drucourt 27 31 Ac 54
Drudas 31 126 Ba 86
Druelle 12 115 Cd 82
Drugeac 15 103 Cc 77
Druillat 01 95 Fb 72
Drulhe 12 114 Ca 82
Drulingen 67 39 Hb 55
Drummetaz 73 108 Ff 75
Drusenheim 67 40 Hf 56
Druyé 37 63 Ad 65
Druyes-les-Belles-Fontaines 89 66 Dc 63
Druy-Parigny 58 80 Dc 67
Dry 45 64 Be 62
Duault 22 25 Wd 58
Ducey 50 28 Ye 57
Duclair 76 15 Af 52
Ducy-Sainte-Marguerite 14 13 Zc 53
Duerne 69 106 Ed 74
Duesme 21 68 Ee 63
Duffort 32 139 Ac 88
Dugny 93 33 Cc 55
Dugny-sur-Meuse 55 37 Fc 54
Duhort-Bachen 40 124 Ze 86
Duilhac-sous-Peyrepertuse 11 154 Cd 91
Duingt 74 96 Gb 74
Duisans 62 8 Cd 47
Dullin 73 107 Fe 75
Dumes 40 124 Zc 86
Dun 09 141 Be 90
Duneau 72 48 Ad 60
Dunes 82 126 Ae 84
Dunière 43 106 Ec 77
Dunière-sur-Eyrieux 07 118 Ed 80
Dunkerque 59 3 Cc 42
Dun-le-Palestel 23 90 Bd 71
Dun-le-Poëlier 36 64 Be 65
Dun-les-Places 58 67 De 65
Dun-sur-Auron 18 79 Cd 67
Dun-sur-Grandry 58 81 De 66
Dun-sur-Meuse 55 21 Fb 52
Duntzenheim 67 40 Hd 57
Duppigheim 67 40 Hd 57
Duran 32 125 Ad 86
Durance 47 125 Aa 84
Duranus 06 135 Hb 85
Duranville 27 31 Ba 53
Duras 47 112 Ab 80
Duravel 46 113 Ba 81
Durban 32 139 Ad 87
Durban-Corbières 11 142 Ce 91
Durban-sur-Arize 09 140 Bc 90
Durcet 61 29 Zd 56
Durdat-Larequille 03 91 Ce 71
Dureil 72 47 Zf 61
Durenque 12 128 Cd 84
Durfort 09 140 Bc 89
Durfort 81 141 Ca 88

Durfort-et-Saint-Martin-de-Sossenac 30 130 Df 85
Durfort-Lacapelette 82 126 Ba 83
Durlinsdorf 68 71 Hb 64
Durmenach 68 72 Hb 63
Durmignat 63 92 Cf 71
Durningen 67 40 Hd 56
Durrenbach 67 40 Hf 55
Durrenentzen 68 57 Hc 60
Durstel 67 39 Hb 55
Durtal 49 62 Ze 62
Durtol 63 92 Da 74
Dury 02 18 Da 50
Dury 62 8 Da 47
Dury 80 17 Cb 49
Dussac 24 101 Ba 76
Duttlenheim 67 40 Hd 57
Duvy 60 18 Da 54
Duzey 55 21 Fd 52
Dyé 89 52 Df 61
Dyo 71 93 Eb 70

E

Eancé 35 45 Ye 62
Eaucourt-sur-Somme 80 7 Bf 48
Eaunes 31 140 Bc 88
Eaux-Bonnes 64 138 Zd 91
Eaux-Puiseaux 10 52 Df 60
Eauze 32 125 Aa 85
Ebaty 21 82 Ee 67
Ebblinghem 59 3 Cc 44
Eberbach-Seltz 67 40 Ia 55
Ebersheim 67 57 Hc 59
Ebersmunster 67 57 Hd 59
Ebersviller 57 22 Gc 53
Eblange 57 22 Gc 53
Ebouleau 02 19 Df 50
Ebréon 16 88 Aa 73
Ebreuil 03 92 Da 72
Écaille, L' 08 19 Ee 51
Écaillon 59 8 Db 46
Écalles-Alix 76 15 Ae 51
Écaquelon 27 15 Ae 53
Ecardenville-la-Campagne 27 31 Af 54
Écardenville-sur-Eure 27 32 Bb 54
Ecausseville 50 12 Yd 52
Écauville 27 31 Af 54
Eccica-Suarella 2A 158 If 97
Eccles 59 9 De 47
Échalas 69 106 Ee 75
Échallat 16 88 Aa 74
Échallon 01 95 Fe 71
Échalot 21 68 Ef 63
Échalou 61 29 Zd 56
Échandelys 63 104 Dd 75
Échannay 21 68 Ee 65
Écharcon 91 33 Cc 57
Échassières 03 92 Da 72
Échauffour 61 30 Ac 56
Échay 25 84 Ff 66
Échebrune 17 99 Zd 75
Échelle, L' 08 20 Ed 50
Échelle, L' 80 17 Ce 50
Échelles, Les 73 107 Fe 76
Échemines 10 52 Df 58
Échemiré 49 62 Zf 63
Échenans-sous-Mont-Vaudois 70 71 Ge 63
Échenay 52 54 Fb 58
Échenevex 01 96 Ga 71
Échenon 21 83 Fb 66
Échenoz-la-Méline 70 70 Ga 63
Échery 68 56 Ha 59
Échevannes 21 69 Fb 63
Échevannes 25 84 Gb 66
Échevronne 21 82 Ef 66
Échigey 21 69 Fa 65
Échillais 17 86 Za 73
Échilleuses 45 50 Cc 60
Échinghen 62 2 Bd 44
Échiré 79 75 Zd 70
Échirolles 38 107 Fe 78
Échouboulains 77 51 Cf 58
Échourgnac 24 100 Ab 78
Eckwersheim 67 40 He 56
Éclaibes 59 9 Df 47
Éclaires 51 36 Fa 54
Éclance 10 53 Ef 58
Éclans-Nenon 39 69 Fd 66
Éclaron-Braucourt-Sainte-Livière 52 36 Ef 57
Eclassan 07 106 Ed 78
Ecleux 39 84 Fe 66
Eclimeux 62 7 Ca 46
Eclose 38 107 Fb 76
Ecluzelles 28 32 Bc 56
Ecly 08 19 Eb 51
Ecoche 42 93 Eb 72
Ecoivres 62 7 Cb 47
Ecole-Valentin 25 70 Ff 65
Ecollemont 51 36 Ee 57
Ecommoy 72 47 Ab 62
Ecoquenéauville 50 12 Ye 52
Ecorcei 61 30 Aa 55
Écorches, Les 25 71 Ge 65
Ecorches 61 30 Aa 55
Ecordal 08 20 Ed 51
Ecorpain 72 48 Ad 61
Ecos 27 32 Bd 54
Ecot 25 71 Ge 64
Ecotay-l'Olme 42 105 Ea 75
Ecot-la-Combe 52 54 Fc 59
Écouché 61 30 Ze 56
Écouen 95 33 Cc 54
Écouflant 49 61 Zc 63
Écouis 27 16 Bc 53
Écourt-Saint-Quentin 62 8 Da 47
Écouviez 55 21 Fc 51
Écouvotte, L' 25 70 Gc 65
Ecoyeux 17 87 Zc 74
Ecquedecques 67 7 Cc 45
Ecques 62 3 Cb 44
Ecquetot 37 31 Ba 53
Écquevilly 78 32 Bf 55
Écrainville 76 14 Ab 51
Écrammeville 14 13 Za 53
Écrennes, Les 77 51 Cf 58
Écretteville-lès-Baons 76 15 Ae 50
Écretteville-sur-Mer 76 15 Ac 50
Écriennes 51 36 Ee 56
Écrille 39 95 Fd 70
Écromagny 70 71 Gd 61
Écrosnes 28 32 Be 57
Écrouves 54 37 Ff 56

Ectot-l'Auber 76 15 Af 51
Ectot-lès-Baons 76 15 Ae 51
Ecublé 28 32 Bb 57
Ecueil 51 35 Df 53
Ecueil-en-Weppes 59 8 Cf 45
Ecueillé 36 78 Bc 66
Ecuelle 70 25 Fd 63
Écuelles 71 83 Fa 67
Écuelles 77 51 Ce 58
Écuillé 49 61 Zc 63
Écuires 62 7 Be 46
Écuisses 71 82 Ed 68
Écully 69 94 Ee 74
Écuras 16 88 Ad 74
Écurat 17 87 Zb 74
Écurcey 25 71 Ge 64
Écurey-en-Verdunois 55 21 Fc 52
Écury-le-Repos 51 35 Ea 56
Écury-sur-Coole 51 35 Ec 55
Écutigny 21 82 Ed 66
Ecuvilly 60 18 Cf 51
Edern 29 42 Wa 60
Edon 16 100 Ac 76
Eduts, Les 17 87 Ze 73
Eecke 59 4 Cd 44
Effiat 63 92 Db 72
Effincourt 52 54 Fa 57
Effry 02 19 Df 49
Egat 31 153 Bf 94
Egleny 89 66 Dc 62
Egletons 19 102 Ca 76
Égligny 77 51 Da 58
Eglingen 88 71 Hb 63
Église-aux-Bois, L' 19 102 Be 75
Égliseneuve-d'Entraigues 63 103 Ce 76
Égliseneuve-des-Liards 63 104 Dc 76
Église-Neuve-de-Vergt 24 101 Ae 78
Église-Neuve-d'Issac 24 100 Ac 79
Égliseneuve-près-Billom 63 104 Dc 74
Églises-d'Argenteuil, Les 17 87 Zd 73
Églisolles 63 105 Df 76
Églisottes-et-Chalaures, Les 33 99 Zf 78
Egly 91 33 Cb 57
Egreville 77 51 Cf 59
Égrisselles-le-Bocage 89 51 Db 60
Egry 45 50 Cc 60
Éguelshardt 57 40 Hc 54
Éguille, L' 17 86 Za 74
Eguilly 21 68 Ec 65
Eguisheim 68 56 Hb 60
Eguzon-Chantôme 36 78 Bd 70
Ehuns 70 70 Gb 62
Eichhoffen 67 57 Hc 58
Eincheville 57 38 Gd 55
Einvaux 54 55 Gc 57
Einville-au-Jard 54 38 Gc 57
Eix 55 37 Fc 53
Élan 08 20 Ee 50
Élancourt 78 32 Bf 56
Elbach 68 71 Ha 63
Elbeuf 76 15 Af 53
Elbeuf-en-Bray 76 16 Bd 52
Elbeuf-sur-Andelle 76 16 Bc 52
Elencourt 60 17 Be 51
Elesmes 59 9 Ea 47
Eletot 76 15 Ac 50
Élincourt 59 9 Da 48
Élincourt-Sainte-Marguerite 60 18 Ce 51
Elise-Daucourt 51 36 Ef 54
Ellecourt 76 16 Bb 50
Elliant 29 42 Wa 61
Ellon 14 13 Zb 53
Elne 66 154 Cf 93
Elnes 62 3 Ca 44
Eloie 90 71 Gf 62
Éloise 74 96 Ff 72
Éloyes 88 55 Gc 59
Elsenheim 67 57 Hc 60
Elvange 57 38 Gd 54
Elven 56 43 Xc 62
Elzange 57 22 Gb 52
Emagny 25 70 Ff 65
Emalleville 27 31 Ba 54
Émancé 78 32 Be 57
Emanville 27 31 Af 54
Emanville 76 15 Af 51
Embarthe 32 126 Ae 85
Emberménil 54 39 Ge 57
Embres-et-Castelmaure 11 154 Ce 91
Embreville 80 6 Bd 48
Embrun 05 121 Gc 81
Embry 62 7 Be 46
Émerainville 77 33 Cd 56
Émerchicourt 59 8 Db 47
Emeringes 69 94 Ed 71
Eméville 60 18 Da 53
Emiéville 14 14 Zf 54
Emlingen 68 72 Hb 63
Emmerin 59 8 Cf 45
Emondeville 50 12 Yd 52
Empeaux 31 140 Ba 87
Empurany 07 106 Ed 78
Empuré 16 88 Aa 72
Empury 58 67 De 64
Encamp (AND) 152 Bd 93
Encausse 32 126 Ba 86
Encausse-les-Thermes 31 139 Ae 90
Enchenberg 57 39 Hc 54
Endoufielle 32 140 Ba 87
Énencourt-Léage 60 16 Bf 53
Énencourt-le-Sec 60 17 Bf 53
Enfonvelle 52 54 Ff 61
Engayrac 47 126 Af 83
Engente 10 53 Ee 59
Engenthal, Wangenbourg- 67 39 Hb 57
Enghien 45 50 Cb 59
Engins 38 107 Fd 77
Englancourt 02 19 De 49
Englebelmer 80 8 Cd 48
Englefontaine 59 9 Dd 47
Englesqueville-la-Percée 14 13 Za 52
Englesqueville-en-Auge 14 14 Aa 53
Engomer 09 151 Ba 91
Enguinegatte 62 7 Cb 45
Engwiller 67 40 Hd 55

Ennemain 80 18 Cf 49
Ennery 57 22 Gb 53
Ennéry 95 33 Ca 54
Ennetières-en-Weppes 59 8 Cf 45
Ennevelin 59 8 Da 45
Ennezat 63 92 Db 73
Ennordres 18 65 Cc 64
Enquin-les-Mines 62 7 Cb 45
Enquin-sur-Baillons 62 7 Be 45
Ensigné 79 87 Ze 72
Ensisheim 68 56 Hc 61
Ensués-la-Redonne 13 146 Fb 88
Entrages 04 133 Gd 84
Entraigues 38 120 Ff 79
Entraigues 63 92 Db 73
Entraigues 84 131 Ef 84
Entrains-sur-Nohain 58 66 Db 64
Entrammes 53 46 Zb 61
Entraunes 06 134 Ge 84
Entraygues-sur-Truyère 12 115 Cd 81
Entrecasteaux 83 147 Gb 87
Entrechaux 84 132 Fa 83
Entre-deux-Eaux 88 56 Gf 59
Entre-Deux-Monts 39 84 Ff 69
Entremont 74 96 Gb 73
Entremont-le-Vieux 73 108 Ff 76
Entrepierres 04 133 Ff 83
Entrevaux 04 134 Ge 85
Entrevennes 04 133 Ga 85
Entrevernes 74 96 Gb 74
Entzheim 67 40 Hd 57
Enval 63 92 Da 73
Enveitg 66 153 Bf 94
Envermeu 76 16 Bb 49
Environville 76 15 Ae 50
Eourres 05 132 Fe 83
Éoux 31 140 Af 89
Épagne 10 53 Ec 58
Épagne-Épagnette 80 7 Bf 48
Epagny 21 69 Fa 64
Epagny 74 96 Ga 73
Épaignes 27 15 Ac 53
Epaney 14 30 Zf 55
Épannes 79 87 Zc 71
Eparcy 02 19 Ea 49
Éparges, Les 55 37 Fd 54
Épargnes 17 98 Zb 76
Eparres, Les 38 107 Fb 75
Epaumesnil 80 16 Bf 49
Épaux-Bézu 02 34 Dc 54
Épeautrolles 28 49 Bb 59
Epeaux, Les 17 87 Zb 75
Épécamps 80 7 Ca 48
Épégard 27 31 Af 53
Épehy 80 8 Da 48
Epeigné-les-Bois 37 63 Ba 65
Epeigné-sur-Dême 37 63 Ad 63
Épénancourt 80 18 Cf 50
Epenède 16 88 Ad 72
Épenouse 25 70 Gb 65
Épenoy 25 70 Gc 66
Epense 51 36 Ee 55
Épercieux-Saint-Paul 42 93 Eb 74
Eperlecques 62 3 Ca 44
Épernay 51 35 Df 54
Épernay-sous-Gevrey 21 69 Fa 65
Epernon 28 32 Be 56
Éperrais 61 48 Ad 58
Epersy 73 96 Ff 74
Épertully 71 82 Ed 67
Épervans 71 82 Ef 68
Épesses, Les 85 75 Za 67
Epeugney 25 70 Ga 66
Epfig 67 57 Hc 58
Epiais 41 63 Bb 62
Epiais-lès-Louvres 95 33 Cd 54
Epiais-Rhus 95 33 Ca 54
Epieds 02 34 Dc 54
Epieds 27 32 Bc 55
Epieds 49 62 Zf 66
Epieds-en-Beauce 45 49 Bd 61
Epierre 73 108 Gb 76
Épiez-sur-Chiers 54 21 Fd 52
Épiez-sur-Meuse 55 37 Fd 57
Épinac 71 81 Ed 66
Epinal 88 55 Gc 59
Épinay 27 31 Ad 55
Épinay, L' 27 32 Bc 53
Épinay-Champlâtreux 95 33 Cc 54
Épinay-le-Comte, L' 61 29 Zb 58
Épinay-sous-Sénart 91 33 Cd 56
Épinay-sur-Duclair 76 15 Af 51
Épinay-sur-Odon 14 29 Zc 54
Épinay-sur-Orge 91 33 Cc 56
Épinay-sur-Seine 93 33 Cb 55
Épine, L' 05 119 Fd 82
Épine, L' 51 36 Ec 55
Épine, L' 85 59 Xe 67
Épineau-les-Voves 89 51 Dc 61
Epine-aux-Bois, L' 02 34 Dc 55
Epineuil 89 52 Df 61
Epineuil-le-Fleuriel 18 79 Cd 69
Epineu-le-Chevreuil 72 47 Zf 60
Epineuse 60 17 Cd 52
Epineux-le-Seguin 53 46 Zd 61
Epiniac 35 28 Yb 57
Epinonville 55 21 Fa 52
Epinouze 26 106 Ef 77
Epinoy 62 8 Da 47
Epiry 58 67 De 65
Épisy 77 50 Ce 58
Epizon 52 54 Fc 58
Éply 54 38 Gb 55
Epoisses 21 67 Eb 63
Épône 78 32 Be 55
Époothémont 10 53 Ef 58
Epouville 76 14 Ab 51
Epoye 51 19 Eb 53
Eppes 02 19 De 51
Eppe-Sauvage 59 10 Eb 48
Eppeville 80 18 Cf 50
Epping 57 39 Hb 54
Epretot 76 14 Ab 51
Épreville 76 14 Ac 50
Épreville-en-Roumois 27 15 Ae 53
Épreville-près-le-Neubourg 27 31 Af 54
Epron 14 13 Zd 53
Eps 62 7 Cb 46
Epuisay 41 48 Af 61
Équancourt 80 8 Da 48
Equemauville 14 14 Ab 52
Equennes-Éramécourt 80 16 Bf 50

Équeurdreville-Hainneville 50 12 Yc 51
Equevillon 39 84 Ff 64
Equihen-Plage 62 2 Bd 44
Équilly 50 28 Yd 55
Équirre 62 7 Cb 46
Eragny 95 33 Ca 54
Eragny-sur-Epte 60 16 Be 53
Eraines 14 30 Zf 55
Eraville 16 99 Zf 75
Erbajolo 2B 159 Kb 95
Erbéviller-sur-Amezule 54 38 Gc 56
Erbray 44 45 Ye 63
Erbrée 35 45 Yf 60
Ercé 09 152 Bb 91
Ercé-en-Lamée 35 45 Yc 62
Ercé-près-Liffré 35 45 Yc 59
Erceville 45 49 Ca 60
Erches 80 17 Ce 50
Erching 57 39 Hb 54
Erckartswiller 67 39 Hc 55
Ercourt 80 7 Be 48
Ercuis 60 17 Cb 53
Erdeven 56 43 Wf 63
Éréac 22 44 Xd 59
Ergersheim 67 40 Hd 57
Ergnies 80 7 Ca 48
Ergny 62 7 Bf 45
Ergué-Gabéric 29 42 Vf 61
Erin 62 7 Cb 46
Eringes 21 68 Ec 63
Eringhem 59 3 Cc 43
Erize-la-Brûlée 55 37 Fb 55
Erize-la-Petite 55 37 Fb 55
Erize-Saint-Dizier 55 37 Fb 56
Erlon 02 19 De 51
Erloy 02 19 Df 49
Ermenonville 60 33 Ce 54
Ermenonville-la-Grande 28 49 Bc 59
Ermenonville-la-Petite 28 49 Bc 59
Ermenouville 76 15 Ae 50
Ermont 95 33 Cb 55
Ernée 53 46 Za 59
Ernemont-Boutavent 60 16 Be 51
Ernemont-la-Villette 76 16 Be 52
Ernemont-sur-Buchy 76 16 Bc 51
Ernes 14 30 Zf 54
Ernestviller 57 39 Ge 54
Erneville-aux-Bois 55 37 Fc 56
Ernolsheim 67 40 Hd 57
Ernolsheim-lès-Saverne 67 39 Hc 56
Erny-Saint-Julien 62 7 Cb 45
Erôme 26 106 Ee 78
Érondelle 80 7 Bf 48
Erone 2B 157 Kb 94
Éroudeville 50 12 Yd 52
Erp 09 152 Bb 91
Erquery 60 17 Cc 52
Erquinghem-le-Sec 59 8 Cf 45
Erquinghem-Lys 59 4 Ce 44
Erquinvillers 60 17 Cc 52
Err 66 153 Ca 94
Erre 59 8 Db 46
Errouville 54 21 Ff 52
Ersa 2B 157 Kc 91
Erstein 67 57 Hd 58
Erstroff 57 39 Ge 55
Ervauville 45 51 Cf 60
Ervillers 62 8 Ce 48
Ervy-le-Châtel 10 52 Df 60
Esbareich 65 139 Ad 91
Esbarres 21 83 Fb 66
Esboz-Brest 70 55 Gc 62
Escalans 40 124 Aa 85
Escala 65 139 Ac 90
Escaldes, Les (AND) 152 Bd 93
Escale, L' 04 133 Ga 84
Escales 11 142 Ce 89
Escalles 62 3 Be 43
Escalquens 31 141 Bd 87
Escames 60 16 Be 51
Escamps 89 66 Dc 62
Escamps 46 114 Bd 82
Escandolières 12 115 Cd 82
Escanecrabe 31 139 Ae 89
Escarène, La 06 135 Hc 85
Escames 46 114 Bd 82
Escardes 51 34 Dd 56
Escaro 66 153 Cb 93
Escassefort 47 112 Ab 81
Escatalens 82 126 Bb 85
Escaudain 59 9 Db 46
Escaudes 33 111 Ze 81
Escaudœuvres 59 8 Db 47
Escauloubre 11 153 Ca 92
Escaunets 65 138 Zf 88
Escautpont 59 9 Dd 46
Escazeaux 82 126 Ba 85
Eschau 67 40 He 58
Eschbach 67 40 Hf 55
Eschbach-au-Val 68 56 Ha 60
Eschbourg 67 39 Hb 56
Eschentzwiller 68 72 Hc 62
Escherange 57 22 Ga 52
Esches 60 33 Cb 53
Eschwiller 67 39 Ha 55
Esclainvillers 80 17 Cc 50
Esclanèdes 48 116 Dc 82
Esclauzels 46 114 Bd 82
Esclavelles 76 16 Bc 51
Esclavolles-Lurey 51 35 Dd 57
Escles 88 55 Gb 60
Escles-Saint-Pierre 60 16 Be 50
Esclottes 47 112 Aa 80
Escobecques 59 8 Cf 45
Escœuilles 62 3 Bf 44
Escoire 24 101 Af 77
Escolives-Sainte-Camille 89 67 Dd 62
Escombres-et-le-Chesnois 08 20 Fa 50
Escondeaux 65 139 Aa 88
Esconnets 65 139 Ab 90
Escorailles 15 103 Cb 77
Escornebœuf 32 126 Af 87
Escorpain 28 31 Bb 56
Escos 64 137 Yf 88
Escot 64 150 Zc 91
Escots 65 139 Ab 90
Escou 64 138 Zc 89
Escoubès 64 138 Zb 88

Flacourt **78** 32 Bd 55
Flacy **89** 52 Dd 59
Flagey **25** 84 Ga 66
Flagey **52** 69 Fb 62
Flagey-Echézeaux **21** 68 Ef 66
Flagey-lès-Auxonne **21** 69 Fc 66
Flagnac **12** 115 Cb 81
Flagney-Rigney **25** 70 Gb 64
Flagy **70** 70 Gb 62
Flagy **77** 51 Cf 59
Flaignes-Havys **08** 20 Ec 50
Flainval **54** 38 Gc 57
Flamanville **50** 12 Ya 51
Flamanville **76** 15 Af 51
Flamengrie, La **02** 9 Df 48
Flamengrie, La **59** 9 De 47
Flamets-Frétils **76** 16 Bd 50
Flammerans **21** 69 Fc 65
Flammerécourt **52** 53 Fa 58
Flancourt-Catelon **27** 15 Ae 52
Flangebouche **25** 70 Gc 66
Flassan **84** 132 Fb 84
Flassans-sur-Issole **83** 147 Gb 88
Flassigny **55** 21 Fd 52
Flastroff **57** 22 Gd 52
Flat **63** 104 Db 75
Flaucourt **80** 18 Cf 49
Flaugeac **24** 112 Ac 80
Flaugnac **46** 126 Bc 83
Flaujac-Poujols **46** 114 Bc 82
Flaujagues **33** 112 Aa 80
Flaumont-Waudrechies **59** 9 Df 48
Flaux **30** 131 Ed 84
Flavacourt **60** 16 Be 52
Flaviac **07** 118 Ee 80
Flavières **54** 55 Ff 58
Flavignac **87** 89 Ba 74
Flavignerot **21** 68 Ef 65
Flavigny **18** 80 Ce 67
Flavigny **51** 35 Ea 55
Flavigny-le-Grand-et-Beaurain **02** 19 Dd 49
Flavigny-sur-Moselle **54** 38 Gb 57
Flavigny-sur-Ozerain **21** 68 Ed 63
Flavin **12** 128 Cd 83
Flavy-le-Martel **02** 18 Db 50
Flavy-le-Meldeux **60** 18 Da 50
Flaxieu **01** 95 Fe 74
Flaxlanden **68** 72 Hb 62
Flayat **23** 91 Cc 74
Flayosc **83** 147 Gc 87
Fléac **16** 88 Aa 75
Fléac-sur-Seugne **17** 99 Zc 75
Flèche, La **72** 62 Zf 62
Fléchin **62** 7 Cb 45
Fléchy **60** 17 Cb 51
Flee **21** 68 Eb 64
Flée **72** 63 Ac 62
Fleigneux **08** 20 Ef 50
Fleisheim **57** 39 Ha 56
Fleix **86** 77 Ae 69
Fleix, Le **24** 112 Ab 79
Fléré-la-Rivière **36** 77 Ba 66
Flers **61** 29 Zc 56
Flers **62** 7 Cb 47
Flers **80** 8 Ce 48
Flers-sur-Noye **80** 17 Cb 50
Flesquières **59** 8 Da 48
Flesselles **80** 7 Cb 48
Flétrange **57** 38 Gd 54
Flêtre **59** 4 Cd 44
Fléty **58** 81 Df 68
Fleurac **16** 87 Zf 74
Fleurac **24** 101 Ba 78
Fleurance **32** 125 Ad 85
Fleurat **23** 90 Be 71
Fleurbaix **62** 4 Cf 45
Fleuré **61** 30 Zf 56
Fleuré **86** 77 Ad 70
Fleurey-lès-Faverney **70** 70 Ga 62
Fleurey-lès-Lavoncourt **70** 70 Fe 63
Fleurey-lès-Saint-Loup **70** 55 Gb 61
Fleurey-sur-Ouche **21** 68 Ef 65
Fleurie **69** 94 Ee 71
Fleuriel **03** 92 Db 71
Fleurieux-sur-l'Arbresle **69** 94 Ed 74
Fleurigné **35** 45 Yf 58
Fleurville **71** 82 Ee 70
Fleury **02** 18 Da 53
Fleury **11** 143 Da 89
Fleury **50** 28 Ye 55
Fleury **57** 38 Gb 54
Fleury **60** 16 Bf 53
Fleury **62** 7 Cb 46
Fleury **80** 17 Ca 50
Fleury-en-Bière **77** 50 Cd 58
Fleury-la-Forêt **27** 16 Bd 52
Fleury-la-Montagne **71** 93 Ea 71
Fleury-la-Rivière **51** 35 Df 54
Fleury-la-Vallée **89** 51 Dc 61
Fleury-les-Aubrais **45** 49 Bf 61
Fleury-Mérogis **91** 33 Cc 57
Fleury-sur-Andelle **27** 16 Bc 52
Fleury-sur-Loire **58** 80 Db 68
Fleury-sur-Orne **14** 29 Zd 54
Fléville **08** 20 Ef 53
Fléville-devant-Nancy **54** 38 Gb 57
Fléville-Lixières **54** 21 Fe 53
Flévy **57** 22 Gb 53
Flexanville **78** 32 Be 55
Flexbourg **67** 39 Hc 57
Fley **71** 82 Ed 68
Fleys **89** 67 Df 62
Flez **58** 67 Dd 64
Flez-Cuzy **58** 67 Dd 64
Fligny **08** 19 Eb 49
Flin **54** 55 Gd 57
Flines-lez-Raches **59** 8 Db 46
Flins-Neuve-Église **78** 32 Bd 55
Flins-sur-Seine **78** 32 Bf 55
Flipou **27** 16 Bb 53
Flirey **54** 37 Ff 55
Flixecourt **80** 7 Ca 48
Flize **08** 20 Ee 50
Flocellière, La **85** 73 Yb 67
Flocellière, La **85** 75 Za 68
Flocourt **57** 38 Gc 55
Flocques **76** 6 Bc 48
Flogny-la-Chapelle **89** 52 Df 61
Floing **08** 20 Ef 50
Floirac **17** 99 Zb 76
Floirac **33** 111 Zc 79
Floirac **46** 114 Bd 79
Florac **48** 116 Dd 83
Florac **48** 117 De 80
Florange **57** 22 Ga 53
Florémont **88** 55 Gb 58
Florensac **34** 143 Dc 88
Florent-en-Argonne **51** 36 Ef 54
Florentia **39** 95 Fc 70
Florentin **81** 127 Ca 85
Florentin-la-Capelle **12** 115 Cd 81
Floressas **46** 113 Ba 82
Florimont **90** 71 Ha 63
Florimont-Gaumier **24** 113 Bb 80
Flotte, La **17** 86 Ye 71
Flottemanville **50** 12 Yd 52
Flottemanville-Hague **50** 12 Yb 51
Floudès **33** 111 Zf 81
Floure **11** 142 Cc 89
Floursies **59** 9 Df 47
Floyon **59** 9 Df 48
Flumet **73** 96 Gd 74
Fluquières **02** 18 Da 50
Fluy **80** 17 Ca 49
Foce **2A** 160 Ka 99
Foce di Bilia **2A** 158 If 99
Focicchia **2B** 159 Kb 95
Foisches **08** 10 Ee 48
Foissac **12** 114 Bf 81
Foissiat **01** 95 Fb 70
Foissy-lès-Vézelay **89** 67 De 64
Foissy-sur-Vanne **89** 51 Dd 59
Foix **09** 141 Bd 91
Folcarde **31** 141 Be 88
Folembray **02** 18 Db 51
Folgensbourg **68** 72 Hc 63
Folgoët, Le **29** 24 Ve 57
Folie, La **14** 13 Za 53
Folies **80** 17 Ce 50
Folking **57** 39 Gf 54
Follainville-Dennemont **78** 32 Be 54
Folles **87** 90 Bc 72
Folletière, La **76** 15 Ae 51
Folletière-Abenon, La **14** 30 Ac 55
Folleville **27** 31 Ad 54
Folleville **27** 31 Af 54
Folleville **80** 17 Cc 50
Folligny **50** 28 Yd 56
Folschviller **57** 38 Ge 54
Fomerey **88** 55 Gc 59
Fomperron **79** 76 Zf 70
Fonbeauzard **31** 126 Bc 86
Foncegrive **21** 69 Fa 63
Fonches **80** 18 Ce 50
Foncine-le-Bas **39** 84 Gb 69
Foncine-le-Haut **39** 84 Gb 69
Foncquevillers **62** 8 Cd 48
Fondet **33** 110 Zf 81
Fondettes **37** 63 Ad 64
Fondremand **70** 70 Ga 64
Fongrave **47** 112 Ad 82
Fongueusemare **76** 14 Ab 50
Fonroque **24** 112 Ac 80
Fons **07** 118 Ec 81
Fons **30** 130 Eb 85
Fons **46** 114 Bf 81
Fonsorbes **31** 140 Bb 87
Fons-sur-Lussan **30** 131 Eb 83
Fontain **25** 70 Ga 65
Fontaine **10** 53 Ee 59
Fontaine **27** 32 Bb 56
Fontaine **38** 107 Fd 77
Fontaine **90** 71 Gf 63
Fontaine-au-Bois **59** 9 Dd 48
Fontaine-au-Pire **59** 9 Dc 48
Fontaine-Bellenger **27** 32 Bb 53
Fontainebleau **77** 50 Ce 58
Fontaine-Bonneleau **60** 17 Ca 50
Fontainebrux **39** 83 Fc 68
Fontaine-Châalis **60** 33 Ce 53
Fontaine-Chalendray **17** 87 Ze 73
Fontaine-Couverte **53** 45 Yf 61
Fontaine-Denis-Nuisy **51** 35 De 57
Fontaine-de-Vaucluse **84** 132 Fa 85
Fontaine-en-Bray **76** 16 Bc 50
Fontaine-en-Dormois **51** 20 Ee 53
Fontaine-Fourches **77** 51 Dc 58
Fontaine-Française **21** 69 Fc 63
Fontaine-Guérin **49** 62 Ze 64
Fontaine-Henry **14** 13 Zd 53
Fontaine-Heudebourg **27** 31 Bb 54
Fontaine-l'Abbé **27** 31 Ae 54
Fontaine-la-Gaillarde **89** 51 Dc 59
Fontaine-la-Guyon **28** 49 Bb 58
Fontaine-la-Louvet **27** 31 Ac 54
Fontaine-la-Mallet **76** 14 Aa 51
Fontaine-la-Soret **27** 31 Ae 54
Fontaine-Lavaganne **60** 16 Bf 51
Fontaine-le-Bourg **76** 15 Ba 51
Fontaine-le-Comte **86** 76 Ab 69
Fontaine-le-Dun **76** 15 Af 50
Fontaine-le-Pin **14** 30 Ze 55
Fontaine-le-Port **77** 50 Ce 58
Fontaine-le-Puits **73** 108 Gc 76
Fontaine-les-Bassets **61** 30 Aa 55
Fontaine-lès-Boulans **62** 7 Cb 45
Fontaine-lès-Cappy **80** 18 Ce 49
Fontaine-lès-Clercs **02** 18 Db 50
Fontaine-lès-Clerval **25** 70 Gc 64
Fontaine-les-Côteaux **41** 48 Ae 62
Fontaine-lès-Croisilles **62** 8 Cf 47
Fontaine-lès-Dijon **21** 69 Fa 64
Fontaine-le-Sec **80** 7 Be 49
Fontaine-les-Grès **10** 52 Df 58
Fontaine-lès-Hermans **62** 7 Cc 45
Fontaine-lès-Luxeuil **70** 55 Gb 61
Fontaine-les-Ribouts **28** 32 Bb 57
Fontaine-lès-Vervins **02** 19 Df 49
Fontaine-l'Etalon **62** 7 Ca 47
Fontaine-Mâcon **10** 51 Dd 58
Fontaine-Milon **49** 62 Ze 64
Fontaine-Notre-Dame **02** 18 Dc 49
Fontaine-Notre-Dame **59** 8 Da 47
Fontaine-Raoul **41** 48 Ba 61
Fontaines **71** 82 Ee 67
Fontaines **85** 75 Zb 70
Fontaines **89** 51 Da 59
Fontaines **89** 66 Db 62
Fontaine-Saint-Lucien **60** 17 Ca 51
Fontaine-Saint-Martin, La **72** 47 Ab 62
Fontaines-en-Duesmois **21** 68 Ed 63
Fontaines-en-Sologne **41** 64 Bd 63
Fontaine-Simon **28** 31 Ba 57
Fontaines-les-Sèches **21** 68 Ec 62
Fontaine-sous-Jouy **27** 32 Bb 54
Fontaine-sous-Montdidier **80** 17 Cd 51
Fontaine-sous-Préaux **76** 15 Ba 52
Fontaines-Saint-Clair **55** 21 Fb 52
Fontaines-Saint-Martin **69** 94 Ef 73
Fontaines-sur-Marne **52** 36 Fa 57
Fontaines-sur-Saône **69** 94 Ef 74
Fontaine-sur-Ay **51** 35 Ea 54
Fontaine-sur-Maye **80** 7 Bf 47
Fontaine-Uterte **02** 18 Dc 49
Fontains **77** 34 Da 57
Fontan **06** 135 Hd 84
Fontanès **30** 130 Ea 86
Fontanès **34** 130 Df 86
Fontanès **42** 106 Ec 75
Fontanes **46** 114 Bc 83
Fontanes **48** 117 De 80
Fontanès-de-Sault **11** 153 Ca 92
Fontanes-du-Causse **46** 114 Bd 81
Fontanges **15** 103 Cd 78
Fontangy **21** 68 Ec 64
Fontanières **23** 91 Cd 72
Fontanil-Cornillon **38** 107 Fe 77
Fontannes **43** 104 Dc 77
Fontannes **43** 105 De 78
Fontannes **43** 105 De 78
Fontans **48** 116 Dc 80
Fontarèches **30** 131 Ec 84
Fontclaireau **16** 88 Ab 73
Fontcouverte **11** 142 Ce 90
Fontcouverte **17** 87 Zc 74
Fontcouverte **73** 108 Gb 77
Fontelaye, La **76** 15 Af 50
Fontenai-les-Louvets **61** 30 Aa 57
Fontenailles **77** 34 Cf 57
Fontenailles **89** 66 Dc 63
Fontenai-sur-Orne **61** 30 Zf 56
Fontenay **27** 32 Bd 53
Fontenay **36** 78 Be 66
Fontenay **50** 29 Yf 57
Fontenay **71** 82 Eb 70
Fontenay **76** 14 Ab 51
Fontenay **88** 55 Gd 59
Fontenay-de-Bossery **10** 51 Dc 58
Fontenay-en-Parisis **95** 33 Cc 54
Fontenay-le-Comte **85** 75 Zb 70
Fontenay-le-Marmion **14** 29 Zd 54
Fontenay-le-Pesnel **14** 13 Zc 53
Fontenay-lès-Briis **91** 33 Ca 57
Fontenay-le-Vicomte **91** 33 Cc 57
Fontenay-Mauvoisin **78** 32 Bd 55
Fontenay-près-Chablis **89** 52 De 61
Fontenay-près-Vézelay **89** 67 De 64
Fontenay-Saint-Père **78** 32 Be 54
Fontenay-sous-Fouronnes **89** 67 Dd 63
Fontenay-sur-Conie **28** 49 Bd 60
Fontenay-sur-Eure **28** 49 Bc 58
Fontenay-sur-Loing **45** 50 Ce 60
Fontenay-sur-Mer **50** 12 Ye 51
Fontenay-sur-Vègre **72** 47 Ze 61
Fontenay-Torcy **60** 16 Be 51
Fontenay-Trésigny **77** 34 Cf 56
Fontenelle **02** 9 Df 48
Fontenelle **21** 69 Fc 63
Fontenelle **90** 71 Gf 63
Fontenelle, La **35** 28 Yd 58
Fontenelle, La **41** 48 Ba 60
Fontenelle-en-Brie **02** 34 Dc 55
Fontenelle-Monby **25** 70 Gc 64
Fontenelles, Les **25** 71 Ge 65
Fontenet **17** 87 Zd 73
Fontenille **16** 88 Aa 73
Fontenille **79** 87 Zf 72
Fontenilles **31** 140 Bb 87
Fontenois-la-Ville **70** 55 Ga 61
Fontenois-lès-Montbozon **70** 70 Gb 64
Fontenottes, Les **25** 85 Gd 66
Fontenouilles **89** 51 Da 61
Fontenoy **02** 18 Db 52
Fontenoy **89** 66 Db 63
Fontenoy-la-Joûte **54** 55 Gd 58
Fontenoy-le-Château **88** 55 Gb 61
Fontenoy-sur-Moselle **54** 38 Ff 56
Fontenu **39** 84 Fe 68
Fonteny **57** 38 Gc 55
Fontès **34** 143 Dc 87
Fontette **10** 53 Ed 60
Fontevraud-l'Abbaye **49** 62 Aa 65
Fontgombault **36** 77 Af 68
Fontguenand **36** 64 Bd 65
Fontienne **04** 133 Fe 84
Fontiers-Cabardès **11** 142 Cb 88
Fontjoncouse **11** 142 Ce 90
Fontoy **57** 22 Ff 52
Fontpédrouse **66** 153 Cb 93
Fontrabiouse **66** 153 Ca 93
Fontrailles **65** 139 Ac 88
Font-Romeu **66** 153 Ca 93
Fontvannes **10** 52 Df 59
Fontvieille **13** 131 Ee 86
Forbach **57** 39 Gf 53
Forcalqueiret **83** 147 Ga 88
Forcalquier **04** 133 Fe 85
Forcé **53** 46 Zb 60
Force, La **11** 141 Ca 89
Force, la **24** 112 Ac 79
Forcelles-Saint-Gorgon **54** 55 Ga 58
Forcelles-sous-Gugney **54** 55 Ga 58
Forceville **80** 8 Cd 48
Forceville-en-Vimeu **80** 7 Be 49
Forcey **52** 54 Fc 60
Forciolo **2A** 159 Ka 97
Forclaz, La **74** 97 Gd 71
Foreste **02** 18 Da 50
Forest-en-Cambrésis **59** 9 Dd 48
Forestière, La **51** 35 Dd 57
Forest-l'Abbaye **80** 7 Be 47
Forest-Landerneau, La **29** 24 Ve 58
Forest-Montiers **80** 7 Be 47
Forest-Saint-Julien **05** 120 Ga 81
Forest-sur-Marque **59** 8 Db 45
Forêt, la **33** 100 Aa 78
Forêt-Auvray, la **61** 29 Zd 56
Forêt-de-Tessé, La **16** 88 Aa 72
Forêt-du-Parc, la **27** 32 Bb 55
Forêt-du-Temple, la **23** 78 Bf 70
Forêt-Fouesnant, La **29** 42 Wa 61
Forêt-la-Folie **27** 16 Bd 53
Forêt-le-Roi, la **91** 50 Ca 58
Forêt-Sainte-Croix, la **91** 50 Cb 58
Forêt-sur-Sèvre, La **79** 75 Zc 68
Forfry **77** 34 Cf 54
Forge, la **88** 56 Ge 60
Forges **17** 86 Za 72
Forges **19** 102 Bf 78
Forges **49** 62 Ze 65
Forges, les **49** 61 Za 63
Forges, les **56** 43 Xd 60
Forges, les **79** 76 Zf 69
Forges, Les **88** 55 Gc 59
Forges-la-Forêt **35** 45 Ye 61
Forges-les-Bains **91** 33 Ca 57
Forges-les-Eaux **76** 16 Bd 51
Forges-sur-Meuse **55** 21 Fb 53
Forie, La **63** 105 De 75
Forléans **21** 67 Eb 64
Formentin **14** 14 Aa 53
Formerie **60** 16 Be 51
Formigny **14** 13 Za 52
Formiguères **66** 153 Ca 93
Fors **79** 87 Zd 71
Forstfeld **67** 40 Ia 55
Forstheim **67** 40 Hf 55
Fortan **41** 48 Af 61
Fort-du-Plasne **39** 84 Ff 69
Fortel-en-Artois **62** 7 Cb 47
Forteresse, la **38** 107 Fc 77
Fort-Louis **67** 40 Ia 56
Fort-Mahon-Plage **80** 6 Bd 46
Fort-Mardyck **59** 3 Cb 42
Fort-Moville **27** 14 Ac 53
Fortschwihr **68** 57 Hc 60
Fos **31** 151 Ae 91
Fos **34** 143 Db 87
Fossat, le **09** 140 Bc 89
Fossé **41** 64 Bb 63
Fosse **66** 153 Cc 92
Fossé, Le **76** 16 Bd 51
Fosse-Corduan, la **10** 52 Dd 58
Fosse-de-Tigné, la **49** 61 Zd 65
Fossemagne **24** 101 Af 78
Fossemanant **80** 17 Cb 50
Fosses **95** 33 Cd 54
Fosses, Les **79** 87 Zd 72
Fossés-et-Baleyssac **33** 112 Aa 81
Fosseuse **60** 33 Cb 53
Fosseux **62** 8 Cd 47
Fossieux **57** 38 Gb 55
Fossoy **02** 34 Dc 54
Fos-sur-Mer **13** 145 Ef 88
Foucarmont **76** 16 Bd 49
Foucart **76** 15 Ad 51
Foucarville **50** 12 Ye 52
Foucaucourt-en-Santerre **80** 18 Ce 49
Foucaucourt-Hors-Nesle **80** 7 Be 49
Foucaucourt-sur-Thabas **55** 36 Fa 54
Fouchécourt **88** 54 Ff 60
Foucherans **25** 70 Ga 66
Foucherans **39** 83 Fc 66
Fouchères **10** 52 Eb 60
Fouchères **89** 51 Da 59
Fouchères-aux-Bois **55** 37 Fb 57
Foucherolles **45** 51 Da 60
Fouchy **67** 56 Hb 59
Foucrainville **27** 32 Bb 55
Fouencamps **80** 17 Cc 49
Fouesnant **29** 42 Vf 61
Foufflin-Ricametz **62** 7 Cc 46
Foug **54** 37 Fe 56
Fougaron **31** 140 Af 91
Fougax-et-Barrineuf **09** 153 Bf 91
Fougeré **49** 62 Zf 63
Fougeré **85** 74 Ye 69
Fougères **35** 45 Ye 58
Fougères-sur-Bièvres **41** 64 Bc 64
Fougerêts, Les **56** 44 Xe 62
Fougerolles **36** 78 Bf 69
Fougerolles **70** 55 Gc 61
Fougerolles-du-Plessis **53** 29 Yf 58
Fougueyrolles **24** 112 Ab 79
Fouillade, La **12** 127 Ca 83
Fouilleuse **60** 17 Cd 52
Fouillouse **05** 120 Ga 82
Fouillouse, La **42** 105 Eb 76
Fouilloux, Le **17** 99 Zf 77
Fouilloy **60** 16 Be 50
Fouilloy **80** 17 Cd 49
Fouju **77** 33 Ce 57
Foulain **52** 54 Fb 60
Foulangues **60** 17 Cb 53
Foulayronnes **47** 125 Ad 83
Foulbec **27** 15 Ac 52
Foulcrey **57** 39 Gf 57
Fouleix **24** 100 Ae 79
Foulenay **39** 83 Fc 67
Fouligny **57** 38 Gd 54
Foulognes **14** 13 Za 54
Fouquebrune **16** 100 Ab 75
Fouquereuil **62** 8 Cd 45
Fouquerolles **60** 17 Cb 52
Fouquescourt **80** 17 Ce 50
Fouqueure **16** 88 Aa 73
Fouqueville **27** 15 Af 53
Fouquières-lès-Béthune **62** 8 Cd 45
Fouquières-les-Lens **62** 8 Cf 46
Four **38** 107 Fb 75
Fourane, La **31** 140 Bc 89
Fouras **17** 86 Yf 73
Fourchambault **58** 80 Da 66
Fourches **14** 30 Zf 55
Fourcigny **80** 16 Be 50
Fourdrain **02** 18 Dc 51
Fourdrinoy **80** 17 Ca 49
Fourès **32** 126 Ba 87
Fourg **25** 84 Fe 66
Fourges **27** 32 Bd 54
Fourgs, Les **25** 84 Gc 67
Fourilles **03** 92 Db 71
Fourmagnac **46** 114 Bf 81
Fourmetot **27** 15 Ad 52
Fourmies **59** 9 Ea 48
Fournaudin **89** 52 Dd 60
Fourneaux **42** 93 Eb 73
Fourneaux **50** 29 Yf 55
Fourneaux **73** 109 Gd 77
Fourneaux-le-Val **14** 30 Ze 55
Fournels **48** 116 Da 80
Fournes-Cabardès **11** 142 Cc 88
Fournes-en-Weppes **59** 8 Cf 45
Fournet-Blancheroche **25** 71 Ge 65
Fournets-Luisans **25** 71 Gd 66
Fournival **60** 17 Cc 52
Fournols **63** 104 Dd 75
Fournoulès **15** 115 Cb 80
Fouronnes **89** 67 Dd 63
Fourques **30** 131 Ed 86
Fourques **66** 154 Ce 93
Fourques-sur-Garonne **47** 112 Aa 82
Fourqueux **78** 33 Ca 55
Fourquevaux **31** 141 Bd 87
Fours **33** 99 Zc 77
Fours **58** 81 De 68
Fours-en-Vexin **27** 32 Bd 53
Fourtou **11** 153 Cc 91
Foussais-Payré **85** 75 Zb 69
Foussemagne **90** 71 Gf 63
Fousseret, Le **31** 140 Ba 89
Foussignac **16** 87 Zf 74
Fouzilhon **34** 143 Db 88
Fox-Amphoux **83** 147 Ga 87
Foye-Monjault, La **79** 87 Zc 71
Fozières **34** 129 Dc 86
Fozzano **2A** 159 Ka 98
Fragnes **71** 82 Ef 67
Fragny-en-Bresse **71** 83 Fc 68
Frahier-et-Chatebier **70** 71 Ge 63
Fraignot-et-Vesvrotte **21** 68 Ef 63
Fraillicourt **08** 19 Eb 50
Fraimbois **54** 38 Gd 57
Frain **88** 55 Ff 60
Frais **90** 71 Gf 63
Fraisnes-en-Saintois **54** 55 Ga 58
Fraisse **24** 112 Ab 79
Fraisse-Cabardès **11** 142 Cb 89
Fraissé-des-Corbières **11** 154 Cf 91
Fraisse-sur-Agout **34** 142 Ce 87
Fraissinet-de-Fourques **48** 129 Dd 83
Fraissinet-de-Lozère **48** 117 De 82
Fraize **88** 56 Gf 59
Fralignes **10** 53 Ec 60
Framboisière, La **28** 31 Ba 57
Frambouhans **25** 71 Ge 65
Framecourt **62** 7 Cb 46
Framerville-Rainecourt **80** 17 Ce 49
Framicourt **80** 6 Be 49
Frampas **52** 53 Ee 57
Francaltroff **57** 39 Ge 55
Francarville **31** 141 Be 87
Francastel **60** 17 Ca 51
Françay **41** 63 Ba 63
Francazal **31** 140 Ba 90
Francazal **31** 140 Bc 87
Francescas **47** 125 Ac 84
Franchesse **03** 80 Da 69
Francheval **08** 20 Fa 50
Franchevelle **70** 70 Gc 62
Francheville **21** 68 Ef 64
Francheville **27** 31 Af 56
Francheville **27** 31 Bb 55
Francheville **39** 83 Fd 67
Francheville **51** 36 Ed 55
Francheville **54** 38 Ff 56
Francheville **61** 30 Zf 57
Francheville **69** 94 Ee 74
Francheville, La **08** 20 Ee 50
Franciens **74** 96 Ff 72
Francières **60** 17 Ce 52
Francières **80** 7 Bf 48
Francillon **36** 78 Bd 67
Francillon-sur-Roubion **26** 119 Fa 81
Francilly-Selency **02** 18 Db 49
Francin **73** 108 Ga 76
Francon **31** 140 Af 89
Franconville **54** 55 Gc 57
Franconville **95** 33 Cb 55
Francoulès **46** 114 Bc 81
Francourt **70** 69 Fe 63
Francourville **28** 49 Bd 58
Francs **33** 112 Zf 79
Francueil **37** 63 Ba 65
Franey **25** 70 Fe 65
Frangy **74** 96 Ff 72
Franken **68** 72 Hc 63
Franleu **80** 6 Bd 48
Franois **25** 70 Ff 65
Franquevielle **31** 139 Ad 90
Franqueville **02** 19 De 50
Franqueville **27** 31 Ae 53
Franqueville **80** 7 Ca 48
Franqueville-Saint-Pierre **76** 15 Ba 52
Frans **01** 94 Ee 73
Fransart **80** 18 Ce 50
Fransèches **23** 90 Ca 72
Fransu **80** 7 Ca 48
Fransures **80** 17 Cb 50
Franvillers **80** 8 Cd 49
Franxault **21** 83 Fb 66
Frapelle **88** 56 Ha 59
Fraquelfing **57** 39 Gf 57
Fraroz **39** 84 Ga 68
Frasnay-Reugny **58** 81 Dd 67
Frasne **25** 84 Gb 67
Frasne **39** 69 Fd 65
Frasnée, La **39** 84 Fe 69
Frasne-le-Château **70** 70 Ff 64
Frasnois, Le **39** 84 Ff 69
Frasnoy **59** 9 De 47
Frasseto **2A** 159 Ka 97
Frausseilles **81** 127 Bf 84
Fravaux **10** 53 Ed 59
Fraysse, Le **81** 128 Cc 85
Frayssinet **46** 114 Bc 81
Frayssinet-le-Gélat **46** 113 Ba 81
Frayssinhes **46** 114 Bf 79
Frazé **28** 48 Ba 59
Fréauville **76** 16 Bc 49
Frebécourt **88** 54 Fe 58
Frébuans **39** 83 Fc 69
Frêche, Le **40** 124 Ze 85
Fréchède **65** 139 Ab 88
Fréchencourt **80** 7 Cc 49
Fréchendets **65** 139 Ab 90
Fréchet, Le **31** 140 Af 89
Fréchou **47** 125 Ab 84
Fréchou-Fréchet **65** 139 Aa 89
Frécourt **52** 54 Fc 61
Frédille **36** 78 Bc 67
Frégimont **47** 112 Ac 83
Frégouville **32** 126 Af 87
Fréhel **22** 27 Xd 57
Freigné **49** 60 Yf 63
Freissinières **05** 121 Gd 80
Freissinouse, La **05** 120 Ga 81
Freistroff **57** 22 Gc 53
Freix-Anglards **15** 103 Cc 78
Fréjairolles **81** 128 Cb 85
Fréjeville **81** 127 Ca 87
Fréjus **83** 148 Ge 88
Fréland **68** 56 Hb 60
Frelinghien **59** 4 Cf 44
Frémainville **95** 32 Bf 54
Frémécourt **95** 32 Bf 54
Fréménil **54** 39 Ge 57
Frémery **57** 38 Gc 55
Frémestroff **57** 39 Ge 54
Frémicourt **62** 8 Cf 48
Fremifontaine **88** 43 Ge 59
Frémontiers **80** 17 Ca 50
Frémonville **54** 39 Gf 57
Frénaye, La **76** 15 Ad 51
Frencq **62** 7 Be 45
Frenelle-la-Grande **88** 55 Ga 58
Frenelle-la-Petite **88** 55 Ga 58
Frênes **61** 29 Zb 56
Freneuse **76** 15 Ba 53
Freneuse **78** 32 Bd 54
Freneuse-sur-Risle **27** 15 Ae 53
Freney **73** 109 Gd 77
Freney-d'Oisans, Le **38** 108 Ga 78
Fréniches **60** 18 Da 50
Frénois **21** 68 Ef 63
Frénouville **14** 30 Ze 54
Frépillon **95** 33 Cb 54
Fresles **76** 16 Bc 50
Fresnaie-Fayel, La **61** 30 Ab 56
Fresnais, La **35** 28 Ya 57
Fresnay **10** 53 Ee 59
Fresnaye-au-Sauvage, La **61** 30 Ze 56
Fresnay-en-Retz **44** 59 Ya 66
Fresnaye-sur-Chédouet, La **72** 47 Ab 58
Fresnay-le-Comte **28** 49 Bc 59
Fresnay-le-Gilmert **28** 32 Bc 57
Fresnay-le-Long **76** 15 Ba 51
Fresnay-le-Samson **61** 30 Ab 55
Fresnay-l'Evêque **28** 49 Be 59
Fresnay-sur-Sarthe **72** 47 Aa 59
Fresne, Le **27** 31 Af 55
Fresne, Le **51** 36 Ed 55
Fresneaux-Montchevreuil **60** 17 Ca 53
Fresne-Cauverville **27** 15 Ac 53
Fresne-l'Archevêque **27** 16 Bc 52
Fresne-Léguillon **60** 16 Bf 53
Fresne-le-Plan **76** 16 Bb 52
Fresne-Poret, Le **50** 29 Zb 56
Fresnes **02** 18 Dc 51
Fresnes **21** 68 Ec 63
Fresnes **41** 64 Bc 64
Fresnes **89** 67 Df 62
Fresnes **94** 33 Cb 56
Fresne-Saint-Mamès **70** 70 Ff 63
Fresnes-au-Mont **55** 37 Fc 55
Fresnes-en-Saulnois **57** 38 Gc 55
Fresnes-en-Tardenois **02** 34 Dd 54
Fresnes-en-Woëvre **55** 37 Fd 54
Fresnes-lès-Montauban **62** 8 Cf 46
Fresnes-lès-Reims **51** 19 Ea 52
Fresnes-Mazancourt **80** 18 Cf 49
Fresnes-sur-Apance **52** 54 Ff 61
Fresnes-sur-Escaut **59** 9 Dd 46
Fresnes-Tilloloy **80** 7 Be 49
Fresneville **80** 16 Be 49
Fresney **27** 32 Bb 55
Fresney-le-Puceux **14** 29 Zd 54
Fresney-le-Vieux **14** 29 Zd 54
Fresnicourt **62** 8 Cd 46
Fresnières **60** 18 Ce 51
Fresnois-la-Montagne **54** 21 Fd 52
Fresnoy **62** 7 Ca 46
Fresnoy **80** 16 Be 49
Fresnoy-au-Val **80** 17 Ca 49
Fresnoy-en-Chaussée **80** 17 Cd 50
Fresnoy-en-Gohelle **62** 8 Cf 46
Fresnoy-en-Thelle **60** 33 Cb 53
Fresnoy-Folny **76** 16 Bc 49
Fresnoy-le-Château **10** 52 Eb 59
Fresnoy-le-Grand **02** 9 Dc 49
Fresnoy-le-Luat **60** 33 Ce 53
Fresnoy-lès-Roye **80** 17 Ce 50
Frespech **47** 113 Ae 83
Fresquienne **76** 15 Ba 51
Fressac **30** 130 Df 85
Fressain **59** 8 Db 47
Fressancourt **02** 18 Dc 51
Fresse **70** 71 Gd 61
Fresselines **23** 90 Be 70
Fressenneville **80** 6 Bd 48
Fresse-sur-Moselle **88** 56 Ge 61
Fressies **59** 8 Db 47
Fressin **62** 7 Ca 46
Fressines **79** 87 Ze 71
Frestoy, Le **60** 17 Cd 51
Fresville **50** 12 Yd 52
Fréterive **73** 108 Gb 75
Fréteval **41** 48 Bb 61
Fréthun **62** 3 Be 43
Fretigney-et-Velloreille **70** 70 Ff 64
Frétigny **28** 48 Af 58
Fretin **59** 8 Cf 45
Frétoy **77** 34 Db 56
Frétoy-le-Château **60** 18 Cf 51
Frette, La **71** 83 Fa 69
Frettecuisse **80** 7 Be 49
Frettemeule **80** 6 Bd 48
Fretterans **71** 83 Fb 67
Frette-sur-Seine, La **95** 33 Cb 55
Fréty, Le **08** 19 Eb 50
Freulleville **76** 16 Bb 49
Frévent **62** 7 Cb 47
Fréville **76** 15 Ae 51
Fréville-du-Gâtinais **45** 50 Cc 60
Frévillers **62** 8 Cd 46
Freybouse **57** 39 Ge 54
Freycenet-la-Cuche **43** 117 Ea 79
Freycenet-la-Tour **43** 117 Ea 79
Freychenet **09** 152 Be 91
Freyming-Merlebach **57** 39 Ge 54
Freyssenet **07** 117 Eb 80
Freyssenet **07** 118 Ed 80
Friaize **28** 48 Ba 58
Friardel **14** 30 Ac 55
Friaucourt **80** 6 Bc 48
Fribourg **57** 39 Gf 56
Fricamps **80** 17 Bf 50
Frichemesnil **76** 15 Ba 51
Fricourt **80** 8 Ce 49
Fridefont **15** 116 Da 79
Friedolsheim **67** 40 Hc 56

Flacourt — Friedolsheim (F) **177**

Frières-Faillouël **02** 18 Db 50
Friesen **68** 71 Ha 63
Friesenheim **67** 57 Hd 59
Frignicourt **51** 36 Ed 56
Frise **80** 8 Ce 49
Friville-Escarbotin **80** 6 Bd 48
Frizon **88** 55 Gc 59
Froberville **76** 14 Ab 50
Frocourt **60** 17 Ca 52
Frœningen **68** 71 Hb 62
Frœschwiller **67** 40 Hf 55
Froges **38** 108 Ef 77
Frohen-le-Grand **80** 7 Cb 47
Frohen-le-Petit **80** 7 Cb 47
Frohmuhl **67** 39 Hb 55
Froideconche **70** 55 Gc 62
Froidefontaine **90** 71 Gf 63
Froidestrées **02** 9 Df 49
Froideterre **70** 71 Gd 61
Froidevaux **25** 71 Ge 65
Froideville **39** 83 Fc 68
Froidfond **85** 74 Yb 67
Froidmont-Cohartille **02** 19 De 50
Froidos **55** 36 Fa 54
Froissy **60** 17 Cb 51
Frôlois **21** 68 Ed 63
Frolois **54** 38 Ga 57
Fromelennes **08** 10 Ee 48
Fromelles **59** 8 Cf 45
Fromental **87** 90 Bc 72
Fromentières **51** 35 De 55
Fromeréville-les-Vallons **55** 37 Fb 54
Fromont **77** 50 Cd 59
Fromy **08** 21 Fb 51
Froncles **52** 54 Fa 59
Fronsac **31** 139 Ad 91
Fronsac **33** 111 Ze 79
Frontenac **33** 111 Zf 80
Frontenard **71** 83 Fa 67
Frontenas **69** 94 Ed 73
Frontenay-Rohan-Rohan **79** 87 Zc 71
Frontenex **73** 108 Gb 75
Frontignan **34** 144 De 88
Frontignan-de-Comminges **31** 139 Ad 91
Frontignan-Savès **31** 140 Af 88
Fronton **31** 126 Bc 85
Frontonas **38** 107 Fb 75
Fronville **52** 54 Fa 58
Frossay **44** 59 Ya 65
Frotey-lès-Lure **70** 71 Gd 63
Frotey-lès-Vesoul **70** 70 Gb 63
Frouard **54** 38 Ga 56
Frouville **95** 33 Ca 54
Frouzins **31** 140 Bb 87
Froville **54** 56 Gc 58
Froyelles **80** 7 Bf 47
Frozes **86** 76 Aa 69
Frucourt **80** 7 Be 48
Frugères-les-Mines **43** 104 Db 76
Fruges **62** 7 Ca 45
Frugières-le-Pin **43** 104 Dc 77
Fruncé **28** 48 Bb 58
Fry **76** 16 Bd 51
Fuans **25** 71 Gd 66
Fublaines **77** 34 Cf 55
Fugeret, Le **04** 134 Gd 84
Fugerolles-du-Plessis **53** 29 Za 58
Fuilet, Le **49** 60 Yf 65
Fuilla **66** 153 Cc 93
Fuissé **71** 94 Ee 71
Fuligny **10** 53 Ee 58
Fulleren **68** 71 Ha 63
Fultot **76** 15 Ae 50
Fulvy **89** 67 Eb 62
Fumay **08** 10 Ee 49
Fumel **47** 113 Af 82
Fumichon **14** 30 Ac 53
Furchhausen **67** 39 Hc 56
Furdenheim **67** 40 Hd 57
Furiani **2B** 157 Kd 93
Furmeyer **05** 120 Ff 81
Fussey **21** 82 Ef 66
Fussy **18** 65 Cc 66
Fustérouau **32** 124 Aa 86
Fustignac **31** 140 Af 89
Futeau **55** 36 Fa 54
Fuveau **13** 146 Fd 88
Fyé **72** 47 Aa 59

G

Gaas **40** 123 Yf 87
Gabarnac **33** 111 Ze 81
Gabarret **40** 124 Aa 85
Gabaston **64** 138 Ze 88
Gabat **64** 137 Yf 88
Gabian **34** 143 Db 87
Gabillou **24** 101 Ba 77
Gabre **09** 140 Bc 90
Gabriac **12** 115 Ce 82
Gabriac **48** 130 De 83
Gabrias **48** 116 Dc 81
Gacé **61** 30 Ab 56
Gacilly, La **56** 44 Xf 62
Gâcogne **58** 67 Df 65
Gaconnière, La **17** 86 Ye 73
Gadancourt **95** 32 Bf 54
Gadencourt **27** 32 Bc 55
Gaël **35** 44 Xe 60
Gageac-et-Rouillac **24** 112 Ac 80
Gagnac-sur-Cère **46** 114 Bf 79
Gagnac-sur-Garonne **31** 126 Bc 86
Gagnières **30** 130 Ea 83
Gagny **93** 33 Cd 55
Gahard **35** 45 Yc 59
Gailhan **30** 130 Ea 85
Gaillac **81** 127 Bf 85
Gaillac-d'Aveyron **12** 116 Cf 82
Gaillac-Toulza **31** 140 Bc 89
Gaillagos **65** 138 Ze 91
Gaillan-en-Médoc **33** 98 Za 77
Gaillardbois-Cressenville **27** 16 Bc 52
Gaillarde, La **76** 15 Af 49
Gaillefontaine **76** 16 Bd 51
Gaillères **40** 124 Zd 85
Gaillon **27** 32 Bb 54
Gaillon-sur-Montcient **78** 32 Bf 54
Gainneville **76** 14 Ab 51
Gajac **33** 111 Zf 82
Gaja-et-Villedieu **11** 141 Cb 90
Gaja-la-Selve **11** 141 Bf 89
Gajan **09** 140 Ba 90
Gajan **30** 130 Eb 85
Gajoubert **87** 89 Ae 72
Galametz **62** 7 Ca 47
Galan **65** 139 Ac 89
Galapian **47** 112 Ac 83
Galargues **34** 130 Ea 86
Galeria **2B** 156 Id 94
Galey **09** 151 Af 91
Galfingue **68** 71 Hb 62
Galgan **12** 115 Cb 81
Galgon **33** 99 Ze 79
Galiax **32** 124 Aa 87
Galié **31** 139 Ad 91
Galinagues **11** 153 Ca 92
Gallardon **28** 32 Be 57
Gallet, Le **60** 17 Ca 51
Galluis **78** 32 Be 56
Gamaches **80** 6 Bd 49
Gamaches-en-Vexin **27** 16 Bd 53
Gamarde-les-Bains **40** 123 Za 86
Gamarthe **64** 137 Yf 89
Gambais **78** 32 Be 56
Gambaiseuil **78** 32 Be 56
Gambsheim **67** 40 Hf 56
Gan **64** 138 Zd 89
Ganac **09** 152 Bd 91
Gancourt-Saint-Etienne **76** 16 Be 51
Gandelain **61** 30 Zf 58
Gandelu **02** 34 Db 54
Ganges **34** 130 De 85
Gannat **03** 92 Db 72
Gannay-sur-Loire **03** 81 Dd 68
Gannes **60** 17 Cc 51
Gans **33** 111 Zf 82
Ganties **31** 140 Af 90
Ganzeville **76** 15 Ac 50
Gap **05** 120 Ga 81
Gapennes **80** 7 Bf 47
Gâprée **61** 31 Ab 57
Garac **31** 126 Ba 86
Garancières **78** 32 Be 56
Garancières-en-Beauce **28** 49 Bf 58
Garancières-en-Drouais **28** 32 Bb 56
Garanou **09** 152 Be 92
Garat **16** 100 Ab 75
Garcelles-Secqueville **14** 30 Ze 54
Garches **92** 33 Cb 55
Garchizy **58** 80 Da 66
Garchy **58** 66 Da 65
Gardanne **13** 146 Fc 88
Garde, La **04** 134 Gd 85
Garde, La **38** 108 Ga 78
Garde, La **83** 147 Ga 90
Garde-Adhémar, La **26** 118 Ee 82
Gardefort **18** 66 Cf 65
Garde-Freinet, La **83** 148 Gc 89
Gardegan-et-Tourtirac **33** 111 Zf 79
Gardères **65** 138 Zf 89
Gardie **11** 142 Cb 90
Gardonne **24** 112 Ab 79
Gardouch **31** 141 Be 88
Garein **40** 124 Zc 84
Garencières **27** 32 Bb 55
Garennes-sur-Eure **27** 32 Bc 55
Garentreville **77** 50 Cd 59
Garéoult **83** 147 Ga 88
Garganvillar **82** 126 Ba 85
Gargas **31** 126 Bc 86
Gargas **84** 132 Fc 85
Gargenville **78** 32 Be 55
Garges-lès-Gonesse **95** 33 Cc 55
Gargilesse-Dampierre **36** 78 Bd 69
Garidech **31** 127 Bd 86
Gariès **82** 126 Ba 86
Garigny **18** 80 Cf 66
Garin **31** 151 Ad 92
Garindein **64** 137 Za 89
Garlan **29** 25 Wb 57
Garlède-Mondebat **64** 138 Zd 87
Garlin **64** 124 Ze 87
Garn, Le **30** 131 Ec 83
Garnache, La **85** 73 Yb 67
Garnat-sur-Engièvre **03** 81 De 69
Garnay **28** 32 Bc 56
Garnerans **01** 94 Ef 71
Garons **30** 131 Ec 86
Garos **64** 138 Zd 87
Garravet **32** 140 Af 88
Garrebourg **57** 39 Hb 56
Garrey **40** 123 Za 86
Garrigues **30** 130 Eb 84
Garrigues **34** 130 Ea 86
Garrigues **81** 127 Be 86
Garrosse **40** 123 Za 84
Gars **06** 134 Ge 85
Gartempe **23** 90 Be 72
Gas **28** 32 Be 57
Gasny **27** 32 Bd 54
Gasques **82** 126 Af 84
Gassin **83** 148 Gd 89
Gast, Le **14** 29 Yf 56
Gastes **40** 110 Yf 83
Gastines **53** 45 Yf 61
Gastins **77** 34 Da 57
Gasville **28** 49 Bd 58
Gatey **39** 83 Fc 67
Gathemo **50** 29 Za 56
Gatteville-le-Phare **50** 12 Ye 50
Gatuzières **48** 129 Dc 83
Gaubertin **45** 50 Cc 60
Gaubretière, La **85** 74 Yf 67
Gauchin-Légal **62** 8 Cd 46
Gauchin-Verloingt **62** 7 Cb 46
Gauchy **02** 18 Db 50
Gauciel **27** 32 Bb 54
Gaud, Cierp- **31** 151 Ad 91
Gaudaine, La **28** 48 Af 59
Gaude, La **06** 134 Hb 86
Gaudechart **60** 16 Bf 51
Gaudent **65** 139 Ad 91
Gaudiempré **62** 8 Cd 47
Gaudiès **09** 141 Be 89
Gaudonville **32** 126 Af 85
Gaugeac **24** 113 Af 80
Gaujac **30** 131 Ed 84
Gaujac **32** 140 Af 88
Gaujac **47** 112 Aa 82
Gaujacq **40** 123 Zb 87
Gaujan **32** 139 Ae 88
Gault-du-Perche, Le **41** 48 Af 60
Gault-Saint-Denis, Le **28** 49 Bc 59
Gault-Soigny, Le **51** 35 Dd 56
Gauré **31** 127 Bd 87
Gauriac **33** 99 Zc 78
Gauriaguet **33** 99 Zd 78
Gaussan **65** 139 Ac 89
Gausson **22** 43 Xb 59
Gautherets, Les **71** 82 Eb 69
Gauville **61** 31 Ad 56
Gauville **80** 16 Be 50
Gauville-la-Campagne **27** 31 Ba 54
Gavarnie **65** 150 Aa 92
Gavarret-sur-Aulouste **32** 125 Ad 86
Gavaudun **47** 113 Af 81
Gavignano **2B** 157 Kb 94
Gavisse **57** 22 Gb 52
Gavray **50** 28 Yd 55
Gâvre, le **44** 60 Yb 63
Gavrelle **62** 8 Cf 46
Gâvres **56** 42 Wd 62
Gavrus **14** 29 Zc 54
Gayan **65** 138 Aa 89
Gaye **51** 35 De 56
Gayon **64** 138 Ze 88
Gazave **65** 139 Ac 90
Gazax-et-Baccarisse **32** 125 Ab 87
Gazéran **78** 32 Be 57
Gazost **65** 138 Aa 90
Géanges **71** 82 Ef 67
Geaune **40** 124 Zd 87
Geay **17** 87 Zb 73
Geay **79** 75 Ze 67
Gèdre **65** 150 Aa 92
Gée-Rivière **32** 124 Ze 86
Géfosse-Fontenay **14** 13 Yf 52
Gefosses **50** 12 Yc 54
Gehée **36** 78 Bd 66
Geishouse **68** 56 Ha 61
Geispitzen **68** 72 Hc 63
Geispolsheim **67** 40 Hd 57
Geiswasser **68** 57 Hd 61
Geiswiller **67** 40 Hc 56
Gélacourt **54** 56 Ge 58
Gélannes **10** 52 De 58
Gélaucourt **54** 55 Ff 58
Gellainville **28** 49 Bd 58
Gellenoncourt **54** 38 Gc 56
Gellin **25** 84 Gb 68
Geloux **40** 123 Ye 87
Geloux **40** 124 Zc 85
Gelucourt **57** 39 Ge 56
Gelvécourt-et-Adompt **88** 55 Gb 59
Gémages **61** 48 Ad 59
Gemaingoutte **88** 56 Ha 59
Gemeaux **21** 69 Fa 64
Gémigny **45** 49 Be 61
Gémil **31** 127 Bd 86
Géminos **13** 146 Fd 89
Gemmelaincourt **88** 55 Ff 59
Gémonval **25** 71 Gd 63
Gémonville **54** 55 Ff 58
Gémozac **17** 99 Zb 75
Genac **16** 88 Aa 74
Genainville **95** 32 Be 54
Genas **69** 94 Ef 74
Genay **21** 68 Eb 63
Genay **69** 94 Ef 73
Gençay **86** 76 Ac 70
Gendreville **88** 54 Fe 59
Gendrey **39** 69 Fe 65
Gené **49** 61 Zb 63
Génébrières **82** 127 Bc 85
Genech **59** 8 Db 45
Génelard **71** 82 Eb 69
Générac **30** 131 Ec 86
Générac **33** 99 Zc 77
Générargues **30** 130 Df 84
Générest **65** 139 Ad 90
Generville **11** 141 Bf 89
Geneslay **61** 29 Zd 57
Genestelle **07** 118 Ec 80
Geneston **44** 60 Yc 66
Genest-Saint-Isle, Le **53** 46 Za 60
Genête, La **71** 83 Fa 69
Genétouze, La **17** 100 Zf 77
Génétouze, La **85** 74 Yc 68
Genêts **50** 28 Yd 56
Genettes, Les **61** 31 Ad 57
Geneuille **25** 70 Ff 65
Genevraie, La **61** 30 Ab 56
Genevraye, La **77** 50 Ce 59
Genevreuille **70** 70 Gc 62
Genevrey **70** 70 Gb 62
Genevrières **52** 69 Fd 62
Genevroye, La **52** 53 Fa 59
Geney **25** 71 Gd 64
Geneytouse, La **87** 90 Bc 74
Génicourt **95** 33 Ca 54
Génicourt-sur-Meuse **55** 37 Fc 54
Genillé **37** 63 Ba 65
Génis **24** 101 Ba 77
Génissac **33** 111 Ze 79
Génissieux **26** 107 Fa 78
Genlis **21** 69 Fb 65
Gennes **25** 70 Ga 65
Gennes **49** 62 Ze 65
Gennes-Ivergny **62** 7 Ca 47
Gennes-sur-Glaize **53** 46 Zc 61
Gennes-sur-Seiche **35** 45 Yf 61
Genneteil **49** 63 Aa 63
Gennetines **03** 80 Dc 69
Genneton **79** 61 Zd 66
Genneville **14** 14 Ab 52
Gennevilliers **92** 33 Cb 55
Genod **39** 95 Fd 70
Génolhac **30** 117 Df 82
Genos **31** 139 Ae 90
Genouillac **16** 88 Ad 73
Genouillac **23** 90 Bf 70
Genouillé **17** 87 Zb 72
Genouilleux **01** 94 Ee 72
Genouilly **18** 64 Bf 65
Genouilly **71** 82 Ed 69
Gensac **33** 112 Aa 80
Gensac **65** 138 Aa 88
Gensac **82** 126 Af 85
Gensac-de-Boulogne **31** 139 Ad 89
Gensac-la-Pallue **16** 87 Ze 75
Gensac-sur-Garonne **31** 140 Ba 89
Genté **16** 99 Ze 75
Gentelles **80** 17 Cc 49
Gentioux-Pigerolles **23** 90 Bf 74
Genvry **60** 18 Cf 51
Géovreisset **01** 95 Fd 71
Ger **50** 29 Zb 56
Ger **64** 138 Zf 89
Ger **65** 138 Zf 90
Geraise **39** 84 Ff 67
Gérardmer **88** 56 Gf 60
Géraudot **10** 52 Eb 59
Gerbaix **73** 107 Fe 75
Gerbécourt **57** 38 Gd 55
Gerbécourt-et-Haplemont **54** 55 Ga 58
Gerbépal **88** 56 Gf 60
Gerberoy **60** 16 Bf 51
Gerbéviller **54** 55 Gd 57
Gercourt-et-Drillantcourt **55** 21 Fb 53
Gercy **02** 19 Df 50
Gerde **65** 139 Ab 90
Gerderest **64** 138 Ze 88
Gère-Béleston **64** 138 Zd 90
Gergny **02** 19 Df 49
Gergueil **21** 68 Ee 65
Gergy **71** 82 Ef 67
Gerland **21** 83 Fa 66
Germ **65** 151 Ac 92
Germagnat **01** 95 Fc 71
Germagny **71** 82 Ed 68
Germaine **02** 18 Da 50
Germaine **51** 35 Ea 54
Germaines **52** 69 Fa 62
Germainville **28** 32 Bc 56
Germainvilliers **52** 54 Fd 60
Germay **52** 54 Fc 58
Germéfontaine **25** 70 Gc 65
Germenay **58** 67 Dd 65
Germignac **17** 99 Zd 75
Germigney **39** 83 Fe 66
Germigney **70** 69 Fd 64
Germignonville **28** 49 Be 59
Germigny **51** 19 Df 53
Germigny **89** 52 De 61
Germigny-des-Prés **45** 50 Cb 61
Germigny-l'Evêque **77** 34 Cf 55
Germigny-l'Exempt **18** 80 Cf 67
Germigny-sous-Coulombs **77** 34 Da 54
Germigny-sur-Loire **58** 80 Da 66
Germinon **51** 35 Ea 55
Germiny **54** 38 Ga 57
Germisay **52** 54 Fc 58
Germolles-sur-Grosne **71** 94 Ed 71
Germondans **25** 70 Gb 64
Germond-Rouvre **79** 75 Zd 70
Germont **08** 20 Ef 52
Germonville **54** 55 Gb 58
Gernelle **08** 20 Ee 50
Gernicourt **02** 19 Df 52
Géronce **64** 137 Zb 89
Gerponville **76** 15 Ad 50
Gerrots **14** 14 Aa 53
Gerstheim **67** 57 He 58
Gertwiller **67** 57 Hc 58
Geruge **39** 83 Fd 69
Gervans **26** 106 Ef 78
Gerville **76** 14 Ab 50
Géry **55** 37 Fb 56
Gerzat **63** 92 Da 74
Gesnes **53** 46 Zc 60
Gesnes-le-Gandelin **72** 47 Aa 58
Gespunsart **08** 20 Ee 50
Gestas **64** 137 Za 88
Gesté **49** 60 Yf 65
Gestel **56** 42 Wd 62
Gestiès **09** 152 Bd 92
Gesvres **53** 47 Aa 58
Gétigné **44** 60 Ye 66
Gets, les **74** 97 Ge 72
Geu **65** 138 Zf 90
Geudertheim **67** 40 He 56
Géus-d'Arzacq **64** 138 Zc 88
Géus-d'Oloron **64** 137 Zb 89
Gévézé **35** 45 Yb 59
Gevigney-et-Mercey **70** 70 Ff 62
Geville **55** 37 Fe 56
Gevingey **39** 83 Fd 69
Gevresin **25** 84 Ga 67
Gevrey-Chambertin **21** 68 Ef 65
Gevrolles **21** 53 Ee 61
Gevry **39** 83 Fc 66
Gex **01** 96 Ga 71
Geyssans **26** 107 Fa 78
Gez **65** 138 Zf 90
Gézaincourt **80** 7 Cb 48
Gez-ez-Angles **65** 138 Aa 90
Gezier-et-Fontenelay **70** 70 Ff 64
Gézoncourt **54** 38 Ff 55
Ghisonaccia **2B** 159 Kc 96
Ghisoni **2B** 159 Kb 96
Ghissignies **59** 9 Dd 47
Ghyvelde **59** 4 Cd 42
Giat **63** 91 Cc 74
Gibeaumeix **54** 37 Fe 57
Gibel **31** 141 Be 89
Gibercourt **02** 18 Db 50
Giberville **14** 14 Ze 53
Gibles **71** 94 Ec 71
Gibourne **17** 87 Ze 73
Gibret **40** 123 Zb 86
Gicq, Le **17** 87 Ze 73
Gidy **45** 49 Bf 61
Giel-Gourteilles **61** 30 Ze 56
Gien **45** 65 Cd 62
Gien-sur-Cure **58** 67 Ea 66
Giettaz, La **73** 96 Gc 73
Gièvres **41** 64 Be 65
Giey-sur-Aujon **52** 53 Fa 61
Giez **74** 96 Gb 74
Giffaumont-Champaubert **51** 36 Ee 57
Gif-sur-Yvette **91** 33 Ca 56
Gigean **34** 144 De 88
Gignac **34** 129 Dd 87
Gignac **46** 102 Bc 78
Gignac **84** 132 Fd 85
Gignac-la-Nerthe **13** 146 Fb 88
Gignat **63** 103 Db 76
Gignéville **88** 55 Ff 60
Gigney **88** 55 Gc 59
Gigny **39** 83 Fc 70
Gigny **89** 68 Eb 62
Gigny-Bussy **51** 52 Ed 57
Gigny-sur-Saône **71** 82 Ef 69
Gigondas **84** 131 Ef 83
Gigors **04** 120 Ga 82
Gigors **26** 119 Fa 80
Gigouzac **46** 113 Bc 81
Gijounet **81** 128 Cd 86
Gilette **06** 134 Ha 85
Gilhoc-sur-Ormèze **07** 118 Ee 79
Gillancourt **52** 53 Ef 60
Gillaumé **52** 54 Fc 58
Gilles **78** 32 Bd 55
Gilley **25** 84 Gc 66
Gilley **52** 69 Fd 62
Gillois **39** 84 Ga 68
Gillonnay **38** 107 Fb 76
Gilly-lès-Cîteaux **21** 68 Ef 65
Gilly-sur-Isère **73** 108 Gc 75
Gilly-sur-Loire **71** 81 De 69
Gilocourt **60** 18 Cf 53
Gimat **82** 126 Af 85
Gimbrède **32** 125 Ae 84
Gimeaux **63** 92 Da 73
Gimel-les-Cascades **19** 102 Bf 77
Gimeux **16** 87 Zd 75
Gimont **32** 126 Af 87
Gimouille **58** 80 Da 67
Ginai **61** 30 Ab 56
Ginals **82** 127 Bf 83
Ginasservis **83** 133 Ff 86
Ginchy **80** 8 Cf 48
Gincla **11** 153 Cb 92
Gindou **46** 113 Bb 81
Ginestas **11** 142 Cf 89
Ginestet **24** 112 Ac 79
Gingsheim **67** 40 Hd 56
Ginouillac **46** 114 Bd 80
Gintrac **46** 114 Be 79
Giocatojo **2B** 157 Kc 94
Gionges **51** 35 Df 55
Giou-de-Mamou **15** 115 Cd 79
Gioux **23** 90 Ca 75
Gipcy **03** 80 Da 69
Girancourt **88** 55 Gb 60
Giraumont **54** 37 Ff 54
Giraumont **60** 18 Ce 52
Girauvoisin **55** 37 Fd 56
Gircourt-lès-Viéville **88** 55 Gb 58
Girecourt-sur-Durbion **88** 55 Gd 59
Girefontaine **70** 55 Gb 61
Giremoutiers **77** 34 Da 55
Girgols **15** 103 Cc 78
Giriviller **54** 55 Gc 58
Girmont **88** 55 Gc 59
Girmont-Val-d'Ajol **88** 55 Gd 61
Girolles **45** 50 Ce 60
Girolles **89** 67 Df 63
Giromagny **90** 71 Ge 62
Giron **01** 95 Fe 71
Gironcourt-sur-Vraine **88** 55 Ff 59
Girondelle **08** 20 Ec 49
Gironde-sur-Dropt **33** 111 Zf 81
Gironville **77** 50 Cd 59
Gironville-sous-les-Côtes **55** 37 Fe 56
Gironville-sur-Essonne **91** 50 Cc 58
Girouard, Le **85** 74 Yc 69
Giroussens **81** 127 Be 86
Giroux **36** 78 Bf 66
Giry **58** 66 Dc 65
Gisay-la-Coudre **27** 31 Ad 55
Giscaro **32** 126 Af 87
Giscos **33** 111 Ze 83
Gisors **27** 16 Be 53
Gissac **12** 129 Cf 85
Gissey-le-Vieil **21** 68 Ec 65
Gissey-sous-Flavigny **21** 68 Ed 63
Gissey-sur-Ouche **21** 68 Ee 65
Gisy-les-Nobles **89** 51 Db 59
Giuncaggio **2B** 159 Kc 95
Giuncheto **2A** 160 If 99
Givardon **18** 80 Ce 67
Givarlais **03** 79 Cd 70
Givenchy **62** 8 Ce 45
Givenchy-en-Gohelle **62** 8 Ce 46
Givenchy-le-Noble **62** 8 Cd 47
Giverny **27** 32 Bd 54
Giverville **27** 15 Ad 53
Givet **08** 10 Ee 48
Givonne **08** 20 Ef 50
Givors **69** 106 Ee 75
Givraines **45** 50 Cc 60
Givrand **85** 73 Ya 68
Givrauval **55** 37 Fb 57
Givre, Le **85** 74 Yd 70
Givrezac **17** 99 Zc 75
Givron **08** 19 Eb 51
Givry **08** 20 Ed 52
Givry **71** 82 Ee 68
Givry **89** 67 De 63
Givry-en-Argonne **51** 36 Ef 55
Givry-lès-Loisy **51** 35 Df 55
Gizaucourt **51** 36 Ee 54
Gizay **86** 76 Ac 70
Gizeux **37** 62 Ab 64
Gizia **39** 83 Fc 69
Gizy **02** 19 De 51
Glacerie, La **50** 12 Yc 51
Glageon **59** 10 Ea 48
Glaignes **60** 18 Cf 53
Glaine-Montaigut **63** 92 Dc 74
Glaire **08** 20 Ef 50
Glaizil, Le **05** 120 Ff 80
Glamondans **25** 70 Gb 65
Gland **02** 34 Dc 54
Gland **89** 67 Eb 62
Glandage **26** 119 Fd 80
Glandelles **77** 50 Ce 59
Glandon **87** 101 Bb 76
Glanes **46** 114 Bf 79
Glanges **87** 102 Bc 74
Glannes **51** 36 Ed 56
Glanon **21** 83 Fa 66
Glanville **14** 14 Aa 53
Glatens **82** 126 Af 85
Glatigny **50** 12 Yc 53
Glatigny **57** 38 Gc 54
Glatigny **60** 16 Bf 51
Glay **25** 71 Gf 64
Glénac **56** 44 Xf 62
Glénat **15** 115 Cb 79
Glénay **79** 76 Ze 67
Glénic **23** 90 Bf 71
Glennes **02** 19 De 52
Glénouze **86** 76 Zf 67
Glère **25** 71 Gf 64
Gleyzin **38** 108 Ga 76
Glicourt **76** 6 Bb 49
Glisolles **27** 31 Ba 55
Glisy **80** 17 Cc 49
Glomel **22** 42 Wd 59
Glonville **54** 56 Ge 58
Glorianes **66** 154 Cd 93
Glos **14** 30 Ab 54
Glos-la-Ferrière **61** 31 Ad 55
Glos-sur-Risle **27** 15 Ae 53
Gluiras **07** 118 Ed 79
Glun **07** 118 Ef 78
Glux-en-Glenne **58** 81 Ea 67
Goas **82** 126 Af 86
Godefroy, La **50** 28 Ye 56
Godenvillers **60** 17 Cd 51
Goderville **76** 14 Ac 51
Godewaersvelde **59** 4 Cd 44
Godisson **61** 30 Ab 56
Godivelle, La **63** 104 Cf 76
Godoncourt **88** 55 Ff 61
Gœrlingen **67** 39 Ha 56
Gœrsdorf **67** 40 He 55
Goès **64** 138 Zc 89
Gœtzenbruck **57** 39 Hc 55
Gogney **54** 39 Gf 57
Gognies-Chaussée **59** 9 Df 46
Gohannière, La **50** 28 Ye 56
Gohory **28** 48 Bb 60
Goin **57** 38 Gb 55
Goincourt **60** 17 Ca 52
Golancourt **60** 18 Da 50
Golbey **88** 55 Gc 59
Goldbach-Altenbach **68** 56 Ha 61
Golfech **82** 126 Af 84
Golinhac **12** 115 Cd 81
Golleville **50** 12 Yc 52
Gombergean **41** 63 Ba 63
Gomelange **57** 22 Gc 53
Gomené **22** 44 Xd 59
Gomer **64** 138 Ze 89
Gometz-la-Ville **91** 33 Ca 56
Gometz-le-Châtel **91** 33 Ca 56
Gomiécourt **62** 8 Ce 48
Gommecourt **62** 8 Cd 48
Gommecourt **78** 32 Bd 54
Gommegnies **59** 9 De 47
Gommenech **22** 26 Wf 57
Gommersdorf **68** 71 Ha 63
Gommerville **28** 49 Bf 58
Gommerville **76** 14 Ac 51
Gomméville **21** 53 Ec 61
Gomont **08** 19 Ea 51
Goncelin **38** 108 Ff 76
Goncourt **52** 54 Fd 59
Gondecourt **59** 8 Cf 45
Gondenans-les-Moulins **25** 70 Gc 64
Gondenans-Montby **25** 70 Gc 64
Gondeville **16** 87 Zf 74
Gondrecourt-Aix **54** 21 Fe 53
Gondrecourt-le-Château **55** 54 Fd 57
Gondreville **45** 50 Cc 60
Gondreville **45** 50 Cd 60
Gondreville **54** 38 Ff 56
Gondreville **60** 34 Cf 53
Gondrexange **57** 39 Gf 56
Gondrexon **54** 39 Ge 57
Gondrin **32** 125 Ab 85
Gonds, Les **17** 87 Zc 74
Gonesse **95** 33 Cc 55
Gonez **65** 139 Ab 89
Gonfaron **83** 147 Gb 89
Gonfreville **50** 12 Yd 53
Gonfreville-Caillot **76** 15 Ac 51
Gonfreville-l'Orcher **76** 14 Ab 51
Gonfrière, La **61** 31 Ac 56
Gonnehem **62** 8 Cd 45
Gonnelieu **59** 8 Da 48
Gonnetot **76** 15 Af 50
Gonneville **50** 12 Yd 51
Gonneville-en-Auge **14** 14 Ze 53
Gonneville-la-Mallet **76** 14 Ab 51
Gonneville-sur-Honfleur **14** 14 Ab 52
Gonneville-sur-Mer **14** 14 Zf 53
Gonneville-sur-Scie **76** 15 Ba 50
Gonsans **25** 70 Gb 65
Gontaud-de-Nogaret **47** 112 Ab 82
Gonterie-Boulouneix, La **24** 100 Ad 76
Gonzeville **76** 15 Ae 50
Goos **40** 123 Za 86
Gorbio **06** 135 Hc 86
Gorcy **54** 21 Fe 51
Gordes **84** 132 Fb 85
Gorenflos **80** 7 Ca 48
Gorges **44** 60 Ye 66
Gorges **50** 12 Yd 53
Gorges **80** 7 Cb 48
Gorgue, La **59** 4 Ce 45
Gorhey **88** 55 Gb 59
Gorre **87** 89 Af 74
Gorrevod **01** 94 Ef 70
Gorron **53** 46 Zb 58
Gorses **46** 114 Ca 80
Gorvello, Le **56** 59 Xc 63
Gorze **57** 38 Ga 54
Gosné **35** 45 Yd 59
Gosselming **57** 39 Ha 56
Gottenhouse **67** 39 Hc 56
Gottesheim **67** 40 Hc 56
Gouaix **77** 51 Db 58
Goualade **33** 111 Zf 83
Gouarec **22** 43 We 59
Gouaux **65** 150 Ac 91
Gouaux-de-Larboust **31** 151 Ac 92
Gouaux-de-Luchon **31** 151 Ad 91
Goubervile **50** 12 Ye 50
Gouchaupré **76** 6 Bb 49
Goudargues **30** 131 Ec 83
Goudelancourt-lès-Berrieux **02** 19 Df 52
Goudelancourt-lès-Pierrepont **02** 19 Df 50
Goudelin **22** 26 Wf 57
Goudet **43** 117 Df 79
Goudex **31** 140 Af 88
Goudon **65** 139 Ab 89
Goudourville **82** 126 Af 84
Gouesnach **29** 41 Vf 61
Gouesnière, La **35** 27 Ya 57
Gouesnou **29** 24 Vd 58
Gouex **86** 89 Ae 70
Gougenheim **67** 40 Hd 56
Gouhelans **25** 70 Gc 64
Gouhenans **70** 70 Gc 63
Gouillons **28** 49 Bf 58
Gouise **03** 92 Dc 70
Goujounac **46** 113 Bb 81
Goulafrière, La **27** 30 Ac 55
Goulet **61** 30 Zf 56
Goulien **29** 41 Vc 60
Goulier **09** 152 Bd 92

178 (F) **Frières-Faillouël — Goulier**

Goulles 19 102 Ca 78
Goulles, Les 21 53 Ef 61
Gouloux 58 67 Ea 65
Goult 84 132 Fb 85
Goulven 29 24 Ve 57
Goupillières 14 29 Zd 54
Goupillières 27 31 Ae 54
Goupillières 78 32 Be 55
Gouray, Le 22 44 Xd 59
Gourbera 40 123 Yf 86
Gourbit 09 152 Bd 91
Gourchelles 60 16 Be 50
Gourdan-Polignan 31 139 Ad 90
Gourdièges 15 116 Cf 79
Gourdon 06 134 Gf 86
Gourdon 07 118 Ec 80
Gourdon 46 113 Bc 80
Gourdon 71 82 Ec 69
Gourdon-Murat 19 102 Bf 75
Gourfaleur 50 29 Yf 54
Gourgançon 51 35 Ea 56
Gourgé 79 76 Ze 68
Gourgeon 70 70 Ff 62
Gourgue 65 139 Ab 90
Gourhel 56 44 Xd 61
Gourin 56 42 Wc 60
Gourlizon 29 41 Ve 60
Gournay 36 78 Be 69
Gournay 79 88 Zf 72
Gournay-en-Bray 76 16 Be 52
Gournay-le-Guérin 27 31 Ae 56
Gournay-sur-Aronde 60 17 Ce 52
Gours 33 100 Aa 79
Gourvieille 11 141 Be 88
Gourvillette 17 87 Ze 73
Goussaintcourt 55 54 Fe 58
Goussainville 28 32 Bd 56
Goussainville 95 33 Cc 54
Goussancourt 02 35 De 53
Gousse 40 123 Za 86
Goussonville 78 32 Be 55
Goutelle, La 63 91 Ce 73
Goutevernisse 31 140 Bb 89
Goutrens 12 115 Cc 82
Gout-Rossignol 24 100 Ac 76
Gouts 40 123 Zb 86
Gouttières 27 31 Ae 54
Gouttières 63 91 Ce 72
Goutz 32 125 Ae 86
Gouvello, La 56 43 Wf 59
Gouves 62 8 Cd 47
Gouvets 50 29 Yf 55
Gouvieux 60 33 Cc 53
Gouville 27 31 Af 55
Gouville-sur-Mer 50 28 Yc 54
Goux 32 124 Zf 87
Goux 39 83 Fd 66
Goux-lès-Dambelin 25 71 Ge 64
Goux-les-Usiers 25 84 Gb 67
Goux-sous-Landet 25 84 Ff 66
Gouy 02 8 Db 48
Gouy 76 15 Ba 52
Gouy-en-Artois 62 8 Cd 47
Gouy-en-Ternois 62 7 Cc 47
Gouy-les-Groseillers 60 17 Cb 51
Gouy-Saint-André 62 7 Bf 46
Gouy-Servins 62 8 Cd 46
Gouy-sous-Bellonne 62 8 Da 47
Gouzangrez 95 32 Bf 54
Gouzeaucourt 59 8 Da 48
Gouzens 31 140 Bb 89
Gouzon 23 91 Cb 71
Goven 35 44 Ya 60
Goviller 54 55 Ga 57
Goxwiller 67 57 Hc 58
Goyencourt 80 17 Ce 50
Goyrans 31 140 Bc 88
Grabels 34 144 De 87
Graçay 18 64 Bf 66
Grâces 22 26 We 57
Grâce-Uzel 22 43 Xb 59
Gradignan 33 111 Zc 80
Graffigny-Chemin 52 54 Fd 59
Gragnague 31 127 Bd 86
Graignes 50 12 Ye 53
Grailhen 65 150 Ac 91
Graimbouville 76 14 Ab 51
Graincourt-lès-Havrincourt 62 8 Da 48
Grainville 27 16 Bc 52
Grainville-Langannerie 14 30 Ze 54
Grainville-la-Teinturière 76 15 Ad 50
Grainville-sur-Odon 14 29 Zc 54
Grainville-sur-Ry 76 16 Bb 52
Grainville-Ymauville 76 15 Ac 51
Grais, Le 61 29 Ze 57
Graissac 12 115 Ce 80
Graissessac 34 129 Da 86
Graix 42 106 Ed 76
Gramat 46 114 Be 80
Gramazie 11 141 Ca 90
Grambois 84 132 Fd 86
Grammond 42 106 Ec 75
Grammont 70 71 Gd 63
Gramond 12 128 Cc 83
Gramont 82 126 Ae 85
Granace 2A 160 Ka 99
Grancey-le-Château-Neuvelle 21 69 Fa 62
Grancey-sur-Ource 21 53 Ed 60
Grand-Abergement, Le 01 95 Fe 72
Grand-Auverné 44 60 Ye 63
Grand-Bord, Le 18 79 Cc 69
Grand-Bornand, le 74 96 Gc 73
Grand-Bourg, Le 23 90 Bd 72
Grand-Brassac 24 101 Ac 77
Grand-Camp 27 31 Ad 54
Grand-Camp 76 15 Ad 51
Grandcamp-Maisy 14 13 Yf 52
Grand-Celland 50 28 Ye 56
Grandchain 27 31 Ad 54
Grandchamp 08 20 Ec 51
Grand-Champ 56 43 Xa 62
Grandchamp 72 47 Ab 59
Grandchamp 89 66 Da 62
Grandchamp-le-Château 14 30 Aa 54
Grandchamps-des-Fontaines 44 60 Yc 64
Grand-Charmont 25 71 Ge 63
Grand-Combe, La 30 116 Ea 83
Grand'Combe-Châteleu 25 85 Gd 66
Grand'Combe-des-Bois 25 71 Ge 66
Grand-Corent 01 95 Fc 71
Grand-Couronne 76 15 Ba 52
Grandcourt 80 8 Ce 48
Grande-Croix, La 42 106 Ed 76
Grandecourt 70 70 Ff 63
Grande-Fosse, La 88 55 Gb 60
Grande-Fosse, La 88 56 Ha 58
Grande-Motte, La 34 144 Ea 87
Grande-Paroisse, La 77 51 Cf 58
Grande-Résie, la 70 69 Fd 65
Grandes-Armoises, Les 08 20 Ef 51
Grandes-Chapelles, Les 10 52 Ea 58
Grandes-Loges, Les 51 35 Eb 54
Grandes-Ventes, Les 76 16 Bb 50
Grande-Synthe 59 3 Cb 42
Grande-Verrière, La 71 81 Ea 67
Grandeyrolles 63 104 Da 75
Grand-Failly 54 21 Fd 52
Grandfontaine 25 70 Ff 65
Grandfontaine 67 39 Ha 57
Grandfontaine-sur-Creuse 25 70 Gc 65
Grand-Fougeray 35 45 Yb 62
Grandfresnoy 60 17 Cd 52
Grandham 08 20 Ef 53
Grandjean 17 87 Zc 73
Grand'Landes 85 74 Yc 68
Grand-Laviers 80 7 Be 48
Grand-Lemps, le 38 107 Fc 76
Grand-Lucé, Le 72 47 Ac 61
Grandlup-et-Fay 02 19 De 51
Grand-Madieu, Le 16 88 Ac 73
Grandmesnil 14 30 Aa 55
Grand-Piquey, le 33 110 Ye 80
Grandpré 08 20 Ef 52
Grand-Pressigny, Le 37 77 Ae 67
Grandpuits-Bailly-Carrois 77 34 Cf 57
Grand-Quevilly, Le 76 15 Ba 52
Grandrieu 48 117 Dd 80
Grandrieux 02 19 Eb 50
Grandrif 63 105 De 75
Grandris 69 94 Ec 72
Grand-Rozoy 02 18 Dc 53
Grandrû 60 18 Da 51
Grand-Rullecourt 62 8 Cc 47
Grandrupt 88 56 Ha 58
Grandrupt-de-Bains 88 55 Gb 60
Grandsaigne 19 102 Bf 76
Grands-Chézeaux, Les 87 90 Bc 70
Grand-Serre, Le 26 107 Fa 77
Grand-Vabre 12 115 Cc 81
Grandval 63 105 Dd 75
Grandvals 48 116 Da 80
Grandvaux 71 82 Eb 69
Grandvelle-et-le-Perrenot 70 70 Ff 63
Grand-Verly 02 9 Dd 49
Grand-Village-Plage, Le 17 86 Ye 73
Grandville 10 35 Eb 57
Grandville, La 08 20 Ee 50
Grandvillers 88 56 Ge 59
Grandvilliers 27 31 Ba 56
Grandvilliers 60 16 Bf 50
Grâne 26 118 Ef 80
Granès 11 153 Cb 91
Grange, La 25 71 Ge 65
Grange-de-Vaivre 39 84 Ff 66
Grange-l'Evêque 10 52 Df 59
Grangermont 45 50 Cc 59
Granges 71 82 Ee 68
Granges-d'Ans 24 101 Ba 77
Granges-Gontardes, Les 26 118 Ee 82
Granges-la-Ville 70 71 Gd 63
Granges-le-Bourg 70 71 Gd 63
Granges-le-Roi, Les 91 49 Ca 57
Granges-les-Beaumont 26 106 Ef 78
Granges-Narboz 25 84 Gb 67
Granges-sur-Aube 51 35 Df 57
Granges-sur-Lot 47 112 Ac 82
Granges-sur-Vologne 88 56 Ge 60
Grangettes, Les 25 84 Gb 68
Grangues 14 14 Zf 53
Granier 73 109 Gd 75
Granieu 38 107 Fd 75
Grans 13 146 Fa 87
Granville 50 28 Yc 55
Granzay-Gript 79 87 Zd 71
Gras 07 118 Ed 82
Gras, Les 25 85 Gd 66
Grassac 16 100 Ac 75
Grasse 06 134 Gf 86
Grassendorf 67 40 Hd 56
Grateloup 47 112 Ac 82
Gratens 31 140 Ba 89
Gratentour 31 126 Bc 86
Gratibus 80 17 Cd 50
Gratot 50 28 Yd 54
Gratreuil 51 20 Ee 53
Grattepanche 80 17 Cb 50
Gratteris, le 25 70 Ga 65
Grattery 70 70 Ga 62
Grau-d'Agde, le 34 143 Dc 89
Grau-du-Roi, Le 30 144 Ea 87
Graulges, les 24 100 Ac 76
Graulhet 81 127 Bf 86
Grauves 51 35 Df 55
Graval 76 16 Bd 50
Grave, La 05 108 Gb 78
Gravelines 59 3 Ca 43
Gravelle, La 53 46 Yf 60
Gravelotte 57 38 Ga 54
Graverie, La 14 29 Za 55
Graveron-Sémerville 27 31 Af 54
Graves 16 87 Zf 75
Graveson 13 131 Ee 85
Gravières 07 117 Ea 82
Gravigny 27 31 Ba 54
Gravon 77 51 Da 58
Gray 70 69 Fd 64
Grayan-et-l'Hôpital 33 98 Yf 76
Graye-et-Charnay 39 83 Fc 70
Graye-sur-Mer 14 13 Zd 53
Gray-la-Ville 70 70 Fe 64
Grayssas 47 126 Af 84
Grazac 31 140 Bc 89
Grazac 43 105 Eb 77
Grazac 81 127 Bd 85
Grazay 53 46 Zd 59
Gréalou 46 114 Bf 81
Gréasque 13 146 Fd 88
Grebault-Mesnil 80 7 Be 48
Grécourt 80 18 Cf 50
Gredisans 39 69 Fd 66
Grée-Saint-Laurent, Le 56 44 Xd 61
Gréez-sur-Roc 72 48 Ae 60
Greffeil 11 142 Cc 90
Grèges 76 6 Ba 49
Grémecey 57 38 Gc 56
Grémevillers 60 16 Bf 51
Gremilly 55 21 Fc 53
Grémonville 76 15 Ae 50
Grenade 31 126 Bb 86
Grenade-sur-l'Adour 40 124 Zd 86
Grenand-lès-Sombernon 21 68 Ee 65
Grenant 52 69 Fd 62
Grenay 38 107 Fa 75
Grenay 62 8 Ce 46
Grendelbruch 67 39 Hb 57
Greneville-en-Beauce 45 50 Ca 59
Grenier-Montgon 43 104 Db 77
Gréning 57 39 Gf 55
Grenoble 38 107 Fe 77
Grenois 58 67 Dd 65
Grentheville 14 30 Ze 54
Grentzingen 68 72 Hb 63
Greny 76 6 Bb 49
Gréolières 06 134 Gf 86
Gréoux-les-Bains 04 133 Ff 86
Grépiac 31 140 Bc 88
Grés, Le 31 126 Ba 86
Grésigny-Sainte-Reine 21 68 Ed 63
Gresin 73 107 Fe 75
Gresse-en-Vercors 38 119 Fd 79
Gressey 78 32 Bd 56
Gresswiller 67 39 Hc 57
Gressy 77 33 Ce 55
Grésy-sur-Aix 73 96 Ff 74
Grésy-sur-Isère 73 108 Gb 75
Gretz-Armainvilliers 77 33 Ce 56
Greucourt 70 70 Ff 63
Greuville 76 15 Af 50
Greux 88 54 Fe 58
Grève-sur-Mignon, La 17 87 Zb 71
Gréville-Hague 50 12 Yb 50
Grévillers 62 8 Ce 48
Grevilly 71 82 Ee 69
Grez 60 16 Bf 51
Grez, Le 72 47 Zf 59
Grézac 17 98 Za 75
Grézels 46 113 Ba 82
Grez-en-Bouère 53 46 Zc 61
Grèzes 24 101 Bc 78
Grèzes 43 116 Dc 79
Grèzes 46 114 Be 81
Grèzes 48 116 Dc 81
Grèzes, les 46 113 Bb 82
Grézet-Cavagnan 47 112 Aa 82
Grézian 65 150 Ac 91
Grézieu-le-Marché 69 106 Ec 75
Grézieux-le-Fromental 42 105 Ea 75
Grézillac 33 111 Ze 80
Grézillé 49 61 Zd 65
Grez-Neuville 49 61 Zb 63
Grézolles 42 93 Df 73
Grez-sur-Loing 77 50 Ce 59
Gricourt 02 18 Db 49
Grièges 01 94 Ef 71
Gries 67 40 He 56
Griesbach-au-Val 68 56 Hb 60
Griesheim-près-Molsheim 67 40 Hd 57
Griesheim-sur-Souffel 67 40 Hd 57
Grignan 26 117 Ef 82
Grigneuseville 76 15 Bb 51
Grignols 24 100 Ad 78
Grignols 33 111 Zf 82
Grignon 21 68 Ec 63
Grignon 73 108 Gc 75
Grignoncourt 88 55 Ff 61
Grigny 62 7 Bf 45
Grigny 62 7 Ca 46
Grigny 69 106 Ee 75
Grigny 91 33 Cc 56
Grignonnais, La 44 60 Yb 63
Grillon 84 118 Ef 82
Grilly 01 96 Ha 71
Grimaucourt-en-Woëvre 55 37 Fd 53
Grimaucourt-près-Sampigny 55 37 Fc 56
Grimaud 83 148 Gd 89
Grimaudière, La 86 76 Aa 68
Grimault 89 67 Df 63
Grimbosq 14 29 Zd 54
Grimesnil 50 28 Yd 55
Grimonviller 54 55 Ga 58
Grincourt-lès-Pas 62 8 Cd 47
Grindorff 57 22 Gd 52
Gripperie-Saint-Symphorien, La 17 86 Za 74
Gripport 54 55 Gb 58
Griscourt 54 38 Ga 55
Griselles 21 53 Ec 61
Griselles 45 51 Ce 60
Grisolles 02 34 Dc 54
Grisolles 82 126 Bb 86
Grisy-les-Plâtres 95 33 Ca 54
Grisy-Suisnes 77 33 Ce 56
Grisy-sur-Seine 77 51 Db 58
Grives 24 113 Ba 80
Grivesnes 80 17 Cc 50
Grivillers 80 17 Ce 51
Grivy-Loisy 08 20 Ed 52
Groffliers 62 6 Bd 46
Groise, la 59 9 De 48
Groises 18 66 Ce 65
Groissiat 01 95 Fd 71
Groisy 74 96 Gb 72
Groix 56 42 Wd 63
Groléjac 24 113 Bb 80
Gron 89 51 Db 60
Gronard 02 19 Df 50
Grosbliederstroff 57 39 Ha 53
Grosbois-en-Montagne 21 68 Ed 65
Grosbois-lès-Tichey 21 83 Fb 66
Grosbreuil 85 74 Yc 69
Gros-Chastang 19 102 Bf 77
Groseillers, Les 79 75 Zd 69
Groslay 95 33 Cc 55
Groslée 01 95 Fd 74
Grosley-sur-Risle 27 31 Ae 54
Grosmagny 90 71 Gf 62
Grosne 90 71 Gf 63
Grospierres 07 117 Eb 82
Grosrouvre 78 32 Be 56
Grosrouvres 54 37 Ff 55
Grossa 2A 158 If 99
Grosseto-Prugna 2A 159 If 97
Grossœuvre 27 31 Bb 55
Grossouvre 18 80 Cf 67
Grostenquin 57 39 Ge 55
Gros-Theil, Le 27 15 Af 53
Grosville 50 12 Yb 51
Grouches-Luchuel 80 7 Cc 47
Grougis 02 9 Dd 49
Groutte, La 18 79 Cd 68
Grozon 39 83 Fe 67
Gruchet 76 15 Af 50
Gruchet-le-Valasse 76 15 Ac 51
Gruchet-Saint-Siméon 76 15 Af 50
Grues 85 74 Ye 70
Gruey-lès-Surance 88 55 Gb 60
Gruffy 74 96 Ga 74
Grugé-l'Hôpital 49 45 Yf 62
Grugies 02 18 Db 50
Grugny 76 15 Ba 51
Gruissan 11 143 Da 90
Grumesnil 76 16 Be 51
Grun 24 100 Ad 78
Grundviller 57 39 Gf 54
Gruny 80 18 Ce 50
Grury 71 81 Df 68
Gruson 59 8 Db 45
Grusse 39 83 Fd 69
Grussenheim 68 57 Hc 60
Gruyères 08 20 Ed 50
Gua, Le 17 86 Za 74
Gua, Le 38 107 Fd 78
Guagno 2A 159 If 95
Guainville 28 32 Bc 55
Guargualé 2A 158 If 97
Guchen 65 150 Ac 91
Gudas 09 141 Be 90
Gudmont-Villiers 52 54 Fa 58
Guebenhouse 57 39 Gf 54
Gueberschwihr 68 56 Hb 60
Guébestroff 57 39 Ge 55
Guéblange-lès-Dieuze 57 39 Ge 56
Guébling 57 39 Ge 55
Guebwiller 68 56 Hb 61
Guécélard 72 47 Aa 61
Gué-d'Alleré, Le 17 86 Za 71
Gué-de-la-Chaîne, le 61 48 Ad 58
Gué-de-Longroi, le 28 49 Be 57
Guédéniau, Le 49 62 Zf 64
Gué-de-Velluire, Le 85 75 Zb 70
Gué-d'Hossus 08 10 Ed 49
Guégon 56 43 Xc 61
Guéhébert 50 28 Yd 55
Guéhenno 56 43 Xc 61
Guelas 56 43 Wf 60
Gueltas 56 43 Xb 60
Guémappe 62 8 Cf 47
Guémar 68 56 Hc 59
Guémené-Penfao 44 60 Yb 63
Guémené-sur-Scorff 56 43 We 60
Guemps 62 3 Bf 43
Guénange 57 22 Gb 53
Guengat 29 41 Ve 60
Guenroc 22 44 Xf 59
Guenrouet 44 59 Ya 63
Guenviller 57 39 Ge 54
Guêprei 61 30 Zf 56
Guer 56 44 Xf 61
Guérande 44 59 Xd 65
Guérard 77 34 Cf 56
Guerbigny 80 17 Ce 50
Guerche, la 37 77 Ae 67
Guerche-de-Bretagne, La 35 45 Ye 61
Guerche-sur-l'Aubois, la 18 80 Cf 67
Guercheville 77 50 Cd 59
Guerchy 89 51 Dc 61
Guéreins 01 94 Ef 72
Guéret 23 90 Bf 72
Guerfand 71 83 Fa 68
Guérigny 58 80 Db 66
Guérin 47 112 Aa 82
Guerinière, La 85 59 Xe 67
Guerlesquin 29 25 Wc 57
Guermange 57 39 Ge 56
Guermantes 77 33 Ce 55
Guern 56 43 We 60
Guernanville 27 31 Af 55
Guernes 78 32 Bd 54
Guerno, Le 56 59 Xd 63
Guerny 27 16 Be 53
Guéroulde, La 27 31 Af 56
Guerpont 55 37 Fb 56
Guerquesalles 61 30 Ab 55
Guerres, Les 71 81 Df 69
Guerting 57 38 Gd 53
Guerville 76 6 Bd 49
Guerville 78 32 Be 55
Gueschart 80 7 Bf 47
Guesnain 59 8 Da 46
Guesnes 86 76 Aa 67
Guessling-Hémering 57 38 Ge 54
Guéthary 64 136 Yc 88
Gueudecourt 80 8 Cf 48
Gueugnon 71 81 Ea 69
Gueures 76 15 Af 49
Gueutteville 76 15 Ba 51
Gueutteville-les-Grès 76 15 Ae 49
Gueux 51 19 Df 53
Guevenatten 68 71 Ha 62
Guewenheim 68 71 Ha 62
Gueytes-et-Labastide 11 141 Ca 90
Gugnécourt 88 55 Gd 59
Gugney 54 55 Ga 58
Gugney-aux-Aulx 88 55 Gb 59
Guiberville 50 29 Za 55
Guichainville 27 31 Bb 55
Guiche, La 71 82 Ec 69
Guichen 35 44 Yb 61
Guiclan 29 25 Wa 57
Guidel 56 42 Wd 62
Guierche, la 72 47 Ab 60
Guignecourt 60 17 Ca 52
Guignemicourt 80 17 Cb 49
Guignen 35 44 Ya 61
Guignes 77 34 Ce 57
Guigneville 45 50 Cb 59
Guigneville-sur-Essonne 91 50 Cc 58
Guignicourt 02 19 Df 52
Guignicourt-sur-Vence 08 20 Ed 50
Guigny 62 7 Bf 46
Guilers 29 24 Vc 58
Guiler-sur-Goyen 29 41 Vd 60
Guilherand 07 118 Ef 79
Guillac 33 111 Ze 80
Guillaucourt 80 17 Cd 49
Guillaumes 06 134 Gf 84
Guillemont 80 8 Ce 48
Guillermie, La 03 93 Dd 73
Guillerval 91 50 Ca 58
Guillestre 05 121 Gd 81
Guilleville 28 49 Be 59
Guilliers 56 44 Xd 60
Guilligomarc'h 29 42 Wd 61
Guillon 89 67 Ea 63
Guillon-les-Bains 25 70 Gc 65
Guillonville 28 49 Bd 60
Guillos 33 111 Zc 81
Guilly 36 78 Be 66
Guilly 45 65 Cb 62
Guilmécourt 76 6 Bb 49
Guilvinec 29 41 Ve 62
Guimaëc 29 25 Wb 56
Guimiliau 29 25 Wa 58
Guimps 16 99 Ze 76
Guinarthe-Parentis 64 137 Za 88
Guincaggio 2B 159 Kc 95
Guincourt 08 20 Ed 51
Guindrecourt-aux-Ormes 52 53 Fa 58
Guindrecourt-sur-Blaise 52 53 Ef 59
Guinecourt 62 7 Cb 46
Guînes 62 3 Bf 43
Guingamp 22 26 Wf 57
Guinglange 57 38 Gd 54
Guinkirchen 57 22 Gc 53
Guinzeling 57 39 Gf 55
Guipavas 29 24 Vd 58
Guipel 35 45 Yb 59
Guipronvel 29 24 Vc 57
Guipry 35 44 Ya 62
Guipy 58 67 Dd 65
Guiry-en-Vexin 95 32 Bf 54
Guiscard 60 18 Da 51
Guiscriff 56 42 Wc 60
Guise 02 19 Dd 49
Guiseniers 27 16 Bc 53
Guissény 29 24 Vd 57
Guisy 62 7 Bf 46
Guitalens 81 127 Ca 87
Guitera-les-Bains 2A 159 Ka 97
Guitinières 17 99 Zc 76
Guîtres 33 99 Ze 78
Guitry 27 16 Bd 53
Guitté 22 44 Xf 59
Guivry 02 18 Da 51
Guizancourt 80 17 Bf 50
Guizancourt 80 18 Da 50
Guizerix 65 139 Ac 89
Gujan-Mestras 33 110 Yf 81
Gumbrechtshoffen 67 40 Hd 55
Gumery 10 51 Dc 58
Gumiane-Haut 26 119 Fb 81
Gumières 42 105 Df 75
Gumond 19 101 Bc 78
Gumond 19 102 Bf 77
Gundershoffen 67 40 Hd 55
Gundolsheim 68 56 Hb 61
Gungwiller 67 39 Ha 55
Gunsbach 68 56 Hb 60
Gunstett 67 40 He 55
Guntzviller 57 39 Ha 56
Guny 02 18 Db 51
Guran 31 151 Ad 91
Gurcy-le-Châtel 77 51 Da 58
Gurgy 89 51 Dd 61
Gurgy-la-Ville 21 53 Ef 61
Gurgy-le-Château 21 68 Ef 62
Gurs 64 137 Zb 89
Gurunhuel 22 26 We 57
Gury 60 18 Ce 51
Gussainville 55 37 Fe 53
Gussignies 59 9 De 46
Guyancourt 78 33 Ca 56
Guyans-Durnes 25 70 Gb 66
Guyans-Vennes 25 71 Gd 66
Guyencourt 02 19 Df 52
Guyencourt-Saulcourt 80 8 Da 49
Guyencourt-sur-Noye 80 17 Cc 50
Guyonnière, La 85 74 Yd 67
Guyonnière, la 85 74 Ye 67
Guyonvelle 52 54 Fe 61
Guzargues 34 130 Df 86
Gy 70 70 Fe 64
Gye 54 37 Ff 57
Gy-en-Sologne 41 64 Bd 64
Gyé-sur-Seine 10 53 Ec 60
Gy-les-Nonains 45 51 Cf 61
Gy-l'Évêque 89 67 Dd 62

H

Habarcq 62 8 Cd 47
Habas 40 123 Za 87
Habère-Lullin 74 96 Gc 71
Habère-Poche 74 96 Gc 71
Habit, l' 27 32 Bc 55
Hablainville 54 39 Ge 57
Habloville 61 30 Ze 56
Haboudange 57 38 Gd 55
Habsheim 68 72 Hc 62
Hachan 65 139 Ac 89
Hâcourt 52 54 Fd 60
Hacqueville 27 16 Bd 53
Hadancourt-le-Haut-Clocher 60 32 Bf 53
Hadigny-les-Verrières 88 55 Gc 59
Hadol 88 55 Gc 60
Hadonville-lès-Lachaussée 55 37 Fe 54
Haegen 67 39 Hc 56
Hagécourt 88 55 Ga 59
Hagedet 65 138 Zf 87
Hagen 57 22 Gb 51
Hagenbach 68 71 Ha 63
Hagenthal-le-Bas 68 72 Hc 63
Hagenthal-le-Haut 68 72 Hc 63
Haget 32 139 Aa 88
Hagetaubin 64 123 Zc 87
Hagetmau 40 124 Zc 87
Hagéville 54 37 Ff 54
Hagnéville-et-Roncourt 88 54 Fe 59
Hagnicourt 08 20 Ed 51
Hagondange 57 22 Gb 53
Haguenau 67 40 He 56
Haie-Fouassière, La 44 60 Yd 66
Haies, Les 69 106 Ee 76
Haigneville 54 55 Gc 58
Haillainville 88 55 Gc 58
Haillan, le 33 111 Zb 79
Hailles 80 17 Cc 50
Haillicourt 62 8 Cd 46
Haimps 17 87 Ze 73
Haims 86 77 Af 69
Hainvillers 60 17 Ce 51
Haironville 55 36 Fa 56
Haisnes 62 8 Ce 45
Haleine 61 29 Zd 57
Haie-Menneresse, La 59 9 Dd 48
Halinghen 62 7 Be 45
Hallencourt 80 7 Bf 48
Hallennes-lez-Haubourdin 59 8 Cf 45
Hallering 57 38 Gd 54
Halles-sous-les-Côtes 55 20 Fa 52
Hallignicourt 52 36 Ef 57
Hallines 62 3 Cb 44
Hallivillers 80 16 Bf 49
Hallivillers 80 17 Cb 50
Halotière, La 76 16 Bc 51
Halloville 54 39 Gf 57
Halloy 60 16 Bf 51
Halloy 62 7 Cc 48
Halloy-lès-Pernois 80 7 Cb 48
Hallu 80 18 Ce 50
Halluin 59 4 Da 44
Halsou 64 136 Yd 88
Halstroff 57 22 Gc 52
Ham 08 10 Ee 48
Ham 80 18 Da 50
Ham, le 50 12 Yd 52
Ham, le 53 46 Zd 58
Hamars 14 29 Zc 55
Hambach 57 39 Ha 54
Hambers 53 46 Zd 59
Hamblain-les-Prés 62 8 Cf 47
Hambye 50 28 Ye 55
Hamel 59 8 Da 47
Hamel, Le 60 17 Bf 51
Hamel, Le 80 17 Cd 49
Hamelet 80 17 Cd 49
Hamelet, Le 80 7 Be 47
Hamelin 50 28 Ye 57
Hamelincourt 62 8 Ce 47
Ham-en-Artois 62 7 Cc 45
Hames-Boucres 62 3 Be 43
Ham-lès-Moines 08 20 Ed 50
Hammeville 54 55 Ga 57
Hamonville 54 37 Fe 56
Hampigny 10 53 Ed 58
Hampont 57 38 Gd 55
Ham-sous-Varsberg 57 38 Gd 53
Hanc 79 88 Zf 72
Hanches 28 32 Bd 57
Hancourt 80 18 Da 49
Han-devant-Pierrepont 55 21 Fe 52
Handschuheim 67 40 Hd 57
Hangard 80 17 Cd 50
Hangenbieten 67 40 Hd 57
Hangest-en-Santerre 80 17 Cd 50
Hangest-sur-Somme 80 7 Ca 49
Hangviller 57 39 Hb 56
Han-lès-Juvigny 55 21 Fb 52
Hannaches 60 16 Be 51
Hannapes 02 9 Dd 49
Hannappes 08 19 Eb 50
Hannescamps 62 8 Cd 47
Hannocourt 57 38 Gc 55
Hannogne-Saint-Martin 08 20 Ee 50
Hannogne-Saint-Rémy 08 19 Ea 51
Hannonville-sous-les-Côtes 55 37 Fd 54
Hannonville-Suzémont 54 37 Ff 54
Hanouard, Le 76 15 Ad 50
Hans 51 36 Ee 54
Han-sur-Meuse 55 37 Fd 55
Han-sur-Nied 57 38 Gc 55
Hantay 59 8 Cf 45
Hanvec 29 24 Vf 58
Hanviller 57 39 Hc 54
Hanvoile 60 16 Bf 51
Haplincourt 62 8 Cf 48
Happencourt-Bray 02 18 Db 50
Happonvilliers 28 48 Ba 59
Haramont 02 18 Da 53
Haraucourt 08 20 Ef 51
Haraucourt 54 38 Gc 56
Haraucourt-sur-Seille 57 38 Gd 56
Haravesnes 62 7 Ca 47
Haravilliers 95 33 Ca 53
Harbonnières 80 17 Ce 49
Harbouey 54 39 Gf 57
Harcanville 76 15 Ae 50
Harchéchamp 88 54 Fe 58
Harcigny 02 19 Df 50
Harcourt 27 31 Ae 53
Harcy 08 20 Ed 49
Hardancourt 88 55 Gd 58
Hardanges 53 46 Ze 58
Hardecourt-aux-Bois 80 8 Ce 49
Hardencourt-Cocherel 27 32 Bb 54
Hardifort 59 4 Cc 44
Hardinghen 62 3 Be 44
Hardinvast 50 12 Yc 51
Hardivillers 60 17 Cb 51
Hardivillers-en-Vexin 60 16 Bf 53
Hardoye, la 08 19 Eb 50
Hardricourt 78 32 Bf 54
Harengère, La 27 15 Ba 53
Haréville 88 55 Ga 59
Harfleur 76 14 Ab 51
Hargarten-aux-Mines 57 22 Gd 53
Hargeville 78 32 Be 55
Hargicourt 02 8 Db 49
Hargicourt 80 17 Cd 50
Hargnies 08 10 Ee 48
Hargnies 59 9 Df 47
Harly 02 18 Dc 49
Harmonville 88 54 Ff 58
Harmoye, La 22 26 Xa 58
Harnes 62 8 Cf 46
Harol 88 55 Gb 60
Haroué 54 55 Gb 58
Harpich 57 38 Gd 55
Harponville 80 8 Cd 48
Harquency 27 16 Bc 53
Harreberg 57 39 Hb 56
Harréville-lès-Chanteurs 52 54 Fd 59

Goulles — Harréville-lès-Chanteurs (F) 179

Ivors 60 34 Da 53
Ivory 39 84 Ff 67
Ivoy-le-Pré 18 65 Cc 64
Ivrey 39 84 Ff 67
Ivry-en-Montagne 21 82 Ed 66
Ivry-la-Bataille 27 32 Bc 55
Ivry-le-Temple 60 17 Ca 53
Ivry-sur-Seine 94 33 Cc 56
Iwuy 59 9 Db 47
Izaourt 65 139 Ad 90
Izaut-de-l'Hôtel 31 139 Ae 90
Izaux 65 139 Ac 90
Izé 53 46 Zf 56
Izeaux 38 107 Fc 77
Izel-lès-Équerchin 62 8 Cf 46
Izel-les-Hameaux 62 8 Cd 47
Izenave 01 95 Fd 72
Izernore 01 95 Fd 71
Izeron 38 107 Fc 78
Izeste 64 138 Zd 90
Izeure 21 69 Fa 65
Izier 21 69 Fa 65
Izieu 01 107 Fd 75
Izon 33 111 Zd 79
Izotges 32 124 Zf 87

J

Jablines 77 33 Ce 55
Jabreilles-les-Bordes 87 90 Bd 72
Jabrun 15 116 Cf 80
Jacou 34 130 Cf 87
Jagny-sous-Bois 95 33 Cc 54
Jaignes 77 34 Da 55
Jaillans 26 107 Fb 78
Jailleu, Bourgoin- 38 107 Fb 75
Jaille-Yvon, La 49 61 Zb 62
Jaillon 54 38 Ff 56
Jailly 58 67 Dd 66
Jailly-les-Moulins 21 68 Ed 64
Jainvillotte 88 54 Fe 59
Jalesches 23 90 Ca 71
Jaligny-sur-Besbre 03 93 Dd 70
Jallais 49 61 Za 65
Jallanges 21 83 Fa 67
Jallans 28 49 Bc 60
Jallaucourt 57 38 Gc 55
Jallerange 25 69 Fe 65
Jalognes 18 66 Ce 65
Jalogny 71 94 Ed 70
Jâlons 51 35 Eb 54
Jambles 71 82 Ee 68
Jambville 78 32 Bf 54
Jaméricourt 60 16 Bf 53
Jametz 55 21 Fd 52
Janailhac 87 101 Bb 75
Janaillat 23 90 Be 72
Jancigny 21 69 Fc 64
Jandun 08 20 Ed 50
Janneyrias 38 95 Fa 74
Jans 44 60 Yc 63
Janville 14 30 Zf 54
Janville 28 49 Bf 59
Janville 60 18 Cf 52
Janville-sur-Juine 91 50 Cb 57
Janvilliers 51 35 Dd 55
Janvry 51 19 Df 53
Janvry 91 33 Ca 57
Janzé 35 45 Yd 61
Jaque 65 139 Ab 89
Jarcieu 38 106 Ef 77
Jard, La 17 87 Zc 75
Jardin, Le 19 102 Ca 77
Jardres 86 77 Ad 69
Jard-sur-Mer 85 74 Yc 70
Jargeau 45 50 Ca 61
Jarjayes 05 120 Ga 81
Jarménil 88 55 Gd 60
Jarnac 16 87 Ze 74
Jarnac-Champagne 17 99 Zd 75
Jarnages 23 90 Ca 71
Jarne, La 17 86 Yf 72
Jarnioux 69 94 Ed 73
Jarnosse 42 93 Eb 72
Jarny 54 37 Ff 54
Jarrie, La 17 86 Yf 72
Jarrie-Audouin, La 17 87 Zd 72
Jars 18 65 Ce 64
Jarsy 73 108 Gb 75
Jarville-la-Malgrange 54 38 Gb 56
Jarzé 49 62 Ze 63
Jas 42 93 Eb 74
Jasney 70 55 Gb 61
Jassans-Riottier 01 94 Ee 73
Jasseines 10 53 Ec 57
Jasseron 01 95 Fb 71
Jasses 64 137 Zb 89
Jatxou 64 136 Yd 88
Jaucourt 10 53 Ed 59
Jaudonnière, La 79 75 Za 69
Jaudrais 28 31 Ba 57
Jaujac 07 117 Eb 81
Jauldes 16 88 Ab 74
Jaulges 89 52 De 61
Jaulgonne 02 34 Dd 54
Jaulnay 37 76 Ac 67
Jaulnes 77 51 Db 58
Jaulny 54 37 Ff 55
Jaulzy 60 18 Da 52
Jaunay-Clan 86 76 Ac 68
Jaure 24 112 Ad 79
Jausier 04 121 Ge 82
Jaux 60 18 Ce 52
Jauzé 72 47 Ac 59
Javaugues 43 104 Dc 77
Javené 35 45 Ye 59
Javerdat 87 89 Af 73
Javerlhac-et-la-Chapelle-Saint-Robert 24 100 Ad 75
Javernant 10 52 Ea 60
Javie, La 04 133 Gc 83
Javols 48 116 Dc 80
Javrezac 16 87 Zd 74
Javron-les-Chapelles 53 46 Ze 58
Jax 43 105 Dd 78
Jaxu 64 137 Ye 89
Jayac 24 101 Bc 78
Jayat 01 95 Fa 70
Jazeneuil 86 76 Aa 70
Jazennes 17 99 Zc 75
Jeancourt 02 18 Da 49
Jeandelaincourt 54 38 Gb 55
Jeandelize 54 37 Fe 54
Jeanménil 88 56 Ge 58
Jeansagnière 42 93 Df 74
Jeantes 02 19 Ea 50
Jebsheim 68 57 Hc 60
Jegun 32 125 Ac 86
Jemaye, La 24 100 Ab 77
Jenlain 59 9 Dd 47
Jenzat 03 92 Db 72
Jetterswiller 67 39 Hc 56
Jettingen 68 72 Hc 63
Jeufosse 78 32 Bd 54
Jeugny 10 52 Ea 60
Jeu-les-Bois 36 78 Be 68
Jeu-Maloches 36 78 Bc 66
Jeumont 59 10 Ea 47
Jeurre 39 95 Fe 70
Jeuxey 88 55 Gc 59
Jeux-lès-Bard 21 68 Eb 63
Jevoncourt 54 55 Gb 58
Jezainville 54 38 Ga 55
Jézeau 65 150 Ac 91
Joannas 07 117 Eb 81
Job 63 105 De 75
Jobourg 50 12 Ya 50
Joch 66 154 Cd 93
Jœuf 54 22 Ga 53
Joganville 50 12 Yd 52
Joigny 89 51 Dc 61
Joigny-sur-Meuse 08 20 Ee 49
Joinville 52 54 Fa 58
Joiselle 51 34 Dd 56
Joleyrac 15 103 Cc 77
Jolimetz 59 9 De 47
Jolivet 54 38 Gd 57
Jonage 69 94 Fa 74
Joncels 34 129 Db 86
Jonchère, La 85 74 Yd 70
Jonchère-Saint-Maurice, La 87 90 Bc 73
Joncherey 90 71 Gf 63
Jonchery 52 53 Fa 60
Jonchery-sur-Suippe 51 36 Ec 54
Jonchery-sur-Vesle 51 19 De 53
Jonchiers, Les 26 132 Fb 83
Joncourt 02 9 Db 49
Joncreuil 10 53 Ed 57
Joncy 71 82 Ed 69
Jongieux 73 95 Fe 74
Jonquerets-de-Livet, les 27 31 Ad 54
Jonquerettes 84 131 Ef 85
Jonquery 51 35 De 54
Jonquières 34 129 Dc 86
Jonquières 60 17 Ce 52
Jonquières 81 127 Ca 87
Jonquières 84 131 Ef 84
Jonquières-Saint-Vincent 30 131 Ed 86
Jons 69 95 Fa 74
Jonval 08 20 Ed 51
Jonvelle 70 55 Ff 61
Jonville-en-Woëvre 55 37 Fe 54
Jonzac 17 99 Zd 76
Jonzier-Epagny 74 96 Ff 72
Jonzieux 42 106 Ec 77
Joppécourt 54 21 Fe 52
Jort 14 30 Zf 55
Jorxey 88 55 Gb 59
Josat 43 105 Dd 77
Joserand 63 92 Da 72
Josnes 41 64 Bd 62
Josse 40 123 Ye 87
Josselin 56 44 Xc 61
Jossigny 77 33 Ce 55
Jouac 87 89 Bb 70
Jouaignes 02 18 Dd 53
Jouancy 89 67 Ea 62
Jouarre 77 34 Da 55
Jouars-Pontchartrain 78 32 Bf 56
Jouaville 54 38 Ff 54
Joucas 84 132 Fb 85
Joucou 11 153 Ca 92
Joudes 71 83 Fc 70
Joudreville 54 21 Fe 53
Joué-du-Bois 61 30 Ze 57
Joué-du-Plain 61 30 Zf 56
Joué-en-Charnie 72 47 Ze 60
Joué-l'Abbé 72 47 Ab 60
Joué-lès-Tours 37 63 Ae 64
Joué-sur-Erdre 44 60 Yd 64
Jouet-sur-l'Aubois 18 80 Cf 66
Jouey 21 68 Ec 66
Jougne 25 84 Gc 68
Jouhe 39 69 Fc 66
Jouhet 86 89 Af 70
Jouillat 23 90 Bf 71
Jouques 13 132 Fd 87
Jouqueviel 81 127 Ca 83
Jourdain 32 126 Af 86
Journac 87 89 Bb 74
Journans 01 95 Fb 72
Journet 86 77 Af 70
Journiac 24 113 Af 79
Journy 62 3 Bf 44
Joursac 15 104 Da 78
Jours-en-Vaux 21 82 Ed 66
Jours-lès-Baigneux 21 68 Ed 63
Joussé 86 88 Ac 71
Jou-sur-Monjou 15 115 Cd 79
Jouvençon 71 83 Fa 69
Joux 69 94 Ec 73
Joux, La 74 97 Ge 70
Joux-la-Ville 89 67 Df 63
Jouy 28 32 Bd 57
Jouy 89 51 Cf 60
Jouy, Breux- 91 33 Ca 57
Jouy-aux-Arches 57 38 Ga 54
Jouy-en-Argonne 55 37 Fb 54
Jouy-en-Josas 78 33 Cb 56
Jouy-en-Pithiverais 45 50 Ca 60
Jouy-le-Châtel 77 34 Da 56
Jouy-le-Moutier 95 33 Ca 54
Jouy-le-Potier 45 64 Be 62
Jouy-lès-Reims 51 35 Df 53
Jouy-Mauvoisin 78 32 Bd 55
Jouy-sous-Thelle 60 16 Bf 53
Jouy-sur-Eure 27 32 Bb 54
Jouy-sur-Morin 77 34 Db 56
Joyeuse 07 117 Eb 82
Joyeux 01 95 Fa 73
Joze 63 92 Db 73
Juaye-Mondaye 14 13 Zb 53
Jubainville 88 54 Fe 58
Jubaudière, La 49 61 Za 66
Jû-Belloc 32 124 Aa 87
Jublains 53 46 Zd 59
Juch, Le 29 41 Ve 60
Jugazan 33 111 Zf 80
Jugeals-Nazareth 19 102 Bd 78
Jugon-les-Lacs 22 27 Xe 58
Jugy 71 82 Ef 69
Juicq 17 87 Zc 73
Juif 71 83 Fa 68
Juignac 16 100 Aa 76
Juigné-des-Moutiers 44 60 Ye 62
Juigné-sur-Loire 49 61 Zd 64
Juigné-sur-Sarthe 72 46 Ze 61
Juignettes 27 31 Ad 55
Juillac 19 101 Bb 77
Juillac 32 139 Aa 87
Juillac 33 112 Aa 80
Juillac-le-Coq 16 99 Ze 75
Juillaguet 16 100 Ab 76
Juillan 65 138 Aa 89
Juillé 16 88 Aa 73
Juillé 72 47 Aa 59
Juillé 79 87 Ze 72
Juillenay 21 68 Eb 64
Juilles 32 126 Ae 87
Juilley 50 28 Yd 57
Juilly 21 68 Ec 64
Juilly 77 33 Ce 54
Jujols 66 153 Cb 93
Jujurieux 01 95 Fc 72
Julianges 48 116 Db 79
Juliénas 69 94 Ee 71
Julienne 16 87 Ze 74
Jullianges 43 105 De 77
Jullié 69 94 Ee 71
Jullouville 50 28 Yc 56
Jully 89 68 Eb 62
Jully-lès-Buxy 71 82 Ee 68
Jully-sur-Sarce 10 52 Eb 60
Julos 65 138 Aa 90
Julvécourt 55 37 Fb 54
Jumeauville 78 32 Be 55
Jumeaux 63 104 Dc 76
Jumel 80 17 Cc 50
Jumelles 27 31 Bb 55
Jumelles, Longué- 49 62 Zf 64
Jumellière, La 49 61 Zb 65
Jumièges 76 15 Ae 52
Jumigny 02 19 De 52
Jumilhac-le-Grand 24 101 Ba 76
Junas 30 130 Ea 86
Junay 89 52 Df 61
Juncalas 65 138 Aa 90
Jungholtz 68 56 Hb 61
Junhac 15 115 Cc 80
Junies, Les 46 113 Bb 81
Juniville 08 20 Ec 52
Jupilles 72 47 Ac 62
Jurançon 64 138 Zd 89
Juranville 45 50 Cc 60
Juré 42 93 Df 73
Jurignac 16 100 Zf 75
Jurques 14 29 Zb 54
Jurvielle 31 151 Ac 92
Jury 57 38 Gb 54
Juscorps 79 87 Zd 71
Jusix 47 112 Aa 81
Jussac 15 115 Cc 79
Jussarupt 88 56 Ge 60
Jussas 17 99 Zd 77
Jussecourt-Minecourt 51 36 Ee 56
Jussey 70 55 Ff 62
Jussy 02 18 Db 50
Jussy 57 38 Ga 54
Jussy 89 67 Dd 62
Jussy-Champagne 18 79 Cd 67
Jussy-le-Chaudrier 18 66 Cf 66
Justian 32 125 Ab 86
Justine-Herbigny 08 19 Eb 51
Justiniac 09 140 Bc 89
Jutigny 77 51 Db 57
Juvaincourt 88 55 Ga 58
Juvancourt 10 53 Ee 60
Juvanzé 10 53 Ed 59
Juvardeil 49 61 Zd 63
Juvelize 57 38 Gd 56
Juvignac 34 144 De 87
Juvigné 53 45 Yf 59
Juvignies 60 17 Ca 51
Juvigny 02 18 Db 52
Juvigny 51 35 Eb 54
Juvigny-en-Perthois 55 37 Fa 57
Juvigny-le-Tertre 50 29 Yf 56
Juvigny-sous-Andaine 61 29 Zc 57
Juvigny-sur-Loison 55 21 Fd 52
Juvigny-sur-Orne 61 30 Aa 56
Juvigny-sur-Seulles 14 13 Zc 54
Juville 57 38 Gc 55
Juvincourt-et-Damary 02 19 Df 52
Juvisy-sur-Orge 91 33 Cc 56
Juvrecourt 54 38 Gd 56
Juxue 64 137 Yf 89
Juzanvigny 10 53 Ed 58
Juzennecourt 52 53 Ef 59
Juzes 31 141 Be 88
Juzet-de-Luchon 31 151 Ad 92
Juzet-d'Izaut 31 139 Ae 91
Juziers 78 32 Bf 55

K

Kalhausen 57 39 Ha 54
Kaltenhouse 67 40 He 56
Kanfen 57 22 Ga 52
Kappelen 68 72 Hc 63
Kappelkinger 57 39 Gf 55
Katzenthal 68 56 Hb 60
Kauffenheim 67 40 Ia 55
Kaysersberg 68 56 Hb 60
Kédange-sur-Canner 57 22 Gc 53
Keffenach 67 40 Hf 55
Kembs 68 72 Hc 62
Kemplich 57 22 Gc 53
Kerbach 57 39 Gf 53
Kerbors 22 26 We 56
Kerfot 22 26 Wf 56
Kerfourn 56 43 Xb 60
Kergloff 29 42 Wc 59
Kergrist 56 43 Xa 60
Kergrist-Moëlou 22 26 We 59
Kerien 22 26 We 58
Kerlaz 29 41 Ve 60
Kerling-lès-Sierck 57 22 Gc 52
Kerlouan 29 24 Vd 57
Kermaria-Sulard 22 26 Wd 56
Kermoroc'h 22 26 We 57
Kernével 29 42 Wb 61
Kernilis 29 24 Vd 57
Kernouës 29 24 Ve 57
Kerpert 22 26 Wf 58
Kerpich-aux-Bois 57 39 Gf 56
Kersaint-Plabennec 29 24 Vd 58
Kervignac 56 43 We 62
Keskastel 67 39 Ha 55
Kesseldorf 67 40 Ia 55
Kichompré 88 56 Gf 60
Kienheim 67 40 Hd 56
Kientzheim 68 56 Hb 60
Kiffis 68 72 Hc 64
Killem 59 4 Cd 43
Kilstett 67 40 Hf 56
Kindwiller 67 40 Hd 55
Kingersheim 68 56 Hc 62
Kintzheim 67 56 Hc 59
Kirchheim 67 40 Hc 57
Kirrberg 67 39 Ha 56
Kirrwiller 67 40 Hd 56
Kirsch-lès-Sierck 57 22 Gc 52
Kirschnaumen 57 22 Gc 52
Kirviller 57 39 Gf 55
Klang 57 22 Gc 53
Kleingœft 67 39 Hc 56
Knœringue 68 72 Hc 63
Knœrsheim 67 40 Hc 56
Knutange 57 22 Ga 52
Kœnigsmacker 57 22 Gb 52
Kœstlach 68 71 Hb 63
Kœtzingue 68 72 Hc 63
Kœur-la-Grande 55 37 Fc 55
Kœur-la-Petite 55 37 Fc 55
Kogenheim 67 57 Hd 58
Krautergersheim 67 57 Hd 58
Krautwiller 67 40 He 56
Kremlin-Bicêtre, Le 94 33 Cc 56
Kriegsheim 67 40 He 56
Kruth 68 56 Gf 61
Kunheim 68 57 Hd 60
Kuntzig 57 22 Gb 52
Kurtzenhouse 67 40 He 56
Kuttolsheim 67 40 Hd 57
Kutzenhausen 67 40 Hf 55

L

Laà-Mondrans 64 137 Zb 88
Laas 32 139 Ab 88
Laas 45 50 Cb 60
Laàs 64 137 Za 88
Labalme 01 95 Fc 72
Labarde 33 99 Zc 78
Labaroche 68 56 Hb 60
Labarrère 32 125 Aa 85
Labarthe 32 139 Ad 88
Labarthe 82 126 Bb 83
Labarthète 32 124 Zf 87
Labarthe-Inard 31 140 Af 90
Labarthe-Rivière 31 139 Ae 90
Labarthe-sur-Lèze 31 140 Bc 88
Labassère 65 138 Aa 90
Labastide 07 117 Eb 80
Labastide 65 139 Ac 90
Labastide 65 139 Ad 88
Labastide-Beauvoir 31 141 Bd 88
Labastide-Castel-Amouroux 47 112 Aa 82
Labastide-Cézéracq 64 138 Zc 89
Labastide-Chalosse 40 124 Zc 87
Labastide-Clairence 64 137 Ye 88
Labastide-Clermont 31 140 Ba 88
Labastide-d'Anjou 11 141 Bf 88
Labastide-d'Armagnac 40 124 Ze 85
Labastide-de-Lévis 81 127 Ca 85
Labastide-Dénat 81 127 Cb 85
Labastide-de-Penne 82 127 Bd 83
Labastide-de-Virac 07 118 Ec 82
Labastide-du-Haut-Mont 46 114 Ca 79
Labastide-du-Temple 82 126 Bb 84
Labastide-du-Vert 46 113 Bb 81
Labastide-en-Val 11 142 Cc 90
Labastide-Esparbairenque 11 142 Cc 88
Labastide-Gabausse 81 127 Ca 84
Labastide-Marnhac 46 113 Bc 82
Labastide-Monréjeau 64 138 Zc 89
Labastide-Murat 46 114 Bd 81
Labastide-Paumès 31 140 Af 88
Labastide-Rouairoux 81 142 Cd 88
Labastide-Saint-Pierre 82 126 Bc 85
Labastide-Saint-Sernin 31 126 Bc 86
Labastide-Savès 32 140 Af 87
Labastide-Villefranche 64 137 Yf 88
Labathude 46 114 Bf 80
Labatie-d'Andaure 07 118 Ec 78
Labatmale 64 138 Zf 89
Labatut 09 141 Bd 89
Labatut 40 123 Za 87
Labatut 64 138 Zf 88
Labatut-Rivière 65 138 Aa 87
Labbeville 95 33 Ca 54
Labeaume 07 117 Eb 82
Labège 31 141 Bd 87
Labéjan 32 139 Ad 87
Labenne 40 122 Yd 87
Labergement-du-Navois 25 84 Ga 67
Labergement-Foigney 21 69 Fa 65
Labergement-lès-Auxonne 21 69 Fc 66
Labergement-lès-Seurre 21 83 Fa 67
Labergement-Sainte-Marie 25 84 Gb 68
Laberlière 60 17 Ce 51
Labesserette 15 115 Cc 80
Labessette 63 103 Cd 76
Labessière-Candeil 81 127 Ca 86
Labets-Biscay 64 137 Yf 88
Labeuville 55 37 Fe 54
Labeuvrière 62 8 Cd 45
Labeyrie 64 123 Zc 87
Lablachère 07 117 Eb 82
Laboissière-en-Santerre 80 17 Ce 50
Laboissière-en-Thelle 60 17 Ca 53
Laborde 65 139 Ab 90
Laborel 26 132 Fd 83
Labosse 60 16 Bf 52
Labouheyre 40 110 Za 83
Laboule 07 117 Ea 81
Labouquerie 24 113 Ae 80
Labourgade 82 126 Ba 85
Labourse 62 8 Ce 46
Laboutarie 81 127 Ca 86
Labretonie 47 112 Ac 82
Labrihe 32 126 Af 86
Labrit 40 124 Zc 84
Labroquère 31 139 Ad 90
Labrosse 45 50 Cc 59
Labrousse 15 115 Cd 79
Labroye 62 7 Bf 47
Labruguière 81 142 Cb 87
Labruyère 21 83 Fa 66
Labruyère 60 17 Cd 52
Labruyère-Dorsa 31 140 Bc 88
Labry 54 37 Ff 53
Labuissière 62 8 Cd 46
Laburgade 46 114 Bd 82
Lacabarède 81 142 Cd 88
Lacadée 64 123 Zc 87
Lacajunte 40 124 Zd 87
Lacam-d'Ourcet 46 114 Bf 79
Lacanau 33 98 Yf 79
Lacapelle-Barrès 15 115 Ce 79
Lacapelle-Biron 47 113 Af 81
Lacapelle-Cabanac 46 113 Ba 82
Lacapelle-Livron 82 127 Be 83
Lacapelle-Marival 46 114 Bf 80
Lacapelle-Pinet 81 128 Cc 84
Lacapelle-Ségalar 81 127 Bf 84
Lacapelle-Viescamp 15 115 Cb 79
Lacarre 64 137 Ye 89
Lacarry-Arhan-Charritte-de-Haut 64 137 Za 90
Lacassagne 65 139 Aa 88
Lacaugne 31 140 Bb 89
Lacaune 81 128 Ce 86
Lacaussade 47 113 Ae 81
Lacave 09 140 Ba 90
Lacave 46 114 Bd 79
Lacaze 81 128 Cd 86
Lacelle 19 102 Be 75
Lacenas 69 94 Ed 73
Lacépède 47 112 Ac 83
Lachaise 16 99 Ze 75
Lachalade 55 36 Ef 53
Lachambre 57 39 Ge 54
Lachamp 48 116 Dc 81
Lachamp-Raphaël 07 117 Eb 80
Lachapelle 47 112 Ab 81
Lachapelle 54 56 Ge 58
Lachapelle 82 126 Af 85
Lachapelle-aux-Pots 60 16 Bf 52
Lachapelle-Auzac 46 114 Bc 79
Lachapelle-en-Blaisy 52 53 Ef 59
Lachapelle-Saint-Pierre 60 17 Cb 53
Lachapelle-sous-Aubenas 07 118 Ec 81
Lachapelle-sous-Chanéac 07 117 Eb 79
Lachapelle-sous-Chaux 90 71 Ge 62
Lachapelle-sous-Gerberoy 60 16 Bf 51
Lachapelle-sous-Rougemont 90 71 Ha 62
Lachau 26 132 Fd 83
Lachaussée 55 37 Fe 54
Lachaussée-du-Bois-d'Écu 60 17 Cb 51
Lachaux 63 93 Dd 73
Lachelle 60 17 Ce 52
Lachy 51 35 De 56
Lacollonge 90 71 Gf 63
Lacombe 11 142 Cb 88
Lacommande 64 138 Zc 89
Lacoste 34 129 Dc 87
Lacoste 84 132 Fb 85
Lacougotte-Cadoul 81 127 Be 87
Lacour 82 113 Af 83
Lacour-d'Arcenay 21 68 Eb 64
Lacourt 09 152 Bb 91
Lacourt-Saint-Pierre 82 126 Bb 85
Lacq 64 137 Zc 88
Lacquy 40 124 Ze 85
Lacrabe 40 124 Zc 87
Lacres 62 7 Be 45
Lacroisille 81 141 Bf 87
Lacroix-Barrez 12 115 Cd 80
Lacroix-Falgarde 31 140 Bc 88
Lacroix-Saint-Ouen 60 18 Ce 52
Lacroix-sur-Meuse 55 37 Fd 55
Lacropte 24 101 Ae 78
Lacrost 71 82 Ef 69
Lacrouzette 81 128 Cc 87
Lacs 36 79 Ca 69
Ladapeyre 23 90 Ca 71
Ladaux 33 111 Ze 80
Ladern-sur-Lauquet 11 142 Cc 90
Ladevèze-Rivière 32 124 Aa 87
Ladevèze-Ville 32 124 Aa 87
Ladignac-le-Long 87 101 Ba 75
Ladignac-sur-Rondelles 19 102 Bf 77
Ladinhac 15 115 Cd 80
Ladirat 46 114 Bf 80
Ladiville 16 99 Zf 75
Ladon 45 50 Cd 60
Lados 33 111 Zf 82
Ladoye-sur-Seille 39 83 Fe 68
Lafage 11 141 Bf 90
Lafage-sur-Sombre 19 102 Ca 77
Lafare 07 118 Ed 82
Lafare 84 132 Fa 84
Lafarre 43 117 Ea 79
Lafat 23 90 Bd 71
Lafauche 52 54 Fd 59
Laféline 03 92 Db 70
Laferté-sur-Amance 52 54 Fe 61
Laferté-sur-Aube 52 53 Ee 60
Lafeuillade-en-Vézie 15 115 Cc 80
Laffaux 02 18 Dc 52
Laffrey 38 107 Fe 78
Lafitole 65 138 Aa 88
Lafitte 82 126 Ba 85
Lafitte-sur-Lot 47 112 Ac 82
Lafitte-Toupière 31 140 Af 90
Lafitte-Vigordane 31 140 Bb 89
Lafox 47 113 Ae 83
Lafrançaise 82 126 Bb 84
Lafraye 60 17 Cb 51
Lafresguimont-Saint-Martin 80 16 Be 50
Lafrimbolle 57 39 Ha 57
Lagamas 34 129 Dd 86
Lagarde 09 141 Bf 90
Lagarde 31 140 Ae 88
Lagarde 32 125 Ad 85
Lagarde 32 125 Ad 86
Lagarde 57 39 Ge 56
Lagarde 65 138 Aa 89
Lagarde-d'Apt 84 132 Fc 85
Lagarde-Enval 19 102 Be 78
Lagarde-Hachan 32 139 Ac 88
Lagardelle 46 113 Bb 82
Lagardelle-sur-Lèze 31 140 Bc 88
Lagarde-Paréol 84 118 Ee 83
Lagardère 32 125 Ab 85
Lagarde-sur-le-Né 16 99 Ze 75
Lagardiolle 81 141 Ca 87
Lagarrigue 47 112 Ac 83
Lageon 79 76 Ze 68
Lagery 51 35 De 53
Lagesse 10 52 Ea 60
Lagleygeolle 19 102 Be 78
Laglorieuse 40 124 Zd 85
Lagnes 84 132 Fa 85
Lagney 54 37 Ff 56
Lagnicourt-Marcel 62 8 Cf 48
Lagnieu 01 95 Fc 73
Lagny 60 18 Cf 51
Lagny-le-Sec 60 33 Ce 54
Lagny-sur-Marne 77 33 Ce 55
Lagor 64 137 Zc 88
Lagorce 07 118 Ec 82
Lagorce 33 99 Zf 78
Lagord 17 86 Yf 71
Lagos 64 138 Ze 89
Lagrace-Dieu 31 140 Bc 88
Lagrand 05 119 Fe 82
Lagrange 40 124 Zf 85
Lagrange 65 139 Ac 90
Lagrasse 11 142 Cd 90
Lagraulet-du-Gers 32 125 Ab 85
Lagraulet-Saint Nicolas 31 126 Ba 86
Lagraulière 19 102 Bd 76
Lagrave 81 127 Bf 85
Lagruère 47 112 Ab 82
Laguenne 19 102 Be 77
Laguépie 82 127 Bf 84
Laguinge-Restoue 64 137 Za 90
Laguiole 12 115 Cf 80
Lagujan-Mazous 32 139 Ab 88
Lagupie 47 112 Aa 81
Lahage 31 140 Ba 88
Lahas 32 140 Af 87
Lahaymeix 55 37 Fc 55
Lahayville 55 37 Fe 55
Laheycourt 55 36 Fa 55
Lahitte 32 125 Ae 87
Lahitte-Toupière 65 138 Zf 88
Lahonce 64 136 Yd 88
Lahontan 64 123 Za 87
Lahosse 40 123 Zb 86
Lahourcade 64 137 Zc 88
Lahoussoye 80 8 Cc 49
Laifour 08 20 Ee 49
Laigné 53 46 Zb 61
Laigne, La 17 87 Zb 71
Laigné-en-Belin 72 47 Ab 61
Laignelet 35 45 Yf 58
Laignes 21 53 Ec 61
Laigneville 60 17 Cc 53
Laigny 02 19 Df 49
Laillé 35 45 Yb 61
Lailly 89 51 Dd 59
Lailly-en-Val 45 64 Be 62
Laimière, La 79 75 Zc 68
Laimont 55 36 Fa 55
Lain 89 66 Dc 63
Laines-aux-Bois 10 52 Df 59
Lains 39 95 Fc 70
Lainsecq 89 66 Db 63
Lainville 78 32 Be 54
Laires 62 7 Cb 45
Lairière 11 142 Cc 90
Lairoux 85 74 Ye 70
Laisonnay 73 109 Ge 76
Laissac 12 115 Ce 82
Laissey 25 70 Gb 65
Laître-sous-Amance 54 38 Gb 56
Laives 71 82 Ef 69
Laix 54 21 Fe 52
Laiz 01 94 Ef 71
Laizé 71 94 Ee 70
Laize-la-Ville 14 29 Zd 54
Laizy 71 81 Eb 67
Lajo 48 116 Dc 79
Lajoux 39 96 Ff 70
Lalacelle 61 30 Zf 58
Lalande 89 66 Db 62
Lalande-de-Pomerol 33 99 Ze 79
Lalande-en-Son 60 16 Be 52
Lalandelle 60 16 Bf 52
Lalandusse 47 112 Ad 81
Lalanne 32 125 Ae 86
Lalanne 65 139 Ad 89
Lalanne-Arqué 32 139 Ad 89
Lalanne-Trie 65 139 Ac 89
Lalbarède 81 127 Ca 87
L'Albenc 38 107 Fc 77
Lalbenque 46 114 Bd 82
Laleu 61 30 Ac 57
Laleu 80 7 Bf 49
Lalevade-d'Ardèche 07 117 Eb 81
Lalheue 71 82 Ee 69
Lalinde 24 113 Ae 79
Lalizolle 03 92 Da 72
Lallaing 59 8 Da 46
Lalleu 35 45 Yc 61
Lalley 38 119 Fe 80
Lalleyriat 01 95 Fe 72
Lalobbe 08 20 Ec 50
Laloeuf 54 55 Ga 58
Lalongue 64 138 Ze 88
Lalonquette 64 138 Ze 88
Laloubère 65 138 Aa 89
Lalouret-Laffiteau 31 139 Ae 89
Lalouvesc 07 106 Ed 78
Laluque 40 123 Za 85
Lama 2B 157 Kb 93
Lamagdelaine 46 114 Bc 82
Lamagistère 82 126 Ae 84
Lamaguère 32 139 Ae 88
Lamaids 03 91 Cc 71
Lamalou-les-Bains 34 143 Da 87
Lamancine 52 54 Fa 59
Lamanère 66 153 Cd 94
Lamarche 88 54 Fe 60
Lamarche-sur-Saône 21 69 Fc 65
Lamargelle 21 68 Ef 63
Lamaronde 80 16 Bf 50
Lamarque 33 99 Zb 78

Ivors — Lamarque F 181

Mareuil-le-Port **51** 35 De 54
Mareuil-lès-Meaux **77** 34 Cf 55
Mareuil-sur-Ay **51** 35 Ea 54
Mareuil-sur-Cher **41** 64 Bb 65
Mareuil-sur-Lay-Dissais **85** 71 Ye 69
Mareuil-sur-Ourcq **60** 34 Da 54
Marey **88** 55 Ff 60
Marey-lès-Fussey **21** 82 Ef 66
Marey-sur-Tille **21** 69 Fa 63
Marfaux **51** 35 Df 54
Marfontaine **02** 19 De 50
Margaux **33** 99 Zb 78
Margency **95** 33 Cb 55
Margerides **19** 103 Cc 76
Margerie-Chantagret **42** 105 Ea 75
Margerie-Hancourt **51** 52 Ed 57
Margès **26** 106 Fa 78
Margival **02** 18 Dc 52
Margnès, le **81** 128 Cd 87
Margny **08** 21 Fc 51
Margny **51** 35 Dd 55
Margny-aux-Cerises **60** 18 Cf 50
Margny-lès-Compiègne **60** 18 Ce 52
Margny-sur-Matz **60** 18 Ce 51
Margon **28** 48 Ae 58
Margouët-Meymes **32** 125 Aa 86
Margueray **50** 28 Yf 55
Marguerittes **30** 131 Ec 85
Margueron **33** 112 Ab 80
Marguestau **32** 124 Zf 85
Margut **08** 21 Fb 51
Mariac **07** 118 Ec 79
Maricourt **80** 8 Ce 49
Marie **06** 134 Ha 84
Marieulles **57** 38 Ga 54
Marieux **80** 7 Cc 48
Marignac **17** 99 Zd 75
Marignac **31** 151 Ad 91
Marignac **82** 126 Af 85
Marignac-en-Diois **26** 119 Fc 80
Marignac-Lasclares **31** 140 Ba 89
Marignac-Laspeyres **31** 140 Af 89
Marignana **2A** 158 Ie 95
Marignane **13** 146 Fb 88
Marigna-sur-Valouse **39** 83 Fd 70
Marigné **49** 61 Za 65
Marigné **49** 61 Zc 62
Marigné-Laillé **72** 47 Ac 62
Marigné-Peuton **53** 46 Zb 61
Marignier **74** 96 Gd 72
Marignieu **01** 95 Fe 74
Marigny **03** 80 Db 69
Marigny **39** 84 Fe 68
Marigny **50** 28 Ye 54
Marigny **51** 35 Df 57
Marigny **71** 82 Ec 68
Marigny **79** 87 Zd 71
Marigny-Brizay **86** 76 Ab 68
Marigny-Chémereau **86** 76 Ab 70
Marigny-en-Orxois **02** 34 Db 54
Marigny-le-Cahouët **21** 68 Ec 64
Marigny-le-Châtel **10** 52 De 58
Marigny-l'Eglise **58** 67 Df 64
Marigny-lès-Reullée **21** 82 Ef 66
Marigny-les-Usages **45** 49 Ca 61
Marigny-Marmande **37** 77 Ac 67
Marigny-Saint-Marcel **74** 96 Ff 74
Marigny-sur-Yonne **58** 67 Dd 65
Marillac-le-Franc **16** 88 Ac 74
Marillais, le **49** 61 Yf 64
Marillet **85** 75 Zc 69
Marimbault **33** 111 Ze 82
Marimont-lès-Bénestroff **57** 39 Ge 55
Marines **95** 32 Bf 54
Maringes **42** 106 Ec 75
Maringues **63** 92 Db 73
Mariol **03** 92 Dc 72
Marions **33** 111 Zf 82
Marizy **71** 82 Ec 69
Marizy-Sainte-Geneviève **02** 34 Db 53
Marizy-Saint-Mard **02** 34 Db 53
Marle **02** 19 De 50
Marlemont **08** 20 Ec 50
Marlenheim **67** 40 Hc 57
Marlens **74** 96 Gc 74
Marlers **80** 16 Bf 50
Marles-en-Brie **77** 34 Cf 56
Marles-sur-Canche **62** 7 Be 46
Marlhes **42** 106 Ec 77
Marliac **31** 140 Bc 89
Marliens **21** 69 Fa 65
Marlieux **01** 94 Fa 72
Marlioz **74** 96 Ga 72
Marlotte, Bourron- **77** 50 Ce 58
Marly **57** 36 Ga 54
Marly **59** 9 Dd 46
Marly-Gomont **02** 19 De 49
Marly-la-Ville **95** 33 Cd 54
Marly-le-Roi **78** 33 Ca 55
Marly-sous-Issy **71** 81 Df 68
Marly-sur-Arroux **71** 81 Ea 69
Marmagne **18** 79 Cb 66
Marmagne **21** 68 Ec 63
Marmagne **71** 82 Ec 67
Marmande **47** 112 Aa 81
Marmanhac **15** 115 Cc 78
Marmeaux **89** 67 Ea 63
Marminiac **46** 113 Bb 81
Marmont-Pachas **47** 125 Ad 84
Marmouillé **61** 30 Ab 56
Marmoutier **67** 39 Hc 56
Marnac **24** 113 Ba 79
Marnand **69** 93 Eb 72
Marnans **38** 107 Fb 77
Marnaves **81** 127 Bf 84
Marnay **70** 70 Fe 65
Marnay **71** 82 Ef 68
Marnay **86** 76 Ac 70
Marnay-sur-Marne **52** 54 Fb 60
Marnay-sur-Seine **10** 34 Dd 57
Marnaz **74** 96 Gd 72
Marne, la **44** 60 Yb 67
Marnefer **61** 31 Ad 55
Marnes **79** 76 Zf 67
Marnézia **39** 83 Fd 69
Marnhagues-et-Latour **12** 129 Da 85
Marnoz **39** 84 Ff 67
Marœuil **62** 8 Ce 47
Maroilles **59** 9 De 48
Marolle-en-Sologne, La **41** 64 Be 63
Marolles **14** 30 Ac 54
Marolles **41** 64 Bb 63
Marolles **51** 36 Ed 56
Marolles **60** 34 Da 53
Marolles-en-Beauce **91** 50 Cb 58
Marolles-en-Brie **77** 34 Da 56
Marolles-en-Brie **94** 33 Cd 56
Marolles-en-Hurepoix **91** 33 Cb 57
Marolles-lès-Bailly **10** 53 Ec 59
Marolles-les-Braults **72** 47 Ab 59
Marolles-les-Buis **28** 48 Af 58
Marolles-lès-Saint-Calais **72** 48 Ae 61
Marolles-sous-Lignières **10** 52 Df 61
Marolles-sur-Seine **77** 51 Da 58
Marollette **72** 47 Ac 58
Marols **42** 105 Ea 76
Maromme **76** 15 Ba 52
Mâron **36** 78 Bf 68
Maron **54** 38 Ga 57
Maroncourt **88** 55 Ga 59
Marpaps **40** 123 Zb 87
Marpent **59** 10 Ea 47
Marpiré **35** 45 Yd 60
Marquaix **80** 8 Da 49
Marquay **24** 113 Ba 79
Marquefave **31** 140 Bb 89
Marqueglise **60** 17 Ce 51
Marquein **11** 141 Be 89
Marquerie **65** 139 Ab 89
Marques **76** 16 Be 50
Marquette-en-Ostrevent **59** 8 Db 47
Marquigny **08** 20 Ee 51
Marquillies **59** 8 Cf 45
Marquion **62** 8 Da 47
Marquise **62** 3 Be 44
Marquivillers **80** 17 Ce 50
Marquixanes **66** 153 Cc 93
Marray **37** 63 Ae 63
Marre **55** 37 Fb 53
Marre, La **39** 83 Fe 68
Mars **07** 117 Eb 78
Mars **30** 129 Dd 85
Mars **42** 93 Eb 72
Mars, Les **23** 91 Cc 73
Marsa **11** 153 Ca 92
Marsac **23** 90 Bd 72
Marsac **65** 138 Aa 89
Marsac **82** 126 Ae 85
Marsac-en-Livradois **63** 105 De 76
Marsac-sur-Don **44** 60 Yb 63
Marsac-sur-l'Isle **24** 100 Ad 77
Marsainvilliers **45** 50 Cb 59
Marsais **17** 87 Zc 72
Marsais-Sainte-Radégonde **85** 75 Za 69
Marsal **57** 38 Gd 56
Marsal **81** 128 Cb 85
Marsalès **24** 113 Af 80
Marsan **32** 125 Ae 87
Marsaneix **24** 101 Ae 78
Marsangis **51** 35 Df 57
Marsangy **89** 51 Db 60
Marsannay-la-Côte **21** 68 Ef 65
Marsannay-le-Bois **21** 69 Fa 64
Marsanne **26** 118 Ef 81
Marsas **33** 99 Zd 78
Marsas **65** 139 Ab 90
Marsat **63** 92 Da 73
Marsaz **26** 106 Ef 78
Marseillan **32** 139 Ab 88
Marseillan **34** 143 Dd 88
Marseillan **65** 139 Ab 89
Marseille **13** 146 Fc 89
Marseille-en-Beauvaisis **60** 16 Bf 51
Marseilles-lès-Aubigny **18** 80 Da 66
Marseillette **11** 142 Cd 89
Marsillargues **34** 130 Ea 87
Marsilly **17** 86 Yf 71
Marsilly **57** 38 Gb 54
Mars-la-Tour **54** 37 Ff 54
Marsolan **32** 125 Ad 85
Marson **51** 36 Ed 55
Marsonnas **01** 94 Fa 70
Marson-sur-Barboure **55** 37 Fc 57
Marspich **57** 22 Ga 52
Marssac-sur-Tarn **81** 127 Ca 85
Mars-sous-Bourcq **08** 20 Ed 52
Mars-sur-Allier **58** 80 Da 67
Martagny **27** 16 Bd 52
Martailly-lès-Brancion **71** 82 Ee 69
Martainneville **80** 6 Bc 48
Martainneville **80** 7 Be 48
Martainville **14** 29 Zd 55
Martainville **27** 14 Ac 53
Martainville-Epreville **76** 16 Bb 52
Martaizé **86** 76 Aa 67
Martel **46** 114 Bd 79
Marthemont **54** 38 Ga 57
Marthille **57** 38 Gd 55
Marthomis **34** 142 Ce 88
Marthon **16** 100 Ac 75
Martiel **12** 114 Bf 82
Martigargues **30** 130 Eb 84
Martigna **39** 95 Fe 70
Martignas-sur-Jalle **33** 110 Zb 79
Martignat **01** 95 Fd 71
Martigné-Briand **49** 61 Zd 65
Martigné-Ferchaud **35** 45 Ye 62
Martigné-sur-Mayenne **53** 46 Zc 59
Martigny **02** 19 Ea 49
Martigny **50** 28 Yf 57
Martigny **76** 15 Ba 49
Martigny-Courpierre **02** 19 De 52
Martigny-le-Comte **71** 82 Eb 69
Martigny-les-Bains **88** 54 Fe 60
Martigny-lès-Gerbonvaux **88** 54 Fe 58
Martigny-sur-l'Ante **14** 30 Ze 55
Martigues **13** 146 Fa 88
Martillac **33** 111 Zc 80
Martincamp **76** 16 Bc 50
Martincourt **54** 38 Ff 55
Martincourt **60** 16 Bf 51
Martincourt-sur-Meuse **55** 21 Fb 51
Martin-Église **76** 16 Ba 49
Martinet **85** 74 Yb 68
Martinet, Le **30** 130 Ea 83
Martinet, Le **85** 75 Zb 68
Martinpuich **62** 8 Ce 48
Martinvast **50** 12 Yc 51
Martinvelle **88** 55 Ga 61
Martizay **36** 77 Ba 68
Martot **27** 15 Ba 53
Martragny **14** 13 Zc 53
Martre, La **83** 134 Gd 86
Martres **33** 111 Ze 80
Martres-de-Rivière **31** 139 Ad 90
Martres-sur-Morge **63** 92 Db 73
Martres-Tolosane **31** 140 Ba 89
Martrin **12** 128 Cd 85
Martrois **21** 68 Ed 65
Martyre, La **29** 25 Vf 58
Martys, Les **11** 142 Cb 88
Maruéjols-lès-Gardon **30** 130 Ea 84
Marval **87** 101 Ae 75
Marvaux-Vieux **08** 20 Ee 53
Marvejols **48** 116 Db 81
Marvelise **25** 71 Gd 63
Marville **55** 21 Fd 52
Marville-Moutiers-Brûlé **28** 32 Bc 56
Mary **71** 82 Ec 69
Mary-sur-Marne **77** 34 Da 54
Marzan **56** 59 Xe 63
Marzens **81** 127 Bf 87
Marzy **58** 80 Da 67
Mas, Le **06** 134 Gf 85
Mas, Le **48** 117 Df 81
Mas-Blanc-des-Alpilles **13** 131 Ee 86
Mas-Cabardès **11** 142 Cc 88
Mascaraàs-Haron **64** 124 Ze 87
Mascaras **32** 139 Ab 87
Mascaras **65** 139 Ab 89
Mascarville **31** 141 Be 87
Masclat **46** 113 Bc 79
Mas-d'Artige, le **23** 91 Cb 74
Mas-d'Auvignon **32** 125 Ad 85
Mas-d'Azil, le **09** 140 Bc 90
Mas-de-Cours **11** 142 Cc 90
Mas-de-Londres **34** 130 De 86
Mas-de-Tence, Le **43** 106 Ec 78
Masevaux **68** 71 Gf 62
Mas-Grenier **82** 126 Bb 85
Maslacq **64** 137 Zb 88
Masléon **87** 90 Bd 74
Maslives **41** 64 Bc 63
Masnau-Massuguiès, Le **81** 128 Cd 86
Masnières **59** 8 Db 48
Masny **59** 8 Db 46
Masos, Los **66** 153 Cc 93
Masparraute **64** 137 Yf 88
Maspie-Lalonquère-Juillacq **64** 138 Zf 88
Masquières **47** 113 Ba 82
Massac **11** 154 Cd 91
Massac **17** 87 Ze 73
Massac-Séran **81** 127 Bf 87
Massaguel **81** 141 Ca 88
Mas-Saint-Chély **48** 129 Dc 83
Mas-Saintes-Puelles **11** 141 Bf 89
Massais **79** 75 Zd 66
Massals **81** 128 Cd 85
Massanes **30** 130 Ea 84
Massangis **89** 67 Df 63
Massat **09** 152 Bc 91
Massay **18** 65 Bf 66
Massegros, Le **48** 129 Db 83
Masseilles **33** 111 Zf 82
Massels **47** 113 Af 83
Massérac **44** 59 Ya 62
Masseret **19** 102 Bd 75
Massiac **15** 104 Db 77
Massieu **38** 107 Fd 76
Massiges **51** 36 Ee 53
Massignac **16** 88 Ad 74
Massignieu-de-Rives **01** 95 Fe 74
Massigny **74** 96 Ff 74
Massigny-lès-Semur **21** 68 Ec 63
Massigny-lès-Vitteaux **21** 68 Ed 64
Massillargues **30** 130 Ea 84
Massilly **71** 82 Ee 70
Massingy **21** 53 Ed 61
Massognes **86** 76 Aa 68
Massoins **06** 134 Ha 85
Massoulès **47** 113 Af 82
Massugas **33** 112 Aa 80
Massy **71** 82 Ed 70
Massy **76** 16 Bc 50
Massy **91** 33 Cb 56
Mastaing **59** 9 Db 47
Matafelon-Granges **01** 95 Fd 71
Matelles, Les **34** 130 De 86
Matemale **66** 153 Ca 93
Matha **17** 87 Ze 73
Mathaux **10** 53 Ec 58
Mathay **25** 71 Ge 64
Mathenay **39** 83 Fe 67
Mathes, Les **17** 86 Yf 74
Mathey **25** 71 Ge 64
Mathieu **14** 13 Zd 53
Mathons **52** 53 Fa 58
Mathonville **76** 16 Bb 50
Matignicourt-Goncourt **51** 36 Ee 56
Matignon **22** 27 Xe 57
Matigny **80** 18 Da 50
Matougues **51** 35 Eb 55
Matour **71** 94 Ec 71
Matra **2B** 159 Kc 95
Matringhem **62** 7 Ca 45
Mattaincourt **88** 55 Ga 59
Mattexey **54** 55 Gd 58
Matton-et-Clémency **08** 21 Fb 51
Matzenheim **67** 57 Hd 58
Maubec **82** 126 Af 86
Maubec **84** 132 Fa 85
Maubert-Fontaine **08** 20 Ec 49
Maubeuge **59** 9 Df 47
Maubourguet **65** 138 Aa 88
Mauchamps **91** 33 Cb 57
Maucomble **76** 16 Bb 50
Maucor **64** 138 Ze 88
Maucourt **80** 17 Ce 50
Maucourt-sur-Orne **55** 21 Fd 53
Maudétour-en-Vexin **95** 32 Be 54
Mauguio **34** 144 Ea 87
Maulan **55** 37 Fb 56
Maulay **86** 76 Ab 67
Maulde **59** 9 Dc 45
Maule **78** 32 Bf 55
Mauléon **79** 75 Zb 67
Mauléon-Barousse **65** 139 Ad 91
Mauléon-d'Armagnac **32** 124 Zf 85
Mauléon-Licharre **64** 137 Za 89
Maulers **60** 17 Ca 51
Maulette **78** 32 Bd 56
Maulévrier **49** 75 Zb 66
Maulévrier-Sainte-Gertrude **76** 15 Ae 51
Maulichères **32** 124 Zf 86
Maumusson **44** 60 Yf 64
Maumusson **82** 126 Af 85
Maumusson-Laguian **32** 126 Zf 87
Maupas **10** 52 Ea 60
Maupas **32** 124 Zf 85
Mauperthuis **77** 34 Da 56
Maupertus **50** 28 Ye 55
Maupertus-sur-Mer **50** 12 Yd 50
Mauprévoir **86** 88 Ad 71
Mauquenchy **76** 16 Bc 51
Mauran **31** 140 Ba 89
Maurecourt **78** 33 Ca 55
Maure-de-Bretagne **35** 44 Ya 61
Mauregard **77** 33 Cd 54
Mauregny-en-Haye **02** 19 De 51
Maureilhan **34** 143 Da 88
Maureillas-las-Illas **66** 154 Ce 94
Mauremont **31** 141 Be 88
Maurens **24** 112 Ac 79
Maurens **31** 141 Be 88
Maurens **32** 126 Af 87
Maurepas **78** 32 Bf 56
Maurepas **80** 8 Cf 49
Mauressac **31** 140 Bc 89
Mauressargues **30** 130 Ea 85
Maureville **31** 141 Be 87
Mauriac **15** 103 Cc 77
Mauriac **33** 111 Zf 80
Mauries **40** 124 Ze 87
Maurines **15** 116 Da 79
Maurois **59** 9 Dc 48
Mauron **56** 44 Xe 60
Mauroux **32** 126 Ae 85
Mauroux **46** 113 Ba 82
Maurrin **40** 124 Zd 86
Maurs **15** 115 Cb 80
Maurupt-le-Montois **51** 36 Ef 56
Maury **66** 154 Cd 92
Mausoléo **2B** 156 Ka 93
Maussac **19** 103 Ca 76
Maussane-les-Alpilles **13** 131 Ee 86
Maussans **70** 70 Gb 64
Mauvages **55** 37 Fd 57
Mauvaisin **31** 141 Bd 88
Mauves **07** 106 Ee 78
Mauves-sur-Huisne **61** 48 Ad 58
Mauves-sur-Loire **44** 60 Yd 65
Mauvezin **31** 140 Af 88
Mauvezin **32** 126 Af 86
Mauvezin **65** 139 Ab 90
Mauvezin-d'Armagnac **40** 124 Zf 85
Mauvezin-de-Prat **09** 140 Af 90
Mauvezin-de-Sainte-Croix **09** 140 Bb 90
Mauvières **36** 77 Ba 69
Mauvilly **21** 68 Ee 62
Maux **58** 81 De 66
Mauzac **31** 140 Bb 88
Mauzac-et-Grand-Castang **24** 113 Ae 79
Mauzens-et-Miremont **24** 101 Af 79
Mauzé-sur-le-Mignon **79** 87 Zb 71
Mauzé-Thouarsais **79** 75 Ze 67
Mauzun **63** 104 Dc 74
Maves **41** 64 Bc 62
Mavilly-Mandelot **21** 82 Ee 66
Maxe, La **57** 38 Gb 53
Maxent **35** 44 Xf 61
Maxéville **54** 38 Ga 56
Maxey-sur-Meuse **88** 54 Fe 58
Maxey-sur-Vaise **55** 37 Fe 57
Maxilly-Petite-Rive **74** 97 Gd 70
Maxilly-sur-Lac **74** 97 Gd 70
Maxilly-sur-Saône **21** 69 Fc 65
Maxou **46** 113 Bc 81
Maxstadt **57** 39 Ge 54
Mayac **24** 101 Af 77
May-en-Multien **77** 34 Da 54
Mayenne **53** 46 Zc 59
Mayet **72** 62 Ab 62
Mayet-d'Ecole, Le **03** 92 Db 72
Mayet-de-Montagne, Le **03** 92 De 72
Maylis **40** 123 Zb 86
Maynal **39** 83 Fc 69
Mayons, Les **83** 147 Gc 89
Mayot **02** 18 Dc 50
Mayran **12** 115 Cc 82
Mayrègne **31** 151 Ad 91
Mayres **07** 118 Ee 79
Mayres **63** 105 De 76
Mayres-Savel **38** 119 Fe 79
Mayreville **11** 141 Bf 89
Mayrinhac-Lentour **46** 114 Be 80
Mayronnes **11** 142 Cd 90
May-sur-Evre, Le **49** 61 Za 66
May-sur-Orne **14** 29 Zd 54
Mazamet **81** 142 Cc 88
Mazan **84** 132 Fa 84
Mazangé **41** 48 Af 62
Mazauges **83** 147 Ff 88
Mazaye **63** 91 Cf 74
Mazé **49** 62 Ze 64
Mazeau, Le **85** 75 Zb 70
Mazeirat **23** 90 Bf 72
Mazeley **88** 55 Gc 59
Mazères **09** 141 Be 89
Mazères **33** 111 Ze 82
Mazères **47** 113 Ba 82
Mazeres **65** 124 Zf 87
Mazères-de-Neste **65** 139 Ad 90
Mazères-Lezons **64** 138 Zd 89
Mazères-sur-Salat **31** 140 Af 90
Mazerier **03** 92 Db 72
Mazerny **08** 20 Ed 51
Mazerolles **16** 88 Ad 74
Mazerolles **17** 99 Zc 75
Mazerolles **40** 124 Zd 85
Mazerolles **64** 138 Zd 88
Mazerolles **65** 139 Ab 88
Mazerolles **86** 77 Ae 70
Mazerolles-du-Razès **11** 141 Ca 90
Mazerolles-le-Salin **25** 70 Ff 65
Mazerulles **54** 38 Gc 56
Mazet-Saint-Voy **43** 105 Eb 78
Mazeuil **86** 76 Aa 68
Mazeyrat-Aurouze **43** 104 Dd 77
Mazeyrolles **24** 113 Ba 80
Mazière-aux-Bons-Hommes, La **23** 91 Cc 73
Mazières **16** 88 Ad 73
Mazières-de-Touraine **37** 62 Ac 64
Mazières-en-Gâtine **79** 75 Ze 69
Mazières-en-Mauges **49** 61 Zb 66
Mazille **71** 94 Ed 70
Mazingarbe **62** 8 Ce 46
Mazinghem **62** 7 Cc 45
Mazinghien **59** 9 Dd 48
Mazion **33** 99 Zc 78
Mazirat **03** 91 Cd 71
Mazirot **88** 55 Ga 59
Mazis, Le **80** 16 Be 49
Mazoires **63** 104 Da 76
Mazouau **65** 139 Ac 90
Mazuby **11** 153 Ca 92
Mazures, Les **08** 20 Ed 49
Mazzola **2B** 159 Kb 95
Méasnes **23** 78 Be 70
Meaucé **28** 48 Ba 58
Méaudre **38** 107 Fd 78
Méaugon, La **22** 26 Xb 57
Meaulne **03** 79 Cd 69
Méaulte **80** 8 Cd 49
Méautis **50** 12 Ye 53
Meaux **77** 34 Cf 55
Meaux-la-Montagne **69** 94 Ec 72
Meauzac **82** 126 Bb 84
Mecé **35** 45 Ye 59
Mechmont **46** 113 Bc 81
Mécleuves **57** 38 Gb 54
Mecquignies **59** 9 De 47
Mécrin **55** 37 Fd 56
Médan **78** 32 Bf 55
Medavy **61** 30 Aa 56
Medeyrolles **63** 105 De 76
Médière **25** 71 Gd 64
Médillac **16** 100 Aa 77
Médis **17** 86 Za 75
Médonville **88** 54 Fe 59
Médréac **35** 44 Xf 59
Mée **53** 46 Za 62
Mée, le **28** 49 Bc 61
Mée-sur-Seine, le **77** 33 Cd 57
Mégange **57** 22 Gc 53
Megève **74** 97 Gd 73
Mégevette **74** 96 Gd 71
Megrit **22** 27 Xe 58
Méharicourt **80** 17 Ce 50
Méharin **64** 137 Yf 89
Méhers **41** 64 Bc 65
Méhoncourt **54** 38 Gc 57
Méhoudin **61** 29 Zd 57
Mehun-sur-Yèvre **18** 79 Cb 66
Meignanne, La **49** 61 Zc 63
Meigné **49** 62 Ze 65
Meigné-le-Vicomte **49** 62 Ab 63
Meigneux **77** 51 Da 57
Meigneux **80** 16 Bf 50
Meilars **29** 41 Vd 60
Meilhac **87** 89 Ba 74
Meilhan **32** 139 Ae 88
Meilhan-sur-Garonne **47** 112 Aa 81
Meilhards **19** 102 Bd 75
Meilhaud **63** 104 Da 75
Meillac **35** 28 Yb 58
Meillant **18** 79 Cd 68
Meillard **03** 92 Db 70
Meillard, Le **80** 7 Cb 47
Meilleraie-Tillay, La **85** 75 Za 68
Meilleray **77** 34 Dc 56
Meilleraye-de-Bretagne, La **44** 60 Yd 63
Meillers **03** 80 Da 69
Meillon **64** 138 Ze 89
Meillonas **01** 95 Fc 71
Meilly-sur-Rouvres **21** 68 Ed 65
Meisenthal **57** 39 Hc 55
Meistratzheim **67** 57 Hd 58
Meix, Le **21** 68 Ef 63
Meix, Le **21** 83 Fb 66
Meix-Saint-Epoing, Le **51** 35 Dd 56
Meix-Tiercelin, Le **51** 36 Ec 57
Méjanel, le **12** 116 Cf 83
Méjannes-le-Clap **30** 131 Ec 83
Méjannes-lès-Alès **30** 130 Ea 84
Mela **2A** 159 Ka 98
Mela **2A** 160 Kb 99
Mélamare **76** 15 Ac 51
Melay **49** 61 Zb 65
Melay **52** 54 Fe 61
Melay **71** 93 Ea 71
Mélecey **70** 70 Gc 63
Melesse **35** 45 Yb 59
Mêle-sur-Sarthe, Le **61** 30 Ac 57
Melgven **29** 42 Wa 61
Mélicocq **60** 18 Cf 52
Mélicourt **27** 31 Ad 55
Méligny-le-Grand **55** 37 Fc 56
Méligny-le-Petit **55** 37 Fc 57
Melin **70** 70 Fe 62
Melincourt **70** 55 Ga 61
Mélisey **70** 71 Gd 62
Mélisey **89** 52 Ea 61
Meljac **12** 128 Cc 84
Mellac **29** 42 Wc 61
Mellé **35** 28 Ye 58
Melle **79** 87 Zf 71
Mellecey **71** 82 Ee 68
Melleran **79** 88 Zf 72
Melleray **72** 48 Ae 60
Melleroy **45** 51 Cf 61
Melles **31** 151 Ae 91
Melleville **76** 6 Bc 49
Mellionnec **22** 43 We 59
Mello **60** 17 Cc 53
Meloisey **21** 82 Ee 66
Melrand **56** 43 Wf 60
Melsheim **67** 40 Hd 56
Melun **77** 33 Cd 57
Membrey **70** 69 Fe 63
Membrolles **41** 49 Bc 61
Membrolle-sur-Choisille, La **37** 63 Ad 64
Membrolle-sur-Longuenée, La **49** 61 Zb 63
Méménil **88** 55 Gd 59
Memmelshoffen **67** 40 Hf 55
Mémont, Le **25** 71 Ge 66
Menades **89** 67 De 64
Ménarmont **88** 55 Gd 58
Ménars **41** 64 Bc 63
Menat **63** 92 Cf 72
Menaucourt **55** 37 Fc 57
Mencas **62** 7 Ca 45
Menchhoffen **67** 40 Hc 55
Mende **48** 116 Dd 81
Mendionde **64** 137 Ye 88
Menditte **64** 137 Za 90
Mendive **64** 137 Yf 90
Ménéac **56** 44 Xd 60
Ménebres **84** 132 Fb 85
Ménerval **76** 16 Bd 51
Menesble **21** 68 Ef 62
Méneslies **80** 6 Bd 48
Ménesplet **24** 100 Aa 78
Ménesqueville **27** 16 Bc 52
Ménestérol, Montpon- **24** 100 Aa 78
Menestreau **58** 66 Db 64
Ménestreau-en-Villette **45** 65 Ca 62
Menet **15** 103 Cd 77
Menetou-Couture **18** 80 Cf 66
Menetou-Râtel **18** 66 Ce 64
Menetou-Salon **18** 65 Cc 65
Menetou-sur-Nahon **36** 64 Bd 65
Ménétréol-sous-Sancerre **18** 66 Cf 65
Ménétréols-sous-Vatan **36** 78 Bf 66
Ménétréol-sur-Sauldre **18** 65 Cb 64
Ménetreuil **71** 83 Fa 69
Ménétreux-le-Pitois **21** 68 Ec 63
Ménétrol **63** 92 Da 73
Menétru-le-Vignoble **39** 83 Fd 68
Menétrux-en-Joux **39** 84 Ff 69
Ménévillers **60** 17 Cd 51
Menglon **26** 119 Fc 81
Ménière, La **61** 30 Ac 57
Ménigoute **79** 76 Zf 70
Ménil **53** 46 Zb 62
Ménil, le **88** 55 Gb 60
Ménil, Le **88** 55 Gc 60
Ménil, Le **88** 56 Ge 61
Ménil, Le **88** 56 Gf 58
Ménil-Annelles **08** 20 Ec 52
Ménil-aux-Bois **55** 37 Fc 56
Ménil-Bérard, Le **61** 31 Ad 56
Ménil-Broût, Le **61** 30 Ab 58
Ménil-Ciboult, Le **61** 29 Zb 56
Ménil-de-Briouze, Le **61** 29 Zd 56
Ménil-de-Senones **88** 56 Gf 58
Ménil-en-Xaintois **88** 55 Ff 59
Ménil-Erreux **61** 30 Ab 57
Ménil-Froger **61** 30 Ab 56
Ménil-Gondouin **61** 30 Ze 56
Ménil-Guyon, Le **61** 31 Ab 57
Ménil-Hermei **61** 30 Ze 56
Ménil-Hubert-en-Exmes **61** 30 Ab 56
Ménil-Hubert-sur-Orne **61** 29 Zd 55
Ménil-Jean **61** 30 Ze 56
Ménil-la-Horgne **55** 37 Fd 56
Ménil-la-Tour **54** 37 Ff 56
Ménil-Lépinois **08** 19 Eb 52
Menilles **27** 32 Bc 54
Ménil-Scelleur, Le **61** 30 Zf 57
Ménil-sur-Belvitte **88** 56 Ge 58
Ménil-sur-Saulx **55** 37 Fb 57
Ménil-Vicomte, Le **61** 30 Ab 56
Ménil-Vin **61** 30 Ze 55
Ménitré, La **49** 62 Ze 64
Mennecy **91** 33 Cc 57
Mennessis **02** 18 Db 50
Mennetou-sur-Cher **41** 64 Bf 65
Menneval **27** 31 Ad 54
Menneville **02** 19 Ea 52
Menneville **62** 3 Bf 44
Mennevret **02** 9 Dd 49
Mennouveaux **52** 54 Fc 60
Ménoire **19** 102 Be 78
Menomblet **85** 75 Zb 68
Menoncourt **90** 71 Gf 62
Ménonval **76** 16 Bc 50
Menotey **39** 69 Fd 66
Menou **58** 66 Db 64
Ménouville **95** 33 Ca 54
Menoux **70** 70 Ga 62
Menoux, Le **36** 78 Bd 69
Mensignac **24** 100 Ad 77
Menskirch **57** 22 Gc 53
Mentheville **76** 15 Ac 50
Menthonnex-en-Bornes **74** 96 Gb 72
Menthonnex-sous-Clermont **74** 96 Ff 73
Menthon-Saint-Bernard **74** 96 Gb 73
Mentières **15** 104 Da 78
Menton **06** 135 Hc 86
Mentque **62** 3 Ca 44
Menucourt **95** 32 Bf 54
Menus, les **61** 31 Af 57
Menville **31** 126 Bb 86
Méobecq **36** 78 Bc 68
Méon **49** 62 Aa 64
Méounes-lès-Montrieux **83** 147 Ff 89
Mépieu **38** 95 Fc 74
Mer **41** 64 Bd 62
Méracq **64** 138 Zd 87
Méral **53** 46 Za 61
Méras **09** 140 Bb 89
Mercatel **62** 8 Ce 47
Mercenac **09** 140 Ba 90
Merceuil **21** 82 Ef 67
Mercey **27** 32 Bc 54
Mercey-le-Grand **25** 69 Fe 65
Mercey-sur-Saône **70** 69 Fe 63
Mercin-et-Vaux **02** 18 Db 52
Merckeghem **59** 3 Cb 43
Merck-Saint-Liévin **62** 7 Ca 45
Mercœur **19** 102 Bf 78
Mercœur **43** 104 Db 77
Mercuer **07** 118 Ec 81
Mercuès **46** 114 Bc 82
Mercurey **71** 82 Ee 67
Mercurol **26** 106 Ef 78
Mercury **73** 108 Gc 74
Mercus-Garrabet **09** 152 Bd 91
Mercy **03** 81 Dd 70
Mercy **89** 52 Dd 60
Mercy-le-Bas **54** 21 Fe 52
Mercy-le-Haut **54** 21 Fe 52
Merdrignac **22** 44 Xd 59
Méré **78** 32 Be 56
Méré **89** 52 De 61
Méreau **18** 65 Ca 66
Méréaucourt **80** 16 Bf 50
Méréglise **28** 48 Bb 59

Mareuil-le-Port — Méréglise (F) 185

Montagnac-d'Auberoche **24** 101 Af 77
Montagnac-la-Crempse **24** 100 Ad 79
Montagnac-sur-Auvignon **47** 125 Ac 84
Montagnac-sur-Lède **47** 113 Af 81
Montagna-le-Reconduit **39** 83 Fc 70
Montagna-le-Templier **39** 95 Fc 70
Montagnat **01** 95 Fb 72
Montagne **33** 111 Zf 79
Montagne **38** 107 Fb 78
Montagne, La **44** 60 Yb 65
Montagne-Fayel **80** 17 Bf 49
Montagney **70** 69 Fe 65
Montagnieu **01** 95 Fc 74
Montagnieu **38** 107 Fc 75
Montagnol **12** 129 Da 85
Montagnole **73** 108 Ff 75
Montagny **42** 93 Eb 72
Montagny **69** 106 Ee 75
Montagny **73** 109 Gd 76
Montagny-en-Vexin **60** 32 Be 53
Montagny-lès-Beaume **21** 82 Ef 67
Montagny-lès-Buxy **71** 82 Ee 68
Montagny-lès-Seurre **21** 83 Fb 66
Montagny-près-Louhans **71** 83 Fb 69
Montagny-Sainte-Félicité **60** 33 Ce 54
Montagny-sur-Grosne **71** 94 Ed 70
Montagrier **24** 100 Ac 77
Montagudet **82** 126 Ba 83
Montagut **64** 124 Zc 87
Montaignac-Saint-Hippolyte **19** 102 Ca 76
Montaigou-la-Brisette **50** 12 Yd 51
Montaigu **02** 19 Df 51
Montaigu **39** 83 Fd 69
Montaigu **85** 74 Ye 67
Montaigu-de-Quercy **82** 113 Ba 82
Montaiguët-en-Forez **03** 93 De 71
Montaigu-le-Blin **03** 92 Dd 71
Montaigu-les-Bois **50** 28 Ye 55
Montaigut **03** 91 Ce 71
Montaigut-le-Blanc **23** 90 Be 72
Montaigut-le-Blanc **63** 104 Da 75
Montaigut-sur-Save **31** 126 Bb 86
Montaillé **72** 48 Ae 61
Montailleur **73** 108 Gb 75
Montaillou **09** 153 Bf 92
Montaimont **73** 108 Gc 76
Montain **39** 83 Fd 68
Montain **82** 126 Ba 85
Montainville **28** 49 Bd 59
Montainville **78** 32 Bf 55
Montalba-le-Château **66** 154 Cd 92
Montalembert **79** 88 Aa 72
Montalet-le-Bois **78** 32 Be 54
Montalieu-Vercieu **38** 95 Fc 74
Montalzat **82** 127 Bc 83
Montambert **58** 81 De 68
Montamel **46** 113 Bc 81
Montamisé **86** 76 Ac 69
Montamy **14** 29 Zb 55
Montanay **69** 94 Ef 73
Montancy **25** 71 Ha 64
Montandon **25** 71 Gf 65
Montanel **50** 28 Yd 58
Montaner **64** 138 Zf 88
Montans **81** 127 Bf 85
Montapas **58** 81 Dd 66
Montardit **09** 140 Bb 90
Montardon **64** 138 Zd 88
Montaren-et-Saint-Médiers **30** 131 Ec 84
Montargis **45** 50 Ce 61
Montarlot **77** 51 Cf 58
Montarlot-lès-Rioz **70** 70 Ga 64
Montarnaud **34** 144 De 87
Montaron **58** 81 De 67
Montastruc **47** 112 Ad 82
Montastruc **65** 139 Ac 89
Montastruc **82** 126 Bb 84
Montastruc-la-Conseillère **31** 127 Bd 86
Montat, Le **46** 113 Bc 82
Montataire **60** 17 Cc 53
Montauban **26** 132 Fd 83
Montauban **35** 44 Xf 59
Montauban **82** 126 Bc 84
Montauban-de-Picardie **80** 8 Ce 48
Montaud **34** 130 Df 86
Montaud **38** 107 Fd 77
Montaudin **53** 46 Yf 58
Montaulieu **26** 119 Fb 82
Montaulin **10** 52 Eb 59
Montaure **27** 15 Ba 53
Montauriol **11** 141 Bf 89
Montauriol **47** 112 Ad 81
Montauriol **66** 154 Ce 93
Montauroux **83** 134 Ge 87
Montaut **09** 140 Ba 90
Montaut **24** 112 Ad 80
Montaut **31** 140 Bb 90
Montaut **32** 139 Ac 88
Montaut **40** 123 Zc 86
Montaut **47** 112 Ae 81
Montaut **64** 138 Ze 90
Montaut-les-Créneaux **32** 125 Ad 86
Montautour **35** 45 Yf 59
Montauville **54** 38 Ga 55
Montay **59** 9 Dd 48
Montayral **47** 113 Af 82
Montazeau **24** 112 Aa 79
Montazels **11** 153 Cb 91
Montbard **21** 68 Ec 63
Montbarla **82** 126 Ba 83
Montbarrey **39** 83 Fd 66
Montbarrois **45** 50 Cc 60
Montbartier **82** 126 Bb 85
Montbazens **12** 115 Cb 82
Montbazin **34** 144 De 87
Montbazon **37** 63 Ae 65
Montbel **09** 141 Bf 91
Montbel **48** 117 De 81
Montbéliard **25** 71 Ge 63
Montbéliardot **25** 71 Gd 65
Montbellet **71** 82 Ee 70
Montbenoît **25** 84 Gc 67
Mont-Bernanchon **62** 8 Cd 45
Montbernard **31** 139 Ae 89
Montberon **31** 126 Bc 86
Montbert **44** 60 Yd 66
Montberthault **21** 67 Ea 64
Mont-Bertrand **14** 29 Za 55
Montbeton **82** 126 Bb 84
Montbeugny **03** 81 Dc 69
Montbizot **72** 47 Ab 60
Montblainville **55** 20 Fa 53
Montblanc **34** 143 Dc 88
Montboillon **70** 70 Ff 64
Montboissier **28** 49 Bc 59
Montbolo **66** 154 Cd 94
Mont-Bonvillers **54** 21 Ff 53
Montboucher-sur-Jabron **26** 118 Ee 81
Montboudif **15** 103 Ce 76
Montbouton **90** 71 Gf 64
Montbouy **45** 51 Ce 61
Montboyer **16** 100 Aa 77
Montbozon **70** 70 Gb 64
Montbrand **05** 119 Fe 81
Montbras **55** 37 Fe 57
Montbray **50** 29 Yf 55
Montbré **51** 35 Ea 53
Montbrehain **02** 9 Dc 49
Montbrisan **26** 118 Fa 82
Montbrison **42** 105 Ea 75
Montbron **16** 100 Ad 75
Montbronn **57** 39 Hb 54
Montbrun **46** 114 Bf 81
Montbrun **48** 116 Dd 83
Montbrun-Bocage **31** 140 Bb 90
Montbrun-des-Corbières **11** 142 Ce 89
Montbrun-Lauragais **31** 141 Bd 88
Montbrun-les-Bains **26** 132 Fc 83
Montcabrier **46** 113 Ba 81
Montcabrier **81** 127 Be 87
Montcaret **24** 112 Aa 79
Montcarra **38** 107 Fc 75
Mont-Cauvaire **76** 15 Ba 51
Montcavrel **62** 7 Be 45
Montceau **38** 107 Fc 75
Montceau-et-Echarnant **21** 82 Ed 66
Montceau-les-Mines **71** 82 Ec 68
Montceaux **01** 94 Ee 72
Montceaux **77** 34 Cf 55
Montceaux-lès-Provins **77** 34 Dc 56
Montceaux-lès-Vaudes **10** 52 Ea 60
Montceaux-l'Etoile **71** 93 Ea 70
Montceaux-Ragny **71** 82 Ef 69
Montcel **63** 92 Da 72
Montcel **73** 96 Ff 74
Montcenis **71** 82 Ec 68
Montcet **01** 95 Fa 71
Montcey **70** 70 Gb 63
Montchaboud **38** 107 Fe 78
Montchâlons **02** 19 De 51
Montchamp **14** 29 Zb 55
Montchamp **15** 104 Db 78
Montchanin **71** 82 Ec 68
Montcharvot **52** 54 Fe 61
Montchaton **50** 28 Yd 54
Montchaude **16** 99 Ze 76
Montchauvet **14** 29 Zb 55
Montchauvet **78** 32 Bd 55
Montchenu **26** 106 Fa 77
Montcheutin **08** 20 Ee 53
Montchevrel **61** 30 Ac 57
Montchevrier **36** 78 Be 70
Montclar **11** 142 Cb 90
Montclar **12** 128 Cd 85
Montclard **43** 104 Dd 77
Montclar-de-Comminges **31** 140 Ba 89
Montclar-Lauragais **31** 141 Be 88
Montclar-sur-Gervanne **26** 119 Fa 80
Montcléra **46** 113 Bb 81
Montclus **05** 119 Fe 82
Montclus **30** 131 Ec 83
Montcombroux-les-Mines **03** 93 De 70
Montcony **71** 83 Fb 68
Montcorbon **45** 51 Da 61
Montcornet **02** 19 Ea 50
Montcornet **08** 20 Ed 49
Montcourt **70** 55 Ff 61
Montcoy **71** 83 Fa 68
Montcresson **45** 50 Ce 61
Montcuit **50** 12 Yd 54
Montcuq **46** 113 Bb 82
Montcusel **39** 95 Fd 70
Montcy-Notre-Dame **08** 20 Ee 50
Montdardier **30** 129 Dd 85
Mont-d'Astarac **32** 139 Ad 89
Mont-Dauphin **05** 121 Gd 80
Montdauphin **77** 34 Dc 55
Mont-de-Laval **25** 71 Gd 65
Mont-de-Marrast **32** 139 Ac 88
Mont-de-Marsan **40** 124 Zd 85
Mont-devant-Sassey **55** 21 Fa 52
Montdidier **57** 39 Ge 55
Montdidier **80** 17 Cd 51
Mont-Disse **64** 124 Zf 87
Mont-Dol **35** 28 Yb 57
Montdoré **70** 55 Ga 61
Mont-Dore, Le **63** 103 Ce 75
Mont-d'Origny **68** 18 Dd 49
Montdoumerc **46** 127 Bd 83
Montdragon **81** 127 Ca 86
Monte **2B** 157 Kc 94
Monteaux **41** 63 Ba 64
Montebourg **50** 12 Yd 52
Monte-Carlo **(MC)** 135 Hc 86
Montech **82** 126 Bb 85
Montécheroux **25** 71 Ge 64
Montéglin, Laragne- **05** 120 Fe 38
Montegrosso **2B** 156 If 93
Montégut **40** 124 Ze 85
Montégut-Arros **32** 139 Ab 88
Montégut-Bourjac **31** 140 Ba 89
Montégut-en-Couserans **09** 140 Ba 91
Montégut-Lauragais **31** 141 Bf 88
Montégut-Plantaurel **09** 140 Bd 90
Montégut-Savès **32** 140 Af 88
Monteignet-sur-l'Andelot **03** 92 Db 72
Monteil **15** 103 Cc 78
Monteil, Le **15** 103 Cc 77
Monteil, Le **43** 104 Db 77
Monteil, Le **43** 105 Df 78
Monteil, Le **43** 117 De 79
Monteil-au-Vicomte, La **23** 90 Bf 73
Monteille **14** 30 Aa 54
Monteils **12** 127 Bf 83
Monteils **12** 128 Cc 83
Monteils **12** 128 Cd 85
Monteils **30** 130 Eb 84
Monteils **30** 131 Ec 83
Monteils **82** 127 Bd 83
Montel-de-Gelat **63** 91 Cd 73
Montéléger **26** 118 Ef 79
Montélier **26** 118 Fa 79
Montélimar **26** 118 Ee 81
Montellier, Le **01** 95 Fa 73
Montels **09** 140 Bc 90
Montels **34** 143 Da 89
Montels **81** 127 Bf 85
Montembœuf **16** 88 Ad 74
Montenach **57** 22 Gc 52
Montenay **53** 46 Za 59
Montendre **17** 99 Zd 77
Montendry **73** 108 Gb 75
Montenescourt **62** 8 Cd 47
Monteneuf **56** 44 Xe 61
Montenils **77** 34 Dc 55
Montenois **25** 71 Ge 64
Montenoison **58** 66 Dc 65
Montenoy **54** 38 Gb 56
Montépilloy **60** 33 Ce 53
Montépreux **51** 35 Ea 56
Monterblanc **56** 43 Xb 62
Montereau **45** 50 Cd 61
Montereau-Faut-Yonne **77** 51 Cf 58
Montereau-sur-le-Jard **77** 33 Ce 57
Monterfil **35** 44 Ya 60
Montérolier **76** 16 Bc 51
Monterrein **56** 44 Xd 61
Montertelot **56** 44 Xd 61
Montescot **66** 154 Cf 93
Montescourt-Lizerolles **02** 18 Db 50
Montespan **31** 140 Af 90
Montesquieu **47** 125 Ac 83
Montesquieu **66** 154 Cf 93
Montesquieu **82** 126 Ba 83
Montesquieu-Avantès **09** 140 Bb 90
Montesquieu-Lauragais **31** 141 Bd 88
Montesquieu-Volvestre **31** 140 Bb 89
Montesquiou **32** 125 Ab 87
Montessaux **70** 71 Gd 62
Montestruc-sur-Gers **32** 125 Ad 86
Montet, Le **03** 92 Da 70
Mont-et-Marré **58** 81 Dd 66
Monteton **47** 112 Ab 81
Monteux **84** 131 Ef 84
Montévrain **77** 33 Ce 55
Monteynard **38** 119 Fe 79
Montfa **09** 140 Bb 90
Montfalcon **38** 107 Fb 77
Montfarville **50** 12 Ye 51
Montfaucon **02** 34 Db 54
Montfaucon **25** 70 Ga 65
Montfaucon **30** 131 Ee 84
Montfaucon **46** 114 Bd 80
Montfaucon **49** 60 Yf 66
Montfaucon **55** 20 Fa 53
Montfaucon-en-Velay **43** 105 Eb 77
Montfermeil **93** 33 Cd 55
Montfermier **82** 126 Bc 83
Montfermy **63** 91 Ce 73
Montferrand **11** 141 Be 88
Montferrand-du-Périgord **24** 113 Af 80
Montferrand-la-Fare **26** 119 Fc 82
Montferrand-le-Château **25** 70 Ff 65
Montferrat **38** 107 Fd 76
Montferrat **83** 148 Gc 87
Montferrer **66** 154 Cd 94
Montferrier **09** 152 Be 91
Montferrier **34** 130 Cf 87
Montfey **10** 52 Df 60
Montfiquet **14** 13 Za 53
Montfleur **39** 95 Fc 71
Montflours **53** 46 Zb 60
Montflovin **25** 84 Gc 67
Montfort **04** 133 Ff 84
Montfort **25** 84 Ff 66
Montfort **35** 44 Ya 60
Montfort **49** 62 Ze 65
Montfort **64** 137 Za 88
Montfort **73** 108 Ff 75
Montfort-l'Amaury **78** 32 Be 56
Montfort-le-Gesnois **72** 47 Ac 60
Montfort-sur-Argens **83** 147 Ga 88
Montfort-sur-Boulzane **11** 153 Cb 92
Montfort-sur-Risle **27** 15 Ad 53
Montfranc **12** 128 Cd 85
Montfrin **30** 131 Ed 85
Montfroc **26** 132 Fd 83
Montfuron **04** 132 Fe 85
Montgaillard **09** 152 Bd 91
Montgaillard **11** 154 Cd 91
Montgaillard **65** 138 Aa 90
Montgaillard **81** 127 Bd 85
Montgaillard **82** 126 Af 85
Montgaillard-de-Salies **31** 140 Af 90
Montgaillard-Lauragais **31** 141 Be 88
Montgaillard-sur-Save **31** 139 Ae 89
Montgardin **05** 120 Gb 81
Montgardon **50** 12 Yc 53
Montgaroult **61** 30 Zf 56
Montgauch **09** 140 Ba 90
Montgaudry **61** 47 Ac 58
Montgazin **31** 140 Bb 89
Montgeard **31** 141 Bd 89
Montgé-en-Goële **77** 33 Ce 54
Montgellafrey **73** 108 Gb 76
Montgenèvre **05** 120 Ge 79
Montgenost **51** 35 Dd 57
Montgérain **60** 17 Cd 51
Montgermont **35** 45 Yb 60
Montgeron **91** 33 Cc 56
Montgeroult **95** 33 Ca 54
Montgesoye **25** 84 Gb 66
Montgesty **46** 113 Bb 81
Montgey **81** 141 Bf 87
Montgibaud **19** 102 Bc 75
Montgilbert **73** 108 Gb 75
Montgirod **73** 109 Gd 75
Montgiscard **31** 141 Bd 88
Montgivray **36** 78 Bf 69
Montgobert **02** 18 Da 53
Montgon **08** 20 Ee 51
Montgothier **50** 28 Ye 57
Montgradail **11** 141 Ca 90
Montgras **31** 140 Ba 88
Montgreleix **15** 103 Cf 76
Montguers **26** 132 Fc 83
Montgueux **10** 52 Df 59
Montguillon **49** 61 Zb 62
Montguyon **17** 99 Ze 77
Monthairons, Les **55** 37 Fc 54
Montharville **28** 49 Bb 59
Monthault **35** 28 Ye 57
Monthaut **11** 142 Ca 90
Monthelie **21** 82 Ee 67
Monthelon **51** 35 Df 55
Monthelon **71** 81 Eb 67
Monthenault **02** 19 De 52
Montheries **52** 53 Ef 59
Montherlant **60** 17 Ca 53
Monthermé **08** 20 Ee 49
Monthiers **02** 34 Db 54
Monthieux **01** 94 Ef 73
Monthion **73** 108 Gc 75
Monthodon **37** 63 Af 63
Monthoiron **86** 77 Ad 68
Monthois **08** 20 Ee 53
Montholier **39** 83 Fd 67
Monthou-sur-Bièvre **41** 64 Bb 64
Monthou-sur-Cher **41** 64 Bb 64
Monthuchon **50** 28 Yd 54
Monthurel **02** 34 Dd 54
Monthureux-le-Sec **88** 55 Ga 59
Monthureux-sur-Saône **88** 55 Ff 60
Monthyon **77** 34 Cf 54
Montiargues **30** 130 Eb 85
Monticello **2B** 156 If 93
Montiéramey **10** 52 Eb 59
Montierchaume **36** 78 Be 67
Montier-en-Der **52** 53 Ee 58
Montier-en-l'Isle **10** 53 Ed 59
Montiêr-les-Bains, Le **05** 120 Gd 79
Montiers **60** 17 Cd 51
Montiers-sur-Saulx **55** 37 Fb 57
Monties **32** 139 Ae 88
Montignac **24** 101 Ba 78
Montignac **33** 111 Ze 80
Montignac **65** 139 Aa 89
Montignac-Charente **16** 88 Aa 74
Montignac-de-Lauzun **47** 112 Ac 81
Montignac-le-Coq **16** 100 Ab 76
Montignac-Toupinerie **47** 112 Ac 81
Montigné **16** 88 Zf 74
Montigné-le-Brillant **53** 46 Zb 61
Montigné-lès-Rairies **49** 62 Ze 63
Montigné-sur-Moine **49** 60 Yf 66
Montigny **14** 29 Zc 54
Montigny **18** 65 Ce 65
Montigny **45** 50 Ca 60
Montigny **50** 28 Yf 57
Montigny **54** 39 Ge 57
Montigny **76** 15 Af 52
Montigny-aux-Amognes **58** 80 Db 66
Montigny-devant-Sassey **55** 21 Fa 52
Montigny-en-Arrouaise **02** 18 Dc 49
Montigny-en-Cambrésis **59** 9 Dc 48
Montigny-en-Gohelle **62** 8 Cf 46
Montigny-en-Morvan **58** 67 Df 66
Montigny-en-Ostrevent **59** 8 Db 46
Montigny-l'Allier **02** 34 Da 54
Montigny-la-Resle **89** 52 De 61
Montigny-le-Bretonneux **78** 33 Ca 56
Montigny-le-Chartif **28** 48 Ba 59
Montigny-le-Franc **02** 19 Df 50
Montigny-le-Gannelon **28** 48 Bb 60
Montigny-le-Guesdier **77** 51 Db 58
Montigny-Lencoup **77** 51 Da 58
Montigny-Lengrain **02** 18 Da 52
Montigny-lès-Arsures **39** 84 Fe 67
Montigny-lès-Cherlieu **70** 70 Fe 62
Montigny-lès-Condé **02** 34 Dd 55
Montigny-lès-Cormeilles **95** 33 Cb 55
Montigny-les-Jongleurs **80** 7 Ca 47
Montigny-lès-Metz **57** 38 Ga 54
Montigny-lès-Monts **10** 52 Df 60
Montigny-lès-Vaucouleurs **55** 37 Fd 57
Montigny-lès-Vesoul **70** 70 Ga 63
Montigny-Montfort **21** 68 Ec 63
Montigny-Mornay-Villeneuve-sur-Vingeanne **21** 69 Fc 63
Montigny-Saint-Barthélemy **21** 68 Eb 64
Montigny-sous-Marle **02** 19 De 50
Montigny-sur-Armançon **21** 68 Ec 64
Montigny-sur-Aube **21** 53 Ee 61
Montigny-sur-Avre **28** 31 Ba 56
Montigny-sur-Canne **58** 81 Dd 67
Montigny-sur-Chiers **54** 21 Fd 52
Montigny-sur-Crécy **02** 19 Dd 50
Montigny-sur-l'Ain **39** 84 Fe 68
Montigny-sur-l'Hallue **80** 7 Cc 49
Montigny-sur-Loing **77** 50 Ce 58
Montigny-sur-Meuse **08** 10 Ee 48
Montigny-sur-Vence **08** 20 Ed 51
Montigny-sur-Vesle **51** 19 De 53
Montilliers **49** 61 Zc 65
Montillot **89** 67 De 63
Montilly **03** 80 Db 69
Montilly-sur-Noireau **61** 29 Zc 56
Montils **17** 87 Zc 75
Montils, Les **41** 64 Bb 64
Montipouret **36** 78 Bf 69
Montirat **11** 142 Cc 89
Montirat **81** 127 Ca 84
Montireau **28** 48 Ba 58
Montiron **32** 126 Af 87
Montivilliers **76** 14 Ab 51
Montjardin **11** 141 Ca 91
Montjaux **12** 129 Cf 84
Montjavoult **60** 16 Be 53
Montjay **05** 119 Fd 82
Montjay **71** 83 Fb 68
Montjean **16** 88 Aa 72
Montjean **53** 46 Za 61
Montjean-sur-Loire **49** 61 Za 64
Montjoi **11** 142 Cc 91
Montjoi **82** 126 Af 83
Montjoie-en-Couserans **09** 140 Ba 90
Montjoie-le-Château **25** 71 Gf 64
Montjoie-Saint-Martin **50** 28 Ye 57
Montjoire **31** 127 Bd 86
Montjoux **26** 119 Fa 81
Montjoyer **26** 118 Ef 82
Montjustin **04** 132 Fd 85
Montjustin-et-Velotte **70** 70 Gc 63
Montlandon **28** 48 Ba 58
Montlaur **11** 142 Cd 90
Montlaur **12** 128 Cf 85
Montlaur **31** 141 Bd 88
Montlaur-en-Diois **26** 119 Fc 81
Mont-Laurent **08** 20 Ec 52
Montlaux **04** 133 Ff 84
Montlauzun **46** 113 Bb 83
Montlay-en-Auxois **21** 68 Eb 64
Montlebon **25** 85 Gd 66
Mont-lès-Lamarche **88** 54 Fe 60
Mont-lès-Neufchâteau **88** 54 Fd 58
Mont-l'Etroit **54** 54 Fe 57
Mont-le-Vernois **70** 70 Ga 63
Montlevicq **36** 79 Ca 69
Mont-le-Vignoble **54** 37 Ff 57
Montlevon **02** 34 Dd 55
Montlhéry **91** 33 Cb 57
Montliard **45** 50 Cc 60
Montlieu-la-Garde **17** 99 Ze 77
Montlignon **95** 33 Cb 54
Montliot-et-Courcelles **21** 53 Ed 61
Montlivault **41** 64 Bc 63
Montlognon **60** 33 Ce 54
Montloué **02** 19 Ea 50
Montlouis **18** 79 Cb 68
Mont-Louis **66** 153 Ca 93
Montlouis-sur-Loire **37** 63 Ae 64
Montluçon **03** 91 Cd 70
Montluel **01** 94 Fa 73
Montmachoux **77** 51 Cf 59
Montmacq **60** 18 Cf 52
Montmahoux **25** 84 Ga 67
Montmain **21** 83 Fa 66
Montmain **76** 16 Bb 52
Montmançon **21** 69 Fc 64
Montmarault **03** 92 Cf 71
Montmarlon **39** 84 Ff 67
Montmartin **60** 17 Ce 52
Montmartin-en-Graignes **50** 13 Yf 53
Montmartin-le-Haut **10** 53 Ed 59
Montmartin-sur-Mer **50** 28 Yc 55
Montmaur **05** 120 Ff 81
Montmaur-en-Diois **26** 119 Fc 80
Montmaurin **31** 139 Ad 89
Montmédy **55** 21 Fc 51
Montmeillant **08** 19 Ec 50
Montmelard **71** 94 Ec 71
Montmelas-Saint-Sorlin **69** 94 Ed 72
Montmélian **73** 108 Ga 75
Montmerle-sur-Saône **01** 94 Ee 72
Montmerrei **61** 30 Aa 57
Montmeyan **83** 147 Ga 87
Montmeyran **26** 118 Ef 80
Montmin **74** 96 Gb 74
Montmirail **51** 34 Dd 55
Montmirail **72** 48 Ae 60
Montmiral **26** 107 Fa 78
Montmirat **30** 130 Ea 85
Montmirey-la-Ville **39** 69 Fd 65
Montmirey-le-Château **39** 69 Fd 65
Montmoreau-Saint-Cybard **16** 100 Aa 76
Montmorency **95** 33 Cb 55
Montmorency-Beaufort **10** 53 Ed 58
Montmorillon **86** 77 Af 70
Montmorin **05** 119 Fd 82
Montmorin **63** 104 Dc 74
Montmorot **39** 83 Fd 68
Montmort **71** 81 Ea 68
Montmort-Lucy **51** 35 De 55
Montmotier **88** 55 Gb 61
Montmoyen **21** 68 Ee 62
Montmurat **15** 115 Cb 81
Montner **66** 154 Cf 92
Mont-Notre-Dame **02** 19 Dd 53
Montoillot **21** 68 Ed 65
Montoir-de-Bretagne **44** 59 Xf 65
Montoire-sur-le-Loir **41** 63 Af 62
Montois-la-Montagne **57** 22 Ga 53
Montoison **26** 118 Ef 80
Montoldre **03** 92 Dc 71
Montolieu **11** 142 Cb 89
Montolivet **77** 34 Dc 56
Montonvillers **80** 7 Cb 49
Montord **03** 92 Db 71
Mont-Ormel **61** 30 Aa 55
Montory **64** 137 Zb 90
Montot **21** 69 Fb 66
Montot **70** 25 Fd 63
Montot-sur-Rognon **52** 54 Fb 59
Montouliers **34** 142 Cf 89
Montoulieu **09** 152 Bd 91
Montoulieu **34** 130 De 85
Montoulieu-Saint-Bernard **31** 140 Af 89
Montournais **85** 75 Zb 68
Montours **35** 28 Ye 58
Montourtier **53** 46 Zc 59
Montoussé **65** 139 Ac 90
Montoussin **31** 140 Ba 89
Montoy-Flanville **57** 38 Gb 54
Montpaon **12** 129 Da 85
Montpascal **73** 108 Gc 76
Montpellier **34** 144 Df 87
Montpellier-de-Médillan **17** 87 Zb 75
Montpensier **63** 92 Db 72
Montperreux **25** 84 Gc 68
Montpeyroux **12** 115 Ce 81
Montpeyroux **24** 112 Aa 79
Montpeyroux **63** 104 Db 75
Montpezat **04** 133 Ga 86
Montpezat **30** 130 Ea 85
Montpézat **32** 140 Af 88
Montpezat **47** 112 Ad 82
Montpezat-de-Quercy **82** 127 Bc 83
Montpezat-sous-Bauzon **07** 117 Eb 80
Montpinchon **50** 28 Ye 54
Montpinçon **14** 30 Aa 55
Montpitol **31** 127 Bd 86
Montplonne **55** 37 Fb 56
Montpollin **49** 62 Zf 63
Montpon-Ménestérol **24** 100 Aa 78
Montpont-en-Bresse **71** 83 Fb 69
Montpothier **10** 34 Dd 57
Montpouillan **47** 112 Aa 82
Montrabé **31** 127 Bd 87
Montracol **01** 95 Fa 71
Montrastruc-Savès **31** 140 Ba 88
Montravers **79** 75 Zb 68
Montréal **07** 117 Eb 81
Montréal **11** 141 Ca 89
Montréal **32** 125 Ab 85
Montréal **89** 67 Ea 63
Montréal-la-Cluse **01** 95 Fd 71
Montrécourt **59** 9 Dc 47
Montredon **46** 115 Cb 81
Montredon-des-Corbières **11** 143 Cf 89
Montredon-Labessonié **81** 128 Cb 86
Montrégard **43** 106 Ec 78
Montréjeau **31** 139 Ad 90
Montrelais **44** 61 Za 64
Montrem **24** 100 Ad 78
Montrésor **37** 63 Bb 66
Montret **71** 83 Fa 68
Montreuil **28** 32 Bc 56
Montreuil **62** 7 Be 46
Montreuil **85** 75 Za 70
Montreuil **93** 33 Cc 55
Montreuil-au-Houlme **61** 30 Ze 56
Montreuil-aux-Lions **02** 34 Db 54
Montreuil-Bellay **49** 62 Zf 66
Montreuil-Bonnin **86** 76 Aa 69
Montreuil-des-Landes **35** 45 Ye 59
Montreuil-en-Auge **14** 14 Aa 53
Montreuil-en-Caux **76** 15 Ba 50
Montreuil-en-Touraine **37** 63 Af 64
Montreuil-Juigné **49** 61 Zc 63
Montreuil-la-Cambe **61** 30 Aa 55
Montreuil-l'Argillé **27** 31 Ac 55
Montreuil-le-Chétif **72** 47 Zf 59
Montreuil-le-Gast **35** 45 Yb 59
Montreuil-le-Henri **72** 48 Ad 61
Montreuillon **58** 67 De 65
Montreuil-Poulay **53** 46 Zc 58
Montreuil-sous-Pérouse **35** 45 Ye 60
Montreuil-sur-Barse **10** 52 Eb 59
Montreuil-sur-Blaise **52** 53 Ef 58
Montreuil-sur-Brêche **60** 17 Cb 51
Montreuil-sur-Epte **95** 32 Be 53
Montreuil-sur-Ille **35** 45 Yc 59
Montreuil-sur-Loir **49** 61 Zd 63
Montreuil-sur-Lozon **50** 12 Ye 54
Montreuil-sur-Maine **49** 61 Zb 63
Montreuil-sur-Thérain **60** 17 Cb 52
Montreuil-sur-Thomance **52** 54 Fb 58
Montreux **54** 39 Gf 57
Montreux-Château **90** 71 Gf 63
Montreux-Jeune **68** 71 Ha 63
Montreux-Vieux **68** 71 Ha 63
Montrevault **49** 60 Yf 65
Montrevel **38** 107 Fc 76
Montrevel **39** 83 Fd 70
Montrevel-en-Bresse **01** 95 Fa 71
Montrichard **41** 63 Bb 64
Montricher-Albanne **73** 108 Gc 77
Montricoux **82** 127 Bd 84
Montrieux-en-Sologne **41** 64 Be 63
Montrigaud **26** 107 Fa 77
Montriond **74** 97 Ge 71
Montrodat **48** 116 Db 81
Montrollet **16** 89 Af 73
Montrol-Sénard **87** 89 Af 72
Montromant **69** 106 Ed 74
Montrond **05** 119 Fe 82
Montrond **39** 84 Fe 68
Montrond-le-Château **25** 70 Ga 66
Montrond-les-Bains **42** 105 Eb 75
Montrosier **81** 127 Bf 84
Montrottier **69** 94 Ec 74
Montroty **76** 16 Bd 52
Montrouge **92** 33 Cb 56
Montrouveau **41** 63 Ae 62
Montroy **17** 86 Yf 72
Montrozier **12** 115 Ce 82
Montry **77** 34 Ce 55
Monts **37** 63 Ad 65
Monts **60** 33 Ca 53
Mont-Saint-Adrien, la **60** 17 Ca 52
Mont-Saint-Aignan **76** 15 Ba 52
Mont-Saint-Éloi **62** 8 Ce 46
Mont-Saint-Jean **02** 19 Eb 50
Mont-Saint-Jean **21** 68 Ec 65
Mont-Saint-Jean **72** 47 Zf 59
Mont-Saint-Martin **02** 19 Dd 53
Mont-Saint-Martin **08** 20 Ed 52
Mont-Saint-Martin **38** 107 Fe 77
Mont-Saint-Martin **54** 21 Fe 51
Mont-Saint-Michel, le **50** 28 Yc 57
Mont-Saint-Père **02** 34 Dc 54
Mont-Saint-Rémy **08** 20 Ec 52
Mont-Saint-Sulpice **89** 52 Dd 61
Mont-Saint-Vincent **71** 82 Ec 69
Montsalès **12** 114 Bf 82
Montsalier **04** 132 Fd 84
Montsalvy **15** 115 Cd 80
Montsapey **73** 108 Gc 75
Montsauche-les-Settons **58** 67 Ea 65
Montsaugeon **52** 69 Fb 63
Montsaunès **31** 140 Af 90
Montsaxonnex **74** 96 Gc 72
Montsec **55** 37 Fe 55
Montsecret **61** 29 Zb 56
Montségur **09** 153 Be 91
Montségur-sur-Lauzon **26** 118 Ef 82
Montselgues **07** 117 Ea 81
Monts-en-Bessin **14** 29 Zc 54
Monts-en-Ternois **62** 7 Cc 47
Montséret **11** 142 Ce 90
Montsérie **65** 139 Ac 90
Montseron **09** 140 Bb 90
Montseveroux **38** 106 Ef 76

Montagnac-d'Auberoche — Montseveroux (F) **187**

Montsoreau **49** 62 Aa 65
Montsoult **95** 33 Cb 54
Mont-sous-Vaudrey **39** 83 Fd 67
Monts-sur-Guesnes **86** 76 Ab 67
Mont-sur-Meurthe **54** 38 Gc 57
Mont-sur-Monnet **39** 84 Ff 68
Montsûrs **53** 46 Zc 60
Montsuzain **10** 52 Ea 58
Monts-Verts, Les **48** 116 Db 79
Montureux-et-Prantigny **70** 69 Fd 64
Montureux-lès-Baulay **70** 55 Ff 62
Montusclat **43** 117 Ea 78
Montussan **33** 111 Zd 79
Montvalen **81** 127 Bd 85
Montvalent **46** 114 Bd 79
Montvalezan **73** 109 Ge 75
Montvendre **26** 118 Fa 79
Montverdun **42** 105 Ea 74
Montvert **15** 115 Ca 79
Montvicq **03** 91 Ce 71
Montviette **14** 30 Aa 55
Montville **76** 15 Ba 51
Montviron **50** 28 Yd 56
Montzéville **55** 37 Fb 53
Monviel **47** 112 Ad 81
Monze **11** 142 Cc 90
Moon-sur-Elle **50** 13 Yf 53
Moosch **68** 56 Ha 61
Mooslargue **68** 71 Hb 63
Moraches **58** 67 Dd 65
Moragne **17** 87 Zb 73
Moraianville-Jouveaux **27** 15 Ac 53
Morains **51** 35 Df 56
Morainvilliers **78** 32 Bf 55
Morancé **69** 94 Ee 73
Morancez **28** 49 Bc 58
Morancourt **52** 53 Fa 58
Morand **37** 63 Ba 63
Morangis **51** 35 Df 55
Morangles **60** 33 Cb 53
Morannes **49** 61 Zd 62
Moranville **55** 37 Fd 53
Moras **38** 107 Fb 74
Moras-en-Valloire **26** 106 Ef 77
Morbecque **59** 4 Cd 44
Morbier **39** 84 Ga 69
Morcenx **40** 123 Za 84
Morchain **80** 18 Cf 50
Morchies **62** 8 Cf 48
Morcourt **02** 18 Dc 49
Morcourt **80** 17 Cd 49
Mordelles **35** 44 Ya 60
Moré **69** 94 Ed 73
Moréac **56** 43 Xb 61
Morée **41** 48 Bb 61
Moreilles **85** 74 Yf 70
Morelmaison **88** 55 Ff 59
Morembert **10** 52 Ec 57
Morestel **38** 107 Fc 74
Morêtel-de-Mailles **38** 108 Ga 76
Moret-sur-Loing **77** 51 Ce 58
Morette **38** 107 Fc 77
Moreuil **80** 17 Cc 50
Morey **71** 82 Ed 68
Morey-Saint-Denis **21** 68 Ef 65
Morez **39** 84 Ga 69
Morfontaine **54** 21 Fe 52
Morganx **40** 124 Zc 87
Morgny **27** 16 Bd 52
Morgny-en-Thiérache **02** 19 Ea 50
Morgny-la-Pommeraye **76** 16 Bb 51
Morgon, Villié- **69** 94 Ee 72
Morhange **57** 38 Gd 55
Moriat **63** 104 Db 76
Morienne **76** 16 Be 50
Morienval **60** 18 Cf 53
Morières-lès-Avignon **84** 131 Ef 85
Moriers **28** 49 Bc 59
Morieux **22** 27 Xc 57
Morigny **50** 29 Yf 55
Morigny-Champigny **91** 50 Cb 58
Morillon **74** 97 Ge 72
Moringhem **62** 3 Ca 44
Morionvilliers **52** 54 Fc 58
Morisel **80** 17 Cc 50
Moriville **88** 55 Gc 58
Moriviller **54** 55 Gc 58
Morizécourt **88** 54 Ff 60
Morizès **33** 111 Zf 81
Morlaàs **64** 138 Ze 88
Morlac **18** 79 Cb 68
Morlaix **29** 25 Wb 57
Morlancourt **80** 8 Cd 49
Morlanne **64** 138 Zc 87
Morlet **71** 82 Ed 67
Morley **55** 37 Fb 57
Morlhon-le-Haut **12** 114 Ca 83
Morlincourt **60** 18 Da 51
Mormaison **85** 74 Yd 67
Mormant **77** 34 Cf 57
Mormant-sur-Vernisson **45** 50 Ce 61
Mormès **32** 124 Zf 86
Mormoiron **84** 132 Fb 84
Mornac **16** 88 Ab 74
Mornac-sur-Seudre **17** 86 Yf 74
Mornand **42** 105 Ea 74
Mornans **26** 119 Fa 81
Mornant **69** 106 Ee 75
Mornas **84** 131 Ee 83
Mornay **71** 82 Ec 69
Mornay-Berry **18** 80 Cf 66
Mornay-sur-Allier **18** 80 Da 68
Mornex **74** 96 Gb 72
Moroges **71** 82 Ee 68
Morosaglia **2B** 157 Kb 94
Morre **25** 70 Ga 65
Morsain **02** 18 Db 52
Morsains **51** 34 Dd 56
Morsalines **50** 12 Ye 51
Morsan **27** 31 Ad 53
Morsang-sur-Orge **91** 33 Cc 57
Morsang-sur-Seine **91** 33 Cd 57
Morsbach **57** 39 Gf 53
Morsbronn-les-Bains **67** 40 He 55
Morschwiller **67** 40 Hd 56
Morschwiller-le-Bas **68** 71 Hb 62
Morsiglia **2B** 157 Kc 91
Mortagne **88** 56 Ge 59
Mortagne-au-Perche **61** 31 Ad 57
Mortagne-du-Nord **59** 9 Dc 45
Mortagne-sur-Gironde **17** 98 Zb 76
Mortagne-sur-Sèvre **85** 75 Za 67
Mortain **50** 29 Za 57
Mortcerf **77** 34 Cf 56
Morte, La **38** 108 Ff 78
Morteau **25** 85 Gd 66
Morteaux-Coulibœuf **14** 30 Zf 55
Mortefontaine **02** 18 Da 52
Mortefontaine **60** 33 Cd 54
Mortefontaine-en-Thelle **60** 17 Cb 53
Mortemart **87** 89 Af 72
Mortemer **60** 17 Ce 51
Mortemer **76** 16 Bd 50
Mortery **77** 34 Db 57
Morthomiers **18** 79 Cb 66
Mortiers **02** 19 De 50
Mortiers **17** 99 Ze 76
Morton **86** 62 Zf 66
Mortrée **61** 30 Aa 57
Mortroux **23** 90 Bf 70
Mortzwiller **68** 71 Ha 62
Morval **62** 8 Cf 48
Morvillars **90** 71 Gf 63
Morville **50** 12 Yd 52
Morville **88** 54 Fe 59
Morville-en-Beauce **45** 50 Cb 59
Morville-lès-Vic **57** 38 Gd 56
Morvillers **60** 16 Bf 51
Morvillers-Saint-Saturnin **80** 16 Be 50
Morville-sur-Andelle **76** 16 Bc 52
Morville-sur-Nied **57** 38 Gc 55
Morville-sur-Seille **54** 38 Ga 55
Morvilliers **10** 53 Ed 58
Morvilliers **28** 31 Af 57
Mory **62** 8 Cf 48
Mory-Montcrux **60** 17 Cc 51
Morzine **74** 97 Ge 71
Mosles **14** 13 Zb 53
Moslins **51** 35 Df 55
Mosnac **16** 100 Zf 75
Mosnac **17** 99 Zc 75
Mosnay **36** 78 Bd 69
Mosnes **37** 63 Ba 64
Mosset **66** 153 Cc 92
Mosson **21** 53 Ed 61
Mostuéjouls **12** 129 Db 83
Mothe-Achard, la **85** 74 Yc 69
Mothern **67** 40 Ia 55
Mothe-Saint-Héray, La **79** 76 Zf 70
Motreff **29** 42 Wc 59
Motte, la **22** 27 Xe 57
Motte, la **22** 43 Xb 59
Motte, La **83** 148 Gd 87
Motte-Chalancon, La **26** 119 Fc 82
Motte-d'Aigues, La **84** 132 Fd 86
Motte-d'Aveillans, La **38** 119 Fe 79
Motte-de-Galaure, La **26** 106 Ef 77
Motte-du-Caire, La **04** 120 Ga 82
Motte-en-Bauges, La **73** 96 Ga 74
Motte-en-Champsaur, la **05** 120 Ga 80
Motte-Fanjas, La **26** 107 Fb 78
Motte-Feuilly, La **36** 79 Ca 69
Motte-Fouquet, La **61** 30 Ze 57
Mottereau **28** 48 Bb 59
Motte-Saint-Jean, La **71** 81 Df 70
Motte-Saint-Martin, La **38** 119 Fe 79
Motte-Servolex, La **73** 108 Ff 75
Motte-Ternant, La **21** 68 Eb 65
Motte-Tilly, La **10** 51 Dc 58
Motteville **76** 15 Af 51
Mottier **38** 107 Fb 76
Motz **73** 96 Ff 73
Mouais **44** 45 Yc 62
Mouans-Sartoux **06** 134 Gf 87
Mouaville **54** 37 Fe 53
Mouazé **35** 45 Yc 59
Mouchamps **85** 74 Yf 68
Mouchan **32** 125 Ab 85
Mouchard **39** 84 Fe 67
Mouche, La **50** 28 Yd 56
Mouchès **32** 125 Ac 87
Mouchin **59** 9 Dc 46
Mouchy-le-Châtel **60** 17 Cb 53
Moudeyres **43** 117 Ea 79
Mouen **14** 29 Zd 54
Mouettes **27** 32 Bc 55
Mouèze **34** 143 Dc 87
Mouffy **89** 67 Dd 63
Mouflaines **27** 16 Bd 53
Mouflers **80** 7 Ca 48
Mouflières **80** 7 Be 49
Mougins **06** 134 Gf 87
Mougon **79** 87 Ze 71
Mouguerre **64** 136 Yd 88
Mouhers **36** 78 Be 69
Mouhet **36** 90 Bc 70
Mouhous **64** 138 Ze 88
Mouillac **33** 99 Zd 78
Mouillac **82** 127 Bd 83
Mouille, La **39** 84 Ff 69
Mouilleron-en-Pareds **85** 75 Za 68
Mouilleron-le-Captif **85** 74 Yd 68
Mouilly **55** 37 Fd 54
Moulainville **55** 37 Fc 54
Moularès **81** 128 Cb 84
Moulay **53** 46 Zc 59
Moulayrès **81** 127 Ca 86
Moulédous **65** 139 Ab 89
Moulès-et-Baucels **34** 130 De 85
Mouleydier **24** 112 Ad 79
Moulézan **30** 130 Ea 85
Moulhard **28** 48 Ba 59
Moulicent **61** 31 Ae 57
Mouliets-et-Villemartin **33** 111 Zf 79
Mouliherne **49** 62 Aa 64
Moulin-de-la-Croisée **17** 86 Za 72
Moulineaux **76** 15 Af 52
Moulines **14** 30 Ze 55
Moulines **50** 29 Yf 57
Moulines-en-Queyras **05** 121 Gf 80
Moulinet **06** 135 Hc 85
Moulinet **47** 112 Ad 81
Moulinet-sur-Solin, Le **45** 50 Cd 61
Moulin-Mage **81** 128 Ce 86
Moulin-Neuf **09** 141 Bf 90
Moulin-Neuf **24** 100 Aa 78
Moulins **02** 19 De 52
Moulins **02** 34 Dd 54
Moulins **03** 80 Dc 69
Moulins **35** 45 Yd 61
Moulins-Engilbert **58** 81 De 67
Moulins-en-Tonnerrois **89** 67 Ea 62
Moulins-la-Marche **61** 31 Ac 57
Moulins-le-Carbonnel **72** 47 Zf 58
Moulins-lès-Metz **57** 38 Ga 54
Moulin-sous-Touvent **60** 18 Da 52
Moulins-Saint-Hubert **55** 20 Fa 51
Moulins-sur-Céphons **36** 78 Bd 66
Moulins-sur-Orne **61** 30 Zf 56
Moulins-sur-Ouanne **89** 66 Dc 62
Moulins-sur-Yèvre **18** 79 Cd 66
Moulin-Vieux **38** 108 Ff 78
Moulis **09** 140 Ba 91
Moulis-en-Médoc **33** 98 Zb 78
Moulismes **86** 89 Ae 71
Moulle **62** 3 Cb 44
Moulon **33** 111 Ze 79
Moulon **45** 50 Cd 60
Moulotte **55** 37 Fe 54
Moult **14** 30 Zf 54
Moumoulous **65** 139 Ab 88
Moumour **64** 137 Zc 89
Mounes-Prohencoux **12** 128 Cf 86
Mourède **32** 125 Ab 86
Mourens **33** 111 Ze 81
Mourenx **64** 137 Zc 88
Moureuille **63** 92 Cf 72
Mouriès **13** 131 Ef 86
Mouriez **62** 7 Be 46
Mourioux **23** 90 Bd 72
Mourjou **15** 115 Cb 80
Mourmelon-le-Grand **51** 36 Ec 54
Mourmelon-le-Petit **51** 35 Eb 54
Mournans-Charbonny **39** 84 Ff 68
Mournède, Aujan- **32** 139 Ac 88
Mouron **08** 20 Ee 53
Mouron-sur-Yonne **58** 67 De 65
Mouroux **77** 34 Da 56
Mours **95** 33 Cb 54
Mours-Saint-Eusèbe **26** 106 Fa 78
Mouscardès **40** 123 Za 87
Moussac **30** 130 Eb 84
Moussac **86** 77 Af 70
Moussac **86** 89 Ae 71
Moussages **15** 103 Cc 77
Moussan **11** 143 Cf 89
Moussé **35** 45 Ye 61
Mousseaux-lès-Bray **77** 51 Db 58
Mousseaux-Neuville **27** 32 Bc 55
Mousseaux-sur-Seine **78** 32 Bd 54
Moussey **10** 52 Ea 59
Moussey **57** 39 Ge 56
Moussey **88** 56 Ha 58
Moussières, Les **39** 96 Ff 70
Mousson **54** 38 Ga 55
Moussonvilliers **61** 31 Ae 57
Moussoulens **11** 142 Cb 89
Moussy **51** 35 Df 54
Moussy **58** 66 Dc 65
Moussy **95** 32 Bf 54
Moussy-le-Neuf **77** 33 Cd 54
Moussy-le-Vieux **77** 33 Cd 54
Moussy-Verneuil **02** 19 Dd 52
Moustajon **31** 151 Ad 92
Moustéru **22** 26 We 57
Moustey **40** 110 Zb 82
Moustier **47** 112 Ab 81
Moustier-en-Fagne **59** 10 Eb 48
Moustiers-Sainte-Marie **04** 133 Gb 85
Moustier-Ventadour **19** 102 Ca 76
Moustoir, Le **22** 42 Wc 59
Moustoir-Ac **56** 43 Xb 61
Moustoir-Remungol **56** 43 Xa 61
Moutade, La **63** 92 Db 73
Moutardon **16** 88 Ab 72
Moutaret, Le **38** 108 Ga 76
Mouterhouse **57** 39 Hc 55
Mouterre-Silly **86** 76 Aa 67
Mouterre-sur-Blourde **86** 89 Ae 71
Mouthe **25** 84 Gb 68
Mouthier-en-Bresse **71** 83 Fc 67
Mouthier-Haute-Pierre **25** 84 Gb 66
Mouthiers-sur-Boëme **16** 100 Aa 75
Mouthoumet **11** 154 Cd 91
Moutier-d'Ahun **23** 90 Ca 72
Moutier-en-Cinglais, Le **14** 29 Zd 54
Moutier-Malcard **23** 90 Bf 70
Moutier-Rozeille **23** 91 Cb 73
Moutiers **28** 49 Be 59
Moutiers **35** 45 Ye 61
Moutiers **54** 22 Ff 53
Moûtiers **73** 109 Gd 76
Moutiers **89** 66 Db 63
Moutiers, Les **44** 59 Xf 66
Moutiers-au-Perche **61** 48 Af 58
Moutiers-Hubert, Les **14** 30 Ab 55
Moutiers-les-Mauxfaits **85** 74 Yd 70
Moutiers-Saint-Jean **21** 67 Eb 63
Moutiers-sous-Argenton **79** 75 Zd 67
Moutiers-sous-Chantemerle **79** 75 Zc 68
Moutiers-sur-le-Lay **85** 74 Yf 69
Mouton **16** 88 Ab 73
Moutonne **39** 83 Fd 69
Moutonneau **16** 88 Ab 73
Moutoux **39** 84 Ff 68
Moutrot **54** 37 Ff 57
Mouvaux **59** 4 Da 44
Moux **11** 142 Cd 89
Moux-en-Morvan **58** 67 Ea 65
Mouxy **73** 108 Ff 74
Mouy **60** 17 Cb 53
Mouy-sur-Seine **77** 51 Db 58
Mouzay **37** 63 Af 66
Mouzay **55** 21 Fb 52
Mouzeil **44** 60 Yd 64
Mouzens **24** 113 Ba 79
Mouzens **81** 141 Bf 87
Mouzeuil-Saint-Martin **85** 74 Za 70
Mouzieys-Panens **81** 127 Bf 84
Mouzieys-Teulet **81** 128 Cb 85
Mouzillon **44** 60 Ye 66
Mouzon **08** 20 Fa 51
Mouzon **16** 88 Ad 74
Moyaux **14** 14 Ac 53
Moydans **05** 119 Fd 82
Moy-de-l'Aisne **02** 18 Dc 50
Moye **74** 96 Ff 73
Moyemont **88** 55 Gd 58
Moyen **54** 55 Gd 58
Moyencourt **80** 18 Cf 50
Moyencourt-lès-Poix **80** 17 Ca 50
Moyenmoutier **88** 56 Gf 58
Moyenneville **60** 17 Cd 52
Moyenneville **62** 8 Ce 47
Moyenneville **80** 7 Be 48
Moyenvic **57** 38 Gd 56
Moyeuvre-Grande **57** 22 Ga 53
Moyeuvre-Petite **57** 22 Ga 53
Moyon **50** 29 Yf 55
Moyrazès **12** 115 Cc 82
Moyvillers **60** 17 Cd 52
Mozac **63** 92 Da 73
Mozé-sur-Louet **49** 61 Zc 64
Muchedent **76** 15 Bb 50
Muel **35** 44 Xf 60
Muespach **68** 72 Hc 63
Muespach-le-Haut **68** 72 Hc 63
Mugron **40** 123 Zb 86
Muhlbach-sur-Bruche **67** 39 Hb 57
Muhlbach-sur-Munster **68** 56 Ha 60
Muides-sur-Loire **41** 64 Bd 63
Muidorge **60** 17 Ca 51
Muids **27** 16 Bb 53
Muille **80** 18 Da 50
Muirancourt **60** 18 Da 51
Muizon **51** 19 Df 53
Mujouls, Les **06** 134 Gf 85
Mulcent **78** 32 Bd 55
Mulcey **57** 38 Ge 56
Mulhausen **67** 40 Hd 55
Mulhouse **68** 72 Hb 62
Mulsanne **72** 47 Ab 61
Mulsans **41** 64 Bc 62
Mun **65** 139 Ab 89
Munchhausen **67** 40 Ia 55
Munchhouse **68** 57 Hd 61
Muncq-Nieurlet **62** 3 Ca 43
Mundolsheim **67** 40 He 57
Muneville-le-Bingard **50** 12 Yd 54
Muneville-sur-Mer **50** 28 Yd 55
Mung, Le **17** 87 Zb 73
Munster **68** 56 Ha 60
Muntzenheim **68** 57 Hc 60
Munwiller **68** 56 Hc 61
Muracciole **2B** 159 Kb 95
Murasson **12** 128 Ce 86
Murat **03** 92 Cf 70
Murat **15** 103 Cf 78
Murat-le-Quaire **63** 103 Ce 75
Murato **2B** 157 Kc 93
Murat-sur-Vèbre **81** 128 Cf 86
Muraz, La **74** 96 Gb 72
Murbach **68** 56 Ha 61
Mur-de-Barrez **12** 115 Cd 79
Mur-de-Bretagne **22** 43 Xa 59
Mur-de-Sologne **41** 64 Bd 64
Mure, La **04** 134 Gd 85
Mure, La **38** 120 Fe 79
Mureaumont **60** 16 Be 51
Mureaux, Les **78** 32 Bf 55
Mureils **26** 106 Ef 77
Mûres **74** 96 Ga 74
Muret **31** 140 Bb 88
Muret-et-Crouttes **02** 18 Dc 53
Muret-le-Château **12** 115 Cd 82
Murette, La **38** 107 Fd 76
Muriannette **38** 108 Fe 77
Murinais **38** 107 Fb 77
Murles **34** 130 De 86
Murlin **58** 66 Db 65
Muro **2B** 156 If 93
Murol **63** 104 Cf 75
Murols **12** 115 Cd 80
Muron **17** 87 Zb 72
Murs **36** 77 Ba 67
Murs **84** 132 Fb 85
Mûrs-Erigné **49** 61 Zc 64
Murs-et-Gélignieux **01** 107 Fd 75
Murtin-et-Bogny **08** 20 Ed 50
Murvaux **55** 21 Fb 52
Murviel-lès-Béziers **34** 143 Da 88
Murviel-lès-Montpellier **34** 144 De 87
Murville **54** 21 Fe 52
Murzo **2A** 158 Ie 96
Mus **30** 130 Eb 86
Musculdy **64** 137 Za 89
Mussey-sur-Marne **52** 54 Fa 58
Mussidan **24** 100 Ac 78
Mussig **67** 57 Hd 59
Mussy-la-Fosse **21** 68 Ec 63
Mussy-sous-Dun **71** 93 Eb 71
Mussy-sur-Seine **10** 53 Ec 61
Mutigney **39** 69 Fd 65
Mutigny **51** 35 Ea 54
Mutrécy **14** 29 Zd 54
Muttersholtz **67** 57 Hd 59
Mutzenhouse **67** 40 Hd 56
Mutzig **67** 40 Hc 57
Muy, Le **83** 148 Gd 88
Muzeray **55** 21 Fd 52
Muzillac **56** 59 Xd 63
Muzy **27** 32 Bc 56
Myans **73** 108 Ff 75
Myennes **58** 66 Cf 64
Myon **25** 84 Ff 66

N

Nabas **64** 137 Zb 89
Nabinaud **16** 100 Ab 77
Nabirat **24** 113 Bb 80
Nabringhen **62** 3 Bf 44
Nachamps **17** 87 Zc 72
Nadaillac **24** 101 Bc 78
Nadaillac-de-Rouge **46** 113 Bc 79
Nades **03** 92 Cf 72
Nadillac **46** 114 Bd 81
Nagel-Séez-Mesnil **27** 31 Af 55
Nages **81** 128 Ce 86
Nages-et-Solorgues **30** 130 Eb 86
Nahuja **66** 153 Bf 94
Nailhac **24** 101 Ba 77
Naillat **23** 90 Bd 71
Nailloux **31** 141 Bd 88
Nailly **89** 51 Db 59
Nailly **89** 67 De 63
Naintré **86** 76 Ac 68
Nainville-les-Roches **91** 50 Cd 57
Naisey-les-Granges **25** 70 Gb 65
Naives-Rosières **55** 37 Fb 56
Naix-aux-Forges **55** 37 Fc 57
Naizin **56** 43 Xb 61
Najac **12** 127 Bf 83
Nalliers **85** 74 Yf 70
Nalliers **86** 77 Af 69
Nalzen **09** 152 Be 91
Nambsheim **68** 57 Hd 61
Nampcel **60** 18 Da 52
Nampcelles-la-Cour **02** 19 Ea 50
Nampont-Saint-Martin **80** 7 Be 46
Namps-Maisnil **80** 17 Ca 50
Nampteuil-sous-Muret **02** 18 Dc 53
Nampty **80** 17 Cb 50
Nançay **18** 65 Cb 64
Nance **39** 83 Fc 68
Nances **73** 107 Fe 75
Nanclars **16** 88 Ab 73
Nanc-lès-Saint-Amour **39** 83 Fc 70
Nançois-le-Grand **55** 37 Fc 56
Nançois-sur-Ornain **55** 37 Fb 56
Nancras **17** 86 Za 74
Nancray **25** 70 Gb 65
Nancray-sur-Rimarde **45** 50 Cb 60
Nancy **54** 38 Ga 56
Nancy-sur-Cluses **74** 97 Gd 72
Nandax **42** 93 Eb 72
Nandy **77** 33 Cd 57
Nangeville **45** 50 Cb 59
Nangis **77** 34 Da 57
Nangy **74** 96 Gb 72
Nannay **58** 66 Db 65
Nans **25** 70 Gc 64
Nans, Les **39** 84 Ff 68
Nans-les-Pins **83** 147 Fe 88
Nan-sous-Thil **21** 68 Ec 64
Nans-sous-Sainte-Anne **25** 84 Ga 67
Nant **12** 129 Db 84
Nanteau-sur-Essonne **77** 51 Cc 59
Nanteau-sur-Lunain **77** 51 Ce 59
Nanterre **92** 33 Cb 55
Nantes **44** 60 Yc 65
Nantes-en-Ratier **38** 120 Fe 79
Nanteuil **79** 76 Ze 70
Nanteuil-Auriac-de-Bourzac **24** 100 Ab 76
Nanteuil-en-Vallée **16** 88 Ab 73
Nanteuil-la-Forêt **51** 35 Df 54
Nanteuil-la-Fosse **02** 18 Dc 52
Nanteuil-le-Haudouin **60** 34 Ce 54
Nanteuil-lès-Meaux **77** 34 Cf 55
Nanteuil-Notre-Dame **02** 34 Dc 53
Nanteuil-sur-Aisne **08** 19 Eb 51
Nanteuil-sur-Marne **77** 34 Db 55
Nantey **39** 95 Fc 70
Nantheuil **24** 101 Af 76
Nanthiat **24** 101 Af 76
Nantiat **87** 89 Bb 72
Nantillé **17** 87 Zd 73
Nantilly **70** 69 Fd 64
Nant-le-Grand **55** 37 Fb 56
Nant-le-Petit **55** 37 Fb 57
Nantoin **38** 107 Fb 76
Nantois **55** 37 Fc 57
Nanton **71** 82 Ee 69
Nantouillet **77** 33 Ce 54
Nantoux **21** 82 Ee 66
Nantua **01** 95 Fd 72
Naours **80** 7 Cb 48
Narbéfontaine **57** 38 Gd 54
Narbief **25** 71 Ge 66
Narbonne **11** 143 Cf 89
Narcastet **64** 138 Ze 89
Narcy **52** 36 Fa 57
Narcy **58** 66 Da 65
Nargis **45** 50 Ce 60
Narnhac **15** 115 Ce 79
Narp **64** 137 Zb 88
Narrosse **40** 123 Yf 86
Nasbinals **48** 116 Da 81
Nassandres **27** 31 Ae 54
Nassiet **40** 123 Zb 87
Nassigny **03** 91 Cd 70
Nastringues **24** 112 Aa 79
Nattages **01** 95 Fe 74
Natzwiller **67** 56 Hb 58
Naucelle **12** 128 Cc 83
Naucelles **15** 115 Cc 79
Naujac-sur-Mer **33** 98 Yf 77
Naujan-et-Postiac **33** 111 Ze 80
Nauroy **02** 8 Db 49
Naussac **12** 114 Ca 81
Naussac **48** 117 Df 80
Naussannes **24** 112 Ae 80
Nauviale **12** 115 Cc 81
Navacelles **30** 130 Eb 84
Navailles-Angos **64** 138 Zd 88
Navarrenx **64** 137 Zb 89
Naveil **41** 63 Ba 62
Navenne **70** 70 Ga 63
Naves **03** 92 Da 71
Naves **19** 102 Be 77
Naves **59** 9 Db 47
Nâves-Parmelan **74** 96 Gb 73
Navilly **71** 83 Fa 67
Nay **50** 12 Yd 53
Nay-Bourdettes **64** 138 Ze 89
Nayemont-les-Fosses **88** 56 Ha 59
Nayrac, Le **12** 115 Cd 81
Néac **33** 111 Ze 79
Néant-sur-Yvel **56** 44 Xe 60
Neau **53** 46 Zc 60
Neaufles-Auvergny **27** 31 Ae 55
Neaufles-Saint-Martin **27** 16 Be 53
Neauphe-sous-Essai **61** 30 Ab 57
Neauphe-sur-Dive **61** 30 Aa 55
Neauphle-le-Château **78** 32 Bf 56
Neauphle-le-Vieux **78** 32 Bf 56
Neauphlette **78** 32 Bd 55
Neaux **42** 93 Eb 73
Nébian **34** 143 Dc 87
Nébias **11** 153 Ca 91
Nécy **61** 30 Zf 56
Nedde **87** 90 Be 74
Nédon **62** 7 Cc 45
Nédonchel **62** 7 Cc 45
Neewiller-près-Lauterbourg **67** 40 Ia 55
Neffes **05** 120 Ga 81
Neffiès **34** 143 Dc 87
Nègrepelisse **82** 127 Bd 84
Négreville **50** 12 Yc 51
Négrondes **24** 101 Af 76
Néhou **50** 12 Yc 52
Nehwiller-près-Wœrth **67** 40 He 55
Nelling **57** 39 Gf 55
Nemours **77** 50 Ce 59
Nempont-Saint-Firmin **62** 7 Be 46
Nénigan **31** 139 Ae 88
Néons-sur-Creuse **36** 77 Af 68
Néoules **83** 147 Ga 89
Néoux **23** 91 Cb 73
Nepvant **55** 21 Fb 51
Nérac **47** 125 Ac 84
Nerbis **40** 123 Zb 86
Nercillac **16** 87 Ze 74
Néré **17** 87 Ze 73
Néret **36** 79 Ca 69
Nérignac **86** 89 Ae 71
Néris-les-Bains **03** 91 Cd 71
Nernier **74** 96 Gb 70
Néron **28** 32 Bd 57
Nérondes **18** 80 Ce 67
Néronde-sur-Dore **63** 92 Dd 74
Nerpol-et-Serres **38** 107 Fc 77
Ners **30** 130 Ea 84
Nersac **16** 100 Aa 75
Nervieux **42** 93 Ea 74
Nerville-la-Forêt **95** 33 Cb 54
Néry **60** 17 Ce 53
Neschers **63** 104 Db 75
Nescus **09** 140 Bc 91
Nesle **80** 18 Cf 50
Nesle-et-Massoult **21** 68 Ec 62
Nesle-Hodeng **76** 16 Bd 50
Nesle-la-Reposte **51** 34 Dd 57
Nesle-le-Repons **51** 35 De 54
Nesle-l'Hôpital **80** 16 Be 49
Nesle-Normandeuse **76** 16 Be 49
Nesles **62** 3 Bd 45
Nesles-la-Montagne **02** 34 Dc 54
Nesles-la-Vallée **95** 33 Cb 54
Neslette **80** 6 Bd 49
Nesmy **85** 74 Yd 69
Nesploy **45** 50 Cc 61
Nespouls **19** 102 Bc 78
Nessa **2B** 156 If 93
Nestier **65** 139 Ac 90
Nettancourt **55** 36 Ef 55
Neublans-Abergement **39** 83 Fb 67
Neubois **67** 56 Hc 59
Neubourg, Le **27** 31 Af 54
Neuf-Berquin **59** 4 Ce 44
Neufbosc **76** 16 Bb 51
Neufbourg, Le **50** 29 Za 57
Neuf-Brisach **68** 57 Hd 60
Neufchâteau **88** 54 Fe 58
Neufchâtel-en-Bray **76** 16 Bc 50
Neufchâtel-Hardelot **62** 6 Bd 45
Neufchâtel-sur-Aisne **02** 19 Ea 52
Neufchef **57** 22 Ga 53
Neufchelles **60** 34 Da 54
Neuf-Église **63** 92 Cf 72
Neuffons **33** 111 Aa 81
Neuffontaines **58** 67 De 64
Neufgrange **57** 39 Ha 54
Neuflieux **02** 18 Db 51
Neuflize **08** 19 Eb 52
Neufmaison **08** 20 Ed 50
Neufmaisons **54** 56 Gf 58
Neufmanil **08** 20 Ee 50
Neufmesnil **50** 12 Yc 53
Neufmoulin **80** 7 Bf 48
Neufmoulins **57** 39 Gf 56
Neufmoutiers-en-Brie **77** 34 Cf 56
Neufour, le **55** 36 Ef 54
Neufvillage **57** 39 Ge 55
Neufvy-sur-Aronde **60** 17 Ce 52
Neugartheim-Ittlenheim **67** 40 Hd 56
Neugatheim-Ittlenheim **67** 40 Hd 57
Neuhaeusel **67** 40 Ia 56
Neuil **37** 63 Ad 66
Neuillac **17** 99 Zd 75
Neuillay-les-Bois **36** 78 Bc 68
Neuillé **49** 62 Zf 65
Neuillé-le-Lierre **37** 63 Af 63
Neuillé-Pont-Pierre **37** 63 Ad 63
Neuilly **27** 32 Bc 55
Neuilly **58** 67 Dd 65
Neuilly **89** 51 Dc 61
Neuilly-en-Donjon **03** 93 Df 70
Neuilly-en-Dun **18** 80 Ce 68
Neuilly-en-Sancerre **18** 65 Ce 65
Neuilly-en-Thelle **60** 17 Cb 53
Neuilly-en-Vexin **95** 32 Bf 53
Neuilly-la-Forêt **14** 13 Yf 53
Neuilly-le-Bisson **61** 30 Ab 58
Neuilly-le-Brignon **37** 77 Ae 67
Neuilly-le-Dien **80** 7 Ca 47
Neuilly-le-Réal **03** 80 Dc 70
Neuilly-lès-Dijon **21** 69 Ef 65
Neuilly-le-Vendin **53** 29 Zd 58
Neuilly-l'Évêque **52** 54 Fc 61
Neuilly-l'Hôpital **80** 7 Bf 47
Neuilly-Plaisance **93** 33 Cd 55
Neuilly-Saint-Front **02** 34 Db 53
Neuilly-sous-Clermont **60** 17 Cc 52
Neuilly-sur-Eure **61** 31 Af 57
Neuilly-sur-Marne **93** 33 Cd 55
Neuilly-sur-Seine **92** 33 Cb 55
Neuilly-sur-Suize **52** 54 Fa 60
Neulette **62** 7 Ca 46
Neulise **42** 93 Eb 73
Neulles **17** 99 Zd 75
Neulliac **56** 43 Xa 60
Neung-sur-Beuvron **41** 64 Be 63
Neunkirchen-lès-Bouzonville **57** 22 Gd 52
Neure **03** 80 Cf 68
Neurey-en-Vaux **70** 70 Gb 62
Neurey-lès-la-Demie **70** 70 Gb 63
Neussargues-Moissac **15** 104 Cf 78
Neuvecelle **74** 97 Gd 70
Neuve-Chapelle **62** 8 Ce 45
Neuve-Eglise **67** 56 Hb 58
Neuvéglise **15** 116 Cf 79
Neuve-Grange, la **27** 16 Bd 52
Neuvelle-lès-Cromary **70** 70 Ga 64
Neuvelle-lès-la-Charité **70** 70 Ff 63
Neuvelle-lès-Lure, La **70** 71 Gd 62
Neuvelle-lès-Scey, La **70** 70 Ff 62
Neuvelle-lès-Voisey **52** 54 Fe 61
Neuve-Lyre, la **27** 31 Ae 55
Neuve-Maison **02** 19 Ea 49
Neuves-Maisons **54** 38 Ga 57
Neuveville-devant-Lépanges, La **88** 56 Ge 60
Neuveville-sous-Châtenois, La **88** 54 Ff 59
Neuveville-sous-Montfort, La **88** 55 Ga 59
Neuvic **19** 103 Cb 76
Neuvic **24** 100 Ac 78
Neuvic-Entier **87** 90 Bd 74

188 (F) **Montsoreau — Neuvic-Entier**

Neuvicq 17 99 Ze 77
Neuvicq-le-Château 17 87 Zf 74
Neuvillalais 72 47 Aa 60
Neuville 19 102 Be 78
Neuville 63 92 Dc 74
Neuville 63 104 Cf 74
Neuville 63 104 Dd 75
Neuville 80 7 Bf 48
Neuville, La 59 8 Da 46
Neuville, La 60 16 Be 50
Neuville-à-Maire, La 08 20 Ef 51
Neuville-au-Bois 80 7 Be 49
Neuville-au-Cornet 62 7 Cc 46
Neuville-au-Plain 50 12 Ye 52
Neuville-au-Pont, La 51 36 Ef 54
Neuville-aux-Bois 45 50 Ca 60
Neuville-aux-Bois, La 51 36 Ef 55
Neuville-aux-Joûtes, la 08 19 Eb 49
Neuville-aux-Larris, La 51 35 Df 54
Neuville-Bosc 60 33 Ca 53
Neuville-Bosmont, La 02 19 Df 50
Neuville-Bourjonval 62 8 Da 48
Neuville-Chant-d'Oisel, La 76 16 Bb 52
Neuville-d'Aumont, La 60 17 Ca 53
Neuville-Day 08 20 Ee 52
Neuville-de-Poitou 86 76 Ab 68
Neuville-du-Bosc, La 27 15 Ae 53
Neuville-en-Avesnois 59 9 Dd 47
Neuville-en-Beaumont 50 12 Yc 52
Neuville-en-Beine, La 02 18 Da 50
Neuville-en-Ferrain 59 4 Da 44
Neuville-en-Hez, La 60 17 Cb 52
Neuville-en-Tourne-à-Fuy, La 08 20 Ec 52
Neuville-en-Verdunois 55 37 Fb 55
Neuville-Ferrières 76 16 Bc 50
Neuville-Garnier, la 60 17 Ca 52
Neuville-Housset, La 02 19 De 50
Neuville-les-Dames 01 94 Fa 72
Neuville-lès-Decize 58 80 Db 68
Neuville-lès-Dieppe 76 6 Ba 49
Neuville-lès-Dorengt, La 02 9 De 49
Neuville-lès-Lœuilly 80 17 Cb 50
Neuville-lès-This 08 20 Ed 50
Neuville-lès-Vaucouleurs 55 37 Fe 57
Neuville-lès-Wasigny, La 08 20 Ec 51
Neuville-Marais 80 7 Be 47
Neuville-près-Sées 61 30 Ab 57
Neuviller-la-Roche 67 56 Hb 58
Neuviller-lès-Badonviller 54 39 Gf 57
Neuvillers-sur-Fave 88 56 Ha 59
Neuviller-sur-Moselle 54 55 Gb 58
Neuville-Saint-Amand 02 18 Dc 50
Neuville-Saint-Pierre, La 60 17 Cb 51
Neuville-Saint-Rémy 59 8 Db 47
Neuville-Saint-Vaast 62 8 Ce 46
Neuville-sire-Bernard, La 80 17 Cd 50
Neuville-sous-Montreuil 62 7 Be 46
Neuville-sur-Ailette 02 19 De 52
Neuville-sur-Ain 01 95 Fc 72
Neuville-sur-Authou 27 15 Ad 53
Neuville-sur-Brenne 37 63 Af 63
Neuville-sur-Essonne, La 45 50 Cc 59
Neuville-sur-Margival 02 18 Dc 52
Neuville-sur-Ornain 55 36 Fa 56
Neuville-sur-Oudeuil, La 60 17 Ca 51
Neuville-sur-Saône 69 94 Ef 73
Neuville-sur-Sarthe 72 47 Ab 60
Neuville-sur-Seine 10 53 Ec 60
Neuville-sur-Touques 61 30 Ab 55
Neuville-sur-Vannes 10 52 De 59
Neuvillette 02 18 Dc 49
Neuvillette 80 7 Cb 47
Neuvillette-en-Charnie 72 47 Ze 60
Neuville-Vault, La 60 16 Bf 52
Neuville-Vitasse 62 8 Ce 47
Neuvilley 39 83 Fd 67
Neuvilly 59 9 Dd 48
Neuvilly-en-Argonne 55 36 Fa 54
Neuvireuil 62 8 Cf 46
Neuvizy 08 20 Ed 51
Neuvy 03 80 Db 69
Neuvy 41 64 Bd 63
Neuvy 51 34 Dd 56
Neuvy-au-Houlme 61 30 Ze 56
Neuvy-Bouin 79 75 Zd 68
Neuvy-Deux-Clochers 18 65 Ce 65
Neuvy-en-Beauce 28 49 Bf 59
Neuvy-en-Champagne 72 47 Zf 60
Neuvy-en-Dunois 28 49 Bd 59
Neuvy-en-Mauges 49 61 Zb 65
Neuvy-en-Sullias 45 65 Cb 62
Neuvy-Grandchamp 71 81 Df 69
Neuvy-le-Barrois 18 80 Da 67
Neuvy-le-Roi 37 63 Ad 63
Neuvy-Pailloux 36 78 Bf 67
Neuvy-Saint-Sépulchre 36 78 Be 69
Neuvy-Sautour 89 52 De 60
Neuvy-sur-Barangeon 18 65 Cb 65
Neuvy-sur-Loire 58 66 Cf 63
Neuwiller 68 72 Hd 63
Neuwiller-lès-Saverne 67 39 Hc 55
Nevers 58 80 Db 67
Névez 29 42 Wb 62
Névian 11 142 Cf 89
Néville 76 15 Ae 50
Néville-sur-Mer 50 12 Ye 50
Nevoy 45 65 Cd 62
Nevy-lès-Dole 39 83 Fd 66
Nevy-sur-Seille 39 83 Fd 68
Nexon 87 101 Bb 74
Ney 39 84 Ff 68
Neydens 74 96 Ga 72
Neyrolles, Les 01 95 Fd 72
Nézel 78 32 Bf 55
Nézignan-l'Évêque 34 143 Dc 88
Niafles 53 46 Za 61
Niaux 09 152 Bd 92
Nibas 80 6 Bd 48
Nibelle 45 50 Cb 60
Nice 06 135 Hb 86
Nicey 21 52 Eb 61
Nicey-sur-Aire 55 37 Fc 55
Nicole 47 112 Ac 83
Nicorps 50 28 Yd 54
Niderhoff 57 39 Ha 57
Niderviller 57 39 Ha 56
Niederbronn-les-Bains 67 40 Hd 55
Niederbruck 68 71 Gf 62
Niederentzen 68 56 Hc 61
Niederhaslach 67 39 Hc 57
Niederhausbergen 67 40 He 57
Niederhergheim 68 56 Hc 61
Niederlarg 68 71 Hb 63
Niederlauterbach 67 40 Ia 55
Niedermodern 67 40 Hd 55
Niedermorschwihr 68 56 Hb 60
Niedernai 67 57 Hd 58
Niederrœdern 67 40 Ia 55
Niederschaeffolsheim 67 40 He 56
Niedersoultzbach 67 40 Hc 55
Niedersteinbach 67 40 He 54
Niederstinzel 57 39 Ha 55
Niedervisse 57 38 Gd 53
Nielles-lès-Ardres 62 3 Ca 43
Nielles-lès-Bléquin 62 3 Ca 43
Nielles-lès-Calais 62 3 Be 43
Nieppe 59 4 Ce 44
Niergnies 59 8 Db 48
Nieudan 15 115 Cb 79
Nieuil 16 88 Ad 73
Nieuil-l'Espoir 86 76 Ac 70
Nieul 87 89 Bb 73
Nieul-le-Dolent 85 74 Yc 69
Nieul-lès-Saintes 17 87 Zb 74
Nieulle-sur-Seudre 17 86 Yf 74
Nieul-le-Virouil 17 99 Zc 76
Nieul-sur-l'Autise 85 75 Zb 70
Nieurlet 59 3 Cb 44
Niévroz 01 94 Fa 74
Niffer 68 71 Hd 62
Niherne 36 78 Bd 68
Nijon 52 54 Fd 59
Nilvange 57 22 Ga 52
Nîmes 30 131 Ec 85
Ninville 52 54 Fc 60
Niort 79 87 Zd 71
Niort-de-Sault 11 153 Ca 92
Niozelles 04 133 Ff 85
Nissan-lez-Enserune 34 143 Da 89
Nistos 65 139 Ac 90
Nitry 89 67 Df 62
Nitting 57 39 Ha 56
Nivelle 59 9 Dc 46
Nivillac 56 59 Xe 63
Nivillers 60 17 Ca 52
Nivolas-Vermelle 38 107 Fb 75
Nivollet-Montgriffon 01 94 Fc 73
Nixéville-Blercourt 55 37 Fb 54
Nizan, Le 33 111 Ze 82
Nizan-Gesse 31 139 Ad 89
Nizas 32 140 Af 88
Nizas 34 143 Dc 87
Nizerolles 03 93 Dd 72
Nizy-le-Comte 02 19 Ea 51
Nizza = Nice 06 135 Hb 86
Noailhac 12 115 Cc 81
Noailhac 19 102 Bd 78
Noailhac 81 142 Cc 87
Noaillac 33 111 Zf 81
Noaillan 33 111 Zd 82
Noailles 19 102 Bd 78
Noailles 60 17 Cb 53
Noailles 81 127 Bf 84
Noailly 42 93 Ea 72
Noalhac 48 116 Da 80
Noalhat 63 92 Dc 73
Noards 27 15 Ad 53
Nocario 2B 157 Kc 94
Nocé 61 48 Ae 58
Noceta 2B 159 Kb 95
Nochize 71 93 Eb 70
Nocle-Maulaix, La 58 81 De 68
Nod-sur-Seine 21 68 Ed 62
Noé 31 140 Bb 88
Noé 89 51 Dc 60
Noë-Blanche, La 35 45 Yb 62
Noël-Cerneux 25 71 Ge 66
Noë-les-Mallets 10 53 Ed 60
Noëllet 49 61 Yf 62
Noë-Poulain, La 27 15 Ad 53
Noërs 54 21 Fd 52
Noës, Les 42 93 Df 72
Noës-près-Troyes, Les 10 52 Ea 59
Nœux-lès-Auxi 62 7 Cb 47
Nœux-les-Mines 62 8 Cd 46
Nogaro 32 124 Zf 86
Nogent 52 54 Fc 60
Nogentel 02 34 Dc 54
Nogent-en-Othe 10 52 De 60
Nogent-l'Abbesse 51 19 Ea 53
Nogent-l'Artaud 02 34 Db 55
Nogent-le-Bernard 72 47 Ac 59
Nogent-le-Phaye 28 49 Bd 58
Nogent-le-Roi 28 32 Bd 57
Nogent-le-Rotrou 28 48 Ae 59
Nogent-le-Sec 27 31 Ba 55
Nogent-lès-Montbard 21 68 Ec 63
Nogent-sur-Aube 10 52 Eb 58
Nogent-sur-Eure 28 49 Bc 58
Nogent-sur-Loir 72 62 Ac 63
Nogent-sur-Marne 94 33 Cc 55
Nogent-sur-Oise 60 17 Cc 53
Nogent-sur-Seine 10 51 Dd 58
Nogent-sur-Vernisson 45 50 Ce 61
Nogna 39 83 Fd 69
Noguères 64 138 Zc 88
Nohanent 63 92 Da 74
Nohant-en-Goût 18 79 Cd 66
Nohant-Vic 36 78 Bf 69
Nohèdes 66 153 Cb 93
Nohic 82 126 Bc 85
Nohant-en-Graçay 18 64 Bf 66
Noidan 21 68 Ec 64
Noidans-le-Ferroux 70 70 Ff 63
Noidans-lès-Vesoul 70 70 Ga 63
Noidant-Chatenoy 52 69 Fc 62
Noidant-le-Rocheux 52 54 Fb 62
Noilhan 32 140 Af 87
Nointel 60 17 Cc 52
Nointel 95 33 Cb 54
Nointot 76 15 Ac 51
Noircourt 02 19 Ea 50
Noirefontaine 25 71 Ge 64
Noirémont 60 17 Cb 51
Noirétable 42 93 De 74
Noirlieu 51 36 Ee 55
Noirmoutier-en-l'Île 85 59 Xe 66
Noiron 70 69 Fd 64
Noiron-sous-Gevrey 21 69 Fa 65
Noiron-sur-Bèze 21 69 Fb 64
Noiron-sur-Seine 21 53 Ec 61
Noironte 25 70 Ff 65
Noirpalu 50 28 Ye 56
Noirval 08 20 Ee 52
Noiseau 94 33 Cd 56
Noisiel 77 33 Cd 55
Noisseville 57 38 Gb 54
Noisy-le-Grand 93 33 Cd 55
Noisy-le-Roi 78 33 Ca 55
Noisy-Rudignon 77 51 Cf 58
Noisy-sur-École 77 50 Cd 58
Noisy-sur-Oise 95 33 Cb 54
Noizay 37 63 Af 64
Nojals-et-Clottes 24 113 Ae 80
Nojean-en-Vexin 27 16 Bd 52
Nolay 21 82 Ed 67
Nolay 58 80 Db 66
Nolléval 76 16 Bc 51
Nollieux 42 93 Ea 74
Nomain 59 8 Db 45
Nomdieu 47 125 Ac 84
Nomécourt 52 53 Fa 58
Nomeny 54 38 Gb 55
Nomexy 88 55 Gc 59
Nommay 25 71 Gf 63
Nompatelize 88 56 Gf 59
Nonac 16 100 Aa 76
Nonancourt 27 31 Bb 56
Nonant 14 13 Zc 53
Nonant-le-Pin 61 30 Ab 56
Nonards 19 102 Be 78
Nonaville 16 99 Zf 75
Noncourt-sur-le-Rongeant 52 54 Fb 58
Nonette 63 103 Db 76
Nonglard 74 96 Ga 73
Nonhigny 54 39 Gf 57
Nonières 07 118 Ec 79
Nonsard 55 37 Fe 55
Nontron 24 100 Ad 75
Nonville 77 50 Ce 59
Nonville 88 55 Ff 60
Nonvilliers-Grandhoux 28 48 Bb 58
Nonza 2B 157 Kc 92
Nonzeville 88 55 Gd 59
Noordpeene 59 3 Cc 44
Nordausques 62 3 Ca 44
Nordheim 67 40 Hd 57
Nordhouse 67 57 He 58
Noreuil 62 8 Cf 47
Norge-la-Ville 21 69 Fa 64
Normandel 61 31 Ae 57
Normanville 27 31 Ba 54
Normanville 76 15 Ad 50
Normier 21 68 Ec 64
Norolles 14 14 Ab 53
Noron-l'Abbaye 14 30 Ze 55
Noron-la-Poterie 14 13 Zb 53
Noroy 60 17 Cd 52
Noroy-le-Bourg 70 70 Gb 63
Noroy-sur-Ourcq 02 34 Db 53
Norrent-Fontes 62 7 Cc 45
Norrey-en-Auge 14 30 Zf 55
Norrey-en-Bessin 14 13 Zc 53
Norrois 51 36 Ed 56
Norroy 88 55 Ff 59
Norroy-le-Sec 54 21 Fe 53
Norroy-lès-Pont-à-Mousson 54 38 Ga 55
Norroy-le-Veneur 57 38 Ga 53
Nortkerque 62 3 Ca 43
Nort-Leulinghem 62 3 Ca 44
Nort-sur-Erdre 44 60 Yd 64
Norville 76 15 Ad 52
Norville, La 91 33 Cb 57
Nossage-et-Bénévent 05 119 Fe 83
Nossoncourt 88 56 Ge 58
Nostang 56 43 We 62
Noth 23 90 Bd 71
Nothalten 67 56 Hc 58
Notre-Dame 73 108 Gb 77
Notre-Dame-d'Aliermont 76 16 Bb 49
Notre-Dame-d'Allençon 49 61 Zd 65
Notre-Dame-de-Bellecombe 73 96 Gd 74
Notre-Dame-de-Bliquetuit 76 15 Ae 51
Notre-Dame-de-Boisset 42 93 Ea 73
Notre-Dame-de-Bondeville 76 15 Ba 52
Notre-Dame-de-Cenilly 50 28 Ye 55
Notre-Dame-de-Commiers 38 119 Fe 78
Notre-Dame-de-Courson 14 30 Ab 55
Notre-Dame-de-Gravenchon 76 15 Ad 51
Notre-Dame-de-la-Rouvière 30 130 De 84
Notre-Dame-de-l'Isle 27 32 Bc 54
Notre-Dame-de-Livaye 14 30 Aa 54
Notre-Dame-de-Livoye 50 28 Ye 56
Notre-Dame-de-Londres 34 130 De 86
Notre-Dame-de-l'Osier 38 107 Fc 77
Notre-Dame-de-Mésage 38 107 Fe 78
Notre-Dame-de-Monts 85 73 Xf 68
Notre-Dame-d'Epine 27 15 Ad 53
Notre-Dame-de-Riez 85 73 Ya 68
Notre-Dame-de-Sanilhac 24 101 Ae 78
Notre-Dame-des-Landes 44 60 Yb 64
Notre-Dame-des-Millières 73 108 Gc 75
Notre-Dame-d'Estrées 14 30 Aa 54
Notre-Dame-de-Vaulx 38 119 Fe 79
Notre-Dame-d'Oé 37 63 Ae 64
Notre-Dame-du-Bec 76 14 Ab 51
Notre-Dame-du-Hamel 27 31 Ad 55
Notre-Dame-du-Parc 76 15 Ba 50
Notre-Dame-du-Pé 72 62 Ze 62
Notre-Dame-du-Pré 73 109 Gd 75
Notre-Dame-du-Rocher 61 29 Zd 56
Notre-Dame-du-Touchet 50 29 Za 57
Nottonville 28 49 Bd 60
Nouaille, La 23 90 Ca 73
Nouaillé-Maupertuis 86 76 Ac 69
Nouainville 50 12 Yb 51
Nouan-le-Fuzelier 41 65 Ca 63
Nouans 72 47 Ab 59
Nouans-les-Fontaines 37 64 Bb 66
Nouart 08 20 Fa 52
Nouâtre 37 77 Ad 66
Nouaye, La 35 44 Ya 60
Noue, La 51 35 Dd 56
Noueilles 31 141 Bd 88
Nougaroulet 32 125 Ae 86
Nouhant 23 91 Cc 71
Nouic 87 89 Af 72
Nouilhan 65 138 Aa 88
Nouillers, Les 17 87 Zb 73
Nouillonpont 55 21 Fd 52
Nouilly 57 38 Gb 54
Noulens 32 125 Aa 86
Nourard-le-Franc 60 17 Cc 51
Nourray 41 63 Ba 62
Nousse 40 123 Zb 86
Nousseviller-lès-Bitche 57 39 Hc 54
Nousseviller-Saint-Nabor 57 39 Gf 54
Nousty 64 138 Ze 89
Nouvelle-Église 62 3 Ca 43
Nouvion 80 7 Be 47
Nouvion-en-Thiérache, le 02 9 De 48
Nouvion-et-Catillon 02 18 Dc 50
Nouvion-le-Comte 02 18 Dc 50
Nouvion-le-Vineux 02 19 Dd 51
Nouvion-sur-Meuse 08 20 Ee 50
Nouvoitou 35 45 Yc 60
Nouvron-le-Vineux 02 18 Db 52
Nouzerines 23 91 Ca 70
Nouzerolles 23 90 Be 70
Nouziers 23 78 Bf 70
Nouzilly 37 63 Ae 63
Nouzonville 08 20 Ee 50
Novacelles 63 105 Dd 76
Novalaise 73 107 Fe 75
Novale 2B 159 Kc 95
Novéant-sur-Moselle 57 38 Ga 54
Novella 2B 157 Ka 93
Noves 13 131 Ef 85
Noviant-aux-Prés 54 37 Ff 55
Novillars 25 70 Ga 65
Novillers 60 17 Cb 53
Novion-Porcien 08 20 Ec 51
Novy-Chevrières 08 20 Ec 51
Noyal 22 27 Xd 58
Noyal 35 44 Xf 62
Noyales 02 18 Dd 49
Noyal-Muzillac 56 59 Xd 63
Noyalo 56 58 Xb 63
Noyal-Pontivy 56 43 Xa 60
Noyal-sous-Bazouges 35 28 Yc 58
Noyal-sur-Brutz 44 45 Yd 62
Noyal-sur-Seiche 35 45 Yc 60
Noyal-sur-Vilaine 35 45 Yc 60
Noyant 49 61 Zc 63
Noyant 49 62 Aa 63
Noyant-d'Allier 03 80 Da 70
Noyant-de-Touraine 37 63 Ad 66
Noyant-et-Aconin 02 18 Dc 52
Noyant-la-Gravoyère 49 61 Za 62
Noyant-la-Plaine 49 61 Zd 65
Noyarey 38 107 Fd 77
Noyelles 59 8 Da 45
Noyelles 62 8 Ce 46
Noyelles 62 8 Cf 46
Noyelles-en-Chaussée 80 7 Bf 47
Noyelles-Godault 62 8 Cf 46
Noyelles-lès-Humières 62 7 Cb 46
Noyelles-sous-Bellonne 62 8 Da 47
Noyelles-sur-Escaut 59 8 Db 48
Noyelles-sur-Mer 80 7 Be 47
Noyelles-sur-Sambre 59 9 De 47
Noyelles-sur-Selle 59 9 Dc 47
Noyelle-Vion 62 8 Cd 47
Noyen-sur-Sarthe 72 47 Zf 61
Noyen-sur-Seine 77 51 Dc 58
Noyer, Le 18 65 Ce 64
Noyer-en-Ouche, Le 27 31 Ae 54
Noyers 27 16 Bc 53
Noyers 45 50 Cd 61
Noyers 52 54 Fc 60
Noyers 89 67 Df 62
Noyers, Les 27 16 Be 53
Noyers-Auzécourt 55 36 Ef 55
Noyers-Bocage 14 29 Zc 54
Noyers-Pont-Maugis 08 20 Ef 51
Noyers-Saint-Martin 60 17 Cb 51
Noyers-sur-Cher 41 64 Bc 65
Noyers-sur-Jabron 04 133 Fe 83
Noyon 60 18 Da 51
Nozay 10 52 Ea 57
Nozay 44 60 Yc 63
Nozay 91 33 Cb 57
Nozeroy 39 84 Ga 68
Nozières 07 106 Ed 78
Nozières 18 79 Cc 68
Nuaillé 49 61 Zb 66
Nuaillé-d'Aunis 17 86 Za 71
Nuaillé-sur-Boutonne 17 87 Zd 72
Nuars 58 67 De 64
Nubécourt 55 37 Fb 54
Nucourt 95 32 Bf 54
Nueil-sur-Argent 79 75 Zc 67
Nueil-sur-Layon 49 61 Zd 66
Nuillé-le-Jalais 72 47 Ab 60
Nuillé-sur-Ouette 53 46 Zc 60
Nuillé-sur-Vicoin 53 46 Zb 61
Nuisement 10 53 Ed 59
Nuisement-sur-Coole 51 35 Eb 55
Nuits 89 67 Eb 62
Nuits-Saint-Georges 21 68 Ef 66
Nullemont 76 16 Bd 50
Nully-Trémilly 52 53 Ee 58
Nuncq-Hautecôte 62 7 Cb 47
Nuret-le-Ferron 36 78 Bc 68
Nurieux-Volognat 01 95 Fd 72
Nurlu 80 8 Da 48
Nuzéjouls 46 113 Bc 81
Nyoiseau 49 61 Za 62
Nyons 26 119 Fa 82

O

Obenheim 67 57 He 58
Oberbronn-Zinswiller 67 40 Hd 55
Oberbruck 68 56 Gf 62
Oberdorff 57 22 Gd 53
Oberdorf-Spachbach 67 40 He 55
Oberentzen 68 56 Hc 61
Obergailbach 57 39 Hb 54
Oberhaslach 67 39 Hb 57
Oberhausbergen 67 40 He 57
Oberhergheim 68 56 Hc 61
Oberhoffen-lès-Wissembourg 67 40 Hf 54
Oberhoffen-sur-Moder 67 40 Hf 56
Oberlarg 68 71 Hb 64
Oberlauterbach 67 40 Ia 55
Obermodern-Zutzendorf 67 40 Hd 55
Obermorschwihr 68 56 Hb 60
Obermorschwiller 68 72 Hb 63
Obernai 67 57 Hc 58
Obersaasheim 68 57 Hd 61
Oberschaeffolsheim 67 40 Hd 57
Obersoultzbach 67 39 Hc 55
Obersteinbach 67 40 He 54
Oberstinzel 57 39 Ha 56
Obervisse 57 38 Gd 54
Obies 59 9 De 47
Objat 19 101 Bc 77
Oblinghem 62 8 Cd 45
Obrechies 59 9 Ea 47
Obreck 57 38 Gd 55
Obsonville 77 50 Cd 59
Obterre 36 77 Ba 67
Obtevoz 38 95 Fb 74
Obtrée 21 53 Ed 61
Ocana 2A 158 If 97
Occagnes 61 30 Zf 56
Occey 52 69 Fb 63
Occhiatana 2B 156 Ka 93
Occoches 80 7 Cb 47
Ochancourt 80 6 Bd 48
Oches 08 20 Ef 51
Ochey-Thuilley 54 38 Ff 56
Ochtezeele 59 3 Cc 44
Ocquerre 77 34 Da 54
Ocqueville 76 15 Ae 50
Octeville 50 12 Yc 51
Octeville-l'Avenel 50 12 Yd 51
Octeville-sur-Mer 76 14 Aa 51
Octon 34 129 Db 87
Odars 31 141 Bd 87
Odeillo 66 153 Ca 93
Odenas 69 94 Ed 72
Oderen 68 56 Gf 61
Odomez 59 9 Dd 46
Odos 65 138 Aa 89
Odratzheim 67 40 Hc 57
Oëlleville 88 55 Ga 58
Oermingen 67 39 Ha 54
Œting 57 39 Gf 53
Œuf-en-Ternois 62 7 Cb 46
Œuilly 02 19 De 52
Œuilly 51 35 De 54
Œyregave 40 123 Yf 87
Œyreluy 40 123 Yf 86
Offekerque 62 3 Ca 43
Offemont 90 71 Gf 62
Offendorf 67 40 Hf 56
Offignies 80 16 Bf 50
Offin 62 7 Be 46
Offlanges 39 69 Fd 65
Offoy 60 17 Ca 50
Offoy 80 18 Da 50
Offranville 76 16 Ba 49
Offrethun 62 3 Be 44
Offroicourt 88 55 Ga 59
Offwiller 67 40 Hd 55
Ogenne-Camptort 64 137 Zb 89
Oger 51 35 Ea 55
Ogeu-les-Bains 64 138 Zc 90
Ogéviller 54 39 Ge 57
Ogliastro 2B 156 Kc 92
Ogliastro 2B 157 Ka 93
Ognes 02 18 Db 51
Ognes 51 35 Df 56
Ognes 60 34 Ce 54
Ognéville 54 55 Ga 58
Ognolles 60 18 Cf 50
Ognon 60 17 Cd 53
Ogy 57 38 Gb 54
Ohain 59 10 Ea 48
Oherville 76 15 Ae 50
Ohis 02 19 Ea 49
Ohlungen 67 40 He 56
Ohnenheim 67 57 Hd 59
Oie, L' 85 74 Yf 68
Oigney 70 70 Ff 62
Oignies 62 8 Cf 46
Oigny 21 68 Ee 63
Oigny 41 48 Af 60
Oigny-en-Valois 02 34 Da 53
Oingt 69 94 Ed 73
Oinville-Saint-Liphard 28 49 Bf 59
Oinville-sous-Auneau 28 49 Be 58
Oiron 79 76 Zf 67
Oiry 51 35 Ea 54
Oiselay-et-Grachaux 70 70 Ff 64
Oisemont 80 7 Be 49
Oisilly 21 69 Fc 64
Oisly 41 64 Bc 64
Oison 45 49 Bf 60
Oisseau 53 46 Zb 58
Oisseau-le-Petit 72 47 Aa 58
Oissel 76 15 Ba 52
Oissery 77 34 Ce 54
Oissy 80 17 Ca 49
Oisy 02 9 De 48
Oisy 58 66 Dc 64
Oisy-le-Verger 62 8 Da 47
Oizé 72 47 Aa 62
Oizon 18 65 Cd 64
Olargues 34 143 Cf 87
Olby 63 92 Cf 74
Olcani 2B 157 Kc 92
Oléac-Deblat 65 139 Aa 89
Oléac-Dessus 65 139 Ab 90
Olemps 12 115 Cd 82
Olendon 14 30 Zf 55
Oletta 2B 157 Kc 93
Olette 66 153 Cb 93
Olivese 2A 159 Ka 97
Olivet 45 49 Bf 61
Olivet 53 46 Za 60
Olizy 51 35 De 54
Olizy-Primat 08 20 Ee 52
Olizy-sur-Chiers 55 21 Fb 51
Ollainville 88 54 Fe 59
Ollainville 91 33 Cb 57
Ollans 25 70 Gb 64
Ollé 28 49 Bb 58
Olley 54 37 Fe 54
Ollezy 02 18 Da 50
Ollières 83 147 Fe 88
Ollières, Les 74 96 Gb 73
Ollières-sur-Eyrieux, Les 07 118 Ed 80
Olliergues 63 105 Dd 74
Ollioules 83 147 Ff 90
Olliviers, Les 05 120 Gb 81
Olloix 63 104 Da 75
Olmes, Les 69 94 Ed 73
Olmet 63 105 Dd 74
Olmeta-di-Capocorso 2B 157 Kc 92
Olmeta-di-Tuda 2B 157 Kc 93
Olmet-et-Villecun 34 129 Db 86
Olmeto 2A 158 If 98
Olmi-Cappela 2B 156 Ka 93
Olmiccia 2A 159 Ka 98
Olmo 2B 157 Kc 94
Olonne-sur-Mer 85 73 Yb 69
Olonzac 34 142 Ce 89
Oloron-Sainte-Marie 64 137 Zc 89
Ols-et-Rinhodes 12 114 Bf 82
Olwisheim 67 40 Hd 56
Omblèze 26 119 Fb 79
Omécourt 60 16 Bf 51
Omelmont 54 55 Ga 57
Omergues, Les 04 132 Fd 83
Omerville 95 32 Be 54
Omessa 2B 157 Kb 94
Omet 33 111 Ze 81
Omex 65 138 Zf 90
Omey 51 36 Ec 55
Omicourt 08 20 Ee 51
Omiécourt 80 18 Cf 50
Omissy 02 18 Db 49
Omméel 61 30 Aa 56
Ommeray 57 39 Ge 56
Ommoy 61 30 Zf 55
Omont 08 20 Ee 51
Omonville 76 15 Ba 50
Omonville-la-Petite 50 12 Ya 50
Omonville-la-Rogue 50 12 Ya 50
Omps 15 115 Cb 79
Oms 66 154 Ce 93
Onans 25 71 Gd 63
Onard 40 123 Za 86
Onay 70 69 Fe 64
Oncieu 01 95 Fc 73
Oncourt 88 55 Gc 59
Oncy-sur-Ecole 91 50 Cc 58
Ondefontaine 14 29 Zb 55
Ondes 31 126 Bb 86
Ondres 40 122 Yd 87
Ondreville-sur-Essonne 45 50 Cc 59
Onesse-et-Laharie 40 123 Yf 84
Onet-le-Château 12 115 Cd 82
Oneux 80 7 Bf 48
Ongles 04 132 Fe 84
Onglières 39 84 Ga 68
Onjon 10 52 Eb 58
Onlay 58 81 Df 67
Onnaing 59 9 Dd 46
Onnion 74 96 Gc 72
Onoz 39 83 Fd 70
Ons-en-Bray 60 16 Bf 52
Onville 54 38 Ff 54
Onzain 41 63 Bb 64
Oô 31 151 Ad 92
Oost-Cappel 59 4 Cd 43
Opio 06 134 Gf 86
Opoul-Périllos 66 154 Cf 91
Oppède-le-Vieux 84 132 Fa 85
Oppedette 04 132 Fd 85
Oppenans 70 70 Gc 63
Oppy 62 8 Cf 46
Oraàs 64 137 Za 88
Oradour 15 116 Cf 79
Oradour 16 88 Zf 73
Oradour-Fanais 16 89 Ae 72
Oradour-Saint-Genest 87 89 Ba 71
Oradour-sur-Glane 87 89 Ba 73
Oradour-sur-Vayres 87 89 Af 74
Orain 21 69 Fc 63
Orainville 02 19 Ea 52
Oraison 04 133 Ff 85
Orange 84 131 Ee 84
Orbagna 39 83 Fc 69
Orbais 51 35 De 55
Orban 81 127 Ca 85
Orbec 14 30 Ac 54
Orbeil 63 104 Db 75
Orbessan 32 139 Ad 87
Orbey 68 56 Ha 60
Orbigny 37 64 Bb 65
Orbigny-au-Mont 52 54 Fc 61
Orbigny-au-Val 52 54 Fc 61
Orbrie, L' 85 75 Zb 70
Orçay 41 65 Ca 65
Orcemont 78 32 Be 57
Orcet 63 104 Da 74
Orcevaux 52 69 Fb 62
Orchaise 41 63 Bb 63
Orchamps 39 69 Fd 66
Orchamps-Vennes 25 71 Gd 66
Orches 86 76 Ab 67
Orchies 59 8 Db 46
Orcier 74 96 Gd 71
Orcières 05 120 Gb 80
Orcinas 26 119 Fa 81
Orcines 63 92 Da 74
Orcival 63 103 Cf 74
Orconte 51 36 Ee 56
Ordan-Larroque 32 125 Ac 86
Ordiarp 64 137 Za 89
Ordino (AND) 152 Bd 93
Ordizan 65 139 Aa 90
Ordonnac 33 98 Za 77
Ordonnaz 01 95 Fd 74
Ore 31 139 Ad 91
Orègue 64 137 Yf 88
Oreilla 66 153 Cb 93
Orelle 73 109 Gd 77
Oresmaux 80 17 Cb 50
Organ 65 139 Ac 89
Orgedeuil 16 88 Ac 74
Orgeix 09 153 Bf 92
Orgelet 39 83 Fd 69
Orgères 35 45 Yb 61
Orgères 61 30 Ac 56

Neuvicq — Orgères (F) 189

Petite-Rosselle **57** 39 Gf 53
Petites-Armoises, Les **08** 20 Ee 51
Petites-Loges, Les **51** 35 Eb 54
Petite-Verrière, La **71** 81 Ea 66
Petit-Failly **54** 21 Fd 52
Petit-Fayt **59** 9 De 48
Petit-Fougeray, Le **35** 45 Yc 61
Petit-Landau **68** 71 Hd 62
Petit-Mars **44** 60 Yd 64
Petit-Mesnil **10** 53 Ed 58
Petitmont **54** 39 Gf 57
Petit-Noir **39** 83 Fc 67
Petit-Palais-et-Cornemps **33** 99 Zf 79
Petit-Pressigny, Le **37** 77 Af 67
Petit-Quevilly, Le **76** 15 Ba 52
Petit-Réderching **57** 39 Hb 54
Petit-Tenquin **57** 39 Gf 55
Petit-Verly **02** 9 Dd 49
Petiville **14** 14 Ze 53
Petiville **76** 15 Ad 52
Petosse **85** 75 Za 70
Petreto-Bicchisano **2A** 159 If 98
Pettoncourt **57** 38 Gc 56
Pettonville **54** 39 Ge 57
Peujard **33** 99 Zd 78
Peumérit **29** 41 Ve 61
Peumerit-Quintin **22** 26 We 58
Peuplingues **62** 3 Be 43
Peuton **53** 46 Zb 61
Peuvillers **55** 21 Fc 52
Peux-et-Couffouleux **12** 128 Cf 86
Pévange **57** 38 Gd 55
Pévy **51** 19 Df 53
Pexiora **11** 141 Ca 89
Pexonne **54** 56 Gf 58
Pey **40** 123 Ye 87
Peymeinade **06** 134 Gf 87
Peynier **13** 146 Fd 88
Peypin **13** 146 Fd 88
Peypin-d'Aigues **84** 132 Fd 86
Peyrabout **23** 90 Bf 72
Peyrat, Le **09** 153 Bf 91
Peyrat-de-Bellac **87** 89 Ba 72
Peyrat-la-Nonière **23** 91 Cb 72
Peyrat-le-Château **87** 90 Be 74
Peyratte, La **79** 76 Zf 68
Peyraube **65** 139 Ab 89
Peyre **40** 124 Zc 87
Peyrecave **32** 126 Ae 85
Peyrefitte-du-Razès **11** 141 Ca 90
Peyrefitte-sur-l'Hers **11** 141 Be 89
Peyregoux **81** 128 Cb 86
Peyrehorade **40** 123 Yf 87
Peyreleau **12** 129 Db 83
Peyrelevade **19** 90 Ca 75
Peyrelongue-Abos **64** 138 Zf 88
Peyrens **11** 141 Bf 88
Peyrestortes **66** 154 Cf 92
Peyret-Saint-André **65** 139 Ad 89
Peyriac-de-Mer **11** 143 Cf 90
Peyriac-Minervois **11** 142 Cd 89
Peyriat **01** 95 Fd 72
Peyrière **47** 112 Ab 81
Peyrieu **01** 107 Fe 74
Peyrilhac **87** 89 Ba 73
Peyrillac-et-Millac **24** 113 Bc 79
Peyrilles **46** 113 Bc 81
Peyrins **26** 106 Fa 78
Peyrissac **19** 102 Be 75
Peyrissas **31** 140 Af 89
Peyrole **81** 127 Bf 86
Peyroles **30** 130 Df 84
Peyrolles **11** 153 Cb 91
Peyrolles-en-Provence **13** 132 Fd 87
Peyroud **07** 106 Ee 77
Peyroules **04** 134 Gd 86
Peyrouse **65** 138 Zf 90
Peyrouzet **31** 140 Af 89
Peyruis **04** 133 Ff 84
Peyrun **65** 139 Ab 89
Peyrus **26** 119 Fa 79
Peyrusse **15** 104 Da 77
Peyrusse-Grande **32** 125 Ab 87
Peyrusse-le-Roc **12** 114 Ca 82
Peyrusse-Massas **32** 125 Ad 86
Peyrusse-Vieille **32** 125 Ab 87
Peyssies **31** 140 Bb 89
Peyzac-le-Moustier **24** 101 Ba 79
Peyzieux-sur-Saône **01** 94 Ee 72
Pézarches **77** 34 Cf 56
Pezé-le-Robert **72** 47 Zf 59
Pézenas **34** 143 Dc 88
Pézènes-les-Mines **34** 143 Db 87
Pezens **11** 142 Cb 89
Pezou **41** 48 Ba 61
Pezuls **24** 113 Ae 79
Pézy **28** 49 Bd 59
Pfaffenheim **68** 56 Hb 61
Pfaffenhoffen **67** 40 Hd 55
Pfalzweyer **67** 39 Hb 56
Pfastatt **68** 71 Hb 62
Pfettisheim **67** 40 Hd 56
Pfirt = Ferrette **68** 72 Hb 63
Pfulgriesheim **67** 40 Hd 57
Phaffans **90** 71 Gf 63
Phalempin **59** 8 Da 45
Phalsbourg **57** 39 Hb 56
Philippsbourg **57** 40 Hd 55
Philondenx **40** 124 Zd 87
Phlin **54** 38 Gb 55
Pia **66** 154 Cf 92
Piacé **72** 47 Aa 59
Piana **2A** 158 Id 95
Pianello **2B** 157 Kb 93
Pianello **2B** 159 Kc 95
Pian-Médoc, Le **33** 99 Zc 79
Piano **2B** 157 Kc 94
Pianotolli-Caldarello **2A** 160 Kb 100
Piards, Les **39** 84 Ff 70
Piazzali **2B** 159 Kc 95
Piazzole **2B** 157 Kc 94
Piblange **57** 22 Gc 53
Pibrac **31** 126 Bb 87
Picarreau **39** 84 Fe 68
Picauville **50** 12 Yd 52
Pichanges **21** 69 Fa 64
Picherande **63** 103 Ce 76
Picquigny **80** 7 Ca 49
Pied-de-Borne **48** 117 Df 82
Piedicorte-di-Gaggio **2B** 159 Kc 95
Piedicroce **2B** 157 Kc 94
Piedigriggio **2B** 157 Kb 94
Piedipartino **2B** 157 Kc 94
Pie d'Orezza **2B** 157 Kc 94
Piégon **26** 132 Fa 83
Piégros-la-Clastre **26** 119 Fa 80
Piégut **04** 120 Ga 82
Piégut-Pluviers **24** 101 Ae 75
Piencourt **27** 30 Ac 54
Piennes **54** 21 Fe 53
Piennes **80** 17 Cd 51
Pierlas **06** 134 Ha 85
Pierre-Bénite **69** 94 Ee 74
Pierre-Buffière **87** 89 Bc 74
Pierre-Châtel **38** 119 Fe 79
Pierreclos **71** 94 Ee 71
Pierrecourt **70** 69 Fd 63
Pierrecourt **76** 16 Bd 49
Pierre-de-Bresse **71** 83 Fb 67
Pierrefeu **06** 134 Ha 85
Pierrefeu-du-Var **83** 147 Ga 89
Pierrefiche **12** 115 Cd 80
Pierrefiche **12** 116 Cf 82
Pierrefiche **12** 129 Db 84
Pierrefiche **48** 117 De 80
Pierrefitte **19** 102 Bd 76
Pierrefitte **23** 90 Bf 72
Pierrefitte **23** 91 Cb 72
Pierrefitte **79** 75 Ze 67
Pierrefitte **88** 55 Gb 59
Pierrefitte-en-Auge **14** 14 Ab 53
Pierrefitte-en-Beauvaisis **60** 16 Bf 52
Pierrefitte-en-Cinglais **14** 29 Zd 55
Pierrefitte-lès-Bois **45** 65 Ce 63
Pierrefitte-Nestalas **65** 138 Zf 91
Pierrefitte-sur-Aire **55** 37 Fb 55
Pierrefitte-sur-Loire **03** 81 De 69
Pierrefitte-sur-Sauldre **41** 65 Ca 63
Pierrefitte-sur-Seine **93** 33 Cc 55
Pierrefonds **60** 18 Cf 52
Pierrefontaine-lès-Blamont **25** 71 Gf 64
Pierrefontaine-les-Varans **25** 71 Gd 65
Pierrefort **15** 115 Cf 79
Pierregot **80** 7 Cc 48
Pierre-la-Treiche **54** 38 Ff 57
Pierrelatte **26** 118 Ee 82
Pierrelaye **95** 33 Ca 54
Pierre-Levée **77** 34 Da 55
Pierrelongue **26** 132 Fb 83
Pierremande **02** 18 Db 51
Pierremont **62** 7 Cb 46
Pierre-Morains **51** 35 Ea 55
Pierre-Percée **54** 56 Gf 58
Pierre-Perthuis **89** 67 De 64
Pierrepont **02** 19 De 51
Pierrepont **14** 30 Ze 55
Pierrepont **54** 21 Fe 52
Pierrepont-sur-Avre **80** 17 Cd 50
Pierrepont-sur-l'Arentèle **88** 55 Gd 59
Pierrerue **04** 133 Ff 85
Pierrerue **34** 143 Cf 88
Pierres **14** 29 Zb 55
Pierres **28** 32 Bd 57
Pierreval **76** 16 Bb 51
Pierrevert **04** 133 Fe 86
Pierreville **50** 12 Yb 52
Pierreville **54** 38 Ga 57
Pierrevillers **57** 22 Ga 53
Pierric **44** 60 Yb 62
Pierroton **33** 110 Zb 80
Pierry **51** 35 Df 54
Pietracorbara **2B** 157 Kc 91
Pietra-di-Verde **2B** 159 Kc 95
Pietralba **2B** 157 Kb 93
Pietraserena **2B** 159 Kc 95
Pietricaggio **2B** 159 Kc 95
Pietrosella **2A** 158 If 97
Pietroso **2B** 159 Kb 96
Piets-Plasence-Moustrou **64** 124 Zc 87
Pieusse **11** 142 Cb 90
Pieux, Les **50** 12 Yb 51
Pieve **2B** 156 Ie 94
Pieve **2B** 157 Kb 93
Piffonds **89** 51 Da 60
Pigna **2B** 156 If 93
Pignan **34** 144 De 87
Pignans **83** 147 Gb 89
Pignicourt **02** 19 Ea 52
Pignols **63** 104 Db 75
Pigny **18** 65 Cc 65
Pihem **62** 3 Cb 44
Pihen-lès-Guînes **62** 3 Be 43
Pila-Canale **2A** 158 If 98
Pillac **16** 100 Ab 77
Pillemoine **39** 84 Ff 68
Pilles, Les **26** 119 Fb 82
Pillon **55** 21 Fd 52
Pimbo **40** 124 Zd 87
Pimelles **89** 52 Eb 61
Pimprez **60** 18 Cf 51
Pin **70** 70 Ff 65
Pin, Le **03** 93 Df 70
Pin, Le **14** 14 Ac 53
Pin, Le **17** 99 Ze 77
Pin, Le **30** 131 Ed 84
Pin, le **36** 78 Bd 69
Pin, Le **38** 107 Fc 76
Pin, Le **39** 83 Fd 68
Pin, le **44** 59 Xe 64
Pin, Le **44** 60 Yf 63
Pin, Le **77** 33 Cd 55
Pin, Le **79** 75 Zc 67
Pin, Le **82** 126 Af 84
Pinas **65** 139 Ac 90
Pin-au-Haras, Le **61** 30 Aa 56
Pinay **42** 93 Ea 73
Pin-Balma **31** 127 Bd 87
Pincé **72** 46 Zd 62
Pindères **47** 111 Aa 83
Pindray **86** 77 Ae 70
Pineaux, Les **85** 74 Ye 69
Pinel-Hauterive **47** 112 Ad 82
Pin-en-Mauges, Le **49** 61 Za 65
Pinet **34** 143 Dd 88
Pineuilh **33** 112 Ab 80
Piney **10** 52 Ec 58
Pin-la-Garenne, Le **61** 48 Ad 58
Pin-Murelet, Le **31** 140 Ba 88
Pino **2B** 157 Kc 91
Pinols **43** 104 Dc 78
Pinon **02** 18 Dc 52
Pinsac **46** 114 Bd 79
Pinsaguel **31** 140 Bc 87
Pins-Justaret **31** 140 Bc 88
Pinsot **38** 108 Ga 76
Pintac **65** 138 Zf 89
Pinterville **27** 31 Bb 53
Pintheville **55** 37 Fd 54
Pinthières, les **28** 32 Bd 56
Piobetta **2B** 157 Kc 94
Pioggiola **2B** 156 Ka 93
Piolenc **84** 118 Ee 83
Pionnat **23** 90 Ca 71
Pionsat **63** 91 Ce 72
Pioussay **79** 88 Aa 72
Pipriac **35** 44 Ya 62
Piquecos **82** 126 Bb 84
Pirajoux **01** 95 Fb 70
Piré-sur-Seiche **35** 45 Yd 60
Pirey **25** 70 Ff 65
Piriac-sur-Mer **44** 59 Xc 64
Pirmil **72** 47 Zf 61
Pirou **50** 12 Yc 53
Pis **32** 125 Ae 86
Pis **32** 139 Ac 87
Pisany **17** 87 Zb 74
Piseux **27** 31 Af 56
Pisieu **38** 106 Fa 76
Pisseleu **60** 17 Ca 51
Pisseloup **52** 54 Fe 62
Pisseure, La **70** 55 Gb 61
Pissos **40** 110 Zb 83
Pissotte **85** 75 Zb 70
Pissy **80** 17 Ca 49
Pissy-Pôville **76** 15 Af 51
Pisy **89** 67 Ea 63
Pithiviers **45** 50 Cb 59
Pithiviers-le-Vieil **45** 50 Cb 60
Pithon **02** 18 Da 50
Pîtres **27** 16 Bb 53
Pittefaux **62** 3 Be 44
Pizay **01** 95 Fa 73
Pizieux **72** 47 Ac 59
Pizou, Le **24** 100 Aa 78
Pla, Le **09** 153 Ca 92
Plabennec **29** 24 Vd 57
Placé **53** 46 Zb 59
Places, les **27** 30 Ac 54
Placey **25** 70 Ff 65
Plachy-Buyon **80** 17 Cb 50
Placy **14** 29 Zd 55
Placy-Montaigu **50** 29 Za 54
Plagne **01** 95 Fe 71
Plagne **31** 140 Ba 90
Plagne, La **73** 109 Ge 75
Plagnole **31** 140 Ba 88
Plaigne **11** 141 Be 89
Plailly **60** 33 Cd 54
Plaimbois-du-Miroir **25** 71 Gd 65
Plaimbois-Vennes **25** 71 Gd 65
Plaine **67** 56 Ha 58
Plaine, La **49** 61 Zc 66
Plaine-de-Walsch **57** 39 Ha 56
Plaine Haute **22** 26 Xa 58
Plaines-Saint-Lange **10** 53 Ec 61
Plaine-sur-Mer, La **44** 59 Xe 66
Plainfaing **88** 56 Ha 59
Plainfaing, Le **88** 56 Gf 60
Plainoiseau **39** 83 Fd 68
Plainpalais, La **73** 108 Ga 75
Plains-et-Grands-Essarts, Les **25** 71 Gf 65
Plaintel **22** 26 Xb 58
Plainval **60** 17 Cc 51
Plainville **27** 31 Ad 54
Plainville **60** 17 Cc 51
Plaisance **12** 128 Cd 85
Plaisance **32** 124 Aa 87
Plaisance **86** 89 Af 71
Plaisance-du-Touch **31** 140 Bb 87
Plaisia **39** 83 Fd 69
Plaisians **26** 132 Fb 83
Plaisir **78** 32 Bf 56
Plaissan **34** 143 Dd 87
Plaizac **16** 87 Zf 74
Plan **38** 107 Fc 77
Plan, Le **31** 140 Ba 90
Plan, Le **83** 134 Gd 87
Planay **21** 68 Ec 62
Planche, La **44** 60 Yd 66
Plancher-Bas **70** 71 Ge 62
Plancher-les-Mines **70** 71 Ge 62
Planches **61** 30 Ac 56
Planches-en-Montagne, les **39** 84 Gb 69
Planches-près-Arbois, Les **39** 84 Fe 67
Plancoët **22** 27 Xe 57
Plancy-l'Abbaye **10** 35 Df 57
Plan-d'Aups **83** 146 Fe 88
Plan-de-Baix **26** 119 Fa 80
Plan-de-Cuques **13** 146 Fc 88
Plan-d'Orgon **13** 131 Ef 86
Planès **66** 153 Ca 94
Planey, Le **73** 109 Gd 75
Planèzes **66** 154 Cd 92
Planfoy **42** 106 Ec 76
Planguenoual **22** 27 Xc 57
Planioles **46** 114 Ca 81
Planois, Le **71** 83 Fc 68
Planquay, le **27** 30 Ac 54
Planquery **14** 13 Za 54
Planques **62** 7 Ca 46
Planrupt **52** 53 Ee 57
Plans, Les **30** 130 Eb 84
Plans, Les **34** 129 Db 86
Plantay, Le **01** 95 Fa 72
Plantiers, les **30** 130 De 84
Plantis, le **61** 31 Ac 57
Planty **10** 52 Dd 59
Planzolles **07** 117 Ea 82
Plasne **39** 83 Fe 68
Plasnes **27** 31 Ad 54
Plassac **17** 99 Zc 76
Plassac **33** 99 Zc 78
Plassac-Rouffiac **16** 100 Aa 75
Plassay **17** 87 Zb 74
Plateau-d'Assy **74** 97 Ge 73
Plats **07** 118 Ee 78
Plaudren **56** 43 Xb 62
Plauzat **63** 104 Db 75
Plavilla **11** 141 Bf 90
Plazac **24** 101 Ba 78
Pleaux **15** 103 Cb 78
Pléboulle **22** 27 Xe 57
Pléchâtel **35** 45 Yb 61
Plédéliac **22** 27 Xd 58
Plédran **22** 26 Xb 58
Pléguien **22** 26 Xa 57
Pléhédel **22** 26 Xa 56
Pleine-Fougères **35** 28 Yc 57
Pleine-Selve **02** 18 Dd 50
Pleine-Selve **33** 99 Zc 77
Pleine-Sève **76** 15 Ae 50
Pleines-Œuvres **14** 29 Za 55
Plélan-le-Grand **35** 44 Xf 61
Plélan-le-Petit **22** 27 Xe 58
Plélauff **22** 43 We 59
Plélo **22** 26 Xa 57
Plémet **22** 43 Xc 59
Plémy **22** 43 Xb 58
Plenée-Jugon **22** 27 Xd 58
Pléneuf-Val-André **22** 27 Xc 57
Plénise **39** 84 Ga 68
Plerguer **35** 28 Ya 57
Plérin **22** 26 Xb 57
Plerneuf **22** 26 Xa 57
Plescop **56** 43 Xa 62
Plesder **35** 27 Ya 58
Plésidy **22** 26 Wf 58
Pleslin-Trigavou **22** 27 Xf 57
Plessala **22** 43 Xc 59
Plessé **44** 59 Ya 63
Plessier, Le **80** 17 Cc 50
Plessier-Huleu, Le **02** 18 Dc 53
Plessier-sur-Bulles, Le **60** 17 Cb 51
Plessier-sur-Saint-Just, Le **60** 17 Cc 51
Plessis-Balisson **22** 27 Xf 57
Plessis-Barbuise **10** 35 Dd 57
Plessis-Belleville, Le **60** 33 Ce 54
Plessis-Brion, Le **60** 18 Cf 52
Plessis-Cornefroy, Le **60** 18 Ce 53
Plessis-de-Roye **60** 18 Cf 51
Plessis-Dorin, Le **41** 48 Af 60
Plessis-Feu-Aussoux, Le **77** 34 Da 56
Plessis-Gassot, Le **95** 33 Cc 54
Plessis-Grammoire, Les **49** 61 Zd 64
Plessis-Grimoult, Le **14** 29 Zc 55
Plessis-Grohan, Le **27** 31 Ba 55
Plessis-Hébert, Le **27** 32 Bc 55
Plessis-Lastelle, Le **50** 12 Yd 53
Plessis-l'Echelle, Le **41** 49 Bc 62
Plessis-l'Evêque, Le **77** 34 Ce 54
Plessis-Luzarches, Le **95** 33 Cc 54
Plessis-Macé, Le **49** 61 Zb 63
Plessis-Pâté, Le **91** 33 Cb 57
Plessis-Placy, Le **77** 34 Cf 54
Plessis-Robinson, Le **92** 33 Cb 56
Plessis-Saint-Benoist **91** 49 Ca 58
Plessis-Sainte-Opportune, Le **27** 31 Af 54
Plessis-Saint-Jean **89** 51 Db 58
Plestan **22** 27 Xd 58
Plestin-les-Grèves **22** 25 Wc 57
Pleubian **22** 26 Wf 55
Pleucadeuc **56** 44 Xd 62
Pleudaniel **22** 26 Wf 56
Pleudihen-sur-Rance **22** 27 Ya 57
Pleugriffet **56** 43 Xb 61
Pleugueneuc **35** 27 Ya 58
Pleumartin **86** 77 Ae 68
Pleumeleuc **35** 44 Ya 59
Pleumeur-Bodou **22** 25 Wc 56
Pleumeur-Gautier **22** 26 Wf 56
Pleure **39** 83 Fc 67
Pleurs **51** 35 Df 56
Pleurtuit **35** 27 Xf 57
Pleuven **29** 42 Vf 61
Pleuvezain **88** 55 Ff 58
Pleuville **16** 88 Ac 72
Pléven **22** 27 Xe 58
Plévin **22** 42 Wc 59
Pleyben **29** 42 Wa 59
Pleyber-Christ **29** 25 Wa 57
Pliboux **79** 88 Aa 71
Plichancourt **51** 36 Ee 56
Plieux **32** 125 Ae 85
Plivot **51** 35 Ea 54
Plobannalec **29** 41 Ve 62
Plobsheim **67** 57 He 58
Ploemel **56** 43 Wf 63
Ploemeur **56** 42 Wd 62
Ploërdut **56** 43 We 60
Ploeren **56** 43 Xa 63
Ploërmel **56** 44 Xd 61
Plœuc-sur-Lié **22** 26 Xb 58
Ploéven **29** 41 Ve 60
Ploëzal **22** 26 We 56
Plogastel-Saint-Germain **29** 41 Ve 61
Plogoff **29** 41 Vc 60
Plogonnec **29** 41 Ve 60
Plomb **50** 28 Ye 56
Plombières-les-Bains **88** 55 Gc 61
Plombières-lès-Dijon **21** 68 Ef 64
Plomelin **29** 41 Vf 61
Plomeur **29** 41 Ve 61
Plomion **02** 19 Df 50
Plomodiern **29** 41 Ve 59
Ploneis **29** 41 Ve 60
Plonéour-Lanvern **29** 41 Ve 61
Plonévez-Porzay **29** 41 Ve 60
Plorec-sur-Arguenon **22** 27 Xe 58
Plouagat **22** 26 Xa 57
Plouaret **22** 25 Wd 57
Plouarzel **29** 24 Vb 58
Plouasne **22** 44 Xf 59
Plouay **56** 42 We 61
Ploubalay **22** 27 Xf 57
Ploubazlanec **22** 26 Wf 56
Ploubezre **22** 25 Wd 56
Ploudalmézeau **29** 24 Vc 57
Ploudaniel **29** 24 Ve 57
Ploudiry **29** 25 Vf 58
Plouëc-du-Trieux **22** 26 We 56
Plouédern **29** 24 Ve 58
Plouégat-Guérand **29** 25 Wb 57
Plouégat-Moysan **29** 25 Wc 57
Plouénan **29** 25 Wa 57
Plouër-sur-Rance **22** 27 Ya 57
Plouescat **29** 25 Vf 57
Plouézec **22** 26 Xa 56
Plouézoch **29** 25 Wb 57
Ploufragan **22** 26 Xb 58
Plougar **29** 25 Vf 57
Plougasnou **29** 25 Wb 56
Plougastel-Daoulas **29** 24 Vd 58
Plougonvelin **29** 24 Vb 58
Plougonven **29** 25 Wb 57
Plougonver **22** 26 Wd 58
Plougoulm **29** 25 Vf 56
Plougoumelen **56** 43 Xa 63
Plougourvest **29** 25 Vf 57
Plougras **22** 25 Wc 57
Plougrescant **22** 26 We 55
Plouguenast **22** 43 Xb 59
Plouguer, Carhaix- **29** 42 Wc 59
Plouguerneau **29** 24 Vd 57
Plouguernével **22** 43 We 59
Plouguiel **22** 26 We 56
Plouguin **29** 24 Vc 57
Plouha **22** 26 Xa 56
Plouharnel **56** 58 Wf 63
Plouhinec **29** 41 Vc 60
Plouhinec **56** 43 We 62
Plouider **29** 24 Ve 57
Plouigneau **29** 25 Wb 57
Plouisy **22** 26 We 57
Ploulec'h **22** 25 Wd 56
Ploumagoar **22** 26 We 57
Ploumanac'h **22** 25 Wd 56
Ploumilliau **22** 25 Wc 56
Ploumoguer **29** 24 Vb 58
Plounéour-Menez **29** 25 Wa 58
Plounéour-Trez **29** 24 Ve 57
Plounérin **22** 25 Wc 57
Plounéventer **29** 24 Ve 57
Plounévez-du-Faou **29** 42 Wb 59
Plounévézel **29** 25 Wc 59
Plounevez-Lochrist **29** 24 Ve 57
Plounevez-Moëdec **22** 25 Wd 57
Plounévez-Quintin **22** 43 We 59
Plourac'h **22** 25 Wc 58
Plouray **56** 42 Wd 60
Plourhan **22** 26 Xa 57
Plourin **29** 24 Vb 57
Plourin-lès-Morlaix **29** 25 Wb 57
Plourivo **22** 26 Wf 56
Plouvain **62** 8 Cf 47
Plouvara **22** 26 Xa 57
Plouvien **29** 24 Vd 57
Plouvorn **29** 25 Vf 57
Plouyé **29** 25 Wb 59
Plouzané **29** 24 Vc 58
Plouzélambre **22** 25 Wc 57
Plouzévédé **29** 25 Vf 57
Plovan **29** 41 Vd 61
Ployart-et-Vaurseine **02** 19 De 52
Ployron, Le **60** 17 Cd 51
Plozévet **29** 41 Vd 61
Pluduno **22** 27 Xe 57
Plufur **22** 25 Wc 57
Pluguffan **29** 41 Ve 61
Pluherlin **56** 44 Xd 62
Plumaudan **22** 44 Xf 58
Plumaugat **22** 44 Xe 59
Plumelec **56** 43 Xc 61
Pluméliau **56** 43 Xa 61
Plumelin **56** 43 Xa 61
Plumergat **56** 43 Xa 62
Plumetot **14** 14 Zd 53
Plumieux **22** 43 Xc 60
Plumont **39** 69 Fe 66
Plurien **22** 27 Xd 57
Plusquellec **22** 25 Wd 58
Plussulien **22** 43 Wf 59
Pluvault **21** 69 Fa 65
Pluvet **21** 69 Fa 65
Pluvigner **56** 43 Wf 62
Pluzunet **22** 26 Wd 57
Pocancy **51** 35 Ea 55
Pocé-les-Bois **35** 45 Ye 60
Podensac **33** 111 Zd 81
Poë-Sigillat, Le **26** 119 Fb 82
Poët, Le **05** 120 Gc 81
Poët, Le **05** 133 Ff 83
Poët-Célard, Le **26** 119 Fa 81
Poët-Laval, Le **26** 118 Fa 81
Pœuilly **80** 18 Da 49
Poey-de-Lescar **64** 138 Zd 88
Poey-d'Oloron **64** 137 Zb 89
Poëzat **03** 92 Db 72
Poggio-di-Nazza **2B** 159 Kb 96
Poggio-di-Venaco **2B** 159 Kb 95
Poggio-d'Oletta **2B** 157 Kc 93
Poggiolo **2A** 158 If 95
Poggio-Marinaccio **2B** 157 Kc 94
Poggio-Mezzana **2B** 157 Kd 94
Pogny **51** 36 Ec 55
Poids-de-Fiole **39** 83 Fd 69
Poigny **77** 34 Db 57
Poigny-la-Forêt **78** 32 Be 56
Poil **58** 81 Ea 67
Poilcourt-Sydney **08** 19 Ea 52
Poilhes **34** 143 Da 89
Poillé-sur-Vègre **72** 46 Ze 61
Poilley **35** 28 Ye 58
Poilley **50** 28 Ye 57
Poilly **51** 35 De 53
Poilly-lez-Gien **45** 65 Cd 62
Poilly-sur-Serein **89** 67 Df 62
Poilly-sur-Tholon **89** 51 Dc 61
Poinçon-lès-Larrey **21** 53 Ec 61
Poinçonnet, Le **36** 78 Be 68
Poincy **77** 34 Cf 55
Poinsenot **52** 69 Fa 62
Poinson-lès-Fayl **52** 69 Fd 62
Poinson-lès-Grancey **52** 68 Ef 62
Poinson-lès-Nogent **52** 54 Fc 61
Pointel **61** 29 Zd 56
Pointis-de-Rivière **31** 139 Ad 90
Pointis-Inard **31** 139 Ae 90
Pointre **39** 69 Fd 65
Pointvillers **25** 84 Ff 66
Poinville **28** 49 Bf 59
Poiré-sur-Velluire, Le **85** 75 Za 70
Poiré-sur-Vie, Le **85** 74 Yc 68
Poiseul **52** 54 Fc 61
Poiseul-la-Grange **21** 68 Ee 63
Poiseul-la-Ville-et-Laperrière **21** 68 Ee 63
Poiseul-lès-Saulx **21** 68 Ef 63
Poiseux **58** 80 Db 66
Poiseux **58** 81 Df 67
Poislay, Le **41** 48 Ba 60
Poisoux **39** 95 Fc 70
Poisson **71** 93 Ea 70
Poissons **52** 54 Fb 58
Poissy **78** 33 Ca 55
Poisvilliers **28** 32 Bc 57
Poitevinière, La **49** 61 Za 65
Poitiers **86** 76 Ac 69
Poivres **10** 35 Eb 56
Poix **51** 36 Ed 55
Poix-de-Picardie **80** 17 Bf 50
Poix-du-Nord **59** 9 Dd 47
Poix-Terron **08** 20 Ed 51
Poizat, Le **01** 95 Fe 72
Polaincourt-et-Clairefontaine **70** 55 Ga 61
Polastron **31** 140 Af 89
Polastron **32** 140 Af 87
Poléon **17** 87 Zb 72
Polhay **60** 16 Bf 51
Poliénas **38** 107 Fc 77
Polignac **17** 99 Ze 77
Polignac **43** 105 Df 78
Poligné **35** 45 Yb 61
Poligny **05** 120 Ga 80
Poligny **10** 53 Ec 59
Poligny **39** 83 Fe 67
Poligny **77** 50 Ce 59
Polincove **62** 3 Ca 43
Polisot **10** 53 Ec 60
Polisy **10** 53 Ec 60
Pollestres **66** 154 Cf 93
Polliat **01** 95 Fa 71
Pollieu **01** 95 Fe 74
Pollionnay **69** 94 Ed 74
Polminhac **15** 115 Cd 79
Polveroso **2B** 157 Kc 94
Pomacle **51** 19 Ea 52
Pomarède **46** 113 Bb 81
Pomarez **40** 123 Za 87
Pomas **11** 142 Cb 90
Pomayrols **12** 116 Da 82
Pomerol **33** 111 Ze 79
Pomérols **34** 143 Dd 88
Pomeys **69** 106 Ec 75
Pommard **21** 82 Ee 66
Pommera **62** 7 Cc 47
Pommeraie-sur-Sèvre, La **85** 75 Zb 67
Pommeraye, La **49** 61 Za 64
Pommeret **22** 26 Xc 58
Pommereuil **59** 9 Dd 48
Pommereux **76** 16 Bd 51
Pommeréval **76** 16 Bb 50
Pommerieux **53** 46 Za 62
Pommérieux **57** 38 Gb 55
Pommerit-Jaudy **22** 26 We 56
Pommerit-le-Vicomte **22** 26 Wf 57
Pommerol **26** 119 Fc 82
Pommeuse **77** 34 Da 56
Pommevic **82** 126 Af 84
Pommier **62** 8 Cd 47
Pommiers **02** 18 Db 52
Pommiers **30** 129 Dd 85
Pommiers **36** 78 Bd 69
Pommiers **42** 93 Ea 74
Pommiers **69** 94 Ee 73
Pommiers-la-Placette **38** 107 Fd 77
Pommiers-Moulons **17** 99 Zd 77
Pommieur-de-Beaurepaire **38** 107 Fa 76
Pomoy **70** 70 Gc 63
Pompaire **79** 76 Ze 69
Pompéjac **33** 111 Ze 82
Pompertuzat **31** 141 Bd 88
Pompey **54** 38 Ga 56
Pompiac **32** 140 Ba 87
Pompidou, Le **48** 130 Dd 83
Pompierre **88** 54 Fe 59
Pompierre-sur-Doubs **25** 71 Gd 64
Pompiey **47** 125 Ab 83
Pompignan **30** 130 Df 85
Pompignan **82** 126 Bb 86
Pompogne **47** 112 Aa 83
Pomponne **77** 33 Ce 55
Pomport **24** 112 Ac 80
Pomps **64** 138 Zc 88
Poncé-sur-le-Loir **72** 63 Ad 62
Poncey-lès-Athée **21** 69 Fc 65
Ponchel, Le **62** 7 Ca 47
Ponches-Estruval **80** 7 Bf 47
Ponchon **60** 17 Cb 52
Poncin **01** 95 Fc 72
Poncins **42** 93 Ea 74
Pondaurat **33** 111 Zf 81
Pondy, Le **18** 79 Cd 68
Ponlat-Taillebourg **31** 139 Ad 90
Pons **17** 99 Zc 75
Ponsan-Soubiran **32** 139 Ac 88
Ponsas **26** 106 Ef 78
Ponson-Debat-Pouts **64** 138 Zf 89
Ponson-Dessus **64** 138 Zf 89
Ponsonnas **38** 120 Fe 79
Pont, le **21** 69 Fa 65
Pontacq **64** 138 Zf 89
Pontailler-sur-Saône **21** 69 Fc 65
Pontaix **26** 119 Fb 80
Pont-à-Marcq **59** 8 Da 45
Pont-à-Mousson **54** 38 Ga 55
Pont-Arcy **02** 19 Dd 52
Pontarion **23** 90 Bf 73
Pontarlier **25** 84 Gc 67
Pontarmé **60** 33 Cd 54
Pontaubert **89** 67 Df 64
Pont-Audemer **27** 15 Ad 52
Pontault-Combault **77** 33 Cd 56
Pontaumur **63** 91 Ce 73
Pont-Authou **27** 15 Ae 53
Pont-Aven **29** 42 Wb 61
Pont-à-Vendin **62** 8 Cf 46
Pontavert **02** 19 De 52
Pont-Bellanger **14** 29 Za 55
Pontcarré **77** 33 Ce 56
Pontcey **70** 70 Ga 63
Pontchardon **61** 30 Ab 55
Pontcharra **38** 108 Ga 76
Pontcharra-sur-Turdine **69** 94 Ec 73
Pontcharraud **23** 91 Cb 73
Pontchâteau **44** 59 Xf 64
Pont-Chrétien-Chabenet **36** 78 Bc 69
Pontcirq **46** 113 Bb 81
Pont-Croix **29** 41 Vd 60
Pont-d'Ain **01** 95 Fc 72
Pont-de-Barret **26** 118 Fa 81
Pont-de-Beauvoisin, Le **73** 107 Fe 75
Pont-de-Buis-lès-Quimerch **29** 25 Vf 59
Pont-de-Chéruy **38** 95 Fb 74
Pont-de-Claix, Le **38** 107 Fe 78
Pont-de-Labeaume **07** 117 Eb 81
Pont-de-l'Arche **27** 15 Ba 53
Pont-de-l'Isère **26** 118 Ef 78
Pont-de-Metz **80** 17 Cb 49
Pont-de-Montvert, Le **48** 117 De 82
Pont-de-Planches, Le **70** 70 Ff 63
Pont-de-Poitte **39** 83 Fe 69
Pont-de-Roide **25** 71 Ge 64
Pont-de-Ruan **37** 63 Ad 65
Pont-de-Salars **12** 128 Ce 83
Pont-de-Vaux **01** 82 Ef 70
Pont-de-Veyle **01** 94 Ef 71
Pont-d'Héry **39** 84 Ff 67
Pont-d'Ouilly **14** 29 Zd 55
Pont-du-Bois **70** 55 Ga 61
Pont-du-Casse **47** 125 Ae 83
Pont-du-Château **63** 92 Db 74

Petite-Rosselle — Pont-du-Château (F) 191

Quœux-Haut-Maînil 62 7 Ca 47

R

Rabastens 81 127 Be 86
Rabatelière, La 85 74 Ye 67
Rabat-le-Trois-Seigneurs 09 152 Bd 91
Rablay-sur-Layon 49 61 Zc 65
Rabodanges 61 30 Ze 56
Rabou 05 120 Ga 81
Rabouillet 66 153 Cc 92
Racécourt 88 55 Gb 59
Rachecourt-sur-Marne 52 36 Fa 57
Râches 59 8 Da 46
Racines 10 52 Df 60
Racineuse, La 71 83 Fa 67
Racquinghem 62 3 Cc 44
Racrange 57 38 Ge 55
Raddon-et-Chapendu 70 55 Gc 61
Radenac 56 43 Xb 61
Radepont 27 16 Bb 52
Radinghem 62 7 Ca 45
Radinghem-en-Weppes 59 8 Cf 45
Radon 61 30 Aa 57
Radonvilliers 10 53 Ed 58
Raedersdorf 68 72 Hc 64
Raedersheim 68 56 Hb 61
Raffetot 76 15 Ad 51
Rahart 41 48 Ba 61
Rahay 72 48 Ae 61
Rahecourt-Suzemont 52 53 Ef 58
Rahling 57 39 Hb 55
Rahon 25 71 Gd 65
Rahon 39 83 Fc 67
Rai 61 31 Ad 56
Raids 50 12 Yd 53
Raillencourt-Saint-Olle 59 8 Db 47
Railleu 66 153 Cb 93
Raillicourt-Barbaise 08 20 Ed 51
Raillimont 02 19 Ea 50
Raimbeaucourt 59 8 Da 46
Raincheval 80 7 Cc 48
Raincourt 70 55 Ff 61
Raincy, Le 93 33 Cd 55
Rainfreville 76 15 Af 50
Rainneville 80 7 Cc 49
Rainsars 59 9 Df 48
Rainville 88 54 Ff 58
Rainvillers 60 17 Ca 52
Rairies, Les 49 62 Ze 63
Raismes 59 9 Dc 46
Raissac 09 153 Be 91
Raissac-d'Aude 11 142 Cf 89
Raissac-sur-Lampy 11 141 Ca 89
Raival 55 37 Fb 55
Raix 16 88 Aa 73
Raizeux 78 32 Be 57
Ramasse 01 95 Fc 71
Ramatuelle 83 148 Gd 89
Rambaud 05 120 Ga 81
Rambervillers 88 55 Gd 58
Rambluzin-et-Benoîte-Vaux 55 37 Fb 54
Rambouillet 78 32 Bf 57
Rambucourt 55 37 Fe 55
Ramburelles 80 7 Be 49
Rambures 80 7 Be 49
Ramecourt 62 7 Cb 46
Ramecourt 88 55 Ga 59
Ramerupt 10 52 Eb 57
Ramicourt 02 9 Dc 49
Ramillies 59 8 Cb 47
Rammersmatt 68 71 Ha 62
Ramonchamp 88 56 Ge 61
Ramonville-Saint-Agne 31 140 Bc 87
Ramoulu 45 50 Cb 59
Ramous 64 123 Za 87
Ramousies 59 9 Ea 48
Ramouzens 32 125 Ab 86
Rampan 50 12 Yf 54
Rampieux 24 113 Ae 80
Rampillon 77 34 Da 57
Rampoux 46 113 Bb 81
Rancé 01 94 Ef 73
Rancenay 25 70 Ff 65
Rancennes 08 10 Ee 48
Rances 10 53 Ed 58
Rancevelle 70 55 Ff 61
Ranchal 69 94 Ec 72
Ranchot 39 69 Fe 66
Ranchy 14 13 Zb 53
Rancon 87 89 Bb 72
Rançonnières 52 54 Fd 61
Rancourt 88 55 Ga 59
Rancourt-sur-Ornain 55 36 Ef 56
Rancy 71 83 Fa 69
Randan 63 92 Dc 72
Randens 73 108 Gb 75
Randevillers 25 71 Gd 65
Randonnai 61 31 Ae 57
Rânes 61 30 Ze 57
Rang 25 71 Gd 64
Rang-du-Fliers 62 6 Bd 46
Rangen-Hohengœft 67 40 Hc 56
Rannée 35 45 Ye 61
Ranrupt 67 56 Hb 58
Rans 39 69 Fe 66
Ransart 62 8 Ce 47
Ranspach 68 56 Ha 61
Ranspach-le-Bas 68 72 Hc 63
Ranspach-le-Haut 68 72 Hc 63
Rantechaux 25 70 Gc 66
Rantigny 60 17 Cc 52
Ranton 86 76 Zf 66
Rantzwiller 68 72 Hc 63
Ranville 14 14 Ze 53
Ranzières 55 37 Fc 54
Raon-aux-Bois 88 55 Gd 60
Raon-lès-Leau 54 39 Ha 57
Raon-l'Etape 88 56 Gf 58
Rapaggio 2B 157 Kc 94
Rapale 2B 157 Kb 93
Rapey 88 55 Gb 59
Rapilly 14 29 Ze 55
Rapsécourt 51 36 Ee 54
Raray 60 17 Ce 53
Rarécourt 55 36 Fa 54
Rasiguères 66 154 Cd 92
Raslay 86 62 Zf 66
Rasteau 84 131 Ef 83
Ratenelle 71 83 Fa 69
Ratte 71 83 Fb 69
Ratzwiller 67 39 Hb 55
Raucoules 43 105 Eb 77
Raucourt 54 38 Gb 55
Raucourt-au-Bois 59 9 De 47
Raucourt-et-Flaba 08 20 Ef 51
Raulecourt 55 37 Fe 56
Raulhac 15 115 Cd 79
Rauret 43 117 De 80
Rauville-la-Bigot 50 12 Yb 51
Rauville-la-Place 50 12 Yc 52
Rauwiller 67 39 Ha 56
Rauzan 33 111 Zf 80
Raveau 58 66 Da 65
Ravel 63 92 Dc 74
Ravenel 60 17 Cd 51
Ravenoville 50 12 Ye 52
Raves 88 56 Ha 59
Ravières 89 67 Eb 62
Ravigny 53 47 Zf 58
Raville 57 38 Gc 54
Raville-sur-Sânon 54 38 Gd 57
Ravilloles 39 84 Fe 70
Ravoire, la 73 108 Ff 75
Raye-sur-Authieu 62 7 Bf 47
Rayet 47 113 Ae 81
Raymond 18 79 Ce 67
Rayol-Canadel-sur-Mer, Le 83 148 Gc 89
Rayssac 81 128 Cc 86
Ray-sur-Saône 70 70 Fe 63
Razac-de-Saussignac 24 112 Ab 80
Razac-d'Eymet 24 112 Ac 80
Razac-sur-l'Isle 24 100 Ad 78
Raze 70 70 Ga 63
Razecueillé 31 139 Ae 91
Razengues 32 126 Af 87
Razès 87 89 Bc 72
Razimet 47 112 Ab 82
Razines 37 76 Ac 67
Réal 66 153 Ca 93
Réalcamp 76 16 Bd 49
Réallon 05 120 Gc 81
Réalmont 81 128 Cb 86
Réalville 82 127 Bc 84
Réans 32 124 Aa 85
Réau 77 33 Cd 57
Réaumont 38 107 Fd 76
Réaumur 85 75 Zb 68
Réaup-Lisse 47 125 Ab 84
Réauville 26 118 Ef 82
Réaux 17 99 Zd 76
Rebais 77 34 Db 55
Rebecques 62 3 Cb 45
Rébénacq 64 138 Zd 90
Rebergues 62 3 Bf 44
Rebets 76 16 Bc 51
Rebeuville 88 54 Fe 58
Rebigue 31 140 Bc 88
Rebourguil 12 128 Ce 85
Reboursin 36 78 Be 66
Rebréchien 45 49 Ca 61
Rebreuve 62 8 Cd 46
Rebreuve-sur-Canche 62 7 Cc 47
Rebreuviette 62 7 Cc 47
Recanoz 39 83 Fd 68
Recey-sur-Ource 21 68 Ef 62
Réchicourt-la-Petite 54 38 Gd 56
Réchicourt-le-Château 57 39 Gf 56
Récicourt 55 37 Fa 54
Réclainville 28 49 Bd 60
Réclainville 28 49 Be 58
Reclesne 71 82 Eb 66
Réclinghem 62 7 Cb 45
Réclonville 54 39 Ge 57
Recloses 77 50 Cd 58
Recologne 25 70 Ff 65
Recologne 70 70 Fe 63
Recologne-lès-Rioz 70 70 Ff 64
Recoubeau-Jansac 26 119 Fc 81
Recoules-d'Aubrac 48 116 Da 80
Recoules-du-Fumas 48 116 Dc 81
Recoules-Prévinquières 12 116 Cf 82
Récourt-le-Creux 55 37 Fc 54
Récourt-Saint-Quentin 62 8 Da 47
Recouvrance 90 71 Gf 63
Recoux, Le 48 116 Da 82
Recoux, Le 48 116 Dc 80
Recques (sur-Course) 62 7 Be 45
Recques-sur-Hem 62 3 Ca 43
Recquignies 59 10 Ea 47
Reculey, Le 14 29 Za 55
Reculfoz 25 84 Ga 68
Recurt 65 139 Ac 89
Recy 51 35 Eb 55
Rédange 57 21 Ff 52
Rédené 29 42 Wd 61
Redessan 30 131 Ec 85
Réding 57 39 Ha 56
Redon 35 59 Xf 63
Redoute-Plage 34 143 Dc 89
Reffannes 79 76 Ze 69
Reffuveille 50 28 Yf 56
Régades 31 139 Ae 90
Régat 09 141 Bf 91
Regnauville 62 7 Ca 47
Regnevelle 88 55 Ff 61
Regnéville-sur-Mer 50 28 Yc 54
Régnéville-sur-Meuse 55 21 Fb 53
Regney 88 55 Gb 59
Regnié-Durette 69 94 Ed 72
Regnière-Ecluse 80 7 Be 47
Regniéville, Thiaucourt- 54 37 Ff 55
Regniowez 08 10 Ec 49
Regny 02 18 Dc 49
Régny 42 93 Eb 73
Regrippière, La 44 60 Ye 65
Réguiny 56 43 Xb 61
Réguisheim 68 56 Hc 61
Régusse 83 133 Ga 86
Rehaincourt 88 55 Gc 58
Rehainviller 54 38 Gc 57
Rehaupal 88 56 Ge 60
Reherrey 54 39 Ge 57
Rehon 54 21 Fe 51
Reichsfeld 67 56 Hc 58
Reichshoffen 67 40 Hd 55
Reichstett 67 40 He 57
Reignac 16 99 Ze 76
Reignac 33 99 Zc 77
Reignac-sur-Indre 37 63 Af 65
Reignat 63 104 Da 75
Reigneville-Bocage 50 12 Yd 52
Reignier 74 96 Gb 72
Reigny 18 79 Cc 69
Reilhac 15 115 Cc 79
Reilhac 46 114 Be 80
Reilhaguet 46 114 Bd 80
Reilhanette 26 132 Fc 83
Reillanne 04 132 Fd 85
Reillon 54 39 Ge 57
Reilly 60 16 Bf 53
Reims 51 19 Ea 53
Reims-la-Brûlée 51 36 Ee 56
Reinhardsmunster 67 39 Hb 56
Reiningue 68 71 Hb 62
Reipertswiller 67 39 Hc 55
Reithouse 39 83 Fd 69
Réjaumont 32 125 Ad 86
Réjaumont 65 139 Ac 90
Rejet-de-Beaulieu 59 9 Dd 48
Réjouit 33 111 Zc 80
Relanges 88 55 Ga 60
Relans 39 83 Fc 68
Relecq-Kerhuon, Le 29 24 Vd 58
Relevant 01 94 Ef 72
Rely 62 7 Cc 45
Remaisnil 80 7 Cb 47
Rémalard 61 48 Ae 58
Remaucourt 02 18 Dc 49
Remaucourt 08 19 Eb 51
Remaudière, La 44 60 Ye 65
Remaugies 80 17 Ce 51
Remauville 77 51 Ce 59
Rembercourt-Sommaisne 55 37 Fb 55
Rembercourt-sur-Mad 54 37 Ff 55
Rémécourt 60 17 Cd 52
Rémelfang 57 22 Gd 53
Rémelfing 57 39 Ha 54
Rémeling 57 22 Gc 52
Remennecourt 55 36 Ef 56
Remenoville 54 55 Gc 58
Rémérangles 60 17 Cb 52
Réméréville 54 38 Gc 56
Rémering-lès-Hargarten 57 22 Gd 53
Rémering-lès-Puttelange 57 39 Gf 54
Remicourt 51 35 Ef 55
Remicourt 88 55 Ga 59
Remiencourt 80 17 Cc 50
Remies 02 18 Dd 50
Remigny 02 18 Db 50
Remigny 71 82 Ee 67
Rémilly 57 38 Gc 54
Rémilly 58 81 De 68
Rémilly-Aillicourt 08 20 Ef 51
Remilly-en-Montagne 21 68 Ee 65
Remilly-lès-Pothées 08 20 Ed 50
Remilly-sur-Lozon 50 12 Ye 53
Remilly-sur-Tille 21 69 Fb 65
Remilly-Wirquin 62 3 Ca 44
Réminiac 56 44 Xe 61
Remiremont 88 55 Gd 60
Remoiville 55 21 Fd 52
Remollon 05 120 Gb 82
Remomeix 88 56 Ha 59
Remoncourt 54 39 Ge 57
Remoncourt 88 55 Ga 59
Remoray-Boujeons 25 84 Gb 68
Remouillé 44 60 Yd 66
Remoulins 30 131 Ed 85
Removille 88 54 Ff 58
Rempnat 87 102 Bf 75
Remuée, La 76 14 Ac 51
Remungol 56 43 Xa 61
Rémuzat 26 119 Fc 82
Remy 60 17 Ce 52
Rémy 62 8 Cf 47
Renac 35 44 Ya 62
Renage 38 107 Fc 77
Renaison 42 93 Df 72
Renansart 02 18 Dc 50
Renaucourt 70 70 Fe 63
Renaudie, La 63 93 De 74
Renaudière, La 49 60 Yf 66
Renauvoid 88 55 Gc 60
Renay 41 48 Bb 61
Renazé 53 45 Yf 62
Rencurel 38 107 Fc 78
René 72 47 Ab 59
Renédale 25 84 Gb 66
Renescure 59 3 Cc 44
Renève 21 69 Fc 64
Rennepont 52 53 Ef 60
Rennes 35 45 Yc 60
Rennes-en-Grenouilles 53 29 Zc 58
Rennes-le-Château 11 153 Cb 91
Rennes-les-Bains 11 153 Cb 91
Rennes-sur-Loue 25 84 Ff 66
Renneval 02 19 Ea 50
Renneville 08 19 Ea 51
Renneville 27 16 Bb 52
Renneville 31 141 Be 88
Renno 2A 158 If 95
Renouard, Le 61 30 Aa 55
Rentières 63 104 Da 76
Renty 62 7 Ca 45
Renung 40 124 Zd 86
Renwez 08 20 Ed 49
Réole, La 33 111 Zf 81
Réorthe, La 85 74 Yf 69
Réotier 05 121 Gd 80
Repaix 54 39 Ge 57
Réparsac 16 87 Ze 74
Repel 88 55 Ff 58
Repentigny 14 14 Aa 53
Replonges 01 94 Ef 71
Reposoir-Pralong, Le 74 96 Gd 72
Repôts, Les 39 83 Fc 68
Reppe 90 71 Ha 63
Requeil 72 47 Aa 62
Réquista 12 128 Cd 84
Résie-Saint-Martin, la 70 69 Fd 65
Résigny 02 19 Eb 50
Ressaincourt 57 38 Gb 55
Resson 55 37 Fb 56
Ressons 60 17 Ca 53
Ressons-le-Long 02 18 Da 52
Ressons-sur-Matz 60 17 Ce 51
Restigné 37 62 Ab 65
Restinclières 34 130 Ea 86
Retail, Le 79 75 Zd 69
Rétaud 17 87 Zb 74
Reterre 23 91 Cc 72
Rethel 08 20 Ec 51
Retheuil 02 18 Da 53
Rethondes 60 18 Cf 52
Rethonvillers 80 18 Cf 50
Réthoville 50 12 Yd 50
Retiers 35 45 Yd 61
Retjons 40 124 Ze 84
Retonfey 57 38 Gb 54
Rétonval 76 16 Bd 50
Retournac 43 105 Ea 77
Retschwiller 67 40 Hf 55
Rettel 57 22 Gc 52
Réty 62 3 Be 44
Retzwiller 68 71 Ha 63
Reugney 25 84 Ga 66
Reugny 03 79 Cd 70
Reugny 37 63 Af 64
Reuil 51 35 De 54
Reuil-en-Brie 77 34 Da 55
Reuilly 27 32 Bb 54
Reuilly 36 79 Ca 66
Reuil-sur-Brêche 60 17 Cb 51
Reulle-Vergy 21 68 Ef 65
Reumont 59 9 Dc 48
Réunion, La 47 112 Aa 83
Reutenbourg 67 39 Hc 56
Reuves 51 35 De 56
Reuville 76 15 Af 50
Reux 14 14 Aa 53
Réveillon 51 34 Dc 56
Réveillon 61 48 Ad 58
Revel 04 121 Gd 82
Revel 31 141 Ca 88
Revelles 80 17 Ca 49
Revel-Tourdan 38 106 Fa 76
Reventin-Vaugris 38 106 Ef 76
Revercourt 28 31 Ba 56
Revest-du-Bion 04 132 Fd 84
Revest-les-Eaux, Le 83 147 Ff 89
Revest-les-Roches 06 134 Ha 85
Revest-Saint-Martin 04 133 Fe 84
Reviers 14 13 Zd 53
Revigny 39 83 Fd 69
Revigny-sur-Ornain 55 36 Ef 56
Réville 50 12 Ye 51
Réville-aux-Bois 55 21 Fc 52
Révillon 02 19 De 52
Revin 08 20 Ed 49
Revonnas 01 95 Fb 72
Rexingen 67 39 Hb 55
Rexpoëde 59 4 Cd 43
Reyersviller 57 39 Hc 54
Reygade 19 102 Bf 78
Reynel 52 54 Fc 59
Reynès 66 154 Ce 94
Reyniès 82 126 Bc 85
Reyrevignes 46 114 Bf 81
Reyrieux 01 94 Ee 73
Reyvroz 74 96 Gd 71
Rezay 18 79 Cb 69
Rezé 44 60 Yc 65
Rézentières 15 104 Da 78
Rezonville 57 38 Ff 54
Rezza 2A 159 If 96
Rhèges-Bessy 10 35 Df 57
Rheu, Le 35 45 Yb 60
Rhinau 67 57 Hd 59
Rhodes 57 39 Gf 56
Rhodon 41 64 Bb 62
Rhuis 60 17 Ce 53
Ri 61 30 Zf 56
Riaillé 44 60 Ye 63
Rialet, Le 81 142 Cc 87
Rians 18 65 Cd 65
Rians 83 147 Fe 87
Riantec 56 42 We 62
Ria-Sirach 66 153 Cc 93
Riaucourt 52 54 Fa 59
Ribagnac 24 112 Ac 80
Ribarrouy 64 138 Ze 87
Ribaute 11 142 Cd 90
Ribaute-les-Tavernes 30 130 Ea 84
Ribay, Le 53 46 Zd 58
Ribeaucourt 55 37 Fc 57
Ribeaucourt 80 7 Ca 48
Ribeauville 02 9 Dd 48
Ribeauville 02 19 Eb 50
Ribeauvillé 68 56 Hb 59
Ribécourt-Dreslincourt 60 18 Cf 51
Ribécourt-la-Tour 59 8 Da 48
Ribemont 02 18 Dc 50
Ribemont-sur-Ancre 80 8 Cd 49
Ribennes 48 116 Dc 81
Ribérac 24 100 Ac 77
Ribes 07 117 Eb 82
Ribeyret 05 119 Fd 82
Ribiers 05 133 Ff 83
Ribouisse 11 141 Bf 89
Riboux 83 147 Fe 89
Ricamarie, la 42 106 Ec 76
Ricarville 76 15 Ad 51
Ricarville-du-Val 76 16 Bb 50
Ricaud 11 141 Bf 88
Ricaud 65 139 Ab 90
Riceys, les 10 53 Ec 61
Richardais, La 35 27 Xf 57
Richarménil 54 38 Gb 57
Richarville 91 49 Bf 58
Riche 57 38 Gd 55
Richebourg 52 53 Fa 60
Richebourg 62 8 Ce 45
Richebourg 78 32 Bd 56
Richecourt 55 37 Fe 55
Richelieu 37 76 Ab 66
Richeling 57 38 Gf 54
Richemont 57 22 Ga 53
Richemont 76 16 Bd 50
Richerenches 84 118 Ef 82
Richet 40 110 Zb 82
Richeval 57 39 Gf 57
Richeville 27 16 Bd 53
Richtolsheim 67 57 Hd 59
Richwiller 68 71 Hb 62
Ricourt 32 139 Ab 88
Ricquebourg 60 17 Ce 51
Riec-sur-Belon 29 42 Wb 61
Riedisheim 68 72 Hc 62
Riedseltz 67 40 Hf 54
Riedwihr 68 57 Hc 60
Riel-les-Eaux 21 53 Ee 61
Riencourt 80 7 Ca 49
Riencourt-lès-Cagnicourt 62 8 Cf 47
Riespach 68 72 Hb 63
Rieucazé 31 139 Ae 90
Rieucros 09 141 Be 90
Rieulay 59 8 Db 46
Rieumajou 31 141 Be 88
Rieumes 31 140 Ba 88
Rieupeyroux 12 128 Cb 83
Rieussec 34 142 Ce 88
Rieutort-de-Randon 48 116 Dc 81
Rieux 31 140 Bb 89
Rieux 51 34 Dd 55
Rieux 56 59 Xf 63
Rieux 60 17 Cd 52
Rieux 60 17 Cc 51
Rieux 60 17 Cd 53
Rieux 76 6 Bd 49
Rieux-de-Pelleport 09 141 Bd 90
Rieux-en-Cambrésis 59 9 Dc 47
Rieux-en-Val 11 142 Cd 90
Rieux-Minervois 11 142 Cd 89
Riez 04 133 Ga 86
Rigarda 66 154 Cd 93
Rigaud 06 134 Gf 85
Rignac 12 115 Cb 82
Rigney 25 70 Gb 64
Rignieux-le-Franc 01 95 Fb 73
Rignosot 25 70 Gb 64
Rignovelle 70 70 Gc 62
Rigny 70 69 Fd 64
Rigny-la-Nonneuse 10 52 Dd 58
Rigny-la-Salle 55 37 Fe 57
Rigny-le-Ferron 10 52 Dd 59
Rigny-Saint-Martin 55 37 Fe 57
Rigny-sur-Arroux 71 81 Ea 69
Rigny-Ussé 37 62 Ab 65
Riguepeu 32 125 Ac 87
Rilhac-Lastours 87 101 Ba 74
Rilhac-Rancon 87 89 Bb 73
Rilhac-Treignac 19 102 Be 75
Rilhac-Xaintrie 19 103 Cb 77
Rillé 37 62 Ab 64
Rillieux-la-Pape 69 94 Ef 74
Rilly-la-Montagne 51 35 Ea 54
Rilly-Sainte-Syre 10 52 Df 58
Rilly-sur-Aisne 08 20 Ed 52
Rilly-sur-Loire 41 63 Ba 64
Rimaucourt 52 54 Fc 59
Rimbach-près-Guebwiller 68 56 Ha 61
Rimbach-près-Masevaux 68 56 Gf 62
Rimbachzell 68 56 Hb 61
Rimbez-et-Baudiets 40 125 Aa 84
Rimblas 06 134 Ha 84
Rimboval 62 7 Bf 45
Rimeize 48 116 Db 80
Rimling 57 39 Hb 54
Rimogne 08 20 Ed 49
Rimondeix 23 90 Ca 71
Rimon-et-Savel 26 119 Fb 81
Rimons 33 112 Aa 80
Rimont 09 140 Bb 91
Rimoux 35 45 Yc 58
Rimsdorf 67 39 Ha 55
Ringeldorf 67 40 Hd 55
Ringendorf 67 40 Hd 56
Rinxent 62 3 Be 44
Riocaud 33 112 Ab 80
Riolas 31 140 Af 88
Riols 34 142 Ce 88
Riols, Le 81 127 Bf 84
Riom 63 92 Da 73
Riom-ès-Montagnes 15 103 Cd 77
Rion-des-Landes 40 123 Za 85
Rions 33 111 Zd 80
Riorges 42 93 Ea 72
Riotord 43 106 Ec 77
Rioupéroux 38 108 Ff 78
Riousse 58 80 Da 68
Rioux 17 87 Zb 75
Rioux-Martin 16 100 Aa 77
Rioz 70 70 Ga 64
Riquewihr 68 56 Hb 59
Ris 63 92 Dd 73
Ris 65 150 Ac 91
Riscle 32 124 Zf 87
Ris-Orangis 91 33 Cc 57
Risoul 05 121 Gd 81
Ristolas 05 121 Gf 80
Rittershoffen 67 40 Hf 55
Ritzing 57 22 Gc 52
Riupeyrous 64 138 Ze 88
Rivarennes 36 78 Bc 69
Rivarennes 37 62 Ac 65
Rivas 42 105 Eb 75
Rivecourt 60 17 Ce 52
Rive-de-Gier 42 106 Ed 75
Rivedoux-Plage 17 86 Ye 72
Rivehaute 64 137 Za 88
Rivel 11 153 Ca 91
Riventosa 2B 159 Kb 95
Rivèrenert 09 152 Bb 91
Riverie 69 106 Ed 75
Rivery 80 17 Cb 49
Rives, Les 34 129 Db 85
Rivesaltes 66 154 Cf 92
Rives-sur-Fure 38 107 Fc 76
Rivier, Le 38 107 Fc 76
Rivière 37 62 Ab 66
Rivière 62 8 Ce 47
Rivière, la 33 111 Ze 79
Rivière-de-Corps, La 10 52 Ea 59
Rivière-Drugeon, La 25 84 Gb 67
Rivière-Enverse, La 74 97 Gd 72
Rivière-les-Fosses 52 69 Fb 63
Rivières 16 88 Ac 74
Rivières 30 130 Eb 83
Rivières 81 127 Bf 85
Rivière-Saas-et-Gourby 40 123 Yf 86
Rivière-Saint-Sauveur, la 14 14 Ab 52
Rivières-Henruel, Les 51 52 Ed 57
Rivières-le-Bois 52 69 Fc 62
Rivière-sur-Tarn 12 129 Da 83
Riville 76 15 Ad 50
Rivire, La 38 107 Fd 77
Rivolet 69 94 Ed 73
Rix 39 84 Ga 68
Rix 58 67 Dd 64
Rixheim 68 72 Hc 62
Rixouse, La 39 96 Ff 70
Rizaucourt-Buchey 52 53 Ef 59
Roaillan 33 111 Ze 82
Roaix 84 131 Fa 83
Roanne 42 93 Ea 72
Roannes-Saint-Mary 15 115 Cc 79
Robécourt 88 54 Fe 60
Robecq 62 8 Cd 45
Robersart 59 9 Dd 47
Robert-Espagne 55 36 Fa 56
Robert-Magny-Laneuville-à-Rémy 52 53 Ef 58
Robertot 76 15 Ae 50
Roberval 60 17 Ce 53
Robiac 30 130 Ea 85
Robiac-Rochessadoule 30 130 Ea 83
Robine, La 04 133 Gb 83
Robion 84 132 Fa 85
Roc, le 46 113 Bc 79
Rocamadour 46 114 Bd 80
Rocbaron 83 147 Ga 89
Rocé 41 48 Ba 62
Rochbrune 05 120 Gb 82
Roche 38 107 Fa 75
Roche 42 105 Df 75
Roche 70 70 Ff 64
Rochebaudin 26 118 Fa 81
Rochebeaucourt-et-Argentine, La 24 100 Ac 76
Roche-Bernard, La 56 59 Xe 63
Roche-Blanche 63 104 Da 74
Roche-Blanche, La 44 60 Yf 64
Rochebrune 26 119 Fb 82
Roche-Canillac, La 19 102 Bf 77
Roche-Chalais, la 24 100 Aa 78
Roche-Charles 63 104 Da 76
Rochechouart 87 89 Ae 74
Roche-Clermault, La 37 62 Ab 66
Rochecolombe 07 118 Ec 81
Rochecorbon 37 63 Ae 64
Roche-d'Agoux 63 91 Cd 72
Roche-de-Rame, la 05 121 Gd 80
Roche-Derrien, Le 22 26 We 56
Roche-des-Arnauds, La 05 120 Ff 81
Roche-en-Brenil, La 21 67 Eb 64
Roche-en-Régnier 43 105 Df 77
Rochefort 17 66 Za 73
Rochefort 21 68 Ee 62
Rochefort-du-Gard 30 131 Ee 85
Rochefort-en-Terre 56 44 Xe 62
Rochefort-en-Yvelines 78 32 Bf 57
Rochefort-Montagne 63 91 Ce 74
Rochefort-sur-la-Côte 52 54 Fb 59
Rochefort-sur-Loire 49 61 Zc 64
Rochefort-sur-Nenon 39 69 Fd 66
Rochefoucauld, La 16 88 Ac 74
Rochefourchat 26 119 Fb 81
Rochegiron, La 04 132 Fd 84
Rochegude 26 118 Ee 83
Rochegude 30 130 Eb 83
Roche-Guyon, La 95 32 Bd 54
Rochejean 25 84 Gb 68
Roche-l'Abeille, L' 87 101 Bb 75
Roche-la-Molière 42 105 Eb 76
Roche-le-Peyroux 19 103 Cc 76
Roche-lès-Clerval 25 70 Gc 64
Roche-lez-Beaupré 25 70 Ga 65
Rochelle, La 17 86 Ye 72
Rochelle, La 70 69 Fe 62
Rochelle-Normandie, La 50 28 Yd 56
Roche-Mabile, La 61 30 Zf 58
Rochemaure 07 118 Ee 81
Roche-Maurice, La 29 24 Ve 58
Roche-Morey, La 70 69 Fe 62
Rochénard, La 79 87 Zc 71
Roche-Noire, La 63 104 Db 74
Roche-Posay, la 86 77 Ae 68
Rochepot, La 21 82 Ee 67
Rocher 07 117 Eb 81
Rochère, La 70 55 Ga 61
Rochereau, Le 86 76 Aa 68
Roche-Rigault, La 86 76 Ab 67
Roches 23 90 Bf 71
Roches 41 64 Bc 62
Roche-Saint-Secret-Béconne 26 118 Fa 82
Roches-Bettaincourt 52 54 Fb 59
Roches-de-Condrieu, les 38 106 Ee 76
Rocheservière 85 74 Yc 67
Roches-lès-Blamont 25 71 Gf 64
Roches-l'Evêque, les 41 63 Af 62
Roches-Prémarie-Andillé 86 76 Ac 70
Rochessauve 07 118 Ed 80
Rochesson 88 56 Ge 60
Roches-sur-Marne 52 36 Fa 57
Roche-sur-Foron, La 74 96 Gb 72
Roche-sur-Grane, la 26 118 Ef 80
Roche-sur-Linotte 70 70 Gb 64
Roche-sur-Yon, La 85 74 Yd 69
Rochetaillée 52 54 Fa 61
Rochetrejoux 85 75 Za 68
Rochette, La 05 119 Fe 81
Rochette, La 05 120 Ga 81
Rochette, La 07 117 Eb 79
Rochette, La 16 88 Ab 74
Rochette, la 77 50 Ce 57
Roche-Vanneau, la 21 68 Ed 64
Rocheville 50 12 Yc 51
Roche-Vineuse, La 71 94 Ee 70
Rochonvillers 57 22 Ga 52
Rochy-Condé 60 17 Cb 52
Rocles 03 80 Da 70
Rocles 07 117 Eb 81
Rocles 48 117 De 80
Roclincourt 62 8 Ce 47
Rocourt 88 54 Fe 60
Rocourt-Saint-Martin 02 34 Dc 54
Rocquancourt 14 30 Ze 54
Rocque, La 14 29 Zb 55
Rocquefort 76 15 Ae 50
Rocquemont 60 18 Ce 53
Rocquemont 76 16 Bb 51
Rocquencourt 60 17 Cc 51
Rocques 14 30 Ab 53
Rocquigny 02 9 Df 48
Rocquigny 08 19 Eb 50
Rocquigny 62 8 Cf 48
Rocroi 08 20 Ed 49
Roc-Saint-André, Le 56 44 Xd 61
Rodalbe 57 39 Ge 55
Rodelinghem 62 3 Bf 43
Rodelle 12 115 Cd 82
Rodemack 57 22 Gb 52
Roderen 68 71 Ha 62
Rodern 68 56 Hc 59
Rodès 66 154 Cd 93
Rodez 12 115 Cd 82
Rodilhan 30 131 Ec 86
Rodome 11 153 Ca 92
Roë, La 53 45 Yf 61
Roëllecourt 62 7 Cb 46
Rœschwoog 67 40 Ia 55
Rœulx 59 9 Db 47
Rœux 62 8 Cf 47
Roëzé-sur-Sarthe 72 47 Aa 61
Roffey 89 52 Df 61
Roffiac 15 104 Da 78
Rogécourt 02 18 Dc 51

Quœux-Haut-Maînil — Rogécourt (F) 193

Saint-Cornier-des Landes **61** 29 Zb 56
Saint-Cosme **68** 71 Ha 62
Saint-Cosme-en-Vairais **72** 47 Ac 59
Saint-Couat-d'Aude **11** 142 Cd 89
Saint-Couat-du-Razès **11** 141 Ca 91
Saint-Coulitz **29** 42 Vf 59
Saint-Coutant **16** 88 Ac 72
Saint-Coutant **79** 88 Zf 71
Saint-Coutant-le-Grand **17** 87 Zb 73
Saint-Créac **32** 126 Ae 85
Saint-Crépin **05** 121 Gd 80
Saint-Crépin **17** 87 Zb 72
Saint-Crépin-aux-Bois **60** 18 Cf 52
Saint-Crépin-d'Auberoche **24** 101 Af 78
Saint-Crépin-de-Richemont **24** 100 Ad 76
Saint-Crépin-et-Carlucet **24** 113 Bb 79
Saint-Crépin-Ibouvillers **60** 17 Ca 53
Saint-Crespin-sur-Moine **49** 60 Ye 66
Saint-Cricq **32** 126 Ba 86
Saint-Cricq-Chalosse **40** 123 Zb 87
Saint-Cricq-du-Gave **40** 123 Yf 87
Saint-Cricq-Villeneuve **40** 124 Zd 85
Saint-Cybard, Montmoreau- **16** 100 Aa 76
Saint-Cybardeaux **16** 88 Zf 74
Saint-Cyprien **19** 101 Bc 77
Saint-Cyprien **24** 113 Ba 79
Saint-Cyprien **42** 105 Eb 75
Saint-Cyprien **46** 113 Bb 83
Saint-Cyprien **66** 154 Cf 93
Saint-Cyprien-Plage **66** 154 Da 93
Saint-Cyprien-sur-Dourdou **12** 115 Cc 81
Saint-Cyr **07** 106 Ee 77
Saint-Cyr **50** 12 Yd 52
Saint-Cyr **71** 82 Ef 68
Saint-Cyr **86** 76 Ac 68
Saint-Cyr **87** 89 Af 74
Saint-Cyran-du-Jambot **36** 77 Ba 66
Saint-Cyr-au-Mont-d'Or **69** 94 Ee 74
Saint-Cyr-de-Favières **42** 93 Ea 73
Saint-Cyr-de-Salerne **27** 31 Ad 53
Saint-Cyr-des-Gâts **85** 75 Za 69
Saint-Cyr-de-Valorges **42** 93 Eb 73
Saint-Cyr-du-Bailleul **50** 29 Zb 57
Saint-Cyr-du-Gault **41** 63 Ba 63
Saint-Cyr-du-Ronceray **14** 30 Ab 54
Saint-Cyr-en-Arthies **95** 32 Be 54
Saint-Cyr-en-Bourg **49** 62 Zf 65
Saint-Cyr-en-Pail **53** 47 Ze 58
Saint-Cyr-en-Talmondais **85** 74 Yd 70
Saint-Cyr-en-Val **45** 49 Bf 62
Saint-Cyr-la-Campagne **27** 15 Ba 53
Saint-Cyr-la-Lande **79** 76 Zf 66
Saint-Cyr-la-Rivière **91** 50 Ca 58
Saint-Cyr-la-Roche **19** 101 Bc 77
Saint-Cyr-la-Rosière **61** 48 Ad 59
Saint-Cyr-le-Chatoux **69** 94 Ed 72
Saint-Cyr-l'École **78** 33 Ca 56
Saint-Cyr-le-Gravelais **53** 46 Yf 60
Saint-Cyr-les-Champagnes **24** 101 Bb 76
Saint-Cyr-les-Colons **89** 67 De 62
Saint-Cyr-les-Vignes **42** 105 Eb 74
Saint-Cyr-Montmalin **39** 84 Fe 67
Saint-Cyr-sous-Dourdan **91** 33 Ca 57
Saint-Cyr-sur-Loire **37** 63 Ae 64
Saint-Cyr-sur-Menthon **01** 94 Ef 71
Saint-Cyr-sur-Mer **83** 146 Fe 80
Saint-Daunès **46** 113 Bb 82
Saint-Denis **30** 130 Eb 83
Saint-Denis **89** 51 Db 59
Saint-Denis **93** 33 Cc 55
Saint-Denis-Catus **46** 113 Bc 81
Saint-Deniscourt **60** 16 Bf 51
Saint-Denis-d'Aclon **76** 15 Af 49
Saint-Denis-d'Anjou **53** 46 Zd 62
Saint-Denis-d'Augerons **27** 31 Ac 55
Saint-Denis-d'Authou **28** 48 Af 58
Saint-Denis-de-Béhélan **27** 31 Af 55
Saint-Denis-de-Cabanne **42** 93 Eb 72
Saint-Denis-de-Gastines **53** 46 Za 58
Saint-Denis-de-Jouhet **36** 78 Bf 69
Saint-Denis-de-l'Hôtel **45** 50 Ca 61
Saint-Denis-de-Mailloc **14** 30 Ab 54
Saint-Denis-de-Méré **14** 29 Zc 55
Saint-Denis-de-Palin **18** 79 Cd 67
Saint-Denis-de-Pile **33** 99 Ze 79
Saint-Denis-des-Coudrais **72** 48 Ad 60
Saint-Denis-des-Monts **27** 15 Ae 53
Saint-Denis-des-Murs **87** 90 Bd 74
Saint-Denis-des-Puits **28** 48 Bb 58
Saint-Denis-de-Vaux **71** 82 Ee 68
Saint-Denis-de-Villenette **61** 29 Zc 57
Saint-Denis-d'Oléron **17** 86 Yd 72
Saint-Denis-d'Orques **72** 46 Ze 60
Saint-Denis-du-Maine **53** 46 Zc 61
Saint-Denis-du-Payré **85** 74 Ye 70
Saint-Denis-du-Pin **17** 87 Zb 73
Saint-Denis-en-Bugey **01** 95 Fb 73
Saint-Denis-en-Margeride **48** 116 Dc 80
Saint-Denis-en-Val **45** 49 Bf 61
Saint-Denis-la-Chevasse **85** 74 Yd 68
Saint-Denis-la-Vêtu **50** 28 Yd 55
Saint-Denis-le-Ferment **27** 16 Be 53
Saint-Denis-le-Gast **50** 28 Ye 55
Saint-Denis-lès-Bourg **01** 95 Fa 71
Saint-Denis-lès-Martel **46** 114 Bd 79
Saint-Denis-les-Ponts **28** 49 Bb 60
Saint-Denis-lès-Rebais **77** 34 Db 55
Saint-Denis-le-Thiboult **76** 16 Bc 52
Saint-Denis-Maisoncelles **14** 29 Za 55
Saint-Denis-sur-Coise **42** 106 Ec 75
Saint-Denis-sur-Loire **41** 64 Bc 63
Saint-Denis-sur-Ouanne **89** 66 Da 62
Saint-Denis-sur-Sarthon **61** 47 Zf 58
Saint-Denis-sur-Scie **76** 15 Ba 50
Saint-Denœux **62** 7 Be 46
Saint-Denoual **22** 27 Xd 57
Saint-Derrien **29** 25 Vf 57
Saint-Désert **71** 82 Ee 68
Saint-Désir **14** 30 Ab 54
Saint-Désirat **07** 106 Ee 72
Saint-Désiré **03** 79 Cc 69
Saint-Dézéry **30** 130 Eb 84
Saint-Didier **21** 67 Eb 65
Saint-Didier **35** 45 Yd 60
Saint-Didier **39** 83 Fd 68
Saint-Didier **58** 67 Dd 64
Saint-Didier **84** 132 Fa 84
Saint-Didier-au-Mont-d'Or **69** 94 Ee 74
Saint-Didier-d'Aussiat **01** 94 Fa 71
Saint-Didier-de-Bizonnes **38** 107 Fc 76
Saint-Didier-de-Formans **01** 94 Ee 73
Saint-Didier-de-la-Tour **38** 107 Fc 75
Saint-Didier-des-Bois **27** 15 Ba 53
Saint-Didier-en-Bresse **71** 83 Fa 67
Saint-Didier-en-Brionnais **71** 93 Ea 71
Saint-Didier-en-Donjon **03** 93 Df 70
Saint-Didier-en-Velay **43** 105 Eb 77
Saint-Didier-la-Forêt **03** 92 Dc 71
Saint-Didier-sous-Aubenas **07** 118 Ec 81
Saint-Didier-sous-Ecouves **61** 30 Zf 57
Saint-Didier-sous-Riverie **69** 106 Ed 75
Saint-Didier-sur-Arroux **71** 81 Ea 67
Saint-Didier-sur-Beaujeu **69** 94 Ed 72
Saint-Didier-sur-Chalaronne **01** 94 Ee 71
Saint-Didier-sur-Doulon **43** 104 Dd 77
Saint-Didier-sur-Rochefort **42** 93 Df 74
Saint-Dié **88** 56 Gf 59
Saint-Dier-d'Auvergne **63** 104 Dc 74
Saint-Diéry **63** 104 Da 75
Saint-Dionisy **30** 130 Eb 86
Saint-Disdier **05** 120 Ff 80
Saint-Divy **29** 24 Ve 58
Saint-Dizant-du-Bois **17** 99 Zc 76
Saint-Dizant-du-Gua **17** 99 Zb 76
Saint-Dizier **52** 36 Ef 57
Saint-Dizier-en-Diois **26** 119 Fc 81
Saint-Dizier-la-Tour **23** 91 Ca 72
Saint-Dizier-les-Domaines **23** 90 Ca 71
Saint-Dizier-l'Evêque **90** 71 Gf 64
Saint-Dizier-Leyrenne **23** 90 Be 72
Saint-Dolay **56** 59 Xf 63
Saint-Domet **23** 91 Cb 72
Saint-Domineuc **35** 44 Ya 58
Saint-Donan **22** 26 Xa 58
Saint-Donat **63** 103 Ce 76
Saint-Donat-sur-l'Herbasse **26** 106 Ef 78
Saint-Dos **64** 137 Yf 88
Saint-Doulchard **18** 79 Cc 66
Saint-Drézéry **34** 130 Df 86
Saint-Dyé-sur-Loire **41** 64 Bc 63
Sainte-Adresse **76** 14 Aa 51
Sainte-Agathe **42** 93 Ea 74
Sainte-Agathe **63** 93 Dd 74
Sainte-Agathe-d'Aliermont **76** 16 Bb 49
Sainte-Agathe-en-Donzy **42** 93 Eb 74
Sainte-Agnès **06** 135 Hc 86
Sainte-Agnès **38** 108 Ef 77
Sainte-Agnès **39** 83 Fc 69
Sainte-Alauzie **46** 113 Bb 83
Sainte-Alvère **24** 113 Ae 79
Sainte-Anastasie **15** 104 Cf 77
Sainte-Anastasie **30** 131 Ec 85
Sainte-Anastasie-sur-Issole **83** 147 Ga 88
Sainte-Anne **25** 84 Ff 67
Sainte-Anne **32** 126 Af 86
Sainte-Anne **41** 63 Ba 62
Sainte-Anne-d'Auray **56** 43 Xa 62
Sainte-Anne-Saint-Priest **87** 90 Be 74
Sainte-Anne-sur-Brivet **44** 59 Xf 64
Sainte-Anne-sur-Gervonde **38** 107 Fb 76
Sainte-Aulde **77** 34 Db 55
Sainte-Aurence-Cazaux **32** 139 Ac 88
Sainte-Austreberthe **62** 7 Ca 46
Sainte-Austreberthe **76** 15 Af 51
Sainte-Barbe **57** 38 Gb 54
Sainte-Barbe **88** 56 Ge 58
Sainte-Bazeille **47** 112 Aa 81
Sainte-Beuve-en-Rivière **76** 16 Bd 50
Sainte-Blandine **38** 107 Fc 75
Sainte-Blandine **79** 87 Ze 71
Saint-Ebremond-de-Bonfossé **50** 28 Yf 54
Sainte-Brigitte **56** 43 Wf 60
Sainte-Camelle **11** 141 Be 89
Sainte-Catherine **62** 8 Ce 47
Sainte-Catherine **63** 104 Dc 76
Sainte-Catherine **69** 106 Ed 75
Sainte-Catherine-de-Fierbois **37** 63 Ad 66
Sainte-Cécile **36** 64 Be 65
Sainte-Cécile **71** 94 Ed 70
Sainte-Cécile **85** 74 Yf 68
Sainte-Cécile-d'Andorge **30** 130 Df 83
Sainte-Cécile-du-Cayrou **81** 127 Be 84
Sainte-Cécile-les-Vignes **84** 118 Ee 83
Sainte-Céronne-lès-Mortagne **61** 31 Ad 57
Sainte-Cérotte **72** 48 Ae 61
Sainte-Christie **32** 125 Ad 86
Sainte-Christie-d'Armagnac **32** 124 Zf 86
Sainte-Christine **49** 61 Za 65
Sainte-Christine **63** 91 Cf 72
Sainte-Colombe **05** 132 Fe 83
Sainte-Colombe **16** 88 Ab 73
Sainte-Colombe **17** 99 Ze 77
Sainte-Colombe **21** 68 Ec 64
Sainte-Colombe **25** 84 Gb 67
Sainte-Colombe **33** 111 Zf 79
Sainte-Colombe **35** 45 Yd 61
Sainte-Colombe **40** 124 Zc 86
Sainte-Colombe **46** 114 Ca 80
Sainte-Colombe **50** 12 Yc 52
Sainte-Colombe **58** 66 Da 65
Sainte-Colombe **59** 31 Af 54
Sainte-Colombe **66** 154 Cd 93
Sainte-Colombe **66** 154 Ce 93
Sainte-Colombe **76** 15 Ae 50
Sainte-Colombe **77** 34 Db 57
Sainte-Colombe **89** 67 Df 63
Sainte-Colombe-de-Duras **47** 112 Aa 80
Sainte-Colombe-de-Peyre **48** 116 Db 80
Sainte-Colombe-de-Villeneuve **47** 112 Ad 82
Sainte-Colombe-en-Bruilhois **47** 125 Ad 83
Sainte-Colombe-la-Commanderie **27** 31 Af 54
Sainte-Colombe-sur-Gand **42** 93 Eb 73
Sainte-Colombe-sur-Guette **11** 153 Cb 92
Sainte-Colombe-sur-l'Hers **11** 153 Bf 91
Sainte-Colombe-sur-Loing **89** 66 Db 63
Sainte-Colombe-sur-Seine **21** 53 Ed 61
Sainte-Colome **64** 138 Zd 90
Sainte-Croix **01** 94 Fa 73
Sainte-Croix **02** 19 De 52
Sainte-Croix **12** 114 Bf 82
Sainte-Croix **24** 113 Ae 80
Sainte-Croix **26** 119 Fb 80
Sainte-Croix **46** 113 Ba 82
Sainte-Croix **71** 83 Fb 69
Sainte-Croix **81** 127 Ca 85
Sainte-Croix-á-Lauze **04** 132 Fd 85
Sainte-Croix-aux-Mines **68** 56 Hb 59
Sainte-Croix-de-Caderle **30** 130 Df 84
Sainte-Croix-de-Mareuil **24** 100 Ac 76
Sainte-Croix-de-Quintillargues **34** 130 Df 86
Sainte-Croix-de-Verdon **04** 133 Ga 86
Sainte-Croix-du-Mont **33** 111 Ze 81
Sainte-Croix-en-Jarez **42** 106 Ed 76
Sainte-Croix-en-Plaine **68** 56 Hc 60
Sainte-Croix-Grand-Tonne **14** 13 Zc 53
Sainte-Croix-Hague **50** 12 Yb 51
Sainte-Croix-sur-Aizier **27** 15 Ad 52
Sainte-Croix-sur-Buchy **76** 16 Bc 51
Sainte-Croix-sur-Mer **14** 13 Zc 53
Sainte-Croix-sur-Orne **61** 30 Ze 56
Sainte-Croix-Vallée-Française **48** 130 De 83
Sainte-Croix-Volvestre **09** 140 Bb 90
Saint-Edmond **71** 93 Eb 71
Sainte-Dode **32** 139 Ac 88
Sainte-Eanne **79** 76 Zf 70
Sainte-Engrâce **64** 137 Zb 90
Sainte-Enimie **48** 116 Dc 82
Sainte-Eugénie-de-Villeneuve **43** 105 Dd 78
Sainte-Eulalie **07** 117 Eb 80
Sainte-Eulalie **11** 141 Cb 89
Sainte-Eulalie **15** 103 Cc 78
Sainte-Eulalie **33** 111 Zd 79
Sainte-Eulalie **48** 116 Dc 80
Sainte-Eulalie-de-Cernon **12** 129 Da 85
Sainte-Eulalie-d'Eymet **24** 112 Ac 80
Sainte-Eulalie-d'Olt **12** 116 Cf 82
Sainte-Eulalie-en-Born **40** 110 Ye 83
Sainte-Euphémie **01** 94 Ee 73
Sainte-Eusoye **60** 17 Cb 51
Sainte-Fauste **36** 78 Bf 67
Sainte-Féréole **19** 102 Bd 78
Sainte-Feyre **23** 90 Bf 72
Sainte-Feyre-la-Montagne **23** 91 Cb 73
Sainte-Flaive-des-Loups **85** 74 Yc 69
Sainte-Florence **33** 111 Zf 80
Sainte-Florence **85** 74 Yf 68
Sainte-Florine **43** 104 Db 76
Sainte-Foi **09** 141 Bf 90
Sainte-Fortunade **19** 102 Be 77
Sainte-Foy **71** 93 Ea 71
Sainte-Foy **76** 15 Ba 50
Sainte-Foy **85** 74 Yb 69
Sainte-Foy-d'Aigrefeuille **31** 141 Bd 87
Sainte-Foy-de-Belvès **24** 113 Ba 80
Sainte-Foy-de-Longas **24** 113 Ae 79
Sainte-Foy-de-Montgommery **14** 30 Ab 55
Sainte-Foy-la-Grande **33** 112 Ab 79
Sainte-Foy-la-Longue **33** 111 Zf 81
Sainte-Foy-l'Argentière **69** 94 Ec 74
Sainte-Foy-lès-Lyon **69** 94 Ee 74
Sainte-Foy-Saint-Sulpice **42** 93 Ea 74
Sainte-Foy-Tarentaise **73** 109 Gf 75
Sainte-Gauburge-Sainte-Colombe **61** 30 Ac 56
Sainte-Gemme **17** 86 Za 74
Sainte-Gemme **32** 126 Ae 86
Sainte-Gemme **33** 112 Aa 81
Sainte-Gemme **36** 78 Bc 67
Sainte-Gemme **51** 35 De 54
Sainte-Gemme **79** 75 Ze 67
Sainte-Gemme **81** 128 Cb 84
Sainte-Gemme-en-Sancerrois **18** 66 Ce 64
Sainte-Gemme-la-Plaine **85** 74 Yf 70
Sainte-Gemme-Martaillac **47** 112 Aa 82
Sainte-Gemme-Moronval **28** 32 Bc 56
Sainte-Gemmes **41** 64 Bb 62
Sainte-Gemmes-le-Robert **53** 46 Zd 59
Sainte-Gemmes-sur-Loire **49** 61 Zc 64
Sainte-Geneviève **02** 19 Ea 50
Sainte-Geneviève **50** 12 Ye 51
Sainte-Geneviève **54** 38 Ga 55
Sainte-Geneviève **60** 17 Cb 53
Sainte-Geneviève **76** 16 Bc 51
Sainte-Geneviève-des-Bois **45** 66 Ce 62
Sainte-Geneviève-des-Bois **91** 33 Cb 57
Sainte-Geneviève-sur-Argence **12** 115 Ce 80
Saint-Égrève **38** 106 Fe 77
Sainte-Hélène **33** 98 Za 79
Sainte-Hélène **56** 43 We 62
Sainte-Hélène **71** 82 Ed 68
Sainte-Hélène **88** 55 Gd 59
Sainte-Hélène-Bondeville **76** 15 Ac 50
Sainte-Hélène-de-l'Étang **33** 98 Yf 78
Sainte-Hélène-du-Lac **73** 108 Ga 76
Sainte-Hélène-sur-Isère **73** 108 Gb 75
Sainte-Hermine **85** 74 Yf 69
Sainte-Honorine-de-Ducy **14** 13 Zb 54
Sainte-Honorine-des-Pertes **14** 13 Zb 52
Sainte-Honorine-du-Fay **14** 29 Zd 54
Sainte-Honorine-la-Chardonne **61** 29 Zd 56
Sainte-Honorine-la-Guillaume **61** 29 Zd 56
Sainte-Innocence **24** 112 Ac 80
Sainte-Jalle **26** 119 Fb 82
Sainte-Jamme-sur-Sarthe **72** 47 Aa 60
Sainte-Julie **01** 95 Fb 73
Sainte-Juliette **82** 113 Bb 83
Sainte-Juliette-sur-Viaur **12** 128 Cd 83
Sainte-Lheurine **17** 99 Zd 75
Saint-Elier **27** 31 Af 55
Saint-Eliph **28** 48 Ba 58
Sainte-Livrade **31** 126 Ba 87
Sainte-Livrade-sur-Lot **47** 112 Ad 82
Saint-Elix **32** 139 Ae 88
Saint-Elix-le-Château **31** 140 Ba 89
Saint-Elix-Séglan **31** 140 Af 89
Saint-Elix-Theux **32** 139 Ac 88
Sainte-Lizaigne **36** 79 Ca 66
Saint-Ellier-du-Maine **53** 46 Yf 58
Saint-Ellier-les-Bois **61** 30 Zf 57
Saint-Éloi **01** 95 Fa 73
Saint-Eloi **23** 90 Be 72
Saint-Eloi **58** 80 Db 67
Saint-Eloi-de-Fourques **27** 15 Ae 53
Saint-Eloy **29** 25 Vf 58
Saint-Eloy-d'Allier **03** 79 Cc 70
Saint-Eloy-de-Gy **18** 65 Cb 66
Saint-Eloy-la-Glacière **63** 104 Dd 75
Saint-Eloy-les-Mines **63** 91 Cf 72
Saint-Eloy-les-Tuileries **19** 101 Bb 76
Sainte-Luce **38** 120 Ff 79
Sainte-Luce-sur-Loire **44** 60 Yd 65
Sainte-Lucie-de-Porto-Vecchio **2A** 159 Kc 98
Sainte-Lucie-de-Tallano **2A** 159 Ka 98
Sainte-Lunaise **18** 79 Cc 67
Sainte-Magnance **89** 67 Ea 64
Saint-Eman **28** 48 Bb 59
Sainte-Marguerite **43** 104 Dd 77
Sainte-Marguerite **44** 59 Xe 65
Sainte-Marguerite **88** 56 Gf 59
Sainte-Marguerite-de-Carrouges **61** 30 Zf 57
Sainte-Marguerite-de-l'Autel **27** 31 Af 55
Sainte-Marguerite-d'Elle **14** 13 Yf 53
Sainte-Marguerite-des-Loges **14** 30 Ab 54
Sainte-Marguerite-de-Viette **14** 30 Aa 54
Sainte-Marguerite-en-Ouche **27** 31 Ad 54
Sainte-Marguerite-Lafigère **07** 117 Df 82
Sainte-Marguerite-sur-Duclair **76** 15 Af 51
Sainte-Marguerite-sur-Fauville **76** 15 Ad 50
Sainte-Marguerite-sur-Mer **76** 6 Af 49
Sainte-Marie **05** 119 Fc 82
Sainte-Marie **08** 20 Ee 52
Sainte-Marie **25** 71 Ge 63
Sainte-Marie **32** 126 Af 87
Sainte-Marie **35** 44 Xf 62
Sainte-Marie **58** 80 Dc 66
Sainte-Marie **66** 154 Da 92
Sainte-Marie-à-Py **51** 20 Ed 53
Sainte-Marie-au-Bosc **76** 14 Ab 50
Sainte-Marie-aux-Anglais **14** 30 Aa 54
Sainte-Marie-aux-Chênes **57** 38 Ga 53
Sainte-Marie-aux-Mines **68** 56 Hb 59
Sainte-Marie-Cappel **59** 4 Cd 44
Sainte-Marie-d'Alvey **73** 107 Fe 75
Sainte-Marie-de-Chignac **24** 101 Ae 78
Sainte-Marie-de-Cuines **73** 108 Gb 76
Sainte-Marie-de-Gosse **40** 123 Ye 87
Sainte-Marie-de-Ré **17** 86 Ye 72
Sainte-Marie-des-Champs **76** 15 Ae 51
Sainte-Marie-de-Vaux **87** 89 Ba 73
Sainte-Marie-du-Bois **53** 29 Zd 58
Sainte-Marie-du-Lac-Nuisement **51** 36 Ee 57
Sainte-Marie-en-Chanois **70** 55 Gd 61
Sainte-Marie-Kerque **62** 3 Ca 43
Sainte-Marie-la-Blanche **21** 82 Ef 67
Sainte-Marie-Lapanouze **19** 103 Cc 76
Sainte-Marie-la-Robert **61** 30 Zf 57
Sainte-Marie-Outre-l'Eau **14** 29 Yf 55
Sainte-Marie-Plage **66** 154 Da 92
Sainte-Marie-sur-Ouche **21** 68 Ee 65
Sainte-Marthe **27** 31 Af 55
Sainte-Marthe **47** 112 Aa 82
Sainte-Maure **10** 52 Ea 58
Sainte-Maure-de-Peyriac **47** 125 Aa 84
Sainte-Maure-de-Touraine **37** 63 Ad 66
Sainte-Maxime **83** 148 Gd 89
Sainte-Même **17** 87 Zd 73
Sainte-Menehould **51** 36 Ef 54
Sainte-Mère **32** 125 Ad 84
Sainte-Mère-Église **50** 12 Ye 52
Sainte-Mesme **78** 32 Bf 57
Saint-Emiland **71** 82 Ec 67
Saint-Émilion **33** 111 Zf 79
Sainte-Mondane **24** 113 Bc 79
Sainte-Montaine **18** 65 Cb 64
Sainte-Nathalène **24** 113 Bb 79
Sainte-Neomaye **79** 75 Ze 70
Saint-Ennemond **03** 80 Dc 68
Sainteny **50** 12 Ye 53
Sainte-Olive **01** 94 Ef 72
Sainte-Opportune **61** 29 Zd 56
Sainte-Opportune-du-Bosc **27** 31 Af 54
Sainte-Opportune-la-Mare **27** 15 Ad 52
Sainte-Orse **24** 101 Ba 77
Sainte-Osmane **72** 48 Ad 61
Sainte-Ouenne **79** 75 Zd 70
Saint-Epain **37** 63 Ad 66
Sainte-Pallaye **89** 67 De 63
Sainte-Paule **69** 94 Ed 73
Sainte-Pazanne **44** 59 Yb 66
Sainte-Pexine **85** 74 Yf 69
Sainte-Pôle **54** 39 Ge 57
Sainte-Preuve **02** 19 Df 51
Saint-Epvre **57** 38 Gc 55
Sainte-Radegonde **12** 115 Cd 83
Sainte-Radegonde **17** 86 Za 73
Sainte-Radegonde **24** 112 Ae 80
Sainte-Radegonde **32** 125 Ad 85
Sainte-Radegonde **33** 112 Aa 80
Sainte-Radegonde **71** 81 Ea 68
Sainte-Radegonde **79** 76 Ze 67
Sainte-Radegonde **86** 77 Ae 69
Sainte-Radégonde-des-Noyers **85** 74 Yf 70
Sainte-Ramée **17** 99 Zc 76
Saint-Erblon **35** 45 Yc 60
Saint-Erblon **53** 45 Yf 62
Sainte-Reine **70** 70 Fe 64
Sainte-Reine **73** 108 Ga 75
Sainte-Reine-de-Bretagne **44** 59 Xe 64
Saint-Erme-Outre-et-Ramecourt **02** 19 Df 51
Saintes **17** 87 Zc 74
Sainte-Sabine **21** 68 Ed 65
Sainte-Sabine-Born **24** 113 Ae 80
Sainte-Savine **10** 52 Ea 59
Sainte-Scolasse-sur-Sarthe **61** 30 Ac 57
Sainte-Segrée **80** 16 Bf 50
Sainte-Sévère **16** 87 Ze 74
Sainte-Sévère-sur-Indre **36** 79 Ca 70
Sainte-Sigolène **43** 105 Eb 77
Saintes-Maries-de-la-Mer **13** 145 Ec 87
Sainte-Solange **18** 65 Cd 66
Sainte-Soline **79** 88 Aa 71
Sainte-Souline **16** 100 Zf 76
Sainte-Soulle **17** 86 Yf 71
Saint-Esteben **64** 137 Ye 88
Saint-Estèphe **24** 100 Ad 75
Saint-Estèphe **33** 98 Zb 77
Saint-Estève **66** 154 Cf 92
Saint-Estève-Janson **13** 132 Fc 86
Sainte-Suzanne **09** 140 Bc 89
Sainte-Suzanne **53** 46 Zd 60
Sainte-Terre **33** 111 Zf 80
Sainte-Thérence **03** 91 Cd 71
Sainte-Thorette **18** 79 Cb 66
Saint-Étienne **42** 106 Ec 76
Saint-Etienne-à-Arnes **08** 20 Ec 53
Saint-Etienne-au-Mont **62** 2 Bd 44
Saint-Étienne-au-Temple **51** 36 Ec 54
Saint-Etienne-aux-Clos **19** 103 Cc 75
Saint-Etienne-Cantalès **15** 115 Cb 79
Saint-Etienne-d'Albagnan **34** 142 Cf 87
Saint-Étienne-de-Baïgorry **64** 136 Yd 89
Saint-Etienne-de-Boulogne **07** 118 Ec 80
Saint-Etienne-de-Brillouet **85** 74 Yf 69
Saint-Etienne-de-Carlat **15** 115 Cd 79
Saint-Étienne-de-Chigny **37** 63 Ad 64
Saint-Etienne-de-Chomeil **15** 103 Cd 76
Saint-Étienne-de-Crossey **38** 107 Fd 76
Saint-Étienne-de-Cuines **73** 108 Gb 76
Saint-Etienne-de-Fontbellon **07** 118 Ec 81
Saint-Etienne-de-Fougères **47** 112 Ad 82
Saint-Etienne-de-Fursac **23** 90 Bd 72
Saint-Etienne-de-Gourgas **34** 129 Dc 86
Saint-Etienne-de-Gué-de-l'Isle **22** 43 Xc 60
Saint-Etienne-de-Lisse **33** 111 Zf 79
Saint-Etienne-de-l'Olm **30** 130 Eb 84
Saint-Etienne-de-Mer-Morte **44** 74 Yb 67
Saint-Étienne-de-Montluc **44** 60 Yb 65
Saint-Etienne-de-Puycorbier **24** 100 Ab 78
Saint-Étienne-de-Saint-Geoirs **38** 107 Fc 76
Saint-Etienne-des-Champs **63** 91 Cd 74
Saint-Etienne-de-Serre **07** 118 Ed 80
Saint-Etienne-des-Guérets **41** 63 Ba 63
Saint-Etienne-des-Oullières **69** 94 Ed 72
Saint-Etienne-des-Sorts **30** 131 Ee 83
Saint-Étienne-de-Tinée **06** 134 Gf 83
Saint-Etienne-de-Tulmont **82** 126 Bc 84
Saint-Etienne-de-Vicq **03** 92 Dd 71
Saint-Etienne-de-Villeréal **47** 113 Ae 81
Saint-Etienne-d'Orthe **40** 123 Ye 87
Saint-Etienne-du-Bois **01** 95 Fb 71
Saint-Etienne-du-Bois **85** 74 Yc 68
Saint-Etienne-du-Grès **13** 131 Ee 86
Saint-Étienne-du-Rouvray **76** 15 Ba 52
Saint-Etienne-du-Valdonnez **48** 116 Dd 82
Saint-Etienne-du-Vauvray **27** 15 Bb 53
Saint-Etienne-du-Vigan **43** 117 Df 80
Saint-Étienne-en-Bresse **71** 83 Fa 68
Saint-Etienne-en-Coglès **35** 45 Ye 58
Saint-Etienne-en-Dévoluy **05** 120 Ff 80
Saint-Etienne-Estréchoux **34** 129 Da 87
Saint-Étienne-la-Cigogne **79** 87 Zc 72
Saint-Etienne-la-Geneste **19** 103 Cc 76
Saint-Etienne-l'Allier **27** 15 Ad 53
Saint-Etienne-Lardeyrol **43** 105 Df 78
Saint-Étienne-la-Thillaye **14** 14 Aa 53
Saint-Etienne-la-Varenne **69** 94 Ed 72
Saint-Etienne-le-Laus **05** 120 Ga 81
Saint-Etienne-le-Molard **42** 93 Ea 74
Saint-Etienne-les-Orgues **04** 133 Fe 84
Saint-Etienne-lès-Remiremont **88** 55 Gd 60
Saint-Etienne-Roilaye **60** 18 Da 52
Saint-Etienne-sous-Barbuise **10** 52 Ea 57
Saint-Etienne-sur-Blesle **43** 104 Da 77
Saint-Étienne-sur-Chalaronne **01** 94 Ef 72
Saint-Étienne-sur-Reyssouze **01** 94 Fa 70
Saint-Etienne-sur-Suippe **51** 19 Ea 52
Saint-Etienne-sur-Usson **63** 104 Dc 75
Saint-Etienne-Vallée-Française **48** 130 Df 84
Sainte-Tréphine **22** 43 Wf 59
Sainte-Trie **24** 101 Bb 77
Saint-Eugène **02** 34 Dd 54
Saint-Eugène **71** 81 Eb 68
Saint-Eulalie-d'Ans **24** 101 Ba 77
Saint-Eulalie-en-Vercors **26** 107 Fc 78
Saint-Eulien **51** 36 Ef 56
Saint-Euphème-sur-Ouvèze **26** 132 Fc 83
Saint-Euphraise-et-Clairizet **51** 35 Df 53
Saint-Euphrône **21** 68 Ec 64
Saint-Eusèbe **71** 82 Ec 68
Saint-Eusèbe **74** 96 Ff 73
Saint-Eusèbe-en-Champsaur **05** 120 Ga 80
Saint-Eustache **74** 96 Ga 74
Saint-Eustache-la-Forêt **76** 15 Ac 51
Saint-Eutrope **16** 100 Aa 76
Saint-Eutrope-de-Born **47** 112 Ae 81
Sainte-Valière **11** 142 Cf 89
Saint-Evarzec **29** 42 Vf 61
Sainte-Vaubourg **08** 20 Ed 52
Sainte-Verge **79** 76 Ze 66
Sainte-Vertu **89** 67 Df 62
Saint-Evroult-de-Montfort **61** 30 Ab 56
Saint-Evroult-Notre-Dame-du-Bois **61** 31 Ac 56
Saint-Exupéry **33** 111 Zf 81

196 (F) **Saint-Cornier-des Landes — Saint-Exupéry**

Saint-Exupéry-les-Roches **19** 103 Cc 75
Saint-Fargeau **89** 66 Da 63
Saint-Fargeau-Ponthierry **77** 33 Cd 57
Saint-Fargeol **03** 91 Cd 72
Saint-Faust **64** 138 Zd 89
Saint-Félicien **07** 106 Ed 78
Saint-Féliu-d'Amont **66** 154 Ce 92
Saint-Féliu-d'Avail **66** 154 Cf 92
Saint-Félix **03** 92 Dc 71
Saint-Félix **16** 100 Aa 76
Saint-Félix **17** 87 Zc 72
Saint-Félix **46** 113 Ba 82
Saint-Félix **46** 114 Ca 81
Saint-Félix **60** 17 Cb 52
Saint-Félix **74** 96 Ff 74
Saint-Félix-de-Bourdoilles **24** 100 Ad 76
Saint-Félix-de-Foncaude **33** 111 Zf 81
Saint-Félix-de-Lodez **34** 129 Dc 87
Saint-Félix-de-Lunel **12** 115 Cd 81
Saint-Félix-de-Pallières **30** 130 Df 84
Saint-Félix-de-Reillac-et-Mortemart **24** 101 Af 78
Saint-Félix-de-Rieutord **09** 141 Be 90
Saint-Félix-de-Sorgues **12** 129 Cf 85
Saint-Félix-de-Tournegat **09** 141 Be 90
Saint-Félix-de-Villadeix **24** 112 Ae 79
Saint-Félix-Lauragais **31** 141 Bf 88
Saint-Fergeux **08** 19 Eb 51
Saint-Ferme **33** 112 Aa 80
Saint-Ferréol **31** 139 Ae 88
Saint-Ferréol **31** 141 Ca 88
Saint-Ferréol **74** 96 Gb 74
Saint-Ferréol-d'Aurore **43** 105 Eb 76
Saint-Ferréol-des-Côtes **63** 105 De 75
Saint-Ferréol-Trente-Pas **26** 119 Fb 82
Saint-Ferriol **11** 153 Cb 91
Saint-Fiacre **22** 26 Wf 58
Saint-Fiacre **77** 34 Cf 55
Saint-Fiacre-sur-Maine **44** 60 Yd 66
Saint-Fiel **23** 90 Bf 71
Saint-Firmin **05** 120 Ga 80
Saint-Firmin **54** 55 Ga 58
Saint-Firmin **58** 80 Dc 66
Saint-Firmin **71** 82 Ec 67
Saint-Firmin-des-Bois **45** 51 Cf 61
Saint-Firmin-des-Prés **41** 48 Ba 61
Saint-Firmin-sur-Loire **45** 66 Ce 63
Saint-Flavy **10** 52 De 58
Saint-Florent **2B** 157 Kb 92
Saint-Florent **45** 65 Cc 62
Saint-Florent-des-Bois **85** 74 Ye 69
Saint-Florentin **89** 52 De 61
Saint-Florent-le-Vieil **49** 61 Yf 64
Saint-Florent-sur-Auzonnet **30** 130 Ea 83
Saint-Florent-sur-Cher **18** 79 Cb 67
Saint-Floret **63** 104 Da 75
Saint-Floris **62** 8 Cd 45
Saint-Flour **15** 104 Da 78
Saint-Flour **63** 104 Dd 74
Saint-Flour **63** 105 Df 76
Saint-Flour-de-Mercoire **48** 117 De 80
Saint-Flovier **37** 77 Ba 67
Saint-Floxel **50** 12 Yd 51
Saint-Fohs **69** 106 Ef 74
Saint-Folquin **62** 3 Ca 43
Saint-Forgeot **71** 82 Eb 66
Saint-Forgeux-Lespinasse **42** 93 Df 72
Saint-Fort **53** 46 Zb 62
Saint-Fort-sur-Gironde **17** 99 Zb 76
Saint-Fort-sur-le-Né **16** 99 Ze 75
Saint-Fortunat-sur-Eyrieux **07** 118 Ee 80
Saint-Fraigne **16** 88 Zf 73
Saint-Fraimbault **61** 29 Zb 58
Saint-Fraimbault-de-Prières **53** 46 Zc 58
Saint-Frajou **31** 140 Af 88
Saint-Franchy **58** 66 Dc 66
Saint-François-de-Sales **73** 108 Ga 74
Saint-François-Lacroix **57** 22 Gc 52
Saint-Frégant **29** 24 Vd 57
Saint-Fréjoux **19** 103 Cc 75
Saint-Frézal-d'Albuges **48** 117 De 81
Saint-Frézal-de-Ventalon **48** 130 Df 83
Saint-Frichoux **11** 142 Cd 89
Saint-Frion **23** 91 Cb 73
Saint-Fromond **50** 13 Yf 53
Saint-Front **16** 88 Ab 73
Saint-Front **43** 117 Ea 79
Saint-Front-d'Alemps **24** 101 Ae 77
Saint-Front-de-Pradoux **24** 100 Ac 78
Saint-Front-la-Rivière **24** 101 Ae 76
Saint-Front-sur-Lémance **47** 113 Af 81
Saint-Front-sur-Nizonne **24** 100 Ad 76
Saint-Froult **17** 86 Yf 73
Saint-Fulgent **85** 74 Ye 67
Saint-Fulgent-des-Ormes **61** 47 Ac 59
Saint-Fuscien **80** 17 Cb 49
Saint-Gabriel-Brécy **14** 13 Zc 53
Saint-Gal **48** 116 Dc 81
Saint-Galmier **42** 105 Eb 75
Saint-Gal-sur-Sioule **63** 92 Da 72
Saint-Gand **70** 70 Ff 64
Saint-Ganton **35** 44 Ya 62
Saint-Gatien-des-Bois **14** 14 Ab 52
Saint-Gaudens **31** 139 Ae 90
Saint-Gaudent **86** 88 Ab 72
Saint-Gaudéric **11** 141 Bf 90
Saint-Gaultier **36** 78 Bc 69
Saint-Gauzens **81** 127 Bf 86
Saint-Gein **40** 124 Ze 85
Saint-Gelven **22** 43 Wf 59
Saint-Gély-du-Fesc **34** 130 De 86
Saint-Gemmes-d'Andigné **49** 61 Za 62
Saint-Génard **79** 87 Zf 71
Saint-Gence **87** 89 Ba 73
Saint-Généroux **79** 76 Zf 67
Saint-Genès-Champanelle **63** 92 Da 74
Saint-Genès-Champespe **63** 103 Ce 76
Saint-Genès-de-Blaye **33** 99 Zc 78
Saint-Genès-de-Castillon **33** 111 Zf 79
Saint-Genès-de-Fronsac **33** 99 Zd 78
Saint-Genès-de-Lombaud **33** 111 Zd 80
Saint-Genès-du-Retz **63** 92 Db 72
Saint-Genès-la-Tourette **63** 104 Dc 75
Saint-Genest **03** 91 Cd 71
Saint-Genest **88** 55 Gd 58
Saint-Genest-d'Ambière **86** 76 Ab 68
Saint-Genest-de-Beauzon **07** 117 Eb 82
Saint-Genest-de-Contest **81** 127 Ca 86
Saint-Genest-Lerpt **42** 106 Eb 76
Saint-Genest-Malifaux **42** 106 Ec 77
Saint-Genest-sur-Roselle **87** 90 Bc 74
Saint-Geneys-près-Saint-Paulien **43** 105 De 78
Saint-Gengoulph **02** 34 Db 54
Saint-Gengoux-de-Scissé **71** 82 Ee 70
Saint-Gengoux-le-National **71** 82 Ee 69
Saint-Geniès **24** 101 Bb 79
Saint-Geniès-Bellevue **31** 126 Bc 86
Saint-Geniès-de-Comolas **30** 131 Ee 84
Saint-Geniès-de-Malgoire **30** 130 Eb 85
Saint-Geniès-des-Mourgues **34** 130 Ea 86
Saint-Geniès-de-Varensal **34** 129 Da 86
Saint-Geniès-le-Bas **34** 143 Db 88
Saint-Geniez **04** 133 Ga 83
Saint-Geniez-d'Olt **12** 116 Cf 82
Saint-Geniez-ô-Merle **19** 102 Ca 78
Saint-Genis **05** 120 Fe 82
Saint-Genis-de-Saintonge **17** 99 Zc 76
Saint-Génis-des-Fontaines **66** 154 Cf 93
Saint-Genis-d'Hiersac **16** 88 Aa 74
Saint-Genis-du-Bois **33** 111 Ze 80
Saint-Genis-l'Argentière **69** 94 Ec 74
Saint-Genis-Laval **69** 94 Ee 74
Saint-Genis-les-Ollières **69** 94 Ee 74
Saint-Genis-Pouilly **01** 96 Ga 71
Saint-Genis-sur-Menthon **01** 94 Fa 71
Saint-Genou **36** 78 Bc 67
Saint-Genouph **37** 63 Ad 64
Saint-Geoire-en-Valdaine **38** 107 Fd 76
Saint-Geoirs **38** 107 Fc 77
Saint-Georges **15** 103 Cd 78
Saint-Georges **16** 88 Ab 73
Saint-Georges **32** 126 Af 86
Saint-Georges **47** 113 Af 82
Saint-Georges **57** 38 Gf 56
Saint-Georges **62** 7 Ca 46
Saint-Georges **82** 127 Bd 83
Saint-Georges-Armont **25** 71 Gd 64
Saint-Georges-Blancaneix **24** 112 Ac 79
Saint-Georges-Buttavent **53** 46 Zb 59
Saint-Georges-d'Annebecq **61** 30 Ze 57
Saint-Georges-d'Antignac **17** 99 Zc 76
Saint-Georges-d'Aunay **14** 29 Zb 54
Saint-Georges-d'Aurac **43** 104 Dd 78
Saint-Georges-de-Baroille **42** 93 Ea 73
Saint-Georges-de-Bohon **50** 12 Ye 53
Saint-Georges-de-Chesné **35** 45 Ye 59
Saint-Georges-de-Commiers **38** 107 Fe 78
Saint-Georges-de-Didonne **17** 98 Yf 75
Saint-Georges-de-Gréhaigne **35** 28 Yc 57
Saint-Georges-de-la-Couée **72** 48 Ad 61
Saint-Georges-de-la-Rivière **50** 12 Yb 52
Saint-Georges-de-Lévéjac **48** 129 Db 83
Saint-Georges-de-Livoye **50** 28 Ye 56
Saint-Georges-d'Elle **50** 13 Za 54
Saint-Georges-de-Longuepierre **17** 87 Zd 72
Saint-Georges-de-Luzençon **12** 129 Cf 84
Saint-Georges-de-Mons **63** 91 Cf 73
Saint-Georges-de-Montaigu **85** 74 Ye 67
Saint-Georges-de-Montclard **24** 112 Ad 79
Saint-Georges-de-Noisné **79** 75 Ze 70
Saint-Georges-de-Pointindoux **85** 74 Yc 69
Saint-Georges-de-Poisieux **18** 79 Cc 68
Saint-Georges-de-Reintembault **35** 28 Ye 57
Saint-Georges-de-Reneins **69** 94 Ee 72
Saint-Georges-de-Rex **79** 87 Zc 71
Saint-Georges-de-Rouelley **50** 29 Zb 57
Saint-Georges-des-Agoûts **17** 99 Zc 76
Saint-Georges-des-Côteaux **17** 87 Zb 74
Saint-Georges-des-Gardes **49** 61 Zb 66
Saint-Georges-des-Groseillers **61** 29 Zc 56
Saint-Georges-des-Hurtières **73** 108 Gb 75
Saint-Georges-d'Espérance **38** 107 Fa 75
Saint-Georges-d'Oléron **17** 86 Ye 73
Saint-Georges-d'Orques **34** 144 De 87
Saint-Georges-du-Bois **17** 87 Zb 72
Saint-Georges-du-Bois **49** 62 Ze 64
Saint-Georges-du-Bois **72** 47 Aa 61
Saint-Georges-du-Mesnil **27** 15 Ad 53
Saint-Georges-du-Rosay **72** 48 Ad 59
Saint-Georges-du-Vièvre **27** 15 Ad 53
Saint-Georges-en-Auge **14** 30 Aa 55
Saint-Georges-en-Couzan **42** 105 Df 74
Saint-Georges-Haute-Ville **42** 105 Ea 75
Saint-Georges-Lagricol **43** 105 Df 77
Saint-Georges-la-Pouge **23** 90 Bf 73
Saint-Georges-le-Fléchard **53** 46 Zc 60
Saint-Georges-le-Gaultier **72** 47 Zf 59
Saint-Georges-lès-Baillargeaux **86** 76 Ac 69
Saint-Georges-les-Bains **07** 118 Ee 79
Saint-Georges-les-Landes **87** 89 Bc 70
Saint-Georges-Montcocq **50** 13 Yf 54
Saint-Georges-Motel **27** 32 Bb 56
Saint-Georges-Nigremont **23** 91 Cb 74
Saint-Georges-sur-Allier **63** 104 Db 74
Saint-Georges-sur-Arnon **36** 79 Ca 67
Saint-Georges-sur-Baulche **89** 67 Dd 62
Saint-Georges-sur-Cher **41** 63 Ba 65
Saint-Georges-sur-Erve **53** 46 Ze 60
Saint-Georges-sur-Eure **28** 49 Bc 58
Saint-Georges-sur-Fontaine **76** 15 Bb 51
Saint-Georges-sur-l'Aa **59** 3 Cb 43
Saint-Georges-sur-la-Prée **18** 64 Bf 65
Saint-Georges-sur-Layon **49** 61 Zd 65
Saint-Georges-sur-Loire **49** 61 Zb 64
Saint-Georges-sur-Moulon **18** 65 Cc 65
Saint-Georges-sur-Renon **01** 94 Fa 72
Saint-Geours-d'Auribat **40** 123 Za 86
Saint-Geours-de-Maremme **40** 123 Ye 86
Saint-Gérand-de-Vaux **03** 92 Dc 70
Saint-Gérand-le-Puy **03** 92 Dd 71
Saint-Géraud **47** 112 Aa 81
Saint-Géraud-de-Corps **24** 112 Ab 79
Saint-Germain **07** 118 Ec 81
Saint-Germain **10** 52 Ea 59
Saint-Germain **54** 55 Gc 58
Saint-Germain **70** 71 Gd 61
Saint-Germain-au-Mont-d'Or **69** 94 Ee 73
Saint-Germain-Beaupré **23** 90 Bd 71
Saint-Germain-Chassenay **58** 80 Dc 68
Saint-Germain-d'Anxure **53** 46 Zb 59
Saint-Germain-d'Arcé **72** 62 Ab 63
Saint-Germain-d'Aunay **61** 30 Ac 55
Saint-Germain-de-Belvès **24** 113 Ba 80
Saint-Germain-de-Bois **18** 79 Cc 67
Saint-Germain-de-Calberte **48** 130 De 83
Saint-Germain-de-Clairefeuille **61** 30 Ab 56
Saint-Germain-de-Confolens **16** 89 Ae 72
Saint-Germain-de-Coulamer **53** 47 Zf 59
Saint-Germain-d'Ectot **14** 29 Zb 54
Saint-Germain-de-Fresney **27** 32 Bb 55
Saint-Germain-de-Grave **33** 111 Ze 81
Saint-Germain-de-la-Coudre **61** 48 Ad 59
Saint-Germain-de-la-Grange **78** 32 Bf 56
Saint-Germain-de-la-Rivière **33** 99 Zd 79
Saint-Germain-de-Livet **14** 30 Ab 54
Saint-Germain-d'Elle **50** 29 Za 54
Saint-Germain-de-Longue-Chaume **79** 75 Zd 68
Saint-Germain-de-Lusignan **17** 99 Zd 76
Saint-Germain-de-Marencennes **17** 87 Zb 72
Saint-Germain-de-Martigny **61** 30 Ac 57
Saint-Germain-de-Modéon **21** 67 Ea 64
Saint-Germain-de-Montbron **16** 100 Ac 75
Saint-Germain-de-Montgommery **14** 30 Ab 55
Saint-Germain-de-Pasquier **27** 15 Ba 53
Saint-Germain-de-Prinçay **85** 74 Yf 68
Saint-Germain-de-Salles **03** 92 Db 71
Saint-Germain-des-Angles **27** 31 Ba 54
Saint-Germain-des-Bois **58** 67 Dd 64
Saint-Germain-des-Champs **89** 67 Df 64
Saint-Germain-des-Essourts **76** 16 Bb 51
Saint-Germain-des-Fossés **03** 92 Dc 71
Saint-Germain-des-Grois **61** 48 Ae 58
Saint-Germain-des-Prés **24** 101 Af 76
Saint-Germain-des-Prés **45** 51 Cf 61
Saint-Germain-des-Prés **49** 61 Zb 64
Saint-Germain-des-Prés **81** 141 Ca 87
Saint-Germain-d'Esteuil **33** 98 Za 77
Saint-Germain-des-Vaux **50** 12 Ya 50
Saint-Germain-d'Etables **76** 16 Bb 49
Saint-Germain-de-Tallevende-la-Lande-Vaumont **14** 29 Za 56
Saint-Germain-de-Tournebut **50** 12 Yd 51
Saint-Germain-de-Varreville **50** 12 Ye 52
Saint-Germain-de-Vibrac **17** 99 Ze 76
Saint-Germain-du-Bel-Air **46** 113 Bc 81
Saint-Germain-du-Bois **71** 83 Fb 68
Saint-Germain-du-Corbéis **61** 47 Aa 58
Saint-Germain-du-Grioult **14** 29 Zc 55
Saint-Germain-du-Pert **14** 13 Yf 52
Saint-Germain-du-Pinel **35** 45 Yf 60
Saint-Germain-du-Plain **71** 83 Ef 68
Saint-Germain-du-Puch **33** 111 Ze 79
Saint-Germain-du-Puy **18** 79 Cc 66
Saint-Germain-du-Salembre **24** 100 Ac 78
Saint-Germain-du-Seudre **17** 99 Zb 75
Saint-Germain-du-Teil **48** 116 Db 82
Saint-Germain-en-Brionnais **71** 93 Eb 70
Saint-Germain-en-Coglès **35** 45 Ye 58
Saint-Germain-en-Laye **78** 33 Ca 55
Saint-Germain-en-Montagne **39** 84 Ff 68
Saint-Germain-et-Mons **24** 112 Ad 79
Saint-Germain-la-Blanche-Herbe **14** 13 Zd 53
Saint-Germain-la-Campagne **27** 30 Ac 54
Saint-Germain-la-Chambotte **73** 96 Ff 74
Saint-Germain-l'Aiguiller **85** 75 Za 68
Saint-Germain-la-Montagne **42** 94 Ec 71
Saint-Germain-la-Poterie **60** 16 Bf 52
Saint-Germain-Laprade **43** 105 Df 78
Saint-Germain-Laval **42** 93 Ea 74
Saint-Germain-Laval **77** 51 Cf 58
Saint-Germain-la-Ville **51** 36 Ec 55
Saint-Germain-Lavolps **19** 103 Cb 75
Saint-Germain-Laxis **77** 33 Ce 57
Saint-Germain-le-Châtelet **90** 71 Gf 62
Saint-Germain-le-Fouilloux **53** 46 Zb 60
Saint-Germain-le-Gaillard **28** 49 Bb 58
Saint-Germain-le-Gaillard **50** 12 Yb 52
Saint-Germain-le-Guillaume **53** 46 Zb 59
Saint-Germain-Lembron **63** 104 Db 76
Saint-Germain-le-Rocheux **21** 68 Ee 62
Saint-Germain-lès-Arlay **39** 83 Fd 68
Saint-Germain-lès-Arpajon **91** 33 Cb 57
Saint-Germain-les-Belles **87** 102 Bc 75
Saint-Germain-lès-Buxy **71** 82 Ee 68
Saint-Germain-lès-Corbeil **91** 33 Cd 57
Saint-Germain-les-Paroisses **01** 95 Fd 74
Saint-Germain-Lespinasse **42** 93 Df 72
Saint-Germain-lès-Senailly **21** 68 Eb 63
Saint-Germain-les-Vergnes **19** 102 Bd 78
Saint-Germain-le-Vasson **14** 30 Ze 55
Saint-Germain-le-Vieux **61** 31 Ab 57
Saint-Germain-l'Herm **63** 104 Dd 76
Saint-Germainmont **08** 19 Ea 51
Saint-Germain-près-Herment (Chadeaux) **63** 91 Cd 74
Saint-Germain-Source-Seine **21** 68 Ee 64
Saint-Germain-sous-Cailly **76** 15 Bb 51
Saint-Germain-sous-Doue **77** 34 Da 55
Saint-Germains-sur-Sèves **50** 12 Yd 53
Saint-Germain-sur-Avre **27** 32 Bb 56
Saint-Germain-sur-Ay **50** 12 Yc 53
Saint-Germain-sur-Bresle **80** 16 Be 49
Saint-Germain-sur-Eaulne **76** 16 Bd 50
Saint-Germain-sur-École **77** 50 Cd 58
Saint-Germain-sur-Ille **35** 45 Yc 59
Saint-Germain-sur-l'Arbresle **69** 94 Ed 73
Saint-Germain-sur-Meuse **55** 37 Fe 57
Saint-Germain-sur-Moine **49** 60 Yf 66
Saint-Germain-sur-Morin **77** 34 Cf 55
Saint-Germain-sur-Renon **01** 94 Fa 72
Saint-Germain-sur-Sarthe **72** 47 Aa 59
Saint-Germain-sur-Vienne **37** 62 Aa 65
Saint-Germain-Village **27** 15 Ad 52
Saint-Germé **32** 124 Zf 86
Saint-Germer-de-Fly **60** 16 Be 52
Saint-Germier **31** 141 Be 88
Saint-Germier **32** 126 Af 86
Saint-Germier **79** 76 Zf 70
Saint-Germier **81** 127 Bf 87
Saint-Germier **81** 128 Cb 86
Saint-Géron **43** 104 Db 76
Saint-Gérons **15** 115 Cb 79
Saint-Gervais **33** 99 Zd 78
Saint-Gervais **38** 107 Fc 77
Saint-Gervais **85** 73 Xf 67
Saint-Gervais **95** 32 Be 53
Saint-Gervais-d'Auvergne **63** 91 Ce 72
Saint-Gervais-des-Sablons **61** 30 Aa 55
Saint-Gervais-de-Vic **72** 48 Ae 61
Saint-Gervais-du-Perron **61** 30 Aa 57
Saint-Gervais-en-Belin **72** 47 Ab 61
Saint-Gervais-en-Vallière **71** 82 Ef 67
Saint-Gervais-la-Forêt **41** 64 Bc 63
Saint-Gervais-les-Bains **74** 97 Ge 73
Saint-Gervais-les-Trois-Clochers **86** 76 Ac 67
Saint-Gervais-sous-Meymont **63** 105 Dd 74
Saint-Gervais-sur-Couches **71** 82 Ed 67
Saint-Gervais-sur-Mare **34** 129 Da 87
Saint-Gervais-sur-Roubion **26** 118 Ef 81
Saint-Gervasy **30** 131 Ec 85
Saint-Gervazy **63** 104 Db 76
Saint-Géry **24** 100 Ab 79
Saint-Géry **46** 114 Bd 82
Saint-Geyrac **24** 101 Af 78
Saint-Gibrien **51** 35 Eb 55
Saint-Gildas **22** 26 Xa 58
Saint-Gildas-de-Rhuys **56** 58 Xa 63
Saint-Gildas-des-Bois **44** 59 Xf 63
Saint-Gilles **30** 131 Ec 86
Saint-Gilles **35** 44 Yb 60
Saint-Gilles **36** 78 Bc 70
Saint-Gilles **51** 19 De 53
Saint-Gilles **71** 82 Ed 67
Saint-Gilles-Croix-de-Vie **85** 73 Ya 68
Saint-Gilles-de-Crétot **76** 15 Ad 51
Saint-Gilles-de-la-Neuville **76** 14 Ac 51
Saint-Gilles-des-Marais **61** 29 Zb 57
Saint-Gilles-du-Mené **22** 44 Xc 59
Saint-Gilles-les-Bois **22** 26 Wf 57
Saint-Gilles-les-Forêts **87** 102 Bd 75
Saint-Gilles-Pligeaux **22** 26 Wf 58
Saint-Gilles-Vieux-Marché **22** 43 Xa 59
Saint-Gineis-en-Coiron **07** 118 Ed 81
Saint-Gingolph **74** 97 Ge 70
Saint-Girod **73** 96 Ff 74
Saint-Girons **09** 140 Ba 91
Saint-Girons **64** 123 Za 87
Saint-Girons-d'Aiguevives **33** 99 Zc 78
Saint-Gladie-Arrive-Munein **64** 137 Za 88
Saint-Glen **22** 27 Xc 58
Saint-Goazes **29** 42 Wb 60
Saint-Gobain **02** 18 Dc 51
Saint-Gobert **02** 19 De 50
Saint-Goin **64** 137 Zb 89
Saint-Gondon **45** 65 Cd 62
Saint-Gondran **35** 44 Yb 59
Saint-Gonlay **35** 44 Xf 60
Saint-Gonnery **56** 43 Xb 60
Saint-Gor **40** 124 Ze 84
Saint-Gorgon **56** 59 Xe 63
Saint-Gorgon **88** 55 Gd 59
Saint-Gorgon-Main **25** 84 Gc 66
Saint-Gouéno **22** 44 Xc 59
Saint-Gourgon **41** 63 Ba 63
Saint-Gourson **16** 88 Ab 73
Saint-Goussaud **23** 90 Bd 72
Saint-Gratien **80** 7 Cc 49
Saint-Gratien **95** 33 Cb 55
Saint-Gratien-Savigny **58** 81 De 67
Saint-Gravé **56** 44 Xe 62
Saint-Grégoire **35** 45 Yb 60
Saint-Grégoire **81** 128 Cb 85
Saint-Grégoire-d'Ardennes **17** 99 Zd 75
Saint-Grégoire-du-Vièvre **27** 15 Ad 53
Saint-Griède **32** 124 Zf 86
Saint-Groux **16** 88 Aa 73
Saint-Guen **22** 43 Xa 59
Saint-Guilhem-le-Désert **34** 129 Dd 86
Saint-Guillaume **38** 119 Fd 79
Saint-Guinoux **35** 27 Ya 57
Saint-Guiraud **34** 129 Dc 86
Saint-Guyomard **56** 44 Xc 62
Saint-Haon **43** 117 De 79
Saint-Haon-le-Châtel **42** 93 Df 72
Saint-Haon-le-Vieux **42** 93 Df 72
Saint-Helen **22** 27 Ya 58
Saint-Hélier **21** 68 Ee 64
Saint-Hellier **76** 16 Bb 50
Saint-Hénand **42** 106 Ec 75
Saint-Herblain **44** 60 Yc 65
Saint-Herblon **44** 60 Yf 64
Saint-Hérent **63** 104 Da 76
Saint-Hernin **29** 42 Wc 59
Saint-Hervé **22** 26 Xb 57
Saint-Hilaire **03** 80 Da 70
Saint-Hilaire **11** 142 Cb 90
Saint-Hilaire **25** 70 Gb 65
Saint-Hilaire **31** 140 Bb 88
Saint-Hilaire **43** 104 Dc 76
Saint-Hilaire **46** 114 Bd 83
Saint-Hilaire **63** 91 Cd 72
Saint-Hilaire **91** 50 Ca 58
Saint-Hilaire, Talmont- **85** 74 Yc 70
Saint-Hilaire-au-Temple **51** 36 Ec 54
Saint-Hilaire-Bonneval **87** 89 Bc 74
Saint-Hilaire-Cottes **62** 7 Cc 45
Saint-Hilaire-Cusson-la-Valmitte **42** 105 Ea 76
Saint-Hilaire-de-Beauvoir **34** 130 Ea 86
Saint-Hilaire-de-Brens **38** 107 Fb 74
Saint-Hilaire-de-Brethmas **30** 130 Ea 84
Saint-Hilaire-de-Briouze **61** 29 Ze 56
Saint-Hilaire-de-Chaléons **44** 59 Ya 66
Saint-Hilaire-de-Clisson **44** 60 Ye 66
Saint-Hilaire-de-Court **18** 65 Ca 65
Saint-Hilaire-de-Gondilly **18** 80 Cf 66
Saint-Hilaire-de-la-Côte **38** 107 Fb 76
Saint-Hilaire-de-la-Noaille **33** 111 Aa 81
Saint-Hilaire-de-Lavit **48** 130 Df 83
Saint-Hilaire-de-Loulay **85** 60 Ye 66
Saint-Hilaire-de-Lusignan **47** 125 Ad 83
Saint-Hilaire-de-Riez **85** 73 Ya 68
Saint-Hilaire-des-Landes **35** 45 Yd 58
Saint-Hilaire-des-Loges **85** 75 Zc 70
Saint-Hilaire-d'Estissac **24** 100 Ad 78
Saint-Hilaire-de-Villefranche **17** 87 Zc 73
Saint-Hilaire-de-Voust **85** 75 Zc 69
Saint-Hilaire-d'Ozilhan **30** 131 Ed 85
Saint-Hilaire-du-Bois **17** 99 Zc 76
Saint-Hilaire-du-Bois **33** 111 Zf 80
Saint-Hilaire-du-Harcouët **50** 28 Yf 57
Saint-Hilaire-du-Maine **53** 46 Za 59
Saint-Hilaire-du-Rosier **38** 107 Fb 78
Saint-Hilaire-en-Lignières **18** 79 Cb 68
Saint-Hilaire-en-Morvan **58** 81 Df 66
Saint-Hilaire-en-Woëvre **55** 37 Fe 54
Saint-Hilaire-Foissac **19** 102 Ca 77
Saint-Hilaire-Fontaine **58** 81 Dd 68
Saint-Hilaire-la-Croix **63** 92 Da 72
Saint-Hilaire-la-Forêt **85** 74 Yc 70
Saint-Hilaire-la-Gérard **61** 30 Aa 57
Saint-Hilaire-la-Gravelle **41** 48 Bb 61
Saint-Hilaire-la-Palud **79** 87 Zb 71
Saint-Hilaire-la-Plaine **23** 90 Bf 72
Saint-Hilaire-la-Treille **87** 89 Bb 71
Saint-Hilaire-le-Château **23** 90 Bf 73
Saint-Hilaire-le-Châtel **61** 31 Ad 57
Saint-Hilaire-le-Grand **51** 36 Ec 53
Saint-Hilaire-le-Lierru **72** 47 Ac 60
Saint-Hilaire-le-Petit **51** 20 Ec 53
Saint-Hilaire-les-Andrésis **45** 51 Da 60
Saint-Hilaire-les-Courbes **19** 102 Be 75
Saint-Hilaire-les-Monges **63** 91 Cd 74
Saint-Hilaire-les-Places **87** 101 Ba 75
Saint-Hilaire-le-Vouhis **85** 74 Yf 68
Saint-Hilaire-lez-Cambrai **59** 9 Dc 47
Saint-Hilaire-Luc **19** 103 Cb 76
Saint-Hilaire-Peyroux **19** 102 Bd 78
Saint-Hilaire-Saint-Mesmin **45** 49 Be 61
Saint-Hilaire-sous-Charlieu **42** 93 Eb 72
Saint-Hilaire-sous-Romilly **10** 52 Dd 57
Saint-Hilaire-sur-Benaize **36** 77 Ba 69
Saint-Hilaire-sur-Erre **61** 48 Ae 59
Saint-Hilaire-sur-Puiseaux **45** 50 Ce 61
Saint-Hilaire-sur-Risle **61** 31 Ac 56
Saint-Hilaire-sur-Yerre **28** 48 Bb 60
Saint-Hilarion **78** 32 Be 57
Saint-Hilliers **77** 34 Db 57
Saint-Hippolyte **12** 115 Cd 80
Saint-Hippolyte **15** 103 Ce 77

Saint-Exupéry-les-Roches — Saint-Hippolyte (F) 197

Saint-Hippolyte **17** 86 Za 73
Saint-Hippolyte **25** 71 Ge 65
Saint-Hippolyte **37** 77 Ba 66
Saint-Hippolyte **66** 154 Cf 92
Saint-Hippolyte **68** 56 Hc 59
Saint-Hippolyte-de-Caton **30** 130 Eb 84
Saint-Hippolyte-de-Montaigue **30** 131 Ec 84
Saint-Hippolyte-du-Fort **30** 130 Df 85
Saint-Hippolyte-le-Graveron **84** 132 Fa 84
Saint-Honoré **38** 120 Fe 79
Saint-Honoré **76** 15 Ba 50
Saint-Honoré-les-Bains **58** 81 Df 67
Saint-Hostien **43** 105 Ea 78
Saint-Hubert **57** 22 Gc 53
Saint-Huruge **71** 82 Ed 69
Saint-Hymer **14** 14 Ab 53
Saint-Hymetière **39** 95 Fd 70
Saint-Igeaux **22** 43 Wf 59
Saint-Igest **12** 114 Ca 82
Saint-Ignan **31** 139 Ae 90
Saint-Ignat **63** 92 Db 73
Saint-Igny-de-Roche **71** 93 Eb 71
Saint-Igny-de-Vers **69** 94 Ec 71
Saint-Illide **15** 103 Cb 78
Saint-Illiers-la-Ville **78** 32 Bd 55
Saint-Illiers-le-Bois **78** 32 Bd 55
Saint-Ilpize **43** 104 Dc 77
Saint-Imoges **51** 35 Df 54
Saintines **60** 17 Ce 53
Saint-Inglevert **62** 3 Be 43
Saint-Ismier **38** 108 Fe 77
Saint-Izaire **12** 128 Ce 85
Saint-Jacques **04** 133 Gc 85
Saint-Jacques-d'Aliermont **76** 16 Bb 49
Saint-Jacques-d'Ambur **63** 91 Ce 73
Saint-Jacques-de-la-Landes **35** 45 Yb 60
Saint-Jacques-de-Néhou **50** 12 Yc 52
Saint-Jacques-des-Arrêts **69** 94 Ed 71
Saint-Jacques-des-Blats **15** 103 Ce 78
Saint-Jacques-des-Guérets **41** 63 Ae 62
Saint-Jacques-de-Thouars **79** 76 Ze 67
Saint-Jacques-en-Valgodemard **05** 120 Ga 80
Saint-Jacques-sur-Darnetal **76** 16 Bb 52
Saint-Jacut-de-la-Mer **22** 27 Xe 57
Saint-Jacut-du-Mené **22** 44 Xd 59
Saint-Jacut-les-Pins **56** 44 Xe 62
Saint-Jal **19** 102 Bd 76
Saint-James **50** 28 Ye 57
Saint-Jammes **64** 138 Ze 88
Saint-Jans-Cappel **59** 4 Ce 44
Saint-Jean **27** 14 Ac 53
Saint-Jean **31** 127 Bc 87
Saint-Jean **54** 38 Ff 55
Saint-Jean-aux-Amognes **58** 80 Dc 66
Saint-Jean-aux-Bois **08** 19 Eb 50
Saint-Jean-aux-Bois **60** 18 Cf 52
Saint-Jean-Brévelay **56** 43 Xb 61
Saint-Jean-Cap-Ferrat **06** 135 Hb 86
Saint-Jean-Chambre **07** 118 Ed 79
Saint-Jean-d'Alcapiès **12** 129 Cf 85
Saint-Jean-d'Angély **17** 87 Zc 73
Saint-Jean-d'Angle **17** 86 Za 74
Saint-Jean-d'Arves **73** 108 Gb 77
Saint-Jean-d'Arvey **73** 108 Ff 75
Saint-Jean-d'Assé **72** 47 Aa 60
Saint-Jean-d'Aubrigoux **43** 105 De 76
Saint-Jean-d'Aulps **74** 97 Gd 71
Saint-Jean-de-Barrou **11** 154 Cf 91
Saint-Jean-de-Bassel **57** 39 Gf 56
Saint-Jean-de-Belleville **73** 108 Gc 76
Saint-Jean-de-Beugné **85** 74 Yf 69
Saint-Jean-de-Blaignac **33** 111 Zf 80
Saint-Jean-de-Bœuf **21** 68 Ee 65
Saint-Jean-de-Boiseau **44** 69 Yb 65
Saint-Jean-de-Bonneval **10** 52 Ea 59
Saint-Jean-de-Bournay **38** 107 Fa 76
Saint-Jean-de-Braye **45** 49 Bf 61
Saint-Jean-de-Buèges **34** 130 Dd 86
Saint-Jean-de-Ceyrargues **30** 130 Eb 84
Saint-Jean-de-Chevelu **73** 96 Fe 74
Saint-Jean-de-Cornies **34** 130 Ea 86
Saint-Jean-de-Couz **73** 108 Fe 76
Saint-Jean-de-Crieulon **30** 130 Df 85
Saint-Jean-de-Cuculles **34** 130 De 86
Saint-Jean-de-Daye **50** 13 Yf 53
Saint-Jean-de-Duras **47** 112 Ab 80
Saint-Jean-de-Folleville **76** 15 Ad 51
Saint-Jean-de-Fos **34** 129 Dd 86
Saint-Jean-de-Gonville **01** 96 Ff 71
Saint-Jean-de-la-Blaquière **34** 129 Dc 86
Saint-Jean-de-la-Croix **49** 61 Zc 64
Saint-Jean-de-la-Forêt **61** 48 Ad 58
Saint-Jean-de-la-Haize **50** 28 Yd 56
Saint-Jean-de-la-Motte **72** 62 Aa 62
Saint-Jean-de-la-Neuville **76** 15 Ac 51
Saint-Jean-de-la-Porte **73** 108 Ga 75
Saint-Jean-de-la-Rivière **50** 12 Yb 52
Saint-Jean-de-la-Ruelle **45** 49 Bf 61
Saint-Jean-de-Laur **46** 114 Bf 82
Saint-Jean-de-Lier **40** 123 Za 86
Saint-Jean-de-Linières **49** 61 Zc 64
Saint-Jean-de-Livet **14** 30 Ab 54
Saint-Jean-Delnous **12** 128 Cc 84
Saint-Jean-de-Losne **21** 83 Fb 66
Saint-Jean-de-Luz **64** 136 Yb 88
Saint-Jean-de-Marcel **81** 128 Cb 84
Saint-Jean-de-Marsacq **40** 123 Ye 87
Saint-Jean-de-Maruéjols-et-Avéjan **30** 130 Eb 83
Saint-Jean-de-Maurienne **73** 108 Gc 77
Saint-Jean-de-Minervois **34** 142 Ce 88
Saint-Jean-de-Moirans **38** 107 Fd 76
Saint-Jean-de-Monts **85** 73 Xf 68
Saint-Jean-de-Muzols **07** 106 Ee 78
Saint-Jean-de-Nay **43** 105 De 78
Saint-Jean-de-Niost **01** 95 Fb 74
Saint-Jean-de-Paracol **11** 153 Ca 91
Saint-Jean-de-Rebervilliers **28** 32 Bb 57
Saint-Jean-de-Rives **81** 127 Be 86
Saint-Jean-de-Sauves **86** 76 Aa 67
Saint-Jean-de-Savigny **50** 13 Za 53
Saint-Jean-des-Bois **61** 29 Zb 56
Saint-Jean-des-Champs **50** 28 Yd 56
Saint-Jean-des-Echelles **72** 48 Ae 60
Saint-Jean-de-Serres **30** 130 Ea 85
Saint-Jean-des-Essartiers **14** 29 Zb 54
Saint-Jean-de-Sixt **74** 96 Gc 73
Saint-Jean-des-Mauvrets **49** 61 Zd 64
Saint-Jean-des-Ollières **63** 104 Dc 75
Saint-Jean-d'Estissac **24** 100 Ad 78
Saint-Jean-des-Vignes **69** 94 Ee 73
Saint-Jean-de-Tholome **74** 96 Gc 72
Saint-Jean-de-Thurac **47** 125 Ae 84
Saint-Jean-de-Thurigneux **01** 94 Ef 73
Saint-Jean-de-Touslas **69** 106 Ed 75
Saint-Jean-d'Etreux **39** 95 Fc 70
Saint-Jean-de-Trézy **71** 82 Ed 67
Saint-Jean-de-Valériscle **30** 130 Ea 83
Saint-Jean-de-Vals **81** 128 Cb 86
Saint-Jean-devant-Possesse **51** 36 Ee 55
Saint-Jean-de-Vaulx **38** 107 Fe 78
Saint-Jean-de-Vaux **71** 82 Ee 68
Saint-Jean-de-Védas **34** 144 De 87
Saint-Jean-de-Verges **09** 141 Bd 90
Saint-Jean-d'Eyraud **24** 112 Ac 79
Saint-Jean-d'Herans **38** 119 Fe 79
Saint-Jean-d'Heurs **63** 92 Dc 74
Saint-Jean-d'Illac **33** 110 Zb 80
Saint-Jean-d'Ormont **88** 56 Gf 58
Saint-Jean-du-Bois **72** 47 Zf 61
Saint-Jean-du-Bouzet **82** 126 Af 85
Saint-Jean-du-Bruel **12** 129 Dc 84
Saint-Jean-du-Cardonnay **76** 15 Ba 51
Saint-Jean-du-Castillonnais **09** 151 Af 91
Saint-Jean-du-Corail **50** 29 Za 57
Saint-Jean-du-Doigt **29** 25 Wb 56
Saint-Jean-du-Falga **09** 141 Bd 90
Saint-Jean-du-Gard **30** 130 Df 84
Saint-Jean-du-Pin **30** 130 Ea 84
Saint-Jean-du-Thenney **27** 31 Ac 54
Saint-Jean-en-Royans **26** 119 Fb 78
Saint-Jean-en-Val **63** 104 Dc 75
Saint-Jean-Froidmentel **41** 48 Bb 61
Saint-Jean-Kerdaniel **22** 26 Wf 57
Saint-Jean-Kourtzerode **57** 39 Hb 56
Saint-Jean-la-Bussière **69** 93 Eb 73
Saint-Jean-Lachalm **43** 117 De 79
Saint-Jean-la-Fouillouse **48** 117 De 80
Saint-Jean-Lagineste **46** 114 Bf 80
Saint-Jean-la-Poterie **56** 59 Xf 63
Saint-Jean-Lasseille **66** 154 Cf 93
Saint-Jean-la-Vêtre **42** 93 De 74
Saint-Jean-le-Blanc **14** 29 Zc 55
Saint-Jean-le-Blanc **45** 49 Bf 61
Saint-Jean-le-Centenier **07** 118 Ed 81
Saint-Jean-le-Comtal **32** 125 Ad 87
Saint-Jean-lès-Buzy **55** 37 Fe 53
Saint-Jean-les-Deux-Jumeaux **77** 34 Da 55
Saint-Jean-Lespinasse **46** 114 Bf 79
Saint-Jean-le-Thomas **50** 28 Yc 56
Saint-Jean-le-Vieux **01** 95 Fc 72
Saint-Jean-le-Vieux **38** 108 Ef 77
Saint-Jean-le-Vieux **64** 137 Ye 89
Saint-Jean-Ligoure **87** 89 Bb 74
Saint-Jean-Mirabel **46** 114 Ca 81
Saint-Jeannet **04** 133 Ga 85
Saint-Jeannet **06** 134 Ha 86
Saint-Jean-Pied-de-Port **64** 137 Ye 89
Saint-Jean-Pierre-Fixte **28** 48 Ae 59
Saint-Jean-Pla-de-Corts **66** 154 Ce 93
Saint-Jean-Poudge **64** 138 Ze 87
Saint-Jean-Poutge **32** 125 Ac 86
Saint-Jean-Rohrbach **57** 39 Gf 54
Saint-Jean-Roure **07** 118 Ec 79
Saint-Jean-Saint-Germain **37** 77 Ba 66
Saint-Jean-Saint-Gervais **63** 104 Dc 76
Saint-Jean-Saint-Maurice-sur-Loire **42** 93 Ea 73
Saint-Jean-Saint Nicolas **05** 120 Gb 80
Saint-Jean-Saverne **67** 39 Hc 56
Saint-Jean-Soleymieux **42** 105 Ea 75
Saint-Jean-sur-Couesnon **35** 45 Yd 59
Saint-Jean-sur-Erve **53** 46 Zd 60
Saint-Jean-sur-Mayenne **53** 46 Zb 60
Saint-Jean-sur-Moivre **51** 36 Ed 55
Saint-Jean-sur-Reyssouze **01** 94 Fa 70
Saint-Jean-sur-Tourbe **51** 36 Ee 54
Saint-Jean-sur-Veyle **01** 94 Ef 71
Saint-Jean-sur-Vilaine **35** 45 Yd 60
Saint-Jean-Trolimon **29** 32 Ve 61
Saint-Jeanvrin **18** 79 Cb 69
Saint-Jeoire **74** 96 Gc 72
Saint-Jeoire-Prieuré **73** 108 Ff 75
Saint-Jeure-d'Andaure **07** 106 Ec 78
Saint-Jeure-d'Ay **07** 106 Ee 78
Saint-Jeures **43** 105 Eb 78
Saint-Joachim **44** 59 Xe 64
Saint-Jodard **42** 93 Ea 73
Saint-Joire **55** 37 Fc 57
Saint-Jores **50** 12 Yd 53
Saint-Jorioz **74** 96 Ga 74
Saint-Jory **31** 126 Bc 86
Saint-Jory-de-Chalais **24** 101 Af 76
Saint-Jory-las-Bloux **24** 101 Af 76
Saint-Joseph **42** 106 Ed 75
Saint-Joseph **44** 60 Yc 65
Saint-Joseph **50** 12 Yc 51
Saint-Joseph-de-Rivière **38** 107 Fe 76
Saint-Joseph-des-Bancs **07** 118 Ec 80
Saint-Josse **62** 7 Bd 46
Saint-Jouan-de-l'Isle **22** 44 Xf 59
Saint-Jouan-des-Guérets **35** 27 Ya 57
Saint-Jouin **14** 14 Zf 53
Saint-Jouin-Bruneval **76** 14 Aa 51
Saint-Jouin-de-Blavou **61** 47 Ac 58
Saint-Jouin-de-Marnes **79** 76 Zf 67
Saint-Jouin-de-Milly **79** 75 Zc 68
Saint-Jouvent **87** 89 Bb 73
Saint-Juan **25** 70 Gc 65
Saint-Judoce **22** 44 Ya 58
Saint-Juéry **12** 128 Ce 85
Saint-Juéry **48** 116 Da 80
Saint-Juéry **81** 128 Cb 85
Saint-Juire-Champgillon **85** 74 Yf 69
Saint-Julia **31** 141 Bf 88
Saint-Julien **21** 69 Fa 64
Saint-Julien **22** 26 Xb 58
Saint-Julien **22** 43 Xc 59
Saint-Julien **25** 71 Ge 65
Saint-Julien **31** 140 Ba 89
Saint-Julien **31** 140 Bc 89
Saint-Julien **39** 95 Fc 70
Saint-Julien **69** 94 Ed 72
Saint-Julien **81** 128 Cb 84
Saint-Julien **83** 133 Ff 86
Saint-Julien **88** 55 Ff 60
Saint-Julien-aux-Bois **19** 102 Ca 78
Saint-Julien-Beychevelle **33** 99 Zb 78
Saint-Julien-Boutières **07** 118 Ec 79
Saint-Julien-Chapteuil **43** 105 Ea 78
Saint-Julien-d'Ance **43** 105 Df 77
Saint-Julien-d'Armagnac **40** 124 Zf 85
Saint-Julien-d'Arpaon **48** 130 Dd 83
Saint-Julien-d'Asse **04** 133 Ga 85
Saint-Julien-de-Bourdeilles **24** 100 Ad 76
Saint-Julien-de-Brida **11** 141 Bf 90
Saint-Julien-de-Cassagnes **30** 130 Eb 83
Saint-Julien-de-Chédon **41** 64 Bb 65
Saint-Julien-de-Civry **71** 93 Eb 70
Saint-Julien-de-Concelles **44** 60 Yd 65
Saint-Julien-de-Copper **63** 104 Db 74
Saint-Julien-de-Crempse **24** 112 Ad 79
Saint-Julien-de-Gras-Capou **09** 141 Bf 90
Saint-Julien-de-Jonzy **71** 93 Ea 71
Saint-Julien-de-la-Liegue **27** 32 Bb 54
Saint-Julien-de-Lampon **24** 113 Bc 79
Saint-Julien-de-la-Nef **30** 130 De 85
Saint-Julien-de-l'Escap **17** 87 Zd 73
Saint-Julien-de-l'Herms **38** 107 Fa 76
Saint-Julien-de-Mailloc **14** 30 Ab 54
Saint-Julien-de-Peyrolas **30** 131 Ed 83
Saint-Julien-de-Raz **38** 107 Fd 76
Saint-Julien-des-Chazes **43** 104 Dd 78
Saint-Julien-des-Landes **85** 74 Yb 69
Saint-Julien-des-Points **48** 130 Df 83
Saint-Julien-de-Toursac **15** 115 Cb 80
Saint-Julien-de-Vouvantes **44** 60 Ye 63
Saint-Julien-d'Eymet **24** 112 Ac 80
Saint-Julien-d'Oddes **42** 93 Df 73
Saint-Julien-du-Gua **07** 118 Ec 80
Saint-Julien-du-Pinet **43** 105 Ea 78
Saint-Julien-du-Puy **81** 127 Ca 86
Saint-Julien-du-Sault **89** 51 Db 60
Saint-Julien-du-Serre **07** 118 Ec 81
Saint-Julien-du-Terroux **53** 29 Zd 58
Saint-Julien-du-Tournel **48** 117 De 82
Saint-Julien-du-Verdon **04** 134 Gd 85
Saint-Julien-en-Born **40** 123 Ye 84
Saint-Julien-en-Genevois **74** 95 Ga 72
Saint-Julien-en-Quint **26** 119 Fb 79
Saint-Julien-en-Saint-Alban **07** 118 Ee 80
Saint-Julien-en-Vercors **26** 107 Fc 78
Saint-Julien-Gaulène **81** 128 Cc 85
Saint-Julien-la-Geneste **63** 91 Ce 72
Saint-Julien-la-Genête **23** 91 Cc 72
Saint-Julien-l'Ars **86** 76 Ad 69
Saint-Julien-la-Vêtre **42** 93 De 74
Saint-Julien-le-Châtel **23** 91 Cb 72
Saint-Julien-le-Faucon **14** 30 Aa 54
Saint-Julien-le-Pèlerin **19** 102 Ca 78
Saint-Julien-le-Petit **87** 90 Be 74
Saint-Julien-le-Roux **07** 118 Ee 79
Saint-Julien-lès-Gorze **54** 37 Ff 54
Saint-Julien-lès-Metz **57** 38 Gb 54
Saint-Julien-lès-Montbéliard **70** 71 Ge 63
Saint-Julien-les-Rosiers **30** 130 Ea 83
Saint-Julien-les-Villas **10** 52 Ea 59
Saint-Julien-le-Vendômois **19** 101 Bb 76
Saint-Julien-Molhesabate **43** 106 Ec 77
Saint-Julien-Molins-Molette **42** 106 Ed 77
Saint-Julien-Mont-Denis **73** 108 Gc 77
Saint-Julien-Puy-Lavèze **63** 103 Ce 75
Saint-Julien-sous-les-Côtes **55** 37 Fd 56
Saint-Julien-sur-Bibost **69** 94 Ed 74
Saint-Julien-sur-Calonne **14** 14 Ab 53
Saint-Julien-sur-Cher **41** 64 Be 65
Saint-Julien-sur-Dheune **71** 82 Ed 68
Saint-Julien-sur-Reyssouze **01** 95 Fa 70
Saint-Julien-sur-Sarthe **61** 30 Ac 58
Saint-Julien-sur Veyle **01** 94 Ef 71
Saint-Julien-Vocance **07** 106 Ed 77
Saint-Junien **87** 89 Af 73
Saint-Junien-les-Combes **87** 89 Ba 72
Saint-Junier-la-Bregère **23** 90 Be 73
Saint-Jure **57** 38 Gb 55
Saint-Jurs **04** 133 Gb 85
Saint-Just **01** 95 Fb 71
Saint-Just **07** 131 Ed 83
Saint-Just **15** 116 Db 79
Saint-Just **18** 79 Cd 67
Saint-Just **24** 100 Ad 76
Saint-Just **34** 130 Ea 87
Saint-Just **35** 44 Ya 62
Saint-Just **63** 105 De 76
Saint-Just-Chaleyssin **38** 106 Ef 75
Saint-Just-de-Claix **38** 107 Fb 78
Saint-Just-en-Bas **42** 93 Df 74
Saint-Just-en-Brie **77** 34 Da 57
Saint-Just-en-Chaussée **60** 17 Cc 51
Saint-Just-en-Chevalet **42** 93 Df 73
Saint-Just-et-le-Bézu **11** 153 Cb 91
Saint-Just-et-Vacquières **30** 130 Eb 84
Saint-Just-Ibarre **64** 137 Yf 89
Saint-Justin **32** 139 Aa 88
Saint-Justin **40** 124 Ze 85
Saint-Just-la-Pendue **42** 93 Eb 73
Saint-Just-le-Martel **87** 90 Bc 73
Saint-Just-Luzac **17** 86 Yf 74
Saint-Just-Malmont **43** 105 Eb 77
Saint-Just-près-Brioude **43** 104 Dc 77
Saint-Just-Saint-Rambert **42** 105 Eb 76
Saint-Just-Sauvage **51** 35 De 57
Saint-Juvat **22** 44 Xf 58
Saint-Juvin **08** 20 Ef 52
Saint-Lachtencin **36** 78 Bc 67
Saint-Lager **69** 94 Ee 72
Saint-Lager-Bressac **07** 118 Ee 80
Saint-Lamain **39** 83 Fd 68
Saint-Lambert **08** 20 Ed 51
Saint-Lambert **14** 29 Zc 55
Saint-Lambert **78** 33 Ca 56
Saint-Lambert-du-Lattay **49** 61 Zc 65
Saint-Lambert-la-Potherie **49** 61 Zb 64
Saint-Lambert-sur-Dive **61** 30 Aa 56
Saint-Langis-lès-Mortagne **61** 31 Ad 57
Saint-Lanne **65** 124 Zf 87
Saint-Laon **86** 76 Zf 67
Saint-Lary **09** 151 Af 91
Saint-Lary **32** 125 Ad 86
Saint-Lary-Boujean **31** 139 Ae 89
Saint-Lary-Soulan **65** 150 Ab 92
Saint-Lattier **38** 107 Fb 78
Saint-Launeuc **22** 44 Xd 59
Saint-Laure **63** 92 Db 73
Saint-Lauren-le-Minier **30** 130 Dd 85
Saint-Laurent **08** 20 Ee 50
Saint-Laurent **18** 65 Cb 65
Saint-Laurent **22** 26 We 57
Saint-Laurent **22** 26 Xa 56
Saint-Laurent **22** 26 Xb 58
Saint-Laurent **22** 27 Xd 57
Saint-Laurent **23** 90 Bf 72
Saint-Laurent **31** 139 Ae 89
Saint-Laurent **33** 112 Aa 80
Saint-Laurent **47** 125 Ac 83
Saint-Laurent **56** 44 Xe 62
Saint-Laurent **58** 66 Cf 64
Saint-Laurent **62** 8 Cd 47
Saint-Laurent **74** 96 Gc 72
Saint-Laurent-Blagny **62** 8 Ce 47
Saint-Laurent-Bretagne **64** 138 Ze 88
Saint-Laurent-Chabreuges **43** 104 Dc 77
Saint-Laurent-d'Agny **69** 106 Ee 75
Saint-Laurent-d'Aigouze **30** 130 Eb 87
Saint-Laurent-d'Andenay **71** 82 Ed 68
Saint-Laurent-d'Arce **33** 99 Zd 78
Saint-Laurent-de-Belzagot **16** 100 Aa 76
Saint-Laurent-de-Brévedent **76** 14 Ab 51
Saint-Laurent-de-Carnols **30** 131 Ed 83
Saint-Laurent-de-Cerdans **66** 154 Cd 94
Saint-Laurent-de-Céris **16** 88 Ac 73
Saint-Laurent-de-Chamousset **69** 94 Ec 74
Saint-Laurent-de-Condel **14** 29 Zd 54
Saint-Laurent-de-Cuves **50** 28 Yf 56
Saint-Laurent-de-Gosse **40** 123 Ye 87
Saint-Laurent-de-Jourdes **86** 77 Ad 70
Saint-Laurent-de-la-Barrière **17** 87 Zb 72
Saint-Laurent-de-la-Cabrerisse **11** 142 Ce 90
Saint-Laurent-de-la-Plaine **49** 61 Zb 65
Saint-Laurent-de-la-Prée **17** 86 Yf 73
Saint-Laurent-de-la-Salanque **66** 154 Cf 92
Saint-Laurent-de-la-Salle **85** 75 Za 69
Saint-Laurent-de-Lévézou **12** 129 Cf 83
Saint-Laurent-de-Lin **37** 62 Ab 63
Saint Laurent-de-Mure **69** 106 Fa 74
Saint-Laurent-de-Muret **48** 116 Db 81
Saint-Laurent-de-Neste **65** 139 Ac 90
Saint-Laurent-des-Arbres **30** 131 Ee 84
Saint-Laurent-des-Autels **49** 60 Ye 65
Saint-Laurent-des-Bâtons **24** 113 Ae 79
Saint-Laurent-des-Bois **27** 32 Bb 55
Saint-Laurent-des-Bois **41** 49 Bc 61
Saint-Laurent-des-Combes **16** 100 Aa 76
Saint-Laurent-des-Combes **33** 111 Zf 79
Saint-Laurent-des-Hommes **24** 100 Ab 78
Saint-Laurent-des-Mortiers **53** 46 Zc 62
Saint-Laurent-des-Vignes **24** 112 Ac 80
Saint-Laurent-de-Terregatte **50** 28 Ye 57
Saint-Laurent-de-Trèves **48** 129 Dd 83
Saint-Laurent-de-Vaux **69** 106 Ed 74
Saint-Laurent-de-Veyrès **48** 116 Da 80
Saint-Laurent-d'Onay **26** 107 Fa 77
Saint-Laurent-du-Bois **33** 111 Zf 81
Saint-Laurent-du-Cros **05** 120 Ga 81
Saint-Laurent-du-Mottay **49** 61 Za 64
Saint-Laurent-du-Pape **07** 118 Ee 80
Saint-Laurent-du-Plan **33** 111 Zf 81
Saint-Laurent-du-Pont **38** 107 Fe 76
Saint-Laurent-du-Var **06** 135 Hb 86
Saint-Laurent-en-Beaumont **38** 120 Ff 79
Saint-Laurent-en-Brionnais **71** 93 Eb 71
Saint-Laurent-en-Caux **76** 15 Af 50
Saint-Laurent-en-Gâtines **37** 63 Ae 63
Saint-Laurent-en-Grandvaux **39** 84 Ff 69
Saint-Laurent-en-Royans **26** 107 Fb 78
Saint-Laurent-la-Conche **42** 105 Eb 74
Saint-Laurent-la-Gâtine **28** 32 Bd 56
Saint-Laurent-la-Roche **39** 83 Fd 69
Saint-Laurent-la-Vallée **24** 113 Ba 80
Saint-Laurent-la-Vernède **30** 131 Ec 84
Saint-Laurent-les-Églises **23** 90 Bc 73
Saint-Laurent-les-Tours **46** 114 Bf 79
Saint-Laurent-Lolmie **46** 113 Bb 83
Saint-Laurent-Nouan **41** 64 Bd 62
Saint-Laurent-sous-Coiron **07** 118 Ec 81
Saint-Laurent-sur-Gorre **87** 89 Af 74
Saint-Laurent-sur-Manoire **24** 101 Ae 78
Saint-Laurent-sur-Mer **14** 13 Za 52
Saint-Laurent-sur-Othain **55** 21 Fd 52
Saint-Laurent-sur-Saône **01** 94 Ef 71
Saint-Laurent-sur-Sèvre **85** 75 Za 67
Saint-Laurs **79** 75 Zc 69
Saint-Léger **06** 134 Ge 84
Saint-Léger **17** 99 Zc 75
Saint-Léger **47** 112 Ab 83
Saint-Léger **47** 113 Af 82
Saint-Léger **53** 46 Zd 60
Saint-Léger **62** 8 Cf 47
Saint-Léger **73** 108 Gb 76
Saint-Léger-aux-Bois **60** 18 Cf 52
Saint-Léger-aux-Bois **76** 16 Bd 49
Saint-Léger-Bridereix **23** 90 Bd 71
Saint-Léger-de-Balson **33** 111 Zd 82
Saint-Léger-de-Fougeret **58** 81 Df 66
Saint-Léger-de-la-Martinière **79** 87 Zf 71
Saint-Léger-de-Montbrillais **86** 62 Zf 66
Saint-Léger-de-Montbrun **79** 76 Zf 66
Saint-Léger-de-Peyre **48** 116 Db 81
Saint-Léger-de-Rôtes **27** 31 Ad 54
Saint-Léger-des-Aubées **28** 49 Be 58
Saint-Léger-des-Bois **49** 61 Zb 64
Saint-Léger-des-Prés **35** 45 Yc 58
Saint-Léger-des-Vignes **58** 80 Dc 67
Saint-Léger-du-Bois **71** 82 Ec 66
Saint-Léger-Dubosq **14** 14 Zf 53
Saint-Léger-du-Bourg-Denis **76** 15 Ba 52
Saint-Léger-du-Gennetey **27** 15 Ae 53
Saint-Léger-du-Malzieu **48** 116 Db 79
Saint-Léger-du-Ventoux **84** 132 Fb 83
Saint-Léger-en-Bray **60** 17 Ca 52
Saint-Léger-en-Yvelines **78** 32 Be 56
Saint-Léger-la-Montagne **87** 90 Bc 72
Saint-Léger-le-Guéretois **23** 90 Be 72
Saint-Léger-le-Petit **18** 80 Da 66
Saint-Léger-lès-Authie **80** 8 Cd 48
Saint-Léger-lès-Domart **80** 7 Ca 48
Saint-Léger-les-Melèzes **05** 120 Gb 81
Saint-Léger-lès-Paray **71** 81 Ea 70
Saint-Léger-les-Vignes **44** 60 Yb 66
Saint-Léger-Magnazeix **87** 89 Bb 71
Saint-Léger-prés-Troyes **10** 52 Ea 59
Saint-Léger-sous-Beuvray **71** 81 Ea 67
Saint-Léger-sous-Brienne **10** 53 Ed 58
Saint-Léger-sous-Cholet **49** 61 Za 66
Saint-Léger-sous-la-Bussière **71** 94 Ed 71
Saint-Léger-sous-Margerie **10** 53 Ec 57
Saint-Léger-sur-Roanne **42** 93 Df 72
Saint-Léger-sur-Sarthe **61** 30 Ac 58
Saint-Léger-sur-Vouzance **03** 93 Df 70
Saint-Léger-Triey **21** 69 Fc 65
Saint-Léger-Vauban **89** 67 Ea 64
Saint-Léomer **86** 77 Af 70
Saint-Léon **03** 93 De 70
Saint-Léon **31** 141 Bd 88
Saint-Léon **33** 111 Ze 80
Saint-Léon **47** 112 Ab 83
Saint-Léonard **32** 125 Ae 85
Saint-Léonard **35** 28 Yb 57
Saint-Léonard **51** 35 Ea 53
Saint-Léonard **62** 2 Bd 44
Saint-Léonard **76** 14 Ac 50
Saint-Léonard **88** 56 Gf 59
Saint-Léonard-de-Noblat **87** 90 Bc 73
Saint-Léonard-des-Bois **72** 47 Zf 58
Saint-Léonard-des-Parcs **61** 31 Ab 57
Saint-Léonard-en-Beauce **41** 49 Bc 62
Saint-Léon-d'Issigeac **24** 112 Ae 80
Saint-Léons **12** 129 Cf 83
Saint-Léon-sur-l'Isle **24** 100 Ac 78
Saint-Léon-sur-Vézère **24** 101 Ba 78
Saint-Léopardin-d'Augy **03** 80 Da 68
Saint-Leu-d'Esserent **60** 33 Cc 53
Saint-Leu-la-Forêt **95** 33 Cb 54
Saint-Lézer **65** 138 Aa 88
Saint-Lézin **49** 61 Zb 65
Saint-Lieux-Lafenasse **81** 128 Cb 86
Saint-Lieux-lès-Lavour **81** 127 Be 86
Saint-Lin **79** 75 Ze 69
Saint-Lions **04** 133 Gc 85
Saint-Lizier **09** 140 Ba 90
Saint-Lizier-du-Planté **32** 140 Af 88
Saint-Lô **50** 29 Yf 54
Saint-Lô-d'Ourville **50** 12 Yc 52
Saint-Lon-les-Mines **40** 123 Yf 87
Saint-Lormel **22** 27 Xe 57
Saint-Lothain **39** 83 Fd 68
Saint-Loubauer **40** 124 Zd 86
Saint-Loube **32** 140 Af 88
Saint-Loubert **33** 111 Zf 82
Saint-Loubès **33** 111 Zd 79
Saint-Louet-sur-Seulles **14** 29 Zc 54
Saint-Louis **57** 39 Hb 56
Saint-Louis **68** 72 Hd 63
Saint-Louis-de-Montferrand **33** 99 Zc 79

198 (F) **Saint-Hippolyte — Saint-Louis-de-Montferrand**

Salives **21** 68 Ef 63
Sallagriffon **06** 134 Gf 85
Sallanches **74** 97 Gd 73
Sallaumines **62** 8 Cf 46
Salle, La **05** 120 Gd 79
Salle, La **71** 94 Ef 70
Salle, La **88** 56 Ge 59
Salleboeuf **33** 111 Zd 79
Sallèdes **63** 104 Db 75
Salle-de-Vihiers, la **49** 61 Zc 66
Salle-en-Beaumont, La **38** 120 Ff 79
Salle-et-Chapelle-Aubry **49** 61 Za 65
Sallèles-Cabardès **11** 142 Cc 89
Sallèles-d'Aude **11** 143 Cf 89
Sallen **14** 29 Zb 54
Sallenelles **14** 14 Ze 53
Sallenôves **74** 96 Ff 73
Sallertaine **85** 73 Ya 67
Salles **33** 110 Za 81
Salles **47** 113 Af 81
Salles **65** 138 Zf 90
Salles **79** 76 Zf 70
Salles **81** 127 Ca 84
Salles, les **30** 130 Dd 84
Salles, les **33** 112 Zf 79
Salles, Les **42** 93 De 73
Salles-Adour **65** 138 Aa 89
Salles-Arbuissonnas-en-Beaujolais **69** 94 Ed 72
Salles-Courbatiés **12** 114 Ca 82
Salles-Curan **12** 128 Ce 83
Salles-d'Angles **16** 99 Zd 75
Salles-d'Armagnac **32** 124 Zf 86
Salles-d'Aube **11** 143 Da 89
Salles-de-Barbezieux **16** 99 Zf 76
Salles-de-Belvès **24** 113 Af 80
Salles-de-Villefagnan **16** 88 Aa 73
Salles-du-Gardon, les **30** 130 Ea 83
Salles-et-Pratviel **31** 151 Ad 92
Salles-la-Source **12** 115 Cd 82
Salles-Lavalette **16** 100 Ab 76
Salles-Lavauguyon, Les **87** 89 Ae 74
Salles-Mongiscard **64** 137 Za 88
Sallespisse **64** 123 Zb 87
Salles-sous-Bois **26** 118 Ef 82
Salles-sur-Garonne **31** 140 Bb 89
Salles-sur-l'Hers **11** 141 Be 89
Salles-sur-Mer **17** 86 Yf 72
Salles-sur-Verdon, Les **83** 133 Gb 86
Salmagne **55** 37 Fb 56
Salmaise **21** 68 Ed 64
Salmbach **67** 40 Ia 55
Salmiech **12** 128 Cd 83
Salomé **59** 8 Cf 45
Salon **10** 35 Ea 57
Salon **24** 101 Ae 78
Salon-de-Provence **13** 132 Fa 87
Salon-la-Tour **19** 102 Bd 75
Salonnes **57** 38 Gd 56
Salornay-sur-Guye **71** 82 Ed 69
Salouël **80** 17 Cb 49
Salperwick **62** 3 Cb 44
Salsein **09** 151 Ba 91
Salses **66** 154 Cf 91
Salsigne **11** 142 Cc 89
Salt-en-Donzy **42** 93 Eb 74
Salvagnac **81** 127 Be 85
Salvagnac-Cajarc **12** 114 Bf 82
Salvetat-Belmontet, La **82** 127 Bd 85
Salvetat-Lauragais, La **31** 141 Be 87
Salvetat-Peyralès, La **12** 128 Cb 83
Salvetat-Saint-Gilles, la **31** 140 Bb 87
Salvetat-sur-Agout, La **34** 142 Ce 87
Salvezines **11** 153 Cb 92
Salviac **46** 113 Bb 80
Salvizinet **42** 93 Eb 73
Salza **11** 142 Cc 91
Salzuit **43** 104 Dc 77
Samadet **40** 124 Zd 87
Saman **31** 139 Ae 89
Samaran **65** 139 Ad 88
Samatan **32** 140 Af 88
Samazan **47** 112 Aa 82
Sambin **41** 64 Bb 64
Sambourg **89** 67 Ea 62
Saméon **59** 9 Db 46
Samer **62** 3 Be 45
Samerey **21** 83 Fc 66
Sames **64** 123 Yf 87
Sammarçolles **86** 76 Aa 66
Sammeron **77** 34 Da 55
Samoëns **74** 97 Ge 72
Samognat **01** 95 Fd 71
Samogneux **55** 21 Fc 53
Samois-sur-Seine **77** 50 Ce 58
Samonac **33** 99 Zc 78
Samoreau **77** 50 Ce 58
Samouillan **31** 140 Af 89
Samoussy **02** 19 De 51
Sampans **39** 69 Fc 66
Sampigny **55** 37 Fd 56
Sampigny-lès-Maranges **71** 82 Ed 67
Sampolo **2A** 159 Ka 97
Samson **25** 84 Ff 66
Samsons-Lion **64** 138 Zf 88
Sana **31** 140 Ba 89
Sanary-sur-Mer **83** 147 Fe 90
Sancé **71** 94 Ee 71
Sancergues **18** 66 Cf 66
Sancerre **18** 66 Cf 65
Sancey-le-Grand **25** 71 Gd 65
Sancey-le-Long **25** 71 Gd 65
Sancheville **28** 49 Bd 59
Sanchey **88** 55 Gc 59
Sancoins **18** 80 Cf 68
Sancourt **27** 16 Be 52
Sancourt **59** 8 Db 47
Sancourt **80** 18 Da 50
Sancy **54** 21 Ff 52
Sancy **77** 34 Cf 55
Sancy-les-Cheminots **02** 18 Dc 52
Sancy-lès-Provins **77** 34 Dc 56
Sand **67** 57 Hd 58
Sandarville **28** 49 Bc 58
Sandaucourt **88** 54 Ff 59
Sandillon **45** 49 Ca 61
Sandouville **76** 14 Ab 51
Sandrans **01** 94 Ef 72
Sangatte **62** 3 Be 43
San-Gavino-di-Tenda **2B** 157 Kb 93
Sangry-lès-Vigy **57** 38 Gb 53
Sangry-sur-Nied **57** 38 Gc 54
Sanguinet **40** 110 Yf 82
Sanilhac **07** 117 Eb 81
San Martino-di-Lota **2B** 157 Kc 92
Sannat **23** 91 Cc 72
Sannerville **14** 14 Ze 53
Sannes **84** 132 Fc 86
San Nicolao **2B** 157 Kd 94
Sansa **66** 153 Cb 93
Sansac-de-Marmiesse **15** 115 Cc 79
Sansac-Veinazès **15** 115 Cc 80
Sansan **32** 139 Ad 87
Sanssac-l'Eglise **43** 105 De 78
Sanssat **03** 92 Dc 71
Santa Lucia-di-Mercurio **2B** 159 Kb 95
Santa Lucia-di-Moriani **2B** 157 Kc 94
Santa Maria-di-Lota **2B** 157 Kc 92
Santa Maria-Figaniella **2A** 159 Ka 98
Santa Maria-Poggio **2B** 157 Kd 94
Santa Maria-Siché **2A** 159 If 97
Sant'Andréa **2A** 159 Ka 98
Sant'Andrea-di-Bozio **2B** 159 Kb 95
Sant'Andrea-di-Cotone **2B** 159 Kc 95
Sant'Andréa – d'Orcino **2A** 158 Ie 96
Santans **39** 83 Fe 66
Sant'Antonino **2B** 156 If 93
Santa Reparata-di-Balagna **2B** 156 If 93
Santa Reparata-di-Moriani **2B** 157 Kc 94
Santeau **45** 50 Ca 60
Santec **29** 25 Vf 56
Santenay **21** 82 Ee 67
Santenay **41** 63 Ba 63
Santeny **94** 33 Cd 56
Santes **59** 8 Cf 45
Santeuil **28** 49 Be 58
Santeuil **95** 32 Bf 54
Santigny **89** 67 Ea 63
Santilly **28** 49 Bf 60
Santilly **71** 82 Ee 69
Santilly-le-Vieux **28** 49 Bf 60
Sant Julià de Lòria **(AND)** 152 Bc 94
Santo Pietro-di-Tenda **2B** 157 Kb 93
Santo Pietro-di-Venaco **2B** 159 Kb 95
Santosse **21** 82 Ed 66
Santranges **18** 66 Ce 63
Sanvensa **12** 127 Ca 83
Sanvignes-les-Mines **71** 82 Eb 68
Sanxay **86** 76 Zf 70
Sanzay **79** 75 Zd 67
Sanzey **54** 37 Ff 56
Saon **14** 13 Za 53
Saône **25** 70 Ga 65
Saonnet **14** 13 Za 53
Saorge **06** 135 Hd 84
Saosnes **72** 47 Ab 59
Saou **26** 119 Fa 81
Sap, Le **61** 30 Ac 55
Sap-André, Le **61** 30 Ac 56
Sapignies **62** 8 Cf 48
Sapogne-et-Feuchères **08** 20 Ee 51
Sapogne-sur-Marche **08** 21 Fb 51
Sapois **39** 84 Ff 64
Sapois **88** 56 Ge 60
Saponay **02** 34 Dc 53
Saponcourt **70** 55 Ga 61
Sappey, le **74** 96 Ga 72
Sappey-en-Chartreuse **38** 107 Fe 77
Saramon **32** 139 Ae 87
Saran **45** 49 Bf 61
Saraz **25** 84 Ff 66
Sarbazan **40** 124 Ze 84
Sarcé **72** 62 Ab 62
Sarceaux **61** 30 Zf 56
Sarcelles **95** 33 Cc 55
Sarcenas **38** 107 Fe 77
Sarcey **52** 54 Fb 60
Sarcey **69** 94 Ed 73
Sarcos **32** 139 Ae 88
Sarcus **60** 16 Bf 50
Sarcy **51** 35 De 53
Sardan **30** 130 Ea 85
Sardent **23** 90 Bf 72
Sardieu **38** 107 Fb 76
Sardon **63** 92 Db 73
Sardy-lès-Epiry **58** 67 De 65
Sare **64** 136 Yc 89
Sargé-lès-le-Mans **72** 47 Ab 60
Sargé-sur-Braye **41** 48 Af 61
Sariac-Magnoac **65** 139 Ad 89
Sari-d'Orcino **2A** 158 If 96
Sarlabous **65** 139 Ab 90
Sarlande **24** 101 Ba 76
Sarlat-la-Canéda **24** 113 Bb 79
Sarliac-sur-l'Isle **24** 101 Af 77
Sarniguet **65** 138 Aa 89
Sarnois **60** 16 Bf 50
Saron-sur-Aube **51** 35 De 57
Sarp **65** 139 Ad 90
Sarpourenx **64** 137 Zb 88
Sarragachies **32** 124 Zf 86
Sarrageois **25** 84 Gb 68
Sarraguzan **32** 139 Ac 88
Sarralbe **57** 39 Ha 54
Sarraltroff **57** 39 Ha 56
Sarran **19** 102 Bf 76
Sarrance **64** 137 Zc 90
Sarrancolin **65** 139 Ac 91
Sarrant **32** 126 Af 86
Sarras **07** 106 Ee 77
Sarrazac **46** 102 Bd 78
Sarraziet **40** 124 Zd 86
Sarrealbe **57** 39 Ha 55
Sarrebourg **57** 39 Ha 56
Sarrecave **31** 139 Ad 89
Sarreguemines **57** 39 Ha 54
Sarremezan **31** 139 Ae 89
Sarre-Union **67** 39 Ha 55
Sarrewerden **67** 39 Ha 55
Sarrey **52** 54 Fc 60
Sarriac-Bigorre **65** 139 Aa 88
Sarrians **84** 131 Ef 84
Sarrigné **49** 61 Zd 64
Sarrogna **39** 83 Fd 70
Sarrola-Carcopino **2A** 158 If 96
Sarron **40** 124 Ze 87
Sarrouilles **65** 139 Aa 89
Sarroux **19** 103 Cc 76
Sarry **51** 36 Ec 55
Sarry **71** 93 Ea 71
Sarry **89** 67 Ea 62
Sars, Le **62** 8 Ce 48
Sars-le-Bois **62** 7 Cc 47
Sars-Poteries **59** 9 Ea 47
Sartène **2A** 160 If 99
Sartes **88** 54 Fe 59
Sartilly **50** 28 Yd 56
Sarton **62** 7 Cc 48
Sartrouville **78** 33 Cb 55
Sarzay **36** 78 Bf 69
Sarzeau **56** 58 Xb 63
Sasnières **41** 63 Af 62
Sassangy **71** 82 Ed 68
Sassay **41** 64 Bc 64
Sassegnies **59** 9 De 47
Sassenage **38** 107 Fd 77
Sassenay **71** 82 Ef 68
Sassetot-le-Malgardé **76** 15 Af 50
Sassetot-le-Mauconduit **76** 15 Ad 50
Sasseville **76** 15 Ae 50
Sassey **27** 32 Bb 54
Sassierges-Saint-Germain **36** 78 Bf 88
Sassis **65** 150 Zf 91
Sassy **14** 30 Zf 55
Sathonay-Camp **69** 94 Ef 74
Sathonay-Village **69** 94 Ef 74
Satillieu **07** 106 Ed 78
Satolas-et-Bonce **38** 107 Fa 74
Saturargues **34** 130 Ea 86
Saubion **40** 122 Yd 86
Saubole **64** 138 Zf 89
Saubrigues **40** 123 Ye 87
Saubusse **40** 123 Ye 87
Saucats **33** 111 Zc 81
Saucède **64** 137 Zb 89
Sauchy-Cauchy **62** 8 Da 47
Sauchy-Lestrée **62** 8 Da 47
Sauclières **12** 129 Dc 85
Saudemont **62** 8 Da 47
Saudoy **51** 35 De 56
Saudron **52** 54 Fb 58
Saudropt **55** 36 Fa 56
Saugeot **39** 84 Ff 69
Saugnacq-et-Muret **40** 110 Zb 82
Saugon **33** 99 Zc 77
Saugues **43** 116 Dd 79
Sauguis-Saint-Etienne **64** 137 Za 90
Saugy **18** 79 Ca 67
Saujac **12** 114 Bf 82
Saujon **17** 86 Za 74
Saulce, La **05** 120 Ga 82
Saulces-Champenoises **08** 20 Ed 52
Saulces-Monclin **08** 20 Ec 51
Saulce-sur-Rhône **26** 118 Ee 80
Saulcet **03** 92 Db 71
Saulchery **02** 34 Db 55
Saulchoy **62** 7 Be 46
Saulchoy, Le **60** 17 Ca 51
Saulcy **10** 53 Ef 59
Saulcy, Le **88** 56 Ha 58
Saulcy-sur-Meurthe **88** 56 Gf 59
Saules **25** 70 Gb 66
Saules **71** 82 Ee 69
Saulgé **86** 89 Af 70
Saulgé-l'Hôpital **49** 61 Zd 65
Saulges **53** 46 Zd 61
Saulgond **16** 89 Ae 73
Sauliac-sur-Célé **46** 114 Be 81
Saulieu **21** 67 Eb 65
Saulles **52** 69 Fd 62
Saulmory **55** 21 Fa 52
Saulnay **36** 78 Bb 67
Saulnes **54** 20 Fe 51
Saulnières **28** 32 Bb 57
Saulnières **35** 45 Yc 61
Saulnot **70** 71 Gd 63
Saulny **57** 38 Ga 54
Saulon-la-Chapelle **21** 69 Ef 65
Saulon-la-Rue **21** 69 Fa 65
Saulsotte, La **10** 34 Dd 57
Sault **84** 132 Fc 84
Saultain **59** 9 Dd 46
Sault-Brénaz **01** 95 Fc 73
Sault-de-Navailles **64** 123 Zb 87
Sault-lès-Rethel **08** 20 Ec 52
Sault-Saint-Rémy **08** 19 Eb 52
Saulty **62** 8 Cd 47
Saulx **70** 70 Gb 62
Saulxerotte **54** 55 Ff 58
Saulx-le-Duc **21** 69 Fa 63
Saulx-les-Chartreux **91** 33 Cb 56
Saulx-Marchais **78** 32 Bf 55
Saulxures **67** 56 Ha 58
Saulxures-lès-Bulgnéville **88** 54 Fe 59
Saulxures-lès-Nancy **54** 38 Gb 56
Saulxures-lès-Vannes **54** 37 Fe 57
Saulxures-sur-Moselotte **88** 56 Ge 61
Saulzais-le-Potier **18** 79 Cd 69
Saulzet **03** 92 Db 72
Saulzet-le-Chaud **63** 104 Da 74
Saulzet-le-Froid **63** 104 Cf 75
Saulzoir **59** 9 Dc 47
Saumane **04** 132 Fe 84
Saumane **30** 130 De 84
Saumane-de-Vaucluse **84** 132 Fa 85
Sauméjan **47** 124 Zf 83
Saumeray **28** 49 Bb 59
Saumont **47** 125 Ac 84
Saumos **33** 98 Za 79
Saumur **49** 62 Zf 65
Saunay **37** 63 Af 63
Saunière, La **23** 90 Bf 72
Saunières **71** 83 Fa 67
Saurat **09** 152 Bd 91
Sauret-Besserve **63** 91 Ce 73
Saurier **63** 104 Da 75
Sausheim **68** 56 Hc 62
Saussan **34** 144 De 87
Saussay **28** 32 Bc 55
Saussay **76** 15 Af 51
Saussay, Le **28** 48 Bb 59
Saussaye, La **27** 15 Af 53
Saussay-la-Campagne **27** 16 Bd 53
Saussemesnil **50** 12 Yd 51
Saussenac **81** 128 Cb 85
Saussens **31** 141 Be 87
Sausses **04** 134 Ge 84
Sausset-les-Pins **13** 146 Fa 88
Sausseuzemare-en-Caux **76** 14 Ac 50
Saussey **21** 82 Ed 66
Saussey **50** 28 Yd 54
Saussignac **24** 112 Ab 80
Saussines **34** 130 Ea 86
Saussy **21** 68 Ef 64
Sautel **09** 141 Be 91
Sauternes **33** 111 Zd 81
Sauteyrargues **34** 130 Df 86
Sautron **44** 60 Yb 65
Sauvagère, La **61** 19 Zd 57
Sauvages, Les **69** 94 Ec 73
Sauvagnac **16** 88 Ad 74
Sauvagnas **47** 125 Ae 83
Sauvagnat **63** 91 Cd 74
Sauvagnat-Sainte-Marthe **63** 104 Db 75
Sauvagney **25** 70 Ff 65
Sauvagnon **64** 138 Zd 88
Sauvagny **03** 80 Ce 70
Sauvain **42** 105 Df 74
Sauvat **15** 103 Cc 77
Sauve **30** 130 Df 85
Sauve, La **33** 111 Ze 80
Sauvelade **64** 137 Zb 88
Sauverny **01** 96 Ha 71
Sauvessanges **63** 105 Df 76
Sauvetat, La **32** 125 Ad 85
Sauvetat, la **63** 104 Db 75
Sauvetat-de-Savères, La **47** 126 Ae 83
Sauvetat-du-Dropt, La **47** 112 Ac 81
Sauvetat-sur-Lède, La **47** 112 Ae 82
Sauveterre **30** 131 Ee 84
Sauveterre **32** 140 Af 88
Sauveterre **65** 139 Aa 88
Sauveterre **81** 142 Cd 88
Sauveterre **82** 126 Bb 83
Sauveterre-de-Béarn **64** 137 Za 88
Sauveterre-de-Comminges **31** 139 Ae 90
Sauveterre-de-Guyenne **33** 111 Zf 80
Sauveterre-de-Rouergue **12** 128 Cb 83
Sauveterre-la-Lémance **47** 113 Ba 81
Sauveterre-Saint-Denis **47** 125 Ae 84
Sauviac **32** 139 Ac 88
Sauviac **33** 111 Ze 82
Sauvian **34** 143 Db 89
Sauviat **63** 104 Dd 74
Sauviat-sur-Vige **87** 90 Bd 73
Sauvignac **16** 99 Zf 77
Sauvigney-lès-Gray **70** 69 Fe 64
Sauvigney-lès-Pesmes **70** 69 Fd 65
Sauvigny **55** 54 Fe 57
Sauvigny-le-Beuréal **89** 67 Ea 64
Sauvigny-le-Bois **89** 67 Df 63
Sauvigny-les-Bois **58** 80 Db 67
Sauville **08** 20 Ee 51
Sauville **88** 54 Fe 60
Sauvillers-Mongival **80** 17 Cc 50
Sauvimont **32** 140 Af 88
Sauvoy **55** 37 Fd 57
Saux **46** 113 Ba 82
Sauxillanges **63** 104 Dc 75
Sauze **06** 134 Ge 84
Sauze, Le **05** 120 Gb 82
Sauzelle **17** 86 Ye 73
Sauzelles **36** 77 Ba 69
Sauzet **26** 118 Ee 81
Sauzet **30** 130 Eb 84
Sauzet **46** 113 Bb 82
Sauzé-Vaussais **79** 88 Aa 72
Sauzière-Saint-Jean, La **81** 127 Bd 85
Sauzon **56** 58 We 64
Savarthès **31** 139 Ae 90
Savas **07** 106 Ee 77
Savas-Mépin **38** 107 Fa 76
Savasse **26** 118 Ee 81
Savenay **44** 59 Ya 64
Savenès **82** 126 Bb 86
Savennes **23** 90 Be 72
Savennes **63** 103 Cc 75
Savennières **49** 61 Zc 64
Saverdun **09** 141 Bd 89
Savères **31** 140 Ba 88
Saverne **67** 39 Hc 56
Saveuse **80** 17 Cb 49
Savianges **71** 82 Ed 68
Savières **10** 52 Df 58
Savigna **39** 83 Fd 70
Savignac **12** 114 Bf 82
Savignac **33** 111 Zf 81
Savignac-de-Duras **47** 112 Ab 80
Savignac-de-l'Isle **33** 99 Ze 79
Savignac-de-Miremont **24** 113 Af 79
Savignac-de-Nontron **24** 101 Ae 75
Savignac-les-Églises **24** 101 Af 77
Savignac-les-Ormeaux **09** 152 Be 92
Savignac-Mona **32** 140 Ba 88
Savignac-sur-Leyze **47** 113 Ae 82
Savignargues **30** 130 Ea 85
Savigné **86** 88 Ab 72
Savigné-l'Evêque **72** 47 Ab 60
Savigné-sous-le-Lude **72** 63 Aa 63
Savigné-sur-Lathan **37** 62 Ab 64
Savigneux **01** 94 Ef 73
Savigneux **42** 105 Ea 75
Savigneux **42** 106 Ec 75
Savignies **60** 16 Bf 52
Savigny **50** 28 Yd 54
Savigny **69** 94 Ed 74
Savigny **74** 96 Ff 72
Savigny **88** 55 Gb 58
Savigny-en-Revermont **71** 83 Fc 69
Savigny-en-Sancerre **18** 66 Ce 64
Savigny-en-Septaine **18** 79 Cd 66
Savigny-en-Terre-Plaine **89** 67 Ea 64
Savigny-en-Véron **37** 62 Aa 65
Savigny-lès-Beaume **21** 81 Ee 66
Savigny-le-Sec **21** 69 Fa 64
Savigny-le-Temple **77** 33 Cd 57
Savigny-Lévescault **86** 76 Ac 69
Savigny-le-Vieux **50** 29 Yf 57
Savigny-Poil-Fol **58** 81 Df 68
Savigny-sous-Faye **86** 76 Ab 67
Savigny-sous-Mâlain **21** 68 Ee 65
Savigny-sur-Aisne **08** 20 Ee 52
Savigny-sur-Ardres **51** 19 De 53
Savigny-sur-Clairis **89** 51 Da 60
Savigny-sur-Grosne **71** 82 Ee 69
Savigny-sur-Orge **91** 33 Cc 56
Savigny-sur-Seille **71** 83 Fa 69
Savilly **21** 82 Eb 66
Savines-le-Lac **05** 120 Gc 81
Savins **77** 51 Db 57
Savoillan **84** 132 Fc 83
Savoisy **21** 68 Ec 62
Savolles **21** 69 Fb 64
Savonnières **37** 63 Ad 64
Savonnières-devant-Bar **55** 37 Fb 56
Savonnières-en-Perthois **55** 37 Fa 57
Savonnières-en-Woëvre **55** 37 Fd 55
Savouges **21** 69 Fa 65
Savournon **05** 120 Fe 82
Savoyeux **70** 69 Fe 63
Savy **02** 18 Db 50
Savy-Berlette **62** 8 Cd 46
Saxel **74** 96 Gc 71
Saxi-Bourdon **58** 81 Dc 66
Saxon-Sion **54** 55 Ga 58
Sayat **63** 92 Da 74
Saze **30** 131 Ee 85
Sazeret **03** 92 Cf 70
Sazos **65** 150 Zf 91
Scaër **29** 42 Wb 60
Scata **2B** 157 Kc 94
Sceau-Saint-Angel **24** 101 Ae 76
Sceautres **07** 118 Ed 81
Sceaux **89** 67 Ea 63
Sceaux **92** 33 Cb 56
Sceaux-d'Anjou **49** 61 Zc 63
Sceaux-du-Gâtinais **45** 50 Cd 60
Sceaux-sur-Huisne **72** 48 Ad 60
Scey-Maisières **25** 84 Ga 66
Scey-sur-Saône-et-Saint-Albin **70** 70 Ff 62
Schaeffersheim **67** 57 Hd 58
Schaffhouse-près-Seltz **67** 40 Ia 55
Schaffhouse-sur-Zorn **67** 40 Hd 56
Schalbach **57** 39 Hb 56
Schalkendorf **67** 40 Hd 55
Scharrachbergheim-Irmstett **67** 40 Hc 57
Scheibenhard **67** 40 Ia 55
Scherlenheim **67** 40 Hd 56
Scherwiller **67** 56 Hc 59
Schillersdorf **67** 40 Hd 55
Schiltigheim **67** 40 He 57
Schirmeck **67** 56 Hb 58
Schirrhein **67** 40 Hf 56
Schirrhoffen **67** 40 Hf 56
Schleithal **67** 40 Ia 54
Schlierbach **68** 72 Hc 63
Schmittviller **57** 39 Hb 54
Schneckenbusch **57** 39 Ha 56
Schnersheim **67** 40 Hd 57
Schoenau **67** 57 Hd 59
Schœnbourg **67** 39 Hb 55
Schœneck **57** 39 Gf 53
Schœnenburg **67** 40 Hf 55
Schopperten **67** 39 Ha 55
Schorbach **57** 39 Hc 54
Schweighouse-sur-Moder **67** 40 He 56
Schweighouse-Thann **68** 71 Ha 62
Schwenheim **67** 39 Hc 56
Schwerdorff **57** 22 Gd 52
Schweyen **57** 39 Hc 53
Schwindratzheim **67** 40 Hd 56
Schwoben **68** 72 Hb 63
Schwobsheim **67** 57 Hd 59
Sciecq **79** 75 Zd 70
Scientrier **74** 96 Gb 72
Scieurac-et-Flourès **32** 125 Ab 87
Sciez **74** 96 Gc 71
Scillé **79** 75 Zc 69
Scionzier **74** 96 Gd 72
Scolca **2B** 157 Kc 93
Scorbé-Clairvaux **86** 76 Ab 68
Scrignac **29** 25 Wb 58
Scrupt **51** 36 Ee 56
Scy-Chazelles **57** 38 Ga 54
Scye **70** 70 Ga 63
Séailles **32** 125 Aa 86
Séauve-sur-Semène, La **43** 105 Eb 77
Sébazac-Concourès **12** 115 Cd 82
Sébécourt **27** 31 Af 55
Sébeville **50** 12 Ye 52
Seboncourt **02** 9 Dc 49
Sébrazac **12** 115 Cd 81
Séby **64** 138 Zd 88
Séchault **08** 20 Ee 53
Sécheras **07** 106 Ee 78
Sécheval **08** 20 Ed 49
Séchilienne **38** 108 Fe 78
Séchin **25** 70 Gb 65
Seclin **59** 8 Da 45
Secondigné-sur-Belle **79** 87 Ze 72
Secondigny **79** 75 Zd 69
Secourt **57** 38 Gb 55
Secqueville-en-Bessin **14** 13 Zc 53
Sedan **08** 20 Ef 50
Séderon **26** 132 Fd 83
Sedze-Maubecq **64** 138 Zf 88
Sedzère **64** 138 Ze 88
Seebach **67** 40 Hf 55
Sées **61** 30 Ab 57
Séez **73** 109 Ge 75
Ségalas **47** 112 Ad 81
Ségalas **65** 139 Aa 88
Ségalassière, La **15** 115 Cb 79
Séglien **56** 43 Wf 60
Ségny **01** 96 Ga 71
Segonzac **16** 99 Ze 75
Segonzac **19** 101 Bb 77
Segonzac **24** 100 Ac 77
Ségos **32** 124 Ze 87
Segré **49** 61 Za 62
Ségrie **72** 47 Aa 59
Ségrie-Fontaine **61** 29 Zd 56
Ségry **36** 79 Ca 67
Séguinière, La **49** 61 Za 66
Ségur **12** 128 Cf 83
Ségur, Le **81** 127 Ca 84
Ségura **09** 141 Be 90
Séguret **84** 131 Fa 83
Ségur-le-Château **19** 101 Bb 76
Ségur-les-Villas **15** 103 Ce 77
Seich **65** 139 Ac 90
Seichamps **54** 38 Gb 56
Seichebrières **45** 50 Cb 61
Seicheprey **54** 37 Fe 55
Seiches-sur-le-Loir **49** 61 Zd 63
Seignalens **11** 141 Bf 90
Seigné **17** 87 Ze 73
Seignelay **89** 52 Dd 61
Seigneulles **55** 37 Fb 55
Seignosse **40** 122 Yd 86
Seigny **21** 68 Ec 63
Seigy **41** 64 Bc 65
Seilh **31** 126 Bc 86
Seilhac **19** 102 Be 76
Seillac **41** 63 Ba 63
Seillans **83** 134 Gd 87
Seillonnaz **01** 95 Fc 74
Seillons-Source-d'Argens **83** 147 Ff 87
Seine-Port **77** 33 Cd 57
Seingbouse **57** 39 Ge 54
Seissan **32** 139 Ad 88
Seix **09** 152 Bb 91
Selaincourt **54** 55 Ff 57
Sel-de-Bretagne, Le **35** 45 Yc 61
Selens **02** 18 Db 51
Sélestat **67** 57 Hc 59
Séligné **79** 87 Ze 72
Séligney **39** 83 Fd 67
Selle-Craonnaise, La **53** 45 Yf 61
Selle-en-Hermoy, La **45** 51 Cf 60
Selle-en-Luitré, La **35** 45 Yf 59
Selle-Guerchaise, La **35** 45 Yf 61
Selle-la-Forge, La **61** 29 Zc 56
Selles **27** 15 Ad 53
Selles **62** 3 Bf 44
Selles **70** 55 Ga 61
Selles-Saint-Denis **41** 64 Bf 64
Selles-sur-Cher **41** 64 Bd 65
Selles-sur-Nahon **36** 78 Bc 66
Selle-sur-le-Bied, La **45** 51 Cf 60
Sellières **39** 83 Fd 68
Selommes **41** 64 Bb 62
Seloncourt **25** 71 Gf 64
Selongey **21** 69 Fb 63
Selonnet **04** 120 Gb 82
Seltz **67** 40 Ia 55
Selve, La **02** 19 Ea 51
Selve, La **12** 128 Cd 84
Selvigny, Wallincourt- **59** 9 Dc 48
Sem **09** 152 Bd 92
Sémalens **81** 141 Ca 87
Semalle **61** 30 Aa 58
Semarey **21** 68 Ed 65
Sembadel **43** 105 De 77
Sembas **47** 112 Ad 83
Semblançay **37** 63 Ad 64
Sembleçay **36** 64 Be 65
Semboues **32** 139 Aa 88
Séméac **65** 138 Aa 89
Séméacq-Blachon **64** 138 Zf 87
Semécourt **57** 38 Ga 53
Sémelay **58** 81 Df 67
Semens **33** 111 Ze 81
Sementron **89** 66 Dc 63
Sémeries **59** 9 Ea 48
Semerville **41** 49 Bc 61
Semezanges **21** 68 Ef 65
Sémézies-Cachan **32** 139 Ae 88
Semide **08** 20 Ed 52
Sémillac **17** 99 Zc 76
Semilly, Saint-Blin- **52** 54 Fc 59
Semmadon **70** 70 Ff 62
Semoine **10** 35 Ea 56
Semond **21** 68 Ed 62
Semons **38** 107 Fb 76
Semoussac **17** 99 Zc 76
Semoutiers-Montsaon **52** 53 Fa 60
Semoy **45** 49 Bf 61
Sempesserre **32** 125 Ad 84
Sempigny **60** 18 Da 51
Sempy **62** 7 Be 46
Semur-en-Auxois **21** 68 Ec 64
Semur-en-Brionnais **71** 93 Ea 71
Semussac **17** 98 Za 75
Semuy **08** 20 Ed 52
Sen, Le **40** 124 Zc 84
Sénac **65** 139 Ab 88
Senaide **88** 54 Fe 61
Senaillac-Latronquière **46** 114 Ca 80
Sénaillac-Lauzès **46** 114 Bd 81
Senailly **21** 68 Eb 63
Senan **89** 51 Dc 61
Senantes **28** 32 Bd 57
Senantes **60** 16 Be 52
Sénarens **31** 140 Af 88
Senargent-Mignafans **70** 71 Gd 63
Senarpont **80** 16 Be 49
Sénas **13** 132 Fa 86
Senaux **81** 128 Cd 86
Sencenac-Puy-de-Fourches **24** 101 Ae 77
Senconac **09** 153 Be 92
Sendets **33** 111 Zf 82
Séné **56** 58 Xb 63
Sénéchas **30** 117 Ea 83
Sénergues **12** 115 Cc 81
Sénestis **47** 112 Ab 82
Séneujols **43** 117 De 79
Senez **04** 133 Gc 85
Sénezergues **15** 115 Cc 80
Sengouagnet **31** 139 Ae 91
Sénierques **46** 114 Bd 80
Senillé **86** 77 Ad 68
Seninghem **62** 3 Ca 43
Senlecques **62** 3 Bf 45
Senlis **60** 33 Cd 53
Senlis **62** 7 Ca 45
Senlis-le-Sec **80** 8 Cd 48
Senlisse **78** 32 Bf 56
Senneçay **18** 79 Cc 67
Sennecey-le-Grand **71** 82 Ef 69
Sennecey-lès-Dijon **21** 69 Fa 65
Sennely **45** 65 Ca 62

202 F **Salives — Sennely**

Sennevières 37 63 Ba 66
Senneville-sur-Fécamp 76 15 Ac 50
Sennevoy-le-Bas 89 68 Eb 62
Sennevoy-le-Haut 89 68 Eb 62
Sennheim = Cernay 68 56 Hb 62
Senonches 28 31 Ba 57
Senoncourt 70 55 Ga 62
Senoncourt-les-Maujouy 55 37 Fb 54
Senones 88 56 Gf 58
Senonges 88 55 Ga 60
Senonnes 53 45 Ye 62
Senots 60 16 Bf 53
Senouillac 81 127 Bf 85
Sénoville 50 12 Yb 52
Senozan 71 94 Ef 70
Sens 89 51 Db 59
Sens-Beaujeu 18 65 Ce 65
Sens-sur-Seille 71 83 Fb 68
Sentein 09 151 Af 91
Sentelie 80 17 Ca 50
Sentenac-de-Sérou 09 140 Bc 91
Sentenac-d'Oust 09 152 Bb 91
Sentheim 68 71 Ha 62
Sentilly 61 30 Zf 56
Sentinelle, la 59 9 Dc 46
Sentous 65 139 Ac 89
Senuc 08 20 Ef 53
Senven-Lehart 22 26 Wf 58
Sépeaux 89 51 Db 61
Sepmeries 59 9 Dd 47
Sepmes 37 77 Ae 66
Seppois-le-Bas 68 71 Hb 63
Septème 38 106 Fa 75
Septeuil 78 32 Be 55
Septfonds 82 127 Bd 83
Septfontaines 25 84 Gb 67
Sept-Forges 61 29 Zc 58
Sept-Frères 14 29 Yf 55
Sept-Meules 76 6 Bc 49
Septmoncel 39 96 Ff 70
Septmonts 02 18 Dc 52
Septsarges 55 21 Fb 53
Sept-Saulx 51 35 Eb 54
Septvaux 02 18 Dc 51
Sept-Vents 14 29 Zb 54
Sepvigny 55 37 Fe 57
Sepvret 79 88 Zf 71
Sepx 31 140 Af 90
Sequehart 02 18 Dc 49
Serain 02 9 Dc 48
Seraincourt 08 19 Eb 51
Séraincourt 95 32 Bf 54
Sérandon 19 103 Cc 76
Séranon 06 134 Ge 86
Serans 60 32 Be 53
Seranville 54 55 Gd 58
Séranvillers 59 9 Dc 48
Seraucourt-le-Grand 02 18 Db 50
Seraumont 88 54 Fd 58
Serazereux 28 32 Bc 57
Serbannes 03 92 Dc 72
Serbonnes 89 51 Db 59
Serches 02 18 Dc 52
Sercœur 88 55 Gd 59
Sercy 71 82 Ee 69
Serdinya 66 153 Cb 93
Sère 32 139 Ad 88
Sérécourt 88 54 Ff 60
Sère-en-Lavedan 65 138 Zf 90
Sérèilhac 87 89 Ba 74
Sère-Lanso 65 138 Aa 90
Serémange-Erzange 57 22 Ga 53
Sérempuy 32 126 Ae 86
Sérénac 81 128 Cc 85
Sérent 56 44 Xd 62
Sère-Rustaing 65 139 Ab 89
Sérévillers 60 17 Cc 51
Serez 27 32 Bc 55
Sérézin-de-la-Tour 38 107 Fc 75
Sérézin-du-Rhône 69 106 Ee 75
Sergeac 24 101 Ba 79
Sergenaux 39 83 Fc 67
Sergenon 39 83 Fc 67
Sergines 89 51 Db 58
Sergy 01 96 Ga 71
Sergy 02 35 Dd 53
Sericourt 62 7 Cb 47
Sériers 15 116 Da 79
Sérifontaine 60 16 Be 52
Sérignac 46 113 Ba 82
Sérignac 82 126 Ba 85
Sérignac-Péboudou 47 112 Ad 81
Sérignac-sur-Garonne 47 125 Ac 83
Sérignan 34 143 Db 89
Sérignan-du-Comtat 84 118 Ee 83
Sérigné 85 75 Za 69
Sérigny 61 48 Ad 58
Sérigny 86 76 Ac 67
Sérilhac 19 102 Be 78
Seringes-et-Nesles 02 34 Dd 53
Séris 41 64 Bd 62
Serley 71 83 Fb 68
Sermages 58 81 Df 66
Sermaise 49 62 Ze 63
Sermaise 91 33 Ca 57
Sermaises 45 50 Cb 59
Sermaize 60 18 Cf 51
Sermaize-les-Bains 51 36 Ef 56
Sermamagny 90 71 Ge 62
Sermange 39 69 Fd 65
Sermano 2B 159 Kb 95
Sermentizon 63 92 De 74
Sermérieu 38 107 Fc 75
Sermersheim 67 57 Hd 58
Sermesse 71 83 Fa 67
Sermiers 51 35 Df 54
Sermizelles 89 67 De 63
Sermoise 02 18 Dc 52
Sermoise-sur-Loire 58 80 Db 67
Sermoyer 01 83 Ee 70
Sermur 23 91 Cc 73
Sernhac 30 131 Ed 85
Serocourt 88 55 Ff 60
Séron 65 138 Zf 89
Serpaise 38 106 Ef 75
Serpent, La 11 153 Cb 91
Serques 62 3 Cb 44
Serqueux 52 54 Fe 61
Serqueux 76 16 Bd 51
Serquigny 27 31 Ae 54
Serra-di-Ferro 2A 158 If 98
Serra-di-Fiumorbo 2B 159 Kc 97
Serra-di-Scopamène 2A 159 Ka 98
Serralongue 66 154 Cd 94
Serre-Bussière-Vieille, La 23 91 Cb 72
Serre-les-Moulières 39 69 Fd 65
Serre-les-Sapins 25 70 Ff 65
Serre-Lissosse, La 12 115 Cb 82
Serres 05 119 Fe 82
Serres 11 153 Cb 91
Serres 54 38 Gc 56
Serres-Castet 64 138 Zd 88
Serres-et-Montguyard 24 112 Ac 80
Serres-Gaston 40 124 Zc 87
Serreslous-et-Arribans 40 123 Zc 87
Serres-Morlaàs 64 138 Ze 89
Serres-Sainte-Marie 64 138 Zc 89
Serres-sur-Arget 09 140 Bd 91
Serriera 2A 158 Ie 95
Serrières 07 106 Ee 77
Serrières 71 94 Ee 71
Serrières-de-Briord 01 95 Fc 74
Serrières-en-Chautagne 73 96 Ff 73
Serrigny 21 81 Ef 66
Serrigny 89 52 Df 62
Serrigny-en-Bresse 71 83 Fa 68
Serris 77 33 Ce 55
Serrulles 18 79 Cc 67
Sers 16 100 Ab 75
Servais 02 18 Dc 51
Serval 02 19 De 52
Servance 70 56 Ge 62
Servanches 24 100 Aa 78
Servas 01 94 Fa 72
Servas 30 130 Eb 84
Servaville-Salmonville 76 16 Bb 52
Serverette 48 116 Dc 80
Serves-sur-Rhône 26 106 Ee 78
Servian 34 143 Db 88
Servières 48 116 Dc 81
Servières-le-Château 19 102 Ca 78
Serviers-et-Labaume 30 131 Ec 84
Serviès 81 127 Ca 87
Serviès-en-Val 11 142 Cd 90
Servignat 01 83 Fa 70
Servigney 70 70 Gb 62
Servigny 50 28 Yd 54
Servigny-lès-Raville 57 38 Gc 54
Serville 28 32 Bc 56
Servilly 03 92 Dd 71
Servin 25 70 Gc 65
Servins 62 8 Cd 46
Servon 50 28 Yd 57
Servon 77 33 Cd 56
Servon-Melzicourt 51 36 Ef 53
Servon-sur-Vilaine 35 45 Yd 60
Servoz 74 97 Ge 73
Sery 08 19 Ec 51
Sery 89 67 De 63
Séry-lès-Mézières 02 18 Dc 50
Sery-Magneval 60 18 Cf 53
Serzy-et-Prin 51 19 De 53
Sessenheim 67 40 Hf 56
Sète 34 144 De 88
Setques 62 3 Ca 43
Seugy 95 33 Cc 54
Seuil 08 20 Ec 52
Seuil-d'Argonne 55 36 Fa 55
Seuillet 03 92 Dc 71
Seur 41 64 Bc 64
Seure, Le 17 87 Zd 74
Seux 80 17 Ca 49
Seuzey 55 37 Fd 55
Sevant 63 92 Cf 72
Sevelinges 42 93 Eb 72
Sevenans 90 71 Gf 63
Sévérac 44 59 Xf 63
Sévérac-le-Château 12 116 Da 83
Sévérac-l'Eglise 12 115 Cf 82
Seveux 70 69 Fe 63
Sévignacq-Meyracq 64 138 Zd 90
Sévignacq-Thèze 64 138 Ze 88
Sévigny 61 30 Zf 56
Sévigny-la-Forêt 08 20 Ec 49
Sévigny-Waleppe 08 19 Ea 51
Sévis 76 15 Ba 50
Sevrai 61 30 Zf 56
Sevran 93 33 Cd 55
Sèvres 92 33 Cb 56
Sèvres-Anxaumont 86 76 Ac 69
Sevrey 71 82 Ef 68
Sévrier 74 96 Ga 73
Sévry 18 66 Ce 66
Sewen 68 56 Gf 62
Sexcles 19 102 Ca 78
Sexey-aux-Forges 54 38 Ga 57
Sexey-les-Bois 54 38 Ga 56
Sexfontaines 52 53 Fa 59
Seychalles 63 92 Dc 74
Seyches 47 112 Ab 81
Seyne 04 120 Gc 82
Seynes 30 130 Eb 84
Seyne-sur-Mer, La 83 147 Ff 90
Seynod 74 96 Ga 73
Seyre 31 141 Be 88
Seyresse 40 123 Yf 86
Seyssel 74 96 Ff 73
Seysses 31 140 Bd 88
Seysses-savès 32 140 Ba 87
Seyssinet 38 107 Fe 77
Seyssins 38 107 Fe 78
Seythenex 74 96 Gb 74
Seytroux 74 97 Gd 71
Sézanne 51 35 De 56
Siarrouy 65 138 Aa 89
Siaugues-Sainte-Marie 43 105 Dd 78
Sibiril 29 25 Vf 56
Sibiville 62 7 Cb 47
Sicaudais, La 44 59 Ya 65
Siccieu-Saint-Julien-et-Carisieu 38 95 Fb 74
Sichamps 58 66 Db 66
Sickert 68 71 Gf 62
Sideville 50 12 Yb 51
Sidiailles 18 79 Cb 69
Siecq 17 87 Ze 74
Siegen 67 40 Ia 55
Sièges 39 95 Fe 71
Sièges, Les 89 51 Dd 59
Sierck-les-Bains 57 22 Gc 52
Sierentz 68 72 Hc 63
Siersthal 57 39 Hc 54
Sierville 76 15 Ba 51
Siest 40 123 Yf 87
Sieurac 81 127 Ca 86
Sieuras 09 140 Bc 89
Siévoz 38 120 Ff 79
Siewiller 67 39 Hb 55
Sigale 06 134 Gf 85
Sigalens 33 111 Zf 82
Sigean 11 143 Cf 90
Sigloy 45 50 Cb 62
Signac 31 151 Ad 91
Signes 83 147 Ff 89
Signéville 52 54 Fb 59
Signy-l'Abbaye 08 20 Ec 50
Signy-le-Châtel 71 82 Ed 69
Signy-le-Petit 08 19 Eb 49
Signy-Montlibert 08 21 Fb 51
Signy-Signets 77 34 Da 55
Sigogne 16 87 Zf 74
Sigolsheim 68 56 Hb 60
Sigonce 04 133 Ff 84
Sigottier 05 119 Fe 82
Sigoulès 24 112 Ac 80
Sigournais 85 75 Za 68
Sigoyer 04 120 Ff 83
Sigoyer 05 120 Ff 82
Sigy 77 51 Db 58
Sigy-en-Bray 76 16 Bc 51
Silfiac 56 43 Wf 60
Silhac 07 118 Ed 79
Sillans-la-Cascade 83 147 Gb 87
Sillars 86 77 Ae 70
Sillas 33 111 Zf 82
Sillegny 57 38 Ga 55
Sillé-le-Guillaume 72 47 Zf 59
Sillé-le-Philippe 72 47 Ab 70
Sillery 51 35 Ea 53
Silley-Amancey 25 84 Ga 66
Sillingy 74 96 Ga 73
Silly-en-Gouffern 61 30 Aa 56
Silly-en-Saulnois 57 38 Gb 55
Silly-la-Poterie 02 34 Da 53
Silly-le-Long 60 34 Ce 54
Silly-sur-Nied 57 38 Gc 54
Silly-Tillard 60 17 Ca 53
Silmont 55 37 Fb 56
Silvareggio 2B 157 Kc 94
Silvarouvres 52 53 Ee 60
Simacourbe 64 138 Ze 88
Simandre 01 95 Fc 71
Simandre 71 83 Ef 69
Simandres 69 106 Ef 75
Simard 71 83 Fb 68
Simencourt 62 8 Cd 47
Simeyrols 24 113 Bc 79
Simiane-Collongue 13 146 Fc 88
Simiane-la-Rotonde 04 132 Fd 85
Simorre 32 139 Ae 88
Simplé 53 46 Za 61
Sin 59 8 Db 45
Sinceny 02 18 Db 51
Sincey-lès-Rouvray 21 67 Ea 64
Sindères 40 123 Za 84
Singles 63 103 Cd 75
Singleyrac 24 112 Ac 80
Singly 08 20 Ee 51
Singrist 67 39 Hc 56
Sin-le-Noble 59 8 Da 46
Sinsat 09 152 Bd 92
Sinzos 65 139 Ab 89
Sion 32 124 Aa 86
Sioniac 19 114 Be 79
Sion-les-Mines 44 45 Yc 62
Sionviller 54 38 Gd 57
Siorac-de-Ribérac 24 100 Ac 77
Siorac-en-Périgord 24 114 Af 80
Siouville-Hague 50 12 Ya 51
Sirac 32 126 Af 86
Siracourt 62 7 Cb 46
Siran 15 114 Ca 79
Siran 34 142 Cd 89
Sireix 65 138 Zf 91
Sireuil 16 100 Aa 75
Siridan 65 139 Ad 91
Sirod 39 84 Ff 68
Siros 64 138 Zd 88
Sisco 2B 157 Kc 92
Sissonne 02 19 Df 51
Sissy 02 18 Dc 50
Sistels 82 126 Ae 84
Sisteron 04 133 Ff 83
Sivergues 84 132 Fc 85
Sivignon 71 94 Ed 70
Sivry 54 38 Gb 54
Sivry-Ante 51 36 Ef 54
Sivry-Courtry 77 33 Ce 57
Sivry-la-Perche 55 37 Fb 54
Sivry-sur-Meuse 55 21 Fb 53
Six-Fours-les-Plages 83 147 Ff 90
Sixt-Fer-à-Cheval 74 97 Ge 72
Sixt-sur-Aff 35 44 Xf 62
Sizun 29 25 Vf 58
Smarves 86 76 Ac 69
Smermesnil 76 16 Bc 49
Soccia 2A 158 If 95
Sochaux 25 71 Ge 63
Socourt 88 55 Gb 58
Socx 59 3 Cc 43
Sœurdres 49 61 Zc 62
Sognolles-en-Montois 77 51 Db 57
Sogny-aux-Moulins 51 36 Ec 55
Sogny-en-l'Angle 51 36 Ee 56
Soignolles 14 30 Ze 54
Soindres 78 32 Be 55
Soing-Cubry-Charentenay 70 70 Ff 63
Soings-en-Sologne 41 64 Bd 64
Soissons 02 18 Dc 52
Soissons-sur-Nacey 21 69 Fc 65
Soisy-Bouy 77 51 Db 57
Soisy-sous-Montmorency 95 33 Cb 55
Soisy-sur-École 91 50 Cd 58
Soisy-sur-Seine 91 33 Cc 57
Soize 02 19 Ea 50
Soizé 28 48 Af 60
Soizy-aux-Bois 51 35 De 56
Solaize 69 106 Ef 75
Solaro 2B 159 Kc 97
Solbach 67 56 Hb 58
Soleilhas 04 134 Gd 85
Solemont 25 71 Ge 64
Solente 60 18 Cf 50
Solenzara 2A 159 Kc 97
Soler, Le 66 154 Ce 92
Solérieux 26 118 Ee 82
Solers 77 33 Ce 57
Solesmes 59 9 Dc 47
Solesmes 72 46 Ze 61
Soleymieu 38 107 Fc 74
Soleymieux 42 105 Ea 75
Solférino 40 123 Za 84
Solgne 57 38 Gb 55
Soliers 14 30 Ze 54
Solignac 87 89 Bb 74
Solignac-sous-Roche 43 105 Df 77
Solignac-sur-Loire 43 117 Df 79
Solignat 63 104 Db 75
Soligny-la-Trappe 61 31 Ad 57
Soligny-les-Étangs 10 51 Dd 58
Sollacaro 2A 158 If 98
Sollières-Sardières 73 109 Ge 77
Solliès-Pont 83 147 Ga 89
Solliès-Toucas 83 147 Ga 89
Solliès-Ville 83 147 Ga 89
Sologny 71 94 Ee 70
Solomiac 32 126 Af 86
Solre-le-Château 59 10 Ea 47
Solrinnes 59 10 Ea 47
Solterre 45 50 Ce 61
Solutré 71 94 Ee 71
Somain 59 9 Db 46
Sombacour 25 84 Gb 67
Sombernon 21 68 Ee 65
Sombrin 62 8 Cd 47
Sombrun 65 138 Aa 88
Somloire 49 75 Zc 65
Sommaing 59 9 Dc 47
Sommancourt 52 53 Fa 57
Sommant 71 81 Eb 66
Sommauthe 08 20 Ef 52
Somme-Bionne 51 36 Ee 54
Sommecaise 89 51 Db 61
Sommedieue 55 37 Fc 54
Sommeilles 55 36 Ef 55
Sommelans 02 34 Db 54
Sommelonne 55 36 Fa 56
Sommepy-Tahure 51 20 Ed 53
Sommerance 08 20 Ef 53
Sommerécourt 52 54 Fd 59
Sommereux 60 17 Bf 50
Sommeron 02 9 Df 49
Sommervieu 14 13 Zc 53
Sommerviller 54 38 Gc 57
Sommery 76 16 Bc 51
Sommesnil 76 15 Ae 50
Sommesous 51 35 Eb 56
Somme-Suippe 51 36 Ed 54
Somme-Tourbe 51 36 Ee 54
Sommette 02 18 Da 50
Sommette, La 25 71 Gd 65
Sommeval 10 52 Df 60
Somme-Vesle 51 36 Ed 55
Sommevoire 52 53 Ef 58
Somme-Yèvre 51 36 Ee 55
Sommières 30 130 Ea 86
Sommières-du-Clain 86 88 Ac 71
Sompt 79 87 Zf 72
Sompuis 51 36 Ec 56
Somsois 51 52 Ed 57
Son 08 19 Eb 51
Sonac 46 114 Bf 80
Sonchamp 78 32 Bf 57
Soncourt 88 55 Ff 58
Soncourt-sur-Marne 52 54 Fa 59
Sondernach 68 56 Ha 61
Sondersdorf 68 72 Hc 64
Songeons 60 16 Bf 51
Songeson 39 84 Fe 69
Songieu 01 95 Fe 73
Songy 51 36 Ed 56
Sonnac 12 114 Ca 81
Sonnac 17 87 Ze 73
Sonnac-sur-l'Hers 11 141 Bf 90
Sonnay 38 106 Ef 76
Sonnaz 73 108 Ff 75
Sonneville 16 87 Zf 74
Sons-et-Ronchères 02 19 De 50
Sonthonnax-la-Montagne 01 95 Fd 71
Sonzay 37 63 Ac 63
Soorts-Hossegor 40 122 Yd 86
Soppe-le-Bas 68 71 Ha 62
Soppe-le-Haut 68 71 Ha 62
Sor 09 151 Ba 91
Sorans-lès-Breurey 70 70 Ga 64
Sorbais 02 19 Df 49
Sorbets 32 124 Zf 86
Sorbets 40 124 Ze 87
Sorbey 57 38 Gb 54
Sorbier 03 93 Dd 70
Sorbiers 05 119 Fd 82
Sorbiers 42 106 Ec 76
Sorbo 2B 157 Kc 94
Sorbollano 2A 159 Ka 98
Sorbon 08 19 Ec 51
Sorbs 34 129 Dc 85
Sorcy-Bauthémont 08 20 Ed 51
Sorcy-Saint-Martin 55 37 Fd 56
Sorde-l'Abbaye 40 123 Yf 87
Sore 40 111 Zc 83
Soréac 65 139 Aa 89
Sorède 66 154 Cf 93
Sorel 80 8 Da 48
Sorel-en-Vimeu 80 7 Bf 48
Sorel-Moussel 28 32 Bc 56
Sorèze 81 141 Ca 88
Sorgeat 09 153 Bf 92
Sorges 24 101 Af 77
Sorgues 84 131 Ef 84
Sorigny 37 63 Ae 65
Sorinières, Les 44 60 Yc 66
Sorio 2B 157 Kb 93
Sormery 89 52 De 60
Sormonne 08 20 Ed 50
Sornac 19 103 Cb 74
Sornay 70 69 Fe 65
Sornay 71 83 Fb 69
Sornéville 54 38 Gc 56
Sorquainville 76 15 Ad 50
Sorrus 62 7 Be 46
Sort-en-Chalosse 40 123 Za 86
Sortosville 50 12 Yd 52
Sortosville-en-Beaumont 50 12 Yb 52
Sos 47 125 Aa 84
Sospel 06 135 Hc 85
Sossais 86 76 Ac 67
Sost 65 151 Ad 91
Sotta 2A 160 Kb 99
Sotteville 50 12 Yb 51
Sotteville-lès-Rouen 76 15 Ba 52
Sotteville-sous-le-Val 76 15 Ba 53
Sotteville-sur-Mer 76 15 Ae 49
Soturac 46 113 Ba 82
Sotzeling 57 38 Gd 55
Soual 81 141 Ca 87
Souancé-au-Perche 28 48 Af 59
Souastre 62 8 Cd 48
Soubès 34 129 Dc 86
Soubise 17 86 Yf 73
Soublecause 65 138 Zf 87
Soubran 17 99 Zc 76
Soubrebost 23 90 Bf 73
Soucelles 49 61 Zd 63
Souche, La 07 117 Eb 81
Souchez 62 8 Ce 46
Soucht 57 39 Hb 55
Soucia 39 84 Fe 69
Soucieu-en-Jarrest 69 94 Ee 74
Soucirac 46 114 Bd 80
Souclin 01 95 Fc 73
Soucy 02 18 Da 53
Soucy 89 51 Db 59
Soudaine-Lavinadière 19 102 Be 75
Soudan 44 45 Ye 62
Soudan 79 76 Zf 70
Souday 41 48 Af 60
Soudorgues 30 130 De 84
Soudron 51 35 Eb 55
Soueich 31 139 Ae 90
Soueix 09 152 Bb 91
Souel 81 127 Bf 84
Soues 65 138 Aa 89
Soues 80 7 Ca 49
Souesmes 41 65 Cb 64
Souffelweyersheim 67 40 He 57
Soufflenheim 67 40 Hf 55
Souffrignac 16 100 Ad 75
Sougé 36 78 Bc 67
Sougé 41 63 Ae 62
Sougeal 35 28 Yc 57
Sougé-le-Ganelon 72 47 Zf 59
Sougères-en-Puisaye 89 66 Db 63
Sougraigne 11 153 Cc 91
Sougy 45 49 Be 60
Sougy-sur-Loire 58 80 Dc 67
Souhain-Perthes-lès-Hurlus 51 36 Ed 53
Souhesmes-Rampont, Les 55 37 Fb 54
Souhey 21 68 Ec 64
Souich, Le 62 7 Cc 47
Souilhanels 11 141 Bf 88
Souilhe 11 141 Bf 88
Souillac 46 114 Bc 79
Souillé 72 47 Ab 60
Souilly 55 37 Fb 54
Soula 09 152 Be 91
Soulac-sur-Mer 33 98 Yf 75
Soulages 15 104 Db 78
Soulages-Bonneval 12 115 Ce 80
Soulaines-Dhuys 10 53 Ee 58
Soulaines-sur-Aubance 49 61 Zc 64
Soulaire-et-Bourg 49 61 Zc 63
Soulaires 28 32 Bd 57
Soulan 09 152 Bb 91
Soulanges 51 36 Ed 56
Soulangis 18 65 Cd 65
Soulangy 14 30 Ze 55
Soulatgé 11 153 Cc 91
Soulaucourt-sur-Mouzon 52 54 Fe 59
Soulaures 24 113 Af 81
Soulce-Cernay 25 71 Gf 65
Soulgé-sur-Ouette 53 46 Zc 60
Soulié, Le 34 142 Ce 87
Soulières 51 35 Df 55
Soulignac 33 111 Ze 80
Souligné-Flacé 72 47 Aa 61
Souligné-sous-Ballon 72 47 Ab 60
Soulignonne 17 87 Zb 74
Souligny 10 52 Df 59
Soulitré 72 47 Ab 70
Soullans 85 73 Ya 68
Soulles 50 28 Ye 54
Soulomès 46 114 Bd 81
Soulosse-sous-Saint Elophe 88 54 Fe 58
Soultzbach-les-Bains 68 56 Hb 60
Soultzeren 68 56 Ha 60
Soultz-Haut-Rhin 68 56 Hb 61
Soultz-les-Bains 67 40 Hc 57
Soultzmatt 68 56 Hb 61
Soultz-sous-Forêts 67 40 Hf 55
Soulvache 44 45 Yd 62
Soumaintrain 89 52 De 60
Soumans 23 91 Cb 71
Soumensac 47 112 Ab 80
Souméras 17 99 Zd 77
Soumont 34 129 Dc 86
Soumont-Saint-Quentin 14 30 Ze 55
Soumoulou 64 138 Ze 89
Souppes-sur-Loing 77 50 Ce 59
Souprosse 40 123 Zb 86
Souraide 64 136 Yd 88
Sourans 25 71 Gd 64
Sourcieux-les-Mines 69 94 Ed 74
Sourd, Le 02 19 De 49
Sourdeval 50 29 Za 56
Sourdeval-les-Bois 50 28 Ye 55
Sourdon 80 17 Cc 50
Sourdun 77 34 Dc 57
Sourn, Le 56 43 Xa 60
Sournia 66 153 Cc 92
Sourniac 15 103 Cc 77
Sourribes 04 133 Ga 84
Sours 28 32 Bd 58
Soursac 19 103 Cb 77
Sourzac 24 100 Ac 78
Sousceyrac 46 114 Ca 79
Sous-Parsat 23 90 Bf 72
Souspierre 26 118 Ef 81
Soussac 33 112 Aa 80
Soussans 33 99 Zb 78
Soussey-sur-Brionne 21 68 Ed 65
Soustons 40 123 Ye 86
Souternon 42 93 Df 73
Souterraine, la 23 90 Bc 71
Soutiers 79 75 Ze 69
Souvans 39 83 Fd 67
Souvignargues 30 130 Ea 86
Souvigné 37 62 Ac 63
Souvigné 79 76 Ze 70
Souvigné-sur-Même 72 48 Ad 59
Souvigné-sur-Sarthe 72 46 Zd 62
Souvigny 03 80 Db 69
Souvigny-de-Touraine 37 63 Ba 64
Souvigny-en-Sologne 41 65 Ca 63
Souyeaux 65 139 Ab 89
Souzy 69 94 Ec 74
Souzy-la-Briche 91 33 Ca 57
Soveria 2B 157 Kb 94
Soyans 26 118 Fa 81
Soyaux 16 100 Ab 75
Soye 25 70 Gc 64
Soyécourt 80 18 Ce 49
Soye-en-Septaine 18 79 Cc 66
Soyers 52 54 Fe 61
Soyons 07 118 Ef 79
Sparsbach 67 39 Hc 55
Spay 72 47 Aa 61
Spechbach-le-Bas 68 71 Hb 62
Spechbach-le-Haut 68 71 Hb 62
Speloncato 2B 156 If 93
Spéracedes 06 134 Gf 87
Spézet 29 42 Wb 59
Spicheren 57 39 Gf 53
Spincourt 55 21 Fd 53
Sponville 54 37 Ff 54
Spoy 10 53 Ed 59
Spoy 21 69 Fb 64
Spycker 59 3 Cb 43
Squiffiec 22 26 Wf 57
Staffelfelden 68 56 Hb 62
Stains 93 33 Cc 55
Stainville 55 37 Fb 57
Stang 29 25 Vf 57
Stang, Le 29 41 Ve 61
Staple 59 3 Cc 44
Stattmatten 67 40 Hf 56
Stazzona 2B 157 Kc 94
Steenbecque 59 4 Cc 44
Steene 59 3 Cc 43
Steenvoorde 59 4 Cd 44
Steenwerck 59 4 Ce 44
Steige 67 56 Hb 58
Steinbach 68 56 Ha 62
Steinbourg 67 39 Hc 56
Steinbrunn-le-Bas 68 72 Hc 62
Steinbrunn-le-Haut 68 72 Hc 63
Steinseltz 67 40 Hf 54
Steinsoultz 68 72 Hb 63
Stenay 55 21 Fb 52
Sternenberg 68 71 Ha 62
Stetten 68 72 Hc 63
Stigny 89 67 Eb 62
Still 67 39 Hc 57
Stiring-Wendel 57 39 Gf 53
Stonne 08 20 Ef 51
Storckensohn 68 56 Gf 61
Stosswihr 68 56 Ha 60
Stotzheim 67 57 Hc 58
Strasbourg 67 40 He 57
Strazeele 59 4 Cd 44
Strenquels 46 114 Bd 79
Strueth 68 71 Ha 63
Struth 67 39 Hb 55
Stundwiller 67 40 Hf 55
Sturzelbronn 57 40 Hd 54
Stutzheim 67 40 Hd 57
Suarce 90 71 Ha 63
Suaux 16 88 Ad 73
Subdray, Le 18 79 Cb 66
Sublaines 37 63 Af 65
Subles 14 13 Zb 53
Subligny 18 66 Ce 64
Subligny 89 51 Db 60
Sublingy 50 28 Yd 56
Succieu 38 107 Fc 75
Sucé-sur-Erdre 44 60 Yc 64
Suc-et-Santenac 09 152 Bc 92
Suèvres 41 64 Bc 63
Sugères 63 104 Dc 75
Sugny 08 20 Ed 52
Suilly-la-Tour 58 66 Da 65
Suin 71 82 Ec 70
Suippes 51 36 Ed 54
Suisse 57 38 Gd 55
Suizy-le-Franc 51 35 De 55
Sulignat 01 94 Ef 71
Sully 60 16 Be 51
Sully 71 82 Ec 66
Sully-la-Chapelle 45 50 Cb 61
Sully-sur-Loire 45 65 Cc 62
Sulniac 56 43 Xc 62
Sumène 30 130 De 85
Sundhoffen 68 57 Hc 60
Sundhouse 67 57 Hd 59
Supt 39 84 Ff 67
Surat 63 92 Db 73
Surba 09 152 Bd 91
Surbourg 67 40 Hf 55
Surcamps 80 7 Ca 48
Surdoux 87 102 Bd 75
Suré 61 47 Ac 58
Surfonds 72 47 Ac 61
Surfontaine 02 18 Dc 50
Surgères 17 87 Zb 72
Surgy 58 67 Dd 63
Suriauville 88 54 Ff 59
Surin 79 75 Zd 70
Surin 86 88 Ac 72
Suris 16 88 Ad 73
Surjoux 01 95 Fd 72
Surmont 25 71 Gd 65
Surques 62 3 Bf 44
Surrain 14 13 Za 53
Surtainville 50 12 Yb 52
Surtauville 27 15 Ba 53
Survie 61 30 Ab 55
Surville 14 14 Ab 53
Surville 27 15 Ba 53
Surville 50 12 Yc 53
Survilliers 95 33 Cd 54
Sury 08 20 Ed 50
Sury-aux-Bois 45 50 Cc 61
Sury-en-Vaux 18 66 Ce 64
Sury-ès-Bois 18 65 Ce 64
Sury-le-Comtal 42 105 Eb 75
Sury-près-Léré 18 66 Cf 64
Surzur 56 58 Xc 63
Sus 64 137 Zb 89
Susmiou 64 137 Zb 89
Sussac 87 102 Bd 75
Sus-Saint-Léger 62 7 Cc 47
Sussargues 34 130 Ea 86
Sussat 03 92 Da 72
Sussey 21 68 Ec 65
Sutrieu 01 95 Fe 73
Suzanne 08 20 Ed 51
Suzanne 80 8 Ce 49
Suzannecourt 52 54 Fb 58
Suzay 27 16 Bd 53
Suze 26 119 Fa 80
Suze-la-Rousse 26 118 Ef 83
Suze-sur-Sarthe, La 72 47 Aa 61
Suzette 84 132 Fa 83
Suzoy 60 18 Cf 51
Suzy 02 18 Dc 51

Sennevières — Suzy (F) 203

Tournemire 12 129 Da 85
Tournemire 15 103 Cc 78
Tournes 08 20 Ed 50
Tournettes 83 134 Ge 87
Tourneur, Le 14 29 Zb 55
Tourneville 27 31 Ba 54
Tournières 14 13 Za 53
Tournissan 11 142 Cd 90
Tournoisis 45 49 Bd 60
Tournon 07 118 Ec 81
Tournon 73 108 Gb 75
Tournon-d'Agenais 47 113 Af 82
Tournon-Saint-Pierre 37 77 Af 68
Tournon-sur-Rhône 07 106 Ef 78
Tournous-Darré 65 139 Ac 89
Tournous-Devant 65 139 Ac 89
Tournus 71 82 Ef 69
Tourny 27 32 Bd 53
Tourouvre 61 31 Ad 57
Tourouzelle 11 142 Ce 89
Tourreilles 11 141 Cb 90
Tourreilles, les 31 139 Ad 90
Tourrenquets 32 125 Ae 86
Tourrette-Levens 06 135 Hb 86
Tourrettes 83 134 Ge 87
Tourriers 16 88 Ab 74
Tours 37 63 Ae 64
Tour-Saint-Gelin, La 37 76 Ac 66
Tours-en-Savoie 73 108 Gc 75
Tours-en-Vimeu 80 7 Be 48
Tours-sur-Marne 51 35 Ea 54
Tours-sur-Meymont 63 104 Dd 74
Tour-sur-Jour 58 80 Db 68
Tour-sur-Orb, La 34 129 Da 87
Tourtenay 79 76 Zf 66
Tourteron 08 20 Ed 51
Tourtour 83 147 Gb 87
Tourtouse 09 140 Ba 90
Tourtrès 47 112 Ac 81
Tourtrol 09 141 Be 90
Tourves 83 147 Ff 88
Tourville-en-Auge 14 14 Ab 53
Tourville-la-Campagne 27 15 Af 53
Tourville-la-Chapelle 76 6 Bb 49
Tourville-la-Rivière 76 15 Ba 53
Tourville-les-Ifs 76 15 Ac 50
Tourville-sur-Arques 76 15 Ba 49
Tourville-sur-Odon 14 29 Zd 54
Tourville-sur-Pont-Audemer 27 15 Ad 53
Tourville-sur-Sienne 50 28 Yc 54
Toury 28 49 Bf 59
Toury-Lurcy 58 80 Dc 68
Tourzel-Ronzières 63 104 Da 75
Toussaint 76 15 Ac 50
Toussieu 69 106 Ef 75
Toussieux 01 94 Ee 73
Tousson 77 50 Cc 58
Toussus-le-Noble 78 33 Ca 56
Toutainville 27 15 Ac 52
Toutenant 71 83 Fa 67
Toutencourt 80 7 Cc 48
Toutens 31 141 Be 88
Toutlemonde 49 61 Zb 66
Toutry 21 67 Ea 63
Touvérac 16 99 Ze 76
Touvet, Le 38 108 Ff 76
Touville 27 15 Ae 53
Touvois 44 74 Yb 67
Touvre 16 88 Ab 74
Touzac 16 99 Zf 75
Touzac 46 113 Ba 82
Tox 2B 159 Kc 95
Toy-Viam 19 102 Bf 75
Tracy-Bocage 14 29 Zb 54
Tracy-le-Mont 60 18 Da 52
Tracy-le-Val 60 18 Da 52
Tracy-sur-Loire 58 66 Cf 65
Tracy-sur-Mer 14 13 Zc 52
Trades 69 94 Ed 71
Traenheim 67 40 Hc 57
Tragny 57 38 Gc 55
Traînou 45 50 Ca 61
Trait, Le 76 15 Ae 52
Traize 73 107 Fe 74
Tralaigues 63 91 Cd 73
Tralonca 2B 157 Kb 94
Tramain 22 27 Xd 58
Tramayes 71 94 Ed 71
Trambly 71 94 Ed 71
Tramecourt 62 7 Ca 46
Tramery 51 35 De 53
Tramezaïgues 65 150 Ab 92
Tramont-Emy 54 55 Ff 58
Tramont-Lassus 54 55 Ff 58
Tramont-Saint-André 54 55 Ff 58
Tramoyes 01 94 Ef 73
Tranche-sur-Mer, La 85 74 Yd 70
Tranclière, La 01 95 Fb 72
Trancrainville 28 49 Bf 59
Trangé 72 47 Aa 60
Tranger, Le 36 78 Bb 67
Trannes 10 53 Ed 59
Tranqueville-Graux 88 54 Ff 58
Trans 35 28 Yc 58
Trans 53 46 Ze 59
Trans-en-Provence 83 148 Gc 87
Translay, Le 80 7 Be 49
Transloy, Le 62 8 Cf 48
Trans-sur-Erdre 44 60 Yd 64
Tranzault 36 78 Bf 69
Trappes 78 32 Bf 56
Trassanel 11 142 Cc 88
Traubach-le-Bas 68 71 Ha 63
Traubach-le-Haut 68 71 Ha 62
Trausse 11 142 Cd 89
Travaillan 84 131 Ef 83
Travecy 02 18 Dc 50
Traversères 32 139 Ad 87
Travet, Le 81 128 Cc 86
Trayes 79 75 Zd 68
Tréal 56 44 Xe 61
Tréauville 50 12 Yb 51
Trébabu 29 24 Vb 58
Treban 03 92 Db 70
Tréban 81 128 Cc 84
Trébas 81 128 Cc 85
Trébédan 22 27 Xf 58
Trèbes 11 142 Cc 89
Trébeurden 22 25 Wc 56
Trébons 65 139 Aa 90
Trébons-de-Luchon 31 151 Ad 92
Trébons-sur-la-Grasse 31 141 Be 88
Trébrivan 22 25 Wd 59
Trébry 22 27 Xc 58
Tréclun 21 69 Fa 65
Trécon 51 35 Ea 55
Trédaniel 22 26 Xc 58
Trédarzec 22 26 We 56
Trédion 56 43 Xc 62
Trédrez 22 25 Wc 56
Tréduder 22 25 Wc 57
Trefcon 02 18 Da 49
Treffendel 35 44 Xf 60
Treffiagat 29 41 Ve 62
Treffieux 44 60 Yc 63
Treffort 38 119 Fd 79
Treffort-Cuisiat 01 95 Fc 71
Treffrin 22 25 Wc 59
Tréflaouénan 29 25 Vf 57
Tréflévénez 29 25 Vf 58
Tréflez 29 24 Ve 57
Tréfols 51 34 Dd 56
Tréfumel 22 44 Xf 58
Trégarantec 29 24 Ve 57
Trégarvan 29 24 Ve 59
Trégastel 22 25 Wd 56
Tréglamus 22 26 We 57
Tréglonou 29 24 Vc 57
Trégomeur 22 26 Xa 57
Trégon 22 27 Xe 57
Trégonneau 22 26 Wf 57
Trégornan 22 42 Wd 59
Trégourez 29 42 Wa 60
Trégrom 22 26 Wd 57
Tréguennec 29 41 Ve 61
Trégueux 22 26 Xb 58
Tréguidel 22 26 Xa 57
Tréguier 22 26 We 56
Trégunc 29 42 Wa 61
Tréhorenteuc 56 44 Xe 60
Tréhou, Le 29 25 Vf 58
Treignac 19 102 Be 75
Treignat 03 91 Cc 70
Treilles 11 154 Cf 91
Treilles-en-Gâtinais 45 50 Cd 60
Treillières 44 60 Yc 65
Treix 52 54 Fb 60
Treize-Septiers 85 74 Ye 67
Treize-Vents 85 75 Za 67
Tréjouls 82 126 Bb 83
Trélans 48 116 Da 82
Trélazé 49 61 Zd 64
Trélévern 22 26 Wd 56
Trelins 42 93 Ea 74
Trélissac 24 101 Ae 77
Trélivan 22 27 Xf 58
Trelly 50 28 Yd 55
Trélon 59 10 Ea 48
Trélou-sur-Marne 02 35 Dd 54
Trémaouézan 29 24 Ve 57
Trémargat 22 26 We 59
Trémauville 76 15 Ad 50
Tremblade, La 17 86 Yf 74
Tremblay 35 28 Yd 58
Tremblay, Le 27 31 Af 54
Tremblay, Le 49 61 Yf 62
Tremblay-en-France 93 33 Cd 55
Tremblay-les-Villages 28 32 Bc 57
Tremblay-sur-Mauldre, le 78 32 Bf 56
Tremblecourt 54 38 Ff 56
Tremblois, le 70 69 Fd 64
Tremblois-lès-Carignan 08 21 Fb 51
Tremblois-lès-Rocroi 08 20 Ec 49
Tréméheuc 35 28 Yb 58
Trémel 22 25 Wc 57
Tréméloir 22 26 Xa 57
Trémentines 49 61 Zb 66
Tréméoc 29 41 Ve 61
Tréméreuc 22 27 Xf 57
Trémery 57 22 Gb 53
Trémeur 22 44 Xe 58
Tréméven 22 26 Wf 56
Tréméven 29 42 Wc 61
Tréminis 38 119 Fe 80
Trémoins 70 71 Ge 63
Trémolat 24 113 Ae 79
Trémons 47 113 Af 82
Trémont 49 61 Zd 66
Trémont 61 31 Ab 57
Trémont-sur-Saulx 55 36 Fa 56
Trémonzey 88 55 Gb 61
Trémorel 22 44 Xe 59
Trémouille 15 103 Ce 76
Trémouilles 12 128 Cd 83
Trémouille-Saint-Loup 63 103 Cd 76
Trémoulet 09 141 Be 90
Tremuson 22 26 Xa 57
Trenal 39 83 Fc 69
Trensacq 40 123 Zb 83
Trentels 47 113 Af 82
Tréogan 29 42 Wc 59
Tréon 28 32 Bb 56
Tréouergat 29 24 Vc 57
Trépail 51 35 Eb 54
Tréport, Le 76 6 Bc 48
Trépot 25 70 Ga 65
Trept 38 107 Fb 74
Trésauvaux 55 37 Fd 54
Tresbœuf 35 45 Yc 61
Trescault 62 8 Da 48
Trescléoux 05 119 Fe 82
Trésilley 70 70 Ga 64
Treslon 51 19 De 53
Tresnay 58 80 Db 68
Trespoux-Rassiels 46 113 Bc 82
Tresques 30 131 Ed 84
Tressan 34 143 Dc 87
Tressange 57 22 Ff 52
Tressé 35 27 Ya 58
Tresserre 66 154 Ce 93
Tresses 33 111 Zd 79
Tressignaux 22 26 Xa 57
Tressin 59 8 Db 45
Tresson 72 48 Ad 61
Treteau 03 92 Dd 70
Trétoire, la 77 34 Db 55
Trets 13 146 Fe 88
Treux 80 8 Cd 49
Treuzy-Levelay 77 51 Ce 59
Trévé 22 43 Xb 59
Trévenans 90 71 Gf 63
Tréveneuc 22 26 Xa 57
Tréveray 55 37 Fc 57
Trévérec 22 26 Wf 57
Trévérien 35 44 Ya 58
Trèves 30 129 Dc 84
Trèves 69 106 Ee 75
Trévien 81 127 Ca 84
Trevières 14 13 Za 53
Trévignin 73 108 Ff 74
Trévillach 66 154 Cd 92
Trévillers 25 71 Gf 65
Trévilly 89 67 Ea 63
Trévol 03 80 Db 69
Trévou-Treguignec 22 26 Wd 56
Trévoux 01 94 Ee 73
Trévoux, le 29 42 Wc 61
Trévron 22 27 Xf 58
Trézelles 03 93 Dd 71
Trézény 22 26 Wd 56
Tréziers 11 141 Bf 90
Trézilidé 29 25 Vf 57
Trézioux 63 104 Dc 74
Triac-Lautrait 16 87 Zf 74
Triadou, Le 34 130 Df 86
Triaize 85 74 Ye 70
Tribehou 50 12 Ye 53
Trichey 89 52 Ea 61
Tricot 60 17 Cd 51
Tricqueville 27 15 Ac 52
Trie-Château 60 16 Be 53
Trie-la-Ville 60 16 Be 53
Triel-sur-Seine 78 33 Ca 55
Triembach-au-Val 67 56 Hb 58
Trie-sur-Baïse 65 139 Ac 89
Trieux 54 22 Ff 53
Trigance 83 133 Gc 86
Trignac 44 59 Xe 65
Trigny 51 19 Df 53
Triguères 45 51 Cf 61
Trilbardou 77 34 Ce 55
Trilla 66 154 Cd 92
Trilport 77 34 Cf 55
Trimbach 67 40 Ia 55
Trimer 35 44 Ya 58
Trimouille, la 86 77 Ba 70
Trinay 45 49 Bf 60
Trinitat, La 15 116 Cf 80
Trinité, La 06 135 Hb 86
Trinité, La 27 32 Bb 55
Trinité, La 50 28 Ye 56
Trinité, La 73 108 Ga 76
Trinité-de-Réville, La 27 31 Ad 55
Trinité-des-Laitiers, La 61 30 Ac 56
Trinité-du-Mont, La 76 15 Ad 51
Trinité-Porhoët, La 56 44 Xc 60
Trinité-sur-Mer, La 56 58 Wf 63
Trinité-Surzur, La 56 59 Xc 63
Triors 26 107 Fa 78
Trioulou, Le 15 115 Cb 80
Tripleville 41 49 Bc 61
Triquerville 76 15 Ad 51
Trith-Saint-Léger 59 9 Dc 46
Tritteling 57 38 Gd 54
Trivy 71 94 Ec 70
Trizac 15 103 Cd 77
Trizay 17 86 Za 74
Trizay-Coutretot-Saint-Serge 28 48 Af 59
Trizay-lès-Bonneval 28 49 Bc 59
Troarn 14 14 Ze 53
Troche 19 102 Bc 76
Trochères 21 69 Fb 64
Troësnes 02 34 Db 53
Troguéry 22 26 We 56
Trogues 37 63 Ac 66
Trois-Domaines, Les 55 37 Fb 55
Trois-Fonds 23 91 Cb 71
Trois-Fontaines 51 36 Ef 56
Troisfontaines 57 39 Ha 56
Troisfontaines-la-Ville 52 36 Fa 57
Troisgots 50 29 Yf 54
Trois-Monts 14 29 Zd 54
Trois-Moutiers, Les 86 62 Aa 66
Trois-Palis 16 100 Aa 75
Trois-Pierres, Les 76 15 Ac 51
Trois-Puits 51 35 Ea 53
Troissereux 60 17 Ca 52
Troissy 51 35 De 54
Trois-Vèvres 58 80 Dc 67
Troisvilles 59 9 Dc 48
Trois-Villes 64 137 Za 90
Tromarey 70 69 Fe 64
Tromborn 57 22 Gd 53
Troncens 32 139 Ab 88
Tronchet, Le 35 28 Yb 58
Tronchet, Le 72 47 Aa 59
Tronchoy 89 52 Df 61
Tronchy 71 83 Fa 68
Troncq, Le 27 31 Af 53
Trondes 54 37 Fe 56
Tronget 03 80 Da 70
Tronquay, Le 14 13 Zb 53
Tronquay, Le 27 16 Be 52
Tronsanges 58 80 Da 66
Tronville 54 37 Ff 54
Tronville-en-Barrois 55 37 Fb 56
Troo 41 63 Ae 62
Trosly-Breuil 60 18 Cf 52
Trosly-Loire 02 18 Db 51
Trouans 10 35 Eb 57
Troubat 65 139 Ad 91
Trouhans 21 69 Fb 66
Trouhaut 21 68 Ee 64
Trouillas 66 154 Ce 93
Trouley-Labarthe 65 139 Ab 89
Troussencourt 60 17 Cb 51
Troussey 55 37 Fe 56
Troussures 60 16 Bf 52
Trouville 76 15 Ad 51
Trouville-la-Haule 27 15 Ad 52
Trouville-sur-Mer 14 14 Aa 52
Trouy 18 79 Cc 66
Troyes 10 52 Ea 59
Troyon 55 37 Fc 54
Truchère, La 71 82 Ef 69
Truchtersheim 67 40 Hd 56
Trucy 02 19 Dd 52
Trucy-l'Orgueilleux 58 66 Dc 64
Trucy-sur-Yonne 89 67 Dd 63
Truel, Le 12 128 Ce 84
Trugny 21 83 Fa 67
Truinas 26 119 Fa 81
Trumilly 60 18 Ce 53
Trun 61 30 Aa 55
Trungy 14 13 Zb 53
Truttemer-le-Grand 14 29 Zb 56
Truttemer-le-Petit 14 29 Zb 56
Truyes 37 63 Af 65
Tubersent 62 7 Be 45
Tuchan 11 154 Ce 91
Tucquegnieux 54 21 Ff 53
Tudeils 19 102 Be 78
Tudelle 32 125 Ab 86
Tuffé 72 48 Ad 60
Tugéras 17 99 Zd 76
Tugny-et-Pont 02 18 Da 50
Tuilière, La 42 93 De 73
Tulette 26 118 Ee 83
Tulle 19 102 Be 77
Tullins 38 107 Fc 77
Tully 80 6 Bd 48
Tupigny 02 9 Dd 49
Tupin-et-Semons 69 106 Ee 76
Turballe, La 44 59 Xc 64
Turbie, La 06 135 Hc 86
Turcey 21 68 Ee 64
Turckheim 68 56 Hb 60
Turenne 19 102 Bd 78
Turgon 16 88 Ac 73
Turgy 10 52 Ea 60
Turny 89 52 De 60
Turquant 49 62 Aa 65
Turquestein-Blancrupt 57 39 Ha 57
Turqueville 50 12 Ye 52
Turriers 04 120 Gb 82
Tursac 24 113 Ba 79
Tusson 16 88 Aa 73
Tuzaguet 65 139 Ac 90
Tuzan, Le 33 111 Zc 82
Tuzie 16 88 Aa 73

U

Uberach 67 40 Hd 55
Ubexy 88 55 Gb 58
Ubraye 04 134 Ge 85
Ucciani 2A 159 If 96
Ucel 07 118 Ec 81
Uchacq-et-Parentis 40 124 Zc 85
Uchaud 30 130 Eb 86
Uchaux 84 118 Ee 83
Uchentein 09 151 Ba 91
Uchizy 71 82 Ef 69
Uchon 71 82 Eb 68
Uckange 57 22 Ga 53
Ueberstrass 68 71 Ha 63
Uffheim 68 72 Hc 63
Uffholtz 68 56 Hb 62
Ugine 73 96 Gc 74
Uglas 65 139 Ac 90
Ugnouas 65 139 Aa 88
Ugny 54 21 Fe 52
Ugny-le-Gay 02 18 Db 51
Ugny-l'Equipée 80 18 Da 50
Ugny-sur-Meuse 55 37 Fe 57
Uhart-Cize 64 137 Ye 90
Uhart-Mixe 64 137 Yf 89
Uhlwiller 67 40 He 56
Uhrwiller 67 40 Hd 55
Ulcot 79 75 Zd 66
Ulis, Les 91 33 Cb 56
Ully-Saint-Georges 60 17 Cb 53
Ulmes, Les 49 62 Ze 65
Umpeau 28 49 Be 58
Unac 09 152 Be 92
Uncey-le-Franc 21 68 Ed 64
Unchair 51 19 De 53
Ungersheim 68 56 Hb 61
Unienville 10 53 Ed 59
Unieux 42 105 Eb 76
Union, l' 31 126 Bc 87
Unlas 42 105 Eb 75
Unverre 28 48 Ba 59
Unzent 09 141 Bd 89
Upaix 05 120 Ff 83
Upie 26 118 Ef 80
Urau 31 140 Af 90
Urbalacone 2A 159 If 97
Urbanya 66 153 Cb 93
Urbeis 67 56 Hb 59
Urbès 68 56 Gf 61
Urbise 42 93 Df 71
Urçay 03 79 Cd 69
Urcel 02 18 Dd 52
Urcerey 90 71 Ge 63
Urciers 36 79 Ca 69
Urcuit 64 136 Yd 88
Urcy 21 68 Ef 65
Urdens 32 125 Ae 85
Urdès 64 138 Zc 89
Urdos 64 149 Zc 91
Urepel 64 136 Yd 90
Urgons 40 124 Zd 87
Urgosse 32 124 Zf 86
Uriménil 88 55 Gc 60
Urmatt 67 39 Hb 57
Urou-et-Crennes 61 30 Aa 56
Urrugne 64 136 Yb 88
Urs 09 152 Be 92
Urschenheim 68 57 Hc 60
Urt 64 123 Ye 88
Urtaca 2B 157 Kb 93
Uruffe 54 37 Fe 57
Urville 10 53 Ed 59
Urville 14 30 Ze 54
Urville 50 12 Yd 52
Urville-Nacqueville 50 12 Yb 50
Urvillers 02 18 Db 50
Ury 77 50 Cd 58
Urzy 58 80 Db 66
Us 95 32 Bf 54
Usclas-d'Hérault 34 143 Dc 87
Usines 74 96 Ff 73
Ussac 19 102 Bd 78
Ussat 09 152 Bd 91
Usseau 79 87 Zc 71
Usseau 86 77 Ad 67
Ussel 15 104 Cf 78
Ussel 19 103 Cb 75
Ussel 46 114 Bc 81
Ussel-d'Allier 03 92 Db 71
Usson 63 104 Dc 75
Usson-du-Poitou 86 88 Ad 71
Usson-en-Forez 42 105 Df 76
Ussy 14 30 Ze 55
Ussy-sur-Marne 77 34 Da 55
Ustaritz 64 136 Yd 88
Ustou 09 152 Bb 92
Utelle 06 135 Hb 85
Uttenheim 67 57 Hd 58
Uttenhoffen 67 40 Hd 55
Uttwiller 67 40 Hc 55
Uxeau 71 81 Ea 69
Uxegney 88 55 Gc 59
Uxelles 39 84 Fe 69
Uxem 59 4 Cc 42
Uza 40 123 Ye 84
Uzan 64 138 Zc 88
Uzay-le-Venon 18 79 Cc 68
Uzech 46 113 Bc 81
Uzein 64 138 Zd 88
Uzel 22 43 Xa 59
Uzelle 25 70 Gc 64
Uzemain 88 55 Gc 60
Uzer 07 117 Eb 81
Uzer 65 139 Ab 90
Uzès 30 131 Ec 84
Uzeste 33 111 Ze 82
Uzos 64 138 Zd 89

V

Vaas 72 62 Ab 63
Vabre 81 128 Cc 86
Vabres 15 104 Db 78
Vabres 30 130 Df 84
Vabres-l'Abbaye 12 128 Cf 85
Vabre-Tizac 12 127 Ca 83
Vacherauville 55 37 Fc 53
Vachères 04 132 Fd 85
Vacheresse 74 97 Ge 71
Vacheresse-et-la-Rouillie, La 88 54 Fe 60
Vacherie, La 27 31 Ae 54
Vacherie, La 27 31 Ba 54
Vacognes-Neuilly 14 29 Zc 54
Vacquerie 80 7 Ca 48
Vacquerie-et-Saint-Martin-de-Castries, La 34 129 Dc 86
Vacquerie-le-Boucq 62 7 Cb 47
Vacqueriette-Erquières 62 7 Ca 47
Vacqueville 54 56 Ge 58
Vacqueyras 84 131 Ef 84
Vacquières 34 130 Df 85
Vacquiers 31 126 Bc 86
Vadans 39 83 Fe 67
Vadans 70 69 Fd 64
Vadelaincourt 55 37 Fb 54
Vadenay 51 36 Ec 54
Vadencourt 02 19 Dd 49
Vadencourt 80 8 Cc 48
Vadonville 55 37 Fd 56
Vagney 88 56 Ge 60
Vahl-Ebersing 57 39 Ge 54
Vahl-lès-Bénestroff 57 39 Ge 55
Vahl-lès-Faulquemont 57 38 Gd 54
Vaiges 53 46 Zd 60
Vailhan 34 143 Db 87
Vailhauquès 34 130 De 86
Vailhourles 12 114 Bf 83
Vaillac 46 114 Bd 80
Vaillant 52 69 Fa 62
Vailly 10 52 Ea 58
Vailly 74 96 Gd 71
Vailly-sur-Aisne 02 18 Dd 52
Vailly-sur-Sauldre 18 65 Cd 64
Vains 50 28 Yd 56
Vairé 85 73 Yb 69
Vaire-Arcier 25 70 Ga 65
Vaire-le-Petit 25 70 Ga 65
Vaire-sous-Corbie 80 17 Cd 49
Vaires-sur-Marne 77 33 Cd 55
Vaison-la-Romaine 84 132 Fa 83
Vaïssac 82 127 Bd 84
Vaivre, La 70 55 Gc 61
Vaivre-et-Montoille 70 70 Ga 63
Val, Le 83 147 Ga 88
Valady 12 115 Cc 82
Valailles 27 31 Ad 54
Valaire 41 64 Bb 64
Val-André, Le 22 27 Xc 57
Valanjou 49 61 Zc 65
Valaurie 26 118 Ee 82
Valavoire 04 133 Ga 83
Valay 70 69 Fd 65
Valbeleix 63 104 Cf 76
Valbelle 04 133 Ff 84
Valbois 55 37 Fd 55
Valbonnais 38 120 Ff 79
Valbonne 06 134 Ha 87
Valcabrère 31 139 Ad 90
Valcanville 50 12 Ye 51
Valcebollère 66 153 Ca 94
Valcivières 63 105 De 75
Valdahon 25 70 Gc 66
Val-d'Ajol, Le 88 55 Gc 61
Valdampierre 60 17 Ca 53
Val-d'Auzon 10 53 Ec 58
Val-David, le 27 32 Bb 55
Val-de-Bride 57 39 Ge 55
Valdécie 50 12 Yc 52
Val-de-Fier 74 96 Ff 73
Val-de-Guéblange, le 57 39 Gf 55
Val-de-Mercy 89 67 Dd 62
Val-de-Meuse 52 54 Fd 60
Val-de-Près 05 120 Ge 79
Val-d'Epy 39 95 Fc 70
Val-de-Reuil 27 15 Bb 53
Valdériès 81 128 Cb 84
Valderoue 06 134 Ge 86
Val-de-Roulans 25 70 Gb 64
Val-de-Saâne 76 15 Af 50
Val-d'Esnoms 52 69 Fb 62
Val-de-Vesle 51 35 Eb 53
Val-de-Vière 51 36 Ee 56
Valdieu-Lutran 68 71 Ha 63
Val-d'Isère 73 109 Gf 76
Valdivienne 86 77 Ad 69
Val-d'Izé 35 45 Ye 59
Valdoie 90 71 Gf 62
Val-d'Ornain 55 36 Fa 56
Val-d'Orvin 10 52 Dd 58
Valdrôme 26 119 Fd 81
Valdurenque 81 142 Cb 87
Valeille 42 105 Eb 74
Valeilles 82 113 Af 82
Valeins 01 94 Ef 72
Valempoulières 39 84 Ff 68
Valençay 36 64 Bd 66
Valence 16 88 Ab 73
Valence 26 118 Ef 79
Valence-d'Agen 82 126 Af 84
Valence-d'Albigeois 81 128 Cc 84
Valence-en-Brie 77 51 Cf 58
Valence-sur-Baïse 32 125 Ac 85
Valenciennes 59 9 Dd 46
Valencin 38 106 Fa 75
Valendcogne 38 107 Fd 76
Valennes 72 48 Ae 61
Valensole 04 133 Ff 85
Valentigney 25 71 Ge 64
Valentine 31 139 Ae 90
Valenton 94 33 Cc 56
Valergues 34 130 Ea 87
Valernes 04 133 Ff 83
Valescourt 60 17 Cc 52
Valesvilles 31 141 Bd 87
Val-et-Châtillon 54 39 Gf 57
Valette 15 103 Cd 77
Valette, La 38 120 Ff 79
Valette-du-Var, La 83 147 Ff 90
Valeuil 24 100 Ad 77
Valezan 73 109 Ge 75
Valff 67 57 Hd 58
Valfin-sur-Valouse 39 95 Fd 70
Valflaunès 34 130 Df 86
Valfleury 42 106 Ec 75
Valframbert 61 47 Aa 58
Valfroicourt 88 55 Ga 59
Valgorge 07 117 Ea 81
Valhey 54 38 Gc 56
Valhuon 62 7 Cc 46
Valiergues 19 103 Cb 76
Valignat 03 92 Da 71
Valigny 03 80 Ce 68
Valjouffrey 38 120 Ga 79
Valjouze 15 104 Da 78
Valla, La 42 93 Df 74
Vallabrègues 30 131 Ed 85
Vallabrix 30 131 Ec 84
Valla-en-Gier, La 42 106 Ed 76
Vallan 89 67 Dd 62
Vallangoujard 95 33 Ca 54
Vallans 79 87 Zc 71
Vallant-Saint-Georges 10 52 Df 58
Vallauris 06 134 Ha 87
Valle, La 06 134 Ha 84
Vallecalle 2B 157 Kc 93
Valle-d'Alesani 2B 159 Kc 95
Valle-di-Campoloro 2B 159 Kd 95
Valle-di-Mezzana 2A 158 Ie 96
Valle-di-Rostino 2B 157 Kb 94
Valle-d'Orezza 2B 157 Kc 94
Vallée, la 17 86 Za 73
Vallée-au-Blé, la 02 19 De 49
Vallée-Mulâtre, la 02 9 Dd 48
Vallègue 31 141 Be 88
Valleiry 74 96 Ff 72
Vallenay 18 79 Cc 68
Vallentigny 10 53 Ed 58
Vallerange 57 38 Ge 55
Vallérargues 30 131 Ec 84
Valleraugue 30 130 Dd 84
Vallères 37 63 Ac 65
Valleret 52 53 Fa 58
Vallereuil 24 100 Ad 78
Vallerois-le-Bois 70 70 Gb 63
Vallerois-Lorioz 70 70 Ga 63
Valleroy 25 70 Ga 64
Valleroy 52 69 Fe 62
Valleroy 54 38 Ff 53
Valleroy-aux-Saules 88 55 Ga 59
Valleroy-le-Sec 88 55 Ga 59
Vallery 89 51 Da 59
Vallet 44 60 Ye 66
Valletot 27 15 Ad 52
Vallica 2B 156 Ka 93
Vallière 23 91 Cc 71
Vallières 10 52 Ea 61
Vallières 23 90 Ca 73
Vallières 74 96 Ff 73
Vallières-les-Grandes 41 63 Ba 64
Valliguières 30 131 Ed 84
Valliquerville 76 15 Ae 51
Valloire 73 108 Gc 78
Vallois 54 55 Gd 58
Vallois, Les 88 55 Ga 60
Vallon-en-Sully 03 79 Cd 69
Vallon-Pont-d'Arc 07 118 Ec 82
Vallon-sur-Gée 72 47 Zf 61
Vallorcine 74 97 Gf 72
Vallouise 05 120 Gc 79
Valmanya 66 154 Cd 93
Valmascle 34 143 Db 87
Valmeinier 73 108 Gc 77
Valmestroff 57 22 Gb 52
Valmigère 11 142 Cc 91
Valmondois 95 33 Cb 54
Valmont 76 15 Ad 50
Valmunster 57 22 Gd 53
Valmy 51 36 Ee 54
Valognes 50 12 Yd 51
Valojoulx 24 101 Ba 78
Valonne 25 71 Gd 64
Valoreille 25 71 Ge 65
Valouse 26 119 Fa 82
Valprionde 46 113 Ba 82
Valprivas 43 105 Ea 77
Valpuiseaux 91 50 Cb 58
Valras-Plage 34 143 Db 89
Valréas 84 118 Ef 82
Valros 34 143 Dc 88
Valroufié 46 114 Bc 81
Vals 09 141 Be 90
Val-Saint-Eloi, Le 70 70 Gb 62
Val-Saint-Germain, Le 91 33 Ca 57
Val-Saint-Père, Le 50 28 Yd 57
Vals-des-Tilles 52 69 Fa 62
Valsemé 14 14 Aa 53
Valserres 05 120 Ga 82
Vals-le-Chastel 43 104 Dd 77
Vals-les-Bains 07 117 Ec 81
Valsonne 69 94 Ec 73
Vals-près-le-Puy 43 105 Df 78
Valtin, le 88 56 Ha 60
Valuéjols 15 104 Cf 78
Valvignères 07 118 Ed 82
Valzergues 12 115 Cb 82
Valz-sous-Châteauneuf 63 104 Dc 76
Vanault-le-Châtel 51 36 Ee 55
Vanault-les-Dames 51 36 Ee 55
Vançais 79 88 Aa 71
Vancé 72 48 Ad 62
Vancelle, La 67 56 Hb 59
Vanclans 25 84 Gc 66
Vandeins 01 94 Fa 71
Vandelainville 54 38 Ff 54
Vandelans 70 70 Gb 64
Vandéléville 54 55 Ff 58
Vandélicourt 60 18 Ce 51
Vandenesse 58 81 De 67
Vandenesse-en-Auxois 21 68 Ed 65
Vandeuil 51 19 De 53
Vandières 51 35 De 54
Vandières 54 38 Ga 55
Vandœuvre-lès-Nancy 54 38 Gb 57
Vandoncourt 25 71 Gf 64
Vandré 17 87 Zb 72
Vandrimare 27 16 Bc 52
Vandy 08 20 Ee 52
Vanlay 10 52 Ea 60

Tournemire — Vanlay (F) 205

Vanne 70 70 Ff 63
Vanneau, Le 79 87 Zc 71
Vannecourt 57 38 Gd 55
Vannecrocq 27 15 Ac 53
Vannes 56 43 Xb 63
Vannes-le-Châtel 54 37 Fe 57
Vannes-sur-Cosson 45 65 Cb 62
Vannoz 39 84 Ff 64
Vanosc 07 106 Ed 77
Vans, les 07 117 Ea 82
Vantoux 57 38 Gb 54
Vantoux-et-Longevelle 70 70 Ff 64
Vanvey 21 53 Ee 61
Vanvillé 77 34 Da 57
Vanxains 24 100 Ab 77
Vany 57 38 Gb 54
Vanzac 17 99 Ze 76
Vanzay 79 88 Aa 71
Vanzy 74 96 Ff 72
Vaour 81 127 Be 84
Varacieux 38 107 Fc 77
Varades 44 61 Yf 64
Varages 83 147 Ff 87
Varaignes 24 100 Ad 75
Varaire 46 114 Be 82
Varaize 17 87 Zd 73
Varambon 01 95 Fb 72
Varanges 21 69 Fa 65
Varangéville 54 38 Gb 57
Varaville 14 14 Zf 53
Varces-Allières-et-Risset 38 107 Fe 78
Vareille, La 23 90 Bf 74
Vareilles 23 90 Bc 71
Vareilles 71 93 Eb 71
Vareilles 89 51 Dc 59
Varen 82 127 Bf 84
Varengeville-sur-Mer 76 6 Af 49
Varenguebec 50 12 Yd 52
Varenne, La 49 60 Ye 65
Varenne-l'Arconce 71 93 Ea 70
Varennes 24 112 Ae 80
Varennes 31 141 Be 88
Varennes 37 77 Af 66
Varennes 43 104 Dc 78
Varennes 43 117 De 78
Varennes 80 8 Cd 48
Varennes 82 127 Bd 85
Varennes 86 76 Ab 68
Varennes 89 52 De 61
Varennes 89 66 Dc 62
Varenne-Saint-Germain 71 81 Ea 70
Varennes-Changy 45 50 Cd 61
Varennes-en-Argonne 55 36 Fa 53
Varennes-Jarcy 91 33 Cd 56
Varennes-le-Grand 71 82 Ef 68
Varennes-lès-Mâcon 71 94 Ee 71
Varennes-lès-Narcy 58 66 Da 65
Varennes-Saint-Honorat 43 105 Dd 77
Varennes-Saint-Sauveur 71 83 Fb 70
Varennes-sous-Dun 71 94 Eb 71
Varennes-sur-Allier 03 92 Dc 71
Varennes-sur-Fouzon 36 64 Bd 65
Varennes-sur-le-Doubs 71 83 Fb 67
Varennes-sur-Loire 49 62 Aa 65
Varennes-sur-Morge 63 92 Db 73
Varennes-sur-Seine 77 51 Cf 58
Varennes-sur-Tèche 03 93 Dd 71
Varennes-sur-Ussan 63 104 Db 75
Varennes-Vauzelles 58 80 Da 66
Varès 47 112 Ac 82
Varesnes 60 18 Da 51
Varessia 39 83 Fd 69
Varetz 19 102 Bc 77
Varilhes 09 141 Bd 90
Varinfroy 60 34 Da 54
Variscourt 02 19 Df 52
Varize 28 49 Bd 60
Varize 57 38 Gc 54
Varmonzey 88 55 Gb 59
Varnéville 55 37 Fd 55
Varneville-Bretteville 76 15 Ba 51
Varogne 70 70 Gb 62
Varois-et-Chaignot 21 69 Fa 64
Varouville 50 12 Yd 50
Varrains 49 62 Zf 65
Varreddes 77 34 Cf 54
Vars 05 121 Ge 81
Vars 16 88 Aa 74
Vars 70 25 Fd 63
Varsberg 57 38 Gd 53
Vars-sur-Roseix 19 101 Bc 77
Varzay 17 87 Zb 74
Varzy 58 66 Dc 64
Vascœuil 27 16 Bc 52
Vasles 79 76 Zf 69
Vasperviller 57 39 Ha 57
Vassel 63 92 Db 74
Vasselay 18 65 Cc 66
Vasselin 38 107 Fc 75
Vassens 02 18 Da 52
Vasseny 02 18 Dc 52
Vassieux-en-Vercors 26 119 Fc 79
Vassimont-et-Chapelaine 51 35 Ea 56
Vassogne 02 19 De 52
Vassonville 76 15 Ba 50
Vassy 14 29 Zb 55
Vassy 89 66 Dc 63
Vassy 89 67 Eb 63
Vast, le 50 12 Yd 51
Vasteville 50 12 Yb 51
Vastres, Les 43 117 Eb 79
Vatan 36 78 Be 66
Vathiménil 54 38 Gd 57
Vatierville 76 16 Bc 50
Vatilieu 38 107 Fc 77
Vatimont 57 38 Gc 55
Vatry 51 35 Eb 56
Vattetot-sous-Beaumont 76 15 Ab 51
Vattetot-sur-Mer 76 14 Ab 50
Vatteville 27 16 Bb 53
Vatteville-la-Rue 76 15 Ae 52
Vaubadon 14 13 Zb 53
Vauban 71 93 Eb 71
Vaubecourt 55 36 Fa 55
Vaubexy 88 55 Gb 59
Vaucé 53 29 Zb 58
Vaucelles 14 13 Zb 53
Vauchamps 25 70 Gb 65
Vauchamps 51 35 Dd 55
Vauchassis 10 52 Df 59
Vauchelles 60 18 Cf 51
Vauchelles 80 7 Bf 48
Vauchelles-lès-Authie 80 7 Cc 48
Vauchelles-lès-Domart 80 7 Ca 48
Vauchignon 21 82 Ed 67
Vauchonvilliers 10 53 Ed 59
Vauchoux 70 70 Ga 63
Vauchrétien 49 61 Zd 65
Vauciennes 51 35 Df 54
Vauciennes 60 18 Da 53
Vauclaix 58 67 De 65
Vauclerc 51 36 Ed 56
Vauclusotte 25 71 Ge 65
Vaucogne 10 52 Ec 57
Vauconcourt-Nervezain 70 70 Fe 63
Vaucouleurs 55 37 Fe 57
Vaucourt 54 39 Ge 56
Vaucourtois 77 34 Cf 55
Vaucrémont 57 38 Gc 54
Vaudancourt 60 16 Be 53
Vaudebarrier 71 93 Eb 70
Vaudelnay 49 62 Ze 66
Vaudeloges 14 30 Zf 55
Vaudemanges 51 35 Eb 54
Vaudémont 54 55 Ga 58
Vaudes 10 52 Eb 59
Vaudesincourt 51 36 Ec 53
Vaudesson 02 18 Dc 52
Vaudeurs 89 51 Dd 60
Vaudevant 07 106 Ed 78
Vaudeville 54 55 Gb 58
Vaudéville 88 55 Gd 59
Vaudeville-le-Haut 55 54 Fd 58
Vaudioux, Le 39 84 Ff 68
Vaudoncourt 88 54 Fe 59
Vaudoué, Le 77 50 Cd 58
Vaudoy-en-Brie 77 34 Da 56
Vaudrecourt 52 54 Fd 59
Vaudrémont 52 53 Ef 60
Vaudreuil, Le 27 16 Bb 53
Vaudreuille 31 141 Bf 88
Vaudreville 50 12 Yd 51
Vaudrey 39 83 Fd 67
Vaudricourt 62 8 Cd 45
Vaudricourt 80 6 Bd 48
Vaudrimesnil 50 12 Yd 54
Vaudringhem 62 3 Ca 43
Vaudrivillers 25 70 Gc 65
Vaudry 14 29 Za 55
Vaufrey 25 71 Gf 64
Vaugines 84 132 Fc 86
Vaugneray 69 94 Ed 74
Vaugrigneuse 91 33 Ca 57
Vauhallan 91 33 Cb 56
Vaujany 38 108 Ga 78
Vaulandry 49 62 Zf 63
Vaulmier, Le 15 103 Cd 77
Vaulnaveys-le-Haut 38 108 Fe 78
Vaulry 87 89 Ba 72
Vault-de-Lugny 89 67 Df 64
Vaulx 62 7 Ca 47
Vaulx 74 96 Ff 73
Vaulx-en-Velin 69 94 Ef 74
Vaulx-Milieu 38 107 Fb 75
Vaulx-Vraucourt 62 8 Cf 48
Vaumain, Le 60 16 Bf 52
Vaumas 03 81 Dd 70
Vaumeilh 04 133 Ff 83
Vaumoise 60 18 Cf 53
Vaumort 89 51 Dc 60
Vaunac 24 101 Af 76
Vaunaveys-sur-la-Rochette 26 118 Fa 80
Vaunoise 61 47 Ac 58
Vaupalière, La 76 15 Af 52
Vaupillon 28 48 Ba 58
Vaupoisson 10 52 Eb 57
Vauquois 55 36 Fa 53
Vauréal 95 33 Ca 54
Vaureilles 12 115 Cb 82
Vauroux, Le 60 16 Bf 52
Vausseroux 79 76 Zf 69
Vautebis 79 76 Zf 69
Vauthiermont 90 71 Ha 62
Vautorte 53 46 Zb 59
Vauvenargues 13 146 Fd 87
Vauvert 30 130 Eb 86
Vauville 14 14 Aa 53
Vauville 50 12 Ya 51
Vauvillers 70 55 Ga 61
Vauvillers 80 17 Ce 49
Vaux 03 79 Cd 70
Vaux 16 100 Aa 77
Vaux 31 141 Bf 88
Vaux 57 38 Ga 54
Vaux 86 88 Ab 71
Vauxaillon 02 18 Dc 52
Vaux-Andigny 02 9 Dd 48
Vauxbons 52 54 Fa 61
Vauxbuin 02 18 Db 52
Vauxcéré 02 19 Dd 52
Vaux-Champagne 08 20 Ed 52
Vaux-devant-Damloup 55 37 Fc 53
Vaux-en-Amiénois 80 7 Cb 49
Vaux-en-Beaujolais 69 94 Ed 72
Vaux-en-Bugey 01 95 Fc 73
Vaux-en-Dieulet 08 20 Ef 52
Vaux-en-Pré 71 82 Ed 69
Vaux-en-Vermandois 02 18 Da 50
Vaux-et-Chantegrue 25 84 Gb 68
Vaux-la-Douce 52 54 Fe 61
Vaux-Lavalette 16 100 Ab 76
Vaux-le-Moncelot 70 70 Ff 64
Vaux-le-Pénil 77 33 Ce 57
Vaux-lès-Mouron 08 20 Ee 53
Vaux-lès-Mouzon 08 20 Fa 51
Vaux-lès-Palameix 55 37 Fd 54
Vaux-les-Prés 25 70 Ff 65
Vaux-lès-Rubigny 08 19 Eb 50
Vaux-lès-Saint-Claude 39 95 Fe 70
Vaux-Marquenneville 80 7 Be 49
Vaux-Montreuil 08 20 Ed 51
Vaux-Rouillac 16 87 Zf 74
Vaux-Saules 21 68 Ee 64
Vaux-sous-Aubigny 52 69 Fb 63
Vaux-sur-Aure 14 13 Zb 53
Vaux-sur-Blaise 52 53 Ef 58
Vaux-sur-Eure 27 32 Bc 54
Vaux-sur-Lunain 77 51 Cf 59
Vaux-sur-Mer 17 86 Yf 75
Vaux-sur-Poligny 39 83 Fe 68
Vaux-sur-Saint-Urbain 52 54 Fb 58
Vaux-sur-Seine 78 32 Bf 54
Vaux-sur-Seulles 14 13 Zc 53
Vaux-sur-Somme 80 17 Cd 49
Vaux-sur-Vienne 86 77 Ad 67
Vauxtin 02 19 Dd 52
Vauxvenard 69 94 Ed 71
Vaux-Villaine 08 20 Ec 50
Vavincourt 55 37 Fb 56
Vavray-le-Grand 51 36 Ee 56
Vavray-le-Petit 51 36 Ee 56
Vaxainville 54 39 Ge 57
Vaxoncourt 88 55 Gc 59
Vaxy 57 38 Gd 55
Vay 44 60 Yb 63
Vaychis 09 152 Be 92
Vaylats 46 114 Bd 82
Vayrac 46 114 Be 79
Vayres 33 111 Ze 79
Vayres 87 89 Ae 74
Vayres-sur-Essonne 91 50 Cc 58
Vazeilles-Limandre 43 105 De 78
Vazeilles-près-Saugues 43 116 Dd 79
Vazerac 82 126 Bb 83
Veauce 03 92 Da 72
Veauche 42 105 Eb 75
Veaugues 18 66 Ce 65
Veaunes 26 106 Ef 78
Veauville-lès-Baons 76 15 Ae 51
Vèbre 09 152 Be 92
Vebret 15 103 Cd 76
Veckersviller 57 39 Hb 55
Veckring 57 22 Gc 52
Vecquemont 80 17 Cc 49
Vecqueville 52 54 Fa 58
Vedène 84 131 Ef 85
Védrines-Saint-Loup 15 104 Db 78
Vého 54 39 Ge 57
Veigné 37 63 Ae 65
Veilhes 81 127 Be 87
Veilleins 41 64 Be 64
Veix 19 102 Bf 75
Velaine-en-Haye 54 38 Ga 56
Velaines 55 37 Fb 56
Velaine-sous-Amance 54 38 Gb 56
Velanne 38 107 Fd 76
Velars-sur-Ouche 21 68 Ef 65
Velaux 13 146 Fb 87
Velennes 60 17 Cb 52
Velennes 80 17 Ca 50
Velesmes-Echevanne 70 69 Fe 64
Velesmes-Essarts 25 70 Ff 65
Velet 70 69 Fd 64
Vélieux 34 142 Ce 88
Vélines 24 112 Aa 79
Vélizy-Villacoublay 78 33 Cb 56
Velléches 86 77 Ad 67
Vellechevreux-et-Courbenans 70 71 Gd 63
Velleclaire 70 70 Ff 64
Vellefaux 70 70 Ga 63
Vellefrey-et-Vellefrange 70 70 Ff 64
Velleguindry-et-Levrecey 70 70 Ga 63
Velle-le-Châtel 70 70 Ga 63
Velleminfroy 70 70 Gb 63
Vellemoz 70 70 Fe 64
Velleron 84 131 Fa 85
Vellerot-lès-Belvoir 25 71 Gd 64
Vellerot-lès-Vercel 25 70 Gc 65
Velles 36 78 Bd 68
Velles 52 54 Fe 61
Vellescot 90 71 Ha 63
Velle-sur-Moselle 54 38 Gb 57
Vellevans 25 70 Gc 65
Vellexon-Queutrey-et-Vaudey 70 70 Fe 63
Velloreille-lès-Choye 70 69 Fe 64
Velluire 85 75 Za 70
Velogny 21 68 Ec 64
Velone-Orneto 2B 157 Kc 94
Velorcey 70 70 Gb 62
Velosnes 55 21 Fc 51
Velotte-et-Tatignécourt 88 55 Gb 59
Vélu 62 8 Cf 48
Velving 57 22 Gd 53
Vélye 51 35 Ea 55
Velzic 15 115 Cd 79
Vémars 95 33 Cd 54
Venables 27 32 Bb 53
Venaco 2B 159 Kb 95
Venansault 85 74 Yc 68
Venanson 06 135 Hb 84
Venarey-les-Laumes 21 66 Ec 63
Venarsal 19 102 Bd 78
Venas 03 80 Ce 70
Venasque 84 132 Fa 84
Vence 06 134 Ha 86
Vendargues 34 130 Df 87
Vendat 03 92 Dc 72
Vendays-Montalivet 33 98 Yf 76
Vendegies-au-Bois 59 9 Dd 47
Vendegies-sur-Ecaillon 59 9 Dd 47
Vendel 35 45 Ye 59
Vendelée, La 50 28 Yd 54
Vendelles 02 18 Da 49
Vendémian 34 143 Dd 87
Vendenesse-lès-Charolles 71 82 Ec 70
Vendenesse-sur-Arroux 71 81 Ea 69
Vendenheim 67 40 He 56
Vendes 14 13 Zc 54
Vendeuil 02 18 Dc 50
Vendeuil-Caply 60 17 Cb 51
Vendeuvre 14 30 Zf 55
Vendeuvre-du-Poitou 86 76 Ab 68
Vendeuvre-sur-Barse 10 53 Ec 59
Vendeville 59 8 Da 45
Vendhuile 02 8 Db 48
Vendières 02 34 Dc 55
Vendin 62 8 Cd 45
Vendine 31 141 Be 87
Vendin-le-Vieil 62 8 Cf 46
Vendœuvres 36 78 Bc 68
Vendoire 24 100 Ab 76
Vendôme 41 48 Ba 62
Vendranges 42 93 Ea 73
Vendrennes 85 74 Yf 68
Vendres 34 143 Db 89
Vendresse 08 20 Ee 51
Vendresse-Beaulne 02 19 De 52
Vendrest 77 34 Da 54
Vendue-Mignot, La 10 52 Ea 60
Venéjan 30 131 Ed 83
Venelles 13 146 Fc 87
Vénérand 17 87 Zc 74
Venère 70 69 Fe 64
Vénérieu 38 107 Fb 75
Venerque 31 140 Bc 88
Vénès 81 128 Cb 86
Venesmes 18 79 Cb 67
Venette 60 18 Ce 52
Veneux-les-Sablons 77 50 Ce 58
Veney 54 56 Ge 58
Vengeons 50 29 Za 56
Venise 25 70 Ga 64
Venisey 70 55 Ff 61
Vénissieux 69 106 Ef 74
Vénizel 02 18 Dc 52
Venizy 89 52 De 60
Venlenac-en-Minervois 11 142 Cf 89
Vennecy 45 50 Ca 61
Vennes 25 71 Gd 66
Vennezey 54 56 Gc 58
Venon 27 31 Ba 53
Venon 38 108 Fe 77
Vénosc 38 120 Ga 79
Venouse 89 52 De 61
Venoy 89 67 Dd 62
Vens 06 121 Gf 83
Ventabren 13 146 Fb 87
Ventavon 05 120 Ff 82
Ventelay 51 19 De 52
Ventenac 09 141 Be 90
Ventenac-Cabardès 11 142 Cb 89
Venterol 04 120 Ga 82
Ventes, Les 27 31 Ba 55
Ventes-de-Bourse, les 61 31 Ab 57
Ventes-Saint-Rémy 76 16 Bb 50
Venteuges 43 116 Dd 79
Venteuil 51 35 Df 54
Ventiseri 2B 159 Kc 97
Ventouse 16 88 Ab 73
Ventron 88 56 Gf 61
Ventrouze, La 61 31 Ae 57
Venzolasca 2B 157 Kc 94
Ver 50 28 Yd 55
Vérac 33 99 Zd 79
Véranne 42 106 Ed 76
Vérargues 34 130 Ea 86
Véraza 11 142 Cb 91
Verberie 60 17 Ce 53
Verbiesles 52 54 Fb 60
Vercel-Villedieu-le-Camp 25 70 Gc 65
Verchain-Maugré 59 9 Dc 47
Verchaix 74 97 Ge 72
Vercheny 26 119 Fb 80
Verchers-sur-Layon, Les 49 61 Ze 66
Verchin 62 7 Cb 46
Verchocq 62 7 Ca 45
Vercia 39 83 Fc 69
Vercieu, Montalieu- 38 95 Fc 74
Verclause 26 119 Fc 82
Vercoiran 26 132 Fc 83
Verconcey 50 28 Yd 57
Vercourt 80 7 Be 47
Verdaches 04 120 Gc 83
Verdalle 81 141 Ca 87
Verdelais 33 111 Ze 81
Verdelot 77 34 Dc 55
Verdenal 54 39 Ge 57
Verderel-lès-Sauqueuse 60 17 Ca 51
Verderonne 60 17 Cd 53
Verdes 41 49 Bc 61
Verdese 2B 157 Kc 94
Verdets 64 137 Zc 89
Verdier 81 142 Cd 87
Verdier, le 81 127 Be 85
Verdière, La 83 147 Ff 87
Verdigny 18 66 Ce 64
Verdille 16 87 Zf 73
Verdon 24 112 Ad 80
Verdon 51 35 Dd 55
Verdonnet 21 68 Ec 62
Verdon-sur-Mer, Le 33 98 Yf 75
Verdun 09 153 Be 92
Verdun 55 37 Fc 54
Verdun-en-Lauragais 11 141 Ca 88
Verdun-sur-Garonne 82 126 Bb 85
Verdun-sur-le-Doubs 71 83 Fa 67
Vereaux 18 80 Cf 67
Verel-de-Montbel 73 107 Fe 75
Verel-Pragondran 73 108 Ff 75
Véretz 37 63 Ae 64
Vereux 70 69 Fd 64
Verfeil 31 127 Bd 87
Verfeil-sur-Seye 82 127 Bf 83
Verfeuil 30 131 Ec 83
Vergaville 57 39 Ge 55
Vergéal 35 45 Ye 60
Vergenne, La 70 70 Gd 63
Verger, Le 35 44 Ya 60
Verger-sur-Dive 86 76 Aa 68
Verges 39 83 Fe 69
Vergetot 76 14 Ab 51
Vergezac 43 105 De 78
Vergèze 30 130 Eb 86
Vergheas 63 91 Cd 72
Vergies 80 7 Bf 49
Vergigny 89 52 De 61
Vergisson 71 94 Ee 71
Vergné 17 87 Zc 72
Vergne, La 17 87 Zb 73
Vergoignan 32 124 Ze 86
Vergongheon 43 104 Db 76
Vergonnes 49 45 Yf 62
Vergons 04 134 Gd 85
Vergranne 25 70 Gc 64
Vergt 24 101 Ae 78
Verguier, Le 02 18 Db 49
Véria 39 83 Fc 70
Vérignon 83 133 Gb 87
Vérigny 28 32 Bb 57
Vérine 42 93 De 74
Vérissey 71 83 Fa 68
Verjon 01 95 Fc 70
Verjux 71 82 Ef 67
Verlans 70 71 Ge 63
Verlhac-Tescou 82 127 Bd 85
Verlin 89 51 Db 60
Verlincthun 62 3 Bd 45
Verlinghem 59 4 Cf 44
Vermand 02 18 Da 49
Vermandovillers 80 18 Ce 49
Vermelles 62 8 Ce 45
Vermenton 89 67 De 63
Vermondans 25 71 Ge 64
Vermont, le 88 56 Ha 58
Vernais 18 79 Ce 68
Vernaison 69 106 Ee 75
Vernajoul 09 152 Bd 91
Vernancourt 51 36 Ee 55
Vernantes 49 62 Aa 64
Vernantois 39 83 Fd 69
Vernas 38 95 Fb 74
Vernassal 43 105 De 78
Vernaux 09 152 Be 92
Vernay 69 94 Ed 72
Vernay 69 106 Ee 76
Vernaz, La 74 97 Gd 71
Vern-d'Anjou 49 61 Zb 63
Verne 25 70 Gc 64
Vernègues 13 132 Fb 86
Verneiges 23 91 Cc 71
Verneil, Le 73 108 Gb 76
Verneil-le-Chétif 72 62 Ab 62
Verneix 03 91 Ce 70
Vernelle, La 36 64 Bd 65
Vernet 31 140 Bc 88
Vernet, Le 03 92 Dc 72
Vernet, Le 04 120 Gc 83
Vernet, Le 09 141 Bd 89
Vernet, Le 43 105 De 78
Vernet-la-Varenne 63 104 Dc 76
Vernet-les-Bains 66 153 Cc 93
Vernet-Sainte-Marguerite, le, Le 63 104 Cf 75
Verneughoel 63 91 Cd 74
Verneuil 16 89 Ae 74
Verneuil 18 79 Cd 68
Verneuil 51 35 De 54
Verneuil 58 81 Dd 67
Verneuil-en-Bourbonnais 03 92 Db 70
Verneuil-en-Halatte 60 17 Cd 53
Verneuil-Grand 55 21 Fc 51
Verneuil-le-Château 37 76 Ac 66
Verneuil-l'Étang 77 34 Cf 57
Verneuil-Moustiers 87 89 Ba 70
Verneuil-Petit 55 21 Fc 51
Verneuil-sous-Coucy 02 18 Db 51
Verneuil-sur-Avre 27 31 Af 56
Verneuil-sur-Igneraie 36 79 Ca 69
Verneuil-sur-Indre 37 77 Ba 66
Verneuil-sur-Seine 78 32 Bf 55
Verneuil-sur-Serre 02 19 De 51
Verneuil-sur-Vienne 87 89 Ba 73
Verneusses 27 31 Ac 55
Vernéville 57 38 Ga 54
Vernie 72 47 Aa 59
Vernierfontaine 25 70 Gb 66
Vernines 63 104 Cf 75
Verniolle 09 141 Bd 90
Vernioz 38 106 Ef 76
Vernix 50 28 Ye 56
Vernoil 49 62 Aa 64
Vernois, Le 21 68 Eb 65
Vernois, Le 39 83 Fd 68
Vernois-lès-Belvoir 25 71 Gd 65
Vernois-lès-Vesvres 21 69 Fa 63
Vernois-sur-Mance 70 54 Fe 61
Vernols 15 104 Cf 77
Vernon 07 117 Eb 81
Vernon 27 32 Bc 54
Vernon 86 76 Ac 70
Vernonvilliers 10 53 Ee 59
Vernosc 07 106 Ee 77
Vernot 21 68 Ef 64
Vernotte, La 70 70 Ff 64
Vernou-en-Sologne 41 64 Be 64
Vernouillet 28 32 Bc 56
Vernouillet 78 32 Bf 55
Vernou-la-Celle-sur-Seine 77 51 Cf 58
Vernou-sur-Brenne 37 63 Af 64
Vernoux 01 83 Fa 70
Vernoux-en-Vivarais 07 118 Ed 79
Vernoux-sur-Boutonne 79 87 Ze 72
Vernoy 89 51 Da 60
Vern-sur-Seiche 35 45 Yc 60
Vernusse 03 92 Cf 71
Verny 57 38 Gb 54
Vero 2A 158 If 96
Véron 89 51 Db 60
Véronne 26 119 Fb 80
Véronnes 21 69 Fb 63
Verpel 08 20 Ef 52
Verpillière, La 38 107 Fa 75
Verpillières 80 18 Ce 50
Verpillières-sur-Durce 10 53 Ed 60
Verquigneul 62 8 Cd 45
Verquin 62 8 Cd 45
Verquires 13 131 Ef 85
Verrens-Arvey 73 108 Gb 75
Verrerie-de-Portieux, la- 88 55 Gc 58
Verrerins-de-Moussans 34 142 Ce 88
Verrey-sous-Drée 21 68 Ee 64
Verrey-sous-Salmaise 21 68 Ed 64
Verricourt 10 52 Ec 58
Verrie 49 62 Ze 65
Verrie, La 85 75 Za 67
Verrière, la 78 32 Bf 56
Verrières 08 20 Ef 52
Verrières 10 52 Ea 59
Verrières 12 129 Da 83
Verrières 16 99 Ze 75
Verrières 51 36 Ef 54
Verrières 61 48 Ae 58
Verrières 63 104 Da 75
Verrières 86 77 Ad 70
Verrières-de-Joux 25 84 Gc 67
Verrières-du-Grosbois 25 70 Gb 65
Verrières-en-Forez 42 105 Df 75
Verrue 86 76 Ab 67
Verruyes 79 75 Ze 69
Vers 46 114 Bd 82
Vers 71 82 Ef 69
Vers 74 96 Ga 72
Versailles 78 33 Ca 56
Versailleux 01 95 Fa 73
Versainville 14 30 Ze 55
Versanne, La 42 106 Ed 77
Versaugues 71 93 Ea 70
Verseilles-le-Bas 52 69 Fb 62
Verseilles-le-Haut 52 69 Fb 62
Vers-en-Montagne 39 84 Ff 68
Versigny 02 18 Dc 51
Versigny 60 33 Ce 54
Vers-lès-Chartres 28 49 Bc 58
Versols-et-Lapeyre 12 129 Cf 85
Verson 14 13 Zd 54
Versonnex 01 96 Ha 71
Versonnex 74 96 Ff 73
Vers-Pont-du-Gard 30 131 Ed 85
Vers-sous-Sellières 39 83 Fd 68
Vers-sur-Selle 80 17 Cb 49
Ver-sur-Launette 60 33 Ce 54
Ver-sur-Mer 14 13 Zc 52
Vert 40 124 Zc 84
Vert 78 32 Be 55
Vert, Le 79 87 Zd 72
Vertain 59 9 Dd 47
Vertaizon 63 92 Db 74
Vertamboz 39 84 Fe 69
Vertault 21 53 Ec 61
Verteillac 24 100 Ac 76
Vert-en-Drouais 28 32 Bb 56
Verteuil-d'Agenais 47 112 Ac 82
Verteuil-sur-Charente 16 88 Ab 73
Verthemex 73 107 Fe 75
Vertheuil 33 98 Za 77
Vert-le-Grand 91 33 Cc 57
Vert-le-Petit 91 33 Cc 57
Vertolaye 63 105 De 75
Verton 62 6 Bd 46
Vertou 44 60 Yd 65
Vertrieu 38 95 Fc 73
Vert-Saint-Denis 77 33 Cd 57
Vert-Toulon 51 35 Df 55
Vertus 51 35 Ea 55
Vervant 16 88 Aa 73
Vervezelle 88 56 Ge 59
Vervins 02 19 Df 49
Véry 55 20 Fa 53
Verzé 71 94 Ee 70
Verzeille 11 142 Cb 90
Verzenay 51 35 Ea 54
Verzy 51 35 Eb 54
Vesaignes-sous-Lafauche 52 54 Fc 59
Vesaignes-sur-Marne 52 54 Fb 60
Vesancy 01 96 Ha 70
Vesc 26 119 Fa 81
Vescemont 90 71 Gf 62
Vescheim 57 39 Hb 56
Vescles 39 95 Fd 70
Vescours 01 83 Fa 70
Vescovato 2B 157 Kc 94
Vesdun 18 79 Cc 69
Vésenex-Crassy 01 96 Ha 70
Vésigneul-sur-Marne 51 36 Ec 55
Vésines 01 94 Ef 70
Vésinet, Le 78 33 Ca 55
Vesles-et-Caumont 02 19 De 50
Veslud 02 19 De 51
Vesly 27 16 Bd 53
Vesly 50 12 Yd 53
Vesoul 70 70 Ga 63
Vesseaux 07 118 Ec 81
Vessey 50 28 Yd 57
Vestric-et-Candiac 30 130 Eb 86
Vesvres 21 68 Ed 64
Vesvres-sous-Chalancey 52 69 Fb 62
Vétheuil 95 32 Be 54
Vétraz-Monthoux 74 96 Gb 71
Veuil 36 64 Bc 66
Veuilly-la-Poterie 02 34 Db 54
Veules-les-Roses 76 15 Ae 49
Veulettes-sur-Mer 76 15 Ad 49
Veurdre, le 03 80 Da 68
Veurey-Voiroize 38 107 Fd 77
Veuve, la 51 35 Eb 54
Veuves 41 63 Ba 64
Veuvey-sur-Ouche 21 68 Ee 65
Veuxhaulles-sur-Aube 21 53 Ee 61
Vevy 39 83 Fd 69
Vexaincourt 88 39 Ha 57
Vey, le 14 29 Zd 55
Veynes 05 120 Fe 81
Veyrac 87 89 Ba 73
Veyras 07 118 Ed 80
Veyreau 12 129 Db 83
Veyre-Monton 63 104 Da 74
Veyrier-du-Lac 74 96 Gb 73
Veyrières 15 103 Cc 77
Veyrignac 24 113 Bb 80
Veyrines-de-Domme 24 113 Ba 80
Veyrines-de-Vergt 24 101 Ae 78
Veyrins-Thuelin 38 107 Fd 75
Veys 50 13 Yf 53
Veyssilieu 38 107 Fb 74
Vez 60 18 Da 53
Vézac 15 115 Cd 79
Vézac 24 113 Ba 79
Vézannes 89 52 Df 61
Vézaponin 02 18 Db 52
Vèze 15 104 Cf 77
Vèze, La 25 70 Ga 65
Vézelay 89 67 De 64
Vézelise 54 55 Ga 58
Vézelois 90 71 Gf 63
Vézénobres 30 130 Ea 84
Vezet 70 70 Ff 63
Vézézoux 43 104 Dc 76
Vézier, Le 51 34 Dc 56
Vézières 86 62 Aa 66
Vézillon 27 16 Bc 53
Vézilly 02 35 De 53
Vezin-le-Coquet 35 45 Yb 60
Vézinnes 89 52 Df 61
Vezins 49 61 Zb 66
Vézins-de-Lévézou 12 129 Cf 83
Vezot 72 47 Ab 58
Vezzani 2B 159 Kb 95
Viabon 28 49 Be 59
Viala-du-Pas-de-Jaux 12 129 Da 85
Viala-du-Tarn, Le 12 128 Cf 84
Vialard, Le 19 102 Bf 78
Vialas 48 117 Df 83
Vialer 64 138 Ze 87
Viam 19 102 Bf 75
Viane 81 128 Cd 86
Vianges 21 68 Eb 66
Vianne 47 125 Ab 83
Viâpres-le-Petit 10 35 Ea 57
Viarmes 95 33 Cc 54
Vias 34 143 Dc 89
Viazac 46 114 Ca 81
Vibal, Le 12 115 Ce 83
Vibersviller 57 39 Gf 55
Vibeuf 76 15 Af 50
Vibrac 16 100 Zf 75
Vibrac 17 99 Zd 76
Vibraye 72 48 Ae 60
Vic-de-Chassenay 21 68 Eb 64
Vic-des-Prés 21 82 Ed 66
Vicdessos 09 152 Bc 92
Vicel, Le 50 12 Ye 51
Vic-en-Bigorre 65 138 Aa 88

206 (F) Vanne — Vic-en-Bigorre

Vic-Fezensac **32** 125 Ab 86
Vichel-Nanteuil **02** 34 Db 53
Vichères **28** 48 Af 59
Vichy **03** 92 Dc 72
Vic-la-Gardiole **34** 144 De 88
Vic-le-Comte **63** 104 Db 75
Vic-le-Fesq **30** 130 Ea 85
Vico **2A** 158 Ie 96
Vicogne, La **80** 7 Cb 48
Vicomté, La **22** 27 Ya 58
Vicq **03** 92 Da 72
Vicq **52** 54 Fd 61
Vicq **59** 9 Dd 46
Vicq **78** 32 Be 56
Vicq-d'Auribat **40** 123 Za 86
Vicq-Exemplet **36** 79 Ca 69
Vicq-sur-Breuilh **87** 101 Bc 75
Vicq-sur-Gartempe **86** 77 Af 68
Vicq-sur-Nahon **36** 64 Bc 66
Vicques **14** 30 Zf 55
Vic-sous-Thil **21** 68 Eb 64
Vic-sur-Aisne **02** 18 Da 52
Vic-sur-Cère **15** 115 Cd 79
Vic-sur-Seille **57** 38 Gd 56
Victot-Pontfol **14** 30 Zf 54
Vidai **61** 47 Ac 58
Vidaillac **46** 114 Be 82
Vidaillat **23** 90 Bf 73
Vidauban **83** 147 Gc 88
Videcosville **50** 12 Yd 51
Videix **87** 89 Ae 74
Videlles **91** 50 Cc 58
Vidou **65** 139 Ab 89
Vidouville **50** 29 Za 54
Vidouze **65** 138 Zf 88
Vieil-Dampierre, Le **51** 36 Ef 55
Vieil-Evreux, Le **27** 32 Bb 54
Vieil-Hesdin **62** 7 Ca 46
Vieille-Adour **65** 139 Aa 90
Vieille-Brioude **43** 104 Dc 77
Vieille-Chapelle **62** 8 Ce 45
Vieille-Église **62** 3 Ca 43
Vieille-Eglise-en-Yvelines **78** 32 Bf 56
Vieille-Louron **65** 150 Ac 91
Vieille-Loye, La **39** 83 Fd 66
Vieille-Lyre, La **27** 31 Ae 55
Vieille-Saint-Girons **40** 123 Yd 85
Vieilles-Maisons-sur-Joudry **45** 50 Cc 61
Vieillespesse **15** 104 Da 78
Vieille-Toulouse **31** 140 Bc 87
Vieillevie **15** 115 Cc 81
Vieillevigne **31** 141 Bd 88
Vieillevigne **44** 74 Yd 67
Vieilley **25** 70 Ga 64
Vieils-Maisons **02** 34 Dc 55
Viel-Arcy **02** 19 Dd 52
Viella **32** 124 Zf 87
Vielle-Aure **65** 150 Ab 92
Viellenave-d'Arthez **64** 138 Zd 88
Viellenave-de-Navarrenx **64** 137 Zb 88
Viellenave-sur-Bidouze **64** 137 Yf 88
Vielle-Saint-Girons **40** 123 Ye 85
Vielleségure **64** 137 Zb 88
Vielle-Soubiran **40** 124 Ze 84
Vielle-Tursan **40** 124 Zd 86
Vielmanay **58** 66 Da 65
Vielmoulin **21** 68 Ee 65
Vielmur-sur-Agout **81** 127 Ca 87
Vielprat **43** 117 Df 79
Viel-Saint-Remy **08** 20 Ec 51
Vielverge **21** 69 Fc 65
Vienne **38** 106 Ef 75
Vienne-en-Arthies **95** 32 Be 54
Vienne-en-Bessin **14** 13 Zc 53
Vienne-en-Val **45** 65 Ca 62
Vienne-la-Ville **51** 36 Ef 53
Vienne-le-Château **51** 36 Ef 53
Viens **84** 132 Fd 85
Vienville **88** 56 Gf 59
Viersat **23** 91 Cc 71
Vierville **28** 49 Bf 58
Vierville **50** 12 Ye 52
Vierville-sur-Mer **14** 13 Za 52
Vierzon **18** 65 Ca 65
Vierzy **02** 18 Db 53
Viesly **59** 9 Dc 48
Viessoix **14** 29 Zb 55
Viéthorey **25** 70 Gc 64
Vieu **01** 95 Fe 73
Vieu-d'Izenave **01** 95 Fd 72
Vieugy **74** 96 Ga 73
Vieure **03** 80 Cf 70
Vieussan **34** 143 Cf 87
Vieuvicq **28** 48 Bb 59
Vieuvy **53** 29 Za 58
Vieux **14** 29 Zd 54
Vieux **81** 127 Bf 85
Vieux-Berquin **59** 4 Cd 44
Vieux-Boucau-les-Bains **40** 122 Yd 86
Vieux-Bourg, Le **14** 14 Ab 53
Vieux-Bourg, Le **22** 26 Xa 56
Vieux-Bourg, Le **22** 26 Xa 58
Vieux-Bourg, Le **22** 43 Xb 59
Vieux-Cérier, Le **16** 88 Ac 73
Vieux-Cerne, Le **85** 73 Xf 67
Vieux-Champagne **77** 34 Da 57
Vieux-Charmont **25** 71 Ge 63
Vieux-Château **21** 67 Ea 64
Vieux-Condé **59** 9 Dd 46
Vieux-Ferrette **68** 72 Hb 63
Vieux-Fumé **14** 30 Zf 54
Vieux-lès-Asfeld **08** 19 Ea 52
Vieux-Lixheim **57** 39 Ha 56
Vieux-Manoir **76** 16 Bb 51
Vieux-Marché, Le **22** 25 Wd 57
Vieux-Mareuil **24** 100 Ad 76
Vieux-Mesnil **59** 9 Df 47
Vieux-Moulin **60** 18 Cf 52
Vieux-Moulin **88** 56 Ha 58
Vieux-Pont **14** 30 Aa 54
Vieux-Pont **61** 30 Zf 57
Vieux-Port **27** 15 Ad 52
Vieux-Reng **59** 10 Ea 46
Vieux-Rouen-sur-Bresle **76** 16 Be 49
Vieux-Rue, La **76** 16 Bb 51
Vieux-Ruffec **16** 88 Ac 72
Vieux-Thann **68** 56 Ha 62
Vieux-Vil **35** 28 Yc 57
Vieux-Villez **27** 32 Bb 53
Vieux-Vy-sur-Couesnon **35** 45 Yd 58
Viévigne **21** 69 Fb 64
Viéville **52** 54 Fa 59
Viéville-en-Haye **54** 38 Ff 55
Viévy **21** 82 Ec 66
Vievy-le-Rayé **41** 49 Bb 61
Viey **65** 150 Aa 91
Vif **38** 107 Fe 78
Viffort **02** 34 Dc 55
Vigan, Le **30** 129 Dd 85
Vigan, Le **46** 113 Bc 80
Vigean, Le **15** 103 Cc 77
Vigeant, Le **86** 89 Ad 71
Vigen, Le **87** 89 Bb 74
Vigeois **19** 102 Bd 76
Viger **65** 138 Zf 90
Vigeville **23** 90 Ca 72
Viggianello **2A** 159 If 98
Viglain **45** 65 Cb 62
Vignacourt **80** 7 Cb 48
Vignale **2B** 157 Kc 93
Vignats **14** 30 Zf 55
Vignau, le **40** 124 Ze 86
Vignaux **31** 126 Ba 86
Vigneaux, Les **05** 121 Gd 80
Vignely **77** 34 Ce 55
Vignemont **60** 18 Ce 51
Vignes **64** 138 Zd 87
Vignes **89** 67 Ea 63
Vignes, Les **48** 129 Db 83
Vignes-la-Côte **52** 54 Fb 59
Vigneulles **54** 38 Gc 57
Vigneulles-lès-Hattonchâtel **55** 37 Fe 55
Vigneul-sous-Montmédy **55** 21 Fb 51
Vigneux-de-Bretagne **44** 60 Yb 65
Vigneux-Hocquet **02** 19 Df 50
Vigneux-sur-Seine **91** 33 Cc 56
Vignevieille **11** 142 Cd 91
Vignieu **38** 107 Fc 75
Vignoc **35** 45 Yb 59
Vignol **58** 67 De 64
Vignoles **21** 82 Ef 66
Vignolles **16** 99 Zf 75
Vignols **19** 101 Bc 77
Vignonet **33** 111 Zf 79
Vignory **52** 53 Fa 59
Vignot **55** 37 Fd 56
Vignoux-sous-les-Aix **18** 65 Cc 65
Vignoux-sur-Barangeon **18** 65 Cb 65
Vigny **57** 38 Gb 55
Vigny **95** 32 Bf 54
Vigoulant **36** 79 Ca 70
Vigoulet-Auzil **31** 140 Bc 87
Vigoux **36** 78 Bc 69
Vigueron **82** 126 Ba 85
Vigy **57** 38 Gb 53
Vihiers **49** 61 Zc 66
Vijon **36** 79 Ca 70
Vilcey-sur-Trey **54** 38 Ff 55
Vildé-Guingalan **22** 27 Xf 58
Vildé-la-Marine **35** 28 Ya 57
Vilette **78** 32 Be 55
Vilhain, Le **03** 80 Ce 69
Vilhonneur **16** 88 Ac 74
Villabé **91** 33 Cc 57
Villabon. **18** 79 Ce 66
Villac **24** 101 Bb 77
Villacerf **10** 52 Df 58
Villacourt **54** 55 Gc 58
Villadin **10** 52 De 59
Villafans **70** 70 Gc 63
Village-Neuf **68** 72 Hd 63
Villagrains **33** 111 Zc 81
Villaines-en-Duesmois **21** 68 Ed 62
Villaines-la-Gonais **72** 48 Ad 60
Villaines-la-Juhel **53** 47 Ze 58
Villaines-les-Prévôtes **21** 68 Eb 63
Villaines-les-Rochers **37** 63 Ad 65
Villaines-sous-Bois **95** 33 Cc 54
Villaines-sous-Lucé **72** 47 Ac 61
Villaines-sous-Malicorne **72** 47 Zf 62
Villainville **76** 14 Ab 50
Villalet **27** 31 Ba 55
Villalier **11** 142 Cc 89
Villamblain **45** 49 Bd 60
Villamblard **24** 100 Ad 78
Villamée **35** 28 Ye 58
Villampuy **28** 49 Bd 60
Villandraut **33** 111 Zd 82
Villandry **37** 63 Ad 65
Villanière **11** 142 Cc 88
Villanova **2A** 158 Ie 97
Villapourçon **58** 81 Df 67
Villard **23** 90 Be 71
Villard **23** 90 Be 72
Villard **74** 96 Gc 71
Villard, le **23** 90 Bf 75
Villard-d'Arène **05** 108 Gc 78
Villard-Bonnet **38** 108 Ff 77
Villard-de-Lans **38** 107 Fd 78
Villard-d'Héry **73** 108 Ga 75
Villardebelle **11** 142 Cc 90
Villard-Léger **73** 108 Gb 75
Villard-Notre-Dame **38** 108 Ga 78
Villardonnel **11** 141 Cb 89
Villard-Reculas **38** 108 Ga 78
Villard-Reymond **38** 108 Ga 78
Villards, Les **42** 105 Df 76
Villard-Saint-Christophe **38** 120 Fe 79
Villard-Saint-Sauveur **39** 96 Ff 70
Villard-Sallet **73** 108 Ga 76
Villards-d'Héria **39** 95 Fe 70
Villards-sur-Thônes, Les **74** 96 Gc 73
Villard-sur-Bienne **39** 84 Ff 70
Villard-sur-Doron **73** 96 Gd 74
Villard-sur-l'Ain **39** 84 Fe 68
Villarembert **73** 108 Gb 77
Villar-en-Val **11** 142 Cc 90
Villargent **70** 70 Gc 63
Villargoix **21** 68 Eb 65
Villariès **31** 127 Bc 86
Villar-Loubière **05** 120 Ga 80
Villarlurin **73** 109 Gd 76
Villarodin-Bourget **73** 109 Ge 77
Villaroger **73** 109 Gf 75
Villaroux **73** 108 Ga 76
Villars **24** 101 Ac 76
Villars **24** 101 Ae 76
Villars **28** 49 Bd 59
Villars **84** 132 Fc 85
Villars, Le **71** 82 Ef 69
Villar-Saint-Anselme **11** 142 Cb 90
Villars-en-Azois **52** 53 Ee 60
Villars-en-Pons **17** 99 Zc 75
Villars-et-Villenotte **21** 68 Ec 63
Villars-Fontaine **21** 68 Ef 66
Villars-le-Pautel **70** 55 Ff 61
Villars-lès-Blamont **25** 71 Gf 64
Villars-les-Bois **17** 87 Zd 74
Villars-les-Dombes **01** 94 Fa 73
Villars-le-Sec **90** 71 Gf 64
Villars-Saint-Georges **25** 70 Fe 66
Villars-Saint-Ecot **25** 71 Ge 64
Villars-sur-Var **06** 134 Ha 85
Villarzel-Cabardès **11** 142 Cc 89
Villarzel-du-Razès **11** 141 Cb 90
Villasavary **11** 141 Ca 89
Villate **31** 140 Bc 88
Villaudric **31** 126 Bc 86
Villavard **41** 63 Af 62
Villaz **74** 96 Gb 73
Ville **60** 18 Cf 51
Villé **67** 56 Hb 58
Villeau **28** 49 Bd 59
Ville-au-Montois **54** 21 Fe 52
Ville-au-Val **54** 38 Ga 55
Ville-aux-Clercs, La **41** 48 Ba 61
Villebadin **61** 30 Aa 56
Villebarou **41** 64 Bb 63
Villebaudon **50** 28 Yf 55
Villebazy **11** 142 Cb 90
Villebéon **77** 51 Cf 59
Villebernier **49** 62 Zf 65
Villeberny **21** 68 Ed 64
Villebichot **21** 69 Fa 66
Villeblevin **89** 51 Da 59
Villebois **01** 95 Fc 73
Villebois-Lavelette **16** 100 Ab 76
Villebois-les-Pins **26** 119 Fd 83
Villebon **28** 48 Bb 58
Villebougis **89** 51 Da 59
Villebourg **37** 63 Ad 63
Villebout **41** 48 Bb 61
Villebramar **47** 112 Ac 81
Villebret **03** 91 Cd 71
Villebrumier **82** 126 Bc 85
Villecay-sur-Mad **54** 38 Ff 54
Villecelin **18** 79 Cb 68
Villecerf **77** 51 Cf 59
Villechantria **39** 95 Fc 70
Villechaud **58** 66 Cf 64
Villechauve **41** 63 Af 63
Villechenève **69** 94 Ec 74
Villechétif **10** 52 Ea 59
Villechétive **89** 51 Dd 60
Villechien **50** 29 Za 57
Villecien **89** 51 Db 60
Villécloye **55** 21 Fc 51
Villecomtal **12** 115 Cd 81
Villecomtal-sur-Arros **32** 139 Ab 88
Villecomte **21** 69 Fa 63
Villeconin **91** 50 Ca 57
Villecourt **80** 18 Cf 50
Villecresnes **94** 33 Cd 56
Villecroze **83** 147 Gb 87
Villedaigne **11** 142 Cf 89
Ville-Danet, La **35** 44 Xe 60
Ville-de-Paraso **2B** 156 If 93
Ville-devant-Chaumont **55** 21 Fc 53
Villedieu **15** 116 Da 78
Villedieu **21** 53 Ec 61
Villedieu **84** 131 Fa 83
Villedieu, La **17** 87 Ze 72
Villedieu, La **23** 90 Bf 74
Villedieu, La **48** 116 Dd 80
Villedieu, Les **25** 84 Gb 68
Villedieu-du-Clain, La **86** 76 Ac 70
Ville-Dieu-du-Temple, La **82** 126 Bb 84
Villedieu-en-Fontenette, la **70** 70 Gb 62
Villedieu-la-Blouère **49** 60 Yf 66
Villedieu-le-Château **41** 63 Ad 62
Villedieu-les-Bailleul **61** 30 Aa 56
Villedieu-les-Poêles **50** 28 Ye 55
Villedieu-sur-Indre **36** 78 Bd 67
Ville-di-Pietrabugno **2B** 157 Kc 92
Villedômain **37** 78 Bb 66
Villedômer **37** 63 Af 63
Ville-Dommage **51** 35 Df 53
Villedoux **17** 86 Yf 71
Villedubert **11** 142 Cc 89
Ville-du-Pont **25** 84 Gc 66
Ville-en-Sallaz **74** 96 Gc 72
Ville-en-Tardenois **51** 35 De 53
Ville-en-Vermois **54** 38 Gb 57
Ville-en-Woëvre **55** 37 Fd 54
Ville-ès-Nonais, La **35** 27 Ya 57
Villefagnan **16** 88 Aa 72
Villefargeau **89** 67 Dd 62
Villefavard **87** 89 Bb 72
Villeferry **21** 68 Ed 64
Villefloure **11** 142 Cc 90
Villefollet **79** 87 Ze 72
Villefontaine **38** 107 Fa 75
Villefort **11** 153 Ca 91
Villefort **48** 117 Df 82
Villefranche **32** 139 Ae 88
Villefranche **89** 51 Da 61
Villefranche-d'Albigeois **81** 128 Cc 85
Villefranche-d'Allier **03** 92 Cf 70
Villefranche-de-Conflent **66** 153 Cc 93
Villefranche-de-Lauragais **31** 141 Be 88
Villefranche-de-Lonchat **24** 100 Aa 79
Villefranche-de-Panat **12** 128 Ce 84
Villefranche-de-Rouergue **12** 114 Ca 82
Villefranche-du-Périgord **24** 113 Ba 81
Villefranche-du-Queyran **47** 112 Ab 83
Villefranche-le-Château **26** 132 Fd 83
Villefranche-sur-Cher **41** 64 Be 65
Villefranche-sur-Mer **06** 135 Hb 86
Villefranche-sur-Saône **69** 94 Ee 73
Villefrancœur **41** 64 Bb 62
Villefrancon **70** 70 Fe 64
Villefranque **64** 136 Yd 88
Villefranque **65** 138 Zf 88
Villegailhenc **11** 142 Cc 89
Villegats **16** 88 Ab 73
Villegats **27** 32 Bc 54
Villegaudin **71** 83 Fa 68
Villegenon **18** 65 Cd 64
Villegly **11** 142 Cc 89
Villegongis **36** 78 Bd 67
Villegouge **33** 99 Ze 79
Villegouin **36** 78 Bc 67
Villegusien-le-Lac **52** 69 Fb 62
Villeherviers **41** 64 Be 64
Ville-Houdlémont **54** 21 Fd 51
Villejésus **16** 88 Aa 73
Villejoubert **16** 88 Ab 74
Villejuif **94** 33 Cc 56
Villejust **91** 33 Cb 56
Ville-Langy **58** 81 Dd 67
Villelaure **84** 132 Fc 86
Ville-le-Marclet **80** 7 Ca 48
Villelongue **65** 138 Zf 91
Villelongue-d'Aube **11** 141 Ca 90
Villelongue-de-la-Salanque **66** 154 Cf 92
Villelongue-dels-Monts **66** 154 Cf 93
Villeloup **10** 52 Df 58
Villemade **82** 126 Bb 84
Villemagne **11** 142 Cd 90
Villemagne **34** 129 Da 87
Villemain **79** 88 Zf 72
Villemandeur **45** 50 Ce 61
Villemanoche **89** 51 Db 59
Villemardy **41** 63 Bb 62
Villemaréchal **77** 51 Cf 59
Villematier **31** 127 Bd 86
Villemaur-sur-Vanne **10** 52 De 59
Villembits **65** 139 Ab 89
Villembray **60** 16 Bf 52
Villemer **77** 51 Ce 59
Villemer **89** 51 Dc 61
Villemereuil **10** 52 Ea 59
Villemeux-sur-Eure **28** 32 Bc 56
Villemoirieu **38** 107 Fb 74
Villemoiron-en-Othe **10** 52 De 59
Villemoisan **49** 61 Za 64
Villemolaque **66** 154 Ce 93
Villemontais **42** 93 Df 73
Villemontoire **02** 18 Dc 53
Villemorien **10** 52 Eb 60
Villemorin **17** 87 Ze 72
Villemort **86** 77 Af 69
Villemotier **01** 95 Fb 70
Villemoustaussou **11** 142 Cc 89
Villemoutiers **45** 50 Cd 61
Villemoyenne **02** 34 Dd 53
Villemoyenne **02** 34 Dd 55
Villemoyenne **10** 52 Eb 59
Villemur **65** 139 Ad 89
Villemurlin **45** 65 Cb 62
Villemur-sur-Tarn **31** 127 Bd 85
Villemus **04** 132 Fe 85
Villenauxe-la-Grande **10** 34 Dd 57
Villenauxe-la-Petite **77** 51 Db 58
Villenave **40** 123 Ye 87
Villenave **40** 123 Zb 85
Villenave-de-Rions **33** 111 Zd 80
Villenave-d'Ornon **33** 111 Zc 80
Villenave-près-Béarn **65** 138 Zf 88
Villenavotte **89** 51 Db 59
Villeneuve **01** 94 Ef 72
Villeneuve **01** 96 Ga 71
Villeneuve **04** 133 Ff 85
Villeneuve **09** 151 Af 91
Villeneuve **12** 114 Ca 82
Villeneuve **33** 99 Zc 78
Villeneuve **63** 103 Db 76
Villeneuve **77** 50 Cd 60
Villeneuve, La **23** 91 Cc 73
Villeneuve, La **71** 81 Ea 69
Villeneuve-au-Châtelot, La **10** 35 Dd 57
Villeneuve-au-Chemin **10** 52 Df 60
Villeneuve-au-Chêne, La **10** 53 Ec 59
Villeneuve-Bellenoye-et-la-Maize, la **70** 70 Gb 62
Villeneuve-d'Allier **43** 104 Dc 77
Villeneuve-d'Amont **25** 84 Ga 67
Villeneuve-d'Ascq **59** 8 Da 45
Villeneuve-d'Aval **39** 84 Fe 67
Villeneuve-de-Berg **07** 118 Ed 81
Villeneuve-de-Duras **47** 112 Ab 80
Villeneuve-de-la-Raho **66** 154 Cf 93
Villeneuve-de-Marsan **40** 124 Ze 85
Villeneuve-de-Mézin **47** 125 Ab 84
Villeneuve-d'Entraunes **06** 134 Ge 84
Villeneuve-de-Rivière **31** 139 Ad 90
Villeneuve-d'Olmes **09** 153 Be 91
Villeneuve-du-Latou **09** 140 Bc 89
Villeneuve-du-Paréage **09** 141 Bd 90
Villeneuve-en-Chevrie, la **78** 32 Bd 54
Villeneuve-en-Montagne **71** 82 Ed 68
Villeneuve-Frouville **41** 64 Bb 62
Villeneuve-l'Abbé **63** 92 Db 73
Villeneuve-la-Comptal **11** 141 Bf 89
Villeneuve-la-Comtesse **17** 87 Zc 72
Villeneuve-la-Dondrage **89** 51 Da 60
Villeneuve-la-Guyard **89** 51 Da 58
Villeneuve-la-Lionne **51** 34 Dc 56
Villeneuve-l'Archevêque **89** 51 Dd 59
Villeneuve-la-Rivière **66** 154 Ce 92
Villeneuve-Lécussan **31** 139 Ac 90
Villeneuve-le-Roi **94** 33 Cc 56
Villeneuve-lès-Avignon **30** 131 Ee 85
Villeneuve-lès-Béziers **34** 143 Db 89
Villeneuve-les-Bordes **77** 51 Da 58
Villeneuve-les-Cerfs **63** 92 Db 72
Villeneuve-lès-Charleville, La **51** 35 De 56
Villeneuve-lès-Charnod **39** 95 Fc 70
Villeneuve-les-Convers, La **21** 68 Ed 63
Villeneuve-les-Corbières **11** 154 Ce 91
Villeneuve-les-Genêts **89** 66 Da 62
Villeneuve-lès-Lavaur **81** 127 Be 87
Villeneuve-lès-Maguelonne **34** 144 Df 87
Villeneuve-lès-Montréal **11** 141 Ca 89
Villeneuve-les-Sablons **60** 17 Ca 53
Villeneuve-Loubet **06** 134 Ha 86
Villeneuve-Minervois **11** 142 Cc 89
Villeneuve-Saint-Denis **77** 34 Ce 56
Villeneuve-Saint-Georges **94** 33 Cc 56
Villeneuve-Saint-Nicolas **28** 49 Bd 59
Villeneuve-Saint-Salves **89** 52 Dd 61
Villeneuve-Saint-Vistre-et-Villevotte **51** 35 De 57
Villeneuve-sous-Charigny **21** 68 Ec 64
Villeneuve-sous-Dammartin **77** 33 Cd 54
Villeneuve-sous-Pymont **39** 83 Fd 68
Villeneuve-sous-Thury, La **60** 34 Da 54
Villeneuve-sur-Allier **03** 80 Db 69
Villeneuve-sur-Auvers **91** 50 Cb 58
Villeneuve-sur-Bellot **77** 34 Dc 55
Villeneuve-sur-Cher **18** 79 Cb 66
Villeneuve-sur-Conie **45** 49 Bd 60
Villeneuve-sur-Fère **02** 34 Dc 53
Villeneuve-sur-Lot **47** 112 Ae 82
Villeneuve-sur-Verberie **60** 17 Ce 53
Villeneuve-sur-Vère **81** 127 Ca 84
Villeneuve-sur-Yonne **89** 51 Db 60
Villeneuve-Tolosane **31** 140 Bc 87
Villeneuvette **34** 143 Dc 87
Villennes-sur-Seine **78** 32 Bf 55
Villenouvelle **31** 141 Be 88
Villenoy **77** 34 Cf 55
Villentrois **36** 64 Bc 65
Villeny **41** 64 Be 63
Villeoin-Coulangé **37** 63 Bb 66
Villepail **53** 47 Ze 58
Villeparisis **77** 33 Cd 55
Villeparois **70** 70 Gb 63
Villeperdix **26** 119 Fb 82
Villeperdue **37** 63 Ad 65
Villeperrot **89** 51 Db 59
Villepinte **11** 141 Ca 89
Villepinte **93** 33 Cd 55
Villeporcher **41** 63 Af 63
Villepot **44** 45 Ye 62
Villepreux **78** 33 Ca 56
Villequier **76** 15 Ae 51
Villequier-Aumont **02** 18 Db 51
Villequiers **18** 80 Ce 66
Viller **57** 38 Gd 55
Villerable **41** 63 Ba 62
Villerbon **41** 64 Bc 63
Villeréal **47** 113 Ae 81
Villereau **45** 49 Bf 60
Villereau **59** 9 De 47
Villerest **42** 93 Ea 73
Villeret **02** 8 Db 49
Villereversure **01** 95 Fc 71
Villermain **41** 49 Bd 61
Villeromain **41** 63 Ba 62
Villeron **95** 33 Cd 54
Villerouge-Termenès **11** 142 Cd 91
Villeroy **77** 33 Ce 55
Villeroy **80** 7 Be 49
Villeroy **89** 51 Db 59
Villeroy-sur-Authie **80** 7 Ca 47
Villeroy-sur-Méholle **55** 37 Fd 57
Villers **27** 16 Bc 53
Villers **42** 93 Eb 72
Villers **88** 55 Gb 59
Villers-Agron-Aiguizy **02** 35 De 54
Villers-Allerand **51** 35 Ea 54
Villers-au-Bois **62** 8 Ce 46
Villers-au-Flos **62** 8 Cf 48
Villers-au-Tertre **59** 8 Db 47
Villers-aux-Bois **51** 35 Df 55
Villers-aux-Erables **80** 17 Cd 50
Villers-aux-Nœuds **51** 35 Ea 53
Villers-aux-Vents **55** 36 Fa 55
Villers-Bocage **14** 29 Zc 54
Villers-Bocage **80** 7 Cb 48
Villers-Bouton **70** 70 Ff 64
Villers-Bretonneux **80** 17 Cd 49
Villers-Brûlin **62** 8 Cd 46
Villers-Buzon **25** 70 Ff 65
Villers-Campsart **80** 16 Be 49
Villers-Canivet **14** 30 Ze 55
Villers-Carbonnel **80** 18 Cf 49
Villers-Cernay **08** 20 Fa 50
Villers-Châtel **62** 8 Cd 46
Villers-Chemin **70** 70 Ff 64
Villers-Chief **25** 70 Gc 65
Villers-Cotterêts **02** 18 Da 53
Villers-devant-Dun **55** 20 Fa 52
Villers-devant-le-Thour **08** 19 Ea 51
Villers-devant-Mouzon **08** 20 Fa 51
Villers-Ecalles **76** 15 Af 51
Villers-en-Argonne **51** 36 Ef 54
Villers-en-Arthies **95** 32 Be 54
Villers-en-Haye **54** 38 Ga 56
Villers-en-Ouche **61** 31 Ac 55
Villers-en-Prayères **02** 19 De 52
Villers-en-Vexin **27** 16 Bd 53
Villerserine **39** 83 Fd 67
Villersexel **70** 70 Gc 63
Villers-Farlay **39** 84 Fe 66
Villers-Faucon **80** 8 Da 49
Villers-Franqueux **51** 19 Df 53
Villers-Grélot **25** 70 Gb 64
Villers-Guislain **59** 8 Da 48
Villers-Hélon **02** 18 Db 53
Villers-la-Chèvre **54** 21 Fe 51
Villers-la-Combe **25** 70 Gc 65
Villers-la-Faye **21** 82 Ef 66
Villers-la-Montagne **54** 21 Fe 52
Villers-la-Ville **70** 70 Gc 63
Villers-le-Château **51** 35 Eb 55
Villers-le-Lac **25** 85 Ge 66
Villers-le-Pré **50** 28 Yd 57
Villers-le-Rond **54** 21 Fd 52
Villers-les-Bois **39** 83 Fd 67
Villers-lès-Cagnicourt **62** 8 Da 47
Villers-le-Sec **02** 18 Dd 50
Villers-le-Sec **51** 36 Ef 56
Villers-le-Sec **55** 37 Fb 57
Villers-le-Sec **58** 66 Dc 64
Villers-le-Sec **70** 70 Gb 63
Villers-lès-Guise **02** 19 De 49
Villers-lès-Luxeuil **70** 70 Gb 62
Villers-lès-Mangiennes **55** 21 Fd 52
Villers-lès-Moivrons **54** 38 Gb 56
Villers-lès-Nancy **54** 38 Ga 56
Villers-les-Ormes **36** 78 Bd 67
Villers-les-Pots **21** 69 Fc 65
Villers-lès-Roye **80** 17 Ce 50
Villers-le-Tilleul **08** 20 Ee 51
Villers-le-Tourneur **08** 20 Ed 51
Villers-l'Hôpital **62** 7 Cb 47
Villers-Marmery **51** 35 Eb 54
Villers-Pater **70** 70 Gb 64
Villers-Patras **21** 53 Ed 61
Villers-Plouich **59** 8 Da 48
Villers-Pol **59** 9 Dd 47
Villers-Robert **39** 83 Fd 67
Villers-Rotin **21** 69 Fc 66
Villers-Saint-Barthélemy **60** 16 Bf 52
Villers-Saint-Christophe **02** 18 Da 50
Villers-Saint-Frambourg **60** 17 Cd 53
Villers-Saint-Genest **60** 34 Cf 54
Villers-Saint-Martin **25** 70 Gc 64
Villers-Saint-Paul **60** 17 Cc 53
Villers-Saint-Sépulcre **60** 17 Cb 52
Villers-Sire-Nicole **59** 9 Ea 46
Villers-Sir-Simon **62** 8 Cc 47
Villers-sous-Ailly **80** 7 Ca 48
Villers-sous-Chalamont **25** 84 Ga 67
Villers-sous-Châtillon **51** 35 De 54
Villers-sous-Foucarmont **76** 16 Bd 49
Villers-sous-Montrond **25** 70 Ga 66
Villers-sous-Pareid **55** 37 Fe 54
Villers-sous-Prény **54** 38 Ff 55
Villers-sous-Saint-Leu **60** 33 Cc 53
Villers-Stoncourt **57** 38 Gc 54
Villers-sur-Auchy **60** 16 Be 52
Villers-sur-Authie **80** 7 Be 47
Villers-sur-Bar **08** 20 Ef 50
Villers-sur-Bonnières **60** 16 Bf 51
Villers-sur-Coudun **60** 18 Ce 52
Villers-sur-Fère **02** 34 Dd 53
Villers-sur-le-Mont **08** 20 Ee 50
Villers-sur-Mer **14** 14 Zf 53
Villers-sur-Meuse **55** 37 Fc 54
Villers-sur-Nied **57** 38 Gd 55
Villers-sur-Port **70** 70 Ga 62
Villers-sur-Saulnot **70** 71 Gd 63
Villers-sur-Trie **60** 16 Be 53
Villers-Tournelle **80** 17 Cc 51
Villers-Vaudey **70** 70 Fe 62
Villers-Vermont **60** 16 Be 51
Villers-Vicomte **60** 17 Cb 51
Villert **10** 53 Ed 58
Villerupt **54** 21 Ff 52
Villerville **14** 14 Aa 52
Villery **10** 52 Ea 59
Villes **01** 95 Fe 72
Ville-Saint-Jacques **77** 51 Cf 58
Ville-Savoye **02** 19 Dd 53
Villeselve **60** 18 Da 50
Villeseneux **51** 35 Ea 55
Villesèque **46** 113 Bb 82
Villesèque-des-Corbières **11** 142 Cf 90
Villesèquelande **11** 142 Cb 89
Villesiscle **11** 141 Ca 89
Ville-sous-la-Ferté **10** 53 Ee 60
Ville-sous-Orbais, La **51** 35 De 55
Villespassans **34** 143 Cf 88
Villespy **11** 141 Ca 89
Ville-sur-Auzon **84** 132 Fb 84
Ville-sur-Ancre **80** 8 Cd 49
Ville-sur-Arce **10** 53 Ec 60
Ville-sur-Cousances **55** 37 Fb 54
Ville-sur-Illon **88** 55 Gb 59
Ville-sur-Jarnioux **69** 94 Ed 73
Ville-sur-Lumes **08** 20 Ee 50
Ville-sur-Madon **54** 55 Gb 58
Ville-sur-Saulx **55** 36 Fa 56
Ville-sur-Terre **10** 53 Ee 58
Ville-sur-Tourbe **51** 36 Ee 53
Ville-sur-Yron **54** 37 Ff 54
Villetelle **34** 130 Ea 86
Villetelle, La **23** 91 Cc 73
Villethierry **89** 51 Da 59
Villeton **47** 112 Ab 82
Villetoureix **24** 100 Ac 77
Villetritouls **11** 142 Cc 90
Villetrun **41** 63 Ba 62
Villette, La **14** 29 Zc 55
Villette-d'Anthon **38** 95 Fa 74
Villette-de-Vienne **38** 106 Ef 75
Villette-lès-Arbois **39** 84 Fe 67
Villette-lès-Dole **39** 83 Fd 66
Villettes **27** 31 Ba 54
Villettes, Les **43** 105 Eb 77
Villette-sur-Aube **10** 35 Ea 57
Villeurbanne **69** 94 Ef 74
Villevallier **89** 51 Db 60
Villevaudé **77** 33 Cd 55
Villevenard **51** 35 De 56
Villevêque **49** 61 Zd 63
Villeveyrac **34** 143 Dd 88
Villevieux **39** 83 Fc 68
Villevocance **07** 106 Ed 77
Villevoques **45** 50 Cd 60
Villexanton **41** 64 Bc 62
Villexavier **17** 99 Zd 76
Villey, Le **39** 83 Fd 67
Villey-le-Sec **54** 38 Ff 57
Villey-Saint-Etienne **54** 38 Ff 56
Villey-sur-Tille **21** 69 Fa 63
Villez-sur-le-Neubourg **27** 31 Af 54
Villié-Morgon **69** 94 Ee 72
Villiers **86** 76 Aa 66
Villiers **86** 76 Aa 68
Villiers **86** 76 Ab 68
Villiers-Adam **95** 33 Cb 54
Villiers-au-Bouin **37** 62 Ab 63
Villiers-aux-Corneilles **51** 35 De 57
Villiers-Charlemagne **53** 46 Zb 61
Villiers-Couture **17** 87 Zf 73
Villiers-en-Bois **79** 87 Zd 72
Villiers-en-Désœuvre **27** 32 Bc 55
Villiers-en-Lieu **52** 36 Ef 56

Vic-Fezensac — Villiers-en-Lieu (F) 207

Villiers-en-Morvan **21** 68 Eb 66
Villiers-en-Plaine **79** 75 Zc 70
Villiersfaux **41** 63 Af 62
Villiers-Fossard **50** 13 Yf 54
Villiers-Herbisse **10** 35 Ea 57
Villiers-le-Bâcle **91** 33 Ca 56
Villiers-le-Bel **95** 33 Cc 54
Villiers-le-Bois **10** 52 Eb 61
Villiers-le-Duc **21** 68 Ee 62
Villiers-le-Mahieu **78** 32 Be 55
Villiers-le-Mornier **28** 32 Bd 57
Villiers-le-Roux **16** 88 Aa 72
Villiers-lès-Aprey **52** 69 Fb 62
Villiers-le-Sec **52** 53 Fa 60
Villiers-le-Sec **95** 33 Cc 54
Villiers-les-Hauts **89** 67 Ea 62
Villiers-Louis **89** 51 Dc 59
Villiers-Saint-Benoît **89** 66 Db 62
Villiers-Saint-Denis **02** 34 Db 55
Villiers-Saint-Frédéric **78** 32 Bf 56
Villiers-Saint-Georges **77** 34 Dc 57
Villiers-Saint-Orien **28** 49 Bc 60
Villiers-Semeuse **08** 20 Ee 50
Villiers-sous-Grez **77** 50 Cd 59
Villiers-sous-Mortagne **61** 31 Ad 57
Villiers-sous-Praslin **10** 52 Eb 60
Villiers-sur-Chizé **79** 87 Ze 72
Villiers-sur-Loir **41** 48 Ba 62
Villiers-sur-Marne **94** 33 Cd 56
Villiers-sur-Morin **77** 34 Cf 55
Villiers-sur-Orge **91** 33 Cb 57
Villiers-sur-Seine **77** 51 Dc 58
Villiers-sur-Suize **52** 54 Fb 61
Villiers-sur-Tholon **89** 51 Dc 61
Villiers-sur-Yonne **58** 67 Dd 64
Villieu-Loyes-Mollon **01** 95 Fb 73
Villing **57** 22 Gd 53
Villognon **16** 88 Aa 73
Villon **89** 52 Eb 61
Villoncourt **88** 55 Gd 59
Villons-les-Buissons **14** 22 Zd 53
Villorceau **45** 64 Bd 62
Villosanges **63** 91 Cd 73
Villotran **60** 17 Ca 52
Villotte **88** 54 Fe 60
Villotte-Saint-Seine **21** 68 Ee 64
Villotte-sur-Aire **55** 37 Fc 55
Villotte-sur-Ource **21** 53 Ee 61
Villours **36** 78 Bd 67
Villouxel **88** 54 Fd 58
Villuis **77** 51 Dc 58
Villy **08** 21 Fb 51
Villy **89** 52 De 61
Villy-Bocage **14** 29 Zc 54
Villy-en-Auxois **21** 68 Ed 64
Villy-en-Trodes **10** 53 Ec 59
Villy-le-Bas **76** 6 Bc 49
Villy-le-Bois **10** 52 Ea 60
Villy-le-Bouveret **74** 96 Ga 72
Villy-le-Maréchal **10** 52 Ea 59
Villy-le-Moutier **21** 83 Ef 66
Villy-le-Pelloux **74** 96 Ga 73
Villy-lez-Falaise **14** 30 Zf 55
Vilory **70** 70 Gb 62
Vilosnes-Haraumont **55** 21 Fb 52
Vilsberg **57** 39 Hb 56
Vimarcé **53** 47 Ze 59
Vimenet **12** 116 Cf 82
Viménil **88** 55 Gd 59
Vimines **73** 108 Ff 75
Vimont **14** 30 Ze 54
Vimory **45** 50 Ce 61
Vimoutiers **61** 30 Ab 55
Vimpelles **77** 51 Db 58
Vimy **62** 8 Ce 46
Vinantes **77** 33 Ce 54
Vinassan **11** 143 Da 89
Vinax **17** 87 Ze 72
Vinay **38** 107 Fc 77
Vinay **51** 35 Df 54
Vinça **66** 154 Cd 93
Vincelles **39** 83 Fc 69
Vincelles **51** 35 Dd 54
Vincelles **71** 83 Fb 69
Vincelles **89** 67 Dd 62
Vincelottes **89** 67 Dd 62
Vincennes **94** 33 Cc 55
Vincent **39** 83 Fc 68
Vincey **88** 55 Gb 58
Vincly **62** 7 Cb 45
Vincy **02** 19 Ea 50
Vincy-Manœuvre **77** 34 Cf 54
Vindecy **71** 93 Ea 70
Vindefontaine **50** 12 Yd 52
Vindelle **16** 88 Aa 74
Vindey **51** 35 De 56
Vindrac-Alayrac **81** 127 Bf 84
Vinets **10** 35 Eb 57
Vineuil **36** 78 Bd 67
Vineuil **41** 64 Bb 64
Vineuil **41** 64 Bc 63
Vineuil-Saint-Firmin **60** 33 Cc 53
Vineuse, La **71** 82 Ed 70
Vingrau **66** 154 Ce 91
Vingt-Hanaps **61** 30 Aa 57
Vinizier **74** 97 Gd 70
Vinizieux **07** 106 Fe 77
Vinnemerville **76** 15 Ad 50
Vinneuf **89** 51 Da 58
Vinon **18** 66 Ce 65
Vinon-sur-Verdon **83** 133 Fe 86
Vinsobres **26** 119 Fa 82
Vins-sur-Carami **83** 147 Ga 88
Vintrou, Le **81** 142 Cc 87
Vinzelles **63** 92 Dc 73
Vinzelles **71** 94 Ee 71
Viocourt **88** 54 Ff 59
Viodos-Abense-de-Bas **64** 137 Za 89
Violaines **62** 8 Ce 45
Violay **42** 94 Ec 73
Violès **84** 131 Ef 83
Viols-le-Fort **34** 130 De 86
Vioménil **88** 55 Gb 60
Vion **07** 106 Ee 78
Vion **72** 47 Ze 62
Vions **73** 95 Fe 74
Vionville **57** 38 Ff 54
Viozan **32** 139 Ac 88
Viplaix **03** 79 Cc 70
Vira **09** 141 Be 90
Vira **66** 153 Cc 92
Virac **81** 127 Ca 84
Virandeville **50** 12 Yb 51
Virargues **15** 104 Cf 78
Virazeil **47** 112 Ab 81
Vire **14** 29 Za 55
Viré **71** 82 Ee 70
Vireaux **89** 67 Ea 62
Virecourt **54** 55 Gb 58
Viré-en-Champagne **72** 46 Ze 61
Virelade **33** 111 Zd 81
Vire-sur-Lot **46** 113 Ba 82
Vireux-Molhain **08** 20 Ee 48
Vireux-Wallerand **08** 20 Ee 48
Virey **50** 28 Yf 57
Virey **71** 82 Ef 67
Virey-sous-Bar **10** 52 Eb 60
Virginy **51** 36 Ee 53
Viriat **01** 95 Fb 71
Viricelles **42** 106 Ec 75
Virieu-le-Grand **01** 95 Fd 73
Virieu-le-Petit **01** 95 Fe 73
Virieu-sur-Bourbre **38** 107 Fc 76
Virigneux **42** 94 Ec 74
Virignin **01** 95 Fe 74
Viriville **38** 107 Fb 77
Virlet **63** 91 Ce 72
Virlet **63** 92 Cf 71
Virming **57** 39 Ge 55
Viroflay **78** 33 Cb 56
Virollet **17** 99 Zb 75
Vironchaux **80** 7 Be 47
Vironvay **27** 16 Bb 53
Virson **17** 86 Za 72
Virville **76** 14 Ac 51
Viry **02** 18 Db 51
Viry **39** 95 Fe 71
Viry **71** 82 Eb 70
Viry **74** 96 Ga 72
Viry-Châtillon **91** 33 Cc 56
Visan **84** 118 Ee 83
Viscomtat **63** 93 De 74
Viscos **65** 150 Zf 91
Vis-en-Artois **62** 8 Cf 47
Viserny **21** 68 Eb 63
Visker **65** 138 Aa 90
Vismes **80** 7 Be 48
Vissac **43** 105 Dd 78
Visseiche **35** 45 Ye 61
Viterbe **81** 127 Bf 86
Viterne **54** 38 Ga 57
Vitot **27** 31 Af 54
Vitrac **15** 115 Cb 80
Vitrac **24** 113 Bb 80
Vitrac **63** 92 Cf 73
Vitrac-en-Viadène **12** 115 Ce 80
Vitrac-Saint-Vincent **16** 88 Ac 74
Vitrac-sur-Montane **19** 102 Bf 76
Vitrai-sous-l'Aigle **61** 31 Ae 56
Vitray **03** 79 Cd 69
Vitray-en-Beauce **28** 49 Bc 59
Vitré **35** 45 Ye 60
Vitré **79** 87 Ze 71
Vitreux **39** 69 Fe 65
Vitrey **54** 55 Ga 58
Vitrey-sur-Mance **70** 70 Fe 62
Vitrimont **54** 38 Gc 57
Vitrolles **05** 120 Ff 82
Vitrolles **13** 146 Fb 88
Vitrolles **84** 132 Fd 86
Vitry-aux-Loges **45** 50 Cb 61
Vitry-en-Artois **62** 8 Cf 47
Vitry-en-Charollais **71** 81 Ea 70
Vitry-en-Montagne **52** 53 Fa 62
Vitry-en-Perthois **51** 36 Ed 56
Vitry-Laché **58** 67 Dd 65
Vitry-la-Ville **51** 36 Ec 55
Vitry-le-Croisé **10** 53 Ed 60
Vitry-le-François **51** 36 Ed 56
Vitry-lès-Cluny **71** 82 Ed 70
Vitry-lès-Nogent **52** 54 Fc 61
Vitry-sur-Loire **71** 81 De 68
Vitry-sur-Orne **57** 22 Ga 53
Vitry-sur-Seine **94** 33 Cc 56
Vittarville **55** 21 Fd 52
Vitteaux **21** 68 Ed 64
Vittefleur **76** 15 Ad 50
Vittel **88** 55 Ff 59
Vittersbourg **57** 39 Gf 55
Vittoncourt **57** 38 Gc 54
Vittonville **54** 37 Ga 55
Vitz-sur-Authie **80** 7 Ca 47
Viuz-en-Sallaz **74** 96 Gc 72
Viuz-la-Chiésaz **74** 96 Ga 74
Vivaise **02** 18 Dd 51
Vivans **42** 93 Df 71
Vivario **2B** 159 Kb 95
Viven **64** 138 Zd 88
Viverols **63** 105 Df 76
Vivès **66** 154 Ce 93
Vivey **52** 69 Fa 62
Vivier, Le **66** 153 Cc 92
Vivier-au-Court **08** 20 Ee 50
Vivières **02** 18 Da 53
Viviers **07** 118 Ee 82
Viviers **57** 38 Gc 55
Viviers **89** 67 Df 62
Viviers-du-Lac **73** 108 Ff 75
Viviers-le-Gras **88** 55 Ff 60
Viviers-lès-Lavaur **81** 127 Be 87
Viviers-lès-Montagnes **81** 141 Cb 87
Viviers-lès-Offroicourt **88** 55 Ga 59
Viviers-sur-Artaut **10** 53 Ec 60
Viviers-sur-Chiers **54** 21 Fd 52
Vivier-sur-Mer, Le **35** 28 Yb 57
Viviès **09** 141 Be 90
Viviez **12** 115 Cb 81
Viville **16** 99 Zf 75
Vivoin **72** 47 Aa 59
Vivonne **86** 76 Ab 70
Vivy **49** 62 Zf 65
Vix **21** 53 Ed 61
Vix **85** 75 Za 70
Vizille **38** 107 Fe 78
Vodable **63** 104 Da 75
Vœgtlinshofen **68** 56 Hb 60
Vœlfing-lès-Bouzonville **57** 22 Gd 53
Vœllerdingen **67** 39 Ha 55
Vœuil-et-Giget **16** 100 Aa 75
Vogelgrun **68** 57 Hd 60
Vogelsheim **68** 57 Hd 60
Vogüé **07** 118 Ec 81
Voharies **02** 19 De 50
Void-Vacon **55** 37 Fd 56
Voigny **10** 53 Ee 59
Voilemont **51** 36 Ee 54
Voillans **25** 70 Gc 64
Voillecomte **52** 53 Ef 57
Voimhaut **57** 38 Gc 54
Voinémont **54** 38 Gb 57
Voingt **63** 91 Cd 74
Voinsles **77** 34 Da 56
Voipreux **51** 35 Ea 55
Voiron **38** 107 Fd 76
Voiscreville **27** 15 Ae 53
Voise **28** 49 Be 58
Voisenon **77** 33 Ce 57
Voisey **52** 54 Fe 61
Voisines **52** 54 Fb 61
Voisines **89** 51 Dc 59
Voisins-le-Bretonneux **78** 33 Ca 56
Voissant **38** 107 Fe 76
Voissay **17** 87 Zb 73
Voiteur **39** 83 Fd 68
Voivre, La **70** 55 Gd 62
Voivre, La **88** 56 Gf 58
Voivres, Les **88** 55 Gb 60
Voivres-lès-le-Mans **72** 47 Aa 61
Volckerinckhove **59** 3 Cb 43
Volesvres **71** 81 Ea 70
Volgré **89** 51 Db 61
Volkrange **57** 22 Ga 52
Volksberg **67** 39 Hb 55
Vollore-Montagne **63** 93 De 74
Vollore-Ville **63** 93 Dd 74
Volmerange-lès-Boulay **57** 38 Gc 53
Volmerange-les-Mines **57** 22 Ga 52
Volmunster **57** 39 Hc 54
Volnay **21** 82 Ee 66
Volnay **72** 47 Ac 61
Volon **70** 69 Fe 63
Volonne **04** 133 Ga 84
Volpajola **2B** 157 Kc 93
Volstroff **57** 22 Gb 53
Volvent **26** 119 Fc 81
Volvic **63** 92 Da 73
Volx **04** 133 Ff 85
Vomécourt **88** 55 Gd 59
Vomécourt-sur-Madon **88** 55 Gb 58
Voncourt **52** 69 Fe 62
Voncq **08** 20 Ed 52
Vonges **21** 69 Fc 65
Vongy **74** 96 Gd 70
Vonnas **01** 94 Ef 71
Voray-sur-l'Ognon **70** 70 Ga 64
Voreppe **38** 107 Fd 77
Vorey **43** 105 Df 77
Vorges **02** 19 Dd 51
Vorges-les-Pins **25** 70 Ff 66
Vorly **18** 79 Cc 67
Vornay **18** 79 Cd 67
Vosbles **39** 95 Fd 70
Vosne-Romanée **21** 68 Ef 66
Vosnon **10** 52 Df 60
Vou **37** 77 Af 66
Vouarces **51** 35 Df 57
Voudenay **21** 81 Ec 66
Voué **10** 52 Ea 58
Vouécourt **52** 54 Fa 59
Vougécourt **70** 55 Ga 61
Vougeot **21** 68 Ef 65
Vouglans **39** 95 Fd 70
Vougrey **10** 52 Eb 60
Vougy **42** 93 Ea 72
Vouharte **16** 88 Aa 74
Vouhé **17** 87 Zb 72
Vouhenans **70** 70 Gc 63
Vouillé **79** 87 Zd 71
Vouillé **86** 76 Ab 69
Vouillé-les-Marais **85** 75 Za 70
Vouillers **51** 36 Ef 56
Vouillon **36** 78 Bf 68
Vouilly **14** 13 Yf 53
Voujeaucourt **25** 71 Ge 64
Voulaines-les-Templiers **21** 68 Ee 62
Voulangis **77** 34 Cf 55
Voulême **86** 88 Ab 72
Voulgézac **16** 100 Aa 75
Voulpaix **02** 19 De 49
Voultegon **79** 75 Zc 67
Voulte-sur-Rhône, La **07** 118 Ee 80
Voulton **77** 34 Dc 57
Voulx **77** 51 Cf 59
Vouneuil-sous-Biard **86** 76 Ab 69
Vouneuil-sur-Vienne **86** 77 Ad 68
Vourlès **69** 106 Ee 75
Voussac **03** 92 Da 71
Voutenay-sur-Cure **89** 67 De 63
Voutezac **19** 102 Bc 78
Vouthon **16** 88 Ac 74
Vouthon-Bas **55** 54 Fd 58
Vouthon-Haut **55** 54 Fd 58
Voutré **53** 46 Ze 60
Vouvant **85** 75 Zb 69
Vouvray **37** 63 Ae 64
Vouvray-sur-Huisne **72** 48 Ad 60
Vouvray-sur-Loir **72** 63 Ac 62
Vouxey **88** 54 Fe 58
Vouzailles **86** 76 Aa 68
Vouzan **16** 100 Ac 75
Vouzeron **18** 65 Cb 65
Vouziers **08** 20 Ee 52
Vouzon **41** 65 Ca 63
Vouzy **51** 35 Ea 55
Voves **28** 49 Bd 59
Vovray-en-Bornes **74** 96 Ga 72
Voyenne **02** 19 De 50
Voyennes **80** 18 Cf 50
Voyer **57** 39 Ha 57
Vraie-Croix, La **56** 43 Xc 62
Vraignes-en-Vermandois **80** 18 Da 49
Vraignes-lès-Hornoy **80** 16 Bf 49
Vraincourt **52** 54 Fa 59
Vraiville **27** 15 Ba 53
Vraux **51** 35 Eb 54
Vrecourt **88** 54 Fe 59
Vred **59** 8 Db 46
Vregille **70** 70 Ff 65
Vregny **02** 18 Dc 52
Vrély **80** 17 Ce 50
Vrétot, Le **50** 12 Yb 52
Vriange **39** 69 Fd 65
Vrigne-au-Bois **08** 20 Ef 50
Vrigne-Meuse **08** 20 Ef 50
Vrigny **45** 50 Cb 60
Vrigny **51** 19 Df 53
Vrigny **61** 30 Zf 56
Vritz **44** 61 Yf 63
Vrizy **08** 20 Ee 52
Vrocourt **60** 16 Bf 51
Vroil **51** 36 Ef 55
Vron **80** 7 Be 47
Vroncourt **54** 55 Ga 58
Vroncourt-la-Côte **52** 54 Fd 60
Vroville **88** 55 Gb 59
Vry **57** 38 Gb 53
Vue **44** 59 Ya 65
Vuillafans **25** 84 Gb 66
Vuillecin **25** 84 Gc 67
Vulaines **10** 52 Dd 59
Vulaines-lès-Provins **77** 34 Db 57
Vulaines-sur-Seine **77** 50 Ce 58
Vulbens **74** 96 Ff 72
Vulmont **57** 38 Gb 55
Vyans-le-Val **70** 71 Ge 63
Vy-le-Ferroux **70** 70 Ff 63
Vy-lès-Filain **70** 70 Gb 64
Vy-lès-Lure **70** 70 Gc 63
Vy-lès-Rupt **70** 70 Ff 63
Vyt-lès-Belvoir **25** 71 Gd 64

W

Waben **62** 6 Bd 46
Wacquemoulin **60** 17 Cd 51
Wacquinghen **62** 3 Bd 44
Wadelincourt **08** 20 Ef 50
Wagnon **08** 20 Ec 51
Wahagnies **59** 8 Da 46
Wahlbach **68** 72 Hc 63
Wahlenheim **67** 40 He 56
Wail **62** 7 Ca 46
Wailly **62** 7 Ca 45
Wailly **62** 8 Ce 47
Wailly-Beaucamp **62** 7 Be 46
Walbach **68** 56 Hb 60
Walbourg **67** 40 Hf 55
Walck, La **67** 40 Hd 55
Waldersbach **67** 56 Hb 58
Waldhambach **67** 39 Hb 55
Waldhouse **57** 39 Hc 54
Waldighofen **68** 72 Hb 63
Waldolwisheim **67** 39 Hc 56
Waldweistroff **57** 22 Gc 52
Waldwisse **57** 22 Gd 52
Walheim **68** 71 Hb 63
Walincourt-Selvigny **59** 9 Dc 48
Wallers **59** 9 Dc 46
Wallers-Trélon **59** 10 Eb 48
Wallon-Cappel **59** 4 Cc 44
Walschbronn **57** 40 Hc 54
Walscheid **57** 39 Ha 57
Waltembourg **57** 39 Hb 56
Waltenheim **68** 72 Hc 63
Waltenheim-sur-Zorn **67** 40 Hd 56
Waly **55** 36 Fa 54
Wambaix **59** 9 Db 48
Wambercourt **62** 7 Ca 46
Wambez **60** 16 Bf 51
Wambrechies **59** 4 Da 44
Wamin **62** 7 Ca 46
Wanchy-Capval **76** 16 Bc 49
Wancourt **62** 8 Cf 47
Wandignies-Hamage **59** 9 Db 46
Wangen **67** 40 Hc 57
Wangenbourg-Engenthal **67** 39 Hb 57
Wannehain **59** 8 Db 45
Wanquetin **62** 8 Cd 47
Wantzenau, la **67** 40 He 57
Warcq **08** 20 Ee 50
Wardrecques **62** 3 Cc 44
Wargemoulin-Hurlus **51** 36 Ee 54
Wargnies **80** 7 Cb 48
Wargnies-le-Grand **59** 9 De 47
Wargnies-le-Petit **59** 9 De 47
Warhem **59** 4 Cc 43
Warlaing **59** 9 Db 46
Warlencourt-Eaucourt **62** 8 Ce 48
Warlincourt-lès-Pas **62** 8 Cd 47
Warloy-Baillon **80** 8 Cd 48
Warluis **60** 17 Ca 52
Warlus **62** 8 Ce 47
Warlus **80** 7 Bf 49
Warluzel **62** 8 Cc 47
Warmeriville **51** 19 Eb 52
Warnécourt **08** 20 Ed 50
Warsy **80** 17 Cd 50
Warvillers **80** 17 Ce 50
Wasigny **08** 19 Ec 51
Wasnes-au-Bac **59** 8 Db 47
Wasquehal **59** 4 Da 44
Wasselonne **67** 40 Hc 57
Wasserbourg **68** 56 Ha 60
Wassigny **02** 9 Dd 48
Wassy **52** 53 Ef 57
Wast, le **62** 3 Be 44
Watigny **02** 19 Eb 49
Watronville **55** 37 Fd 54
Watten **59** 3 Cb 43
Wattignies **59** 8 Da 45
Wattignies-la-Victoire **59** 9 Ea 47
Wattrelos **59** 4 Db 44
Wattwiller **68** 56 Hb 61
Wavignies **60** 17 Cc 51
Waville **54** 38 Ff 54
Wavrans-sur-l'Aa **62** 3 Ca 44
Wavrans-sur-Ternoise **62** 7 Cb 46
Wavrechain-sous-Denain **59** 9 Dc 46
Wavrechain-sous-Faulx **59** 9 Db 47
Wavrin **59** 8 Cf 45
Waziers **59** 8 Da 46
Weckolsheim **68** 57 Hd 60
Wegscheid **68** 56 Gf 62
Weinbourg **67** 39 Hc 55
Weislingen **67** 39 Hb 55
Weitbruch **67** 40 He 56
Weiterswiller **67** 39 Hc 55
Welles-Pérennes **60** 17 Cd 51
Wemaers-Cappel **59** 3 Cc 44
Wentzwiller **68** 72 Hc 63
Werentzhouse **68** 72 Hc 63
Wervicq-Sud **59** 4 Da 44
West-Cappel **59** 4 Cd 43
Westhalten **68** 56 Hb 61
Westhoffen **67** 39 Hc 57
Westhouse **67** 57 Hd 58
Westhouse-Marmoutier **67** 39 Hc 56
Westrehem **62** 7 Cb 45
Westrehem **62** 7 Cc 45
Wettolsheim **68** 56 Hb 60
Weyer **67** 39 Ha 55
Weyersheim **67** 40 He 56
Wickerschwihr **68** 57 Hc 60
Wickersheim-Wilshausen **67** 40 Hd 56
Wicquinghem **62** 3 Bf 44
Wicres **59** 8 Cf 45
Widehem **62** 7 Bd 45
Widensohlen **68** 57 Hc 60
Wiège-Faty **02** 19 De 49
Wiencourt-l'Equipée **80** 17 Cd 49
Wierre-au-Bois **62** 3 Be 45
Wierre-Effroy **62** 3 Be 44
Wiesembach **68** 56 Ha 59
Wiesviller **57** 39 Ha 54
Wignehies **59** 9 Ea 48
Wignicourt **08** 20 Ed 51
Wihr-au-Val **68** 56 Hb 60
Wildenstein **68** 56 Gf 61
Willeman **62** 7 Ca 46
Willems **59** 8 Db 45
Willer **68** 72 Hb 63
Willeroncourt **55** 37 Fc 56
Willer-sur-Thur **68** 56 Ha 61
Willerval **62** 8 Cf 46
Willerwald **57** 39 Ha 54
Willgottheim **67** 40 Hd 56
Williers **08** 21 Fb 50
Willies **59** 10 Ea 48
Wilwisheim **67** 40 Hc 56
Wimereux **62** 2 Bd 44
Wimille **62** 2 Bd 44
Wimmenau **67** 39 Hc 55
Wimy **02** 19 Df 49
Windstein **67** 40 He 54
Wingen **67** 40 He 54
Wingen-sur-Moder **67** 39 Hc 55
Wingersheim **67** 40 Hd 56
Wingles **62** 8 Cf 46
Winkel **68** 71 Hb 64
Winnezeele **59** 4 Cd 43
Wintersbourg **57** 39 Hb 56
Wintershouse **67** 40 He 56
Wintzenbach **67** 40 Ia 55
Wintzenheim **68** 56 Hb 60
Wintzenheim-Kochersberg **67** 40 Hd 56
Wirwignes **62** 3 Be 44
Wiry-au-Mont **80** 7 Bf 49
Wisches **67** 39 Hb 57
Wiseppe **55** 21 Fb 52
Wismes **62** 3 Ca 44
Wisques **62** 3 Cb 44
Wissant **62** 3 Bd 43
Wissembourg **67** 40 Hf 54
Wissignicourt **02** 18 Dc 51
Wissous **91** 33 Cb 56
Witry-lès-Reims **51** 19 Ea 53
Wittelsheim **68** 56 Hb 62
Wittenheim **68** 56 Hc 62
Witternesse **62** 7 Cc 45
Witternheim **67** 57 Hd 59
Wittersdorf **68** 71 Hb 63
Wittersheim **67** 40 Hd 56
Wittes **62** 3 Cc 44
Wittisheim **67** 57 Hd 59
Wittring **57** 39 Ha 54
Wiwersheim **67** 40 Hd 57
Wizernes **62** 3 Cb 44
Woël **55** 37 Fe 54
Wœlfling-lès-Sarreguemines **57** 39 Hb 54
Wœrth **67** 40 He 55
Wognarue **80** 6 Bc 48
Woimbey **55** 37 Fc 55
Woincourt **80** 6 Bd 48
Woippy **57** 38 Ga 54
Woirel **80** 7 Be 49
Wolfersdorf **68** 71 Ha 63
Wolfgantzen **68** 57 Hc 60
Wolfisheim **67** 40 He 57
Wolfskirchen **67** 39 Ha 55
Wolschheim **67** 39 Hc 56
Wolschwiller **68** 72 Hc 64
Wolxheim **67** 40 Hc 57
Wormhout **59** 4 Cc 43
Woustviller **57** 39 Ha 54
Wuenheim **68** 56 Hb 61
Wuisse **57** 38 Gd 55
Wulverdinghe **59** 3 Cb 43
Wy-dit-Joli-Village **95** 32 Be 54
Wylder **59** 4 Cc 43

X

Xaffévillers **88** 55 Gd 58
Xaintrailles **47** 125 Ab 83
Xaintray **79** 75 Zd 70
Xambes **16** 88 Aa 74
Xammes **54** 37 Ff 55
Xamontarupt **88** 55 Gd 60
Xanrey **57** 38 Gd 56
Xanton-Chassenon **85** 75 Zb 70
Xaronval **88** 55 Gb 58
Xermaménil **54** 38 Gc 57
Xertigny **88** 55 Gc 60
Xeuilley **54** 38 Ga 57
Xirocourt **54** 55 Gb 58
Xivray-et-Marvoisin **55** 37 Fe 55
Xivry-Circourt **54** 21 Fe 52
Xocourt **57** 38 Gc 55
Xonrupt-Longemer **88** 56 Gf 60
Xonville **54** 37 Ff 54
Xouaxange **57** 39 Ha 56
Xousse **54** 39 Ge 57

Y

Yainville **76** 15 Ae 52
Yaucourt **80** 7 Bf 48
Ychoux **40** 110 Za 83
Ydes **15** 103 Cc 76
Yébleron **76** 15 Ad 51
Yèbles **77** 33 Ce 57
Yenne **73** 107 Fe 74
Yermenonville **28** 32 Bd 57
Yerres **91** 33 Cc 56
Yerville **76** 15 Af 50
Yèvre-la-Ville **45** 50 Cb 60
Yèvres **28** 48 Bb 59
Yèvres-le-Petit **10** 53 Ec 58
Yffiniac **22** 26 Xc 58
Ygos-Saint-Saturnin **40** 123 Zb 85
Ygrande **03** 80 Cf 69
Ymare **76** 15 Bb 52
Ymeray **28** 49 Be 57
Ymonville **28** 49 Be 59
Yolet **15** 115 Cd 79
Yoncq **08** 20 Fa 51
Youx **63** 91 Ce 72
Yport **76** 14 Ab 50
Ypreville-Biville **76** 15 Ad 50
Yquebœuf **76** 16 Bb 51
Yquelon **50** 28 Yc 55
Yronde-et-Buron **63** 104 Db 75
Yrouerre **89** 67 Df 62
Yssac-la-Tourette **63** 92 Da 73
Yssandon **19** 101 Bc 77
Yssingeaux **43** 105 Ea 78
Ytrac **15** 115 Cc 79
Ytres **62** 8 Cf 48
Yutz **57** 22 Gb 52
Yvecrique **76** 15 Ae 50
Yversay **86** 76 Ab 68
Yves **17** 86 Yf 72
Yveteaux, les **61** 30 Ze 56
Yvetot **76** 15 Ae 51
Yvetot-Bocage **50** 12 Yd 52
Yvias **22** 26 Wf 56
Yviers **16** 100 Zf 77
Yvignac **22** 44 Xf 58
Yville-sur-Seine **76** 15 Af 52
Yvoire **74** 96 Gb 70
Yvoy-le-Marron **41** 64 Bf 63
Yvrac-et-Malleyrand **16** 88 Ac 74
Yvrandes **61** 29 Zb 56
Yvré-Evêque **72** 47 Ab 60
Yvré-le-Pôlin **72** 47 Aa 62
Yvrench **80** 7 Bf 47
Yvrencheux **80** 7 Bf 47
Yzengremer **80** 6 Bd 48
Yzernay **49** 75 Zb 66
Yzeron **69** 106 Ed 74
Yzeure **03** 80 Dc 69
Yzeures-sur-Creuse **37** 77 Af 68
Yzeux **80** 7 Ca 49
Yzosse **40** 123 Yf 86

Z

Zaessingue **68** 72 Hc 63
Zalana **2B** 159 Kc 95
Zarbeling **57** 39 Ge 55
Zegerscappel **59** 3 Cc 43
Zehnacker **67** 40 Hc 56
Zeinheim **67** 40 Hc 56
Zellenberg **68** 56 Hb 59
Zellwiller **67** 57 Hc 58
Zermezeele **59** 3 Cc 44
Zerubia **2A** 159 Ka 98
Zetting **57** 39 Ha 54
Zévaco **2A** 159 Ka 97
Zicavo **2A** 159 Ka 97
Zigliara **2A** 159 Ka 97
Zilia **2B** 156 If 93
Zilling **57** 39 Hb 56
Zillisheim **68** 72 Hb 62
Zimmerbach **68** 56 Hb 60
Zimmersheim **68** 72 Hc 62
Zimming **57** 38 Gd 54
Zincourt **88** 55 Gc 59
Zinswiller, Oberbronn- **67** 40 Hd 55
Zittersheim **67** 39 Hc 55
Zoebersdorf **67** 40 Hd 56
Zommange **57** 39 Ge 55
Zonza **2A** 159 Kb 98
Zoteux **62** 7 Bf 45
Zouafques **62** 3 Ca 44
Zoufftgen **57** 22 Ga 52
Zoza **2A** 159 Ka 98
Zuani **2B** 159 Kc 95
Zudausques **62** 3 Ca 44
Zutkerque **62** 3 Ca 43
Zuytpeene **59** 3 Cc 44

208 (F) **Villiers-en-Morvan — Zuytpeene**

Paris et sa banlieue · Kaart van Parijs en omgeving
Stadtumgebungskarten von Paris · Surrounding of Paris
Légende · Legende · Zeichenerklärung · Legend
1:80.000

CIRCULATION – VERKEER – VERKEHR – TRAFFIC

Autoroute – en construction
Autosnelweg – in aanleg
Autobahn – im Bau
Motorway – under construction

A 10 **17** **29**

Numéro de route: Autoroute – Route nationale – Route départementale
Wegnummers: Autosnelweg – Nationaalweg – Departementweg
Straßennummern: Autobahn – Nationalstraße – Departementstraße
Road numbers: Motorway – Nationale – Départementale

Route à chaussées séparées sans intersections
Autoweg met meer dan twee rijstroken zonder niveau-kruisingen
Mehrbahnige, kreuzungsfreie Autostraße
Highway with two lanes without crossing

E 54

Numéro de route européenne – Nom de l'autoroute
Europawegnummer – Naam van de autosnelweg
Europastraßen-Nummer – Name der Autobahn
Number of main European route – Name of motorway

Route à grande circulation – en construction
Weg voor interlokaal verkeer – in aanleg
Fernverkehrsstraße – im Bau
Trunk road – under construction

Distances sur autoroutes – sur autres routes en kms
Kilometeraanduiding op autosnelwegen – op overige wegen
Kilometrierung an Autobahnen – an sonstigen Straßen
Distances on motorways – on other roads in km

Route principale importante – Route principale
Belangrijke hoofdweg – Hoofdweg
Wichtige Hauptstraße – Hauptstraße
Important main road – Main road

Poste d'essence
Benzinestation
Tankstelle
Filling station

Route secondaire – Autres routes
Overige verharde wegen – Overige wegen
Nebenstraße – Sonstige Straßen
Secondary road – Other minor roads

Restaurant – Restaurant avec motel
Restaurant – Restaurant met motel
Rasthaus – Rasthaus mit Motel
Restaurant – Restaurant with motel

Route à quatre ou plusieurs voies
Weg met vier of meer rijstroken
Vier- oder mehrspurige Straße
Road with four or more lanes

Snack – WC pour personnes handicapées
Snackbar – Invaliden-WC
Kleinraststätte – Behinderten-WC
Snackbar – Disabled-WC

Signalisation sur le réseau autoroutier
Bewegwijzering in het autosnelwegnet
Wegweisung im Autobahnnetz
Signposting in motorway network

Rouen

Information – Parking
Information – Parkeerplaats
Touristinformation – Parkplatz
Information – Parking place

Signalisation à moyenne distance (villes se trouvant sur les plans 1:80.000)
Bewegwijzering naar nabijgelegen bestemmingen
(plaatsen liggen binnen kaartensectie 1:80.000)
Wegweisung zu Nahzielen (Orte liegen innerhalb des Kartenteils 1:80.000)
Signposting to local destinations (within the 1:80.000 section)

Vélizy-Ouest

Chemin de fer principal – Gare – Haltes
Belangrijke spoorweg – Station
Hauptbahn – Bahnhof – Haltestelle
Main railway – Station

Signalisation à grande distance
(villes se trouvant en dehors des plans 1:80.000 → voir plans 1:300.000)
Bewegwijzering naar veraf gelegen bestemmingen
(plaatsen liggen buiten kaartensectie 1:80.000 → kaartensectie 1:300.000)
Wegweisung zu Fernzielen
(Orte liegen außerhalb des Kartenteils 1:80.000 → Kartenteil 1:300.000)
Signposting to distant destinations (outside the 1:80.000 section → 1:300.000 section)

Soissons

RER St-Ouen

Chemin de fer secondaire ou industriel
Lokale spoorweg – Industrielijn
Neben- oder Industriebahn
Other railway – Commercial railway

Station de RER
RER-(Stadbaan-)station
RER-(S-Bahn-)Station
RER-(Rapid city railway-)station

Accès et sortie dans les deux directions
Op- en afrit voor elke rijrichting
Ein- und Ausfahrt für jede Fahrtrichtung
Acces and exit in all directions

Versailles-Ouest
St-Germain-en-L.

M
1 la Défense

Station terminus de Métro (en dehors de Paris)
Métro-(Ondergrondse spoorweg-)eindstation (alleen buiten Parijs)
Métro-(U-Bahn-)Endstation (nur außerhalb von Paris)
Métro-(Subway-)terminus (outside Paris only)

Seulement sortie dans une direction – accès en direction opposée
Alleen afrit in één rijrichting – oprit in de tegenovergestelde richting
Nur Ausfahrt in einer Fahrtrichtung – Einfahrt in der Gegenrichtung
Exit in one direction only – acces in opposite direction

Fresnes
Versailles

P **RER**

Parkings près de stations de RER ou de Métro
ou de « Portes » touchées par le périphérique parisien
Parkeerplaats nabij een RER-, of Métro-station
of knooppunt van de rondweg (Périphérique) rondom Parijs
Parkplatz nahe einer RER- oder Métro-Station
oder an Knoten der Ringautobahn (Périphérique) um Paris
Parking place near an RER or Métro station
or at junctions on the Paris orbital motorway (Périphérique)

Seulement sortie – Alleen afrit
Nur Ausfahrt – Exit only
Seulement accès – Alleen oprit
Nur Einfahrt – Acces only

Arcueil
Villejuif

P **M**

Nom de la « Porte » touchée par le périphérique parisien
Benaming van de knooppunten in het bereik van de rondweg rondom Parijs
Name der Straßenknoten im Bereich der Ringautobahn um Paris
Names of road junctions on the Paris orbital motorways

Pte des Lilas

Aéroport – Aérodrome
Luchthaven – Vliegveld
Flughafen – Flugplatz
Airport – Airfield

CURIOSITES – BEZIENSWAARDIGHEDEN – SEHENSWÜRDIGKEITEN – PLACES OF INTEREST

Château
Parc

Curiosités remarquables – Zeer bezienswaardig
Besonders sehenswert – Place of particular interest
Curiosités – Bezienswaardig
Sehenswert – Place of interest

Église – Monastère – Ruine
Kerk – Klooster – Ruïne
Kirche – Kloster – Ruine
Church – Monastery – Ruin

Tour Eiffel
Musée

Autres curiosités
Overige bezienswaardigheden
Sonstige Sehenswürdigkeit
Other object of interest

Monument – Belvédère – Point de vue
Monument – Uitzichttoren – Uitzichtpunt
Denkmal – Aussichtsturm – Aussichtspunkt
Monument – Outlook tower – View-point

Base de Loisirs

Base de loisirs
Recreatiecentrum
Freizeiteinrichtung
Leisure centre

Installation de sports – Terrain de golf
Sportterrein – Golfterrein
Sportanlage – Golfplatz
Sports centre – Golf course

Château, château-fort – Ruine – Fort
Slot, burcht – Ruïne – Fort
Schloß, Burg – Ruine – Fort
Castle – Ruin – Fort

Tour radio – Cimetière
Radiotoren – Begraafplaats
Funkturm – Friedhof
Radio tower – Cemetery

AUTRES INDICATIONS – OVERIGE INFORMATIE – SONSTIGES – OTHER INFORMATION

Paris, périmètre urbain
Parijs, stadgebied
Paris, Stadtgebiet
Central Paris

Zone industrielle
Industriecomplex
Industriegebiet
Industrial area

Banlieu
Dicht bebouwde omgeving
Dicht bebaute Umgebung
Densely built-up area

Parque, bois
Park, bos
Park, Wald
Park, forest

Environs
Buitenwijk met open bebouwing
Offen bebautes Außengebiet
Suburb, open development

Guide d'orientation des pages
Bladzijde-Oriënteringsrooster
Seiten-Orientierungshilfe
Page identification

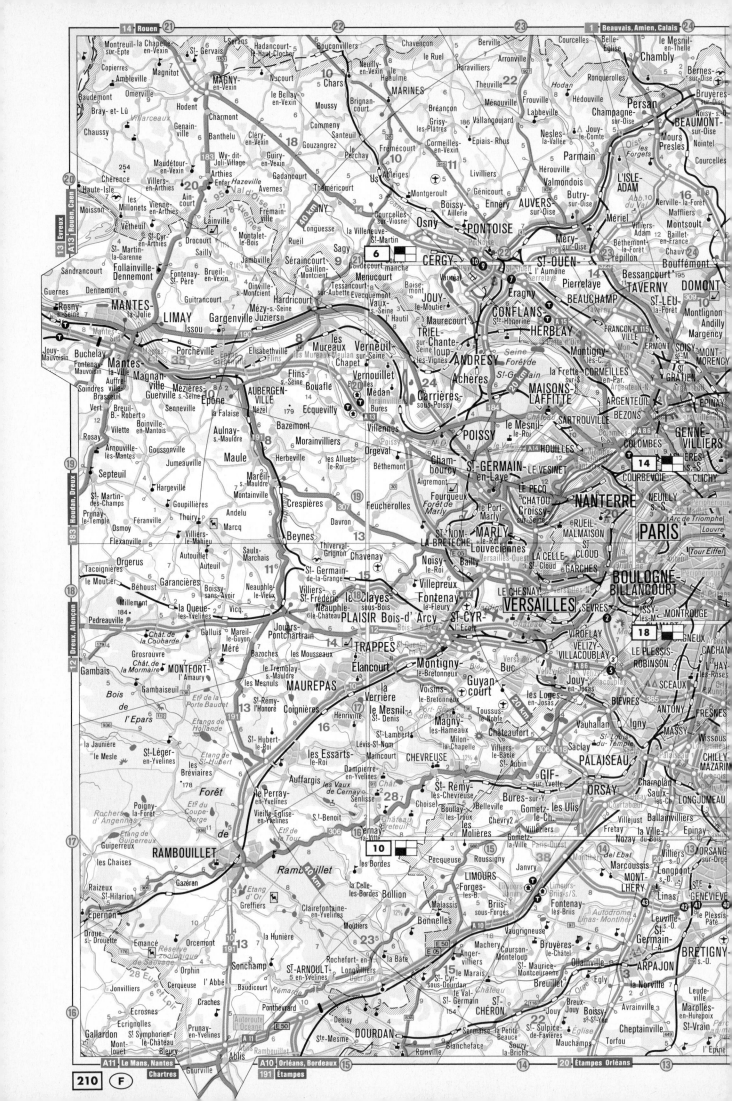

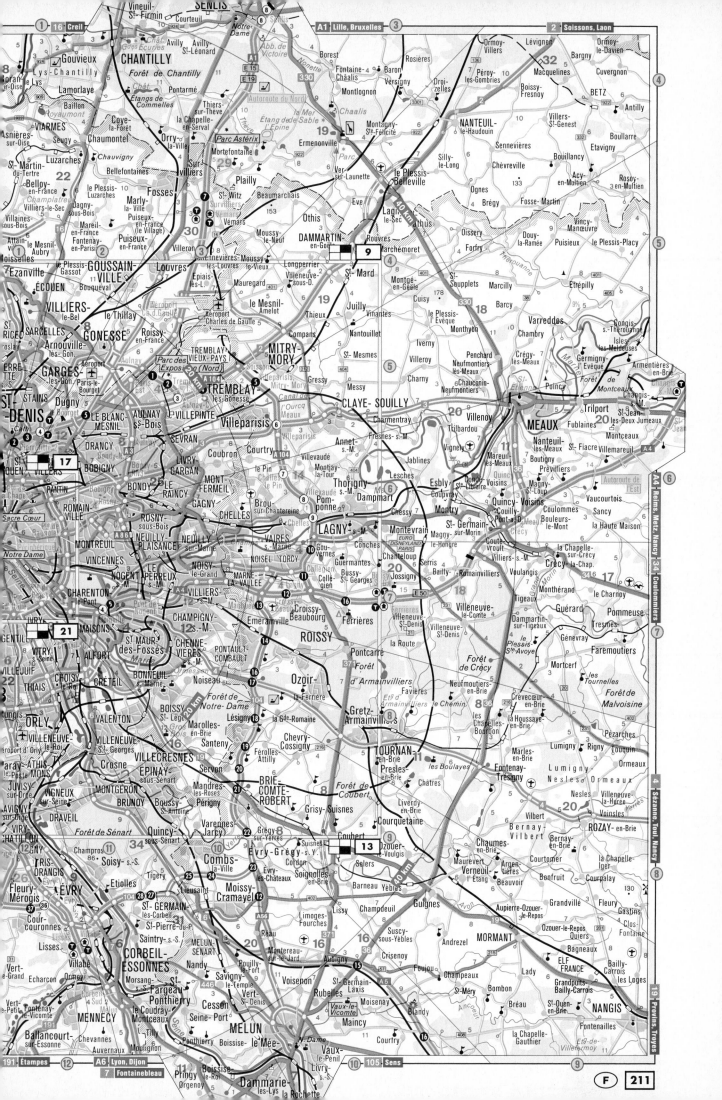

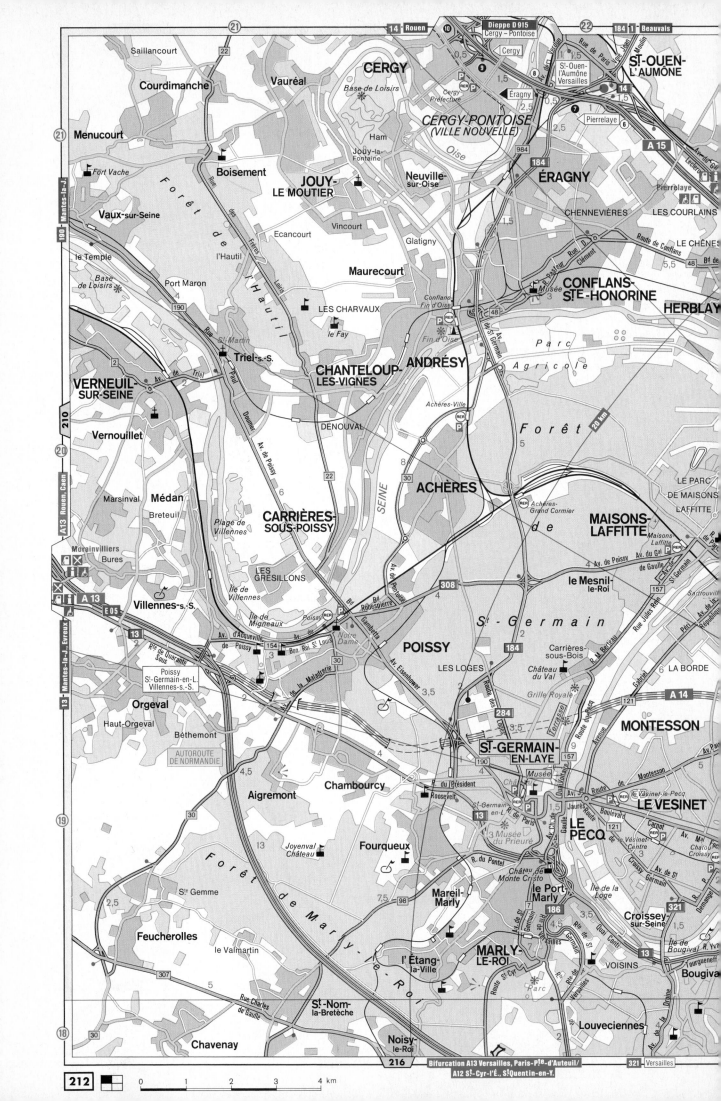

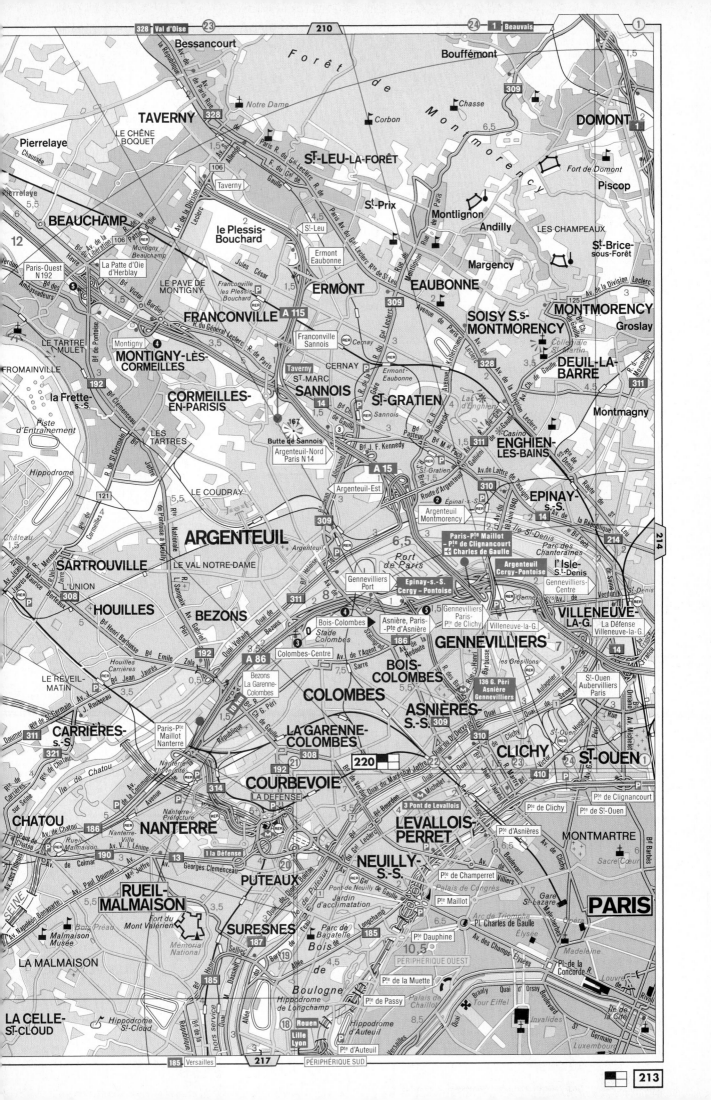

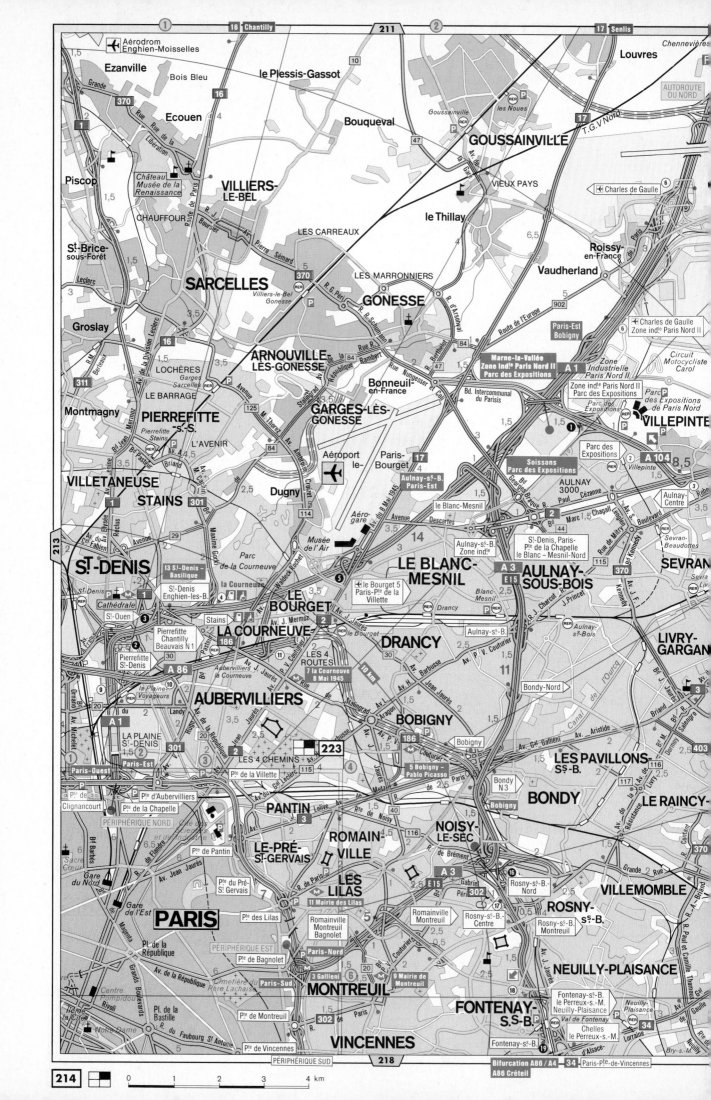

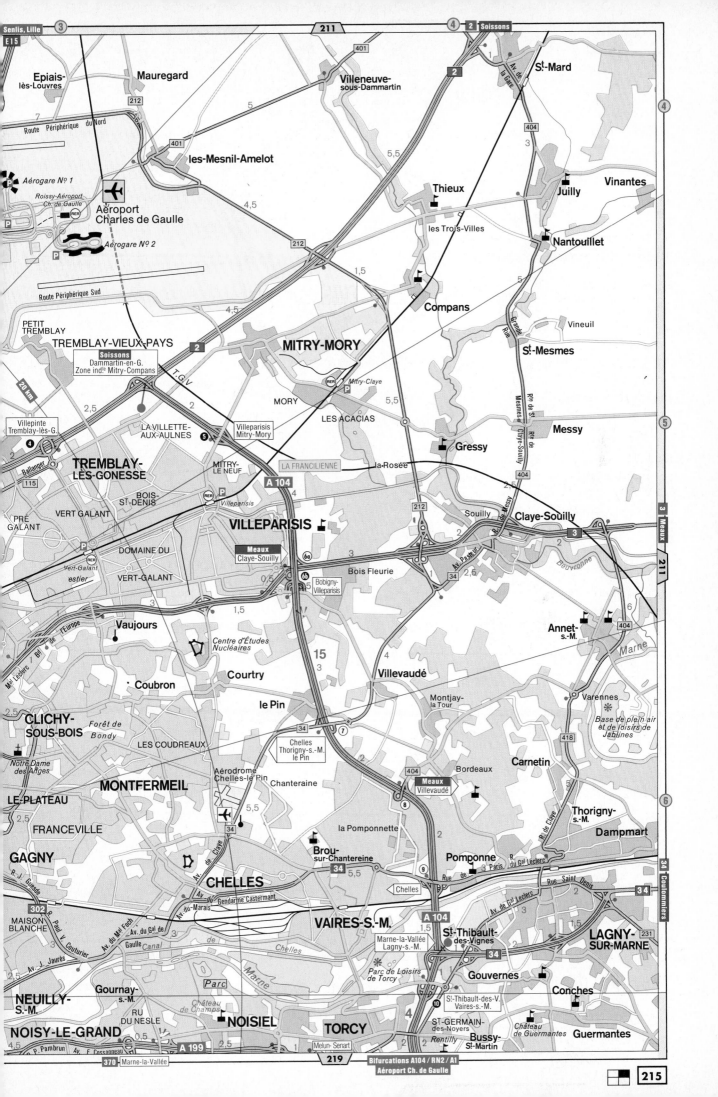

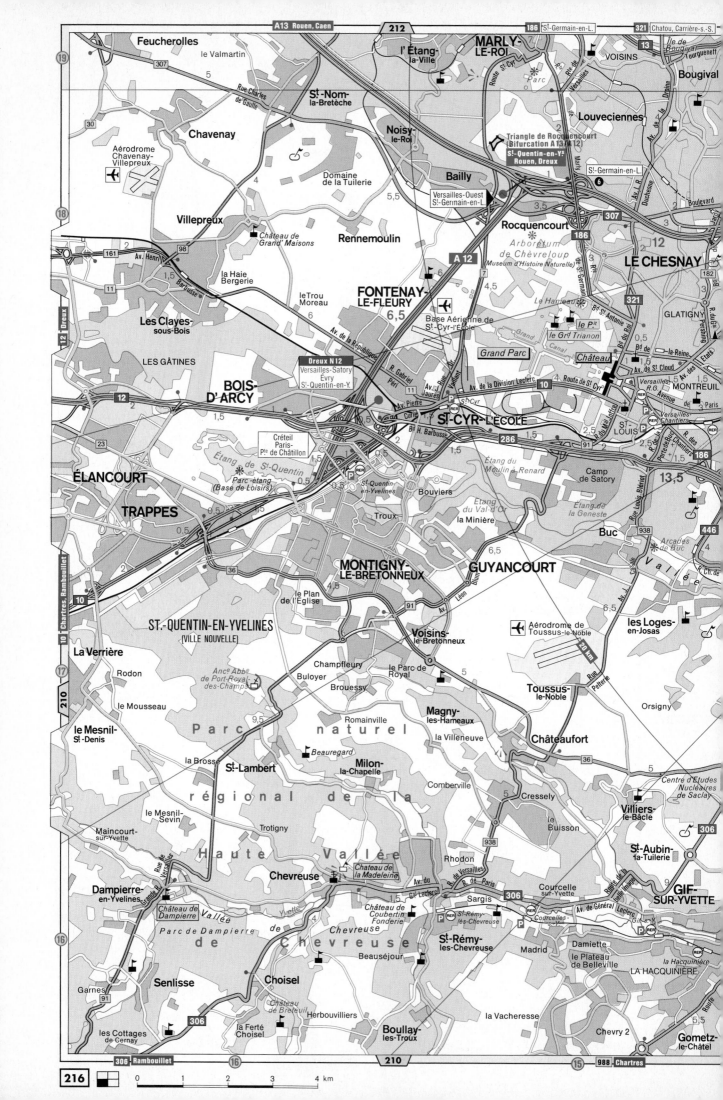

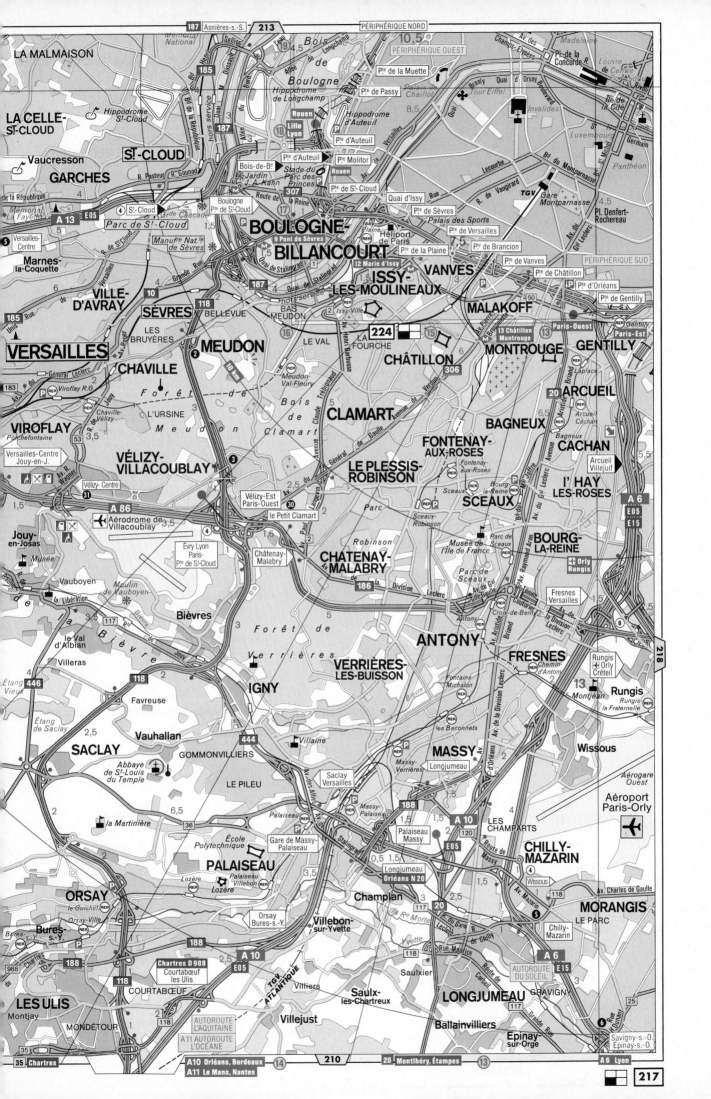

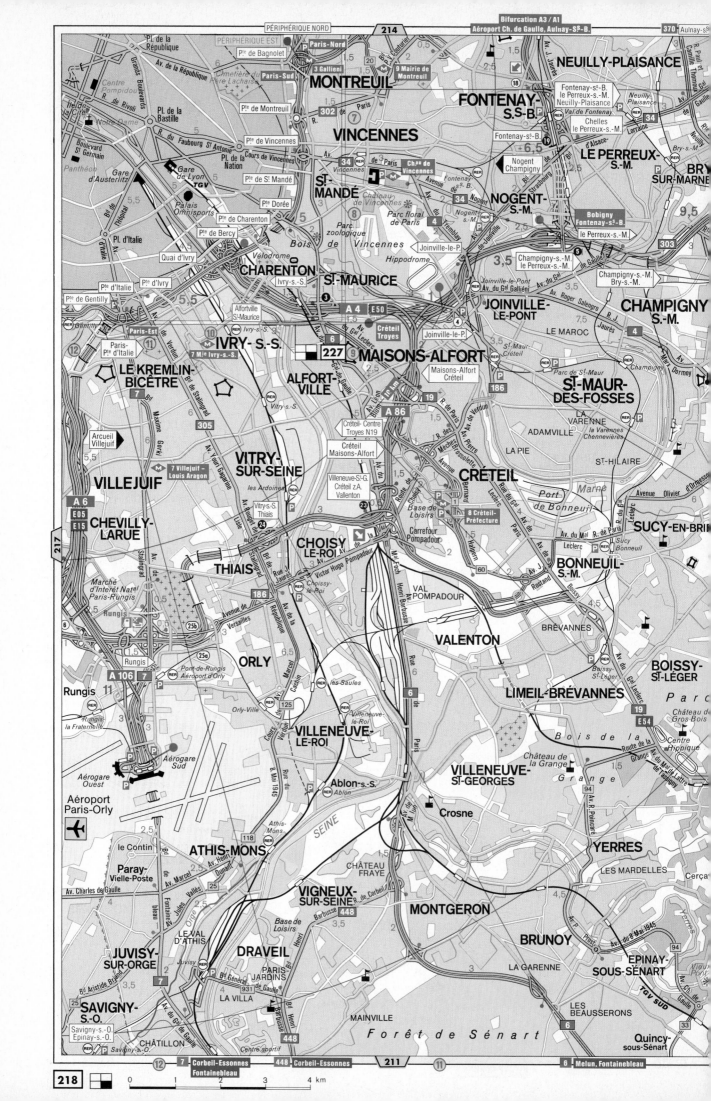

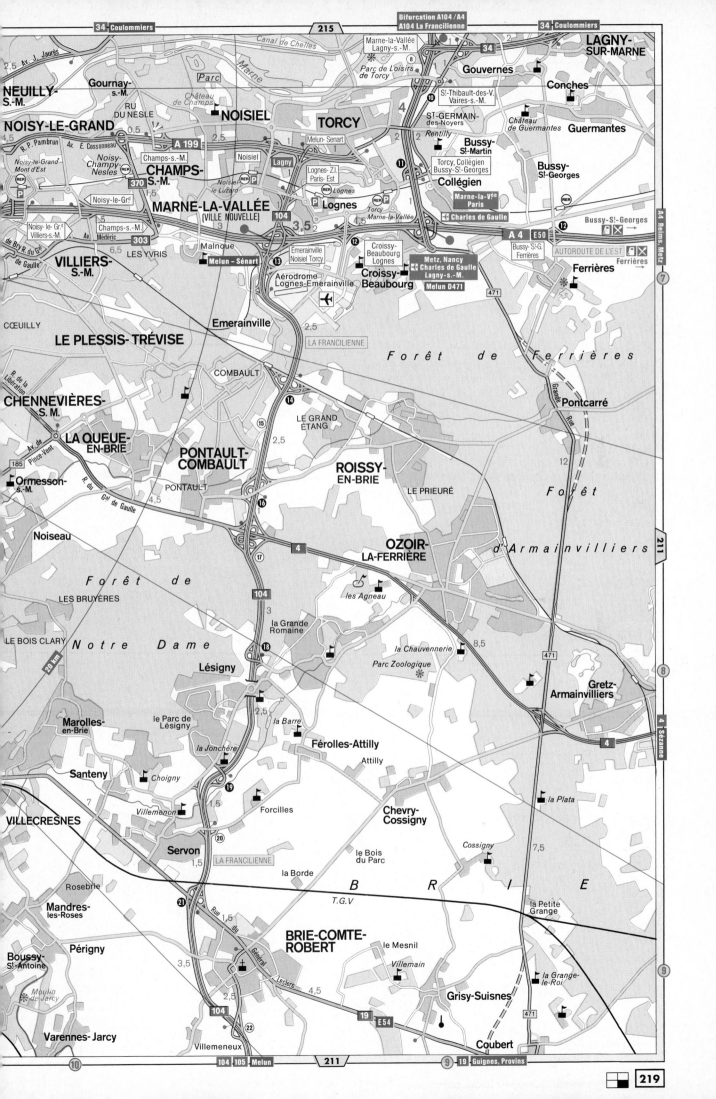

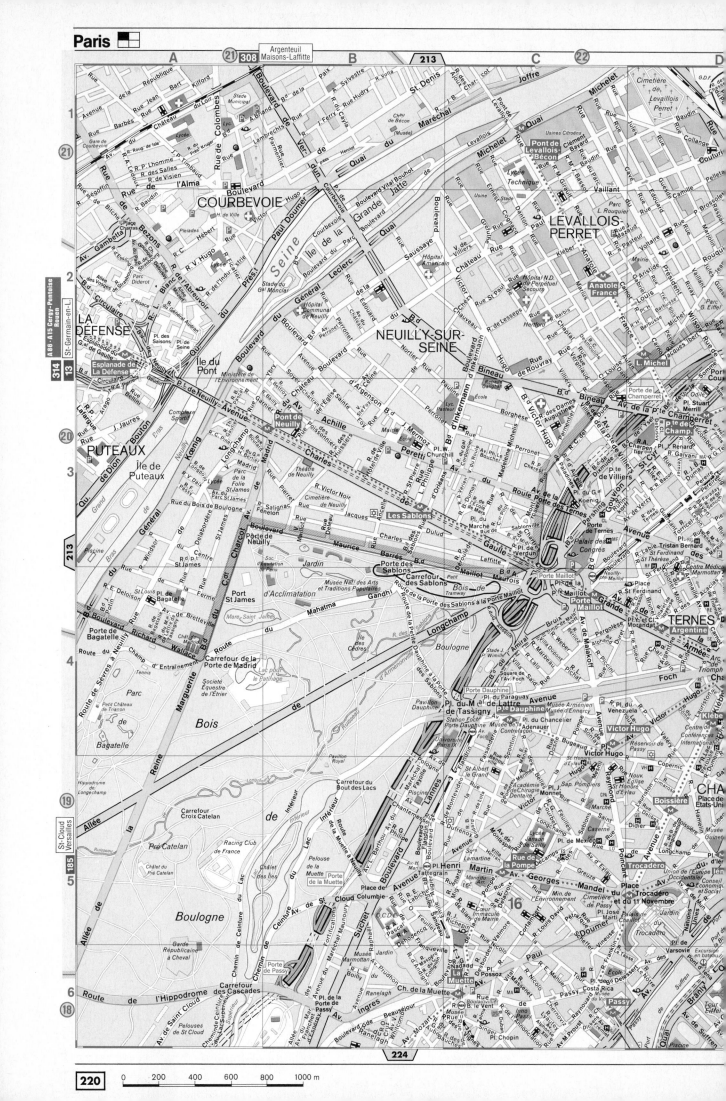

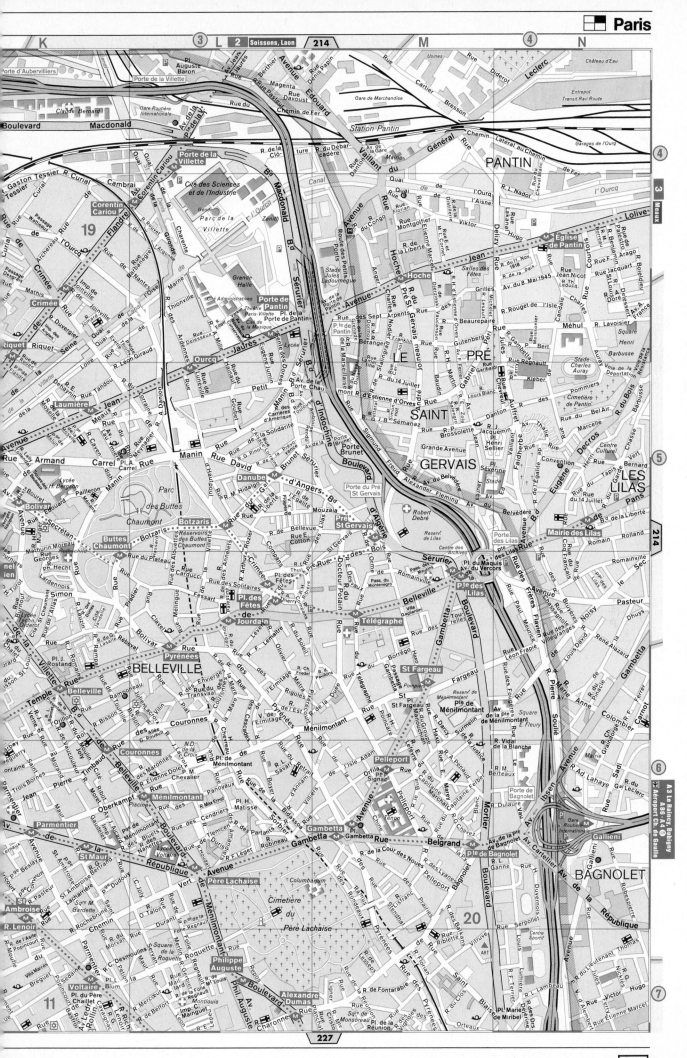

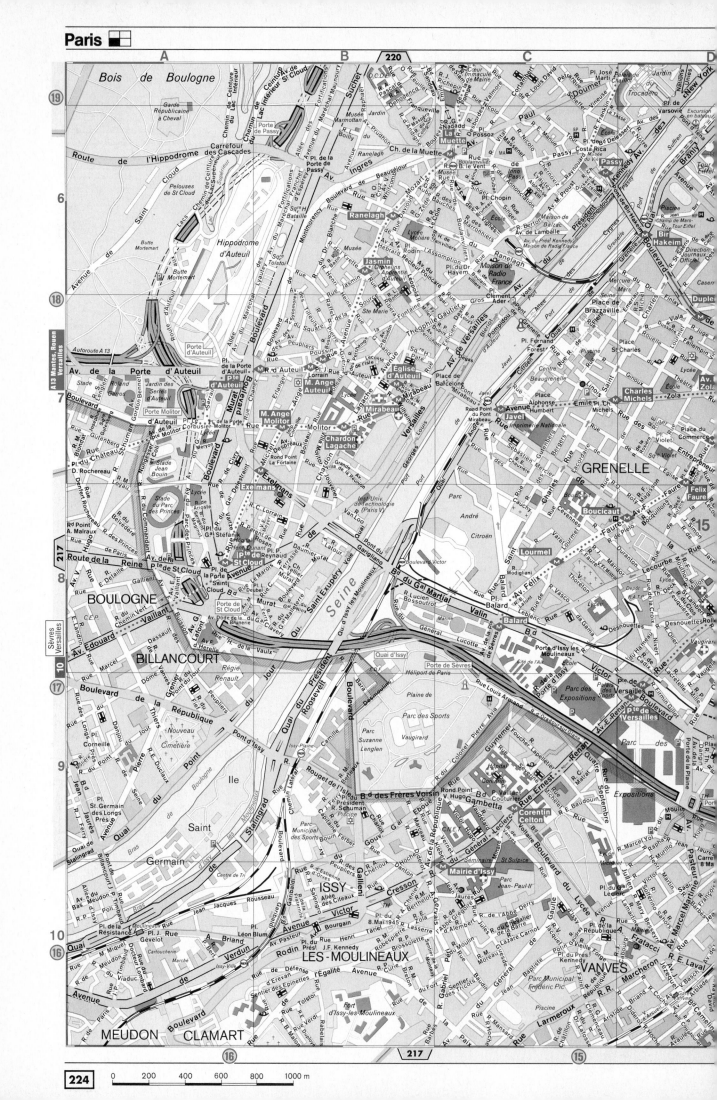

0   200   400   600   800   1000 m

Plans de villes · Stadsplattegronden · Piante di città · Planos de ciudades
Stadtpläne · City maps · Stadskartor · Plany miast
Légende · Legenda · Segni convenzionali · Signos convencionales
Zeichenerklärung · Legend · Teckenförklaring · Objaśnienia znaków
1:20.000

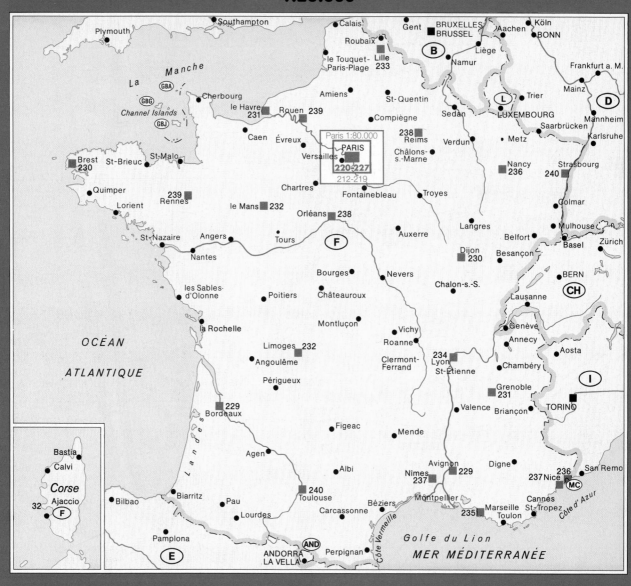

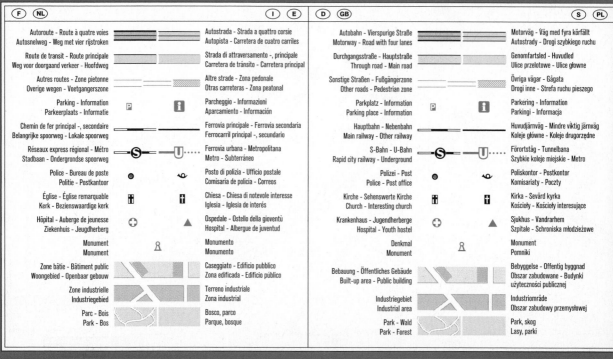

F **NL**		**I** **E**
Autoroute - Route à quatre voies Autosnelweg - Weg met vier rijstroken		Autostrada - Strada a quattro corsie Autopista - Carretera de cuatro carriles
Route de transit - Route principale Weg voor doorgaand verkeer - Hoofdweg		Strada di attraversamento -, principale Carretera de tránsito - Carretera principal
Autres routes - Zone pietonne Overige wegen - Voetgangerszone		Altre strade - Zona pedonale Otras carreteras - Zona peatonal
Parking - Information Parkeerplaats - Informatie	P 🛈	Parcheggio - Informazioni Aparcamiento - Información
Chemin de fer principal -, secondaire Belangrijke spoorweg - Lokale spoorweg		Ferrovia principale - Ferrovia secondaria Ferrocarril principal -, secundario
Réseaux express régional - Métro Stadbaan - Ondergrondse spoorweg	—Ⓢ— ┄Ⓤ┄	Ferrovia urbana - Metropolitana Metro - Subterráneo
Police - Bureau de poste Politie - Postkantoor	⊙ 🕿	Posto di polizia - Ufficio postale Comisaria de policia - Correos
Église - Église remarquable Kerk - Bezienswaardige kerk	⛪ ✝	Chiesa - Chiesa di notevole interesse Iglesia - Iglesia de interés
Hôpital - Auberge de jeunesse Ziekenhuis - Jeugdherberg	⊕ ▲	Ospedale - Ostello della gioventù Hospital - Albergue de juventud
Monument Monument	🯄	Monumento Monumento
Zone bâtie - Bâtiment public Woongebied - Openbaar gebouw		Caseggiato - Edificio pubblico Zona edificada - Edificio público
Zone industrielle Industriegebied		Terreno industriale Zona industrial
Parc - Bois Park - Bos		Bosco, parco Parque, bosque

D **GB**		**S** **PL**
Autobahn - Vierspurige Straße Motorway - Road with four lanes		Motorväg - Väg med fyra körfällt Autostrady - Drogi szybkiego ruchu
Durchgangsstraße - Hauptstraße Through road - Main road		Genomfartsled - Huvudled Ulice przelotowe - Ulice główne
Sonstige Straßen - Fußgängerzone Other roads - Pedestrian zone		Övriga vägar - Gågata Drogi inne - Strefa ruchu pieszego
Parkplatz - Information Parking place - Information	P 🛈	Parkering - Information Parkingi - Informacja
Hauptbahn - Nebenbahn Main railway - Other railway		Huvudjärnväg - Mindre viktig järnväg Koleje główne - Koleje drugorzędne
S-Bahn - U-Bahn Rapid city railway - Underground	—Ⓢ— ┄Ⓤ┄	Förortståg - Tunnelbana Szybkie koleje miejskie - Metro
Polizei - Post Police - Post office	⊙ 🕿	Poliskontor - Postkontor Komisariaty - Poczty
Kirche - Sehenswerte Kirche Church - Interesting church	⛪ ✝	Kirka - Sevärd kyrka Kościoły - Kościoły interesujące
Krankenhaus - Jugendherberge Hospital - Youth hostel	⊕ ▲	Sjukhus - Vandrarhem Szpitale - Schroniska młodzieżowe
Denkmal Monument	🯄	Monument Pomniki
Bebauung - Öffentliches Gebäude Built-up area - Public building		Bebyggelse - Offentlig byggnad Obszar zabudowane - Budynki użyteczności publicznej
Industriegebiet Industrial area		Industriområde Obszar zabudowy przemysłowej
Park - Wald Park - Forest		Park, skog Lasy, parki

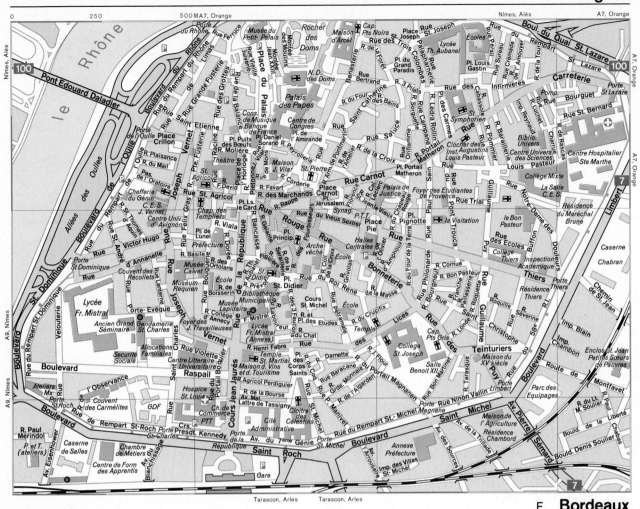

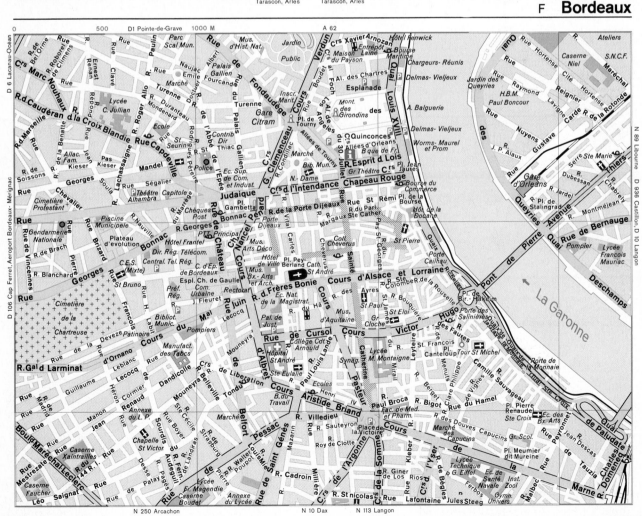

Brest F

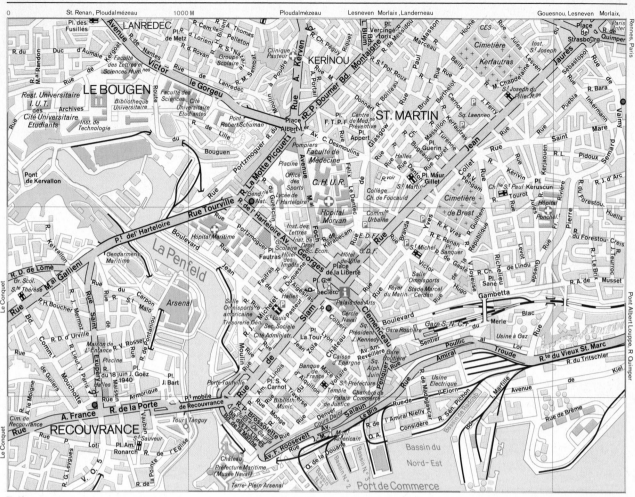

Dijon F

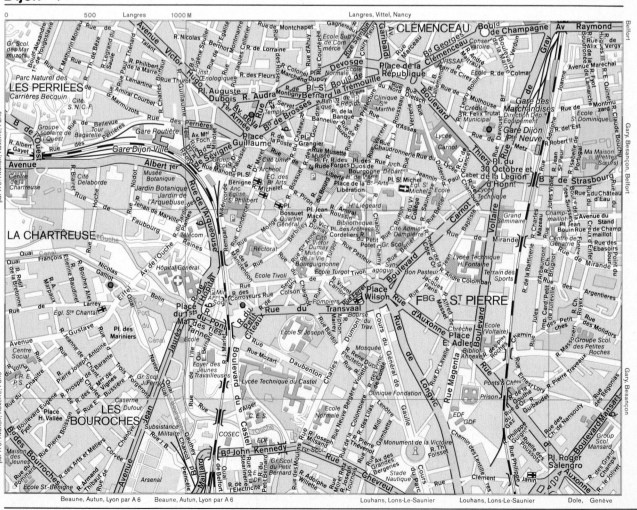

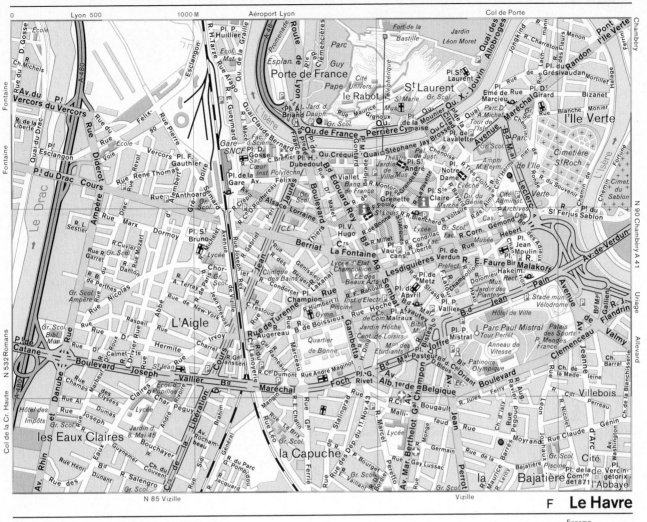

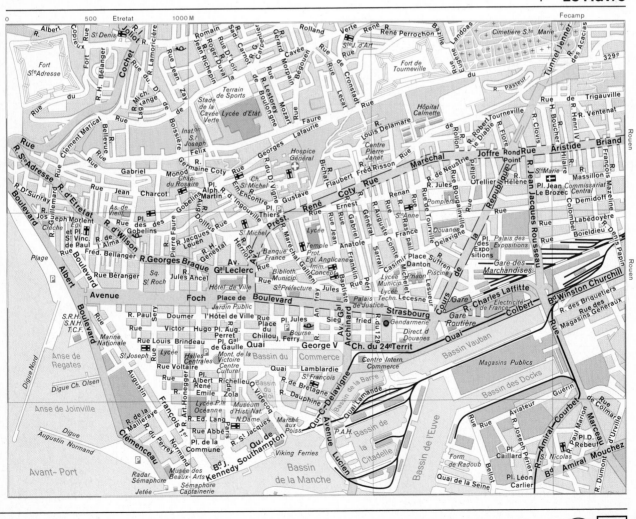

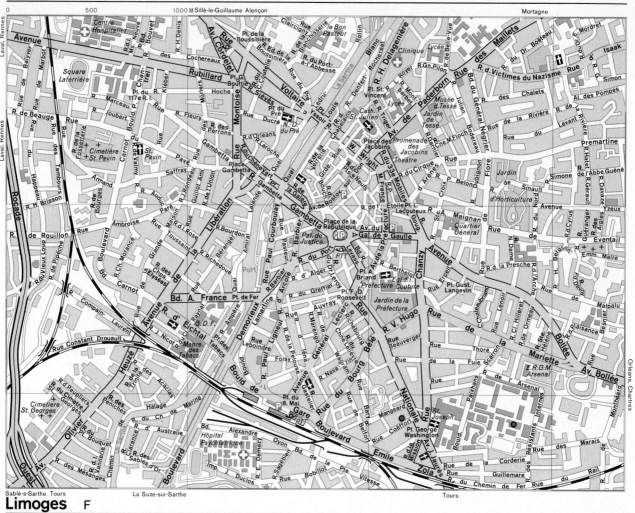

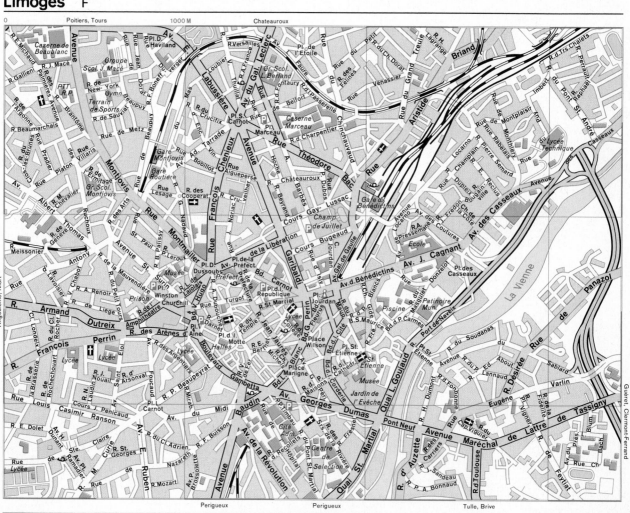

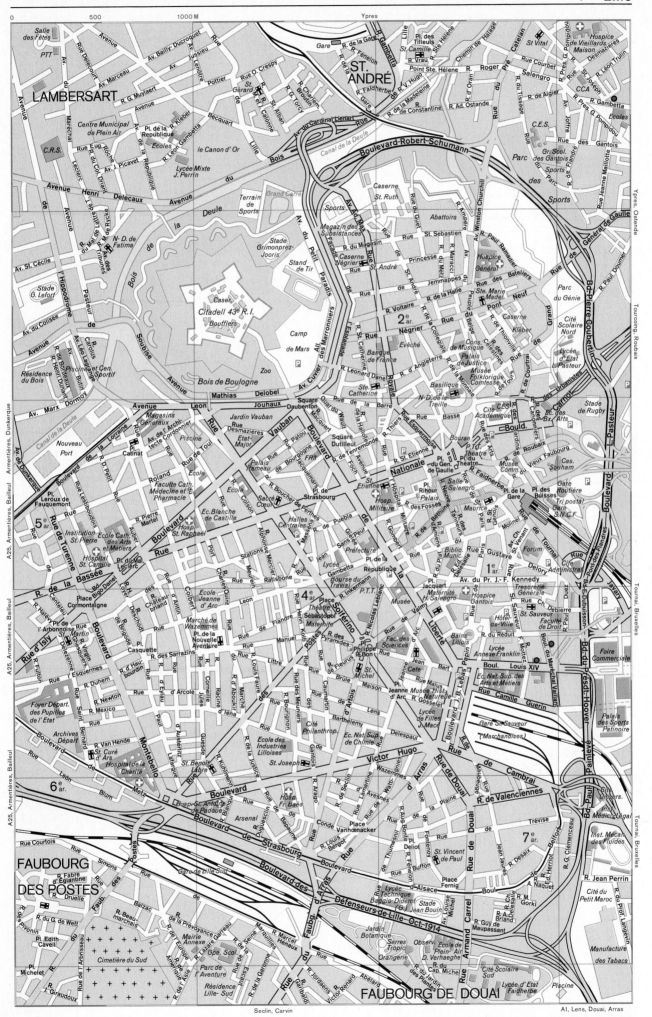

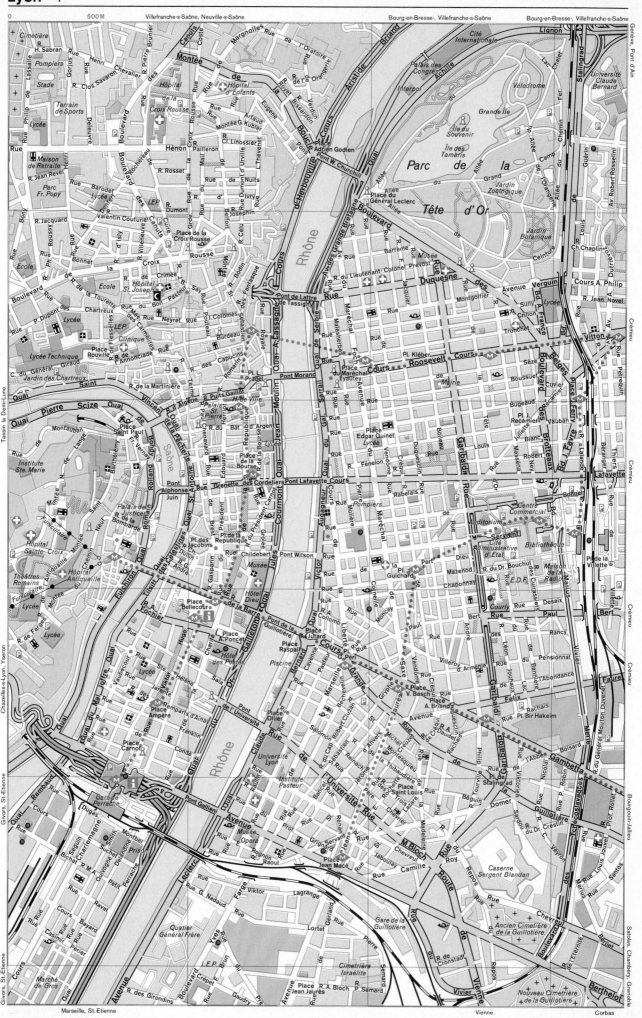

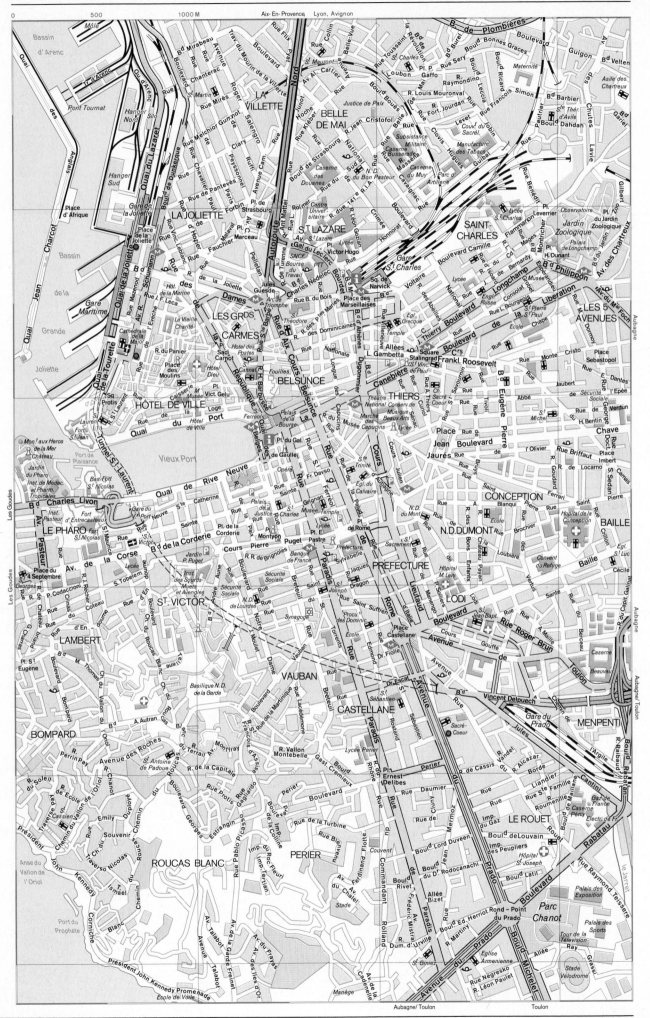

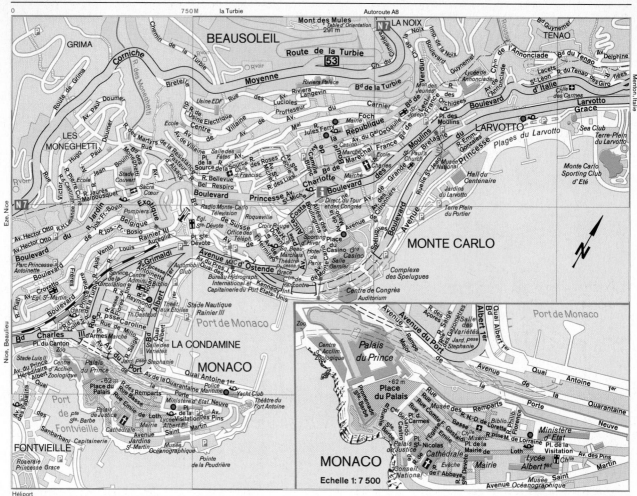

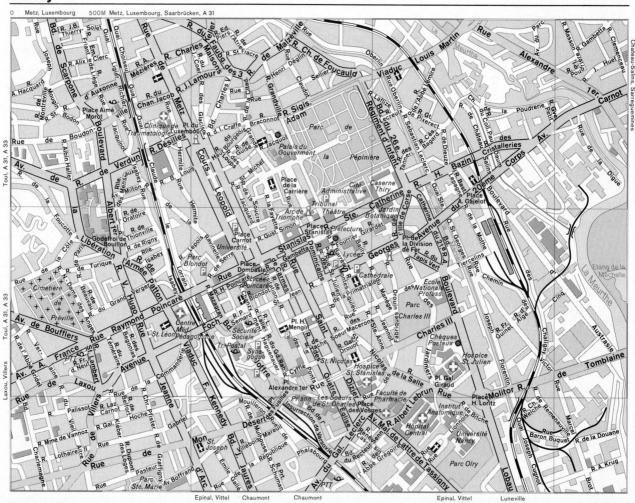

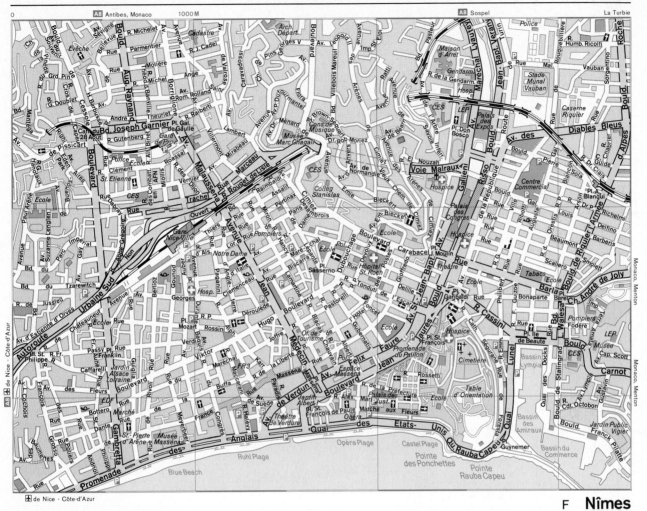

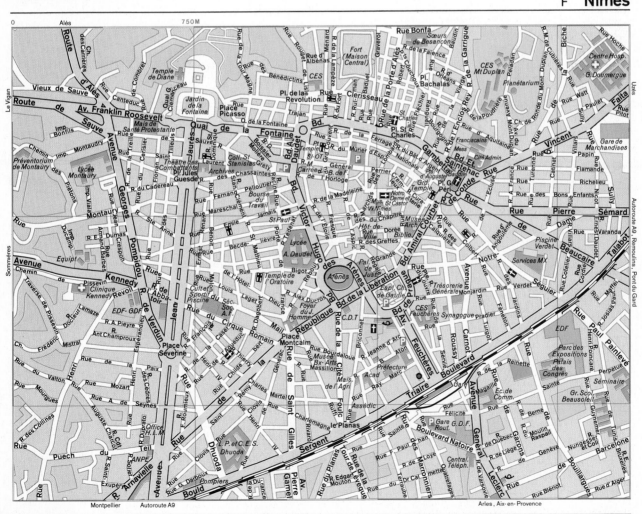

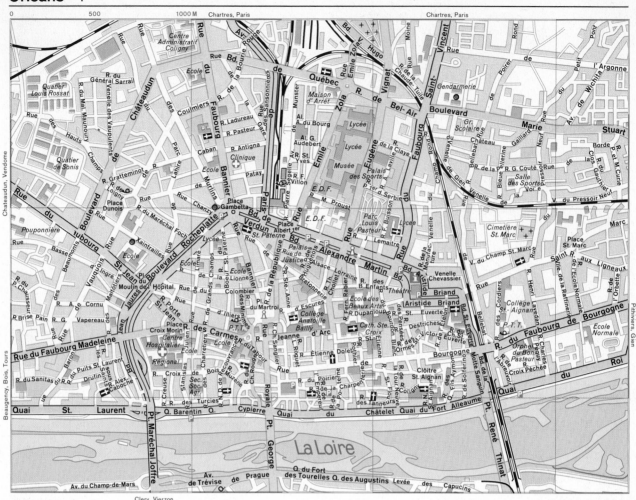

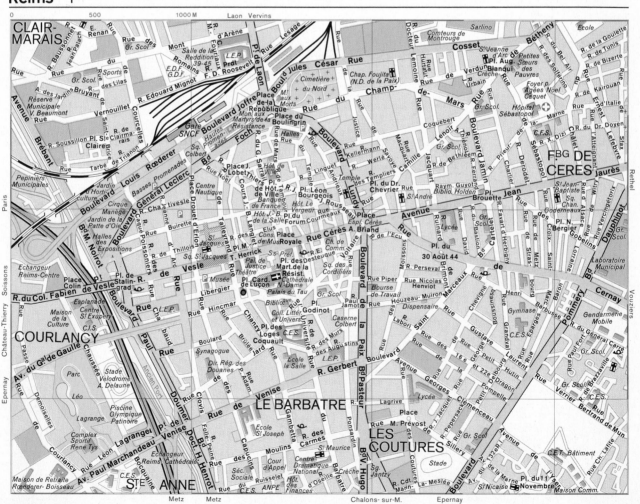

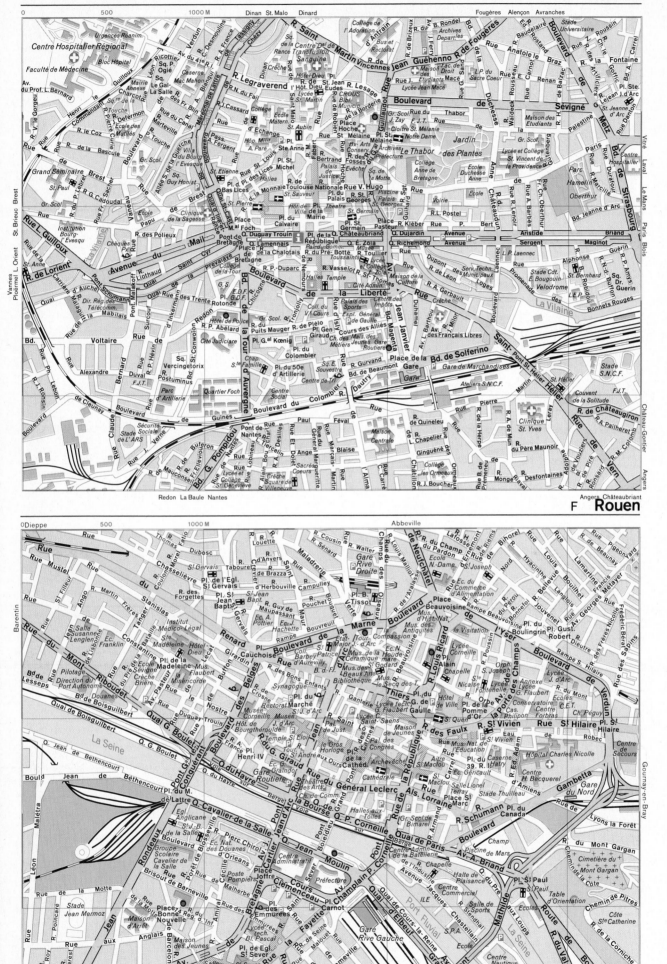

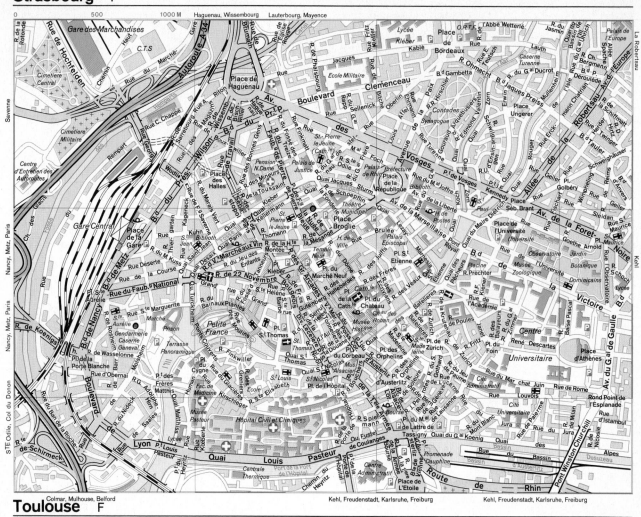

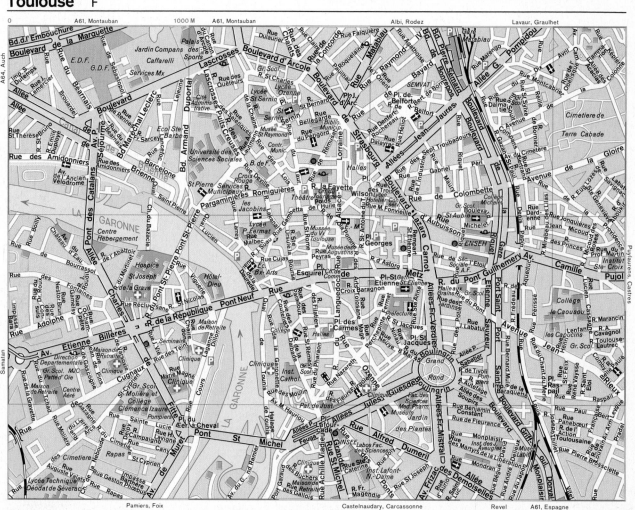

Europe · Europa
1:4.500.000

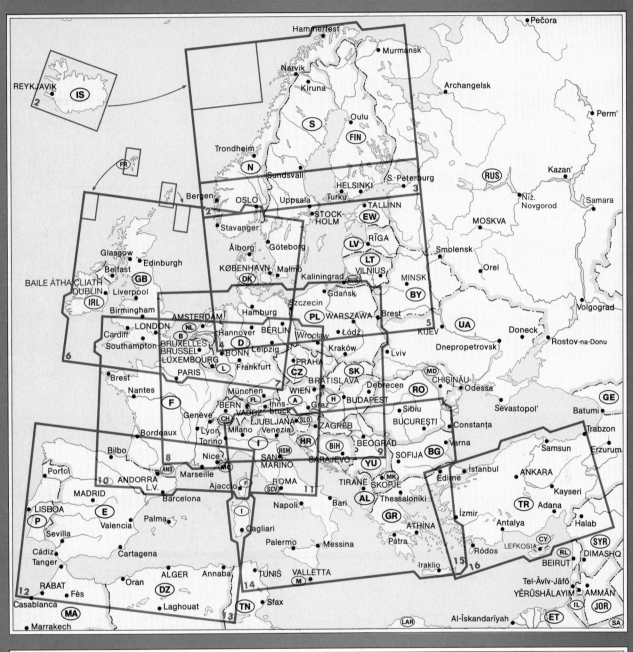

		Autoroute	Autostrada			Autobahn	Motorväg	
F		Autosnelweg	Autopista	I	D	Motorway	Autostrady	S
NL				E	GB			PL
		Route à grande circulation	Strada di grande comunicazione			Fernverkehrsstraße	Genomfartsled	
		Weg voor interlokaal verkeer	Ruta de larga distancia			Trunk road	Przelotowe drogi główne	
		Autres routes	Altre strade			Sonstige Straßen	Övrigar vägar	
		Overige wegen	Otras carreteras			Other roads	Drogi inne	
		Numéro des routes européennes	Numero di strada europea			Europastraßen-Nummer	Europawägnummer	
		Europawegnummer	Número de carretera europea	76		Number of main European route	76	Numery dróg europejskich
		Ligne maritime importante	Linea di navigazione importante			Wichtige Schiffahrtslinie	Viktig båtförbindelse	
		avec transport des voitures	con trasporto auto			mit Autotransport	med biltransport	
		Voornaamste scheepvaartlijn	Linea maritima importante			Major	Linie	
		met autovervoer	con transporte de automóviles			car ferry route	żeglugi pasażerskiej	
		Distances en km	Distanza chilometrica			Kilometrierung	Kilometerangivelse	
		Kilometeraanduiding	Distancias en kilómetros	130 259 129		Distances in km	130 259 129	Odległości w kilometrach
		Passage frontalier	Passaggio di frontiera			Grenzübergang	Gränsövergång (kan	
		(seulement à condition spécial)	(solo a determinate condizioni)			(nur unter bestimmten Bedingungen)	endast passeras under vissa villkor)	
		Grensovergang	Paso fronterizo	○		Border crossing	○	Przejścia graniczne
		(alleen onder bijzondere voorwaarde)	(sólo bajo condiciones especiales)			(by specific regulations only)	(tylko na określonych warunkach)	
		Capitale	Capoluogo			Hauptstadt	Huvudstad	
		Hoofdstad	Capital	**PARIS**		Capital	**PARIS**	Stolice
		Localité remarquable	Località di notevole interesse			Sehenswerter Ort	Sevärd ort	
		Bezienswaardige plaats	Población de interés	**RAVENNA**		Place of interest	**RAVENNA**	Miejscowości interesujące
		Autres curiosités - Aéroport	Interesse turistico di altro tipo - Aeroporto	* ✈		Sonstige Sehenswürdigkeiten - Flughafen	* ✈	Annan sevärdhet - Större trafikflygplats
		Overige bezienswaardigheden - Luchthaven	Otras curiosidades - Aeropuerto			Other objects of interest - Airport		Inne interesujące obiekty - Lotniska

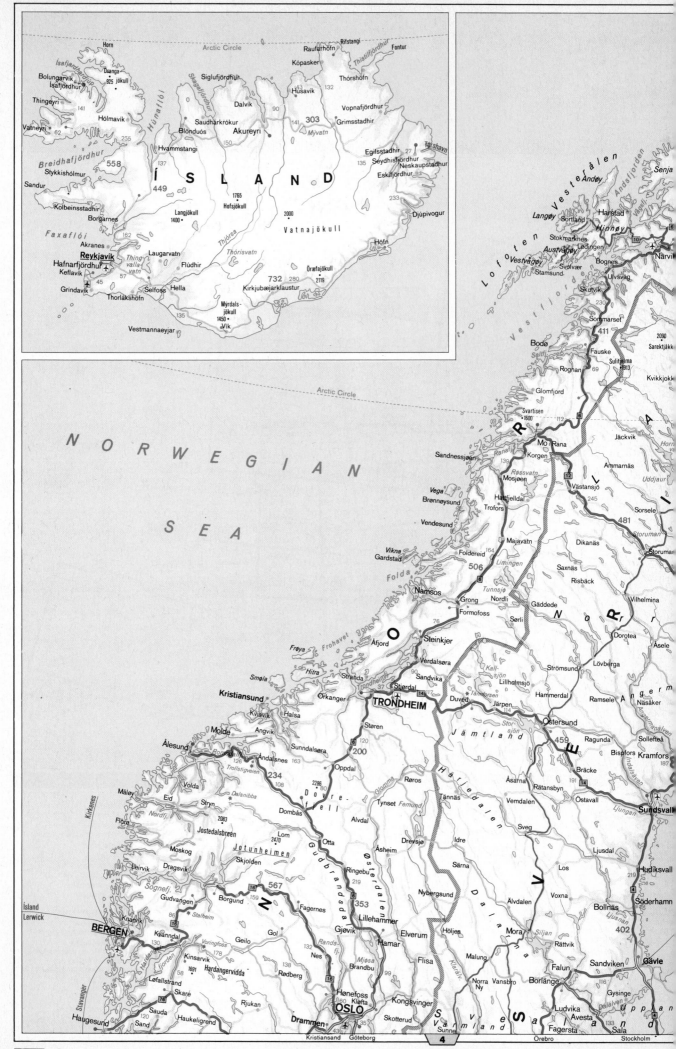

ÍSLAND

Arctic Circle

Horn
Ísafjarðardjúp
Bolungarvík
Ísafjördhur
Thingeyri
Drangajökull
925 jökull
Siglufjördhur
Húsavík
Raufarhöfn
Rifstangi
Fontur
Þistilfjördhur
Þórshöfn
Kópasker
Vatneyri
62
141
Hólmavík
Dalvik
90
141 303
Vopnafjördhur
Grimsstadhir
Saudhárkrókur
Akureyri
Mývatn
558
Hvammstangi
Blönduós
150
Egilsstadhir 27
Seydhisfjördhur
Neskaupstadhur
Eskifjördhur
Þórshavn
135
Hnaflói
137
449
Skagafjördhur
Breidhafjördhur
Stykkishólmur
143
1765
Hofsjökull
Langjökull
1400
2000
Vatnajökull
233
Djúpivogur
Kolbeinsstadhir
Borgarnes
Sandur
Faxaflói
162
Akranes
Reykjavík
Hafnarfjördhur
Keflavík
Grindavík 45
Thorlákshöfn
Laugarvatn
Thing valla vatn
Flúdhir
Selfoss Hella
732 280
Öraefajökull
2119
Höfn
Vík
Myrdals-jökull
1450
135
Kirkjubaejarklaustur
Vestmannaeyjar

Arctic Circle

N O R W E G I A N

S E A

Lofoten
Vesterålen
Andøy
Senja
Langøy
Sortland
Harstad
Hinnøy
Stokmarknes
Lødingen
Austvågøy
Svolvær
Narvi
Stamsund
Vestvågøy
Bognes
Ulvsvåg
Vestfjord
Skutvik
230
Bodø
Sommarset
411
Fauske
Rognan 69
Sulitjelma
1913
Kvikkjokk
Glomfjord
Svartisen
1600
112
Jäckvik
Horn
Mo i Rana
Korgen
Ammarnäs
Sandnessjøen
Ranfj.
139
Røssvatn
Västansjö
245
Sorsele
Mosjøen
Vega
Hattfjelldal
Trofors
481
Storuman
Brønnøysund
Dikanäs
Storuma
Vendesund
Majavatn
Saxnäs
Risbäck
Vikna
Folda
164
Foldereid
506
Limingen
Vilhelmina
Gardstad
Tunnsjö
Dorotea
Namsos
Grong
Nordli
Gäddede
Åsele
Formofoss
Sørli
Frøya
Frohavet
Åfjord
Steinkjer
76
Verdalsøra
Strömsund
Lövberga
Hitra
Stranda
Sandvika
Lillholmsjö
Ramsele
Näsåker
Smøla
Trondheim
Stjørdal
90
Duved
Tannforsen
Hammerdal
Kristiansund
Ørkanger
37
14
117
Järpen
114
Östersund
Kvisvik
Halsa
Molde
Angvik
Sunndalsøra
Storsjön
Jämtland
Ragunda
Sollefteå
Ålesund
Åndalsnes
163
459
Bräcke
Bispfors
Kramfors
Romsdal
126
Trollstigveien
Oppdal
200
Härjedalen
191
14
187
234
108
Dovre-fell
Røros
Åsarna
Rätansbyn
Østavall
Sundsvall
Volda
2286
80
Tynset
Femund
Tännäs
Vemdalen
Ljungan
Måløy
Eid
Stryn
Nordfj.
Dalsnibba
Alvdal
Sveg
Los
Ljusdal
Flora
2083
Dombås
Åsheim
Idre
Särna
Nybergsund
Voxna
Bollnäs
Moskog
Jostedalsbreen
Lom
2470
Otta
Drevsjø
Söderhamn
Dragsvik
Jotunheimen
Skjolden
Ringebu
219
Älvdalen
402
Ljusnan
Sognefj.
567
Gudbrandsdal
Höljes
Mora
Siljan
16
159
Fagernes
353
Malung
Rättvik
Gudvangen
Borgund
Lillehammer
Dala
Sandviken
Gjøvik
Elverum
Falun
Gävle
Stalheim
86
Gol
Nes
Hamar
Flisa
Norra Ny
Vansbro
Borlänge
Knarvik
Geilo
132
Rands fj.
Mjøsa
Brandbu
99
Ludvika
Avesta
Gysinge
BERGEN
Kvanndal
Voringfoss
178
Rødberg
Brandbu
Kongsvinger
Borlänge
Uppland
Kinsarvik
138
16
Nes
Hardangervidda
1691
58
Skare
Rjukan
Hønefoss
Kløfta
Skotterud
Fagersta
Sala
133
Hardangerfjorden
Løfallstrand
Kongsberg
OSLO
Stockholm
Stavanger
79
Sauda
Haukeligrend
Drammen
435
35
Sunne
Värmland
Gästrikland
Haugesund
120
Sand
Kristiansand
Göteborg
Örebro

Ísland
Lerwick

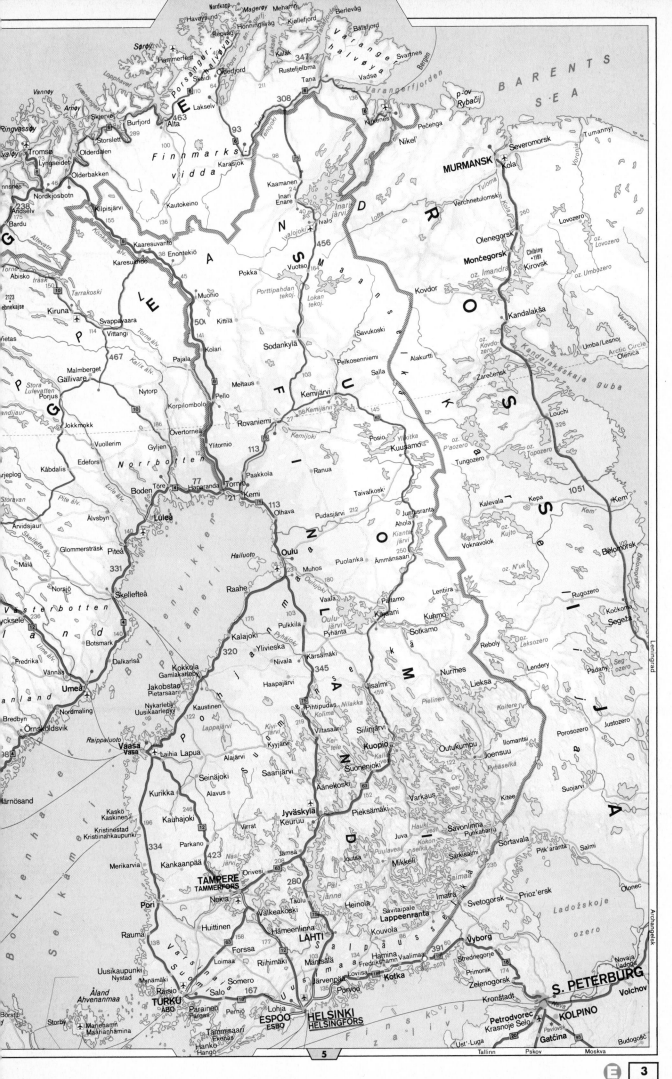

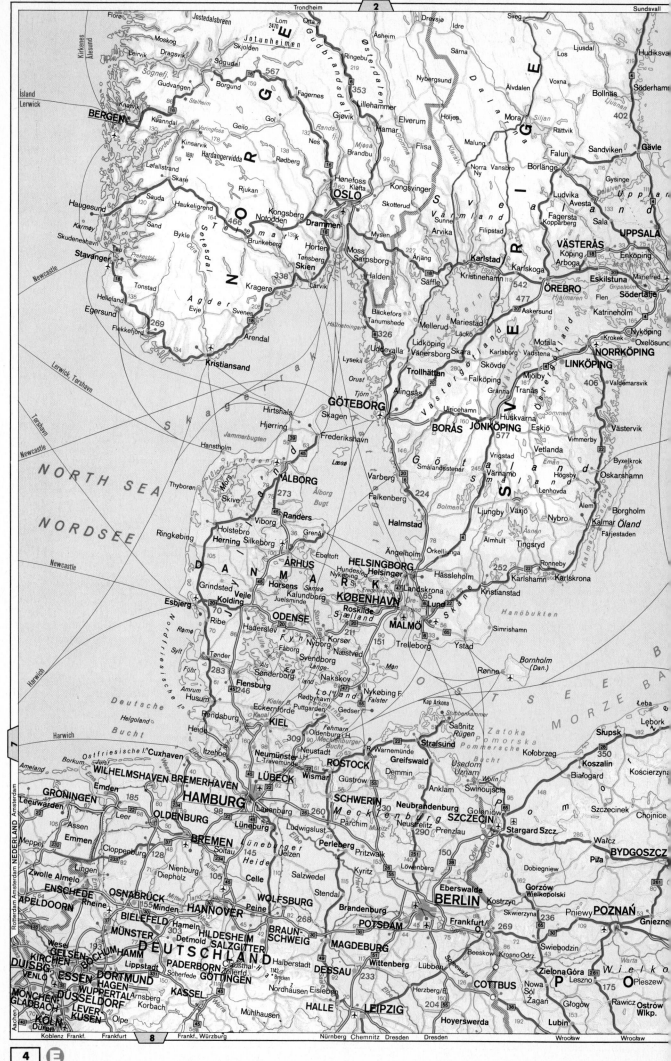

NORTH SEA

NORDSEE

DANMARK

DEUTSCHLAND

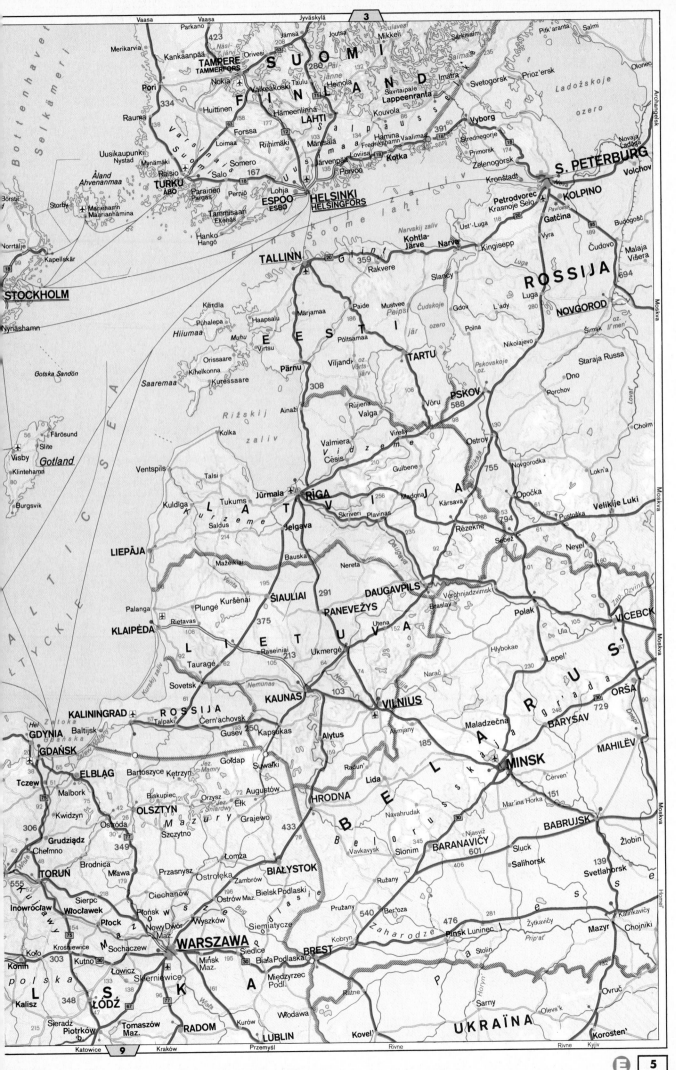

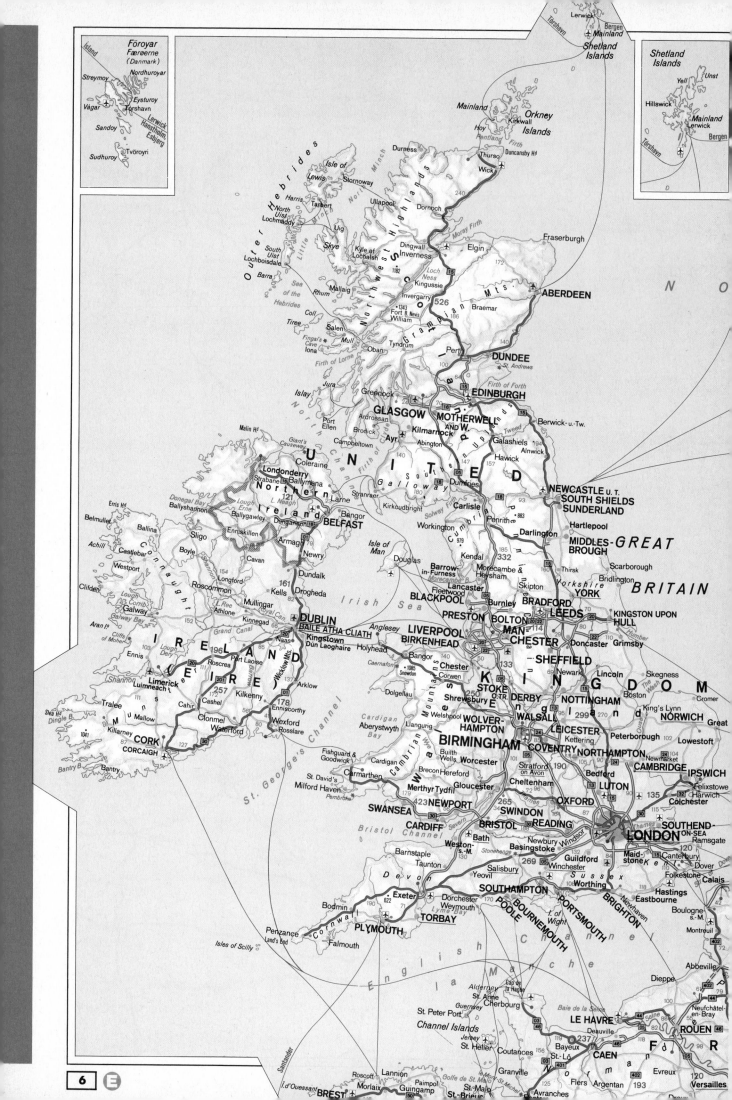

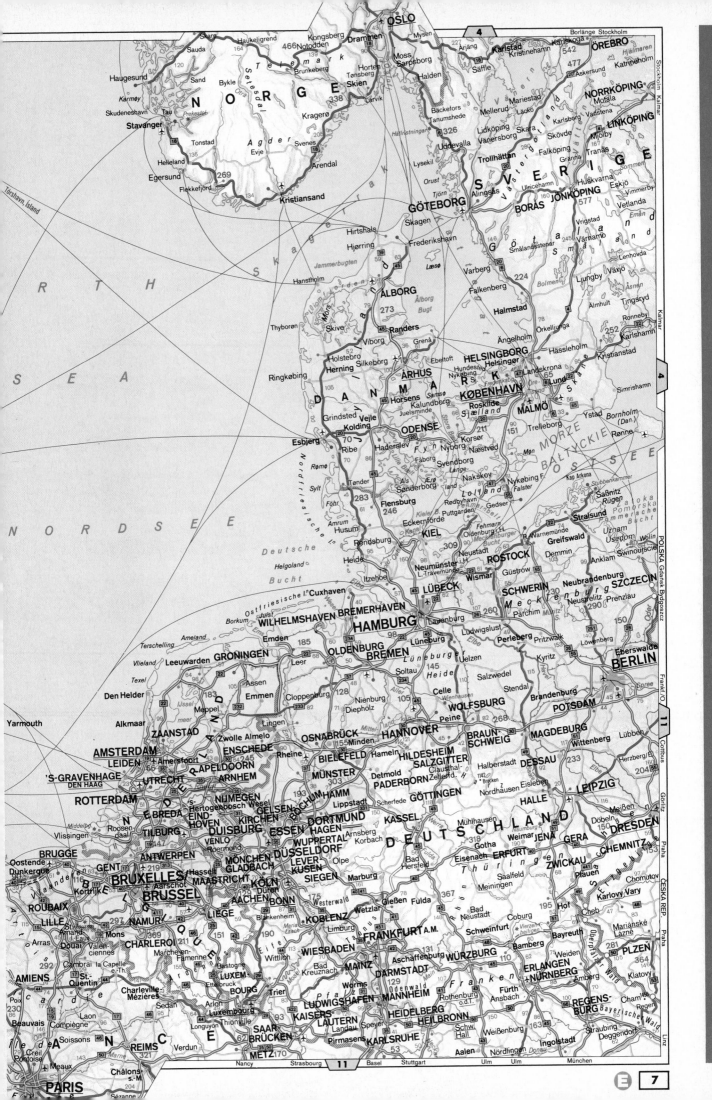

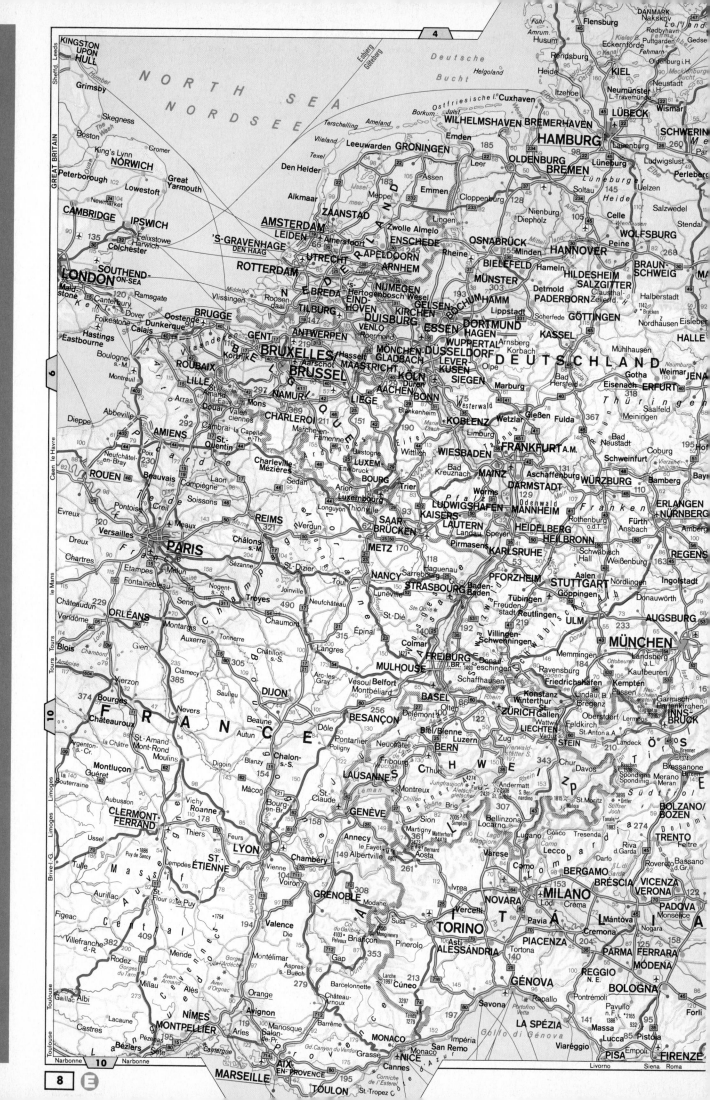

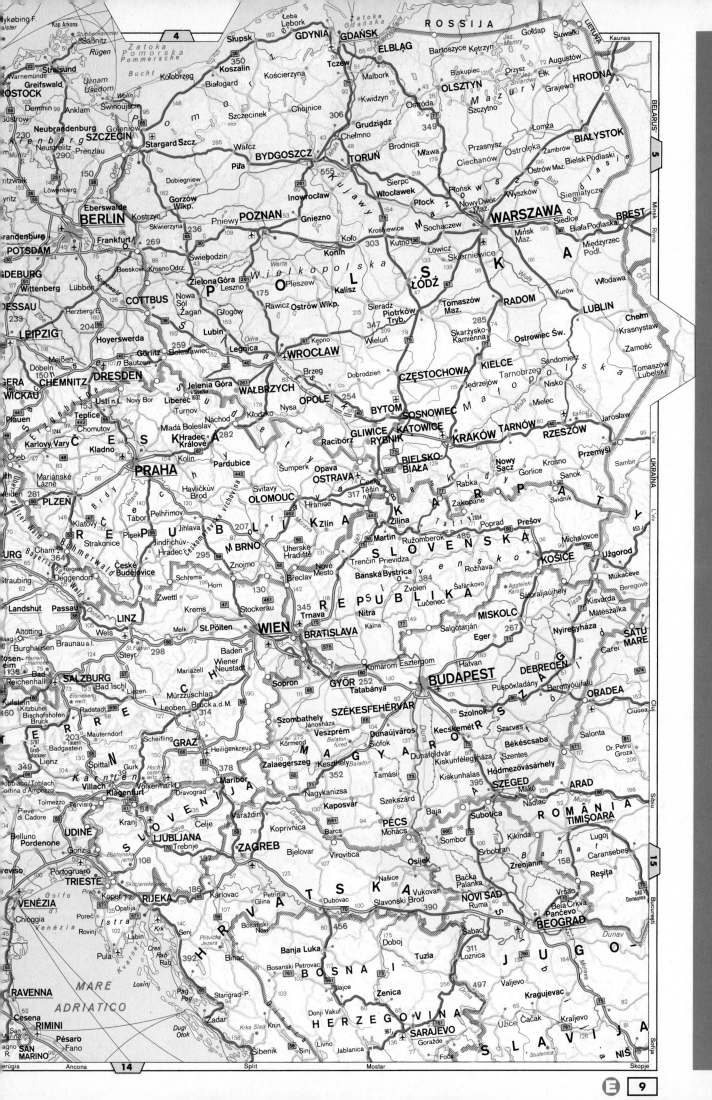

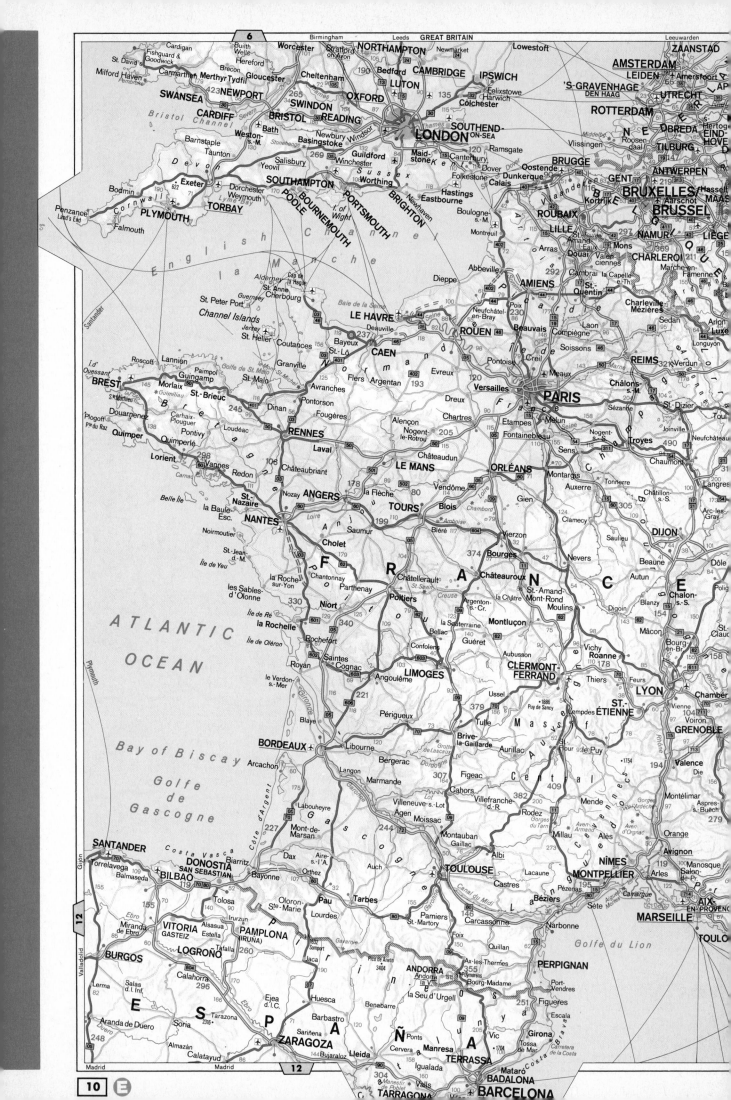

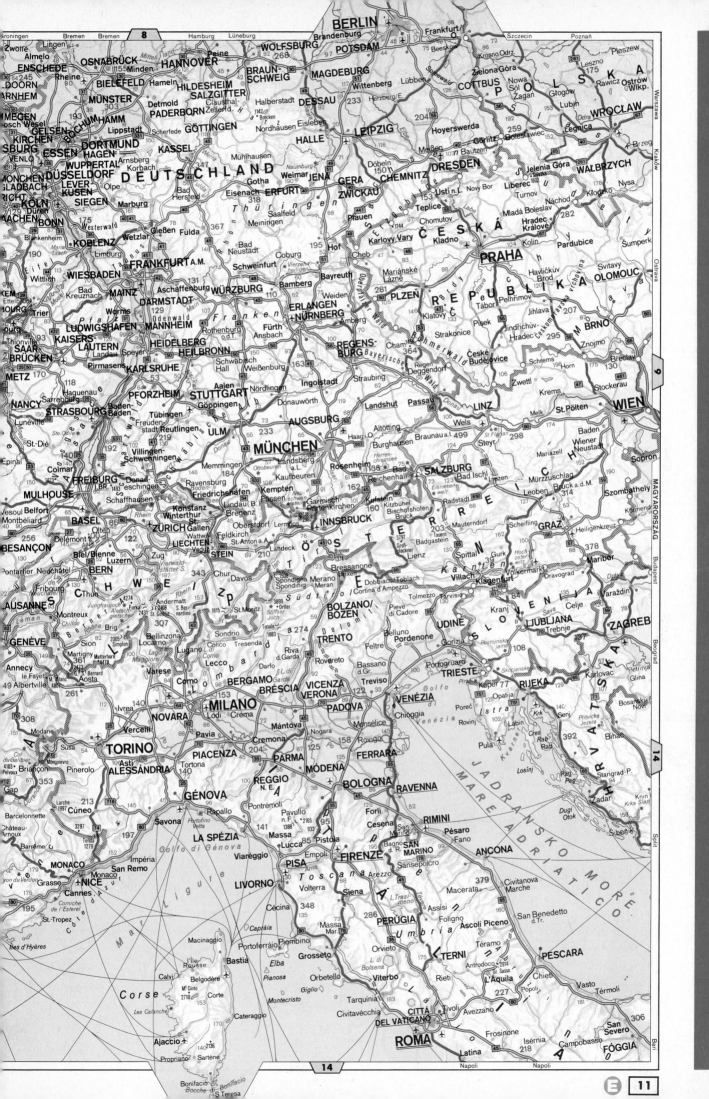

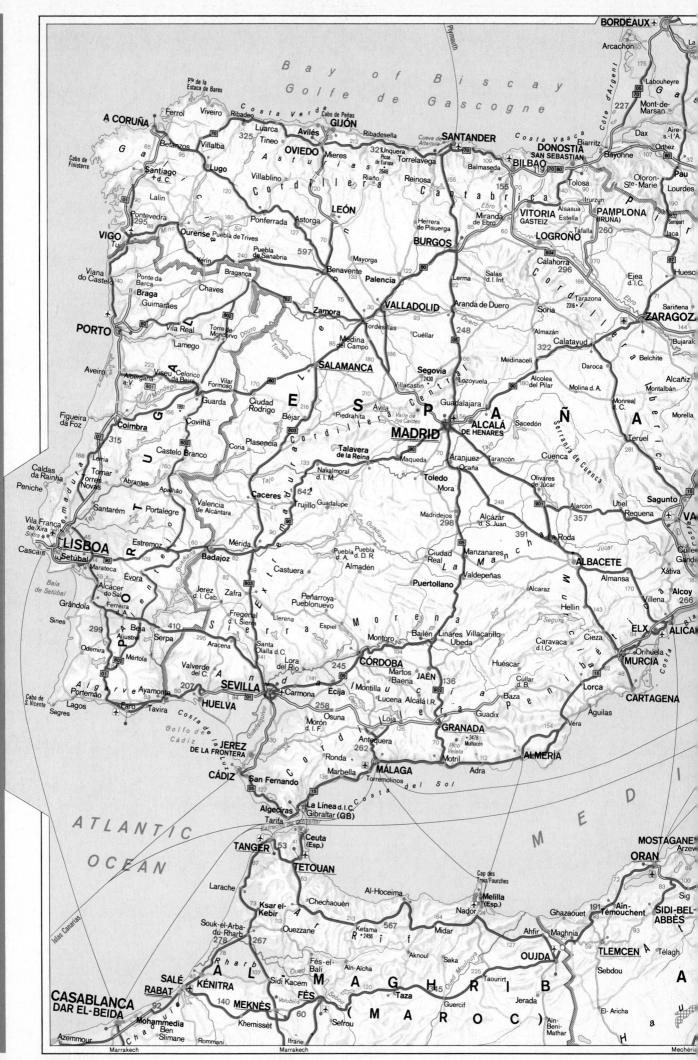

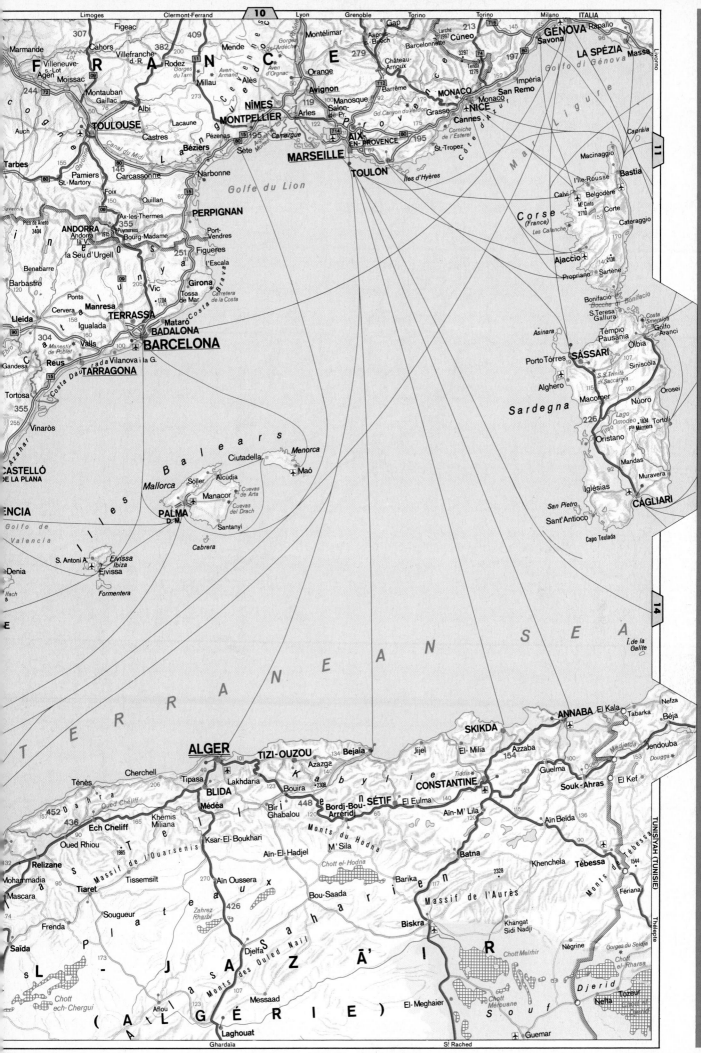

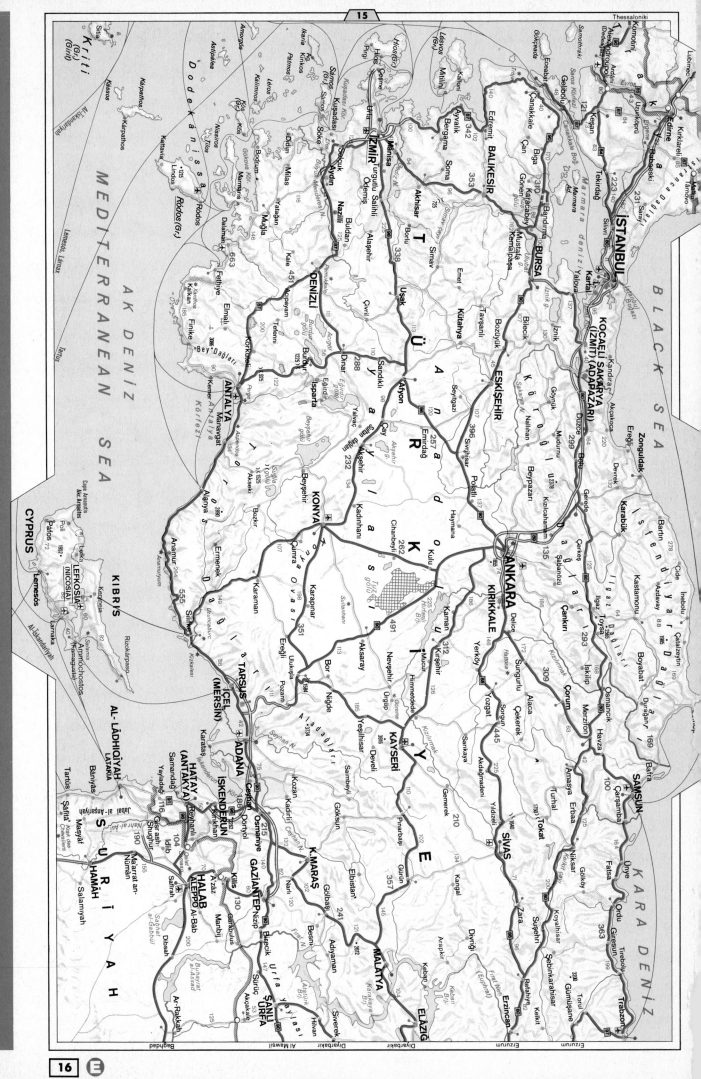